D1725808

Sybille Steinbacher

Wie der Sex nach Deutschland kam

Sybille Steinbacher

Wie der Sex nach Deutschland kam

Der Kampf um Sittlichkeit und Anstand
in der frühen Bundesrepublik

Siedler

Gefördert durch die Alexander von Humboldt-Stiftung.

Verlagsgruppe Random House FSC-DEU-0100
Das für dieses Buch verwendete FSC®-zertifizierte
Papier *EOS* liefert Salzer, St. Pölten.

Erste Auflage
Januar 2011

Umschlaggestaltung: Rothfos + Gabler, Hamburg
Lektorat und Register: Andrea Böltken, Berlin
Satz: Ditta Ahmadi, Berlin
Druck und Bindung: GGP Media GmbH, Pößneck
Printed in Germany 2011
ISBN 978-3-88680-977-6

www.siedler-verlag.de

Inhalt

ANHANG

Einleitung

Muffig und verklemmt waren die langen fünfziger Jahre, eine Epoche der Prüderie und Lustfeindlichkeit. So jedenfalls wird die Zeit bis zum Ende von Adenauers Kanzlerschaft gern dargestellt. Doch dieses Bild stimmt nicht. Tatsächlich war Sexualität in diesen Jahren ein großes Thema und bezeichnete eines der zentralen Felder politischer und sozialer Auseinandersetzungen. War von Sexualität die Rede, dann wurde um Vieles und durchaus Verschiedenes gerungen. Es ging um Themen wie die innere Verfassung der jungen Bundesrepublik, ihren Weg in die Zukunft und ihren Umgang mit der (»jüngsten«) Vergangenheit; die Beziehung zu Amerika und den Standpunkt zur »Amerikanisierung« der Lebensverhältnisse; die Moderne und ihre Herausforderungen; moralische Normen, kulturelle Werte, die Geschlechterordnung, kurz: um »Normalität« einer Gesellschaft im Umbruch. Wer sich hier einmischte, betrat ideologisch vermintes Gelände.

Den Zeitgenossen war dies bewusst. Denn sie erachteten Sexualität keineswegs als Privatangelegenheit, sondern stellten vielmehr zwischen sexuellen Normen und gesellschaftlichen Ordnungsvorstellungen unmittelbare Zusammenhänge her. Vor dem Hintergrund der Transformationsprozesse, die die bundesdeutsche Nachkriegsgesellschaft hin zur Konsum- und Mediengesellschaft durchlief, entwickelte sich Sexualität zu einem Terrain gesellschaftlicher Selbstthematisierung. Gestritten wurde um das soziale Selbstverständnis. Diesen Konflikten sowie den sozialen Funktionen und Bedeutungen, die mit Sexualität zwischen der Besatzungszeit und den frühen siebziger Jahren in der Bundesrepublik verknüpft wurden, geht diese Studie nach.

Behandelt werden drei Themenfelder: die (gesetzlichen) Maßnahmen, die im Zusammenhang mit dem sogenannten literarischen Jugendschutz getroffen wurden; die sexualwissenschaftlichen Studien des amerikanischen Forschers Alfred C. Kinsey und die Reaktionen in Wissenschaft, Medien und Publizistik; und schließlich die schon in der frühen Bundesrepublik boomende Erotikindustrie, für die stellvertretend die Flensburger Unternehmerin Beate Uhse steht. Alle ausgewählten Themen sind Indikatoren dafür, dass es in der Debatte über Sexualität um den Kernbereich gesellschaftlicher Ordnung ging. Alle beschäftigten zeitgenössisch weite Teile der Bevölkerung und lösten Normendiskussionen aus. Jede der in sich abgeschlossen präsentierten, aber aufeinander bezogenen Fallstudien hat einen eigenen Fokus und wirft im historischen Längsschnitt ein Schlaglicht auf die gesellschaftlichen Besonderheiten der Auseinandersetzung.

Die Studie hebt mit jedem Themenfeld chronologisch von neuem an, um die Gleichzeitigkeit und das Nebeneinander der Entwicklungen zu zeigen. Gefragt wird: Welche politischen Bedingungen und sozialen Ausgangslagen lösten die gesellschaftliche Auseinandersetzung aus? Um welche kollektiv bindenden Normsetzungen und Normüberschreitungen ging es? Welche Bedeutungen wurden Sexualität zugeschrieben, und welche sozialen Ordnungsvorstellungen waren damit verknüpft? Welche Kräfte und Gegenkräfte waren am Werk? Wer waren die Akteure und Träger des Konflikts über die Sittlichkeit, wie seit dem neunzehnten Jahrhundert der Terminus für die Sexualmoral lautete? Welche Verbindungen bestanden zu den älteren Debatten, und gab es ein Bewusstsein für den historischen Ballast? Welche Motive bestimmten das Handeln der Akteure? Was prägte ihren Erwartungshorizont und ihre Sicht auf die Gegenwart? Wann und warum erwiesen sich tradierte Deutungsmuster als brüchig? Welchen Anteil hatten die (Print-)Medien daran? Wie verhielt sich die Bevölkerung in Bezug auf die verordnete (oder besser: erwartete) Sexualmoral und ihre Bedingungen? Und schließlich: Welche zeittypischen Denkhorizonte und kollektiven Ordnungsmuster prägten den Umgang mit Sexualität?

Der Begriff, der im neunzehnten Jahrhundert in den Naturwissenschaften entstand und zunächst die biologischen Mechanismen der Fortpflanzung meinte (und erst lange nach dem Zweiten Weltkrieg weit verbreitet war), wird hier bewusst sehr weit gefasst.[1] In Anlehnung an die Historische Anthropologie wird Sexualität als veränderliche, von religiösen Denkweisen, Geschlechterarrangements und politischen wie rechtlichen Rahmenbedingungen geprägte Größe verstanden, die vielerlei Ausdrucksformen, Verhaltensweisen und Vorstellungen bündelte – mithin als (künstlicher) Sammelbegriff für geschlechtliches Begehren und Handeln, der soziokulturell geprägt war und diskursiv konstruiert wurde.[2] Der dezidiert mit einem Ordnungsimperativ verbundene Terminus diente dazu, sowohl Gesellschaftsauffassungen zu normieren als auch weltanschauliche Zukunftsentwürfe zu entfalten. Wie diese konkret aussehen sollten, darüber wurde seit dem Aufkommen des Begriffs disputiert, jedoch kaum je so konflikt-, tempo- und ereignisreich wie nach dem Zweiten Weltkrieg. Und die Arenen, in denen sich die Auseinandersetzung abspielte, umfassten das gesamte soziale Leben. Hier werden als wichtigste herausgegriffen: das Parlament, die Kleinstadt, das Gericht, die Illustrierte, das Kino.

Der Fokus dieser Untersuchung richtet sich auf die diskursiven Aspekte ebenso wie auf den politischen Prozess und die soziale Praxis im Umgang mit Sexualität. Beleuchtet werden die Akteure und ihre Handlungen, ihre höchst unterschiedlichen Ziele und Interessen, ihre Konkurrenz um Deutungsmacht, aber auch die Rezeption und Wirkung ihrer Aktivitäten. Gesellschaftliche (Selbst-)Verständigungsprozesse sind bedeutend, weil sie soziale Wirklichkeit generieren. Unabhängig davon, ob reale oder imaginierte Probleme debattiert werden, leitet die Wahrnehmung einer sozialen Gefahr Entscheidungen und Handlungen ein, um eine bestehende oder sich herausbildende Ordnung zu legitimieren, zu stabilisieren und zu reproduzieren. Emotionen spielen dabei eine wichtige Rolle und steuern – damals wie heute – die Empörung. Rationales Verhalten im Feld von Politik und Justiz stößt daher, wie der genaue Blick auf die Ereignisse offenbart, an gefühlsbedingte Grenzen. Da es beim Konflikt um Sexualität darum ging, gesellschaftlichen Ordnungsentwürfen Geltung zu verschaffen, spiegelte sich die Auseinandersetzung in Gesetzen, in der Rechtsprechung und im Verwaltungshandeln wider. Doch welche politischen Entscheidungsprozesse, sozialen Einflussstrukturen und Diskussionszusammenhänge steckten dahinter, und wie sah das Ensemble der nicht hinterfragten und wie selbstverständlich maßgebenden Denk-, Rede- und Verhaltensmuster aus? Wie verhielten sich Politik, soziale Eliten und Publizistik in diesem Prozess zueinander? Um Antworten auf Fragen wie diese zu finden, wurde hier ein sozial- und kulturgeschichtlicher Ansatz gewählt, der es erlaubt, bislang getrennt behandelte Forschungsfelder miteinander zu verbinden, insbesondere die Medien-, die Wissenschafts-, die Rechts- und die Konsumgeschichte.

Diese Studie versteht sich als Beitrag zu einer Geschichte der Bundesrepublik, die gängige Deutungsmuster über die autoritären und rigiden Moralvorstellungen des Nachkriegsjahrzehnts und den Hedonismus der sechziger Jahre durchbricht und stattdessen die Ambivalenzen der Epoche hervorhebt. Denn es ist erklärungsbedürftig, warum ausgerechnet in den gemeinhin für sexualfeindlich und repressiv erachteten fünfziger Jahren in der Öffentlichkeit so überaus intensiv über Sexualität diskutiert wurde. Zwei historische Standarderzählungen prägen bislang die Auseinandersetzung mit dem Thema und grenzen zwei Phasen scharf voneinander ab: Demnach waren die fünfziger Jahre die Zeit des Muffs, des heillosen Sexualkonservatismus, des Rückschritts und der Unterdrückung liberaler Strömungen, gekennzeichnet zwar von Aufbauwillen, Optimismus und Wertestabilität, aber dem Wesen nach eine bleierne Zeit. Beendet wurde die lange repressive Phase erst durch die mit dem Jahr 1968 konnotierten sozialen Veränderungen, die eine Zäsur setzten und als Auftakt zu Liberalisierung und sexueller Befreiung gelten, die eine aufgeklärt-tolerante Ära einleiteten, die durch die Demontage des traditionellen Wertesystems und grassierende Gesellschaftskritik charakterisiert wird. Das Klischee von den prüden fünfziger und den wilden sechziger Jahren hält sich in der Historiographie bis heute, ohne dass es empirisch erforscht worden wäre.[3] Die gängige Dichotomisierung verstellt jedoch den Blick auf den gesellschaftlichen Entstehungszusammenhang der Normendebatte und lässt unberücksichtigt, dass Auffassungen von Sexualmoral historisch angelegt und zeitgebunden sind sowie gesellschaftlich ausgehandelt wurden.

Diesen Hintergrund gilt es in historischer Perspektive zu untersuchen: um Kontinuitäten und Neuerungen zu ermitteln, um den sich verändernden kulturellen und sozialen Zweck der Auseinandersetzung zu eruieren und um herauszufinden, welche Bedeutung strenge Moralauffassungen hatten und wie resonanzfähig sie überhaupt waren. Auch die Zäsurbehauptung, die der Begriff »sexuelle Revolution« einschließt, muss hinterfragt werden. Wenn damit gemeint sein soll, dass Sexualität aus dem (angeblich) Verborgenen in die Öffentlichkeit geholt wurde, dann fand die sogenannte Revolution lange vor den späten sechziger Jahren statt. Die tief greifenden gesellschaftlichen Konflikte waren längst ausgetragen, als im Kontext des Jugendprotests der ausgehenden Sechziger und der Frauenbewegung der frühen Siebziger in der Öffentlichkeit (erneut) über Sexualität gestritten wurde. Zudem handelte es sich nicht um einen schlagartigen, fundamentalen Umsturz sexueller Interessenartikulation und Verhaltensformen, sondern um einen lange andauernden, komplizierten

Prozess. Als analytischer Terminus ist das Schlagwort von der »sexuellen Revolution« – unter dem sich schon die Zeitgenossen der sechziger Jahre allerlei Widersprüchliches vorstellten – daher ungeeignet. Hier interessieren vielmehr die Dynamik und die Konfliktlagen ihrer »Vorgeschichte«, denn es gab, wie gezeigt wird, eine Revolution vor der Revolution, und deren Bezüge reichten bis zur Jahrhundertwende.

Da Sexualität ein deutungsoffenes Feld war, bündelten sich hier vielerlei Intentionen: soziale Distinktionswünsche ebenso wie kulturelle Überlegenheitsansprüche, Ängste vor der Moderne genauso wie die Überzeugung von deren Fortschrittlichkeit, auf die NS-Zeit bezogene vergangenheitspolitische Interessen ebenso wie zukunftsorientierte Vorbehalte gegen die kulturellen Einflüsse der USA. Der Fokus »Amerika« war insofern wichtig, als sich die Umbrüche, Neuerungen und Bedrohungen, die von Sexualität ausgingen, maßgeblich auf die »Kultur von drüben« bezogen.[4] Diese Studie hat mithin zugleich eine transnationale Perspektive; der Umgang mit Sexualität war gleichermaßen Ausdruck der Akzeptanz wie der Abwehr kultureller Einflüsse aus den USA, die auch unter den Schlagworten von der sogenannten Amerikanisierung und der Ausbreitung der Populärkultur zusammengefasst wurden. In diesem Kontext kam den Medien eine besondere Bedeutung zu. Sie sorgten (nicht ohne Eigeninteresse) maßgeblich dafür, dass Sexualität schon wenige Jahre nach dem Zweiten Weltkrieg ein öffentlich verhandeltes Thema wurde – nicht erst, aber vor allem in Verbindung mit den Kinsey-Berichten aus den USA.[5] Ohnehin war der Wandel sexueller Normen und Verhaltensweisen kein bundesdeutsches Phänomen, sondern fand zur selben Zeit in vielen Ländern des industrialisierten Westens statt.[6] Der universelle Charakter der Entwicklung lässt auf supranationale Ordnungsvorstellungen schließen, die indes der genaueren Betrachtung bedürften, damit sich erschließen lässt, welche Rolle Krieg und Kriegserfahrungen für deren Herausbildung spielten und inwiefern womöglich auch Staaten jenseits des Eisernen Vorhangs einzubeziehen sind. Ein Vergleich ist hier jedoch nicht angestrebt. Nimmt man beispielsweise die beiden deutschen Staaten, so zeigt sich, dass sich die Situation in Bundesrepublik und DDR stark voneinander unterschied, zumal im Osten weder eine freie Presse noch eine zunehmend freizügiger werdende Konsum- und Werbeindustrie Ängste auslösten. Über die an die Sexualmoral geknüpften (über die Systemkonkurrenz hinausgehenden) Interessen gibt ein deutsch-deutscher Vergleich daher keine Auskunft, hierzu bedarf es – ebenso wie mit Blick auf weitere europäische und außereuropäische Länder – eigener Untersuchungen.

Mit dem Wandel sexualmoralischer Normen in der Bundesrepublik befasste sich bislang in erster Linie die sozialwissenschaftlich orientierte Sexualwissenschaft; auch aus psychoanalytischer Sicht wurde dazu geforscht, und die Soziologie näherte sich dem Thema ebenfalls an, wenngleich zögernd – obwohl Sexualität ein zentraler Bereich von Kommunikation und Vergesellschaftung ist.[7] In der Historischen Wissenschaft ist die Sexualitätsgeschichte zwar mittlerweile ein eigener Forschungszweig, ihr Fokus richtet sich bisher jedoch vor allem auf das achtzehnte, neunzehnte und frühe zwanzigste Jahrhundert;[8] die Zeitgeschichte hat sich noch kaum damit befasst. Hier setzt diese Untersuchung an. Im Vordergrund der wissenschaftlichen Beschäftigung mit Sexualität steht seit den ausgehenden siebziger und frühen achtziger Jahren die konstruktivistische Deutungsrichtung, die Sexualität in Anlehnung an die Studien des französischen Philosophen Michel Foucault (1926 – 1984) als Bereich von »Wissen und Macht« interpretiert. Foucault geht es nicht um sexuelles Verhalten, vielmehr fragt er nach der sozialen Selbstgestaltung des Subjekts und konturiert Sexualität als Disziplinierungsdiskurs.[9] Er argumentiert gegen die Repressionshypothese, die im Zentrum der Psychoanalyse und der freudomarxistischen Sexualitätsgeschichte steht, wie sie Wilhelm Reich, aber auch Herbert Marcuse vertraten. Der Hypothese zufolge wurde Sexualität politisch und gesellschaftlich im Laufe der Jahrhunderte viele Male unterdrückt. Nach Foucaults Interpretation liegt hierin aber keineswegs das Wesen ihrer historischen Bedeutung. Er bestreitet nicht, dass Sexualität reglementiert worden sei. Aber er wendet sich dezidiert gegen die als »Essentialismus« bezeichnete und auf Sigmund Freuds Lehre gründende Annahme von der naturgegebenen, kulturübergreifenden Triebkontrolle beziehungsweise -unterdrückung als Weg der kulturellen Bändigung sexueller Energien. Foucault begreift Sexualität nicht als natürlichen Trieb, der seiner wahren Bestimmung entfremdet sei und der Befreiung bedürfe, sondern er bezeichnet gerade die Annahme einer Natürlichkeit als gesellschaftliches Konstrukt. Sexualität war seiner Interpretation zufolge ein in Form wuchernder Diskurse sich herausbildendes System von (apersonalen) Machtbeziehungen und generell eine Möglichkeit, Macht zu schaffen und zu organisieren. Die Technik der Machterzeugung lässt sich nach seiner Deutung nicht auf Repression reduzieren, sondern besteht seit dem achtzehnten Jahrhundert im Nebeneinander von Verboten und Anreizen. Die Verbreitung der »Wahrheit« über Sexualität ist demnach eine Methode der unmittelbar machtgeleiteten Gestaltung sozialer Verhältnisse.

Vor dem Hintergrund von Foucaults Befunden und im Kontext der Biologisierung sozialer Beziehungen seit Mitte des neunzehnten Jahrhunderts drehen sich sexualitätsgeschichtliche Fragestellungen vor allem um die Entstehung und Entwicklung des wissenschaftlichen Diskurses über Sexualität, der als Schlüssel zu einer neuen Auffassung vom Subjekt verstanden wird.[10] Fachleute aus dem medizinischen Bereich, vor allem Ärzte, Psychiater, Psychologen und Sexualtherapeuten, wollten nach konstruktivistischer Interpretation ihre eigenen (Macht-)Interessen befördern und sich als Deutungsmacht etablieren, indem sie die Kontrolle über Körper und Seele begehrten und erhielten. Wissenschaftliche Forschung und behördliche Kontrolle arbeiteten demnach im Dienst staatlicher (feudaler beziehungsweise kapitalistischer) Interessen Hand in Hand, um Sexualität in ein Machtsystem zu integrieren, das Individuen und ihre Bedürfnisse mit den Ansprüchen von Staat und Gesellschaft verband und zweckbestimmter Disziplinierung unterwarf.[11] Der Streit zwischen Konstruktivisten und Essentialisten, der im Wesentlichen um die Frage kreiste, ob der menschliche Körper gewissermaßen »vordiskursiv« zu denken sei oder erst durch Diskurse hergestellt werde, steht heute jedoch nicht mehr im Vordergrund.[12]

Das Ziel dieser Studie ist es, die Sexualitätsgeschichte (ohne dass es dazu der programmatischen Orientierung an Foucault bedarf) in die Zeitgeschichtsforschung einzubinden. Eine Zeitgeschichte, die sich für die Thematik öffnet und sie in historische Handlungssituationen einbettet, nach Interessen und Entscheidungen fragt, aber auch Sinnkonstruktionen ermittelt und auf die gesellschaftlichen Verhältnisse bezieht, weitet den Blick und schärft ihn zugleich für Ambivalenzen. Angesichts der Tatsache, dass die kulturellen Grundsatzpositionen des sozialen Umbruchprozesses insbesondere auf dem Gebiet Sexualität hart aufeinanderprallten, gibt es für die Zeitgeschichte (die sich nun bereits den achtziger Jahren zuwendet) daher durchaus noch Gründe, die ersten beiden Nachkriegsjahrzehnte zu erforschen. Und dabei geht es weder um eine Erfolgs- noch um eine Defizitgeschichte, nicht um eine Geschichte des Muffs oder des Fortschritts, sondern um die differenzierte Betrachtung der Selbstsicht und des Selbstverständnisses der Zeitgenossen, ihrer gesellschaftlichen Selbstsuche und der darüber ausgetragenen Konflikte. Denn gerade hier erweist sich die Leistungsfähigkeit der Zeitgeschichtsforschung in aller Deutlichkeit, vermag sie doch sowohl die gesellschaftliche Abarbeitung von Problemen, die Nationalsozialismus und Krieg hinterließen, als auch die Genese selbst geschaffener, neuer Probleme und den sozialen Umgang damit zu erschließen.

Die stark theoriegeleitete Sexualitätsgeschichte wiederum richtet ihr Interesse kaum auf gesellschaftsgeschichtliche Fragen. Einige Ansätze hierzu unternahm aber der österreichische Historiker Franz Xaver Eder, der eine bedeutende, vom siebzehnten bis ins zwanzigste Jahrhundert reichende Geschichte der Sexualität veröffentlicht hat; er arbeitet gegenwärtig an einem Forschungsvorhaben über Sexualdiskurse und den Wandel der sexuellen Erfahrungen in Deutschland und Österreich zwischen den fünfziger und achtziger Jahren und organisiert die umfassende Online-Bibliografie zur Sexualitätsgeschichte.[13] Von Eder stammen neben einer Reihe forschungsgeschichtlicher Veröffentlichungen auch Aufsätze über den sexuellen Wandel nach dem Zweiten Weltkrieg. Im Zentrum steht bei ihm die Frage, ob sich im Sinne Foucaults »positive Sexualisierungen«, also diskursive Anreize, konstatieren lassen, die Sexualität nicht reglementierten. Die Bedeutung der sexualmoralischen Umwälzungen im Zuge der Studentenrevolte sieht er im Bruch des neuzeitlichen Sexualdiskurses, denn die »sexuelle Revolution« habe die Anleitung zur Befreiung und nicht zur Repression geliefert.[14]

Als herausragend unter den Publikationen zur Sexualitätsgeschichte ist zudem die Untersuchung der amerikanischen Historikerin Dagmar Herzog zur »Politisierung der Lust« zu nennen. In ihrem gleichnamigen Buch nimmt sie erstmals in einem weiten zeitlichen Bogen die Geschichte der Sexualität von der Weimarer Republik über die NS-Zeit und das geteilte Deutschland bis zum Fall der Mauer in den Blick. Das Buch ist eine Pionierleistung, und seine Stärke liegt in seinem Blick auf die politische Aufladung der Sexualmoral über die Epochengrenzen hinweg; die Nachkriegsjahrzehnte in der Bundesrepublik umfassen drei Kapitel. Dagmar Herzog stellt die Unterscheidung in eine repressive und eine liberale Phase nicht in Frage, wertet jedoch den Sexualkonservatismus der fünfziger Jahre als eine Reaktion auf die Sexualpolitik des Nationalsozialismus, deren Freizügigkeit sie betont und umfassend zeigt. Im Gegensatz zu älteren Forschungsmeinungen, wonach die NS-Zeit eine dezidiert antisexuelle Zeit war, hebt sie den für die »arische« Bevölkerung sexuell befreienden Charakter des Dritten Reiches hervor.[15] Nach Herzogs Interpretation zeigten sich nach Kriegsende an der Sorge um die Moralität nachhaltige Abwehrinteressen in Bezug auf die NS-Vergangenheit. Anstatt die Verbrechen des Regimes öffentlich zu thematisieren, habe die bundesdeutsche Gesellschaft die Sittlichkeit in den Mittelpunkt ihres Interesses gerückt, um sich nicht mit der eigenen Verantwortung für die Verbrechen auseinandersetzen zu müssen. Der sexuelle Konservatismus und moralische Konformismus der fünfziger Jahre seien letztlich eine Gegenreaktion auf die lockeren Sitten des Dritten Reiches gewesen. Die Protestgeneration von 1968, so lautet ihre zentrale These, habe hierin indes irrtümlich die Fortsetzung einer familienbetonten und sexualfeindlichen Politik des NS-Regimes gesehen und dessen Propagierung sexueller Libertinage nicht wahrgenommen. Dass die revoltierende Jugend einen Bezug zwischen sexueller Befreiung und der Abwehr gegen die NS-belastete Elterngeneration herstellte, beruhte, wie Dagmar Herzog betont, auf einer falschen Wahrnehmung der Sexualpolitik des Nationalsozialismus. Die Studentenbewegung habe die »sexuelle Revolution« als Aufbegehren gegen die NS-Sexualmoral verstanden, tatsächlich aber unbewusst gegen die Prüderie der Nachkriegszeit gekämpft, die wiederum eine Reaktion ihrer Eltern auf die nur scheinbar strengen, de facto aber freizügigen Moralvorstellungen des Nationalsozialismus war.

Die vorliegende Studie ist zeitlich und konzeptionell enger angelegt als Herzogs Untersuchung und setzt die historischen Bezüge gleichwohl sehr viel weiter. Denn die gesellschaftliche Auseinandersetzung über Sexualität nach dem Zweiten Weltkrieg stand, wie gezeigt wird, in der langen Tradition der schon mindestens seit der Jahrhundertwende geführten Sittlichkeitsdebatte. Der Konflikt um Sexualität lässt sich daher nicht auf ein Symptom der Auseinandersetzung mit dem Nationalsozialismus reduzieren. Er war nicht lediglich ein Abgrenzungsdiskurs zum Dritten Reich und ist auch nicht vordringlich als Verschiebungs- oder Übersprungshandlung aus dem Bereich der Schuldverantwortung für die nationalsozialistischen Verbrechen in den privaten Raum zu verstehen, wie Herzog in Anlehnung an die zeitgenössische Deutung von Protagonisten des Jugendprotests von 1968 annimmt. Vielmehr gilt es, die tief verankerten historischen Bezüge einer Auseinandersetzung zu erkunden, die genuin antimodernistisch geprägt ist, um Aufschluss über ihre Entwicklungsdynamik und ihre men-

tale Wirkkraft zu erhalten und letztlich auch den Erfolg von gesellschaftlichen Umorientierungsinteressen hinsichtlich der NS-Zeit einzuschätzen.
Zu den Kennzeichen der Nachkriegszeit gehörte neben ihrer im Schlagwort von der »Modernisierung unter konservativen Auspizien«[16] einge-
fangenen inneren Widersprüchlichkeit auch der Umstand, dass die NS-
Vergangenheit in vielfacher Weise präsent war. Der Umgang mit Sexualität
stand zu den Hinterlassenschaften des Dritten Reiches (die sozialen
Kriegsfolgen eingeschlossen) in klarem Bezug, das Thema bot eine Projektionsfläche im Umgang damit und war Bestandteil der reflexiven Selbstwahrnehmung der Nation. Allerdings stellte der NS-Bezug nur eine von
vielen Facetten des Diskurszusammenhangs dar, der gerade durch seine
Vielgestaltigkeit hervorsticht. Den unmittelbaren Bezugsrahmen setzte
nicht die NS-Zeit, sondern eine gesellschaftlich tiefer verwurzelte Auseinandersetzung: der Streit um die kulturelle Moderne.

Das hohe Bedürfnis nach Rückversicherung und Orientierung an den
kulturellen Wertmaßstäben des Kaiserreichs in den fünfziger Jahren hat
bereits Ulrich Herbert im Kontext eines Forschungsprojekts über »Wandlungsprozesse in Westdeutschland« eingehend thematisiert. Er deutet die
Ausrichtung an tradierten Normen (in vielen Bereichen) als Schutz vor
Verunsicherungen, die die rasante ökonomische und soziale Entwicklung
der Nachkriegszeit ausgelöst hatte.[17] Die Orientierungssuche war demnach
mit einer aggressiven Abwehr gegen die kulturelle Moderne verbunden.
Diesen Aspekt greift die vorliegende Studie auf. Sie zeigt die Interessen und
Kräfte, die zum Zweck einer »bürgerlichen« Neuordnung auf die Schaffung
einer Gegenmoderne zielten und dazu die Sexualmoral ins Zentrum ihrer
Bemühungen stellten. Sie zeigt aber im Unterschied zu Herbert auch, dass
derlei Versuche schnell scheiterten. So verloren beispielsweise, wie in Kapitel 1 deutlich wird, die Verfechter des Sittlichkeitspostulats, die schon
im Nationalsozialismus geschwächt worden waren, rasch an gesellschaft-
lichem Einfluss; mehr noch, ihr Versuch, strenge Sittlichkeitsnormen zu
etablieren, fiel zeitlich unmittelbar mit dem Aufstieg der Erotikindustrie
zusammen und war nicht zuletzt eine Reaktion darauf.

Der für die politische Kultur der sechziger Jahre prägende Prozess der
»Entnormativierung« – der Pluralisierung des Werte- und Normensystems –, der auch in dieser Studie von Bedeutung ist, wurde je nach historio-
graphischer Perspektive als (schubweise erfolgte) Demokratisierung, als
Liberalisierung oder als Zivilisierung beziehungsweise »Westernisierung«

der Bundesrepublik bezeichnet.[18] Dabei wird die Entwicklung als erfolgreiche Etablierung der parlamentarischen Demokratie und der sozialen Marktwirtschaft und als Überwindung der vom Dritten Reich geprägten autoritären Einstellungen akzentuiert. Eine neuere Interpretation sieht die Zeit zwischen den Fünfzigern und späten Siebzigern (bezogen auf ganz Westeuropa) als »Strukturbruch« und als »Phase des sozialen Wandels von revolutionärer Qualität«. Die Verbindungen und Wechselwirkungen zwischen Wirtschaft, Politik und Kultur werden zwar besonders betont, wobei der Fokus auf ökonomischen Zusammenhängen liegt.[19] Die hier betrachtete Gleichzeitigkeit unterschiedlicher, aber aufeinander bezogener und einander verstärkender gesellschaftlicher Entwicklungen gerät in den Deutungen allerdings nicht ins Blickfeld, ebenso wenig wie Hintergründe, Kontexte und Vorgeschichten der sozialen Dynamik.

Über den historischen Ort des Epochenjahrs 1968 besteht in der Forschung mittlerweile insofern Konsens, als daran keine zweite, innere Demokratiegründung und auch nicht der Beginn der »Fundamentalliberalisierung« der Bundesrepublik, wie Jürgen Habermas es nannte,[20] festgemacht wird. Vielmehr wird der Jugendprotest der späten sechziger Jahre als Kulminationspunkt eines bereits lange zuvor beginnenden sozialkulturellen Wandlungsprozesses gesehen.[21] Die internationale soziologische Forschung der siebziger Jahre wiederum, die fundamentale Veränderungen gesellschaftlicher Normen und Werte in den westlichen Industriegesellschaften konstatierte und deren Beginn auf die Jahre 1963 bis 1965 datierte, fasste Neuerungen im Umgang mit Sexualität und die neuen Formen des (sexuellen) Zusammenlebens, die sich im Kontext des Protests herausbildeten, schon früh unter den Rubren »Wertewandel« und »Lebensstilrevolte« zusammen. An die Stelle von sogenannten Pflicht- und Akzeptanzwerten wie Disziplin, Gehorsam, Unterordnung und Sparsamkeit rückten demnach »Selbstentfaltungswerte«, worunter individuelles Erfolgsstreben, Freizeitorientierung, Konsum, Selbstbestimmung und Lebensqualität gezählt wurden; dies sei, wie es heißt, ein Wechsel von »materialistischen« zu »postmaterialistischen« Werten gewesen. Sexualität wurde dabei zwar nicht als eigenständiger Bereich erfasst, aber in die Überlegungen einbezogen. Die emphatisch aufgeladene Theorie vom Wertewandel folgt indes einem recht einfachen Schematismus – und war in hohem Maße zeitgebunden. Anstatt nach ihrer Historizität zu fragen, übernahm die historische Forschung gleichwohl ihre Befunde und Kategorien, orientierte sich daran und trug sie weiter.[22] Von einer linearen Entwicklung lässt sich de facto aber ebenso wenig sprechen wie von einem klar umrissenen, die fünfziger Jahre dominierenden Konzept der Pflichtethik.

Gesellschaftsgeschichtliche Aufhellung und Erklärung für die tief greifenden sozialkulturellen Veränderungen der Nachkriegsepoche erbrachten die Überlegungen nicht. Es gehört zu den Zielen dieser Studie, den diskursiven Kontext zu erschließen, in dem sich der sogenannte Wertewandel vollzog, zumal die soziologischen Befunde letztlich Symptom und Bestandteil eben jener Auseinandersetzung waren, um die auch die Debatten der ersten Nachkriegsjahrzehnte in der Bundesrepublik kreisten: Gestritten wurde um den richtigen Umgang mit der kulturellen Moderne. Von den letzten Kriegsjahren bis in die frühen Siebziger fand überall in der westlichen Welt eine rasante Veränderung sexualmoralischer Normen statt. Sexualität, so werden die folgenden Ausführungen zeigen, entwickelte sich in der Bundesrepublik als Kernbereich menschlicher Weltaneignung zu einem Schauplatz – um nicht zu sagen: einem Schlachtfeld –, auf dem die Kontroverse um die Zumutungen und Bedrohungen, die Freiheiten und Glücksversprechen der kulturellen Moderne ausgetragen wurde. Darunter ließ und lässt sich vieles subsumieren. Der schillernde Terminus »Moderne« steht für einen Mythos, aber auch für historische Veränderungsvorgänge, die sich unmittelbar auf Lebensstandard und Verhalten der Bevölkerung auswirkten. Da über seinen Inhalt kein Konsens besteht und er gewissermaßen als Passepartout vielseitig einsetzbar ist, entzieht er sich einem festen, terminologisch geschärften analytischen Zugriff. In dieser Studie wird er als genuin wandelbares Konzept gesellschaftlicher Selbstbeobachtung gedeutet.[23] Die folgenden Kapitel, in denen es um Politisierung und Regulierung, ja überhaupt um die Frage geht, wie sich sittliche Überformung und Normierung von Sexualität erreichen oder abstreifen lassen und welche Zwecke jeweils damit verbunden sind, veranschaulichen, in welchem Maße das Thema für die Moderne stand und zugleich die Beteiligten dazu herausforderte, um die Deutungshoheit über die Kultur der Moderne zu ringen.[24] Sexualität gab in der Wahrnehmung der Zeitgenossen über den moralischen und zivilisatorischen Zustand der Gesellschaft Auskunft und diente mithin als zentrales Feld sozialer Formierungswünsche. Gegnern wie Befürwortern der kulturellen Moderne galt Sexualität als Kraft, die kulturell und sozial ebenso explosiv wie integrierend wirken konnte. Meinte »sexuelle Revolution«

aus Sicht »liberaler« Reformer Hoffnung und Fluchtpunkt, so betrachteten vehemente Sittlichkeitsverfechter sie als Ausdruck von Dekadenz und Anlass für Untergangsvisionen. Dieses Spannungsverhältnis, ja die hochgradige Ideologisierung und Ideologisierungsfähigkeit der Sexualität schlechthin steht im Zentrum dieses Buches.

KAPITEL 1
Sittlichkeit und Staatsräson

Mit dem Aufstieg der modernen Populärkultur an der Wende vom neunzehnten zum zwanzigsten Jahrhundert wurden auch Erotik und Nacktheit öffentlich präsent. Gerade im Deutschen Reich boomte die Medienentwicklung, und dank neuer Reproduktionstechniken stieg das Angebot an Zeitschriften mit freizügigen Bildern, an Postkarten mit Aktdarstellungen, an Groschenheften, Kolportageromanen und Witzblättern, in denen Frivolitäten großen Raum einnahmen. Während Tingeltangel und Reklame, kommerzielle Kunst und Unterhaltung auf eine lockere Sexualmoral setzten, brachten auflagenstarke Zeitungen Enthüllungsgeschichten über sexuelle Fehltritte führender Beamter, Politiker und Wirtschaftsmagnaten. Vergnügungskultur und Massenkünste gingen, zumal in den Großstädten, bald in den Alltag der Menschen ein. Mit dem Erotik-Boom wuchs aber auch der Widerstand dagegen: Bürgerliche Kreise, deren Kulturverständnis sich an der deutschen Klassik orientierte, hielten derartige Publikationen für »Zivilisationsgift« und für einen Angriff auf ihr kulturelles Selbstverständnis.[1]

Die Sorge um die geistig-moralische Entwicklung der Bevölkerung infolge (bescheidenen) Konsums und (ebenso bescheidener) neuer Freizeit trieb um die Jahrhundertwende all jene um, die ihre Weltdeutung an kulturellen Parametern ausrichteten – darunter Pädagogen, Eltern, Kirchenvertreter und Repräsentanten der staatlichen Organe. Sie verbanden mit den neuen Kulturwaren die Furcht, die Kontrolle über die geistige Orientierung der Heranwachsenden, aber auch der unterbürgerlichen Schichten zu verlieren. Das Bildungsbürgertum, das einst zu den Trägern der Modernisierungsdynamik gezählt hatte, wandte sich nun mit Verve gegen die kulturellen Erscheinungsformen der Moderne. Es vertrat in seiner Weltanschauung einen affirmativen Kulturbegriff, dem zufolge das Geistig-Seelische – besser: die innere Veredelung des Menschen – in Abgrenzung zu bloßer Zivilisation (dem lediglich Praktischen und Nützlichen) für die sogenannten hohen Werte stand.[2] Die Abwehr nahm bald institutionelle Züge an, und um die Jahrhundertwende formierte sich eine christliche Sittlichkeitsbewegung, die sich durch eine klare politische Stoßrichtung auszeichnete. Da die Käufer und Konsumenten der kommerziellen Populärkultur vor allem aus der städtischen Arbeiterschaft stammten und die (angesichts der fortschreitenden Industrialisierung) rasch wachsende Arbeiterbewegung als existentielle Bedrohung für die bestehende, als bürgerlich wahrgenommene Staats- und Gesellschaftsordnung galt, verstanden sich die bildungsbürgerlichen Verfechter der Sittlichkeit dezidiert als antisozialdemokratische Sammlungsbewegung.[3] Ihnen stand das Schreckbild vor Augen, dem »Pöbel« könne womöglich die kulturelle Hegemonie zufallen. Ihr Einsatz für die Sittlichkeit war daher ein integratives Instrument zur Förderung des bildungsbürgerlichen sozialen Zusammenhalts, zur Verteidigung der eigenen Wertewelt und zur Distinktion gegenüber den sozialen Unterschichten. Die Sorge spiegelte in erster Linie sowohl eine tiefgehende Krisenerfahrung angesichts der weitreichenden Wandlungen in Wirtschaft, Politik, Gesellschaft und Kultur als auch die daran geknüpfte Selbstreflexion wider. Zu den Akteuren der Sittlichkeitsbewegung zählten Ärzte, Wissenschaftler, Publizisten, Juristen, Pfarrer, Bibliothekare, Gymnasial- und Oberlehrer sowie Vertreter der Schulbehörden, überhaupt Leute, die akademisch gebildet waren und hohes soziales Ansehen genossen oder, wie die um die Akademisierung ihrer Berufsausbildung bemühten Volksschullehrer, danach strebten, solches zu erwerben.

Der Anteil der Bildungsbürger an der Bevölkerung lag im Kaiserreich bei rund einem Prozent – und vergrößerte sich auch später nicht.[4] Protestanten stellten einen überproportional hohen Anteil an bildungsbürgerlichen Berufen, aber der Einsatz für die Sittlichkeit war keine Frage der Konfession. Für das bildungsbürgerliche Sozialverständnis war die Überzeugung von Bedeutung, dass Sexualmoral den Kern der hergebrachten, auf Autorität gründenden politischen und gesellschaftlichen Ordnung ausmache. Die Kontrolle der Sexualität stand daher im Mittelpunkt bildungsbürgerlicher Vorstellungen vom sozialen Zusammenleben.[5] Öffentliche Unsittlichkeit dagegen galt als Chiffre für die Zerstörung gewachsener sozialer Tradition, kurz: für die geistig-kulturelle Bedrohung der bestehenden Ordnung.

Dabei ging es um weit mehr als Sexualität. Dass mit der kulturellen Moderne Frivoles in die Öffentlichkeit kam und zudem visualisiert wurde, forderte das Wert-, Normen- und Denksystem der bürgerlichen Welt insgesamt und unmittelbar heraus. Dementsprechend vielfältig waren die dadurch freigesetzten Ängste: vor sozialer Auflösung und kultureller Enteignung, vor Kompetenz- und Einflussverlust, vor der Marginalisierung volkserzieherischer Bemühungen und vor dem eigenen gesellschaftlichen Niedergang. Beim Einsatz für die Sittlichkeit handelte es sich mithin um einen Kampf gegen die Modernisierungsdynamik, die sich mit Wucht auf Lebensformen, Alltagsgewohnheiten und Werte auswirkte. Die Erkenntnis, dass die Wurzeln der Auseinandersetzung über die Sittlichkeit im neunzehnten Jahrhundert und in den Phänomenen der entstehenden Industriegesellschaft zu suchen sind, ist mit Blick auf den folgenreichen historischen Ballast der Kontroverse von ausschlaggebender Bedeutung. Denn in der weit verbreiteten Klage über die »öffentliche Unsittlichkeit« schwangen alle Bedrohungen mit, die der um die Jahrhundertwende für zersetzend erachtete, vornehmlich den Großstädten zugeschriebene kulturelle Modernismus mit sich brachte, die tatsächlichen wie die imaginierten. Das Nachdenken darüber ging mit dem Aufstieg der kulturellen Moderne Hand in Hand – genauso wie die Kulturkritik, deren prägender Bestandteil der Sittlichkeitsaktivismus war.[6]

»Sittlichkeit« avancierte in diesem Zusammenhang zu einem zentralen, Staat und Bevölkerung durchdringenden Begriff. Der Terminus wurde ganz auf den Bereich des Geschlechtlichen und den in den Naturwissenschaften um 1870 neu geprägten Begriff »Sexualität« zugespitzt. Gemeint war damit keine universale Ethik im Sinne Kants, sondern ein christlich grundiertes Naturrecht. Die Kirchen klärten nicht, ob die naturrechtlichen Grundregeln der Sexualmoral, von denen sie ausgingen, überhaupt biblisch zu begründen waren. »Verstoß wider die Sittlichkeit« war als empörter Ausdruck für abweichendes Sexualverhalten gang und gäbe; gemeint war damit alles, was jenseits des ehelichen, auf die Zeugung von Kindern ausgerichteten Geschlechtsverkehrs zwischen Mann und Frau lag. Sittlichkeit erhielt normierende Kraft, stand für übergesetzliche Werte und für ein gottgewolltes, gleichsam naturgegebenes, zeitloses Regelwerk. Sie war ein Leitwert im Prozess gesellschaftlicher Selbstvergewisserung und ein elementarer Bestandteil von Rechtsordnung und Staatswesen, ein Rechtsprinzip von absolutem Gültigkeitsanspruch, das als Seins- und Sollensordnung galt.[7]

Im Zentrum bildungsbürgerlicher Bemühungen um die Sittlichkeit standen junge Leute. Nicht zufällig fiel die Erfindung des »Jugendlichen« in die Jahre um die Jahrhundertwende. Während Termini, die sich aus dem neuen Modewort »Jugend« zusammensetzten, etwa »Jugendstil« und »Jugendbewegung«, für Erneuerungs- und kulturelle Aufbruchstimmung, für Elan und eine hoffnungsvolle Zukunft standen, war der »Jugendliche« die Bezeichnung für einen verwahrlosten, erziehungs- und korrekturbedürftigen jungen Menschen. Nicht selten wurden delinquente junge Arbeiter so genannt.[8] Viele Erwachsene waren von der Gefährdung der Jugend durch die Massenkünste überzeugt. Deren Normverletzungen zerstörten angeblich die Kultur und vermittelten falsche Vorstellungen vom Leben, da sie die Sinne »überreizten« und die Fantasie »aufpeitschten«. Da die Jugend Hoffnungsträger einer besseren Zukunft war, galt es, gerade sie zu überwachen und zu schützen. Der bedrohliche Massencharakter der Kulturwaren lag nach verbreiteter Auffassung im billigen Gebrauchswert und in ihrem buchstäblich massenhaften Konsum, kurz: in dem Umstand, dass sie sich am Geschmack der »ungebildeten Massen« orientierten. In allen sozialen Schichten, auch auf dem Land, wohin die Populärkultur zwar kaum vordrang, wo aber Gerüchte darüber kursierten und die Angst davor nicht geringer war als in den Städten, breiteten sich bildungsbürgerliche (Vor-) Urteile aus: dass die Massenkünste minderwertig seien, zu Sinnlichkeit und Verbrechen verführten, Unzucht und Gewalt, Realitätsverlust, Vergnügungssucht und Verdummung verursachten und gewissenlosen Händlern Profit verschafften. Der Terminus »Masse« wurde zum gesamtgesellschaftlichen Deutungsbegriff und stand sinnbildlich für die krisenhafte Modernität. »Masse« implizierte in hohem Maße soziale Distanzierung. Das Bildungsbürgertum erachtete sich dagegen als Geistes-Aristokratie.

Das Paradigma des Jugendschutzes im Sinne sittlicher Überwachung junger Leute etablierte sich umgehend in der Rechts- und Erziehungspraxis.[9] »Sexualpädagogik« avancierte Ende des neunzehnten Jahrhunderts zur Wissenschaft von der Jugendverwahrlosung. In Justiz und Polizei und insbesondere in den staatlichen Kultusverwaltungen brachte man den Sittlichkeitsaktivisten große Sympathien entgegen. Die Vertreter vieler Behörden verstanden sich als deren Partner, wenn es darum ging, den bildungsbürgerlichen Anspruch auf Wahrung der tradierten Sexualmoral zu erfüllen – Jugendschutz stellte sich bald als Programm staatlicher Präventivmaßnahmen dar. Gemeint war mit dem Diktum nicht nur, aber doch in erheblichem Maße der Schutz vor der sozialen Sprengkraft der Sexualität. Welche Faszination von dem Thema ausging, bezeugt der Umstand, dass Sexualität und die Bemühungen zu ihrer Steuerung ins Zentrum ganzer Wissenschaftszweige, Rechtssysteme und staatlichen Institutionen rückten.

Der mediale Massenmarkt lieferte einen ausgesprochen starken Anstoß für staatliche Maßnahmen im Dienste der Sittlichkeit. Seit der Gründung des Kaiserreiches war – und blieb – die Verteidigung der Sittlichkeit eine Sache der Staatsräson, war doch die »gesunde« Fortentwicklung des Gesellschaftsganzen nach allgemeiner Wahrnehmung davon abhängig. Für die rechtliche Ordnung sorgte Paragraph 184, nach dem der Verkauf von unzüchtigen Schriften und Darstellungen unter Strafe stand und mit Geldbuße oder Haft belegt wurde.[10] Die Auslegung des Begriffs »unzüchtig« blieb Ende des neunzehnten Jahrhunderts zunächst gerichtlichem Ermessen überlassen; alsbald wurde darunter aber alles gefasst, was »das Scham- und Sittlichkeitsgefühl in geschlechtlicher Beziehung« verletzte beziehungsweise, wie es im Gesetz hieß, »gröblich verletzte«. Als Rechtsmaßstab wurden – denkbar vage – die »als allgemein anerkannt geltenden Sittlichkeitsvorstellungen« eines »normalen« Erwachsenen angesehen.

Unter dem Schlagwort »Lex Heinze« entbrannte im Jahrzehnt vor der Jahrhundertwende ein heftiger Streit um die geplante Verschärfung der Strafvorschrift. Den Anlass dazu lieferte das Gerichtsverfahren gegen das Berliner Ehepaar Heinze, eine Prostituierte und ihren Zuhälter. Nach verbreitetem Eindruck kamen dabei verheerende sexualmoralische Zustände in der Reichshauptstadt ans Licht. Trotz heftiger Proteste von Künstlern, Journalisten, Schriftstellern und anderen Intellektuellen, die sich im Goethebund, einer Vereinigung »zum Schutz freier Kunst und Wissenschaft«, zusammenschlossen, wurde die Gesetzesverschärfung am Ende doch beschlossen, wenngleich nicht in der härtesten diskutierten Variante. Die »Lex Heinze« ergänzte nun die Strafgesetze über Kuppelei und die Verbreitung unzüchtiger Schriften und trat im Juni 1900 in Kraft. Mit Paragraph 184a wurde der Jugendschutzgedanke erstmals im Zusammenhang mit Publikationen gesetzlich verankert. Strafbar machte sich fortan, »wer Schriften, Abbildungen oder Darstellungen, welche ohne unzüchtig zu sein, das Schamgefühl gröblich verletzen, einer Person unter 16 Jahren gegen Entgelt überläßt oder anbietet«. Der Handel mit Verhütungsmitteln und Präparaten gegen Geschlechtskrankheiten wurde nun verboten.[11] Im Kontext dieser, im Reichstag und in vielen Zeitungen ausgetragenen Auseinandersetzung bürgerte sich der Ausdruck »Schmutz und Schund« ein, der rasch zum zentralen Kampfbegriff gegen die Massenkultur wurde. Mit »Schund« waren »ästhetisch wertlose« Schriften, mit »Schmutz« die sexualmoralisch anstößigen gemeint.[12] Es entstand eine ganze Reihe von Institutionen, die sich die Ausmerzung der Blätter zur Aufgabe machten, darunter der 1904 gegründete Volksbund zur Bekämpfung des Schmutzes in Wort und Bild und die 1911 der Berliner Zentralstelle für Volkswohlfahrt angegliederte Zentralstelle zur Bekämpfung der Schundliteratur. Ein Buch, das in diesen Jahren weite Verbreitung fand – Mitte der zwanziger Jahre kam es bereits in dritter Auflage heraus –, trug den Titel »Die Schundliteratur. Ihr Wesen, ihre Folgen, ihre Bekämpfung«. Darin hieß es klipp und klar, ein »Kulturvolk« könne »Schmutz und Schund« nicht dulden.[13]

Staat und Kirchen im Sittlichkeitskampf

In der Weimarer Republik blieb Paragraph 184 unverändert gültig, und auch nach dem Zweiten Weltkrieg behielt das Gesetz aus der Kaiserzeit seine Rechtskraft. Anlass zur (neuerlichen) Dramatisierung der Sexualität bot nach Kriegsende die tiefe Zäsur, die die Währungsreform setzte, denn zu ihren kulturellen Folgeerscheinungen zählte der schlagartig einsetzende Boom des neu entstehenden publizistischen Erotikmarktes. Für dessen rasches Aufblühen sorgten die von den Alliierten initiierte Liberalisierung des Presse- und Buchwesens sowie die ökonomischen Rahmenbedingungen nach dem Ende der Papierbewirtschaftung. Erotische Schriften gab es fortan in großer Zahl zu kaufen, und die Konkurrenz auf dem Heftchenmarkt war groß. Bereits im Sommer 1948 waren die Kioske der Großstädte behängt mit ganzen Reihen einschlägiger Zeitschriften. Die Buchhändler, zumal die, die in Bahnhofsnähe ihren Laden hatten, legten die Hefte mit den spärlich bekleideten Frauen auf dem Titel zu Dutzenden in ihren Schaufenstern aus. Grelle Streifen mit der Aufschrift »Nur für Erwachsene« lenkten den Blick auf Bilder und pikante Geschichten. »Das nackte Mädchen« lautete ein Titel, »Schrei nach Liebe. Buch einer Gefallenen« ein anderer. Zahlreiche Fortsetzungsserien erschienen über das »Sexualleben der Bäuerin« und über »Sexualität hinter Stacheldraht«.[14] Für Verleger, Grossisten und Einzelhändler wurde der Handel mit den

»Magazinen«, wie die Hefte im Unterschied zu den Illustrierten hießen, zum großen Geschäft. Denn der freie Markt machte es möglich: Vielerorts entstanden Versandbuchhandlungen und Vertriebsstellen. Die schlüpfrigen Schriften waren begehrt, und lukrativ fiel auch das Anzeigengeschäft aus, namentlich die Werbung für Verhütungsmittel und Annoncen zur erotischen Kontaktanbahnung. In Berlin, Hamburg, Frankfurt, München und Stuttgart machten sich nun einschlägige Verlage breit, zumeist Klein- und Kleinstbetriebe, deren Besitzer – darunter Handwerker, Händler, Angestellte und viele Hausfrauen – sich damit ein Zubrot verdienten. Sie alle betrieben Herstellung und Handel im privaten Rahmen; in den Westzonen gab es 1948/49 etwa 140 solcher »Verleger« im Erotikgeschäft.[15]

Wie viele Titel auf den Markt kamen und in welcher Auflage, ist nicht bekannt. Die Tagespresse, die über den Boom ausführlich berichtete,[16] ging von 6 Millionen Heftchen aus. Sie waren teuer und kosteten mit 50 oder 75 Pfennigen etwa doppelt so viel wie die Illustrierten. Von einem »Millionengeschäft« schrieb die *Abendzeitung* in München und berichtete im Sommer 1949, erotische Schriften seien im Umfang von 500 Tonnen unter Umgehung der Devisen- und Zollbestimmungen über die österreichische Grenze nach Bayern geschafft und überall in den Westzonen verkauft worden.[17] Wie weit verbreitet sie waren, zeigte auch der Umstand, dass selbst am Zeitungskiosk im Foyer des bayerischen Wirtschaftsministeriums *Paprika* zu kaufen war, eines der bei den Käufern besonders beliebten Erotikmagazine.[18] Viele Heftchen trugen unverfängliche Namen: Sie hießen *Kobold, Spaßvogel, Paradies, Der bunte Vorhang, Die Gondel, Cocktail* und *Dr. Faust* (woraus später *Mephisto* wurde). Manche nannten das Genre indes schon im Titel: das *Neue Magazin*, das *Wiener Magazin*, das *Ronke-Magazin*, das *Kleine Magazin* und eines, das schlicht *Das Magazin* hieß. Als die *Frankfurter Hefte* im April 1950 das Leseverhalten der Bevölkerung untersuchten, fanden sie heraus, dass die Erotikheftchen, anders als Illustrierte und Tageszeitungen, die sofort aufgeschlagen wurden, nach dem Kauf rasch in der Aktentasche ihrer zumeist männlichen Käufer verschwanden. Sie wurden nicht im Eisenbahnabteil gelesen, hieß es, sondern »offenbar mehr in der Stille«.[19]

Da der Verkauf der Erotikhefte wie überhaupt der Absatz trivialer Produkte nach der Währungsreform so sprunghaft anstieg, entstand rasch der Eindruck ihrer visuellen Omnipräsenz und der Dominanz des Sinnlichen in der Öffentlichkeit. Viele Beschwerden wurden nun laut, und die staatlichen Behörden schritten umgehend ein: In München griff die Staatsanwaltschaft auf Grundlage des Paragraphen 184 kurz vor Weihnachten 1949 rigoros durch. Polizeibeamte rückten nahezu jeden Tag aus, um Schmutz- und Schundschriften an den Kiosken und in den Bahnhofsbuchhandlungen zu konfiszieren. Die *Süddeutsche Zeitung* begrüßte das Vorgehen, denn die wuchernde Konkurrenz der Magazin-Hersteller begann bereits lästig zu werden.[20] Die *Frankfurter Rundschau* wunderte sich indes über die staatliche Moralüberwachung. Voll beißender Ironie attestierte das Blatt den bayerischen Beamten, die ganze Lastwagenfuhren mit den Schriften auf ihr Präsidium bringen ließen, himmelschreiende Scheinheiligkeit: »Tausende, Zehntausende von schlechtgedruckten Heftchen mit Fotos wenig bekleideter Mädchen werden in den warmen Stuben der Polizeireviere eingelagert. Eine menschliche Polizei: jeder von uns hätte im kalten Dezember Mitleid mit diesen armen frierenden Nacktheiten.«[21]

Die Polizei konnte auf der Basis von Paragraph 184 für unzüchtig befundene Schriften ohne richterliche Anordnung kurzerhand beschlagnahmen. Was als »unzüchtig« galt, wurde nach wie vor nicht definiert, auch wenn 1950 einige Justizvertreter auf Nachfrage gegenüber der Presse erklärten, Nacktheit allein gebe nicht den Ausschlag.[22] Und so galt die reichlich nebulöse Annahme einfach fort, dass unzüchtig sei, was in irgendeinem Bezug »zum Geschlechtlichen« stehe. Beschlagnahmeaktionen wie in Bayern, die in ähnlicher Weise auch anderswo in den Westzonen stattfanden,[23] zeitigten allerdings zweischneidige Folgen: Zwar zogen die Polizeibeamten die für unsittlich erklärten Machwerke aus dem Verkehr, wobei sie sich in München jedesmal auf die Expertise einer eigens bei der Staatsanwaltschaft gebildeten örtlichen Prüfungskommission stützten. Ein Staatsanwalt, ein Polizeivertreter, der Leiter des Stadtjugendamtes, ein Psychologe und ein Professor der Akademie der Künste bildeten das Expertengremium, das jeweils entschied, was unzüchtig sei. Aber das Verbot, das nur lokale Wirkung hatte, erhöhte in der Öffentlichkeit erst den Reiz der Heftchen und steigerte die Nachfrage deutlich, zumal die Presse ausführlich über die Konfiszierungen berichtete.[24] Viele Zeitungen hatten unverkennbar ihre Freude daran, über Kioskbesitzer zu schreiben, denen es gelungen war, die Polizeibeamten zu überlisten. So mancher Händler holte nach einer Razzia einen Stapel heimlich zurückbehaltener Erotikhefte voller Stolz unter seinem Ladentisch hervor und zeigte sie dem Reporter mit den Worten: »Für die Stammkunden«. Andere fragten: »Was für Aktphotos wollen Sie sehen?« Unter den Käufern war die Bereitschaft groß, wie ein Großhändler der Presse verriet, »jeden Preis« dafür zu bezahlen.[25]

Als die Hersteller der Magazine im April 1950 mit ihrem Vorhaben scheiterten, nach dem Vorbild der Filmwirtschaft ein Selbstkontrollorgan zu gründen, um sich auf dem Wege der Selbstverpflichtung gegenseitig vor Indizierung und ökonomischem Risiko abzusichern,[26] beförderte dies in Politikerkreisen Überlegungen, mittels der Einrichtung von Schnellgerichten und zentralen Beschlagnahme-Instanzen die weitere Ausbreitung der erotischen Schriften zu verhindern. Solche Pläne hinkten der Entwicklung allerdings hinterher, denn der Heftchenmarkt brach nach dem raschen Boom schon bald wieder ein. Viele Produzenten konnten sich angesichts des harten Wettstreits und der Vielzahl der Titel nicht lange auf dem Markt halten. Im Sommer 1950 war daher eine ganze Reihe der umstrittenen Publikationen bereits wieder verschwunden. Die Tagespresse registrierte dies sehr wohl und sprach vom »Massensterben« der Magazine.[27] *Paprika*, *Kobold* und das *Ronke-Magazin* hatten ihr Erscheinen schon eingestellt, das *Neue Magazin* und einige andere Blätter standen vor dem Aus. Dem Wunsch nach staatlichem Durchgreifen tat die mediale Entwicklung aber keinen Abbruch, vielmehr erscholl laut der Ruf nach einem neuen Gesetz: einem »Abwehrgesetz«, das den Profiteuren von Schmutz und Schund ein für alle Mal das Handwerk legen sollte. Paragraph 184 des Strafgesetzbuches sei dazu viel zu schwach, hieß es in diversen Resolutionen, und die Gewerbeordnung, die den Handel mit unzüchtigen Schriften und Gegenständen gleichfalls verbot, galt als genauso unwirksam.[28]

Honoratiorenzirkel, Elternvereinigungen und eigens gegründete Komitees machten sich für das neue Gesetz stark. Aktivitäten entfalteten überhaupt all jene (sozial nur schwer zu fassenden) Kreise, die nach Bürgerlichkeit strebten – nach wie vor verstanden als spezifisches, auf Distinktion ausgerichtetes Wertesystem und ersehnte soziale Norm. Sexualität galt in diesem Bezugsrahmen ganz in der Tradition des neunzehnten Jahrhunderts als soziale Gefahr,[29] der (paternalistische) Staat als die sittliche Instanz schlechthin, die Bedrohungen vorzubeugen und mit juristischen Mitteln die Aufrechterhaltung der öffentlichen Moral zu garantieren hatte. »Bürgerlichkeit« meinte eine Orientierung stiftende und der Krisenbewältigung dienende Vorgabe der Lebensführung, die »Sittlichkeit« als elementaren Bestandteil einschloss; deren Vermittlung an die kommende Generation gehörte ebenfalls dazu. Im Kaiserreich hatten strenge sexualmoralische Normen als Damm gegen den Einbruch der Moderne in die privaten Beziehungen und Lebensweisen gewirkt. Vor allem das Strafrecht mit seiner rigiden Reglementierung sexuellen Verhaltens sorgte für Ordnung. Auch nach dem Zweiten Weltkrieg stand Sittlichkeit für einen gesellschaftlichen Zustand, an dem soziale und kulturelle Phänomene gemessen wurden. Die Ausrichtung an der Sittlichkeit als Ordnungsbegriff und Leitidee sozialer Vorstellungen hatte dabei Ende der vierziger Jahre vielerlei Funktionen: Dazu zählten der Schutz vor den kulturellen »Auswüchsen« der Gegenwart ebenso wie die Sehnsucht nach Schaffung Gemeinschaft stiftender Interessen.

Das am Profit orientierte, für skrupellos erachtete Vorgehen der Magazinverleger schien all dem entgegenzustehen. Die Rede war von »Spekulanten« und gierigen Geschäftemachern, die mit dem geistigen Niedergang, den sie vorantrieben, auch noch ihre Kassen füllten.[30] Die Aversionen gingen mit der Klage über Kommerzialisierung, Mechanisierung, Nivellierung, Entfremdung, Vermassung und Vulgarisierung einher. Zum Ausdruck gebracht wurde damit (wie in der Vergangenheit) Unbehagen angesichts der kulturellen Entwicklungstendenzen der Gegenwart. Mit der düsteren Aussicht auf eine alles nivellierende und kommerzialisierende Kulturindustrie erschien die Kultur selbst durch Kapitalismus und freien Markt in verheerendem Maße bedroht zu sein.[31] Die Verlustängste mündeten daher in eine generelle Kampfansage an die Kultur und die Freiheitsvorstellungen der Moderne; die Abwehr gegen die kulturellen Einflüsse aus Amerika, das als Inbegriff einer niederen, vulgären Zivilisation galt, schwang dabei immer mit. Aus Verunsicherung über den Fortbestand der kulturellen Hegemonie der gebildeten Welt hielt man an tradierten Sittlichkeitswerten und Normvorstellungen fest, mit Argumenten, Inhalten und Absichten, die alles andere als neu waren. Dennoch ging der Einsatz für die Sittlichkeit über die Neubelebung von Tradition hinaus: Er war eine Strategie im Umgang mit der Erfahrung des sozialen und politischen Umbruchs nach Kriegsende. Mit Sittlichkeit, verstanden als unveränderliche und zeitlose Norm, verbanden sich sowohl die Hoffnung auf Schaffung einer Idealwelt als auch die Erwartung, an ihr lasse sich eine stabile Ordnung der Gesellschaft ausrichten. Der sozialkulturelle Orientierungshorizont war dabei die »Normalität«[32] einer – zeitlich nicht näher definierten – »guten«, in hohem Maße idealisierten, patriarchalisch-autoritär geprägten Vergangenheit. Das Denkmuster Sittlichkeit mit dem implizierten Wunsch nach einem übergreifenden gesellschaftlichen, besser: gemeinschaftlichen Konsens, der sozialkulturelle Geborgenheit versprach, hatte mithin sinnstiftende Funktion. Nach dem schmählichen Ende der mit dem Dritten Reich untergegangenen Idee von der Volksgemeinschaft zeugte der Ruf nach Sittlichkeit von der Sehnsucht nach einer neuen großen Gemeinschaftsvision.

Im Konflikt um das vielfach geforderte Gesetz gegen Schmutz und Schund – einem Kernereignis im Umgang mit Sexualität in der jungen Bundesrepublik – prallten die kulturellen Grundsatzpositionen direkt aufeinander: die Maximen von Pluralismus und Freiheit, für die die Besatzungsmächte und die von ihnen lizenzierten Zeitungen standen, und gemeinschaftsfixierte, paternalistisch geprägte Sittlichkeitsvorstellungen, für die Staat und Kirchen eintraten.[33] Unter den Organisationen, die den Kampf für die Sittlichkeit aufnahmen, stach eine besonders hervor: der Volkswartbund. Der Kölner Verband, dem ausschließlich Laien angehörten, war die zentrale Sittlichkeitsorganisation der katholischen Kirche. Seit seiner Gründung kurz vor der Jahrhundertwende trug er die Botschaft in die Öffentlichkeit, dass sittliche Ordnung den Bestand der (Kultur-)Nation garantiere. Untersucht man seine Geschichte, so wird dreierlei deutlich: die Persistenz und Zähigkeit der Interessen und Argumentationsweisen im Sittlichkeitskampf vom Kaiserreich bis in die frühe Bundesrepublik; der (vorübergehende) gesellschaftspolitische Einfluss seiner Protagonisten auf Bonner Gesetze; der Bedeutungsverlust, den ihr Feldzug aller Rhetorik zum Trotz schließlich schon bald erfuhr.

Ins Leben gerufen hatte den Volkswartbund[34] im Jahr 1898 der Kölner Oberlandesgerichtsrat Hermann Roeren aus Anlass flegelhafter Umtriebe junger Arbeiter einer im Süden Kölns gelegenen Fabrik. Nach Auffassung von Zeitgenossen entwickelten die jungen Männer sich zu einer veritablen »Eiterbeule«, wie es in Dokumenten heißt.[35] Roeren, der neben seiner Eigenschaft als Vorsitzender des Verbands das Zentrum im Reichstag vertrat und dort für die »Lex Heinze« stritt,[36] veröffentlichte in den folgenden Jahren Schriften wie »Die öffentliche Sittlichkeit und ihre Bekämpfung« und »Die Sittlichkeitsgesetzgebung der Kulturstaaten«.

Die Jahre vor der Jahrhundertwende waren generell durch die Entstehung einer Vielzahl katholischer, klerikal verfasster Bildungs- und Kulturvereine gekennzeichnet, die dem Ultramontanismus, der programmatisch romtreuen Glaubensrichtung, zuzurechnen waren. Ideologisch zeichneten diese Gruppierungen sich durch ihre Frontstellung zur kulturellen Moderne und ihre antisozialistische Prägung aus. Sie strebten dagegen auf dem Wege der sozialen Formierung nach einer ständisch und patriarchalisch organisierten Gesellschaft und boten ihren Mitgliedern Orientierung und Halt, innere Festigkeit und Hilfe in allen Fragen der Lebensführung. Die Isolierung des Katholizismus infolge von Bismarcks Kulturkampf verschaffte den Vereinen Zulauf und förderte den ultramontanen Integralismus.[37]

Der Kölner Verband nannte sich zunächst »Männerverein zur Bekämpfung der öffentlichen Unsittlichkeit«. Seine Anhänger kamen aus dem Rheinland und dem westfälischen Raum. Die meisten zählten zur Honoratiorenschicht ihrer Heimatorte und verfügten als Richter, Beamte, Ärzte, Pfarrer, Anwälte und Fabrikanten über hohes soziales Prestige. Das Rheinland gehörte ohnehin zum Kerngebiet des Ultramontanismus. Köln als religiöses Zentrum und Sitz des Erzbischofs war traditionell ein Schauplatz, auf dem die Katholiken heftige Konflikte mit der kulturellen Moderne ausfochten. Protestantische Sittlichkeitsvereine, die in der Mehrzahl schon früher gegründet worden waren als die katholischen, zogen zwar die gleiche Klientel an, zusätzlich jedoch Angehörige sozial elitärer Kreise wie Regierungsbeamte, Militäroffiziere und Adlige, die es in der katholischen Bevölkerung aus sozialstrukturellen Gründen nicht gab.[38] Frauen war die Mitgliedschaft in den christlichen Vereinen während des Kaiserreiches untersagt, denn das Verhältnis der Geschlechter beruhte traditionell auf Differenz, Hierarchie und klar zugewiesenen Rollen. Die Protestanten lockerten das Verbot schließlich.[39] Juden blieben aus allen christlichen Sittlichkeitsvereinen dauerhaft ausgeschlossen. Dass sie deshalb ihre eigenen Sittlichkeitsorganisationen gründeten, war ein Zeichen jüdischen Strebens nach Bürgerlichkeit (gerade im rechtlichen Sinne), blieb aber eine Randerscheinung.

Die Ziele und Aktivitäten der katholischen und protestantischen Vereine waren nahezu identisch. Den Ausgangspunkt bildete die Überzeugung, dass der Kampf für die Sittlichkeit die Probleme der Gegenwart lösen und sämtliche negativen Zeiterscheinungen überwinden werde. Sittliche Moral und politische Autorität galten als untrennbar miteinander verwoben. Der Volkswartbund avancierte 1907 zur Dachorganisation der katholischen Sittlichkeitsvereine.[40] Im Jahr darauf erschien erstmals die im Eigenverlag herausgegebene Mitgliederzeitschrift *Volkswart*; auch eine Geschäftsstelle wurde eingerichtet, 1912 folgte ein ständiges Generalsekretariat. Der *Volkswart* entwickelte sich mit monatlich etwa 11 000 bis 12 000 Abonnenten zum größten publizistischen Organ der katholischen Sittlichkeitsbewegung.[41] Der Verein selbst zählte zu Beginn des Ersten Weltkrieges etwa 3000 bis 4000 Mitglieder; die Zahl erhöhte sich auch später kaum. Die protestantischen Organisationen mobilisierten ebenfalls nur begrenzt Anhänger. Die Zeitgenossen hatten mit den Sittlichkeitsverfechtern nicht viel im Sinn: Sie belächelten und verspotteten sie. Karl Kraus beispielsweise verhöhnte sie genüsslich in der *Fackel*, und der *Simplicissimus* nahm Roeren und seine Verbandsmitglieder viele Male wegen ihres hysterischen Fanatismus, ihrer abstrusen Ziele und ihrer engstirnigen, rückwärtsgewandten Geisteshaltung aufs Korn.[42]

Im Ersten Weltkrieg radikalisierte sich die christliche Sittlichkeitsbewegung. Nun wurde eine enge Verbindung zwischen der Ausbreitung öffentlicher Unsittlichkeit und der Idee von der nationalen Volkskraft hergestellt; der Krieg sorgte für eine gesteigerte nationalistische Aufladung des Sittlichkeitskampfes. Rasch wuchs die Furcht, durch Aufweichung tradierter sexualmoralischer Werte seien Staat und Gesellschaft als solches bedroht. Der von Wissenschaftlern, Schriftstellern und Publizisten ausgerufene »Kulturkrieg«, um das geistige Wesen der Nation zu bewahren, tat ein Übriges.[43] Antisemitische Affekte verschärften das Gerede von Verfall und Untergang; sie waren ein Strukturelement der Sittlichkeitsdebatte, denn Juden galten als Profiteure der Unterhaltungsindustrie, in der sie als Kinobesitzer, Theater- und Verlagsleiter prominent waren. Judentum, Materialismus und sexuelle Ausschweifung gehörten im Denksystem der Sittlichkeitskämpfer unmittelbar zusammen.[44] Auf dem Spiel stand in ihrer Weltwahrnehmung nichts weniger als der Bestand des Deutschen Reiches. Onanie, Geschlechtskrankheiten, Pornografie, Prostitution, Homosexualität, Abtreibungen, uneheliche Geburten und der Gebrauch von Verhütungsmitteln, zu deren Verbreitung seit der Jahrhundertwende ein ganzer Gewerbezweig entstanden war, förderten angeblich die Schwächung des Landes und die schleichende Auszehrung der Volkskraft.[45] Eine von Krankheitsmetaphern geprägte, ganz dem verbreiteten biologistischen Gesellschaftsverständnis entsprechende, aggressive und affektgeladene Sprache machte sich breit. Viele Begriffe deckten sich mit antisemitischen Termini: Die öffentliche Unsittlichkeit wirke wie »Gift« und breite sich aus wie die »Pest« und andere »Seuchen«, Verfall und Siechtum bedrohten den infizierten »Volkskörper«. Die in Broschüren und Flugblättern stetig wiederkehrenden sprachlichen Versatzstücke brachten die Phrasenhaftigkeit des Sittlichkeitskampfes, aber auch seine Aggressivität sinnfällig zum Ausdruck. Die Sprache verriet, wie tief die Ängste saßen und wie starr die Projektionen waren: Bilder von Auflösung und Katastrophe vermittelten den Eindruck des völligen Zusammenbruchs. Da war von tiefen, bedrohlichen »Sümpfen« die Rede, von gebrochenen »Dämmen«, durch die sich überwältigende »Flutwellen« aus Schmutz und Schund ergössen, et cetera.

Nationalreligiös überhöht, wurde der Erste Weltkrieg gerade im Bildungsbürgertum, das ihm läuternde und reinigende Kraft zusprach, als Quelle moralischer Erneuerung betrachtet. Der Einsatz für die Sittlichkeit avancierte nun zu einer Grundfeste von Kriegstätigkeit, »deutscher« Gesinnung und nationalistischem Hochgefühl. An vielen Orten entstanden Schundkampfinitiativen, die den Jugendschutz zu ihrem obersten Ziel erklärten. Die Ausschüsse aus Lehrern, Pfarrern beider christlicher Konfessionen und anderen Hütern der kulturellen Ordnung kooperierten eng mit der militärischen Obrigkeit, die das gesamte öffentliche Leben regelte und nahezu diktatorische Machtfülle besaß. Mit staatlicher Gewalt wurde für die Wahrung der Sexualmoral gesorgt. Rechtsstaatliche Schranken entfielen im Krieg, und Geistes- und Pressefreiheit unterlagen massiven Restriktionen. Gerichte ahndeten Verstöße aller Art hart. Der Jugendschutz fiel administrativ unter die vollziehende Gewalt und lag in den Händen der stellvertretenden Generalkommandos der Armee. Im Zuge dieser umfassenden Meinungs- und Nachrichtenkontrolle wurde im Ersten Weltkrieg erstmals ein Index verbotener Bücher erstellt: die »Schmutz- und Schundlisten«.[46]

Die Auffassung, dass nur ein sittlich gefestigter Staat auch militärische Stärke beweisen könne, Unsittlichkeit hingegen mit Anarchie und allem, was dafür gehalten wurde, identisch sei, floss auch in die Verfassung der Weimarer Republik ein: Der Terminus »Schmutz und Schund« erhielt nunmehr Verfassungsrang. Artikel 118 legte zwar die Meinungs- und Pressefreiheit fest, erlaubte aber Ausnahmen, namentlich zur Bekämpfung von »Schund- und Schmutzliteratur«; Artikel 122 gebot zudem ausdrücklich den Schutz der Jugend.[47] »Wiederaufstieg durch sittliche Erneuerung« lautete denn auch das Postulat des Volkswartbunds, der den Kampf für die Sittlichkeit nach dem Ersten Weltkrieg zum Ausweis nationaler Selbstbe-

34

Veit Harlan mokierte sich 1927 zeichnerisch über das Schmutz- und Schund-
gesetz. Mit »Jud Süß«, »Kolberg« und anderen Filmen sollte er im Dritten Reich
zum Starregisseur avancieren. Von Verantwortung für die NS-Verbrechen frei-
gesprochen, drehte er 1957 »Anders als du und ich« (auch bekannt unter dem
Titel »Das dritte Geschlecht«), einen Streifen über Homosexualität, der damit
endet, dass der Protagonist sich »bekehren« lässt und nur noch Frauen liebt.

hauptung erhob.[48] Dass nun neue populärkulturelle Medien, das Kino
zumal, buchstäblich massenhaft Verbreitung fanden, steigerte noch die
bildungsbürgerlichen Befürchtungen vor kulturellem Niedergang und
sittlichem Verfall. Angehörigen des Bürgertums, die unter den Folgen des
Krieges zu leiden hatten und insbesondere durch die Inflation geschädigt
wurden, erschien die Gesellschaft der Nachkriegszeit als verkehrte Welt, in
der bürgerliche Werte und die tradierten Vorstellungen von Sittlichkeit
und Anstand ihre Gültigkeit verloren hatten. Nicht selten war diese Wahrnehmung an die Verachtung des neuen Staates geknüpft, eine Haltung, für
die der Volkswartbund exemplarisch stand. So großspurig und selbst-
sicher der Verband tat, so nah stand er aber schon am Abgrund: Die Infla-
tionsjahre brachten ihn an den Rand seiner Existenzfähigkeit, vorübergehend musste er sich daher interkonfessionell organisieren, ein Schritt, der
angesichts der seit dem Kulturkampf anhaltenden konfessionellen Span-

nungslagen ungewöhnlich war, im Dienste der Sittlichkeit aber offensichtlich riskiert wurde. Erst nach einer Umstrukturierung , durch die der Verband 1927 administrativ der katholischen Kirche angegliedert wurde und fortan direkt dem Erzbischöflichen Generalvikariat Köln unterstand, ging es wieder aufwärts. »Volkswartbund« avancierte nun zum offiziellen Namen des Kölner Männervereins, der erläuternd »Katholischer Verband zur Bekämpfung der öffentlichen Unsittlichkeit« hinzufügte.[49]

Mit Michael Calmes trat im Zuge der Neustrukturierung ein Generalsekretär an, der dem Verband nach Jahren der Bedeutungslosigkeit nun mit Elan gesellschaftspolitischen Einfluss zu sichern versprach. Calmes übernahm seinen Posten frisch promoviert im November 1927.[50] Er lenkte den Volkswartbund fortan mehr als dreißig Jahre lang – und dies gewissermaßen im Ein-Mann-Betrieb. Der Generalsekretär wurde nicht müde, eine Eingabe nach der anderen an Politiker im Reichstag und in den Länderparlamenten zu richten, um sie zu Maßnahmen gegen die Verbreitung sittlich anstößiger Publikationen zu bewegen. Er produzierte ganze Berge von Akten, den Kölner Erzbischof unterrichtete er dabei laufend über alle Einzelheiten. Nach einem Jahr avancierte Calmes überdies zum Geschäftsführer des von der Katholischen Bischofskonferenz ins Leben gerufenen Zentralen Arbeitsausschusses der deutschen Katholiken zur Förderung der öffentlichen Sittlichkeit.[51] Er machte den Feldzug für die Sexualmoral zu seiner Lebensaufgabe. Während die (wechselnden) Verbandsvorsitzenden, die nicht gewählt, sondern vom Kölner Erzbischof ernannt wurden, blass und unbedeutend blieben,[52] personifizierte Calmes über die politischen Umbrüche hinweg – bis Ende der fünfziger Jahre – den Aktionismus und die geistige Beharrungskraft des Sittlichkeitskampfes.

Calmes, Jahrgang 1894, stammte aus einer Landwirtsfamilie im saarländischen Mondorf. Seine Berichte an den Erzbischof waren schon deswegen stetige Erfolgsmeldungen, weil er kirchliche Zuschüsse einwerben und für den Erhalt seines Postens sowie für das Auskommen seiner Familie sorgen musste; Calmes war verheiratet und hatte eine Tochter. Dass er überhaupt zu einem solchen Leben in der Lage war, war nach seiner schweren Kriegsverletzung im Ersten Weltkrieg nicht gerade selbstverständlich. Nach einem Bauch- und Lungenschuss bei Gefechten in Russland hatte er Jahre im Lazarett zugebracht; über diese Zeit schrieb er später, er sei »völlig darnieder« gelegen. Wegen seines schlechten Gesundheitszustands absolvierte er sein Studium – Theologie, Philosophie und

Volkswirtschaft – nur mit Hindernissen und vielen Unterbrechungen. Anfang der zwanziger Jahre legte er das Beamtendiplom ab. Nach Stationen in Trier, Bonn und Köln wechselte er nach Münster, um in den wirtschaftlichen Staatswissenschaften den Doktortitel zu erwerben. Seine Dissertation »Zur Soziologie des katholischen Ordensstandes« (in der das Wort »Sittlichkeit« im Übrigen nicht fiel) wurde aber nur mit »rite« (»genügend«) bewertet, und die Druckerlaubnis blieb ihm zunächst versagt.[53]

Calmes gehörte keiner politischen Partei an, war aber Mitglied im Volksverein für das katholische Deutschland, einer ultramontanen Massenorganisation, die dem Zentrum nahestand und am Ende der Weimarer Republik erneut eine Blüte erlebte. Seine Eingaben an Politiker konzentrierten sich ganz auf die Umsetzung eines Gesetzes gegen Schmutz und Schund, das zusätzlich zu Paragraph 184 des Strafgesetzbuches gefordert und im Dezember 1926 vom Reichstag – gegen den Protest von Künstlern, Verlegern und anderen Intellektuellen – verabschiedet worden war. Das Gesetz war ein Gemeinschaftswerk von Deutschnationalen, Bürgerlich-Konservativen und Völkischen.[54] In ihren Reihen war der Wille zur Nationalisierung der deutschen Hochkultur besonders ausgeprägt. Die Rechte projizierte ihre Feind- und Schreckensbilder auf die Massenkultur, deren kommerzieller Erfolg als Auswuchs der Republik und des für jüdisch erachteten »Liberalismus« galt. Sie hielt ein Einschreiten umso dringender für geboten, als die Idee einer Gesellschaftsveränderung durch Sexualität gerade unter Sozialdemokraten und Kommunisten in den zwanziger Jahren viele Anhänger fand. Geburtenregelung etwa war ein zentrales Thema öffentlicher Diskussion, ebenso das Recht auf Abtreibung, das die sozialistische Frauenbewegung als Bestandteil ihres Emanzipationskampfes erachtete. In Berlin und anderen großen Städten riefen die linken Parteien (jeweils eigene) Sexualberatungsstellen und Einrichtungen für ledige Mütter ins Leben.[55]

Das Gesetz gegen Schmutz und Schund – auch »Lex Külz« genannt, da Reichsinnenminister Wilhelm Külz (DDP) den Regierungsentwurf vorgelegt hatte – führte zum Aufbau von Prüfstellen in Berlin (für Norddeutschland) und München (für Süddeutschland) sowie zur Schaffung einer für Beschwerdefälle zuständigen Oberprüfstelle in Leipzig. Damit wurden die im Ersten Weltkrieg eingerichteten Schmutz- und Schund-Listen fortgesetzt, ein Umstand, der das DDP-Gründungsmitglied Theodor Wolff zum umgehenden Austritt aus der Partei bewog. Der Schriftsteller und Journalist hatte nicht verhindern können, dass ein Teil der DDP-Abgeordneten dem Gesetz zustimmte. Die SPD-Reichstagsfraktion lehnte zwar in seltener Einmütigkeit mit den Kommunisten das Gesetz ab, dennoch stimmten viele Sozialdemokraten innerhalb wie außerhalb des Parlaments in den Kampf gegen die öffentliche Unsittlichkeit unmittelbar ein. Attraktiv daran war für sie zweierlei: der Umstand, dass sich Kapitalismuskritik damit verknüpfen ließ, und die Aussicht, endlich das Odium loszuwerden, »pöbelhaft« zu sein.[56]

Calmes, der drei Jahre lang Mitglied der Prüfstelle Berlin war,[57] beherrschte die sprachliche Seuchenmetaphorik des Sittlichkeitskampfes perfekt. Düstere, bedrohliche Schreckensszenarien und Begriffe wie »Flut«, »Seuche« und »Pest« fehlten in seinen Schriften nie, in denen es beispielsweise hieß: »In breiter Front stürmen die Schmutzwellen über das deutsche Volk dahin, und vielfach und gewunden sind auch die heimlichen Kanäle, aus denen das literarische Gift allmählich in die breite Masse sickert.«[58] Der Generalsekretär stilisierte den Volkswartbund zur »großen Kampforganisation« und verbreitete seine Überzeugung, dass von der Sittlichkeit die »Existenz des Volkes« abhänge.[59] Seine Aktivitäten blieben indes erfolglos und wurden von den Politikern, an die er sich unverdrossen wandte, einfach ignoriert. Die Rekrutierung neuer Mitglieder ging ebenfalls nur schleppend voran. Calmes klagte daher schon bald über die »Gleichgültigkeit im eigenen Lager«.[60] Münster gehörte neben Köln zu den wenigen Städten, die sich von ihm dazu bewegen ließen, öffentliche Aktionen im Dienste der Sittlichkeit einzuleiten: 1932 richtete der dortige Magistrat eine Zentrale zur Bekämpfung von Schmutz und Schund ein.[61] Organisierte Anhänger hatte der Verband vor allem im Westen und Südwesten des Reiches, aber auch in Norddeutschland und in Sachsen bestanden einige Ortsgruppen.[62]

Die Geschichte des Volkswartbunds war viele Jahre lang eine Geschichte unablässiger Frustrationserfahrung. Auch nach Calmes' Amtsantritt blieb der gesellschaftspolitische Einfluss des Vereins marginal, und kam es doch dazu, waren häufig Hohn und Spott die Folge. Dafür sorgte schon der sogenannte Zwickelerlass, eine im August 1932 erlassene Badepolizeiverordnung von Franz Bracht, den die Regierung Papen nach dem »Preußenschlag« zum stellvertretenden Reichskommissar in Preußen bestellt hatte. Bracht verbot das öffentliche Nacktbaden und verordnete züchtige Badebekleidung. Die neue Verordnung basierte im Wesentlichen auf Forderungen des Volkswartbunds, der bereits seit Jahren einen Ausschuss zur Bekämpfung der Badeunsitten unterhielt. Frauen mussten nun einen Badeanzug tragen, der, wie es in der Verordnung hieß, »Brust und Leib an der Vorderseite des Oberkörpers vollständig bedeckt, unter den Armen fest anliegt sowie mit angeschnittenen Beinen und einem Zwickel versehen ist«, der Rückenausschnitt durfte allenfalls die Schulterblätter unbedeckt lassen. Männern war eine Badehose vorgeschrieben, ebenfalls »mit angeschnittenen Beinen und einem Zwickel«, und in Familienbädern hatten auch sie einen Badeanzug zu tragen.[63] Die öffentliche Reaktion auf den Erlass konnte kaum hämischer ausfallen: Der Brachtsche Zwickel garantierte Presseleuten und Kabarettisten (auch im Ausland) großen Lacherfolg. Die Sozialdemokraten erachteten die Vorschriften als Ausweis reaktionären Denkens. Bracht, der auch sogenannte Sexualausstellungen verbot,[64] demonstrierte indes, wie sehr sich die Sittlichkeit eignete, um mittels der Kulturpolitik (moralische) Distanzierung von der linken Vorgängerregierung zum Ausdruck zu bringen. Er lieferte die Vorboten dessen, was die Nationalsozialisten nach ihrer Machtübernahme für geraume Zeit konsequent umsetzten: politische Distanzierung von Liberalismus und Demokratie auf dem Wege des Sittlichkeitskampfes.

Im Dritten Reich erfuhr der Volkswartbund erstmals die Anerkennung staatlicher Stellen, die er sich immer gewünscht hatte, und endlich erhielt der Verband auch gesellschaftlichen Einfluss. Die Hoffnungen, die gerade Angehörige bürgerlicher Kreise auf das Dritte Reich setzten, gingen in hohem Maße auf den Wunsch nach kultureller Säuberung und autoritärer politischer Ordnung zurück. Nicht zuletzt Sittlichkeitsvorstellungen forcierten die Hinwendung zu den Nationalsozialisten, die sich denn auch leichttaten, auf vertraute Schlagworte wie das des »Kulturbolschewismus« zu setzen und sich als Kulturbewegung auszugeben, die gegen Homosexualität, Nacktkultur und Sittenlosigkeit vorging.[65] Der Volkswartbund kooperierte bis Kriegsende intensiv mit den Polizei- und Justizbehörden des NS-Staates, vor allem mit Vertretern der Ministerialbürokratie, in deren Händen im Frühjahr 1933 die Umsetzung der Sittlichkeitserlasse lag, die bezeichnenderweise zu den ersten Maßnahmen des NS-Regimes zählten.[66] Für anstößig befundene Schaufensterauslagen verschwanden nun; in den Großstädten mussten Lokale schließen, die Homosexuelle gern aufgesucht hatten; die im Kaiserreich entstandene und in der Weimarer Republik erstarkte Nacktkultur wurde zerschlagen,[67] und gegen die sogenannte Sensations- und Skandalpresse erging sogleich ein Verbot.[68] Das Denk- und Handlungsmuster »Sittlichkeit« verlor im NS-Staat nichts von seiner gesellschaftlichen Relevanz. Es wurde kurzerhand rassistisch überformt und gegen Juden, Homosexuelle, »Wehrkraftzersetzer« und andere »Gemeinschaftsfremde« angewendet. Sittlichkeit hieß nunmehr »Volksgesundheit«, und »Rassenschande« avancierte zum Strafdelikt.[69] Gerichte legten juristisch fest, was unter Geschlechtsverkehr zu verstehen sei, und das Sexualverhalten blieb weiterhin Gegenstand polizeilicher Ermittlungen.

Obwohl der Volkswartbund unter der Obhut der katholischen Kirche stand, war die Organisation in der NS-Zeit nie vom Verbot bedroht. Dass die Nationalsozialisten den Verband nicht behelligten, ist damit zu erklären, dass die Polizeidienststellen angehalten waren, zur Bekämpfung der öffentlichen Unsittlichkeit mit kirchlichen Organisationen zusammenzuarbeiten. Die Zuarbeit des Verbands erfolgte prompt und war nützlich, zumal er auf Störungen, wie etwa Einwände gegen antikirchliche Maßnahmen, verzichtete. Wie eng der Volkswartbund in die katholische Kirche eingebunden war, zeigte der Umstand, dass die Kirche ihn in das Konkordat einbezog und auf die Liste der besonders zu schützenden katholischen Organisation setzte.[70] Die Bischofskonferenz in Fulda förderte und unterstützte Calmes' Arbeit insbesondere, um für den Erhalt möglichst vieler katholischer Organisationen zu sorgen. Der Volkswartbund erhielt Spenden und Zuwendungen, später auch regelmäßige monatliche Abgaben aus der Diözesansteuer der Bistümer. Jährlich kamen (selbst im Krieg) großzügige Beihilfen der Bischofskonferenz hinzu.[71]

Die Anfangsjahre des NS-Regimes waren die große Zeit des Volkswartbundes. Die Zahl der Ortsgruppen stieg 1933 um etwa das Vierfache auf reichsweit über achtzig Organisationen.[72] Die unbegrenzten staatlichen Zugriffsmöglichkeiten ließen sittliche Säuberungsaktionen in großem Stil zu, und der Volkswartbund scheute sich keineswegs, sich am Staatsterrorismus zu beteiligen. Calmes verfasste für die Behörden des Dritten Reiches Gutachten und stellte ihnen das in vielen Jahren zusammengetragene Ermittlungsmaterial des Verbands zur Verfügung: Dies waren Akten über »Schmutzverlage«, Zeitschriftenredakteure und Kondomhersteller.[73] Julius Fromm, der jüdische Marktführer unter den Kondomfabrikanten, der die herkömmliche Herstellung aus Naturdärmen und genähten Gummiprodukten revolutioniert hatte, als er kurz vor dem

Ersten Weltkrieg das nahtlose Präservativ aus Naturkautschuk erfand,[74] wurde von Calmes bezichtigt, Verursacher der »unser gesamtes Volkstum bedrohenden Seuche« zu sein. Kondomhersteller und -händler waren für den Generalsekretär »raffinierte Volksfeinde«, die er viele Male in der Öffentlichkeit des »volksvernichtenden Treibens« bezichtigte.[75] Julius Fromm verkaufte seine Produkte unter dem Markennamen »Fromms Act«; »Frommser« war ein umgangssprachlich gebräuchlicher Name dafür. Der Unternehmer hatte Ende der zwanziger Jahre in Berlin-Köpenick ein hochmodernes Fabrikgebäude errichten lassen und besaß außerdem Niederlassungen im Ausland. Jahre bevor der florierende Konzern zwangsweise »arisiert« wurde, war der Volkswartbund bereits ganz im Sinne des NS-Regimes aktiv: Fromm müsse den Zusatz »Act« streichen, forderte Calmes in seinen Rundschreiben, die auch an staatliche Behörden gingen, denn daraus werde »das Geschlechtliche ersichtlich«.[76] Der Firmenchef gab tatsächlich nach, verzichtete auf das Wort und betrieb fortan (jedenfalls in Köln) auch in Drogerien und Apotheken keine Werbung mehr, wohl um sich weitere Scherereien zu ersparen.

Im April 1935 setzte Joseph Goebbels das Schmutz- und Schund-Gesetz aus der Weimarer Republik außer Kraft, weil er die neu gegründete Reichsschrifttumskammer für weitaus wirksamer zur Kontrolle der Publizistik hielt als die Prüfstellen. Dennoch war die tätige Mithilfe des Volkswartbunds bei den NS-Behörden weiterhin erwünscht, und dies, obwohl der Reichspropagandaminister alles andere als ein Anhänger der klerikalen Sittlichkeitsbewegung war.[77] Der Volkswartbund hielt an der Praxis seiner denunziatorischen Kollaboration fest und kooperierte auch dann noch mit den zuständigen Polizeistellen, als sie nach Kriegsbeginn in das Reichssicherheitshauptamt eingegliedert wurden. Als der Jugendschutz während des Krieges im Kontext der Gegnerbekämpfung im Inneren zu einem wichtigen Thema des NS-Regimes avancierte, fühlte sich der Verband einmal mehr besonders wichtig. Zahllose Formen jugendlichen Verhaltens galten im Krieg als »asozial« und »gemeinschaftsschädigend«, darunter auch sexuelle Kontakte.[78] Auf den Umstand, dass im niedersächsischen Moringen 1940 ein Konzentrationslager für die männliche und in der brandenburgischen Uckermark zwei Jahre später eines für die weibliche Jugend entstand,[79] reagierte der Volkswartbund hocherfreut. Calmes schrieb in einem Rundbrief an die Mitglieder, die Einrichtungen – die zeitgenössisch als »Jugendschutzlager« firmierten und Bestandteil des

Konzentrationslagersystems in der Gewalt des Reichsführers-SS Heinrich Himmler waren – dienten dazu, »auch bereits ganz abseitig geratene Jugendliche zur Vernunft zu bringen«.[80] Dass die Lagereinweisung junger Leute unmittelbar auf Anzeigen des Volkswartbunds zurückging, der regelmäßig Meldung bei Kriminalpolizeileitstellen und Jugendämtern erstattete, ist zwar nicht zu belegen, aber durchaus anzunehmen.

Dem Aktionismus des Volkswartbunds tat selbst der Umstand keinen Abbruch, dass seine Büroräume bei der Bombardierung Kölns gleich mehrmals in Flammen aufgingen; im Juni 1943 verbrannten sämtliche Unterlagen. Die Rundschreiben an die Mitglieder konnten – trotz Papierkontingentierung – weiterhin bis zum Herbst 1944 erscheinen.[81] Von einem Verbot im NS-Staat, wie Calmes nach Kriegsende behauptete, war der Verband nie betroffen. Seiner Zufriedenheit und seiner Übereinstimmung mit dem Dritten Reich konnten weder die Tatsache etwas anhaben, dass öffentliche Darstellungen des nackten oder spärlich bekleideten »arischen« Körpers dem NS-Staat im Laufe der Zeit durchaus genehm wurden, noch der Umstand, dass das Regime nichts gegen unehelich geborene Kinder und unverheiratete Mütter einzuwenden hatte, sofern sie die Rassekriterien erfüllten. Die rassistische Sexualmoral ging mit allerlei Privilegien für heterosexuelle »Arier« einher.[82] Wie sehr der Volkswartbund dem NS-Rassenparadigma verbunden war, spiegelte sich in seinen Publikationen wider: Calmes hielt die Mitglieder über das Sterilisationsgesetz und über Entscheidungen der Erbgesundheitsgerichte regelmäßig und zustimmend bis Kriegsende auf dem Laufenden.[83] Sein Augenmerk galt nun ganz dem erwarteten Anstieg der Unsittlichkeit. Im Frieden, so seine Prognose, würden »gerade die reichen Erfahrungen des Volkswartbundes dringend gebraucht« werden.[84]

Sein Eindruck trog den Generalsekretär nicht. Schon im Juli 1945 nahm er nach kurzer Unterbrechung seine Arbeit wieder auf und verfasste Berichte über den Stand der öffentlichen Unsittlichkeit im Lande.[85] Der Bindung an die Kirche, die von ihrem Ansehen als politisch unbelastete Institution profitierte und den Besatzungsbehörden als Garant sozialer Stabilität galt, verdankte es Calmes, dass die Alliierten ihm schon bald nach Kriegsende Publikations- und Reiserechte gewährten.[86] Es glückte ihm rasch, den Volkswartbund zu einer im Dritten Reich verfolgten Organisation zu stilisieren. Angesichts der zunehmenden Ausbreitung von Geschlechtskrankheiten unterließen es die Alliierten, genauer nachzufragen. Mit Hilfe des Volkswartbunds hofften sie, die Seuchen wirksam bekämpfen zu können. Hinzu kam, dass die Besatzer Maßnahmen für notwendig erachteten, um beschäftigungslose Jugendliche vor Kriminalität zu bewahren, und dafür Anregungen des Verbandes gern aufgriffen. Die Militärregierung gewährte dem Verband daher trotz anhaltender Papierknappheit bereits 1946 wieder die Verbreitung seiner Rundschreiben. Und Calmes erhielt von den Briten die Erlaubnis, mit Gesundheitsstellen, Ministerien und der Polizei zusammenzuarbeiten.[87] Die Ortsgruppen des Verbands waren nach Kriegsende rasch wieder am Werk, zunächst in Köln und im Rheinland, bald überall in den Westzonen. Die Fuldaer Bischofskonferenz sorgte weiterhin für die Finanzierung.[88] Calmes war es, wie er stolz in einem Tätigkeitsbericht festhielt, recht schnell gelungen, »alte Fäden wiederum neu zu knüpfen«.[89]

Auf seine Initiative ging eine Polizeiverordnung zurück, die die Briten 1946 in Köln und anderen Städten in Kraft setzten.[90] Das Regelwerk war de facto eine Neuauflage von Himmlers Jugendschutzerlassen aus den Kriegsjahren.[91] Minderjährigen wurden darin Kino, Kabarett und Tanzlustbarkeiten verboten, und nach Einbruch der Dunkelheit durften sie die Straße nicht mehr betreten; bei Verstoß drohten Erziehungsheim und Arbeitshaus. Die Militärverwaltung hielt die Maßnahmen nicht für spezifisch nationalsozialistisch, sondern allem Anschein nach für nützliche Regelungen der öffentlichen Ordnung. Vom Volkswartbund beauftragte Männer überwachten in der britischen Zone fortan Kinos, Varietés und Tanzdielen, um Minderjährige am Zutritt zu hindern.[92] »Berghohe Trümmer« gelte es abzutragen, die der Krieg mit Blick auf die Sexualmoral hinterlassen habe, schrieb Calmes 1946 in einem Mitglieder-Rundbrief.[93] Er behielt seine Praxis bei, Eingaben an Politiker und Aufrufe an Polizei-, Verwaltungs- und Justizbehörden zu formulieren. Die Texte, die er produzierte, insbesondere seine regelmäßigen Rundschreiben an die Mitglieder, waren Krisendiagnosen und boten ein Sammelsurium an Dekadenzszenarien. Darüber hinaus waren sie vor allem eines: Zeugnisse subjektiven Erlebens und praxisnahe, auf den Alltag bezogene Anweisungen an seine Leser zum Kampf gegen die Unsittlichkeit. Calmes blieb, was er immer gewesen war: ein notorischer Nörgler und Lobbyist, der die Sittlichkeit zu einer Frage von dramatischer Bedeutung stilisierte, Kampagnen und Protestaktionen inszenierte und stets zur Stelle war, um gegen unmoralische »Auswüchse« vorzugehen. Er sah sich als Sachwalter der Moral und als kulturelles Gewissen der Nation. Ständig erhob er mit Blick auf Gesetzgebung, polizeiliche Kontrolle, schulische Erziehung und volkspädagogische Aufklärung neue Maximalforderungen und den Anspruch, regulierend in den Zustand der Gesellschaft einzugreifen. Seine Wunschvorstellungen orientierten sich dabei wie gehabt an einer zurückliegenden, historisch unbestimmten Zeit, die er und die Anhänger der Sittlichkeitsbewegung als Phase der Ordnung, Harmonie und des unverdorbenen Lebens dachten und träumten.

Die beiden christlichen Kirchen verfolgten in Sachen Sittlichkeit nach wie vor die gleichen Interessen und verfügten in dieser Hinsicht wie keine andere Organisation über innere Mobilisierungs- und Organisationskraft. Auch Kooperationspläne bestanden: Calmes sprach mit Vertreten der Inneren Mission, die in der protestantischen Kirche für die Sittlichkeit zuständig war, über die Gründung einer überkonfessionellen Einrichtung gegen Schmutz und Schund. Dass sie am Ende doch nicht zustande kam, lag daran, dass die Ökumene noch (lange) nicht spruchreif war.[94] Die katholische Kirche war im zerstörten Land eine der wenigen noch funktionierenden Institutionen. Sie verstand es mehr noch als die vom Ende des protestantisch-zentralistischen Preußen besonders geschwächte evangelische Kirche, sich den Ruf moralischer Integrität zu verschaffen – zumal die Alliierten es den Kirchen überließen, sich selbst zu entnazifizieren, was beide weitgehend unterließen. Als »Siegerin in Trümmern«[95] baute die katholische Kirche den Mythos auf, sie habe das NS-Regime nicht unterstützt, und machte sich erfolgreich zur Anwältin des deutschen Volkes. Dass seit dem Krieg und verstärkt nach Kriegsende weite Teile der Bevölkerung, darunter viele Menschen, die zuvor kirchenfern gelebt hatten, Sinndeutung, Halt und Trost bei ihr suchten, unterstrich ihren Nimbus als politisch unbelastete Institution noch.

Joseph Frings, der kurz nach Kriegsende zum Vorsitzenden der Fuldaer Bischofskonferenz avancierte Kardinal des Erzbistums Köln, engagierte sich mit Verve nicht nur für die nun machtvoll anhebenden Bestrebungen um Rechristianisierung, sondern in besonderem Maße auch für den (dazu gehörenden) Sittlichkeitskampf. Er sorgte fortan für die nicht abreißende Bezuschussung des Volkswartbunds und stimmte mit Generalsekretär Calmes in Fragen der öffentlichen Sittlichkeit vollends überein.[96] Sein Engagement zeigte, wie massiv das kirchliche Bemühen war

(und blieb), die staatlichen Instanzen gerade auf diesem Feld vor sich her-
zutreiben. Die katholische Kirche, die sich zu einer mächtigen politischen
Kraft entwickelte, beanspruchte in Bezug auf die öffentliche Sittlichkeit
nichts weniger als uneingeschränkte Deutungsmacht. Frings demonstrierte dies viele Male, beispielsweise im Kondom-Streit vom Juli 1947, als
er sich beim britischen Militärgouverneur darüber beschwerte, dass Herstellung und Vertrieb empfängnisverhütender Mittel unter alliierter Herrschaft nicht mehr beschränkt seien. Kondome waren nach der von Papst
Pius XI. im Jahr 1930 erlassenen Enzyklika »Casti connubii« für Katholiken auch in der Ehe untersagt. Das Geschäft damit (das Himmler aus be-
völkerungspolitischen Gründen 1941 verboten hatte) blühe nun, schrieb
Frings empört, und vonseiten der Militärregierung werde es auch noch
gefördert, was dem sittlichen Niedergang Vorschub leiste. Der Kardinal
ließ keinen Zweifel an seiner Entschlossenheit, deshalb gegen die Besatzer
in der Öffentlichkeit Stimmung zu machen. Die katholische Bevölkerung
glaube an die Sittenlehre, betonte er. »Das moralische Ansehen der englischen Militärbehörde« könne womöglich »eine bedauerliche Einbuße erleiden«, kündigte er an, da die katholische Kirche die selbstverständliche
Pflicht habe, der christlichen Sittenlehre in der Lehrverkündigung Nachdruck zu verleihen – und dies umso deutlicher und öfter, »je umfassender
und autoritärer die Propaganda für die sittenwidrigen Präservative auf-
träte«.[97] Der britische Militärbefehlshaber ließ Frings viele Wochen auf
Antwort warten. Schließlich schrieb sein Stellvertreter reichlich kühl zurück, dass es keine amtliche Förderung für »these articles« gegeben habe;
sofern deren Produktion tatsächlich angekurbelt worden sei, werde wohl
die Nachfrage von deutscher Seite die Ursache dafür sein.[98]

Der Kardinal machte kein Hehl daraus, dass er die um sich greifende
öffentliche Unsittlichkeit den Alliierten anlastete. Damit trug er die Befunde des Volkswartbunds mit Wucht in die Öffentlichkeit. Als der britische Kontrollrat im Dezember 1947 das bis dahin gültige NS-Gesetz über
die Filmkammer aufhob,[99] was bedeutete, dass Jugendliche Filmvorfüh-
rungen ohne jede Einschränkung besuchen durften, empörte sich der
Volkswartbund über die »liberalistische« Einstellung der Besatzer. »Säkularisierung und Materialisierung des Lebens« breiteten sich unter der Militärregierung ungehindert aus, hieß es in einem Mitgliederrundbrief.[100]
An anderer Stelle wurde eine Rechtslage voller »Unzulänglichkeiten und
Lücken« beklagt; die Alliierten hätten eine »ungeheure Steigerung« der

Unsittlichkeit heraufbeschworen.[101] Es kursierten Überlegungen, zum Schutz vor den für sittenverderbend befundenen Maßnahmen der Besatzer die Zensur wieder einzuführen. Die freie Presse war nach Ansicht des Volkswartbunds wesentlich für die öffentliche Unsittlichkeit verantwortlich. In einem Rundbrief stand zu lesen: »Die Wurzel allen Übels liegt in der laxen öffentlichen Meinung.«[102] Rundfunk, Tagespresse und Filmwesen hätten eine »gesunde Haltung« zur Sittlichkeit zu propagieren, so die unverhohlene Forderung. In seiner Silvesterpredigt warnte Kardinal Frings die Gottesdienstbesucher vor den Folgen der »Schmutzliteratur«; im Kölner Dom rief er eindringlich nach wirksamen staatlichen Maßnahmen.[103]

Der Volkswartbund schloss sich im Frühjahr 1948 gemeinsam mit anderen Organisationen zur Katholischen Arbeitsgemeinschaft für Volksgesundung (KAV) zusammen und übernahm deren Federführung.[104] Drei Arbeitsgruppen entstanden: Neben einem Kreis zur Bekämpfung von Suchtgefahren und einem weiteren für Maßnahmen gegen die Tuberkulose gehörte auch ein Zirkel zur Bekämpfung der Geschlechtskrankheiten dazu, der personell mit dem Volkswartbund nahezu identisch war. Dem Arbeitkreis ging es um die »genaue Beobachtung und Untersuchung der Einbruchstellen von Zersetzungserscheinungen«.[105] Der Ruf nach einem neuen Schmutz- und Schund-Gesetz stand im Zentrum seiner Vorhaben. Zwar richtete er sein Augenmerk auch auf eine Reihe weiterer Themen, etwa auf die Bekämpfung der Prostitution, aber dem »literarischen Jugendschutz«, wie der Feldzug gegen anstößige Publikationen hieß, galt die weitaus größte Aufmerksamkeit.

Um sich in aller Deutlichkeit von der Politik der Alliierten abzusetzen, die der öffentlichen Unsittlichkeit angeblich Tür und Tor öffnete, gab der Volkswartbund in seinem Mitgliederrundbrief vom Januar 1948 – viele Jahre vor Adenauers Zeitgeist-Wahlkampf – die Devise aus: »Keinerlei liberale Experimente«.[106] Calmes rüstete rhetorisch auf: »Der deutsche Volkskörper blutet aus tausend Wunden«, verkündete er ein halbes Jahr nach der Währungsreform.[107] Nach seiner Ansicht stand die demokratisch-pluralistische Desintegration der Nation kurz bevor. Er sah sich einmal mehr inmitten einer sittlichen Krise und fühlte sich an die gleichen Zustände erinnert, die in den zwanziger Jahren seiner Meinung nach schon einmal die Folge politisch liberaler Verhältnisse gewesen waren: Verlust von Glauben, Einheit und kulturellen Werten und Triumph sexueller Libertinage. Energisch durchgreifen, lautete daher sein Programm.

Zu scheitern war zwar Calmes' Grunderfahrung, stärkte letztlich aber nur seinen Gestaltungswillen.

Wie zwei Jahrzehnte zuvor echauffierte der Generalsekretär sich über Magazine, Zeitschriften, Prospekte, Witzblätter, Bekanntschaftsannoncen, Sexualaufklärungsschriften und nicht zuletzt Werbeanzeigen für Korsetts und Damenstrümpfe.[108] Dass die »Auswüchse« aus Amerika kämen, war seine feste Überzeugung. Schon 1928 hatte er die »Amerikanisierung des deutschen Volkslebens« und die »große Gefahr der Verflachung unseres Geisteslebens« beklagt.[109] Jetzt legte er im gleichen Wortlaut nach und fand, dass auf den Titelblättern der Illustrierten einzig der »standardisierte Girltyp amerikanischer Prägung« zu sehen sei.[110] Er monierte das »Äußerliche, Körperhafte, Niedere« der Zeitschriften. Über die *Hör zu!*, die seit Dezember 1946 erschien und sich »Deutschlands große Familienzeitschrift« nannte, regte er sich besonders auf, weil sie Werbeanzeigen für Verhütungsmittel veröffentlichte.[111] Sittenromane in Fortsetzungsserie, »gewürzt mit Aktphotos«,[112] außerdem Wochenendblätter, die das Liebesleben der Funktionäre des Dritten Reiches schilderten, erregten ebenfalls seinen Zorn.[113] Die Verlage tendierten seiner Ansicht nach stark dazu, unsittliche ausländische Romane zu übersetzen und in großer Auflage auf den Markt zu werfen.[114] Die Zeitschriften der Nacktkulturbewegung wie *Sonnenfreunde, Freies Leben* und *Schönheit* wollte er verbieten lassen; auch Liebes-, Abenteuer- und Kriminalromane lehnte er ab, da sie die Jugend zum Verbrechen verleiteten, von den boomenden Erotikmagazinen ganz zu schweigen. Gut ein halbes Jahr nach der Währungsreform zählte der Generalsekretär in den Westzonen sechzig verschiedene Publikationsformen von Schmutz und Schund.[115] Er registrierte sie fortan laufend: Im Jahr 1949 handelte es sich seiner akribischen Aufstellung zufolge um 15 Magazine, 66 Romanheftserien, 34 Illustrierte, 27 Versandfirmen für Aktfotos, neun für Sexual-Stimulantia und elf für sogenannte Liebes- und Ehebücher.[116] Der Volkswartbund organisierte nach der Währungsreform überall in den Westzonen zahllose Versammlungen und intensivierte seine Eingabepraxis bei den staatlichen Behörden.[117] Bis zum Sommer 1949 stellte Calmes fünf Dutzend Strafanzeigen – und rannte bei manchen Justizbehörden offene Türen ein.[118] Erfolge gab es daher rasch zu vermelden: Ein Unternehmen bei Hildesheim, das für empfängnisverhütende Mittel geworben hatte, wurde auf Calmes' Anzeige hin nach Paragraph 184 des Strafgesetzbuches geschlossen.

Wenn Calmes vom »Tag X« als dem Tag der Währungsreform sprach, spielte er damit nicht (wie viele andere Zeitgenossen) auf die Erleichterung über das Ende von Mangelwirtschaft, Zigarettenwährung und Markenzuteilung und auf die – trotz gravierender Anfangsschwierigkeiten – ökonomische Aufbruchstimmung an, die stabile materielle Lebensverhältnisse und ein geregeltes Leben verhieß.[119] Er meinte vielmehr das Gegenteil, namentlich, wie er schrieb, den Beginn des »sittlich-geistig-moralischen Elends«,[120] zu dessen Ausbreitung die neue Währung und die mit ihrer Einführung verbundene freie Wirtschaftsordnung in der Wahrnehmung von Sittlichkeitsverfechtern führten.[121] Da die Einführung der Deutschen Mark ein Werk der Westalliierten war und in der britischen und der amerikanischen Zone damit die Papierbewirtschaftung endete (in der französischen erst etwas später), galten ihnen gerade die Besatzer als verantwortlich für das blühende publizistische Geschäft mit der Erotik, insbesondere die Amerikaner. Calmes produzierte nun im wahrsten Sinne eine »Flut« von Unterlagen, die an Eifertum kaum zu übertreffen waren, um dem Ressentiment gegen die (amerikanisch geprägte) kulturelle Moderne Ausdruck zu verleihen. Seine Agitation zeigt, wie bedrohlich die Irritationen durch die moderne Kultur wirkten. Aber Wirklichkeitsnähe zeichnete Calmes dabei nicht aus. Das soziale Elend der Nachkriegszeit spielte in seinem Denkhorizont so gut wie keine Rolle und wenn doch, dann allenfalls als Folgeerscheinung des sittlichen Verfalls.

Als der Volkswartbund Ende Oktober 1948 sein fünfzigjähriges Bestehen feierte und zum großen Festakt eine Jubiläumsschrift mit dem Titel »Auf der Wacht!« präsentierte,[122] war die Forderung nach einem neuen Schmutz- und Schund-Gesetz das zentrale Thema der Festveranstaltung. Kardinal Frings war anwesend, und deutlich wurde nun, wie eng die Verbindungen des Verbands zu Politik und Staat bereits waren: Der Kölner Oberbürgermeister Ernst Schwering und andere Repräsentanten der Stadt nahmen ebenso daran teil wie Vertreter der Polizei. Christine Teusch, die CDU-Kultusministerin von Nordrhein-Westfalen, trat als Hauptrednerin auf.[123] Sie lobte den Volkswartbund als die Institution, die den Regierungsstellen »handfestes, greifbares Material« in Sachen Sittlichkeit liefere. Alles, was der Verband in fünfzig Jahren geleistet habe, ließ Ministerpräsident Karl Arnold in seiner Grußbotschaft mitteilen, sei »von größtem Segen für das gesamte Volk«.

Der Volkswartbund wähnte sich zufrieden auf dem Erfolgsweg. In einem Rundbrief hieß es: »Als ›Wächter auf den Wachtürmen der bedrohten Sittlichkeit und des Reiches Gottes auf Erden‹ steht der Volkswartbund auf hoher Warte, überblickt die Gefahren, warnt und mahnt die Behörden und Volksvertreter und führt an im Kampf um die höchsten Güter.«[124] Doch die Selbsteinschätzung trog. Denn »Sittlichkeit« und »Sittengesetz« waren zwar beherrschende Deutungstermini der rechts- und gesellschaftspolitischen Diskussion, zumal sie im Kontext der vielfältigen Auflösungserscheinungen der Nachkriegszeit geistige Orientierung boten. Auch in Artikel 2 des Grundgesetzes war explizit vom »Sittengesetz« die Rede. Aber Ungenauigkeit und Vielgestaltigkeit der Begriffe hatten zur Folge, dass selbst unter den Befürwortern eines neuen Gesetzes gegen Schmutz und Schund keine Einigkeit darüber bestand, was eigentlich genau damit gemeint war. Die metaphysisch-theologisch aufgeladenen Termini hatten normative Bedeutung, gaben also sozial verbindliche Leitwerte vor, basierten aber denkbar vage auf den sogenannten allgemein anerkannten Wertvorstellungen.[125] Sie besaßen gerade aufgrund des Deutungsspielraums, den sie ließen, hohes Identifikationspotenzial und setzten allerlei unterschiedliche Vorstellungen über das ethisch-moralische Gebot der Gegenwart frei. »Sittlichkeit« stand für eine Vielzahl von Wahrnehmungen der sozialen Welt. Der Begriff steuerte heterogene Vorstellungen, Erwartungen und Krisenwahrnehmungen und half Erfahrungen zu bündeln und zu verarbeiten. Es meinten daher keineswegs alle dasselbe, wenn sie ihn verwendeten. Manche dachten an Kants kategorischen Imperativ, für andere implizierte »Sittlichkeit« bürgerliche Erneuerungswünsche, wieder andere (wie der Volkswartbund) knüpften daran die Bekämpfung pluralistischer und liberaler Ordnungsvorstellungen. Prägend für die ausgehenden vierziger und frühen fünfziger Jahre war das Nebeneinander der Interpretationen: zum einen traditionelle Orientierungen, die regelrecht aus der Vergangenheit importiert wurden, zum anderen die Herausforderungen der kulturellen Moderne, die keineswegs nur Abwehr, sondern in hohem Maße auch Akzeptanz und Anpassung hervorriefen. Neu war keineswegs die Dramatisierung, Kriminalisierung und Pathologisierung der Sexualität. Neu war vielmehr der Umstand, dass die etablierte Normendebatte wie der neu belebte radikal moralisierende Umgang mit Sexualität überhaupt schon bald an Bedeutung verloren.

Sittengesetz und Grundgesetz

Schon früh stellte sich heraus, dass jedes Land eigene Vorstellungen über den Umgang mit Schmutz und Schund hatte. Die Debatte darüber fand im Kontext der Entstehung der westdeutschen Landesverfassungen und der Beratungen über das Grundgesetz ihre Fortführung. Die rechtliche Lage war denkbar wirr: Bayern und Baden erließen 1946/47 die strengsten Regeln. Hier wurde die Meinungs- und Pressefreiheit eingeschränkt, um sittlich anstößige Schriften, deren Erwerb auch Erwachsenen verboten wurde, aus der Öffentlichkeit zu verbannen. Württemberg-Baden und Württemberg-Hohenzollern verzichteten hingegen auf einschlägige Maßnahmen. In den Landesverfassungen von Rheinland-Pfalz, Hessen und Bremen blieb dem Gesetzgeber das Recht vorbehalten, zum Schutz der Jugend gegebenenfalls Bestimmungen zu erlassen. Rheinland-Pfalz, Hessen und Bremen etablierten eine Kann-Regelung, um die Freiheitsrechte im Dienst der Sittlichkeit einzuschränken. Nordrhein-Westfalen, Niedersachsen und Schleswig-Holstein, die Länder der britischen Zone, gaben sich erst nach Erlass des Grundgesetzes eigene Landesverfassungen und übernahmen schließlich dessen Grundrechtsbestimmungen.

Im Grundgesetz war von »Schmutz und Schund« nicht die Rede. Dies war einer der vielen Unterschiede zur Weimarer Verfassung. Als der aus Mitgliedern der westdeutschen Landtage zusammengesetzte Verfassungskonvent im August 1948 auf Herrenchiemsee die Urversion des Grundgesetzes formulierte, fiel weder das Stichwort »Jugendschutz«, noch war vorgesehen, die Freiheitsrechte zum Schutze junger Leute vor den Gefahren der kulturellen Moderne einzuschränken.[126] Dennoch arbeitete der Ausschuss für Grundsatzfragen des Parlamentarischen Rates im Laufe des Septembers 1948 eine Vorlage aus, die schließlich doch eine einschlägige Bestimmung enthielt und die Presse- und Meinungsfreiheit zugunsten des Jugendschutzes beschnitt. Gleichwohl wurden die Fehler der Weimarer Zeit nicht begangen, als viele freiheitliche Verfassungsrechte durch zahlreiche Gesetze wieder eingeschränkt worden waren. Vielmehr bestand für den historischen Ballast der jahrzehntelangen Diskussion über die Sittlichkeit durchaus ein gewisses Bewusstsein. Dass trotz Festhaltens an der Normierung der Pressefreiheit ein Lernprozess stattgefunden hatte, führte Theodor Heuss eindrücklich vor Augen. Im Weimarer Reichstag war er noch ein überzeugter Befürworter des Schmutz- und Schund-Gesetzes

50

gewesen und hatte es als »Sozialpolitik der Seele« verteidigt; seine Partei, die DDP, hatte in dieser Frage seinerzeit vor der Zerreißprobe gestanden. Im Parlamentarischen Rat befürwortete der Altliberale zwar nach wie vor ein Sondergesetz zum Jugendschutz, aber er distanzierte sich nun deutlich von den Vorschriften der Weimarer Republik. »Wir kommen da in des Teufels Küche«, sagte er und lehnte es ab, ähnlich wie damals Bestimmungen in der Verfassung festzuschreiben, die zur Bekämpfung von Schmutz und Schund Ausnahmen vom Zensurverbot festlegten. Man möge es bei allgemeinen Formulierungen belassen, appellierte er an das Gremium.[127]

Dass die Jugend vor Gefahren zu schützen sei, war im Parlamentarischen Rat unumstritten, auch über die dafür notwendige Einschränkung der Meinungs- und Pressefreiheit bestand Konsens.[128] Verschiedene Textentwürfe wurden nun verhandelt; einer lautete, das Grundrecht der freien Meinungsäußerung solle »an den allgemeinen gesetzlichen Bestimmungen zum Schutze der Jugend insbesondere im Filmwesen« seine Grenze finden.[129] Die ausdrückliche Erwähnung des Films verschwand indes alsbald wieder. Man wolle keinen Sonderfall herausheben, hieß es dazu unter dem Eindruck von Heuss' Ausführungen.[130] Am Ende bestimmte Artikel 5 Absatz 2 des Grundgesetzes, dass die Vorschriften zum Schutze der Jugend allen Freiheitsrechten Grenzen setzen. Um die Frage der Freigabe von Filmen für junge Leute zu regeln, plädierte Heuss dafür, nach angelsächsischem Vorbild ein System der Selbstkontrolle des Filmwesens zu etablieren. An die Stelle polizeilicher Kontrolle traten nun Filmprüfverfahren in der Verantwortung demokratisch besetzter Gremien, die über Alterseinstufungen und Schnittauflagen entschieden und in den USA schon seit den dreißiger Jahren üblich waren. Im Jahr 1949 entstand damit die Freiwillige Selbstkontrolle der Filmwirtschaft (FSK) mit Sitz in Wiesbaden.[131] Nicht Reglementierung, sondern gesellschaftliche Verantwortung war das Ziel eines Jugendschutzes, wie ihn die Initiatoren des Grundgesetzes verstanden, dessen prägende und strukturbildende Wirkung auf das Selbstverständnis von Politik und Gesellschaft der Bundesrepublik sich nicht zuletzt im Zusammenhang mit der Sittlichkeit erwies.

Schmutz und Schund beschäftigten 1949 nahezu sämtliche Länderparlamente. Initiativen kamen in Gang, um Regelungen gegen die Verbreitung anstößiger Schriften zu schaffen, wobei das Gesetz aus der Weimarer Republik das Vorbild lieferte. Im nordrhein-westfälischen Landtag stellte die Zentrumspartei Anfang 1949 unter Führung von Helene Wessel, die

Mitglied des Parlamentarischen Rates war, einen entsprechenden Gesetzesantrag.[132] In Hessen, wo eine Große Koalition aus CDU und SPD regierte, berieten die Politiker zur selben Zeit ebenfalls ein Paragraphenwerk. Auch in Bayern setzte die Regierung das Thema auf die Tagesordnung; die bayerische SPD unter dem Vorsitz von Waldemar von Knoeringen erhob vergeblich Protest dagegen.[133] Wie vage die Termini waren, um die es ging, verdeutlichte eine Stellungnahme der bayerischen Staatskanzlei. Die Entscheidung darüber, was Schmutz und Schund genau sei, hieß es, solle »dem einfachen menschlich sauberen und literarischen Gefühl« überlassen bleiben.[134] Bayern war fest entschlossen, aus föderalistischen Interessen ein eigenes Landesgesetz zu verabschieden, und arbeitete intensiv an dessen Entwurf; die Kompetenz des Bundes in dieser Frage stellte man in München in Frage.[135] Als einziges Bundesland besaß das CDU-regierte Rheinland-Pfalz bereits ein Gesetz zum Schutz der Jugend vor Schmutz und Schund. Der Kreis der Stellen, die eine Indizierung beantragen konnten, war dort weit gefasst: Neben den obersten Landesbehörden und den Stellen für Jugendpflege zählten die bischöflichen Ordinariate, ferner ministeriell ermächtigte Jugendwohlfahrtsverbände und Einrichtungen des Volksbildungs- und Erziehungswesens dazu.[136]

Der Volkswartbund wähnte sich nun politisch in einer starken Position und entwickelte selbst eine Gesetzesvorlage. Ende Januar 1949 lud der Verband gemeinsam mit dem Düsseldorfer Sozialministerium unter Leitung des Zentrum-Politikers Rudolf Amelunxen zu einer »Schundkampftagung« ein, zu der unter anderem Regierungsvertreter aus Rheinland-Pfalz anreisten. Calmes versetzte die Versammelten in Alarmstimmung, als er ihnen Berechnungen präsentierte, wonach das »Schundkapital« enorme Summen verschlinge. Wer wollte, konnte den antisemitischen Beiklang des Begriffs hören, den der Generalsekretär zwar nicht erfunden hatte, den er sich aber auch nicht zu verwenden scheute. 60 Millionen Mark seien seit der Währungsreform für Schmutz und Schund ausgegeben worden, so Calmes. Die Zahl ging durch die Presse, wurde (unhinterfragt) sehr ernst genommen und verursachte Aufregung; auch im »Streiflicht« der *Süddeutschen Zeitung* war davon zu lesen.[137] Dem Gremium, das die Gesetzesvorlage ausarbeitete, gehörten neben Mitgliedern des Volkswartbunds Regierungsvertreter aus dem Sozialministerium und dem Kultusministerium Nordrhein-Westfalens sowie dem Ministerium für Arbeit und Wohlfahrt in Rheinland-Pfalz an. Der Zirkel nahm sich vor, das

Gesetz von 1926 zu reaktivieren – und zu verschärfen.[138] Die Weimarer Verhältnisse galten dabei einerseits als Vorbild, ermunterten andererseits aber auch zur Abgrenzung, denn sie galten als viel zu milde. Damals hätten die Prüfstellen nachsichtig gehandelt, hieß es, zumal sie insgesamt nicht einmal 200 Titel auf die Verbotsliste gesetzt und Händler und Verleger verhältnismäßig selten bestraft hätten.[139]

Das Gremium präsentierte schnell einen ersten Gesetzesvorschlag, und Ende April 1949 lag bereits die zweite, überarbeitete Version vor.[140] Das Konvolut hob an mit den Worten: »Zum Schutz Jugendlicher vor Schrift- und Bildwerken, die in sittlicher und erzieherischer Hinsicht zuchtlos sind und das seelische Wohl Jugendlicher gefährden, wird eine öffentliche Verbotsliste errichtet.«[141] Anstelle von drei Prüfstellen wie in der Weimarer Republik waren nun nicht weniger als zwölf Instanzen vorgesehen – eine in jedem Bundesland, einschließlich West-Berlins. Eine Oberprüfstelle sollte hinzukommen und wie die anderen Behörden aus sechs Mitgliedern und sechs Ersatzleuten bestehen. Ein Verwaltungsapparat von stattlicher Größe war geplant: Dutzende von Funktionären sollten ausschließlich mit Schmutz und Schund befasst sein, die zuständigen Vertreter in den Landesministerien noch nicht hinzugezählt. Die Bereiche, die die Mitglieder der Prüfstellen zu repräsentieren hatten, waren Bildende Künste, Literatur, Buchhandel, Jugendwohlfahrt und die Schulen. Wie schon in der Weimarer Republik sollten die Prüfer über die volkserzieherische Qualität von Publizistik und Massenkunst urteilen. Der Vorsitzende des Gremiums erhielt nach dem Entwurf das Recht, in schweren Fällen weitgehend selbstständig einen Verbotsentscheid zu treffen. Rasch ging der Vorschlag der CDU/CSU-Fraktion im Bundestag zu.[142] Und zunächst hatte es den Anschein, als stehe seiner Realisierung nichts im Wege.

Das Parlament bestand gerade einmal fünf Wochen, als Heinrich von Brentano am 14. Oktober 1949 den Antrag auf ein Gesetz gegen Schmutz und Schund stellte. Zur Begründung verwies der Vorsitzende der Unionsfraktion, der dem Parlamentarischen Rat angehört hatte, auf die eminente Gefährdung der Jugend. Das Gesetz sei dringend erforderlich, da die »Auswüchse« des Zeitschriftenwesens die Sittlichkeit bedrohten.[143] Der Antrag trug die Unterschriften von zwei Dutzend Fraktionsmitgliedern. Elf davon waren Frauen – die gesamte Riege der Parlamentsvertreterinnen der Union.[144] Dass sie alle unterzeichneten, deutet darauf hin, dass Schmutz und Schund ein Themenfeld war, das gerade den wenigen Parlamentarierinnen die Möglichkeit bot, sich in der Politik zu profilieren. Dass sie die Chance ergriffen, zeigt, wie eng der Handlungsraum war, der Frauen in der Politik zugestanden wurde, und wie maßgeblich dafür lange etablierte geschlechtsspezifische Rollenmuster waren. Schließlich kam Frauen im Sittlichkeitskampf traditionell die Aufgabe zu, für die Hebung der allgemeinen Sexualmoral zu sorgen.

Einstimmig befürwortet, wurde das Gesetz in den folgenden Wochen sowohl vom Ausschuss für Fragen der Jugendfürsorge unter dem Vorsitz von Franz Josef Strauß (CSU) als auch vom Ausschuss für Fragen der Presse, des Rundfunks und Films unter Leitung von Rudolf Vogel (CDU) an den Bundestag überwiesen. Vonseiten des Jugendfürsorgeausschusses kam lediglich die Anregung hinzu, nicht nur wie vorgesehen Zeitschriften, sondern das gesamte Druckschriftenwesen einzubeziehen.[145] Bei der Aussprache im Parlament Mitte Dezember 1949 hatte die SPD gegen die Ausarbeitung des Gesetzes nichts einzuwenden, im Gegenteil: Billige Heftchen seien »Gift« für die Jugend, hieß es, und plädiert wurde dafür, dass jungen Leuten künftig auch ein spezielles Angebot an (nicht näher beschriebener) »guter Literatur« zur Verfügung stehen solle.[146] Für die KPD erhob Robert Leibbrand in aller Zurückhaltung einige Einwände. Der Fraktionschef, Überlebender der Konzentrationslager Natzweiler und Buchenwald, erinnerte an die »Erfahrungen der Vergangenheit«, gab zu bedenken, dass ein Gesetz gegen Schmutz und Schund womöglich Schriftenverbot bedeuten könne, und meinte, es sei wohl nicht das geeignete Mittel, um das Problem zu lösen. »Daß ein derartiger Antrag irgendwie auch die Pressefreiheit natürlich berühren muß«, räumte Ausschussvorsitzender Rudolf Vogel ein, beruhigte aber sogleich, denn er sei davon überzeugt, »daß gegenwärtig ein Notstand vorliegt«. Sein Bedenken richtete sich auf das geplante Bundespressegesetz, für das genügend Spielraum zu belassen sei, um nichts »zu präjudizieren«.

Es schien sich ein breiter, parteienübergreifender Konsens abzuzeichnen. Was mit Schmutz und Schund gemeint war, wurde im Bundestag auf Anhieb verstanden, jedenfalls fragte niemand nach, auch nicht, warum es der Bestimmungen überhaupt bedurfte. Das Vorhaben, das eines der ersten Gesetzesprojekte in der Bundesrepublik war, wurde erstaunlich schnell auf den Weg gebracht. Wie es im Protokollvermerk heißt, erteilte das Plenum »mit überwältigender Mehrheit« umgehend seine Zustimmung.[147] Nicht anders verhielt es sich hinsichtlich des Gesetzes zur Bekämpfung der Geschlechtskrankheiten, das Brentano zusammen mit dem Gesetz gegen Schmutz und Schund am 14. Oktober 1949 beantragt hatte.[148] Auch dieses Gesetz, das gleichfalls Vorläufer im Kaiserreich und in der Weimarer Republik besaß, wurde vom Parlament im Dienst des Jugendschutzes für notwendig und eilbedürftig befunden. Der Ausschuss für Fragen des Gesundheitswesens unter der Leitung von Richard Hammer (FDP) stimmte dem Projekt Anfang Februar 1950 uneingeschränkt zu. Der Bundestag war ohne längere Diskussion derselben Meinung und erteilte der Bundesregierung im März 1950 den Auftrag, dieses Gesetz ebenfalls vorzubereiten.[149]

Der Volkswartbund feierte die Gesetzesvorstöße als größten Erfolg seiner Geschichte.[150] Calmes wähnte sich auf dem Weg zum Erfolg, zumal der Generalsekretär nun zu einem gefragten Berater der Bonner Politik, ja zu deren Stichwortgeber avancierte, auch die Länderregierungen holten seine Expertise ein. Calmes war geladen, als sich nordrhein-westfälische Kabinettsmitglieder im Frühjahr 1949 zu einer internen Sitzung trafen, um das Schmutz- und Schund-Gesetz zu besprechen;[151] in Rheinland-Pfalz nahm er ebenfalls an interministeriellen Gesprächen teil. In Bonn war Calmes besonders häufig zu Gast. Bundestagsabgeordnete der CDU empfingen ihn viele Male; im November 1949 sprach er mit Aenne Brauksiepe, der Bundestagsvertreterin des Wahlkreises Köln, ferner mit Heinrich Höfler, dem späteren Leiter der Caritas-Zentrale in Freiburg, und mit Helene Weber, die Mitglied des Parlamentarischen Rates gewesen war und im Bundestag den Wahlkreis Aachen vertrat. Calmes erhielt Gelegenheit, den Abgeordneten seine Wünsche zur Ausgestaltung des neuen Gesetzes detailliert vorzutragen.[152] Dass er (mit Erfolg) politisch profilierte Frauen in den Sittlichkeitskampf einbezog, verweist erneut auf die besondere Rolle, die Frauen traditionell zugesprochen wurde, um die allgemeine (Sexual-)Moral zu heben. Brauksiepe unterstützte den Volkswartbund weiterhin, von Weber ist dazu nichts Näheres bekannt. Auch der von Franz Josef Strauß geleitete Jugendfürsorgeausschuss des Bundestags lud Calmes als Sachverständigen ein.[153] Calmes führte zudem viele Unterredungen mit Repräsentanten verschiedener Bundesbehörden, insbesondere aus dem Innenministerium, in dessen Zuständigkeit die Ausarbeitung des Gesetzesentwurfs lag.[154] Selbst an den Bundesinnenminister wandte er sich: Gustav Heinemann (CDU) erhielt im November 1949 seine Aufforderung, er möge die Verbreitung von Werbeprospekten für Verhütungsmittel und öffentliche Veranstaltungen über Empfängnisschutz untersagen.[155] Von

Heinemann und Bundesjustizminister Thomas Dehler (FDP) wollte Calmes außerdem erreichen, dass endlich die Schriften der Nacktkulturbewegung eingestellt würden. Beide Minister antworteten, seine Anregungen aufgreifen zu wollen.[156]

Die Nähe zur Politik zahlte sich im Wortsinn aus: Der Volkswartbund erhielt 1949 erstmals in seiner Geschichte staatliche Fördermittel, so dass er nicht mehr allein auf Gelder des Episkopats angewiesen war. Das Sozialministerium und das Kultusministerium Nordrhein-Westfalens waren die ersten Behörden, die dem Verband Zuschüsse gewährten; damit war immerhin etwa ein Viertel seiner Jahresausgaben gedeckt. Das Sozialministerium steuerte 5000 Mark aus der Abteilung Gesundheitsfürsorge und eintausend Mark aus der Behörde für Jugendpflege bei; das Kultusministerium zahlte weitere 500 Mark.[157] Ab Dezember 1950 flossen außerdem Gelder aus Bonn: Das Bundesinnenministerium bezuschusste den Volkswartbund aus Mitteln des zum Zweck der Jugendförderung neu eingerichteten Bundesjugendplans. Der Volkswartbund stockte fortan sein Personal auf; gleich vier Angestellte einschließlich des Generalsekretärs verrichteten nun die Arbeit.[158] Im Jahr 1956 belief sich die Fördersumme des Bundes auf 25 000 Mark, zwei Jahre später waren es schon 29 000 Mark; aus dem Landesjugendplan Nordrhein-Westfalens kamen Zuwendungen in Höhe von 13 000 Mark hinzu.[159]

Die Alliierten beobachteten die Bemühungen der Politik um ein gesetzliches Vorgehen gegen Schmutz und Schund mit Argwohn. Sie hatten den Zensur- und Meinungslenkungsapparat des Dritten Reiches zerschlagen, ein staatsfernes Radio geschaffen und den strukturellen Neuaufbruch in der medialen Landschaft nach demokratischen Richtlinien eingeleitet. Dass genau diese Errungenschaften im Sittlichkeitskampf hinterfragt wurden und das geplante Gesetz ein Einfallstor für neuerliche Pressezensur zu werden schien, war den Besatzern Anlass zu geharnischten Stellungnahmen. Der Landeskommissar der Alliierten Hohen Kommission in Bayern, Clarence M. Bolds, warnte auf einer Pressekonferenz kurz nach Neujahr 1950 energisch: Das geplante Schmutz- und Schund-Gesetz sei eine Gefahr für die Pressefreiheit und außerdem überflüssig, denn das Strafgesetz reiche völlig aus, um anstößiger Schriften Herr zu werden. Die *Süddeutsche Zeitung* zitierte ihn mit den Worten, »die Vergangenheit habe gelehrt, daß solche Gesetze leicht verdreht werden könnten«.[160] James A. Clark, der Leiter für politische Angelegenheiten im Amt des US-Landeskommissars für Bayern, kündigte im Rundfunk an, sofort einschreiten zu wollen,[161] falls das Vorhaben undemokratisch ausfalle und sich als Gefahr für die Freiheit der Presse erweise: »Ich möchte meinen, daß die sittliche Gefährdung der Jugend weniger in der bloßen Möglichkeit der Lektüre anstößiger Schriften besteht, als in den noch immer unzureichenden Wohnungs-, Erziehungs- und Arbeitsbedingungen.«[162]

Der Münchner Weihbischof Johannes Neuhäusler wies die öffentliche Kritik der Amerikaner allerdings brüsk zurück. In einem fünfseitigen Brief an Landeskommissar Bolds erläuterte er die zentrale Bedeutung der Sittlichkeit für die gesellschaftliche Ordnung. Neuhäusler sprach vom amerikanischen »Idol der Pressefreiheit«, dem er ausdrücklich »Volksmoral« und »Volksgesundheit« entgegensetzte. »Soll wirklich um der Pressefreiheit willen auch weiterhin unserer Jugend, unserer ohnehin schon schwerbeschädigten und schwer gefährdeten Jugend an allen Ecken und Enden moralisches Gift angeboten und verabreicht werden?« Der Presse stehe es ja auch nicht zu, zu Gewalt und Verbrechen aufzurufen; warum also, fragte er, sollte es erlaubt sein, im Namen der Pressefreiheit die Jugend zu verderben?[163] Als »wirkliche Pressefreiheit« galt Neuhäusler diejenige, die höhere Werte förderte und dem Jugendschutz den Weg bahnte.

Nicht die Freiheit stand demnach im Zentrum sozialer Ordnung, sondern die Sittlichkeit. Der Gegensatz bildete sich früh heraus: Wer für die Sittenordnung als kulturelle Leitidee der jungen Bundesrepublik eintrat, betonte, dass nur eine durch Sexualmoral gesicherte Wertewelt Orientierung biete. Die Einschränkung der Pressefreiheit sei in Kauf zu nehmen, denn Freiheit könne es nur in dem Maße geben, in dem sie der sittlichen Ordnung diene. Der sexualmoralische Kanon konkurrierte unmittelbar mit dem demokratischen Freiheitspostulat. In der Verteidigung der Sittlichkeit kam der volkspädagogisch-paternalistische Anspruch auf Traditionsbildung und geistige Führung zum Ausdruck. Die kirchennahe *Kölnische Rundschau* schrieb: »Die demokratische Grundordnung als hoher Wert muß geschützt werden. Aber ist die sittliche Gesundheit unseres Volkes nicht auch ein solcher Wert, der Schutz verdient?«[164] In einem Brief der katholischen Laienvertreter in Passau an die bayerische Staatsregierung hieß es: »Die Freiheit der Presse hat eine Grenze in den unverrückbaren Normen des christlichen Sittengesetzes. Höher als Pressefreiheit steht das Gebot Gottes und das Wohl des Volkes, dessen Garant die sittliche Gesundheit seiner Jugend darstellt.«[165]

Medienvertreter und Intellektuelle rüsteten sich zur Verteidigung der Pressefreiheit. Mit Bekanntwerden des Gesetzesvorhabens im Bundestag brandete Ende 1949 Protest von Journalisten, Schriftstellern, Verlegern, Buchhandelsvertretern und Künstlern auf. Der PEN-Club unter dem Vorsitz von Erich Kästner, die Deutsche Akademie für Sprache und Dichtung, der Journalistenverband, die Hamburger Freie Akademie, die Bundesgemeinschaft der Verleger und Buchhändler, der Börsenverein des deutschen Buchhandels, die Folkwangschule Essen, ein Gremium aus Verlegern, Schriftstellern und Buchhändlern unter der Leitung von Ernst Rowohlt,[166] eine Reihe von Kulturverbänden, darunter der deutsche Komponistenrat und der Berufsverband bildender Künstler, sträubten sich vehement gegen das Schmutz- und Schund-Gesetz. Von »Willkür staatlicher Organe« und Einschränkung, ja Aufhebung der Geistes- und Meinungsfreiheit war die Rede.[167] Warnungen vor einer neuerlichen Staatszensur, vor einem Rückfall in den Terror des Dritten Reiches und generell vor einer »Restauration« der damaligen Verhältnisse wurden laut. Die NS-Zeit stand allen, die protestierten, drohend vor Augen. Erfahrungshintergrund und Erwartungshorizont bezogen sich unmittelbar darauf. Ohne Umschweife wurden Parallelen zwischen Sittlichkeitsverfechtern und einstigen Anhängern des nationalsozialistischen Regimes gezogen. Die Angst richtete sich auf die Abschaffung des neuen demokratischen Ordnungsgefüges. Die *Frankfurter Rundschau* hielt die Befürworter des Gesetzes ausdrücklich für »Naziaktivisten«, für »jene Kreise, die eben erst Deutschland ruiniert haben«. Das Blatt schrieb: »Man muß schon ein ausgesprochen politischer Mensch sein, um die Hinterhältigkeit dieses Anliegens zu empfinden.«[168] Nicht alle Kritiker des Gesetzes wurden dermaßen deutlich. Ob sie Recht hatten oder nicht, ist nicht unbedingt die entscheidende Frage. Ein Gespür für die gesellschaftliche Stimmungslage hatten sie ohne Zweifel. Die Auseinandersetzung zeigte deutlich, worum beim Thema Sittlichkeit neuerdings auch gerungen wurde: um den Umgang mit der NS-Vergangenheit. Wer eine rigide Sexualmoral vertrat, so die unter Gesetzesgegnern verbreitete Auffassung, verriet eine starke Tendenz zu nationalsozialistischer Gesinnung. Das PEN-Zentrum erklärte in seiner Resolution, der Protest gegen das Gesetz finde deshalb statt, »weil wir seine mißbräuchliche Anwendung kennen und fürchten«.[169] Dass die Grenzen zwischen bürgerlicher Rückbesinnung auf die Sittlichkeit und der Sehnsucht nach Kontinuität zur

NS-Zeit verschwammen, wurde von den Gegnern deutlich erkannt und benannt.

Erich Kästner spießte das Gesetzesvorhaben unter dem Titel »Der trojanische Wallach« in seinem Münchner Kabarettprogramm »Die Kleine Freiheit« auf: »Der Staat will seine Bürger zwingen, wieder rot zu werden und sich zu entrüsten, wo es genügte, zu lachen oder die Achseln zu zucken. Will er das? Ja. Will er nichts weiter? Doch.« Der Dichter, dessen Werke 1933 in Flammen aufgegangen waren, sprach von einem »Kuratelgesetz gegen Kunst und Literatur« und von der »Entmündigung moderner Menschen«. Er war sich sicher, dass die Initiatoren des Gesetzes von aktuellen Problemen und politisch ungelösten Fragen wie Arbeitslosigkeit und Wohnungsnot ablenken wollten. »Dann löst man geschwind ein Scheinproblem. Das geht wie geschmiert. Hokuspokus – endlich ein Gesetz.« Kästner nannte die Befürworter »Dünnbrettbohrer« und ließ keinen Zweifel daran, dass er sie für (zumindest) geistige Brandstifter der Bücherverbrennungen im Dritten Reich hielt.[170]

Das Unverständnis für die Sittlichkeitsforderungen konnte kaum größer, die Polarisierung kaum massiver sein. Journalisten, die nach Kriegsende für die von den Alliierten initiierte grundlegende Neuordnung des Mediensystems sorgten,[171] verteidigten die Presse- und Meinungsfreiheit als Leitwert der Demokratie. Ihr Engagement war ein leidenschaftliches Plädoyer für ein liberales Staatswesen. Kaum eine der großen Zeitungen schwieg zwischen Herbst 1949 und Frühjahr 1950 zu dem Gesetzesprojekt. Die *Frankfurter Rundschau* hob unter der Überschrift »Kulturpolizei?« warnend an mit den Worten: »Es gibt viele Wege zum totalen Staat.«[172] Das Blatt wunderte sich, dass Magazine und andere erotische Hefte ausgerechnet für junge Leute eine Gefahr sein sollten: »Seltsam, man dachte immer, die Jugend hätte nicht allzu viel Geld in Händen, um solches Zeug zu kaufen.«[173] Auch die Leserbriefspalten waren voller empörter Kommentare. Ein Mann aus Bad Kreuznach konstatierte: »Das Ganze sieht nämlich so aus, als wolle man mit Kanonen nach Spatzen schießen.«[174] Ein anderer appellierte: »Lassen wir es nach dem Muster der ausländischen demokratischen Presse bei einer wirklichen Pressefreiheit ohne Wenn und Aber, damit wir Deutsche keine Mitläufer wieder werden, sondern Staatsbürger eines demokratischen Staates.«[175] Die Stimmen derer, die das Vorhaben rundweg ablehnten, überwogen klar. Selten waren andere Meinungen zu lesen, bisweilen aber doch, wie etwa die Klage eines

Studienreferendars, der an die *Süddeutsche Zeitung* schrieb, »die Flut von Schmutz und Schund« steige ständig, und »niemand schreitet kraft der geltenden Paragraphen dagegen ein«. Manche Leserbriefschreiber sprachen auch vom »zersetzenden Liberalismus« und der »Verantwortungslosigkeit gegenüber der Jugend.« Ein ehemaliger Soldat, der für das Gesetz war, kam ins Schwärmen, wenn er an die strengen Sitten dachte, die er in sowjetischer Kriegsgefangenschaft kennengelernt hatte: »Man kann bestimmt nicht sagen, daß die Russen prüde sind, aber in dieser Beziehung haben sie uns etwas voraus.«[176] Die *Neue Zeitung* organisierte eine Umfrage und veröffentlichte eine ganze Sammlung von Zuschriften. Darin war der Brief des Elternbeirats der Volks- und Mittelschulen in Stuttgart, der vor »verheerendem Gift« warnte, nahezu das einzige Plädoyer für das Gesetz. Die Mehrheit protestierte und vertrat Ansichten wie diese: »Man darf den Schmutz und Schund nicht nur nicht ›verbieten‹, sondern sollte ihn hervorziehen und in den Scheinwerfer des kritischen Bewußtseins rücken.«[177] In der *Neuen Zeitung* erinnerte ein Vertreter des Börsenvereins des deutschen Buchhandels daran, dass es in der Weimarer Republik die »Antisemiten und Hakenkreuzler« gewesen waren, die das Gesetz gewollt hatten.[178] Über die Schwächen der damaligen Vorschriften und die Fehlentscheidungen der Prüfstellen war in zahlreichen Blättern zu lesen.[179] Viele Leserbriefschreiber appellierten an Eltern und Erzieher, junge Leute lieber durch Vorbild, sexuelle Aufklärung und umsichtige Sozialpolitik vor sittlich anstößigen Publikationen zu schützen, und wandten sich unmissverständlich gegen jede Zensur. Wilhelm E. Süskind schrieb auf der Seite eins der *Süddeutschen Zeitung*, es sei zwar nicht verkehrt, wenn man die Gegenwart »bei ihrer mangelnden Sittlichkeit packt«, und wer das Gesetz wolle, habe »vielleicht aus ehrlichem Herzen« den Eindruck, »daß man gegen das Verderben in unserem Land eine Schlacht gewonnen hat«. Jedoch möge man sich bitte daran erinnern, dass das Weimarer Gesetz »den sittlichen Niedergang zur Hitlerherrschaft aber keineswegs verhindert hat«.[180] Der *Münchner Merkur* gab hingegen zu bedenken: »Wer in der nachträglichen Zensur geistiger Erzeugung eine Chance für den Diktator wittert, verwechselt Ursache und Wirkung. Der Tyrann wird nicht aus dem freiwilligen Versuch zu innerer Ordnung und Selbstdisziplin geboren, er kommt aus dem Chaos.«[181]

Die Sorge war groß, dass literarische und künstlerische Werke von Rang unter das Gesetz fallen würden. »Die Sittlichkeitspatrouille vis à vis der Venus von Milo: Wollen wir das noch einmal?«, hieß es in der *Deutschen Zeitung und Wirtschaftszeitung*.[182] *Die Zeit* berichtete von einem Experiment in einer öffentlichen Bibliothek, das zeigte, dass das neue Gesetz doch recht absurde Folgen haben würde: Von mehr als einem Dutzend beim Lesepublikum besonders beliebten Büchern war demnach die Hälfte Schmutz und Schund.[183] In den *Nürnberger Nachrichten* stand: »Und so treten denn die Mucker auf den Plan, die Pharisäer, die Nuditätenschnüffler, die jedes freudige Spiel sinnlicher Kraft in der Kunst mit Wut betrachten.«[184] Der *Spiegel* mokierte sich über die »Gralshüter von Zucht und Sitte«.[185] Die *Frankfurter Hefte*, die sich grundsätzlich für ein Gesetz aussprachen, warnten ebenfalls: »Wirklichkeitsfremde Ästheten, pedantische Moralprediger und ›Sittlichkeitsapostel‹, die unbewusst an ihren Gegner fixiert sind, können hier nur Schaden stiften.«[186] Die *Frankfurter Rundschau* spießte eine Stellungnahme des bayerischen Kultusministers Alois Hundhammer auf, der das Gesetz forderte und gesagt hatte, die bestehenden Vorschriften erfassten »nur die gröbere sexuelle Literatur, nicht aber die feinere Schamlosigkeit«. Die Zeitung wollte nun wissen, was das denn wohl sei: die »feinere Schamlosigkeit«.[187] Die *Neue Zeitung* erinnerte daran, dass das Gesetz in der Weimarer Republik den »tötenden Stempel der Lächerlichkeit« getragen habe. Wie veraltet und aus der Zeit gefallen es in der Gegenwart sei, erweise gerade der Umstand, dass die Zensur- und Verbotsliste »mit dem ›tausendjährigen Reich‹ dahingegangen« sei.[188] Die *Deutsche Zeitung und Wirtschaftszeitung* schrieb, vieles deute darauf hin, dass »die junge, einstweilen noch züchtige Republik dem Gespenst der Diktatur bereits mehr als einen der sprichwörtlichen kleinen Finger« gebe.[189]

Die Presse stieß sich früh auch am klerikalen Einfluss auf das Gesetzesprojekt. Über den Einfluss des Volkswartbunds und Calmes' direkten Draht zur Bonner Unionsfraktion und zu den CDU-geführten Landesregierungen war den Zeitgenossen zwar nichts bekannt. Dennoch war das kirchliche Engagement nicht zu übersehen. Der Nordwestdeutsche Rundfunk (NWDR) reagierte darauf mit Sarkasmus. Es komme weniger darauf an, »was man sieht, sondern wie man es sieht«, hieß es dazu süffisant Ende November 1949 in der Abendsendung »Aus dem Zeitgeschehen«. An die Hörer erging der flapsige Hinweis, dass, wer sich an nackter Haut störe, den spärlich bekleideten Frauen in den Magazinen »ja ein Höschen machen« könne. Adolf Grimme, der sozialdemokratische Generaldirektor des NWDR, erhielt daraufhin einen Beschwerdebrief vom Chef der Caritas in Essen, wegen »Brüskierung aller anständig denken Menschen«.[190]

Die Erotikmagazinhändler trumpften bereits auf. Die *Zeit* schrieb Anfang 1950, an den Kiosken im Rheinland hingen seit einiger Zeit Plakate aus, auf denen es heiße: »Wo bleibt es denn, das Schmutz- und Schundgesetz?«[191] Die Schwäche der Sittlichkeitskämpfer trat besonders deutlich zutage, als sie im Februar 1950 zu einer Kundgebung nach Bonn einluden. Nur ein kleines Häuflein von Anhängern kam, einige hundert vielleicht, vornehmlich Eltern und Erzieher. Der Katholikenausschuss, die evangelische Gemeinde und der städtische Jugendring organisierten die Veranstaltung, die in Anwesenheit des Landgerichtspräsidenten und geistlicher Würdenträger an der Universität stattfand. Michael Calmes hielt die Eröffnungsrede. Die Teilnehmer verfassten eine an »alle Gutgesinnten« gerichtete Entschließung, in der sie forderten, dass endlich ein Gesetz erlassen werden müsse.[192] In Köln, Münster und München gab es ähnliche Protestversammlungen, die aber auch nicht besser besucht waren.[193]

Es mangelte nicht an Initiativen, aber den Sittlichkeitsverfechtern fehlte die Unterstützung jenseits ihrer eigenen kleinen Zirkel. Ausschlaggebend dafür war nicht zuletzt der Umstand, dass sie in Verallgemeinerungen und dichotomischen Konstruktionen dachten, wenn sie die ökonomischen und sozialen Problemlagen der Gegenwart betrachteten, sie ressentimentgeladen verurteilten und keinen Versuch unternahmen, sie anders als moralisch zu lösen. Aus verzerrten Gegenwartsbeobachtungen wurden realitätsblinde Verfallsszenarien abgeleitet und alarmistisch und angsteinflößend präsentiert. Mit der Erfahrung der Menschen, vor allem der jungen Leute, hatte ein solcher Blick auf die Gegenwart nichts zu tun. Viele der rund 15 Millionen Jugendlichen in der Bundesrepublik, die gut ein Drittel der Bevölkerung ausmachten, waren heimatlos, hausten in Elendsquartieren, hatten kein eigenes Bett und litten noch jahrelang unter der katastrophalen Wohnungslage, die der Bombenkrieg verursacht hatte. Rund 11,4 Millionen Kinder und junge Leute im Alter bis 15 Jahren und etwa 3,9 Millionen 15- bis 20-Jährige lebten 1952 in der Bundesrepublik. Etwa 2,6 Millionen von ihnen waren den Statistiken zufolge Flüchtlinge, ihren Vater hatten 1,25 Millionen im Krieg verloren, etwa 30 000 waren Vollwaisen, 80 000 Scheidungskinder, mehr als 190 000 wohnten in Baracken und Lagern.[194]

Aber um das soziale Elend ging es nicht, wenn in den Eingaben von

Sittlichkeitsanhängern von der »Verwahrlosung« junger Leute die Rede war.[195] Ein Ärztekreis aus Regensburg verfasste Anfang 1950 eine Resolution an die bayerische Staatsregierung, in der es hieß: »Es ist eine von allen anerkannte Selbstverständlichkeit, Rauschgifte unter Kontrolle zu stellen, um unser Volk vor Vergiftung zu bewahren. Es müsste aber von allen als dringendste Notwendigkeit anerkannt werden, geistiges Gift von unserem Volk fernzuhalten, um seine Lebenskraft durch Aufpeitschen von erotischen und sexuellen Instinkten nicht noch mehr zu lähmen. Ein gesundes Geschlecht wächst nur aus einem gesunden biologischen Erbe.«[196] Das örtliche Stadtkomitee zur Bekämpfung von Schmutz und Schund sandte eine ähnliche Protestnote an die bayerische Regierung; auf der beigefügten zweiseitigen Unterschriftenliste war die gesamte Honoratiorenschaft versammelt: der Regensburger Bürgermeister, mehrere Pfarrer, Lehrer von Oberschulen und Volksschulen, Bibliothekare, Journalisten, Elternbeiratsvertreter, Repräsentanten der Jugend- und Fürsorgearbeit, Mitglieder des Frauenbundes und des Trachtenvereins.[197] Auch aus Rosenheim, Kempten, Landshut, Weiden, Nürnberg und einer Reihe weiterer Städte trafen Beschwerdeschreiben und Aufrufe vor allem von Elternvereinigungen und Kreisjugendringverbänden in den Ministerien ein.[198]

Nach Calmes' Zeitdiagnose war die »fortschreitende Erotisierung« die Ursache aller krisenhaften Erscheinungen der Gegenwart. »Unsere Zeit ist übererotisiert«, schrieb er im Mitglieder-Rundbrief vom Januar 1951, »diese Übererotik durchdringt mit widerlicher Zudringlichkeit und aufreizender Rechthaberei die gesamte Öffentlichkeit.«[199] Sein Krisengerede fiel umso aggressiver aus, je länger sich das Bonner Gesetzgebungsverfahren hinzog und je offensichtlicher sich nun zügig ein parlamentarischer Pragmatismus entwickelte. Unter dem Titel »Die fortschreitende Demoralisierung des deutschen Volkes« veranstaltete der Volkswartbund 1951 in Köln eine große Frühjahrstagung.[200] Auf der Gästeliste standen Politiker und Ministerialbürokraten der jungen Bundesrepublik sowie Repräsentanten der Wohlfahrts- und Jugendverbände. Auch das Bundesjustiz- und das Bundesinnenministerium waren vertreten; Bundestagsabgeordnete der Union kamen ebenfalls, darunter Emil Kemmer und Franz Josef Strauß von der CSU und Aenne Brauksiepe von der CDU. Landespolitiker aus dem Kultus- und dem Innenministerium Nordrhein-Westfalens waren dabei, außerdem Vertreter der Justizbehörden, der Polizei, der Jugendämter und Kommunalverwaltungen. Die Caritasverbände verschiedener Städte entsandten ihre Repräsentanten, auch geistliche Würdenträger fehlten nicht, und die Deutsche Presseagentur und christliche Nachrichtendienste schickten ihre Korrespondenten.

Der Volkswartbund verabschiedete einmal mehr eine Entschließung, um Bonn hinsichtlich des Schmutz- und Schund-Gesetzes zur Eile zu drängen, und Heinrich Oesterreich, der Vorsitzende der Landesarbeitsgemeinschaft zur Bekämpfung der Geschlechtskrankheiten in Nordrhein-Westfalen und Autor einiger Broschüren des Volkswartbunds, brachte in einem Vortrag über die »Gefahren des Sexualismus und ihre Überwindung« den »grobsinnlichen, vulgären und vermassten Sexualismus« der Gegenwart mit dem Phänomen der »Vermassung« als solcher in Verbindung. Oestereich sprach vom empfindungs- und erlebnisarmen »Massenmenschen«, dessen Seelenleben »flachkielig«, dessen Wesen bar jeder Feinfühligkeit sei und der dem »unpersönlichen, zur Vermassung drängenden Kollektivismus« anhänge. »Wie der Sexualismus als das konsequente Produkt der Vermassung bezeichnet werden kann, stellt diese entsprechend den Nährboden für eine sexualistische Verhaltensweise dar.«[201]

Franz Josef Strauß nahm in seiner Funktion als Vorsitzender des Jugendfürsorgeausschusses im Bundestag an der Tagung teil. Er wies den Vorwurf zurück, die Politik arbeite in Sachen Schmutz und Schund zu langsam. »Nicht der Staat, du selbst trägst die Verantwortung!«, postulierte er. Strauß lobte die Arbeit des Volkswartbunds und gratulierte Calmes zu seinem silbernen Dienstjubiläum, das der Generalsekretär aus Anlass der Tagung feierlich beging.[202] Am Zusammenhang zwischen der Lektüre unzüchtiger Schriften und dem Abdriften in die Verwahrlosung hegte der CSU-Politiker keinen Zweifel. »Nur wenn die dunklen Geschäftemacher, die auf Kosten der leiblichen und seelischen Gesundheit der Jugend ihren Profit machen wollen, sich ständig von den unzähligen Augen verantwortungsbewußter christlicher Menschen überwacht und kontrolliert fühlen, wird dieses Gesetz wirklich seinen Zweck erfüllen.«[203] Strauß trat noch einige Male auf Veranstaltungen des Volkswartbunds auf. Das Thema Sittlichkeit bot ihm die Möglichkeit, sich in der Bonner Politik zu profilieren. Allerdings engagierte er sich dafür nicht ausgesprochen intensiv und auch nicht mehr lang, denn schon bald erschloss er sich neue politische Bereiche. Als Strauß im Kabinett Adenauer 1953 Minister für besondere Aufgaben wurde, maß er der Frage nach Schmutz und Schund schon keine Bedeutung mehr bei. Als er zwei Jahre später zum Bundesminister für

Atomfragen und schließlich zum Verteidigungsminister ernannt wurde, war sie längst aus seinem Denkhorizont verschwunden.[204] Dass sein Lebenswandel nicht gerade den Vorstellungen klerikaler Sittlichkeitsverfechter entsprach, war zudem kein Geheimnis. Als eine Ost-Berliner Zeitung unter der Überschrift »Skrupellos und moralisch verkommen« im Juni 1957 Strauß eines ausschweifenden Liebeslebens bezichtigte, griffen der *Spiegel*, der *Berliner Kurier* und andere Blätter den Bericht sogleich auf. Strauß' Parteikollege und Intimfeind Alois Hundhammer zögerte nicht, in einer Fraktionssitzung der CSU höhnisch aus dem Artikel des DDR-Blattes zu zitieren. Dass so ein Mann, »dazu noch mit seiner Braut«, kurz zuvor vom Papst empfangen worden war, empörte ihn zutiefst. Hundhammer musste sich später allerdings für seinen Ausbruch entschuldigen; da er sich auf Argumente von Kommunisten eingelassen hatte, distanzierte sich am Ende die CSU von ihm.[205]

Solange das Gesetzgebungsverfahren in Bonn nicht vorankam, wuchs vonseiten des Kölner Kardinals der Druck auf die Politiker. Frings richtete Eingabe um Eingabe an sie, auch an den Bundeskanzler, den Bundestagspräsidenten und den Bundesratspräsidenten. Im Namen der Fuldaer Bischofskonferenz drängte er zur Eile. »In Kiosken und Bahnhofsbuchhandlungen, in Leihbüchereien und Lesemappen sowie durch Versandgeschäfte werden Schmutzschriften und -bilder aller Art ins Volk geworfen«, schrieb der Kardinal. Die Bischöfe erwarteten nicht nur die »energische Bekämpfung« der anstößigen Schriften, sondern auch ein neues Gesetz, das »unter gebührender Achtung der wahren Pressefreiheit« die Jugend schütze.[206] Wenige Tage nach Erhalt des Schreibens wandte sich Adenauer an seinen Justiz- und seinen Innenminister und ließ ihnen Abschriften von Frings' Brief zusammen mit der Bitte übermitteln, »zu prüfen, ob nicht die Strafverfolgungsbehörden und die Polizei über die zuständigen Landesdienststellen zu einem schärferen Vorgehen gegen die Schmutzliteratur im Rahmen der gegenwärtig bestehenden gesetzlichen Möglichkeiten angehalten werden können«.[207] Eine Antwort erhielt Frings nicht, jedenfalls keine schriftliche. Der Bundeskanzler tat sich in der Debatte über Schmutz und Schund nicht hervor. Adenauer hielt sie augenscheinlich für unwichtig und erachtete das geplante Gesetz auch für sein Konzept autoritärer Medienpolitik nicht weiter relevant, das dem Staat Einfluss auf die Presse sichern sollte.[208]

Das Desinteresse des Bundeskanzlers signalisierte eines: Der Sittlichkeitskampf war kein Projekt, das auf breitem christlichen Fundament ruhte und von den Repräsentanten des Staates in Gemeinschaft stiftender Absicht mit aller Kraft umgesetzt wurde. Vieles deutet vielmehr darauf hin, dass die Meinungen darüber auch innerhalb kulturkonservativer Kreise stark auseinandergingen. Dass Politiker das Thema aufgriffen, hatte (wenngleich dies schwer auszumachen ist) wohl auch mit dem Takt und Tempo der Wahlkämpfe zu tun. In den Anfangsjahren der Bundesrepublik versuchten manche damit Wähler zu gewinnen, die sich am bildungsbürgerlichen Kulturideal orientierten. Viele ließen das Thema jedoch beizeiten wieder fallen, weil sie ihm offensichtlich keine große Mobilisierungskraft zutrauten. Auf die kulturellen Herausforderungen der Moderne gab es eben gerade keine gemeinsame moralisierende Antwort. Selbst unter Katholiken begriffen offenbar nur einige wenige das Vorantreiben des Sittlichkeitskampfes als Imperativ.

Frings' Ton fiel schärfer aus, als er sich an Bundesregierung, Bundestag und die Fraktionen von CDU, Zentrum und Bayernpartei wandte, nachdem auch ein ganzes Jahr nach seiner Eingabe noch immer keine Entscheidung gefallen war. Er rügte die Justizbehörden für ihre »laxe Handhabung« der Strafvorschriften und konstatierte, dass die Zahl der Verlage, die Schmutz und Schund herstellten, ständig steige. Fassungslos sprach der Kardinal von der »unerklärlichen Lethargie« der Politik und forderte mit Nachdruck, das Gesetz »beschleunigt« zu beraten und endlich zu verabschieden.[209] Nur von Helene Wessel erhielt er eine Antwort. Sie schrieb lapidar, die Zentrumsfraktion werde sich darum kümmern.[210]

Parlamentsdebatten über die sexuelle Ordnung

Der Bundestag führte Ende März 1950 eine ungewöhnliche Debatte. Ausgerechnet in den Haushaltsberatungen kam die Rede auf das geplante Gesetz gegen Schmutz und Schund. Gut drei Monate waren seit dem Antrag der CDU/CSU-Fraktion vergangen. Noch immer ließ der entsprechende Gesetzesvorschlag des Innenministers aber auf sich warten, was in der Sitzung moniert wurde. Hermann Ehlers (CDU) sagte: »Die Aufgabe des Schutzes unserer Jugend gegen das, was sich an Zeitungskiosken und in Zeitschriften an Schweinereien dartut und sich fälschlich auf die Pressefreiheit beruft, ist groß und bedeutend.«[211] Die SPD nutzte die Gelegen-

66

heit, um Bedenken anzumelden, die der breite mediale Protest gegen das Gesetz mittlerweile in der Partei geweckt hatte. Bereits jetzt war evident, dass der vermeintlich parteienübergreifende parlamentarische Konsens vom Dezember 1949 verschwunden war. Ludwig Bergsträßer (SPD) gab zu bedenken, dass womöglich Goethes »Römische Elegien« als Schmutz und Schund auf dem Index landen könnten. »Je mehr man diese Dinge frei läßt, um so besser«, sagte er und versuchte zu definieren, worum es bei dem Gesetzesvorhaben überhaupt ging: »Schmutz bezieht sich auf das Verhältnis der Geschlechter; so ist es definiert im Strafgesetzbuch.« »Heiterkeit« löste der Abgeordnete damit laut Protokollvermerk aus, und für »große Heiterkeit« sorgte er, als er bedauerte, Aktfotografien »beim besten Willen« weder »unsittlich« noch »auch nur sexuell anreizend« finden zu können. »Stürmische Heiterkeit« erntete der stellvertretende Vorsitzende des Bundestagsausschusses für Büchereiwesen schließlich, als er sich über das Sortiment von Bahnhofsbuchhandlungen echauffierte, vor allem über die dort ausliegenden Illustrierten mit leicht bekleideten Mädchen auf den Titelblättern: »Wirklich ganz übles Zeug«, konstatierte er und forderte: »Wenn irgendetwas wünschenswert wäre, so wäre es vielleicht das, daß der Herr Verkehrsminister – –«. An dieser Stelle seiner Rede amüsierte sich der Bundestag so, dass Vizepräsident Carlo Schmid (SPD), der die Sitzung leitete, nach der Glocke greifen musste, um seine Kollegen von ihren arg naheliegenden Gedanken abzubringen: »Der Herr Abgeordnete hat es nicht so gemeint!«

Bergsträßer distanzierte sich keineswegs grundsätzlich von dem geplanten Gesetz, rückte anstelle von Verbotsmaßnahmen aber Reformen im Sinne einer gezielten Förderung guter Jugendliteratur ins Zentrum. Dass Schmutz und Schund die Verwahrlosung der Jugend verursachten und daher bekämpft werden müssten, stand für die SPD außer Frage. Aber ein Gesetz, das sich nicht durchführen lasse, so Bergsträßer, kompromittiere »den ganzen Staat«; gerade dies sei mit Blick auf die »ungeheure Erschütterung des Rechtsempfindens« im Dritten Reich nicht tragbar. Der ausgelassenen Stimmung zum Trotz, für die er gesorgt hatte – Heiterkeitsbekundungen auf der Linken wie der Rechten blieben in Bundestagsdebatten über die Sittlichkeit selten aus –, erklärte Bergsträßer ernst: »Wenn man als Schund etwa bezeichnen würde das, was im Menschen eine lächerliche Illusion entwickelt, dann wäre der ganze Nationalsozialismus Schund gewesen. Ich stimme dem gern zu.«

Bundesinnenminister Gustav Heinemann kündigte in der Sitzung an, den versprochenen Gesetzesentwurf rasch vorlegen zu wollen. Er präsentierte ihn der Bundesregierung schließlich Anfang Mai 1950. Das Kabinett stimmte seinem achtseitigen Text zu und bat nur um Klärung einiger Formulierungsfragen.[212] Vier Wochen später beriet der Bundesrat darüber, kurz darauf kam die Vorlage erneut ins Kabinett. Der Terminus »Schmutz und Schund« war mittlerweile aus dem Titel verschwunden. Die Rede war nun vom »Gesetz über den Vertrieb jugendgefährdender Schriften«. Heinemann nannte seinen Entwurf gegenüber der Presse »zurückhaltend«.[213] Er verhehlte nicht, dass er die Bekämpfung der öffentlichen Unsittlichkeit für wichtig und vordringlich hielt. In einem Brief an den bayerischen Kultusminister Hundhammer (CSU) sprach Heinemann vom »zersetzenden und unsere Kultur bedrohenden Libertinismus«.[214] Was »sittliche Gefährdung« bedeutete, klärten aber weder seine Gesetzesvorlage noch seine fast doppelt so lange Begründung.[215] In einem einzigen Satz gab Heinemann darin Auskunft darüber, warum er das Gesetz für notwendig hielt: »In den letzten Jahren werden in gleicher Weise wie nach dem Ersten Weltkrieg in besorgniserregendem Umfang Schriften vertrieben, die eine ernste Gefahr für die heranwachsende Jugend darstellen.« Wie schwer der historische Ballast der Debatte wog, macht die von ihm gezogene Parallele überdeutlich. Sie blieb unwidersprochen und wurde klar verstanden. Im Ersten Weltkrieg war der Kampf um die Sittlichkeit unmittelbar an die Idee der Nation geknüpft worden. Sittlichkeit und nationale Selbstbehauptung, Sittlichkeit und nationale Volkskraft bildeten eine Einheit – ein Gedanke, der in die einschlägigen Bestimmungen der Weimarer Verfassung eingeflossen war, erfahrungsgeschichtliche Relevanz erhielt und als Denkmuster noch immer fortwirkte.

Heinemanns Vorschlag stand im Kontext weiterer volkspädagogisch-autoritärer Gesetzesvorhaben, die Anfang der fünfziger Jahre initiiert wurden, um dem Staat Eingriffsrechte in die Pressefreiheit zu sichern. Im Bundesinnenministerium entstand 1950/51 auch der Entwurf des Bundespressegesetzes, für das sich Heinemanns Nachfolger Robert Lehr besonders engagierte. Diese Initiative offenbarte ebenfalls die mangelnde Wertschätzung der politisch Verantwortlichen für eine selbstbewusste, kritische Presseberichterstattung und zeigte, wie schwer sich viele noch mit den Freiheitsrechten taten und wie nachhaltig ihr Interesse daran war, sie mittels autoritärer Bestimmungen einzuschränken – als Entgegnung auf die

Verfallstendenzen der modernen Gesellschaft und die (damit in Verbindung gebrachte) Infiltration aus dem Ostblock. Die Textvorlage zum Bundespressegesetz enthielt Paragraphen, »Schutzbestimmungen« genannt, die im Falle der Bedrohung der öffentlichen Ordnung Zeitungsverbote vorsahen. Außerdem war die Einrichtung staatlicher Aufsichtsinstanzen über die Presse geplant, auch interne Belange der Zeitungsverlage sollten staatlicher Regelung unterworfen werden.[216] Nach massiver Kritik vieler Zeitungen, die sich gegen jede staatliche Kontrolle und Lenkung verwahrten, stellte die Bundesregierung das Vorhaben zurück. Nach einem Bundesverfassungsgerichtsurteil, das jedes Presserechtsrahmengesetz ablehnte, wurde es 1957 schließlich ganz fallen gelassen.

Das Schmutz- und Schund-Gesetz, das seiner Umbenennung zum Trotz in der Öffentlichkeit weiterhin so hieß, trat zwar, anders als das Bundespressegesetz, am Ende doch in Kraft. Dies jedoch keineswegs, ohne ebenfalls hohe Wellen zu schlagen. Ein ausgesprochen schwieriges Gesetzgebungsverfahren nahm mit Heinemanns Vorschlag seinen Anfang. Um kaum ein anderes Gesetz entbrannte ein so heftiger und so lange andauernder öffentlicher Streit. Das Vorhaben wurde weder so rasch umgesetzt, wie es zunächst den Anschein gehabt hatte, noch kamen am Ende die Vorschriften heraus, die sich der Volkswartbund und andere Verfechter des Sittlichkeitspostulats wünschten. Die konfliktreiche Debatte warf ein Schlaglicht auf den mühsamen und widersprüchlichen Entstehungsprozess demokratisch-pluralistischer Strukturen in der Bundesrepublik. Sie gab Aufschluss darüber, dass der Einsatz für die Sittlichkeit in hohem Maße erfahrungsgeschichtlich geprägt war und dass nicht wenige ihrer Verfechter sie für ein Heilmittel im Umgang mit den Hinterlassenschaften des Dritten Reiches hielten. Die Gesetzesdiskussion lässt aber auch erkennen, welche Lernprozesse die Parlamentsvertreter durchliefen, insbesondere die Konservativen unter ihnen. Und sie führte vor Augen, dass rückwärtsgewandten Sexualvorstellungen bereits jetzt, in der Frühzeit der Bundesrepublik, eben gerade kein Triumph beschieden war.

Heinemann zog in der parlamentarischen Debatte oftmals Parallelen zum Weimarer Gesetz.[217] »Die Prüfstellen sind keine Zensurstellen«, betonte er.[218] Auch auf den Nationalsozialismus brachte er die Sprache, als er sagte, das neue Gesetz sei notwendig, um eine nach der Abschaffung der Reichsschrifttumskammer entstandene »Lücke« zu schließen;[219] andere Politiker argumentierten genauso.[220] Die Presselenkungs- und Kontrollpraxis des Dritten Reiches kam indes nicht zur Sprache. Heinemanns Gesetzesvorschlag zur Wiederherstellung des Weimarer Regelwerks übertraf dieses nicht nur an Paragraphen fast um das Vierfache: Sein Entwurf wollte es auch an Schlagkraft in den Schatten stellen. In 26 Abschnitten (insgesamt sieben waren es in der »Lex Külz« gewesen) fasste der Bundesinnenminister ein aufwendiges Indizierungsverfahren und einen bürokratischen Apparat von enormer Größe ins Auge. Als Grundlage diente Heinemann insbesondere der Entwurf des Volkswartbunds.[221] Mittlerweile kursierten noch weitere Vorschläge, die er ebenfalls heranzog; der Zentralausschuss der Inneren Mission der Evangelischen Kirche hatte einen verfasst,[222] einige weitere stammten von Behörden der Bundesländer. Der Minister wollte eine Prüfstelle in jedem Bundesland einschließlich West-Berlins installieren und zusätzlich eine auf Bundesebene agierende »Bundesprüfstelle« einrichten, deren Aufgabe es sein sollte, die Liste der indizierten Schriften zu führen. Kam ein Buch auf den Index, musste es dem Entwurf zufolge aus den Schaufenstern genommen werden, und jede Reklame dafür war verboten. Ausdrücklich untersagt war es außerdem, Werbung mit der Tatsache zu betreiben, dass eine Schrift auf der Liste stand. Nicht nur der Verkauf war strafbar, sondern auch das Anbieten. Stellte eine Publikation »eine schwere sittliche Gefährdung« dar, trat die Vertriebsbeschränkung schon in Kraft, noch ehe der Eintrag erfolgt war. Unter die Regelung fielen alle Zeitschriften und Broschüren, die »durch anreißerische erotische Bilder auf der Außenseite die Kauflustigen zu animieren« versuchten. Für Zeitschriften, die mit Bildern für die Nacktkultur warben, galten nach Paragraph 6 der Vorlage (ohne Vorbild im Weimarer Gesetzeswerk) pauschal sämtliche Vertriebs- und öffentlichen Werbeverbote; es bedurfte dafür nicht einmal eines Prüfverfahrens und auch nicht der Aufnahme in die Liste. War eine nicht der Nacktkultur zuzurechnende, regelmäßig erscheinende Publikation, beispielsweise eine Zeitschrift – selbst wenn sie nur wegen ihres Inseratenteils als anstößig galt –, innerhalb eines Jahres mehr als zwei Mal auf die Verbotsliste gelangt, so konnten ihr Vertriebsbeschränkungen für die Dauer von drei Monaten bis zu einem Jahr auferlegt werden. Tageszeitungen und »politische Zeitschriften« waren davon ausgenommen.

Das pauschale Verbot von sogenannten Nacktkultur-Zeitschriften – von der Nacktkulturbewegung distanzierte sich Heinemann mit allem Nachdruck[223] – war nicht der einzige Paragraph, den sozialdemokratische

Vertreter des Bundesrats am Entwurf des Innenministers kritisierten. Weitere grundsätzliche Bedenken kamen in der Sitzung der Länderkammer im Juni 1950 zur Sprache. Der Vertreter des SPD-regierten Schleswig-Holsteins, Rudolf Katz, brachte es auf den Punkt, als er den reichlich groß geratenen Verwaltungsapparat, der zur Abwehr von Schmutz und Schund entstehen sollte, mit den Worten kommentierte: »Im Kern sieht es doch so aus, als ob hier mit Kanonen gegen Spatzen geschossen würde.«[224] Er bezweifelte, »ob wegen der wenigen – sagen wir – sittlich anstößigen Schriften, die herumliegen«, eine derart komplexe Behördenstruktur geschaffen werden müsse. Auch andere Ländervertreter hielten den administrativen Aufwand angesichts eines Problems von »doch verhältnismäßig geringfügiger Natur«, wie Katz betonte, für fragwürdig. Sie stellten Zweckmäßigkeit und Notwendigkeit des Gesetzes offen in Frage. Schon vor der Sitzung war eine Kampfabstimmung im Bundesrat erwartet worden, denn es war evident, dass Schmutz und Schund die Abgeordneten entlang der Parteigrenzen spalten und dass die Sozialdemokraten das Gesetz geschlossen ablehnen würden. Bayern war daher bereit, seine föderalistisch motivierten Einwände gegen die Zuständigkeit des Bundes in Sachen Schmutz und Schund zurückzustellen, um das Gesetz nicht zu gefährden.[225] Sowohl der Rechtsausschuss als auch der Ausschuss für Innere Angelegenheiten des Bundesrats sprachen sich mehrheitlich für den Gesetzesentwurf aus; im Kulturausschuss kam es zu einem Patt. Mit 24 zu 19 Stimmen ließ die Länderkammer das Gesetz am Ende passieren,[226] die Einwände der SPD-regierten Länder blieben erfolglos. Der Bundesrat gab der Regierung aber nicht weniger als 32 Änderungsvorschläge mit auf den Weg,[227] darunter viele redaktionelle Korrekturen, aber auch einige weitreichende Einwände. Heinemann akzeptierte keine einzige inhaltliche Kritik: weder die Beschränkung auf »erheblich sittlich« gefährdende Publikationen noch die Rücknahme des Verbots der Nacktkulturzeitschriften[228] oder Empfehlungen, die auf eine strukturelle Stärkung der geplanten Länderprüfstellen gegenüber der Bundesprüfstelle hinausliefen. Das Bundeskabinett ließ Heinemann freie Hand.[229] Sein Entwurf blieb, mit nur marginalen Korrekturen versehen, die Gesetzesvorlage, die die Regierung dem Bundestag im Juli 1950 zur ersten Lesung vorlegte.[230]

In der überaus emotional geführten Gesetzeserörterung standen die Gefahren der Freiheit im Mittelpunkt.[231] Die Einschränkung der Meinungs- und Pressefreiheit, betonte Heinemann, bedeute keineswegs, »die

Freiheit abzubauen, sondern sie zu schützen«. Da es galt, Schaden von der Jugend abzuwenden, appellierte er an die Abgeordneten, »nicht einfach in Liberalismus zu machen«. Wie zeitlos die schon im Kaiserreich etablierte, affektgeladene Krankheits- und Katastrophenmetaphorik im Kampf gegen Schmutz und Schund war, bewies der CSU-Abgeordnete Emil Kemmer. Der Jugendleiter der Diözese Bamberg verwendete sämtliche Worthülsen, formelhaften Wendungen und plakativen Feindbilder, die der Sittlichkeitskampf aufzubieten hatte, um seine Position zu untermauern. Kemmer, der am Ende Bravo-Rufe aus den Reihen der Unionsfraktion entgegennahm, sagte, dass die »Schmutzflut« über kurz oder lang nicht mehr zu bewältigen sei und sich ausbreiten würde wie eine »Seuche«. »Solange die Gesundheitspolizei nicht weiß, ob etwas Gift ist, darf sie es nicht freigeben. Stellt sich heraus, daß es kein Gift ist, kommt die Freigabe noch früh genug. So ist es auch hier.«[232]

Aber die Befürworter des Gesetzes zogen keineswegs alle am gleichen Strang. Die rechtskonservative niedersächsische Deutsche Partei (DP), eigentlich eine treue Koalitionspartnerin der Union, spaltete sich in dieser Frage, denn einige Abgeordnete zogen die Zuständigkeit der Bundesregierung in Zweifel. Die Bayernpartei forderte ebenfalls föderalistische Rechte und plädierte für eigene Landesgesetze gegen Schmutz und Schund. Zentrum, KPD und einige Angehörige der DP hoben hervor, dass Flüchtlingselend und Wohnungsnot ebenfalls jugendgefährdend seien. Die FDP forderte einen »Damm« gegen die unzüchtigen Publikationen, warnte aber vor einer Wiederholung der Weimarer Rechtspraxis und plädierte dafür, nicht für einen großen neuen Behördenapparat Geld auszugeben, sondern besser »gute« Jugendbücher zu beschaffen. Die Sozialdemokraten äußerten eine ganze Reihe von Einwänden: Das Gesetz habe Zensurcharakter, stelle Anhänger der Nacktkultur unter Ausnahmerecht, treffe anstelle der Produzenten die Kioskverkäufer und Buchhändler und entfessle unter den vielen geplanten Prüfstellen einen Leistungswettbewerb, der selbst dann noch Eigendynamik entwickeln werde, wenn längst nichts mehr zu beanstanden sei. Die KPD, deren Stellungnahme von Zwischenrufen und Gelächter vonseiten der Union unterbrochen wurde, verband ihre unverhohlene Ablehnung des Gesetzes mit Polemik gegen den kulturzersetzenden »Amerikanismus« und das kapitalistische Wirtschaftssystem. Die Partei, die sich ganz an der sexualmoralisch restriktiven Sowjetunion orientierte,[233] sah sich als Hüterin kultureller Werte. Dass zwischen

Kommunisten und erzkonservativen christlichen Sittlichkeitsverfechtern eine Gemeinsamkeit bestand, ist eines der überraschenden Details in der öffentlichen Auseinandersetzung über die Sittlichkeit.[234] Deutlich wird daran, wie sehr sich das Thema eignete, um fundamentalistische Positionen zu untermauern.

Bundestagspräsident Erich Köhler (CDU) wünschte sich am Ende der ersten Lesung, das Gesetz möge noch vor der Sommerpause des Parlaments verabschiedet werden.[235] Doch weit gefehlt: Was folgte, war ein zähes und kompliziertes Verfahren, das sich noch lange hinzog. Dies zeichnete sich schon ab, als im Hammelsprungverfahren darüber entschieden werden musste, welche Bundestagsausschüsse für die weitere Beratung zuständig sein sollten. Nicht wie in der Regel üblich ein oder zwei, sondern insgesamt vier Ausschüsse berieten fortan den Gesetzesentwurf: der Jugendfürsorgeausschuss, bei dem die Federführung lag, der Ausschuss für Fragen der Presse, des Rundfunks und Films, der Rechtsausschuss und der Ausschuss für Kulturpolitik. Ganze zwei Jahre lang berieten die Gremien über den Wortlaut und hörten eine Reihe von Gutachtern, darunter Michael Calmes. Aber anders als noch im Gründungsjahr der Bundesrepublik war er nun nicht mehr der einzige Interessenvertreter, der auf das Gesetzesverfahren einwirken durfte. Auch Gegner des Vorhabens waren nun unter den Sachverständigen,[236] darunter die Literaten Erich Kästner und Stefan Andres. Vertreter der Mainzer Akademie der Wissenschaften und der Literatur sprachen ebenfalls vor den Ausschüssen. Mit Ausnahme von Calmes fand sich unter den Experten denn auch kein Befürworter des Gesetzes.[237] In der Debatte spielte der Vergleich mit dem Ausland jetzt eine wichtige Rolle. Österreich regulierte den Handel mit anstößigen Publikationen ebenfalls, Holland, Belgien und Kanada führten Beschränkungen ein, in der Schweiz gab es das Gesetz schon seit längerem. In Frankreich bestand seit 1949 ein gesetzliches Verbot der Herstellung und Einfuhr pornografischer Schriften, und Jugendlichen waren dort auch Krimis untersagt.[238] Allerdings erwies sich als falsch, was während der ersten Lesung behauptet worden war: Dass in der Bundesrepublik Schriften erlaubt seien, die in Frankreich verboten worden waren.[239]

Als der Bundestag am 17. September 1952 zur zweiten und dritten Lesung des Gesetzes gegen Schmutz und Schund zusammenkam, wurden die schon bekannten Argumente erneut ausgetauscht. Was mit Sittlichkeit gemeint war, blieb nach wie vor offen. Im Gesetzestext stand eine Vielzahl

von ungenauen Begriffen; abwechselnd war darin die Rede von »unzüchtigen«, »schamlosen«, »unsittlichen« und die Jugend »offensichtlich sittlich schwer gefährdenden Schriften«. Dem Jugendfürsorgeausschuss zufolge ging es um die sexualmoralisch anstößigen Publikationen.[240] Die
KPD fand (als einzige Partei), dass auch kriegsverherrlichende und antisemitische Publikationen jugendgefährdend seien und ihre Verbreitung unter Strafe gestellt werden müsse.[241] Die SPD war gegen ein Sondergesetz,
wollte sich aber mit Blick auf die nächsten Wahlen nicht in die Rolle des
notorischen Neinsagers drängen lassen. Die Partei agierte auffallend kompromissbereit, ganz darauf bedacht zu zeigen, wie Erwin Schoettle es explizit formulierte, dass sie »denselben Dienst an der deutschen Jugend
leisten« wolle wie die CDU/CSU.[242]

Ein Argument trieb die Gesetzesgegner besonders in die Enge, das
da lautete: Die Jugend in der DDR sei weitaus besser vor Schmutz und
Schund geschützt als die eigene. Der deutsch-deutsche Systemkonflikt
spielte für die Dynamik der Auseinandersetzung eine wesentliche Rolle.
In Ostdeutschland, wo Bürgerlichkeit kein Gestaltungsziel gesellschaftlicher Verhältnisse war und im Dienste des Sozialismus programmatisch
eine Gesellschaft ohne Bürgertum geschaffen wurde (wenngleich sich bildungsbürgerliche Enklaven halten konnten),[243] sorgte die staatliche Zensur dafür, dass sittlich anstößige Publikationen nicht in Umlauf kamen.
Das 1955 in der DDR erlassene Jugendschutzgesetz sollte gar dem Ziel dienen, die Jugend im eigenen Land vor westlichen Kultureinflüssen zu bewahren. Schmutz und Schund avancierten denn auch rasch zu einem
Thema propagandistischer Kampagnen gegen den kapitalistischen Westen. Ost-Berlin versuchte die Bonner Politik in vielerlei Hinsicht zu beeinflussen, und dies, wie im Zusammenhang mit Sexualität, nicht ohne
Erfolg. Im deutsch-deutschen Schlagabtausch diente Sexualität als Abgrenzungsmarkierung, und die Auseinandersetzung darüber zeigt, dass
der innerdeutsche Wettbewerb nicht nur in politischer Hinsicht, sondern
auch mit Blick auf gesellschaftliche und kulturelle Fragen Folgen hatte.
Der populäre Pastor und Domprediger Karl Kleinschmidt aus Schwerin
veröffentlichte unter dem Titel »Jugend in Gefahr« 1954 ein mit vielen
Fotos bestücktes dünnes Buch über die »moralische Zersetzung«, der
junge Leute in der Bundesrepublik durch Spielfilme, Groschenhefte und
erotische Schriften ausgesetzt seien.[244] Broschürenliteratur in den Westen
zu schicken, unter anderem »Jugend in Gefahr«, gehörte zur systemati

schen, vom Politbüro der SED gesteuerten Kampagnenpolitik. Wie viele andere Broschüren wurde das Heft, das noch im Erscheinungsjahr in zweiter Auflage herauskam, vom Präsidium des Nationalrates der Nationalen Front des demokratischen Deutschland publiziert, das als Aushängeschild der Kampagnen fungierte. Der SED-geführte Dachverband aller Parteien und gesellschaftlichen Organisationen der DDR sollte später auch das »Braunbuch« über nationalsozialistische Kriegsverbrecher in der Bundesrepublik veröffentlichen. Schriften über Schmutz und Schund im Westen, die dann dorthin geschafft wurden, erschienen in der DDR noch öfter; eine hieß »Kinder in Gefahr«, eine andere, die sich um einen Münchner Kiosk »als Spiegel des westdeutschen Kulturverfalls« drehte, lautete »Gift in bunten Heften«.[245]

Im Bundestag räumte Emil Kemmer (CSU) ohne Umschweife ein, die DDR benutze die Gefährdung der Jugend durchaus zu Recht als »Propagandaschlager«.[246] Der CDU-Abgeordnete Ferdinand Friedensburg blies ins gleiche Horn: Die Freie Deutsche Jugend der DDR schicke junge Leute nach West-Berlin, damit sie unzüchtige Broschüren kauften und zu Hause triumphierend als Zeugnis westlicher Dekadenz präsentierten. Dagegen sei nichts einzuwenden, denn, rief er seinen Parlamentskollegen zu: »So sieht die Freiheit aus, zu der euch die Amerikaner führen wollen?!« Die Verfechter des Gesetzes waren sich mit der KPD einig, deren Sprecherin Gertrud Strohbach über die DDR sagte: »Dort finden Sie keine Zeitungskioske mit solch üblen Veröffentlichungen, wie sie hier bei uns üblich sind.« Kemmer sekundierte: »Aber eines, meine Damen und Herren, ist sicher: Ich glaube, wir müssen uns schämen, wenn unsere Brüder und Schwestern aus dem Osten zu uns kommen und sehen, was wir im Westen mit unserer Freiheit anfangen.«[247]

Kemmer war es auch, der den Antrag auf namentliche Schlussabstimmung stellte. Wer unter den Volksvertretern sich zum Gesetz gegen Schmutz und Schund bekannte und wer nicht, wurde tatsächlich explizit festgehalten. Heinrich von Brentano deklarierte feierlich: »Wir werden uns selbstverständlich für das Ja und Nein auch vor der deutschen Öffentlichkeit, vor den Müttern und den Vätern verantworten müssen, und wir sind bereit, es zu tun.«[248] Die Befürworter des Gesetzes mussten allerdings um ihre Mehrheit fürchten, und so nahmen Adenauer und fast alle Kabinettsmitglieder an der Sitzung teil. Die Abstimmung endete denkbar knapp: Von 305 Bundestagsabgeordneten votierten am Ende 165 für das

Gesetz, 133 waren dagegen, und sieben enthielten sich der Stimme. Die CDU/CSU-Fraktion stimmte gemeinsam mit Teilen der FDP und der aus Bayernpartei und Zentrum gebildeten Föderalistischen Union (FU) dafür. SPD und KPD lehnten das Gesetz geschlossen ab; die FDP stimmte mehrheitlich dagegen, und in den Reihen der DP gab es aus föderalistischen Interessen ebenfalls Gegenstimmen.[249]

Nach der Entscheidung brandete in der Öffentlichkeit erneut Protest auf. Mit Verve wurde wieder für die Pressefreiheit gefochten. Die Zeitschriftenverleger präsentierten nach einer Tagung in Königstein eine Entschließung gegen das Gesetz, in der sie dessen Folgen für »untragbar und die anständige Presse gefährdend« erklärten.[250] Die Zeitungsverleger, der Journalistenverband, die Vereinigung der deutschen Schriftstellerverbände und der Gesamtrat für das deutsche Buch-, Musikalien- und Zeitschriftenwesen verfassten Protestnoten.[251] Die Bundesarbeitsgemeinschaft für Jugendpflege und Jugendfürsorge und der Fachverband der Journalisten äußerten schwere Bedenken.[252] In der *Deutschen Zeitung und Wirtschaftszeitung* erschien ein Artikel von Otto Küster, einem Rechtsanwalt, der 1952 als stellvertretender Leiter der deutschen Verhandlungsdelegation für ein Wiedergutmachungsabkommen mit Israel fungiert hatte. Küster sah die wesentlichen Schwachstellen des Gesetzes in der mangelnden Klarheit bezüglich der Verantwortung von Bund und Ländern, Exekutive und Jurisdiktion. Außerdem übte er Kritik an der Zusammensetzung der geplanten Bundesprüfstelle, in seinen Augen ein »anonymes Wechselgremium von reisenden Buchhändlern, Kirchenräten und Studienräten«.[253] Der NWDR war der Ansicht, das Gesetz verfolge »auf dem Umweg über die Sorge um die Jugend« nur ein Ziel: dass die Pressefreiheit »mit Schwefel und Feuer ausgerottet« werde.[254] Der Sender veranstaltete im Rahmen seines »Politischen Forums« im Dezember 1952 eine Diskussionsrunde zur Frage »Schützt ein Gesetz vor Schmutz und Schund?« Michael Calmes, der als Vertreter der CDU geladen war (vom Volkswartbund war nicht die Rede), war der Einzige im Kreis, der das Gesetz befürwortete. Jürgen F. Warner kam für die SPD, Fritz Becker, Mitglied der Hamburger Bürgerschaft, für die DP, und Hans Dawill repräsentierte den Deutschen Journalistenverband. Becker äußerte nicht zu Unrecht, der Debatte um Schmutz und Schund werde »eine Bedeutung zugemessen, die sie vielleicht gar nicht hat«.[255]

Die *Neue Zeitung* veröffentlichte nach der Entscheidung im Bundestag einen alsbald viel zitierten Leserbrief des ehemaligen Oberlandesgerichtspräsidenten Carl Behl, der zwischen 1929 und 1932 die Landesprüfstelle Berlin geleitet hatte. Behl war strikt gegen die Neuauflage des Gesetzes. Seinerzeit sei hoher Aufwand an Arbeit und Kosten betrieben worden, schrieb er, doch ohne den erwünschten Erfolg. Eine Indizierung sei auch künftig im Kern nur »Reklame für das minderwertige Schrifttum«. Das Gesetz habe in der Weimarer Republik zur Willkür eingeladen, ja, es »ergab sich sogar die groteske Situation, daß das schmutzigste der Schmutzblätter jener Zeit, der Streichersche ›Stürmer‹, unangefochten jedem Jugendlichen zugänglich blieb«.[256]

Die *Frankfurter Rundschau* publizierte in einer mehrteiligen Serie die Ergebnisse einer Umfrage unter Eltern, Pfarrern, Lehrern, Politikern, Juristen, Polizisten, Psychiatern und Verlegern darüber, ob »minderwertiges« Schrifttum die Jugendkriminalität fördere.[257] Politiker, Polizeibeamte und einige Juristen meinten, dass Kriminalromane und Filme auf junge Leute »tatanregend« wirkten. Einer der Strafverteidiger hielt deren Einfluss allerdings für weit überschätzt. Ein Leser nannte das Gesetz einen »juristischen Witz«, denn nicht einmal die zentralen Begriffe seien klar definiert. Ein anderer schrieb: »Wir müssen wieder vom Anfang beginnen, im Elternhaus, in der Familie, im Freundeskreis – es muß wieder ein Mensch einem anderen Menschen etwas bedeuten. Dort liegt der Weg, und nicht in Verboten von Büchern, Zeitschriften und Filmen!« Ein Schriftsteller hielt schließlich nicht Schmutz und Schund, sondern »den Terrorismus der Hitlerzeit und des totalen Krieges« für jugendverderbend.[258]

Die *Frankfurter Allgemeine Zeitung* erörterte dreispaltig und in einem prominent platzierten Artikel, warum das Gesetz staatlicher Willkür Tür und Tor öffnen werde.[259] Die *Neue Zeitung* sprach von einem »restaurativen Gesetzgebungsakt«.[260] Die *Frankfurter Rundschau* entdeckte in der Textvorlage eine Reihe formaler Ungereimtheiten, die die Gewaltenteilung gefährdeten.[261] Die *Zeit* erkannte dasselbe Problem und schrieb auf Seite eins: »Zuviel Zensur und zu wenig Rechtssicherheit«.[262] Chefredakteur Richard Tüngel konstatierte, die Gesetzesbefürworter handelten nach »totalitärem Vorbild«. Dass die mit Laien besetzten Prüfstellen, die er »Zensurausschüsse« nannte, Verbotslisten erstellten, stärke die Exekutive auf Kosten der Jurisdiktion. Er sprach empört von der »Hybris des heutigen Staatsbewusstseins«.[263]

Die Presse erwies sich bereits jetzt als wichtige Kontrollinstanz der Regierung, und ihre massiven Einwände wirkten sich unmittelbar auf das Gesetzgebungsverfahren aus, das sich letztlich immer weiter von dem entfernte, was die Sittlichkeitsverfechter hatten durchsetzen wollen. Der Bundesrat debattierte das Gesetz im Oktober 1952, befasste sich mit einer Fülle von Einzelfragen[264] und blieb weiterhin gespalten: Der Vertreter des SPD-regierten Bremens hielt die vom Bundestag beschlossene Vorlage für untauglich. Hamburg, Hessen und Niedersachsen, ebenfalls sozialdemokratisch regiert, unterstützten die Einwände und plädierten für eine Entschärfung des Gesetzes. Der Vertreter Niedersachsens wies auf die potenzielle Grenzenlosigkeit von Gefahren für die Jugend hin und zog den Schluss, dass der bürokratische Aufwand, den das Gesetz vorsehe, in keinem Verhältnis zu seinem Nutzen stehen werde; sein Gegenvorschlag lautete auf Besteuerung von Schmutz und Schund.[265] Der Antrag Bremens, die Länderkammer möge ihre Zustimmung verweigern, wurde zwar mit 23 zu 15 Stimmen abgewiesen.[266] Aber wie uneindeutig selbst die Befürworter des Gesetzes agierten, zeigte der Umstand, dass mit einem Mal auch die Vertreter Bayerns Einwände vorbrachten. Sie stießen sich an der vorgesehenen »Mischverwaltung«; damit war gemeint, dass die aus Münchner Sicht für entbehrlich gehaltene Bundesprüfstelle berechtigt sein sollte, Entscheidungen der geplanten Landesbehörden zu revidieren.[267] Der Rechtsausschuss des Bundesrats brachte ähnliche Einwände vor und kritisierte den im Gesetzesentwurf vorgesehenen Beschwerdezug, wonach der Bundesprüfstelle die Überwachung von Entscheidungen der Landesprüfstellen oblag.[268] Die Beschwerdefunktion müsse aus verfassungsrechtlichen Gründen der Verwaltungsgerichtsbarkeit der Länder zukommen, hieß es. Erst die Debatte des Bundesrats brachte ans Licht, dass gewichtige administrative Probleme des Verfahrens noch völlig ungeklärt waren. Eine Lösung war nicht in Sicht. Die Länderkammer beschloss daher mit 20 zu 18 Stimmen, den Vermittlungsausschuss anzurufen.[269]

Als dessen Entscheidung auf sich warten ließ, drängelte die kirchennahe *Bonner Rundschau*: »Wie lange eigentlich müssen wir uns denn noch die unverschämten Auslagen in den Kiosken bieten lassen?«, denn: »Auf dem Spiel steht – nicht mehr und nicht weniger – die Sauberkeit der öffentlichen Atmosphäre.«[270] Der parlamentarische Vermittlungsausschuss tat sich nicht leicht, die vielen offenen Fragen um den Instanzenweg zu lösen und vor allem das Problem »Mischverwaltung« in den Griff zu bekommen. Sein Vorschlag lautete im März 1953: Man solle sich auf eine einzige Behörde beschränken, die Bundesprüfstelle, in deren Zuständigkeit dann das gesamte Bundesgebiet falle.[271] Da zur Weimarer Zeit zwei Instanzen für das gesamte Reich zuständig gewesen waren, reiche »für das kleinere Bundesgebiet« eine einzige Behörde aus.[272] Über deren Sitz, so das Votum des Vermittlungsausschusses, solle die Bundesregierung mit Zustimmung des Bundesrats entscheiden.[273] Der Bundesinnenminister habe den Vorsitzenden und die weiteren elf Mitglieder zu ernennen; Beschlüsse seien mit Zwei-Drittel-Mehrheit zu fällen, und als Beschwerdeinstanz war (zunächst) das Bundesverwaltungsgericht vorgesehen.

Aber damit war das Gesetz noch immer nicht unter Dach und Fach. Zwar votierte der Bundestag im März 1953 mehrheitlich für den Entwurf des Vermittlungsausschusses. Aber zwei Tage später folgte der Paukenschlag: Der Bundesrat versagte dem Vorschlag seine Zustimmung. Die Gesetzgebungsprozedur war damit zur Überraschung von Politik und Öffentlichkeit mit einem Mal gestoppt. »Bundesrat bringt das ›Schmutz- und Schundgesetz‹ zu Fall«, titelte der *Evangelische Pressedienst* und sprach von einer »kleinen Sensation«.[274] Die Vertreter der SPD-regierten Länder Hamburg, Niedersachsen und Hessen hatten dagegen gestimmt, Bremen hatte sich (aus nicht erörterten Gründen) enthalten. Für die Vorlage des Vermittlungsausschusses hatten sich Rheinland-Pfalz, Schleswig-Holstein, Baden-Württemberg, Berlin, das nur beratende Funktion hatte, und Bayern ausgesprochen. Aber den Ausschlag für das spektakuläre Ergebnis gab ausgerechnet das CDU-regierte Nordrhein-Westfalen: Das Heimatland des Volkswartbunds hatte sich der Stimme enthalten.

Kardinal Frings reagierte prompt. Schon im Herbst 1952 hatte der Vorsitzende der Fuldaer Bischofskonferenz mit einem Hirtenbrief dafür gesorgt, dass die Pfarrer von den Kanzeln herab die Bonner Volksvertreter im Sonntagsgottesdienst dazu aufriefen, das Gesetz endlich zu verabschieden.[275] Jetzt setzte er alles daran, um die Öffentlichkeit zum Protest gegen die Landespolitiker zu mobilisieren. Im vollbesetzten Kölner Dom tat er seinen Ärger kund. Der Wortlaut seiner Ansprache ist zwar nicht überliefert, aber vermutlich gab die *Bonner Rundschau* seine Äußerungen getreu wieder, als sie schrieb, die Duldung von Schmutz und Schund lasse Zweifel zu am »Willen des demokratischen Staates zur Aufrichtung einer sauberen Ordnung im öffentlichen Leben«.[276] Die Pressestelle des Düsseldorfer Landtags fühlte sich nach dem Einschreiten des Kardinals umgehend bemüßigt klarzustellen, dass »selbstverständlich« auch Nordrhein-Westfalen gegen Schmutz und Schund sei.[277] Innenminister Franz Meyers (CDU) musste auf eine Dringlichkeitsanfrage hin, die seine Fraktion und das Zentrum gestellt hatten, im Landtag sogleich die Stimmenthaltung der Bundesratsvertreter rechtfertigen.[278] Der Grund für ihr Votum seien Bedenken wegen der Bestimmung gewesen, wonach das Bundesverwaltungsgericht die alleinige Beschwerdeinstanz für Entscheidungen der Bundesprüfstelle sein sollte. Aus Sicht der Landesregierung sei dies grundgesetzwidrig, vielmehr müssten die Verwaltungs- und Oberverwaltungsgerichte vorgeschaltet und als Revisionsinstanzen im Gesetz verankert werden. Meyers beeilte sich, dem Landtag zu versichern, dem Gesetz werde im Bundesrat umgehend zugestimmt, sobald der verfassungsrechtliche Einwand ausgeräumt sei.

Der Vermittlungsausschuss trat nach dem Stopp des Gesetzgebungsverfahrens zum zweiten Mal zusammen, nunmehr von der Bundesregierung angerufen.[279] Unter Berücksichtigung der Beschwerden Nordrhein-Westfalens wurde ein neuer Vorschlag ausgearbeitet, den die Mehrheit des Bundestags sofort akzeptierte, als er im Mai 1953 vorlag.[280] Der Bundesrat stimmte zehn Tage später ebenfalls dafür, mit 23 zu 15 Stimmen – dieses Mal mit dem Votum Nordrhein-Westfalens.[281] Am 9. Juni 1953, kurz vor dem Ende der ersten Legislaturperiode, wurde das Gesetz schließlich verkündet, und vier Wochen später trat es, mittlerweile auf 32 Paragraphen angewachsen, in Kraft.[282] Kioske und Buchhandlungen durften fortan für anstößig befundene und auf die Liste gesetzte Publikationen nicht mehr öffentlich anpreisen und nicht an junge Leute unter 18 Jahren verkaufen. Die Bundesprüfstelle konnte Publikationen nicht von sich aus auf den Index setzen lassen, sondern durfte nur auf Antrag handeln. Wer zu den antragsberechtigten Stellen zählte, war noch unklar.

Das Bundesinnenministerium legte eilig einen Entwurf der Ausführungsbestimmungen vor, womit der Streit allerdings von Neuem begann.[283] Das Ministerium verlieh den freien Verbänden, darunter namentlich den karitativen Spitzenverbänden der freien Wohlfahrt, zu denen auch der Volkswartbund zählte, das Antragsrecht bei der Bundesprüfstelle. Das Erzbischöfliche Generalvikariat Köln ließ daraufhin bereits in der Bistumspresse verlautbaren, Gesuche auf Indizierung seien ab sofort an den Volkswartbund zu richten.[284] Calmes war davon überzeugt, den Kampf gegen Schmutz und Schund anführen und die Politik aus dem

Hintergrund steuern zu dürfen. Im Bundesrat stieß der Regierungsentwurf aber auf erhebliche Einwände; fast alle Ländervertreter äußerten Bedenken wegen des großen Kreises der zuständigen Stellen.[285] Im Bundestag wurde ein Unterausschuss eingesetzt, der den Auftrag bekam, im Einvernehmen mit dem Bundesinnenministerium eine Neufassung des Textes auszuarbeiten. Am Ende blieb der Kreis der antragsberechtigten Stellen doch eng begrenzt, und der Volkswartbund war nicht dabei. Nur das Bundesministerium des Innern und die obersten Jugendbehörden der Länder besaßen die Kompetenz, Anträge an die Bundesprüfstelle zu richten. Der endgültige Text der Ausführungsbestimmungen lag der Länderkammer am Jahresende zur Abstimmung vor; erst im März 1954 traten die Einzelbestimmungen schließlich in Kraft.[286]

Nach sage und schreibe viereinhalb Jahren recht träge geführter Debatten war am Ende ein Formelkompromiss gefunden, mit dem fast alle Parteien leben konnten. Grundsätzliche Kritik an der Bundesprüfstelle blieb fortan (zumindest für längere Zeit) aus. Wie sich alsbald herausstellte, ließ das Gesetz aber eine Reihe von Nischen offen, denn Erotikversandhäuser, Leihbüchereien und Lesezirkel waren nicht einbezogen worden. Auf Drängen des Bundesinnen-, des Bundesjustiz- und des neu gegründeten Bundesfamilienministeriums wurde daher eine Novelle ausgearbeitet. In Kooperation mit CDU-Politikern schaltete sich auch der Volkswartbund wieder ein, der schon seit Längerem vor den »Auswüchsen« gerade des Erotikversandhandels gewarnt und darauf gedrängt hatte, die Unternehmen in das Gesetz einzubeziehen.[287] Bis das Vorhaben spruchreif wurde, gingen allerdings weitere Jahre ins Land. Erst Ende März 1961 verabschiedete das Parlament schließlich die Gesetzesnovelle – mit den Stimmen von SPD und FDP. Einen Monat später trat sie in Kraft.[288] Bis dahin gelangte – auf durchaus legalem Wege – weiterhin allerlei Schlüpfriges in die Öffentlichkeit.

Es ist schwer herauszufinden und auf einen Nenner zu bringen, wer in der frühen Bundesrepublik den Sittlichkeitskampf vorantrieb. Eine spezifische soziale Schicht ist in dieser Hinsicht kaum auszumachen. Zur akademischen Intelligenz, die vergleichbar war mit dem Bildungsbürgertum des Kaiserreichs, zählte nach wie vor ungefähr ein Prozent der Bevölkerung. Die Sozialformation, die seinerzeit kulturell dominiert und den Sittlichkeitskampf getragen hatte,[289] trat nun allerdings nicht mehr klar fassbar hervor. Gemeinsame Wertorientierungen, ein ähnlicher Lebensstil, spezifische Deutungsmuster und Konventionen, außerdem ökonomische Prosperität, selbstständige Lebensführung und die hohe Wertschätzung von Familie und Bildung hatten einst ihr Fundament gebildet.[290] Worin indes ihre Zugehörigkeitskriterien nach dem Zweiten Weltkrieg bestanden, ist unklar. Der Umstand, dass ein klar konturiertes soziales Profil nicht mehr existierte, dürfte eine der Ursachen für die Neubelebung des Sittlichkeitspostulats gewesen sein. Denn im Kontext der Anstrengungen, Bürgerlichkeit zu rekonstruieren, kam der Sittlichkeit als Schutzwall gegen die Negativerscheinungen der Moderne zentrale Bedeutung zu – als Sinnkonzept bürgerlicher Ordnungsauffassung und als vergemeinschaftende Größe zur Schaffung neuen Selbstbewusstseins. Die Konzentration auf Werte und Normen war eine Innenschau; der Sittlichkeitskampf fungierte als normative Zieldebatte im Sinne nationaler Wiederfindung und Selbstbehauptung. Es war eine zahlenmäßig kleine, allerdings sehr wortmächtige Gruppierung, die, getragen von den Kirchen, für die Sittlichkeit focht; in welchem Maße Wissenschaftler dazu zählten, wird noch gezeigt.

Wie die Volksgemeinschaftsideologie, die schon im Ersten Weltkrieg Wirkungsmacht entfaltet und im Dritten Reich für die Bindung zwischen »Führer« und Volk gesorgt hatte,[291] gewährte das Sittlichkeitspostulat Sinnstiftung durch emotionale Dynamik und das Versprechen sozialer Heilung. Im Sittlichkeitskampf und bei dem damit unmittelbar zusammenhängenden Plädoyer für das patriarchalisch-hierarchische Familienmodell ging es im Kern um die Herstellung unbeschädigter Traditionen, die Selbstdarstellung als Kulturnation und die Schaffung einer Gemeinschaft, mit deren Hilfe man die Diskreditierung durch das Dritte Reich zu überwinden hoffte. Da der Begriff »Sittlichkeit« aber viele verschiedene Vorstellungen freisetzte und selbst unter seinen Anhängern eine gemeinsame Verständigungsbasis fehlte, blieben die NS-apologetischen Tendenzen letztlich nur eine von mehreren Absichten, wenngleich keine unwesentliche. Sie vom Interesse an der Rückkehr zur Bürgerlichkeit abzugrenzen, fällt schwer. Die Bezüge lagen oftmals dicht beieinander. Gewünscht wurde die Integration der Vergangenheit auf dem Wege der Entlastung und Distanzierung; durch das Streben nach »Normalität« wollte man auch und gerade die NS-Zeit hinter sich lassen. Von der lebensweltlichen Erfahrung des Dritten Reiches war die Auseinandersetzung um die Sittlichkeit jedenfalls unmittelbar getragen. Die zeitentrückte Vorstellung ewig geltender sittlicher Normen, die Konstruktion als solche, sie seien von epochenübergreifender naturgegebener Kontinuität, zeugte vom Gespür dafür, dass moralische Integrität verspielt worden war.

Der Nationalsozialismus galt nach verbreiteter Wahrnehmung als gottlose, dämonische Un-Kultur, als Abkehr vom »überzeitlichen« kulturellen Erbe, als Verrat an der deutschen Seele. Seine Konkretion verschwand hinter skeptischer Kulturanthropologie, eschatologischem Geschichtsdenken, dem Reden von der »Vermassung« und der metaphysischen Interpretation von Schuld. Die Argumente, die zu Vergeistigung, Distanzierung und religiösen Deutungen der NS-Vergangenheit herangezogen wurden, stützten sich auf die seit langem etablierten kulturpessimistischen Stereotype. Dabei richtete sich die Beschwörung der deutschen Hochkultur und der alten Formeln des humanistischen Bildungsideals, von dem es hieß, es sei in der NS-Zeit verschüttet worden, auf durchaus aktuelle interessenpolitische Ziele. »Hohe Kultur«, hieß es beispielsweise in einem Schreiben fränkischer Bezirksverbände der Bayernpartei im Februar 1950 an staatliche und kirchliche Stellen, sei das geeignete Mittel zur Rettung des Volkskörpers. Das geplante Gesetz gegen Schmutz und Schund erschien ihnen als angemessene Handhabe, um mit dem »unseligen Erbe einer ehemaligen Staatsjugend« umzugehen.[292] Der Kreisjugendring Brückenau erklärte in einer Resolution an den bayerischen Landtag, man erachte »Zucht und Sitte der Jugend als Voraussetzung dafür, daß unser Volk, geläutert durch die Erschütterungen der Vergangenheit und durch die Not der Gegenwart, über diese Zeit hinweg einer inneren Festigung und einer friedlichen Zukunft entgegengeht«. Weiter hieß es, dass Schmutz und Schund die Jugend »auf den schlüpfrigen und abschüssigen Weg hinbringt, der zu Nichtsnutz und Gaunerei, Zuhälterei und Bandentum, zu persönlichem und politischem Gangstertum und am Ende in eine neue allgemeine Katastrophe hineinführt, die vielleicht das Ende unseres Volkes und aller davon betroffenen Kulturnationen bedeutet«.[293]

Die Abwehr von Schmutz und Schund wurde in vielen solchen Erklärungen gar mit Widerstand gleichgesetzt, der notwendig sei, damit die Nation nicht zum Opfer einer »neuen Diktatur« würde. Schon war von den Lehren aus der Vergangenheit die Rede, die es zu ziehen galt. Die von den Alliierten monierten Versäumnisse in Bezug auf die NS-Zeit wurden, so kann man daraus ablesen, zwar ernst genommen, luden aber auch zu beliebiger Interpretation ein. Die Katholische Schulorganisation in Bayern, ein Landesverband katholischer Elternvereinigungen, der etwa

600 000 Mitglieder zählte, schrieb während der Debatte um das Schmutz-
und Schund-Gesetz an die bayerische Staatsregierung: »Wir müssen zur
Selbsthilfe schreiten, wenn nicht endlich die nicht mehr aufschiebbaren
staatlichen Maßnahmen erfolgen.« Wohl nicht zufällig hob der Text mit
denselben Worten an wie die päpstliche Enzyklika aus dem Jahr 1937, mit
deren Hilfe der Vatikan versucht hatte, auf Distanz zum Nationalsozialismus zu gehen: »Mit brennender Sorge«.[294] Die Ausbreitung sittlich anstößiger Schriften wurde zu einer immensen sozialen Gefahr stilisiert – und
mit dem Dritten Reich gleichgesetzt. Der Erotikmarkt besaß demnach
dieselbe totalitäre Verführungskraft wie seinerzeit der Nationalsozialismus,
der sich aus dieser Sicht problemlos als Phase der Gottlosigkeit und der
außermoralischen Zustände interpretieren ließ. Auch Triumphalismus
kam zum Ausdruck, denn in der Deutung von Sittlichkeitsverfechtern war
der Zweite Weltkrieg als Bestätigung dafür zu sehen, dass die zügellose
kulturelle Moderne geradewegs in den Untergang geführt hatte. Der Nationalsozialismus war in dieser Wahrnehmung lediglich ein Teil der Moderne, und es war denkbar einfach, sich davon abzugrenzen. Dabei bedurfte es nicht einmal deutlicher Äußerungen, um verstanden zu werden.
Vor dem Hintergrund eines gemeinsamen Wahrnehmungs- und Erfah-
rungsraumes vermittelte sich durchaus unausgesprochen, was an das Reden über die Sittlichkeit (unter anderem) geknüpft war: der Bedarf nach
Entlastung von der NS-Vergangenheit, um auf kulturellem Gebiete zu
schaffen, was politisch kaum möglich war – moralische Unbescholtenheit.
Sittlichkeit stand für tradierte (bildungs-)bürgerliche Ordnungsvorstellungen und für die Sehnsucht nach einer imaginierten Welt, in der selbst
die NS-Verbrechen mittels Sexualmoral zu »bewältigen« waren und die
Deutschen sich als Kulturvolk präsentieren durften. Dass die Stigmatisie-
rung von Schmutz und Schund so leidenschaftlich inszeniert wurde, hatte
eine Ursache daher – nicht nur, aber auch – in dem Umstand, dass recht
genau bekannt war, wo die »Unmoral« eigentlich zu suchen war. Kurz
gesagt: Es ging in der Auseinandersetzung um Sexualität auf dem Wege
einer Umlenkungsdebatte auch um den Traum vom Neuanfang, besser:
vom Neuanfang aus dem Stande der Unschuld.

Aber die Tatsache, dass die Diskussion über das Schmutz- und
Schund-Gesetz Jahre in Anspruch nahm, von massiver Kritik begleitet
war und letztlich weniger für Konsens als für Kontroversen sorgte, zeigt,
dass das vergangenheitspolitische Interesse keineswegs stark und vor-

dringlich genug war, um eine große Zahl von Anhängern für den Sittlichkeitskampf zu mobilisieren. Zur Entlastung von der NS-Vergangenheit standen tatsächlich andere, wirksamere Methoden zur Verfügung, vor allem die großzügige Amnestierung und soziale Integration von schwer belasteten NS-Verbrechern.[295] Der Konnex zwischen Sittlichkeitskampf und NS-Parteinahme kam keineswegs erst im Zusammenhang mit der Jugendrevolte von 1968 auf. Vielmehr wurde er im Streit um das Schmutz- und Schund-Gesetz schon Anfang der fünfziger Jahre erstmals von dessen Gegnern formuliert. Dass eine rigide Sexualmoral Ausweis nationalsozialistischer Gesinnung sei, war in der Auseinandersetzung eine gängige Argumentationsfigur. In einigen Zeitungen war von »Restauration« die Rede, und gemeint war, die Anhänger des Sittlichkeitspostulats wollten das Dritte Reich, insbesondere sein Zensurwesen, reinstallieren. Die Annahme, der Sittlichkeitskampf lasse es zu, die Hypothek des Nationalsozialismus zu entproblematisieren und sogar Wesenselemente des totalitären Regimes neu zu etablieren, war seit dem Konflikt um das Gesetz ein Argument der Opponenten staatlicher Ansprüche auf Regulierung und Kontrolle der Sexualmoral. Auch sie benutzten den öffentlichen Raum, den das Thema einnahm, auch sie bedienten sich seiner tief verwurzelten gesellschaftlichen Bedeutung, und auch ihnen ging es um die Schaffung kultureller und politischer Normen. Über Sexualität aus demokratischer Emphase wie zum Zweck der Distanzierung vom Dritten Reich zu streiten, ließ deren weltanschauliche Vielgestaltigkeit ohne Weiteres zu.

Ein zentraler Schauplatz, auf dem die Folgen von Krieg und NS-Zeit ausgetragen wurden, waren die Familie und die privaten Beziehungen schlechthin. Sexualität bot eine große Projektionsfläche, und das Geschlechterverhältnis diente in hohem Maße zur reflexiven Selbstwahrnehmung der Nation. Unmittelbar spiegelten sich die komplizierten Zusammenhänge in der Diskussion um Prostitution wider, die sich, wie im Folgenden gezeigt wird, in erster Linie um die Wiederherstellung tradierter Rollenmuster von Mann und Frau drehte, anders gesagt: um eine große Wunschvorstellung.

Die Auseinandersetzung um Prostitution

Dass Frauen im Zentrum der Aufmerksamkeit standen, wenn um die Sittlichkeit gerungen wurde, war schon seit dem Kaiserreich gang und gäbe. Die bürgerliche Gesellschaft war eine hochgradig geschlechtsdualistisch angelegte Welt, in der für Männer und Frauen unterschiedliche Werte und Normen galten. In Fragen der Sittlichkeit wurde Bürgerlichkeit an einen eigenen Verhaltenskodex geknüpft. Während Verstöße von Männern gegen die Sittenordnung als Kavaliersdelikt betrachtet wurden, verlangte die bürgerliche Gesellschaft der weiblichen Bevölkerung in hohem Maße sittliches Wohlverhalten ab. Gerieten Frauen aus bürgerlichen Kreisen in den Verdacht, ein voreheliches sexuelles Verhältnis eingegangen zu sein, war ihre Ehre dadurch schwer beschädigt, was wiederum ihre Chancen auf einen sozial angesehenen Ehemann schmälerte. Die bürgerliche Sexualmoral des neunzehnten Jahrhunderts stellte hohe Anforderungen an die »Ehrbarkeit« der Frauen, denen es gesellschaftlich zur Pflicht und Aufgabe gemacht wurde, für die allgemeine Hebung der (sexual-)moralischen Verhältnisse zu sorgen. An den genuin anti-emanzipatorischen, im bürgerlichen Selbstverständnis tief verankerten Prinzipien veränderte sich auch nach dem Zweiten Weltkrieg nichts, im Gegenteil: Sie wurden neu belebt, wofür schon das demografische Ungleichgewicht sorgte, zeitgenössisch »Frauenüberschuss« genannt. Unmittelbar nach Kriegsende kamen auf hundert Frauen zwischen 25 und 45 Jahren aufgrund der Kriegsverluste nur 77 Männer; in den vier Besatzungszonen war die weibliche Bevölkerung mit 7,3 Millionen in der Überzahl, was fast 20 Prozent entsprach. Im Jahr 1950 lebten immer noch vier Millionen und fünf Jahre später noch 2,8 Millionen mehr Frauen als Männer im Land.[296]

Dass bürgerliche Normen gerade im Bereich der privaten Beziehungen und der Familie, traditionell einer der Hauptschauplätze bürgerlicher Kultur, reaktiviert wurden, war auf das verbreitete gesellschaftliche Bedürfnis zurückzuführen, nach den Umwälzungen und Krisen der Kriegs- und Nachkriegsjahre zur »Normalität« zu finden. Die Rückbesinnung auf die Familie als privaten Binnenraum stand dabei im Zentrum der Bemühungen. Nach der Geschlechterordnung war der Vater der Ernährer, während die Mutter sich auf Heim und Kinder konzentrierte und (anders als in den letzten Kriegsjahren) der Berufswelt fernblieb. Der Traditionalismus im Verhältnis von Mann und Frau war gerade im Sinne einer Überwindung der NS-Vergangenheit von Bedeutung; denn die sexuell zügellose Frau stand nach traditioneller Auffassung für den Untergang der Kultur, war Sinnbild für den Schrecken der ungezügelten kulturellen Moderne und blieb der Inbegriff destabilisierender gesellschaftlicher Kräfte.

Über den weiblichen Sexualtrieb wurde seit Ende des neunzehnten Jahrhunderts diskutiert. Dabei reichten die Annahmen von der Frigidität und völliger Passivität der Frauen bis hin zu der Überzeugung, diese seien ein Quell übergeordneter Sinnlichkeit und Lüsternheit. (Gelebte) Doppelmoral war die unmittelbare Begleiterscheinung der Reetablierung bürgerlicher Sexualauffassung mit der damit verbundenen hierarchisch strukturierten und polar organisierten Geschlechterordnung nach dem Zweiten Weltkrieg: Für Männer und Frauen galten weiterhin unterschiedliche Normen. Wurden Männern sexuelle Abenteuer vor und in der Ehe zugestanden, solange sie nur den äußeren Anschein des Anstands wahrten, handelten sich Frauen, die früh Sexualkontakte eingingen oder die Ehe brachen, den Ruf ein, eine Hure zu sein. Die Landesarbeitsgemeinschaft zur Bekämpfung der Geschlechtskrankheiten in Nordrhein-Westfalen, die eng mit dem Volkswartbund kooperierte, konstatierte 1950, viele Frauen pflegten »hemmungslosen freien Geschlechtsverkehr«.[297] Die Organisation war im Juni 1949 mit Unterstützung des Landessozialministeriums gegründet worden; zu ihren Korporativmitgliedern zählten kirchliche, soziale und kulturelle Verbände, staatliche Gesundheitsbehörden und Versicherungsträger. In der behördlichen Korrespondenz war nun überall in der jungen Bundesrepublik von »streunenden Mädchen« und der »Verwahrlosung« der weiblichen Jugend die Rede, womit Prostitution gemeint war.[298] Nicht die sogenannten registrierten, polizeilich überwachten, sondern die »heimlichen« Prostituierten waren nach verbreiteter Auffassung das Problem. Für sie gab es in der Behördensprache schon seit den zwanziger Jahren ein eigenes amtliches Kürzel: »hwG« lautete es und stand für »Frauenspersonen mit häufig wechselnden Geschlechtspartnern«.[299] Die »hwG-Mädchen« waren nach Meinung von Ärzten vor allem eines: »anlagebedingte Asoziale«, so der Befund der Spezialisten auf der Ersten Sexualwissenschaftlichen Arbeitstagung in Frankfurt am Main im April 1950.[300]

Dass die Ausbreitung der Prostitution nach Kriegsende zunehmend in den Mittelpunkt öffentlicher Aufmerksamkeit rückte, hatte überdies pragmatische Gründe. Die Zahl der Geschlechtskranken stieg (zunächst) stark an. Syphilis und Gonorrhö hatten ärztlichen Berichten zufolge schon im Zweiten Weltkrieg deutlich zugenommen,[301] und die Politisierung der Krankheiten war bereits seinerzeit gängige Praxis gewesen: Aus Sicht der NS-Behörden war die Gesellschaft des »totalen Krieges« sexuell entfesselt, weshalb sie verschärfte rassenpolitische Maßnahmen gefordert hatten.[302] Auch in den Luftschutzverordnungen war regelmäßig explizit dazu ermahnt worden, in den Bunkern die Sittenordnung einzuhalten.[303] Der Sicherheitsdienst der SS hatte in den letzten Kriegsjahren in seinen Meldungen wiederholt das »Absinken« der weiblichen Sexualmoral beklagt: Ehefrauen hätten Affären mit fremden Soldaten auf Urlaub; Kinder verwahrlosten, weil sie das Treiben ihrer Mütter miterlebten; Frauen und minderjährige Mädchen ließen sich mit Kriegsgefangenen und Fremdarbeitern ein. Hier einzugreifen sei »eine Nachkriegsaufgabe von ungeheurer, ja lebensentscheidender Wichtigkeit«.[304]

Gewiss, es ging um gesundheitspolitische und soziale Probleme, die alles andere als gering waren. Aber sie wurden moralisch gedeutet und damit letztlich dramatisiert. Die Ausbreitung der Seuchen galt auch nach dem Krieg als Ausweis sittlichen Verfalls, für den in erster Linie die Frauen verantwortlich gemacht wurden. Denn die Verbreitung von Geschlechtskrankheiten wurde (schon seit dem Kaiserreich) nur ihnen angelastet.[305] Durch die Verknüpfung mit Szenarien von Untergang und Zerfall wurden Prostituierte mithin als unmittelbare gesellschaftliche Bedrohung wahrgenommen. Die sogenannte sozialpädagogische Prophylaxe, die sich Wohlfahrtsverbände und andere Institutionen im Sittlichkeitskampf zur Aufgabe machten, darunter die Landesarbeitsgemeinschaft zur Bekämpfung der Geschlechtskrankheiten in Nordrhein-Westfalen, lief denn auch allein auf Kontroll- und Zwangsmaßnahmen gegen Frauen hinaus,[306] um den weiblichen Körper medizinischer, juristischer und sozialpolitischer Überwachung zu unterwerfen.

Daran hatten die Alliierten erheblichen Anteil, die ihre Regelungsansprüche auf dem Wege geschlechtsspezifischer Gesetze und Verordnungen umsetzten. Die US-Army erließ strenge Vorschriften, um gesundheitliche Bedrohungen von ihren Soldaten abzuwenden.[307] Sie setzte ganz im Sinne des (zunächst) sehr strikten Fraternisierungsverbots auf die sexualmoralische Disziplin der Truppen. Das Konzept scheiterte allerdings rasch, und schon im Juni 1945 wurde das Verbot gelockert und nach weiteren vier Monaten ganz aufgehoben. Schätzungen zufolge ließen sich rund 90 Prozent der amerikanischen Soldaten mit deutschen »Fräuleins«

ein. Noch bis Dezember 1946 blieben Eheschließungen untersagt. Zwölf Monate, nachdem auch diese Schranke gefallen war, waren bereits etwa 2300 Ehen geschlossen worden, bis Mitte der fünfziger Jahre stieg die Zahl auf rund 7000.[308] Städte und Ortschaften in der Nähe von Soldatenstützpunkten galten in der deutschen Öffentlichkeit als sittlich besonders gefährdetes Terrain. Es war die Rede davon, dass hier die »häusliche Unzucht« grassiere und »reisende Dirnen« die Orte heimsuchten.[309]

Einer der großen amerikanischen Truppenstandorte war nach dem Zweiten Weltkrieg das von Bombenschäden weitgehend verschont gebliebene Bamberg. Dort verbreitete sich rasch der Eindruck, Prostituierte belagerten seit der Ankunft der Besatzer die Stadt. Von »Amizonen«, »Soldatenflittchen« und der »Veronika-Dankeschön« schrieben die örtlichen Zeitungen viel; Letzteres war die überall in der US-Zone beliebte Ausdeutung des Kürzels »VD« für »venereal disease« (Geschlechtskrankheit). In der 75 000-Einwohner-Stadt, Sitz des katholischen Erzbischofs und schon während des Kaiserreiches Garnisonsstadt, waren Gonorrhö und Syphilis während des Krieges kaum vorgekommen.[310] Aber in der Besatzungszeit stieg die Zahl der Erkrankten sprunghaft an, auch unter den amerikanischen Soldaten, weshalb die Militärbehörden umgehend medizinische Einrichtungen ihrer Kontrolle unterstellten.[311] Auf ihr Drängen hin richtete die Bamberger Stadtverwaltung im Spätherbst 1945 in der ehemaligen Luitpoldschule das »Hilfskrankenhaus für Haut- und Geschlechtskranke« ein.[312] Das Gebäude, das in der Öffentlichkeit bald unter dem schroffen Namen »Geschlechtskrankenhaus« firmierte, galt binnen kurzem als Symbol weiblicher Promiskuität. Der Chef der Militärverwaltung ließ keinen Zweifel daran, dass er hart durchgreifen wollte. Im amtlichen *Mitteilungsblatt* war im April 1946 unter der Überschrift »Gegen das Herumstreunen« die Bekanntmachung zu lesen, dass »Frauenspersonen, die sich in der Nähe amerikanischer Vergnügungsstätten herumtreiben«, umgehend von der Polizei aufgegriffen würden.[313] Frauen standen unter Ausnahmerecht, was in der US-Zone nicht anders war als in den Gebieten unter britischer und französischer Besatzung. Auch hier war einzig die weibliche Bevölkerung Reglementierungen und Kontrollen ausgesetzt, um der Geschlechtskrankheiten Herr zu werden. Razzien, Zwangsuntersuchungen und die Einweisung von Frauen ins Geschlechtskrankenhaus waren an der Tagesordnung.[314] Wer sich in Bamberg vor den »Luitpoldsälen«, dem »Roten Ochsen«, dem »Blauen Elefanten« und dem Monopol-Kino aufhielt, Orten, an denen die GIs ihre Freizeit verbrachten, musste damit rechnen, von der Militärpolizei und der deutschen Sittenpolizei abgeführt zu werden.[315] Der bloße Verdacht genügte den Beamten schon, um mutmaßliche »Herumtreiberinnen« festzunehmen, auf dem Polizeirevier zu sammeln und in das Geschlechtskrankenhaus einzuliefern. Im Sommer 1946 fanden Großrazzien und Masseneinweisungen statt; die Sittenpolizei organisierte die Aktionen etwa zwei Mal pro Woche.[316] Allein im Juli und August wiesen die Beamten über 730 Personen zur Zwangsuntersuchung ein; insgesamt über 4450 waren es bis Jahresende. Die Seuchen, vor allem Gonorrhöe, wurden bei mehr als 3100 Personen diagnostiziert, einige hundert hatten unspezifische Hauterkrankungen, und knapp 1100 wurden in der ärztlichen Statistik als »nichterkrankte Razziafälle« bezeichnet.[317] Medizinisch war die Therapierung kein Problem. Penicillin, das die amerikanischen Militärbehörden kostenlos zur Verfügung stellten, garantierte schnelle Heilungserfolge. Das Medikament war Ende der dreißiger Jahre in Großbritannien entwickelt worden; die US-Streitkräfte setzten es bereits seit dem letzten Kriegsjahr ein. Blieb allerdings der Nachschub aus amerikanischen Beständen aus, mussten die Patientinnen zwei Wochen und länger im Geschlechtskrankenhaus bleiben, was auch denen widerfuhr, die die Therapie nicht vertrugen, weil sie unterernährt waren.[318]

Die Bamberger Stadtverwaltung richtete unter dem Vorsitz des Bürgermeisters im Oktober 1946 ein Komitee zur Bekämpfung der Geschlechtskrankheiten ein.[319] Das zwölfköpfige Gremium setzte sich aus den städtischen Honoratioren zusammen: Das Erzbischöfliche Ordinariat entsandte einen Domkapitular, für die evangelische Kirche arbeitete ein Geistlicher der Inneren Mission mit, ein Studienprofessor des Neuen Gymnasiums, ein Vertreter der Mittelschulen und der Direktor des Stadtschulamtes waren dabei, ferner der Chef des staatlichen Gesundheitsamtes, der Leiter des Geschlechtskrankenhauses, Vertreter des Stadtjugendamtes, des Personalamtes und der Sittenpolizei, außerdem ein Zeitungsredakteur des *Fränkischen Tags*.[320] Ein dichtes behördliches Netzwerk entstand mit dem Ziel, für die Aufrechterhaltung der Sittenordnung zu sorgen.

Unter den zwangsuntersuchten Mädchen und Frauen waren viele, die zufällig in eine Polizeiaktion geraten waren. Den Polizeibeamten, die die Festnahmen nach eigenem Ermessen vornahmen, reichte der Kontakt zu amerikanischen Soldaten oft als Verdachtsmoment schon aus. Im Geschlechtskrankenhaus verbrachten die Betroffenen mindestens einen Tag und eine Nacht, auch die, die gesund waren.[321] Es kam oft vor, dass Eltern ihre Tochter tagelang vermissten; in der Öffentlichkeit sprach sich dann schnell herum, wo sie womöglich war.[322] Ob sich in Bamberg wie in manch anderen Städten, beispielsweise in Hamburg, wo relativ milde Bestimmungen bestanden, in der Bevölkerung Empörung über die Razzien regte, ist nicht bekannt.[323] Aber handfeste Konflikte gab es, wenn Soldaten die Mädchen aus dem Krankenhaus zu befreien versuchten und sich mit Ärzten und Pflegern prügelten, was oft vorkam.

Es dauerte nicht lange, und auf die Patientinnen des Bamberger Geschlechtskrankenhauses wurde mit dem Finger gezeigt. Verachtung schlug ihnen entgegen, sie wurden beschimpft und ausgegrenzt. Als »gefallene Mädchen« verloren sie mit ihrer sexuellen Integrität auch ihre bürgerliche Ehre. Kirchen, Fürsorgeverbände und Verwaltungsbehörden überzogen sie mit Kontrollen, und der *Fränkische Tag* nannte sie in einem Artikel mit der Überschrift »Hier werden Veronikas kuriert« unumwunden »Häftlinge«.[324] Nicht selten trauten sich Mädchen, die während einer Razzia aufgegriffen und nach der Zwangsbehandlung wieder aus dem Geschlechtskrankenhaus entlassen worden waren, tagelang nicht mehr nach Hause. Der Klinikchef, der um den Ruf seines Hauses fürchtete, führte Klage über die soziale Ächtung seiner Patientinnen und erklärte im Frühjahr 1947 vor dem städtischen Komitee, sein Krankenhaus stehe unter einem »bösen Omen«.[325] Die Mehrheit im Gremium vertrat indes die Ansicht, die Betroffenen führten ihren Lebenswandel nur aus einem Grund: »aus reiner Genußsucht«.[326]

Als die Zahl der infizierten Insassinnen nicht weiter stieg, sondern spätestens seit 1947 (wie überall in den Westzonen) allmählich zurückging, nahm das städtische Komitee die Entwicklung keineswegs zum Anlass, die Zwangsmaßnahmen zu lockern. Vielmehr hieß es, da neue amerikanische Truppen zu erwarten seien, werde auch die Zahl der Geschlechtskranken wieder steigen. Furcht lösten vor allem afroamerikanische Soldaten aus, mit denen in »größeren Negerformationen« zu rechnen sei.[327] Von den Zwangsmethoden ließ man daher nicht ab, und eine führende Rolle bei ihrer Umsetzung spielte das Gesundheitsamt. Die staatlichen Gesundheitsbehörden waren in der NS-Zeit ebenso wie die Fürsorgestellen dafür zuständig gewesen, die rassistischen Gesetze umzusetzen. Schon im Krieg hatten sie medizinische Zwangsbehandlungen angeordnet, wenn Frauen unter Prostitutionsverdacht standen.[328] Nach Kriegsende setzten sie ihre Methoden mit alliierter Erlaubnis einfach fort. Da die Besatzer wegen der Seuchenbekämpfung am schnellen Wiederaufbau der Gesundheitsverwaltung interessiert waren, tauschten sie deren Personal kaum aus.[329] Beim Bamberger Gesundheitsamt liefen nun die Fäden zusammen: Hier wurden die Zwangseinweisungen koordiniert, und Willkür war an der Tagesordnung. Um das bürokratische Verfahren zu verkürzen, verteilte die Behörde an Sittenpolizei und Klinik kurzerhand Einlieferungsformulare mit Blankounterschriften.[330]

Ab dem Frühjahr 1947 galt in der amerikanischen Zone die Erfassungspflicht für geschlechtskranke Personen; bis dahin war nur registriert worden, wer ungeheilt aus ärztlicher Behandlung entlassen wurde.[331] In der britischen Zone hielten die Gesundheitsbehörden hingegen nicht den vollen Namen, sondern lediglich Initialen und Geburtsdatum fest. Die Amerikaner gingen überhaupt rigide vor: In manchen Städten zwangen sie ganze Berufsgruppen von Frauen zur Untersuchung, vor allem Lebensmittelverkäuferinnen, Küchen- und Hotelpersonal.[332] Das Bamberger städtische Komitee steuerte im Mai 1947 zu der neuen US-Meldeordnung eine eigene Ergänzung bei: »Mit sofortiger Wirkung wird allen Hauseigentümern und Hausverwaltern sowie allen Wohnungsinhabern und Untermietern verboten, Frauenspersonen aufzunehmen, die nicht zur Hausgemeinschaft gehören oder sich nicht als einwandfreier Besuch ausweisen können.«[333] Bei Verstößen gegen die neue Vorschrift drohte die Überstellung an das Militärgericht. Wer als »einwandfreier Besuch« galt, erläuterte der *Fränkische Tag:* »Nur solche Personen sind hierunter zu verstehen, die dem Gastgeber durch verwandtschaftliche oder freundschaftliche Beziehungen genauestens bekannt sind und für deren sittliche Lebenshaltung er sich verbürgen kann und dafür haftbar gemacht werden kann.«[334]

Razzien und Zwangsuntersuchungen blieben in der Stadt noch lange an der Tagesordnung. Im Frühjahr 1949 vereinbarten Militärregierung und staatliches Gesundheitsamt, wie die Polizeiaktionen im Detail zu organisieren seien. Die Internierungspraxis wurde nun insofern verschärft, als minderjährige Mädchen unter Aufsicht der Behörden blieben – und dies auch nach ihrer Entlassung aus dem Geschlechtskrankenhaus, sie galten doch weiterhin als Gesundheitsgefahr. Wurden sie für »asozial«, »verwahrlost« oder »abnorm triebhaft« befunden, so kamen sie ohne gerichtliches Verfahren in das neu errichtete städtische Erziehungsheim; erwachsenen Frauen drohte das Arbeitshaus.[335] Ein ähnliches Vorgehen war überall in den Westzonen üblich. Der Volkswartbund hatte schon seit Längerem ein Arbeitserziehungsgesetz gefordert und sah seine Belange nun realisiert.[336]

Als die Bamberger Behörden Anfang 1950 einen neuerlichen Anstieg der Geschlechtskrankheiten für ausgeschlossen erklärten und die Zahl der stationierten Soldaten mittlerweile überall in den ehemaligen Westzonen abgenommen hatte, erwogen Klinikleitung und Stadtverwaltung, das Geschlechtskrankenhaus zu schließen und die dortige Hautstation in das städtische Krankenhaus einzugliedern.[337] Zunächst deutete auch alles darauf hin, als sei die Zeit der Razzien vorüber. Die amerikanischen Militärbehörden räumten nun freimütig ein, dass die gegen die weibliche Bevölkerung gerichteten Zwangsmaßnahmen der demokratischen Freiheitsauffassung grundlegend widersprachen. Sie hatten die Verfolgung im Oktober 1949 daher offiziell eingestellt; in der britischen Zone war der Kurswechsel schon zwei Jahre früher vollzogen worden.[338] Allerdings blieb die US-Direktive widersprüchlich, und in der Praxis änderte sich noch geraume Zeit wenig. In Bamberg verkehrten sich die Pläne zur Schließung des Geschlechtskrankenhauses schließlich sogar in ihr Gegenteil: Die amerikanische Truppenverwaltung nahm die Klinik im Mai 1950 erneut in Betrieb, denn unter den Soldaten, deren Truppenstärke mit Beginn des Korea-Krieges wieder erhöht wurde, waren erneut Krankheitsfälle aufgetreten. Wieder wurden Frauen zu Zwangsuntersuchungen in die Klinik geschafft, rund 200 bis 300 im Monat.[339] Wieder organisierten Gesundheitsamt und Polizei Razzien, wenn auch nicht mehr im Ausmaß der Vorjahre.[340]

Eine Wende leitete erst die Auseinandersetzung um zwei junge Frauen ein, eine 22, die andere 23 Jahre alt, die von den Behörden im November 1950 zwangseingewiesen worden waren. Der Hergang der Geschichte, die in Bamberg großen Wirbel auslöste, ist rasch erzählt: Die beiden stahlen sich nachts heimlich aus der Klinik davon und trafen sich in Gaststätten mit amerikanischen Soldaten; eine Krankenschwester und ein junger Arzt wussten davon, schritten aber nicht ein. Ein Beamter der Sittenpolizei erkannte die Mädchen, als sie am Bahnhof aus einem Taxi stiegen. Er zeigte sie und das Klinikpersonal umgehend an. Kurz nach Neujahr 1951 begann vor dem Landgericht ein Prozess, der wochenlang die Spalten der Lokalblätter füllte. Der Richter befand die beiden Delinquentinnen für »moralisch haltlos« und verurteilte sie wegen Verletzung von Maßregeln gegen ansteckende Krankheiten zu einer Gefängnisstrafe von sechs Monaten.[341] Schuldsprüche ergingen außerdem gegen den mitwissenden Arzt und die Schwester, die sich von den Mädchen Bohnenkaffee aus amerikanischen Beständen hatten mitbringen lassen, was das Gericht als besonders verwerflich wertete.

Der Chef der Klinik hielt Zwangseinweisung und Zwangsisolierung mittlerweile für überholt und falsch. Zwar stand er nicht vor Gericht, aber der Richter machte ihn »moralisch mitverantwortlich« für den Vorfall und warf ihm öffentlich Versagen vor. Selbstbewusst ließ der Arzt Gericht und Behörden daraufhin wissen, er leite ein Krankenhaus und kein Gefängnis. Die polizeilichen Methoden verstießen nach seiner Ansicht gegen »fundamentale Bestimmungen der Demokratie«. Die beiden Frauen seien nicht ansteckungsfähig gewesen, und ohnehin sei die Zahl der Geschlechtskranken beinahe auf den Vorkriegsstand gesunken. Einige Ärzte unterstützten seine Argumentation.[342] Die Stadtverwaltung reagierte umgehend: Am Tag nach der Urteilsverkündung beurlaubte sie den Klinikchef. Die Lokalpresse hatte massiv auf seine Entlassung gedrängt.[343] Die Blätter waren unmittelbare Akteure der Auseinandersetzung; sie schürten während des Prozesses die Emotionen und ließen Fantasien über die Zustände im Geschlechtskrankenhaus freien Lauf. Der *Fränkische Tag* schrieb voller Häme vom »Amizonenurlaub« der beiden jungen Frauen.[344] Das *Neue Volksblatt*, das ebenfalls kaum ein Detail ausließ, behauptete, der Klinikchef habe den Patientinnen erlaubt, regelmäßig »Amibesuch« zu empfangen. Dass die angeklagten Frauen »Dirnen« seien, galt den Zeitungen als unzweifelhaft. »In der Hautklinik«, hieß es, gehörten sie »zur festen Kundschaft«. Auf »Lustbarkeitstour« seien sie gegangen, mit den amerikanischen Soldaten hätten sie sich »rumgedrückt« und sich für ihre »Dienste« mit Kaffee, Wein, Konfekt, Schokoladentafeln und Zigaretten reich beschenken lassen. In der lokalen Presse hieß das Geschlechtskrankenhaus nun das »Amizonenerholungsheim«.[345]

Nach dem Prozess ließ sich das (lange bewährte) Zwangssystem allerdings nicht mehr aufrechterhalten. Die Einweisung in die Klinik hatte ihre Funktion, nach tradierten Vorstellungen sittliche Ordnung zu schaffen, im Zuge der Auseinandersetzung eingebüßt. Umso eiliger waren die Repräsentanten der Stadt nun bemüht, sich der Institution zu entledigen. Der Bürgermeister erklärte rasch, das Geschlechtskrankenhaus sei wegen der Vorgänge zu einer »verrufenen Anstalt« geworden, weshalb es an der

Zeit sei, »diese Geschwulst aus dem Körper Bambergs herauszuschneiden«.[346] Sein Befund zeigt, wie sehr die biologistische Gesellschaftsauffassung, die von den Nationalsozialisten zwar nicht erfunden, aber rassistisch aufgeladen und im Konzept vom »gesunden Volkskörper« etabliert worden war, im Zusammenhang mit Sittlichkeit fortwirkte und ihre Plausibilität behielt. Im Februar 1952 ließ der Bürgermeister das Haus mit Zustimmung des Stadtrats schließen.[347] An ihrer Überzeugung aber hielten die Lokalpolitiker fest, dass moralisch haltlose Frauen die Allgemeinheit sittlich gefährdeten und deshalb unter staatliche Beobachtung zu stellen seien. Noch im Januar 1951 teilte der Stadtrat der Regierung von Oberfranken mit, es treibe sich eine große Anzahl von Dirnen in Bamberg herum.[348]

Die Vorgänge in Bamberg, die beispielhaft für ähnliche Auseinandersetzungen an vielen weiteren Truppenstandorten stehen, machen die vielschichtige Konfliktlage deutlich: Das Geschlechterverhältnis galt nach Kriegsende als Kern der sozialen Ordnung. Die Rollen von Männern und Frauen wurden normativ, rechtlich und organisatorisch hergestellt, wofür die Auseinandersetzung um das »Dirnenunwesen« (samt der damit stets in Verbindung gebrachten Geschlechtskrankheiten) ein wichtiges Feld war. Die Debatte über die Krankheiten diente als Regulativ und erfüllte unmittelbar gesellschaftliche Ordnungsleistungen. Selbst als die Zahl der Infizierten signifikant sank, änderte sich nichts an dem Umstand, dass die Gefahren anhaltend überzeichnet wurden, um die Umsetzung der daran geknüpften sozialen Vorstellungen zu forcieren. Das Streben nach Reetablierung bürgerlicher Auffassungen von Ehe und Familie im Dienste einer weithin ersehnten »Normalität« trieb die Auseinandersetzung um Prostitution voran. Die Dramatisierung weiblichen Sexualverhaltens erzeugte vielfach erst die verachtete Dirne,[349] die im Sinne bürgerlicher Ordnungsstiftung fundamentale Bedürfnisse erfüllte. Erst die Dirne konturierte die (klischeehafte) Rolle der sittlich anständigen, mütterlichen Frau, die keine eigenständige Sexualität besaß, sich dem materiellen und biologischen Wiederaufbau widmete und ihren Lebensinhalt auf Ehe und Familie konzentrierte. Mit der Wiederherstellung patriarchaler Strukturen wurden nicht nur Ehe und Familie, sondern auch männlicher Hegemonialanspruch (nicht zuletzt über weibliche Sexualität) als soziale und politische Normen festgeschrieben. Krieg und Nachkriegszeit hatten das

Männlichkeitsbild deutlich erschüttert und gewissermaßen eine Krise der Männlichkeit verursacht.

Die Spuren des Krieges prägten den Geschlechterkampf. Im Krieg hatten sich eheliche und familiäre Strukturen zunehmend aufgelöst. Vorehelicher Geschlechtsverkehr und eheliche Untreue blieben angesichts zerstörter Familienbeziehungen, ökonomischer Not und desaströser Wohnverhältnisse auch danach weit verbreitet. Dass Frauen sexuelle Verhältnisse mit Besatzungssoldaten eingingen, kam vor allem in der amerikanischen und britischen Zone häufig vor, wo Vergewaltigungsverbrechen (anders als auf sowjetischem und französischem Besatzungsgebiet) nahezu ausblieben. Prostitution gehörte zur sozialen Nachkriegswirklichkeit, und die Liebesverhältnisse waren Bestandteil der Überlebensmoral. Sie garantierten den Frauen und ihren Angehörigen die Existenzsicherung, denn von den Besatzungssoldaten waren für Liebesdienste Naturalien und Zigaretten zu erwarten, die wichtigste Währung der Nachkriegszeit, auch mit Luxusartikeln wurde bezahlt. Die Produkte ließen sich auf dem Schwarzmarkt eintauschen und sorgten oftmals für die Ernährung ganzer Familien.[350]

Die Überlebensmoral stand der tradierten Sittenordnung diametral entgegen. Sie folgte eigenen Normen, die keiner Rechtfertigung bedurften. Als Mittel des Nahrungserwerbs war Prostitution sozial geduldet und sowohl im Kampf gegen den Hunger verbreitet als auch (nach dessen Überwindung) als Möglichkeit akzeptiert, um zu bescheidenem Wohlstand zu gelangen. Die Alltagserfahrung der Frauen war bestimmt vom Zwang zur Existenzsicherung. Die alliierten Soldaten weckten überdies ihre Neugier, zumal sie um ein Vielfaches attraktiver waren als die ausgemergelten Landser, die von der Front und aus den Gefangenenlagern zurückkehrten. Liebesbeziehungen mit Soldaten schwarzer Hautfarbe blieben allerdings auch nach den Grundsätzen der Überlebensmoral eher verpönt. In der Wahrnehmung von Sittlichkeitsverfechtern repräsentierten die GIs indes Materialismus und kulturelle Überfremdung und fügten den zurückkehrenden deutschen Soldaten zusätzlich zum militärischen Debakel eine weitere Demütigung zu: die Verletzung männlichen Stolzes.[351] Die rigiden Zwangsmaßnahmen gegenüber Frauen, die anders als die Männer (in der Regel) physisch unversehrt aus dem Krieg hervorgingen, standen daher nicht allein im Dienst der Gesundheitsfürsorge und der sozialen Stabilisierung, sondern hatten durchaus auch strafenden Charakter. Sie boten

Anknüpfungsmöglichkeiten für Repressionen, die fortgeführt, erneuert oder umgelenkt wurden. Der weibliche Verstoß gegen die Sittenordnung war in dieser Sichtweise gleichbedeutend mit nationalem Ehrverlust und galt als Verrat an die einstige Feindmacht.[352]

Die sozialen Bedingungen von Kriegs- und Nachkriegszeit begünstigten ein Klima sexueller Freizügigkeit, die im Dritten Reich ohnehin ein Privileg der »arischen« (männlichen wie weiblichen) Bevölkerung gewesen war. An diesen (wenig bekannten) Handlungs- und Erfahrungsraum aus der NS-Zeit knüpften Frauen und Mädchen an. In der Auseinandersetzung um Prostitution waren sie nicht einfach Objekte, sondern eigenständig Handelnde, die die Ambivalenzen des Sittlichkeitskampfes deutlich sichtbar machen. Die Tatsache, dass viele sich nicht an die Maximen der Sittenordnung hielten, zeigt, wie unwichtig in der anomischen, mit Existenzfragen konfrontierten Gesellschaft der Nachkriegsjahre letztlich das Sittlichkeitskonzept war und wie wenig Identifikationspotenzial es besaß.

Angesichts des Männermangels etablierten sich nach Kriegsende zahlreiche Alternativen zur herkömmlichen Familie.[353] Weibliche Haushaltungsvorstände gab es genauso wie sogenannte Mutterfamilien, und etwa jede vierte Frau blieb unverheiratet, ohne dies zu wollen. Besonders verbreitet war die »Onkelehe«, das zwar illegitime und in der Bevölkerung auch umstrittene, aber doch weitgehend geduldete Zusammenleben von Soldatenwitwen mit einem neuen Partner. Von einer Wiederverheiratung hielt die Frauen der Umstand ab, dass sie nach dem Bundesversorgungsgesetz von 1950 ihren Anspruch auf die Rente des verstorbenen Ehemannes verloren hätten. Denn die rund 1,2 Millionen Witwen kamen – unabhängig davon, ob ihr Gatte in der NS-Zeit Verbrechen begangen hatte – in den Genuss staatlicher Gelder. Die Zahl der »Onkelehen« war beträchtlich, 1955 belief sie sich schätzungsweise auf 150 000; genaue Zahlen liegen nicht vor, da keine Erhebungen darüber angestellt wurden. Eine Umfrage des Instituts für Demoskopie in Allensbach vom selben Jahr zeigte jedoch, dass 43 Prozent der Befragten Verständnis für »Kriegerwitwen« aufbrachten, die ein solches Verhältnis eingingen.[354] In Zeitungen und Zeitschriften wurde die Problematik breit diskutiert. Erst Ende der fünfziger Jahre sorgte eine Änderung des Versorgungsgesetzes für neue rechtliche Rahmenbedingungen; die Witwengrundrente wurde vereinheitlicht, die Witwenabfindung durch das Neuordnungsgesetz von 1960 schließlich erhöht. Dass die eheähnlichen Verbindungen, auch »Rentenkonkubinat« genannt, bis dahin geduldet wurden, lässt auf den überaus pragmatischen Umgang mit Sittlichkeitsvorstellungen schließen. In der Praxis zählten Sicherung und Aufbesserung des Einkommens demnach mehr als die Sexualmoral, worauf auch der Umstand hindeutet, dass im Laufe der fünfziger Jahre etwa drei Viertel aller Ehen geschlossen wurden, weil ein Kind unterwegs oder schon geboren worden war. Der Anteil unehelicher Kinder lag Mitte des Jahrzehnts bei etwa 30 Prozent aller Lebendgeburten; die Kinder galten in der Öffentlichkeit allerdings (noch lange) als moralisch anstößige Kriegsfolge und als Symbol des Normenverfalls.[355]

Die (Re-)Etablierung männlicher Hegemonie in der Geschlechterordnung nach Kriegsende stieß durchaus auf harsche Kritik. Unter dem ironischen Titel »Hat die deutsche Frau versagt?« veröffentlichte der (mit rund 131 000 Exemplaren) neu auf den Markt gekommene *Stern* im August 1948 gleich im ersten Heft einen Bericht aus der Feder einer Frau, die in recht scharfem Ton Schuldzuweisungen in Sachen Sexualmoral ablehnte.[356] Sie nannte die Diskussion über das angebliche weibliche »Versagen« diskriminierend, prangerte den »falschen Heroismus« zurückkehrender Soldaten an und erinnerte daran, dass der Weltkrieg gerade ihnen reiche sexuelle Erfahrungen ermöglicht hatte: »Übrigens, wer von euch kritischen Männern könnte vor ihr [der deutschen Frau] bestehen, wenn sie sich plötzlich umdrehte und euch an eure Erlebnisse in Paris, Amsterdam und Brüssel erinnerte?«[357] Der Bericht der Autorin, über die außer ihrem Namenskürzel »Jo« nichts bekannt ist, beruhte auf Gesprächen, die sie mit internierten Soldaten in britischen Kriegsgefangenenlagern und mit Frauen geführt hatte, die (vermutlich wie sie selbst) ein Verhältnis mit alliierten Soldaten hatten. Ihr Text besticht durch seine fordernde Offenheit: »Wir möchten, daß man auch über die Frau menschlich denken lernt, wie wir längst über den Mann zu denken gelernt haben (vielleicht mehr, als unbedingt nötig und gut war!). Zum mindesten fänden wir es passend, wenn derselbe Mann, der in allen Ländern Europas (trotz résistance) mit unverkennbarem Stolz weibliche Eroberungen machte, sich nicht darüber entrüsten würde, wenn seinen Geschlechtsgenossen von der ›anderen‹ Seite ähnliche Erfolge in Deutschland beschieden sind. Es gäbe da manches, worüber dieser Mann einmal nachdenken sollte. So wird es ihn vielleicht infolge seiner langjährig genossenen rassenpolitischen Schulung besonders schockieren, daß auch die schwarzen Soldaten der amerikanischen Armee ihre ›Frolleins‹ finden. Er möchte sich vielleicht einreden, daß eben Schokolade und Camels heute alles vermöchten. Würde er sich aber die Mühe machen, jene Mädchen zu fragen (wie wir es getan haben), so würde er hören, daß die einfache menschliche Güte, die Hilfsbereitschaft und Zartheit gerade dieser amerikanischen Bürger verbunden mit ihrem aus eigener Erfahrung stammenden Verständnis für unsere Not ihnen die Neigung der deutschen Mädchen gewonnen hat.« Der *Stern* versah den Artikel mit einer redaktionellen Notiz, vermutlich um der zu erwartenden Empörung aus Leserkreisen vorzubeugen. Die Illustrierte stärkte ihrer Mitarbeiterin damit aber nicht gerade den Rücken, über die es hieß: »Sie weigert sich einen besinnlichen Spaziergang durch unsere Trümmerlandschaft zu machen. Sie ärgert sich an dem moralischen Schutt und stößt die ersten Brocken beiseite. Was sie dabei gewinnt, ist zumindest ein neues Blickfeld.« Der *Stern* fand vor allem, es sei an der Zeit, nicht länger am moralischen Wertesystem »der Großväter« festzuhalten: »Zugegeben, es wird uns schwer genug gemacht, den Weg nach vorn zu finden. Aber den geistigen Schutthaufen in uns sollten wir doch allmählich wegräumen«. Zukunftsorientierung und freie Sexualmoral, so die deutliche Botschaft, gingen Hand in Hand.

Die Leserbrief-Reaktionen auf »Jos« Artikel zeigten sowohl, wie stark die Meinungen über das Verhältnis von Mann und Frau auseinandergingen, aber auch, in welchem Maße gerade die Geschlechterordnung als Basis des gesellschaftlichen Normalisierungsprozesses fungierte. Eine Frau aus Ludwigsburg schloß sich ganz der Meinung der Autorin an und erklärte: »Ich werde mir von keinem Standesbeamten auf der Welt vorschreiben lassen, wen ich liebe. Und wenn es ein Zulukaffer ist, dann ist das immer noch meine Sache.« Dagegen zögerte eine Leserin aus Duisburg in ihrer zynischen Stellungnahme nicht, ein Bekenntnis zum Rassismus abzulegen: »Wir, die wir nicht über derartig dunkle Erfahrungen verfügen, müssen uns aber dagegen verwahren, daß man einer deutschen Frau (ich sage ausdrücklich deutsche Frau, das möchte ich betonen) überhaupt zutraut, so tief zu sinken. Die Moral, oder wenigstens das, was Sie darunter verstehen, mag meinetwegen eine Angelegenheit für Großväter sein. Was ich meine, heißt: Nationalstolz. Aber den kann man ja gar nicht haben, wenn man sich Jo nennt.« Ein Mann aus Baden-Baden wies jede Kritik am männlichen Verhalten weit von sich und berief sich auf die Unterschiede zwischen den Geschlechtern: »Deshalb sind die ›Erlebnisse in

Paris, Amsterdam und Brüssel‹, die wir als Soldaten gehabt haben, etwas ganz anderes. Wollt ihr denn auch noch die Naturgesetze aufheben, nachdem die bürgerlichen sich anscheinend von selbst auflösen?«[358] Aus der Nähe von Heidelberg, wo sich ein großer amerikanischer Truppenstützpunkt befand, schrieb ein Mann: »Gibt es heute eine größere Krankheit als die Sucht, einen ›Ami‹ zu haben und ist sie nicht gerade durch das beherrschende und verderbende Bild der Straße beeinflußt? Und muß es nicht jeden ehrlichen Menschen geradezu verbittern, unter diesen Umständen die Straße zu betreten? (…) So groß unsere Achtung vor der wahren deutschen Frau geblieben – ja sogar gestiegen ist, so abgrundtief verachten wir die andere Seite des weiblichen Geschlechts und wünschen uns diese aus der menschlichen Gesellschaft ausgestoßen zu wissen.« Ein »Bravo« schleuderte dagegen ein Herr aus Hannover »Jo« entgegen. Denn sie habe den Männern endlich einmal klar gesagt, was viele nicht wahrhaben wollten. Unverhohlen war aus seinen Zeilen zu erfahren, dass Ausschweifung und sexuelle Gewaltexzesse im Krieg ein integraler Bestandteil deutschen Besatzungsverhaltens in den eroberten Ländern gewesen waren: »Liebe Kriegskameraden«, schrieb er, »habt ihr so schnell vergessen, daß ihr in Smolensk, Odessa und Simferopol in die russischen Häuser gingt? Daß beim Rückzug der letzten Jahre im Osten die russischen Frauen mit Eurer Einheit mit mußten, weil Ihr eben diese heute so gern geforderte ›Haltung‹ nicht wahren konntet? Wißt Ihr noch, wie Ihr in den Bordells von Paris und Le Havre, von Lille und Besançon, in Norwegen und in Italien, im Baltikum und in Griechenland Schlange standet und von einem Sanitätsfeldwebel registriert wurdet? Nein, Kameraden (denn das waren wir einmal), fangt bei Euch an, wenn es etwas zu bessern geben soll.«[359]

Die Debatte im *Stern* offenbarte, wie wenig das bürgerliche Wunschdenken den realen Verhältnissen entsprach, wie stark es darauf zielte, durch Überhöhung der Sexualmoral die geflissentlich beschwiegenen Untaten des Krieges zu verschleiern, und wie fest die moralischen Doppelstandards der Lebensführung etabliert waren. Dass die sexuelle Inbesitznahme einheimischer Frauen zum deutschen Soldatenalltag in den besetzten Ländern gehört hatte,[360] wurde nirgendwo sonst öffentlich thematisiert. Die Auseinandersetzung über die Geschlechterordnung und ihre sexualmoralischen Normen diente letztlich (auch) zur Erklärung der Niederlage im Zweiten Weltkrieg und zur Behebung ihrer (moralischen) Folgen. Mit der Reetablierung der tradierten hierarchischen Strukturen verband sich die Sehnsucht, die Gewalt des Krieges und die begangenen Verbrechen vergessen zu machen. Die Forderung nach sexueller Integrität der Frauen war in diesem Denksystem ein Weg zur Wiederherstellung deutscher Ehrbarkeit; es ging einmal mehr um die Wieder-, besser: die Neuerfindung als moralisch anständige Nation.

Als der Bundestag Anfang der fünfziger Jahre über ein neues Gesetz zur Bekämpfung der Geschlechtskrankheiten debattierte, bestand über die Abschaffung der gängigen, rabiaten polizeistaatlichen Methoden Konsens.[361] Eine klare Regelung über Prostitution und Geschlechtskrankheiten hatte bis dahin gefehlt. Stattdessen hatte man sich auf das Gesetz zur Bekämpfung der Geschlechtskrankheiten aus der Weimarer Republik gestützt, außerdem auf Direktiven der Militärverwaltung und landesspezifische Ausführungsverordnungen, insgesamt eine unübersichtliche rechtliche Ausgangslage.[362] Die Art und Weise, wie nun über das Gesetz gesprochen wurde, machte deutlich, dass die etwa zur gleichen Zeit heftig geführte Kontroverse um das Schmutz- und Schund-Gesetz bereits Auswirkungen zeitigte und ihrerseits Normen setzte, denn der Versuch, auf gesetzlichem Wege eine idealisierte »sittliche« Gesellschaft zu schaffen, mit einem hierarchischen Geschlechterverhältnis als deren Kern, wurde nicht unternommen. Richard Hammer, Sprecher der FDP, der die vom Innenministerium vorgelegte, dort als »liberal« bezeichnete Textvorlage kritisierte, sagte in der ersten Lesung des Gesetzes im April 1952: »Man höre doch auf, bei der Behandlung der Geschlechtskrankheiten zu moralisieren und mit irgendwelchen Hintergedanken zu sagen, daß das eine Lustseuche, eine Strafe Gottes sei. Ich denke nicht daran, mich hier verleiten zu lassen zu diskutieren, ob etwa der außereheliche Beischlaf eine läßliche oder eine Todsünde sei.« Hammer zögerte auch nicht, im Hohen Hause auszusprechen, wie es in der sozialen Praxis um die Einhaltung der christlichen Keuschheitsgebote im Lande stand: »Entgegen unseren Sittengesetzen«, sagte er, »ist der außereheliche Beischlaf im Volke sehr beliebt.«[363]

Das Gesetz, das schließlich in Bundestag und Bundesrat verabschiedet wurde, zog einen klaren Schlussstrich unter die seit dem Kaiserreich praktizierte, Frauen diffamierende, überhaupt strafende und moralisierende Politik im Umgang mit Prostitution und Geschlechtskrankheiten, die am Ende der Weimarer Republik nur für wenige Jahre ausgesetzt worden war. Das neue Gesetz, das Ende Juli 1953 in Kraft trat, schaffte wie jenes von 1927[364] polizeiliche Kontrollmaßnahmen ab, stellte den Schutz der Person in den Vordergrund, gewährte Prostituierten fürsorgerische Betreuungsmaßnahmen und ließ sie straffrei. Die Zuständigkeit der Gesundheitsbehörden wurde nun eingeschränkt und durch die Landesregierungen kontrolliert, um Willkürmaßnahmen vorzubeugen.[365] Frauen standen fortan nicht länger unter Ausnahmerecht, wenngleich der Verdacht, Geschlechtskrankheiten zu übertragen, sich in der Praxis weiterhin auf sie konzentrierte; Männer gerieten noch kaum in den Blick. Anders als in der Besatzungszeit gab es aber keine namentliche Meldepflicht für Geschlechtskranke mehr. Der Staat garantierte nun ihre Gesundheitsfürsorge und richtete Beratungsstellen für die Patienten bei den Gesundheitsämtern ein. Mit der Behandlungspflicht der Erkrankten und der Verpflichtung der Ärzte, Ansteckungsquellen zu ermitteln, bewahrte das Gesetz zwar noch manche auf Kontrolle ausgerichtete Bestimmung. Gleichwohl lenkte zur selben Zeit, als mit dem Sittlichkeitskampf strenge sexualpolitische Regulierungen belebt wurden, Pragmatismus die Vorschriften. Dies war neu. Die Tonlage politischer Debatten veränderte sich, und die Extreme einer am Sittlichkeitspostulat orientierten Politik schliffen sich ab. Wer mit elitärem Führungsanspruch die Kulturideologie des einstigen Bildungsbürgertums reaktivieren wollte, tat sich im Ringen um Diskurshoheit und kulturelle Hegemonie ausgesprochen schwer. Allem Anschein nach bedurfte es zur gesellschaftlichen Selbstsuche schon kaum mehr des bürgerlichen Ideals Sittlichkeit. Dessen zunehmender Bedeutungsverlust angesichts der faktischen lebensweltlichen Pluralität gesellschaftlicher Vorstellungen über sexualmoralischen Anstand zeichnete sich Anfang der fünfziger Jahre jedenfalls klar ab. Die Sittlichkeitsverfechter, deren Mobilisierungswirkung schwach und deren Anspruch auf kulturelle Generalkompetenz umstritten waren, zeichnete vor allem eines aus: der Umstand, dass sie ihr Feld schon bald nicht mehr beherrschten.

Gesellschaft und Unzucht

Eine repräsentative Meinungsumfrage des Allensbacher Instituts für Demoskopie förderte im Juli 1950 zutage, dass über die Hälfte der Bundesbürger ein Gesetz gegen Schmutz und Schund entweder dezidiert für überflüssig hielten oder jedenfalls unentschieden waren, wie sie darüber denken sollten. Insgesamt 32 Prozent lehnten gesetzliche Eingriffe rundweg ab, 22 Prozent wollten sich nicht genau festlegen. Zustimmend sprachen sich 46 Prozent aus, davon deutlich mehr Frauen (51 Prozent) als Männer (40 Prozent). Die Frage lautete: »Es ist ziemlich viel davon die Rede, daß strengere gesetzliche Maßnahmen als bisher gegen Zeitschriften, Magazine und Broschüren getroffen werden sollen, die allzu freie Bilder und Artikel enthalten. Halten Sie neue Maßnahmen gegen Schmutz und Schund für notwendig?« Auch fünf Jahre später war die Bekämpfung der Unsittlichkeit kein drängendes gesellschaftliches Problem: Auf die Frage der Allensbacher Meinungsforscher vom Mai 1955, ob anstößige Bücher verboten werden sollten und dies auch dann, wenn namhafte Schriftsteller sie verfasst hatten, antwortete die Hälfte der Befragten mit nein, rund 30 Prozent waren dafür, davon erneut mehr Frauen als Männer, und ein auffallend hoher Anteil, insgesamt über 20 Prozent, wollte sich nicht dazu äußern.[366] Dass die Gebote der Sittlichkeit in der Bevölkerung auf Desinteresse stießen und allenfalls Kopfschütteln auslösten, zeigte besonders eindrücklich der Streit um den neuen Fünf-Mark-Schein: Auf der Vorderseite der Banknote prangte das Bild einer Europa, die mit einem Banner in der Hand barbusig auf einem Stier ritt. Das Bundesfinanzministerium rügte die künstlerische Gestaltung des Frankfurter Grafikers Max Bittrof, eines namhaften Künstlers und Siegers vieler Wettbewerbe.[367] Im oberbayerischen Marienwallfahrtsort Tuntenhausen, dem Tagungsort des Katholischen Männervereins, dem viele führende CSU-Politiker angehörten, ergriff Alois Hundhammer im Frühjahr 1950 energisch das Wort. Der bayerische Kultusminister hatte zwei Jahre zuvor Werner Egks Ballett »Abraxas« trotz begeisterter Kritiken wegen sittlicher Anstößigkeit und der Verletzung religiöser Gebote nach fünf Aufführungen vom Spielplan der Münchner Staatsoper nehmen lassen. Damit hatte er die erste Auseinandersetzung über die Freiheit der Kunst nach Kriegsende ausgelöst; die Folge und zugleich ein trefflicher Beleg für die Ambivalenz im Umgang mit Sexualität war, dass »Abraxas« in anderen Bundesländern und auch im Ausland sehr häufig gespielt wurde. Jetzt forderte Hundhammer die Einziehung und Neugestaltung des Fünf-Mark-Scheins. Damit stand der exponierte Vertreter des konservativ-klerikalen Flügels der CSU nicht ganz allein, denn bei den Justizbehörden einiger Bundesländer gingen wegen des Scheins Strafanzeigen gegen die Bank deutscher Länder ein – aufgrund der Verbreitung unzüchtiger Darstellungen nach Paragraph 184 des Strafgesetzbuches.

Endlich anständiges Geld

„... Lieber ein Alois befrackt — als Europa nackt!"   Zeichnung: E. M. Lang

Aber die breite Öffentlichkeit reagierte belustigt auf die Geldschein-Affäre und machte unverhohlen deutlich, dass sie die verordnete Moral nicht gerade ernst nahm: In der *Abendzeitung* schlug ein Leser vor, das Bild ließe sich auf jeder einzelnen Banknote doch einfach mit Leukoplast überkleben, »damit die ›gefährdete Jugend‹ nicht noch mehr verdorben wird«.[368] Die *Süddeutsche Zeitung* holte in einer Umfrage Stimmen zum Geschehen ein: Ein Zeitungshändler wollte angesichts des Wirbels wissen, ob die Europa denn etwa einen Büstenhalter tragen solle. Ein Studienrat war von der Darstellung zwar nicht angetan, meinte aber, es gehe hier nicht um eine Frage, die »unsere Zeit bewegt«. Die *Süddeutsche* spießte Hundhammers Vorstoß zeichnerisch auf und brachte unter der Über-schrift »Endlich anständiges Geld« eine Karikatur von Ernst Maria Lang:

Ein Fünf-Mark-Schein aus der »Tuntenhausener Notenbank« zeigt den Minister, wie er den Stier besteigt, in der Hand ein Banner mit der Aufschrift »Schmutz und Schund«. Neben ihm, die Arme dicht an den (verhüllten) Oberkörper gepresst und das Gesicht schamvoll in die Hände vergraben, steht eine weinende Europa; dazu heißt es: »Lieber ein Alois befrackt – als Europa nackt!«[369] Die Notenbank fühlte sich wegen des Wirbels zu einer Stellungnahme gedrängt und erklärte im Mai 1950 irritiert, dass ihr unsittliche Absichten ferngestanden hätten. Der Schein durfte am Ende doch im Umlauf bleiben.

Dass die Katholikentage zur selben Zeit zum Thema »Schmutz und Schund« nahezu schwiegen, zeigt, wie fremd der Sittlichkeitskampf im Grunde selbst dem katholischen Kirchenvolk blieb, jedenfalls einem erheblichen Teil davon. Die von Laien seit 1948 organisierten Veranstaltungen waren gesellschaftliche Ereignisse ersten Ranges, von denen starke Sogwirkung auf die Festigung des Glaubens ausging. Sie waren nicht nur für die Suche nach Orientierung und Sinn wichtig, sondern dienten auch in hohem Maße politischer Interessenvermittlung. Nicht selten hatten Kirchentage die Funktion, bestimmte Ideen und Vorhaben öffentlich wirksam zu artikulieren und die politische Entscheidungsfindung voranzutreiben oder gar durchzusetzen. Nur ein einziges Mal wurde in den Nachkriegsjahren auf einem Katholikentag jedoch über Schmutz und Schund gesprochen. Auf der ersten Zusammenkunft in Mainz war davon noch nicht die Rede. Im Jahr darauf, Anfang September 1949 in Bochum, kam das Thema dann zur Sprache. Im Rahmen der Kundgebungen wurde eine Reihe von Entschließungen verabschiedet, darunter eine einzige gegen unsittliche Publikationen, in der es hieß: »Wir müssen mit Beschämung feststellen, daß diese Art Literatur heute in keinem Lande der westlichen Welt eine solche Verbreitung und ein so niedriges sittliches und kulturelles Niveau hat wie in Deutschland.« Der Appell richtete sich an Politiker ebenso wie an jeden Einzelnen, denn: »Es muß für den Christen eine Schande sein, mit solchen Heften angetroffen zu werden.« Der Generalsekretär des Volkswartbunds Michael Calmes referierte in einer Arbeitsgruppe auf dem Katholikentag über das Thema »Sozialer Jugendschutz im öffentlichen Leben«. Er gab exakte Auskünfte über die steigenden Auflagenzahlen der Erotikhefte und die Aktivitäten von Versandfirmen und forderte ein gesetzliches Einschreiten.[370] Aber weder auf dem Katholikentag 1950 in Passau noch zwei Jahre später in Berlin oder danach in Fulda und

Köln war je wieder von Schmutz und Schund die Rede.[371] Das katholische Kirchenvolk maß dem Sittlichkeitskampf kaum Bedeutung zu; allem Anschein nach gab es schlichtweg wichtigere Themen. Dass die Gestaltung des Geschlechterverhältnisses nach Kriegsende am Pragmatismus orientiert und, unabhängig von der Konfession, von (gelebter) Doppelmoral geprägt war, dürfte ebenfalls eine Rolle gespielt haben.

Während das Kirchenvolk eher gleichgültig blieb, holte die katholische Kirche zum großen Schlag gegen die Unsittlichkeit aus. Anlass dazu war der Umstand, dass im Januar 1951 Willi Forsts Film »Die Sünderin« in den Kinos anlief. Das Kino stand seit seinem Aufstieg zu Beginn des Jahrhunderts und seiner raschen Ausbreitung nach dem Ersten Weltkrieg gerade in bildungsbürgerlichen Kreisen für die Verderbtheit der modernen Welt schlechthin. Es evozierte wie kaum ein anderes Medium der Moderne Angst vor einer Massenkultur, die die exklusive Kulturhoheit des Bildungsbürgertums in Gefahr zu bringen drohte; der Ruf nach Filmzensur hatte daher eine lange Tradition. Im Krieg war dem Kino alltagskulturell eine zentrale Bedeutung zugeschrieben worden, war Goebbels doch überzeugt gewesen, mit unterhaltenden Filmen die Durchhaltemoral der Bevölkerung fördern zu können. Über eine Milliarde Kinobesucher waren im Jahr der Katastrophe von Stalingrad im Deutschen Reich gezählt worden. Entsprechend massiv verlief der Ansturm auf die Filmpaläste nach Kriegsende, die zwar fast überall zerstört, vielerorts aber rasch wieder aufgebaut worden waren. Anfang der fünfziger Jahre stand in den Westzonen bereits wieder etwas mehr als die Hälfte aller Lichtspielhäuser.

Keineswegs die nur sekundenlange Nacktszene von Hildegard Knef in der Rolle der Titelfigur Marina machte das Skandalpotenzial der »Sünderin« aus. Willi Forsts erste Nachkriegsproduktion fasste vielmehr eine ganze Reihe heißer Eisen an: Prostitution, wilde Ehe, Vergewaltigung, Sterbehilfe und Selbstmord. Alle Themen berührten die soziale Nachkriegsrealität, und gerade Prostitution war angesichts der verbreiteten Dramatisierung weiblichen Sexualverhaltens und der Sorge um die Geschlechterordnung ein brisantes Thema.

Die 25-jährige Hildegard Knef, die an Berliner Theatern schon in der NS-Zeit Erfolge gefeiert hatte, war eine der bekanntesten Schauspielerinnen der frühen Bundesrepublik. Sie genoss seit ihrem Auftritt in Wolfgang Staudtes Filmen »Die Mörder sind unter uns« (1946) und »Film ohne Titel« (1947) sowie in Harald Brauns »Zwischen gestern und morgen«

106

(1947) auch international hohes Ansehen. Als im August 1948 die erste Ausgabe des *Sterns* erschien, prangte Hildegard Knef auf dem Titelblatt. Sie hatte einen amerikanischen Besatzungsoffizier jüdisch-sudetendeutscher Herkunft geheiratet, der im Holocaust Familienangehörige verloren hatte, war mit ihm in die USA gegangen und hatte mittlerweile die amerikanische Staatsbürgerschaft angenommen. Sie stand bereits in Hollywood unter Vertrag, als sie für kurze Zeit nach Deutschland zurückkam, um die »Sünderin« zu drehen. Knef spielte darin ein junges Mädchen aus reicher Familie. Als ihr Vater verarmt, verdingt sich ihre Mutter als Prostituierte. Sie selbst gerät auf dieselbe Bahn, von ihrem Stiefbruder verführt. Als Dirne führt sie ein Luxusleben und beschert mit ihren Einkünften einem Künstler, in den sie sich verliebt, eine kurze Zeit des Glücks. Aber er leidet an einem Gehirntumor, und als seine Krankheit fortschreitet und er langsam erblindet, gibt sie ihm Gift und geht gemeinsam mit ihm in den Tod.

Nach kirchlicher Lesart zersetzte das filmische Melodram die sittliche Ordnung. Christliche Moralgrundsätze wurden demnach ebenso untergraben wie die Rechristianisierungsbemühungen, in deren Dienst beide Kirchen begonnen hatten, sich seit 1945 die Filmarbeit als Tätigkeitsfeld zu erschließen. Die katholische Kirche unterhielt seit dem Gründungsjahr der Bundesrepublik die Filmkommission für Deutschland, deren Aufgabe es war, Filmbewertungen zu erstellen. Dahinter stand die Überzeugung vom erzieherischen Einfluss und der normbildenden Wirkung des Films. Die Bewertungen erschienen in der Zeitschrift *Film-Dienst*, einem Organ der Katholischen Bischofskonferenz, das sich an Gläubige richtete und in den Schaukästen der Pfarreien öffentlich aushing. Über die »Sünderin« hieß es darin: »Offen laszive Szenen, die oberflächliche Behandlung des Problems der Prostitution, die verklärende Darstellung der wilden Ehe, die als Opfertat motivierte, nicht korrigierte sexuelle Hingabe gegen Geld sowie die indirekte Rechtfertigung der Tötung auf Verlangen und des Selbstmordes als letzte Lösung sind angetan, demoralisierend zu wirken. Der Film ist deshalb entschieden abzulehnen.«[372]

Als die Freiwillige Selbstkontrolle der Filmwirtschaft in Wiesbaden – keine staatliche Behörde, sondern ein Zusammenschluss aus hauptsächlich ehrenamtlich tätigen Vertretern der Filmindustrie, des Bundes und der Länder, der Kirchen und des Bundesjugendrings[373] – »Die Sünderin« jedoch für Jugendliche ab 16 Jahren ohne Kürzungen freigab, traten sowohl der katholische als auch der evangelische Kirchenvertreter aus Protest gegen die Entscheidung umgehend aus dem Gremium aus.[374] An der (Presse-)Debatte, die folgte und die Öffentlichkeit über Monate beschäftigte,[375] zeigte sich, in welchem Ausmaß die sozialen Sittlichkeitsnormen im Umbruch waren, wie deutlich die Diskurshoheit sich verlagerte und wie stark um Fragen der sozialen Wertorientierung und der Geschlechterrollen gerungen wurde. Empörung und schrille Töne kamen insbesondere von Kirchenleuten, weil gerade sie erkannten, dass ihnen die Deutungsmacht in Sachen Sittlichkeit entglitt. Der Skandal, den sie um die »Sünderin« inszenierten, war Ausdruck, aber auch zusätzlicher Antrieb des Wandels. Forsts Werk, für das die Bundesregierung lange vor dem Konflikt eine aus Steuermitteln finanzierte Ausfallbürgschaft in Höhe von 300 000 Mark garantiert hatte, war nach Meinung seiner kirchlichen Kritiker lasziv und erotisch, blasphemisch und pornografisch, verherrlichte die Prostitution und verharmloste Mord und Selbstmord. Die Bundesregierung hatte die hohe Fördersumme gewährt, um Anreize für die Filmwirtschaft zu schaffen, denn seit Kriegsende waren noch kaum deutsche Streifen produziert worden.[376] Auf Willi Forst ruhten also hohe Erwartungen; die staatliche Filmpolitik, dies zeigte sich, folgte ökonomischen Interessen und keiner volkspädagogischen moralischen Mission. Umso harscher schlug die kirchliche Kritik an der »Sünderin« ein, und es erwies sich, dass über das Kino zu reden nach Meinung der Filmgegner bedeutete, die Moderne auf den Prüfstand zu stellen und eine Debatte über Sinn und Zukunft der deutschen Bildungskultur und der darauf gründenden nationalen Identität zu führen.

Die katholische Kirche entfesselte in den Wochen nach der Premiere eine beispiellose Kampagne gegen den Streifen; auf Flugblättern wurde vor seiner Gefährlichkeit gewarnt. Eines, das in Brühl, in der Nähe von Köln, verteilt wurde und von den dortigen katholischen Pfarrgeistlichen in Zusammenarbeit mit dem evangelischen Pfarramt verfasst worden war, mahnte: »Wer sich dennoch entschließt, den Film zu besuchen, macht sich zum Wegbereiter des Kultur-Bolschewismus. Er soll sich nicht beklagen, wenn morgen oder übermorgen der militärische oder politische Bolschewismus über uns hereinbricht! Und die Frauenwelt, die sich den Film ansieht, soll nicht jammern, wenn sie später entsprechend gewertet und behandelt wird.«[377] Bundesweit starteten Demonstrationen, Kinobesetzungen und Boykottaufrufe. Vielerorts verbarrikadierten klerikale Filmgegner die Eingänge der Filmpaläste oder störten die Vorstellungen, indem sie Stinkbomben warfen und lebende weiße Mäuse aussetzten. So

»Die Sünderin« löste in vielen Städten Tumulte aus. In Regensburg schritt die Polizei mit Gummiknüppeln und Schlagstöcken ein, als Aktionen der Filmgegner Tausende zu Gegendemonstrationen mobilisierten.

mancher Kinobetreiber erhielt Morddrohungen. Kardinal Frings war einer der Protagonisten des Protests. Er ließ Anfang März 1951 von den Kanzeln der Kölner Erzdiözese ein umgehend in den lokalen Tageszeitungen und im *Kirchlichen Anzeiger* veröffentlichtes Hirtenwort verlesen, in dem er Forst die als Kunst verbrämte »Zersetzung der sittlichen Begriffe unseres christlichen Volkes« vorwarf. Die Kirche werde alles daransetzen, die Aufführung zu verhindern. »Ein Christ, der trotzdem diesen Film besucht, auch wenn er glaubt, es ohne unmittelbare Gefahr für seine persönliche sittliche Unversehrtheit tun zu können, gibt Ärgernis und macht sich mitschuldig an der unverantwortlichen Verherrlichung des Bösen.«[378] Eine Woche später, am Vorabend des Passionssonntags, nannte Frings in einer Predigt im Kölner Dom die »Sünderin« eine »Provokation aller Christen«; der Film gehöre »in den Mülleimer«. Er appellierte mit deutlichen Worten an das Kirchenvolk: »Wir wollen eine mächtige Phalanx, eine machtvolle Bewegung bilden und die Regierungen von Bund und Ländern aufrufen, nicht zu ruhen, bis solche Dinge künftig unmöglich werden. Wenn nichts anderes hilft, wollen wir auch zur Selbsthilfe greifen. Unsere Jugend lehnt die Vorführung schlechter Filme ab und steht auf der Wacht. Wir werden nicht dulden, daß Moral und Sitte von Geschäftemachern untergraben werden.«[379]

Der Aufruf wurde rasch verstanden: In zahlreichen Städten Nordrhein-Westfalens kam es daraufhin zu heftigen Auseinandersetzungen. Doch auch bundesweit fanden Protestkundgebungen statt, vor allem in den katholischen Bischofsstädten.[380] Die Bischöfe von Würzburg, Passau und Bamberg traten ebenfalls an die Öffentlichkeit, um ein polizeiliches Aufführungsverbot durchzusetzen, was aber kaum gelang. Stadt- und Gemeinderatsgremien schalteten sich ein und erhoben Verbotsforderungen. Allerdings waren Kinobetreiber nur vereinzelt bereit, den Film freiwillig abzusetzen, da ihnen dann seitens der Filmproduktionsfirmen hohe Konventionalstrafen wegen Vertragsbruchs drohten.

In Rheinland-Pfalz, wo die Vielzahl amerikanischer Truppenstandorte für eine besonders heftige öffentliche Problematisierung der Prostitution sorgte, setzte der Landtag eine Debatte über die »Sünderin« an. Ministerpräsident Peter Altmeier (CDU) rief zur Empörung der SPD zum polizeilichen Verbot auf, denn: »Es gehört zu den obersten Verpflichtungen von Parlament und Regierung, dafür zu sorgen, daß diese Grundwerte, die einen wesentlichen Bestandteil der verfassungsmäßigen Ordnung bilden, nicht hemmungslos in der Öffentlichkeit verletzt werden können.«[381] Die Sozialdemokraten lehnten den Film zwar ebenfalls ab, sprachen sich aber gegen ein staatliches Eingreifen aus. Die Auseinandersetzung war mit massiven Angriffen auf die Freiwillige Selbstkontrolle der Filmwirtschaft verknüpft, und viele Male beklagten Politiker den Fortfall staatlicher Film-Prüfstellen. Besonders laut rief Adolf Süsterhenn (CDU) nach einem Filmverbot. Er war nicht nur Präsident des Landesverwaltungsgerichts in Rheinland-Pfalz, sondern auch dortiger Kultus- und Justizminister und der Initiator einer großen Protestkundgebung gegen die »Sünderin« in Koblenz. An der Organisation der Demonstration wirkte der Katholikenausschuss der Stadt mit, der sich an den Bundespräsidenten, den Bundeskanzler, den Bundesinnenminister und eine Reihe von Bischöfen richtete: »Wir verwahren uns auf das Entschiedenste gegen einen solchen Film und wir sind entschlossen, uns einer weiteren Aufführung mit allen zulässigen Mitteln entgegenzustellen. Wir sprechen auch im Namen jener Frauen und Mädchen, die in harter Zeit ihr Leben auf anständige Weise führen. Dieser Film mit seiner Tendenz ›Es blieb keine andere Möglichkeit‹ stellt eine Verhöhnung unserer Frauen und Mädchen dar.«[382] Tatsächlich erging in Rheinland-Pfalz im Februar 1951 eine (in der ehemals französischen Zone rechtlich mögliche) Polizeiverordnung, die das Verbot der »Sünderin« verfügte.[383] Der örtliche Polizeichef trug das Seine dazu bei, und für die gerichtliche Bestätigung des Eingriffs sorgte im Jahr darauf Süsterhenn.[384] Das Filmverbot, das mit dem Verstoß gegen den im Grundgesetz verankerten Schutz von Ehe und Familie begründet wurde, blieb aber auf Koblenz beschränkt; kein anderer Ort in Rheinland-Pfalz war davon betroffen. Die Landes-SPD sah die verfassungsmäßigen Freiheitsrechte in Gefahr,[385] und Zeitungen sprachen unter dem Eindruck der Vorgänge von »Filmkrieg« und »Staatszensur«.

Letztlich machten die, auch in Nordrhein-Westfalen und Bayern heftigen, Protestaktionen, die zudem in den Zeitungen breit geschildert wurden, die »Sünderin« weithin bekannt und überdies zum Kassenschlager. Kein Spielfilm war seit der Gründung der Bundesrepublik ähnlich erfolgreich. Bundesweit zeigten ihn im Premierenjahr mehr als 700 Kinos. Und schon in den ersten drei Wochen, als der Skandal die höchsten Wellen schlug, strömten zwei Millionen Neugierige in die Filmtheater; bis zum Hochsommer 1951, als das öffentliche Interesse bereits abflaute, sahen den Film bundesweit insgesamt mindestens fünf Millionen Zuschauer. Das

Publikum zeigte sich meist verwundert und amüsiert, empört jedoch weniger. Das Kino, traditionell der Inbegriff der Massenkultur, bewies genau die Anziehungskraft, die seine Kritiker gefürchtet hatten. Dass der Skandal eine Eigendynamik entfalten würde, hatten sie offenkundig nicht einkalkuliert. Die meisten Kinogänger jedenfalls wollten sich selbst ein Bild von dem verpönten Werk machen. Landbewohner nahmen dafür Kosten und weite Anfahrtswege in die größeren Städte in Kauf. In manchen Gemeinden wurden eigens Busfahrten organisiert. Als eine Gruppe aus Freising nach ihrer Ankunft im nahegelegenen München feststellen musste, dass dort alle Kinovorstellungen bereits ausverkauft waren, fuhr sie in ihrem Omnibus gleich weiter: ins knapp hundert Kilometer entfernte Garmisch.[386] In Köln veranstaltete ein Kino für die Bauern der Umgebung, die auf dem Wochenmarkt ihr Gemüse verkauften, vormittags Sondervorführungen.[387] Wochenlang waren die Filmtheater bundesweit überfüllt und auch auf längere Zeit hinaus ausverkauft.

In der Neugier und Beharrlichkeit der Bevölkerung manifestierte sich die wohl deutlichste Gegenkraft des Sittlichkeitspostulats. Der Orientierungsbedarf nach Kriegsende aktivierte – trotz kirchlicher und staatlicher Bemühungen – keineswegs in erster Linie religiöse und sittliche Bindungen, wie das monatelang nicht abreißende Interesse an der »Sünderin« erkennen ließ. Vermutlich wog daher auch die Strafe nicht für alle Kinogänger gleichermaßen schwer, die der Mainzer Bischof Albert Stohr wegen des Zuspruchs verhängte, den der Film trotz aller Warnungen fand. Der Bischof ließ an einem Sonntag im August 1951 nur stille Gottesdienste zu – Sühneandachten, wie er sagte, »zum Zeichen der Buße und Trauer«.[388]

In Nordrhein-Westfalen schaltete sich die Landesregierung in den Konflikt um die »Sünderin« ein. Das Kabinett erklärte den Film im Februar 1951 für unvereinbar mit dem Sittengesetz, verbot ihn aber nicht, weil ihr die rechtlichen Mittel dazu fehlten.[389] Gleichwohl gaben einige Politiker zu verstehen, dass sie öffentlichen Protest durchaus für wünschenswert hielten. Der ließ dann auch nicht lange auf sich warten; ein Leser der *Rheinischen Zeitung* beschrieb entsetzt, was in Köln passiert war: »Die Scheiben der Eingangstüren zum Schwerthoffilmtheater wurden zerschlagen und Zwischenrufe von Angehörigen der katholischen Jugendbewegung laut, die selbst die [zu] boykottierende Unmoral dieses Films bei weitem übertrafen. Mit dem Glauben der katholischen Kirche ist dies jedoch nicht

Der Kardinal und der Ruhrkaplan: Nur wenige Monate nach der Gründung der Bundesrepublik weihte Frings Ende Oktober 1949 im Rahmen einer Festmesse die Bunkerkirche in Düsseldorf ein. Klinkhammer wohnte im Bunker bis zu seinem Tod 1997.

in Einklang zu bringen. Ich komme nicht darüber hinweg zu sagen, daß diese Kundgebung derart ausartete, daß sie mich an das furchtbare Jahr 1938 erinnerte, in dem sämtliche Synagogen in Flammen aufgingen und die Wohnungen der jüdischen Einwohner zerschlagen worden sind. Muß man nicht annehmen, daß diese Elemente nun wieder am Werk sind und, ohne eine politische oder moralische eigene Meinung zu besitzen, nur diese Gelegenheit wahrnahmen, um ihrem flegelhaften Benehmen ein Betätigungsfeld zu geben?«[390] Die Presse reagierte empört auf die Vorgänge und forderte, die kirchlichen Agitatoren und ihre politischen Unterstützer seien energisch zur Ordnung zu rufen. Besonders Frings' Aufruf zur »Selbsthilfe« stieß auf harsche Kritik. Die *Rheinische Zeitung* schrieb auf ihrer Titelseite: »Es gibt in Deutschland nach dem auch für Kardinäle geltenden Grundgesetz ›keine Zensur‹.«[391]

In Düsseldorf blieb der überaus populäre Pfarrer Carl Klinkhammer von der öffentlichen Kritik allerdings unbeeindruckt und sorgte für einen

Eklat. Der »Ruhrkaplan«, wie der Geistliche in der Bevölkerung hieß, war lange in Essen tätig gewesen und hatte sich dort mit feurigen Predigten einen Namen gemacht. Seine Wirkungsstätte war seit 1947 die Kirche Heilig Sakrament im Düsseldorfer Stadtteil Heerdt. Die sogenannte Bunkerkirche, ein ehemaliger Hochbunker, war im Zweiten Weltkrieg aus Tarnungsgründen wie eine Kirche errichtet und auf Klinkhammers Initiative hin während der Besatzungszeit dank beträchtlicher Spendensummen ausgebaut worden.[392] Der 50-Jährige, der sich auch publizistisch betätigte, organisierte im März 1951 gemeinsam mit Mitgliedern katholischer Jugendverbände nicht nur mehrere Demonstrationen gegen die »Sünderin«, sondern erzwang in einem Kino sogar den Abbruch der Filmvorführung. Dies gelang ihm, indem er gemeinsam mit seinen Helfern Dutzende von Stinkbomben zum Platzen brachte – genau dann, als die erste freizügige Szene auf der Leinwand zu sehen war. Mit der herbeigerufenen Polizei kam es vor dem Kino zu Handgreiflichkeiten. Die Filmgegner beschimpften die Beamten, die Polizei setzte Schlagstöcke und Hunde ein; es gab Verletzte und erheblichen Aufruhr. Auch anderswo fanden Prügeleien statt. Am Ende sorgte fast überall die Polizei dafür, dass die Vorstellungen doch stattfinden konnten. In Düsseldorf sahen den Film insgesamt 120 000 Zuschauer, etwa ein Viertel der Stadtbevölkerung.

Wegen Nötigung, groben Unfugs und Widerstands gegen die Staatsgewalt wurde Klinkhammer gemeinsam mit sechs weiteren Angeklagten, darunter ein weiterer Geistlicher, vor Gericht gestellt.[393] Das Generalvikariat begrüßte zwar die Proteste, an deren Organisation es maßgeblich mitgewirkt hatte, nahm aber Anstoß an der Tatsache, dass anstelle von Laien, die in den Vordergrund hätten treten sollen, um den »Volkswillen« zu bekunden, der Ruhrkaplan und sein Kollege auffällig geworden waren. Versuche, beim nordrhein-westfälischen Justizminister die Niederschlagung des Verfahrens zu erreichen, schlugen fehl, machten aber deutlich, wie tief verankert obrigkeitsstaatliches Denken in der Kirche war, die sich schwertat einzusehen, dass Minister nicht selbstherrlich Entscheidungen fällen konnten und dass die Rechtslage in einem pluralistischen Staat kompliziert war. Die Staatsanwaltschaft hielt an dem Verfahren fest.[394] Die Frontstellung, die sich nun abzeichnete, war durchaus pikant, in Sachen Sittlichkeit zudem neu und aus Sicht des Erzbischöflichen Generalvikariats überaus unangenehm: Kirche gegen Polizei. Hinzu kam, dass das Gerichtsverfahren das öffentliche Interesse erst recht verstärkte.

Am Tag der Prozesseröffnung im Oktober 1952 drängten sich so viele Leute in den Saal des Düsseldorfer Landgerichts, dass zusätzliche Bänke aufgestellt werden mussten. Pfarrer Klinkhammer erklärte demonstrativ, er sei sich keiner Schuld bewusst, denn er habe nichts anderes getan als nachzuholen, was verantwortliche Politiker versäumt hätten: einen »brunnen- und sittenvergiftenden Film« zu verhindern, der ein »Angriff auf den sittlichen Bestand des deutschen Volkes« sei. Er habe die Luft verpesten wollen, sagte er, gegen den »moralischen Gestank des Films«.[395] Dabei tat es nichts zur Sache, dass Klinkhammer und seine Kumpane die Vorführung am Ende gar nicht verhindert hatten, denn nach dem Durchlüften des Kinosaals lief der Film einfach weiter – während draußen die Schlägerei stattfand. Ein Polizist erklärte vor Gericht, er habe noch nie einen »so brutalen Demonstranten gesehen wie Dr. Klinkhammer«.[396] Die Polizei geriet jedoch alsbald selbst in die Kritik, denn es hieß, sie sei brutal vorgegangen. Die lokale Presse schilderte die Einzelheiten des Prozesses minutiös. Prominente Zeugen wie der Landtagspräsident und Düsseldorfer Oberbürgermeister Josef Gockeln (CDU) traten vor Gericht auf, der den Pfarrer seiner Solidarität versicherte und bedauerte, keine rechtliche Handhabe zum Verbot der »Sünderin« besessen zu haben.[397]

Im Prozess ging es um mehr als die Rekonstruktion des Stinkbombenattentats und seine gewaltsamen Folgen. Bezüge zur NS-Zeit spielten eine wichtige Rolle, und es zeigte sich, dass der Sittlichkeit zumal in kirchlichen Kreisen die Funktion eines Ersatzfeldes im Umgang mit der NS-Vergangenheit zukam. »Die Sünderin« galt als Rückfall in außermoralische Zeiten; als solche wurde auch die NS-Herrschaft interpretiert, weshalb die Gleichsetzung politischer und sittlicher Gefahren mühelos gelang. »Widerstand« war ein zentraler Begriff, denn sittlicher Verfall galt als Symptom (neuer) politischer Totalität. Ihr entgegenzuwirken, bedeutete gleichsam, den Kampf für das Gute schlechthin zu führen. Die Aufladung der »Sünderin« zu einem wirkungsmächtigen Symbol und die Inszenierung zum Tabubruch standen im Kontext der gerade von den Kirchen getragenen, weit verbreiteten Tendenz zu Selbstviktimisierung und Exkulpierung nach Kriegsende. Jetzt, so die Überzeugung, wurden das geschundene Land und seine Bevölkerung auch noch von der Kunst verraten. Hildegard Knef schien in dieser Lesart sämtliche Vorurteile zu verkörpern, die gegen »Ami-Liebchen« kursierten.[398]

Der Münchner Rechtsanwalt Otto Gritschneder, einer der drei Verteidiger im Verfahren, stellte ein Argument besonders heraus: Klinkhammer, dessen Lauterkeit und Selbstlosigkeit er lobte, habe aus »Gewissenspflicht« gehandelt und die Bevölkerung mit seinem Einsatz gegen »Die Sünderin« vor einer neuerlichen Diktatur bewahren wollen. Gritschneder war als überzeugter Katholik im Dritten Reich in Misskredit geraten und hatte Berufsverbot erhalten. Der Anwalt erinnerte daran, dass Klinkhammer in der NS-Zeit wegen religiös motivierter ideologiekritischer Äußerungen aufgefallen und inhaftiert worden war, und stellte dessen Protest gegen den Film in eine Linie mit politischen Widerstandshandlungen gegen den Nationalsozialismus.[399] In internen Gerichtsakten firmierte der Geistliche denn auch als »bewährter Widerstandskämpfer«.[400] Klinkhammers Aktion sei als Einsatz für die »sittliche und religiöse Wiedergeburt seines so schwer heimgesuchten Volkes« zu werten, meinte Gritschneder.[401] »Wenn heute ein unfertiger Staat den Bürger zwar nicht gerade verfolgt wie das Dritte Reich, ihn aber immerhin nicht richtig und rechtlich schützt, dann ist es selbstverständlich, daß der Ruhrkaplan wieder mit den Schutzlosen in alter Frische und mit ungebrochenem Mut auf den Plan tritt.«

Sehr zum Missfallen des Erzbischöflichen Generalvikariats beantragte Gritschneder, in dieser Sache Kardinal Frings vor Gericht zu befragen, um zu erfahren, ob er die »Selbsthilfe« billige, zu der er ja öffentlich aufgerufen hatte.[402] Der Anwalt argumentierte, die Angeklagten hätten staatliche Gesetze zugunsten eines »höheren Gutes« gebrochen.[403] »Daß die Gewaltanwendung zur Wahrung wichtiger Rechte und zur Abwehr ernster Gefahren selbstverständlich auch der Moral nicht fremd ist, brauche ich nur am Rande zu erwähnen.«[404] Zur Einbestellung des Kardinals kam es am Ende nicht, zumal die Kirche sich in der Sache bedeckt halten wollte. Unausgesprochen wurde aber die Parallele zu Frings' Rolle in den Hungerjahren nach Kriegsende gezogen, als der Kardinal die Kölner Bevölkerung animiert hatte, sich durch Selbsthilfe das Überleben zu sichern; »fringsen« war seinerzeit zum gängigen Begriff geworden, um ohne Gewissensbisse Kohle und Lebensmittel zusammenzutragen. Damals hatte Frings die Menschen aus der Gewissensnot gerettet; diesem Ziel habe auch sein Aufruf gegen die »Sünderin« gegolten, so die unüberhörbare Botschaft in der Argumentation der Verteidigung.

Gritschneder erklärte in seinem Plädoyer, die Angeklagten hätten aus Notwehr gehandelt und aus guten Gründen ihr Widerstands- und Selbsthilferecht in Anspruch genommen. Er sprach von »Staatsblamage« und

»Polizeiskandal«, denn der Staat habe versäumt, rechtzeitig gegen rechts- und verfassungswidrige Kräfte einzuschreiten, die vor allem die Jugend bedrohten und die »verderbliche Aushöhlung unserer Staatsbegriffe« vorantrieben. Dass der Staat den Film mit einer Ausfallbürgschaft unterstützt habe, sei ein »nicht mehr zu überbietender Schildbürgerstreich«. Der Verteidiger sah deutliche Parallelen zu den Widerstandskämpfern des 20. Juli: »Auch sie haben im Grunde nichts anderes getan als die Angeklagten, wenngleich ich, um Irrtümern vorzubeugen, anerkennen möchte, daß hier doch ein Unterschied besteht; denn die Männer des ›20. Juli‹ haben unendlich mehr Heroismus an den Tag gelegt als sie hier in einer relativ ungefährlichen Demokratie angewandt zu werden brauchte, um sich selbst zu helfen, aber im Grundsatz muß dieser Vergleich anerkannt werden. Die Männer des ›20. Juli‹ sind gegen den Tyrannen vorgegangen. Hier sind die Männer nicht mit Mordinstrumenten angetreten, sondern mit geeigneten Mitteln gegen einen Film, der immerhin die Seelen zu morden beginnt.« Viele Zeitungen berichteten von Gritschneders Vergleich. Die Erinnerung an die Taten des Stauffenberg-Kreises war zur selben Zeit durchaus umstritten. Noch gab es keine staatliche Würdigung des Widerstands, auch wurden Stimmen laut, die von »Verrat« sprachen und die Hitler-Attentäter diffamierten. Insofern war Gritschneders Vergleich sehr gewagt. Im Kontext der Diskussion um die Wiederbewaffnung der Bundesrepublik erhielt die Erinnerung an den Zirkel um Stauffenberg jedoch alsbald identitätsstiftende Funktion. Die Attentäter wurden zu Märtyrern mystifiziert, da sich auf diese Weise Distanzierung vom Nationalsozialismus mit der Schaffung einer positiven nationalen Traditionslinie verknüpfen ließ. Gritschneder schränkte in seinem Plädoyer ein, er wolle die »Helden des 20. Juli« nicht beleidigen, indem er ihre Tat mit dem Stinkbombenattentat gleichsetzte. »Aber im Grunde bitte ich den Vergleich gelten zu lassen. Ob Stinkbomben oder andere Bomben – es kommt darauf an, wogegen sie geworfen werden!«

Gritschneder plädierte auf Freispruch – mit dem Argument, im Falle einer Verurteilung würden die NS-Widerstandskämpfer »noch nachträglich ins Unrecht gesetzt«. »Wir wollen nicht noch einmal Situationen erleben, in denen man uns den Vorwurf macht: Warum habt ihr nicht? Man muß einen Fluß, der zu überschwemmen droht, an der Quelle abschirmen. Dieser Film ist der Anfang eines Unglücks, der uns alles verderben kann, wenn wir nicht rechtzeitig zur Selbsthilfe greifen! Heute ist es ein

Film, morgen ein ungerechter Streik, der eine Bevölkerung unter Zwang setzt. Immer ist ein Anfang da. Wie haben die Nazis angefangen? Beschlagnahme von Gewerkschaftshäusern, Judenentrechtung und Umbringung, Verhaftung von Priestern usw. Der Angriff wird immer stärker, wenn man nicht am Anfang dem Sturzbach widersteht! Den Vorwurf sollten wir Deutsche nicht auf uns ziehen, daß wir uns nicht trauen, vom Recht des Bürgers und von der Pflicht des Gewissens auch Gebrauch zu machen, wenn die Staatsgewalt einmal fehlt oder etwas unterläßt.«

Klinkhammer drohte eine Haftstrafe von sechs Monaten und einer Woche, die Mindestbuße für »aufrührerischen Auflauf« in Tateinheit mit Nötigung und grobem Unfug. So jedenfalls lautete der Antrag des Oberstaatsanwalts, der für zwei weitere Angeklagte Haft- und Jugendstrafen vorsah und die anderen mangels Beweisen freisprechen wollte.[405] Der Ruhrkaplan, der sich im Prozess mehrmals mit christlichen Märtyrern verglichen hatte, sagte in seinem Schlusswort, das manche Zeitungen ein »Kanzelwort« nannten: »Wir erwarten von Ihnen, meine Herren Richter, eine grundsätzliche Entscheidung darüber, ob es uns in unserem deutschen Staat zugestanden wird, die höchsten Güter der Menschen und des Volkes, die uns Gott, der oberste und alleinige Gesetzgeber, durch die Naturgesetze gegeben hat, gegen gemeingefährliche Angriffe zu schützen, auch dann, wenn positive Gesetze der Staats-, Stadt- oder Polizeibehörden uns daran hindern wollen!«[406] Der Kirchenmann hielt sich auch mit Angriffen auf Politiker nicht zurück. Der Justiz- und der Innenminister Nordrhein-Westfalens wollten ihn zum Verbrecher stempeln, sagte er und beklagte »Methoden, die wir aus dem Dritten Reich kennen und aus der bolschewistischen Zone«. Die Regierung Nordrhein-Westfalens fühlte sich wegen seiner Vorhaltungen zu einer Stellungnahme veranlasst. Die Sache drohte zu eskalieren, zumal Klinkhammer in Interviews, die der *Kirchliche Nachrichtendienst* verbreitete, erklärte, die Landesregierung difamiere ihn als Verbrecher und beschmutze seine Ehre.[407]

Das Gericht verkündete das Urteil Ende Oktober 1952 unter Beifallsbekundungen und Bravo-Rufen des Publikums: Alle sieben Angeklagten blieben straffrei.[408] Fotos von einem strahlenden Pfarrer Klinkhammer, dem Gratulanten einen Strauß gelber Chrysanthemen verehrt hatten, gingen durch die Presse. Das Gericht vertrat die Ansicht, die Angeklagten hätten ohne Vorsatz gehandelt, an der Ehrlichkeit ihrer Aussagen bestehe daher kein Zweifel. Sie seien sich der Rechtswidrigkeit ihrer Tat nicht bewusst gewesen, sondern reinen Gewissens dafür eingetreten, die sittlichen Grundlagen des Staates zu schützen.[409] Die Richter folgten ganz der Argumentation der Verteidigung. In einem großen Artikel schrieb Strafverteidiger Anton Roesen in der *Rheinischen Post*, das Verfahren habe gezeigt, dass der Staat nicht »ohne eigene sittliche Maßstäbe auskommen« könne. In der Gewissensnot der Angeklagten, die den Willen des Volkes bekundet hätten und nicht aus staatsfeindlichen, sondern aus staatserhaltenden Gründen aktiv geworden seien, brach sich nach seiner Ansicht »echte Demokratie Bahn«. »Belehrt durch das Schicksal der Weimarer Republik, hat das Grundgesetz zwar vorgesorgt, daß der demokratische Staat nicht mehr mit demokratischen Mitteln aus den Angeln gehoben werde; nicht genug bedacht wurde dagegen, daß der Staat nicht bloß unmittelbar politisch, sondern nicht minder gefährlich in seinen sittlichen Grundlagen angegriffen werden kann.«[410] Ganz in diesem Sinne sprach der *Rheinische Merkur* von einem »Sieg des Gewissens und des Rechtes«. Das katholische Blatt konstatierte: »Dr. Klinkhammer hat sich nicht getäuscht, das gesunde Volksempfinden durfte in die Bresche springen, als die Behörden versagten. Das ist der Gewinn aus diesem Prozeß, das ist die Erkenntnis für den Staat, der Chancen verpaßte, um dem Volk zu dienen.«[411]

Solche Stimmen blieben jedoch deutlich in der Minderheit, und es hagelte nach dem Urteilsspruch in der Tagespresse massive Kritik. Der *Mittag* aus Düsseldorf stellte eine Reihe drängender Fragen: Ob es mit der Würde eines Geistlichen zu vereinbaren sei, Stinkbomben zu werfen? Ob es richtig sei, Jugendliche zu Demonstrationen gegen einen Film zu animieren, der von der Filmselbstkontrolle freigegeben worden und gegen den rechtlich nichts einzuwenden sei? Das Blatt nannte die Aktionen des Pfarrers gerade nicht einen Ausweis der Demokratie, sondern, im Gegenteil, einen Schlag gegen die demokratischen Freiheiten, »die wir uns so mühsam erkämpft haben«.[412] Das Urteil sei daher eine Gefahr, denn es schaffe einen folgenschweren Präzedenzfall. Fortan könnten sich nämlich auch die Feinde der Demokratie darauf berufen, zumal auch sie für sich in Anspruch nehmen dürften, aus ehrlichen Gefühlen zu handeln. Die Zeitung erinnerte daran, dass Jugendliche schon einmal versucht hatten, einen Film zu verhindern – und dies ganz in der Überzeugung, einer guten Sache zu dienen. Gemeint war die 1930 in den USA produzierte und dort umgehend als bester Streifen mit einem Oscar prämierte Verfilmung von Erich Maria Remarques Weltkriegsroman »Im Westen nichts

Neues«, die im gleichen Jahr in die Berliner Kinos gekommen war. Film und Buch hatten in nationalistischen und völkischen Kreisen seinerzeit als pazifistisches, die Reichswehr verunglimpfendes Machwerk gegolten. Die NSDAP hatte unter Goebbels' Führung in Berlin umgehend eine Kampagne inszeniert und junge Leute veranlasst, mit Stinkbomben, Niespulver und weißen Mäusen Störaktionen in den Kinos zu entfesseln, was auch erfolgreich gewesen war. Denn nach dem Aufruhr in der Reichshauptstadt war der Film verboten worden.[413] Die *Frankfurter Rundschau*, die ebenfalls an »Im Westen nichts Neues« erinnerte, konstatierte zornig, die Störer von damals seien durch Klinkhammers Freispruch »nachträglich zu ehrenwerten Männern« erhoben worden. Die Zeitung warnte vor gefährlichen Folgen, weil das Urteil ein falsches Signal setze. »Das Recht des Bürgers, seine Meinung kundzutun, auch auf der Straße, ist unbestritten und unbestreitbar. Im Gegenteil, er sollte vielleicht mehr davon Gebrauch machen, als es zur Zeit geschieht, um damit der Bürokratie ein wenig das Bewußtsein ihrer Allmacht zu nehmen. Verwerflich aber ist es, wenn er – ganz gleich, aus welchen Motiven – solche Gelegenheit dazu benutzt, gegen Andersdenkende mit drastischen Mitteln vorzugehen. Das ist und bleibt im Endeffekt nichts anderes als Terror, selbst wenn die Polizei in Düsseldorf sich brutal benommen haben sollte. Diese Unterscheidung haben wir in dem Urteil des Düsseldorfer Gerichts vermißt.«[414]

Der Freispruch war denn auch noch nicht das Ende des Falls Klinkhammer. Die Staatsanwaltschaft ging in Revision, und im September 1953 kam die Angelegenheit vor dem Bundesgerichtshof zur Verhandlung. Karlsruhe legte ein Veto ein und hob das Urteil auf, denn nicht das Gewissen der Angeklagten sei entscheidend, sondern die Frage, ob ihr Verhalten mit den Grundsätzen des Rechtsstaats zu vereinbaren sei. Ihnen Unrechtsbewusstsein abzusprechen und entschuldbaren Irrtum zu konzedieren, sei nicht hinnehmbar. Der Bundesgerichtshof verwies den Fall zur Neuverhandlung an das Landgericht Duisburg.[415] Ehe er dort aber aufgerollt wurde, verging einige Zeit; dann fiel die Entscheidung rasch: Auf der Basis des neu erlassenen Straffreiheitsgesetzes vom Juli 1954 stellte das Landgericht den Prozess nunmehr ein. Der Pfarrer und seine Kumpane, die sich ohnehin als moralische Sieger verstanden, blieben letztlich doch ohne Strafe.[416] Offensichtlich war nach einer Lösung gesucht worden, die es dem Geistlichen erlaubte, sein Gesicht zu wahren. Dass ihm am Ende ein Gesetz zum Freispruch verhalf, das dazu diente, NS-Belastete großzügig zu amnestieren,[417] war eine weitere vergangenheitspolitische Nuance im Streit um die »Sünderin«. Fortan durfte Klinkhammer in der Katholischen Filmkommission für Deutschland mitwirken.

Unter den Gratulanten, die sich mit dem Pfarrer schon nach dessen erstem Freispruch gefreut hatten, war auch Franz Josef Wuermeling, damals noch CDU-Abgeordneter im Bundestag; er schickte ihm ein herzliches Glückwünschtelegramm. Drei Monate nach seiner Berufung zum Bundesfamilienminister im Kabinett Adenauer bewies Wuermeling zum ersten Mal, wie wichtig ihm das Thema Sittlichkeit war. Er wies Ende Januar 1954 auf einer Veranstaltung des Deutschen Familienbundes im Düsseldorfer Landtag eindringlich auf die zunehmende Niveaulosigkeit von Kinoproduktionen hin. Wuermeling bezichtigte die Freiwillige Selbstkontrolle der Filmwirtschaft zahlreicher Fehlentscheidungen und scheute sich auch nicht, eine »Volkszensur« zu fordern. Die Presse reagierte empört, und die SPD stellte wegen der Rede des Ministers, die er passagenweise bei weiteren Gelegenheiten wiederholte, eine Große Anfrage im Parlament. Die Sozialdemokraten attestierten Wuermeling »reaktionäre Motive« und forderten von ihm: »Hände weg vom deutschen Film und von der deutschen Kultur!«[418] Um Schadensbegrenzung bemüht, ließ die CDU/CSU-Fraktion Bundesinnenminister Gerhard Schröder Anfang April 1954 Stellung nehmen. Dass Wuermeling in den Reihen der Union eine Außenseiterposition vertrat, trat dabei deutlich zutage. Schröder fiel es keineswegs leicht, den Begriff »Volkszensur« zu entschärfen. Gemeint sei kein widerrechtlicher Eingriff in künstlerisches Schaffen, beteuerte er, sondern »Kritik aus dem Volke«, die Wuermeling lediglich aufgegriffen habe, um Filme zu kritisieren, vornehmlich solche, die Ehe und Familie verletzen. »Wenn durch das Wort ›Zensur‹ in der Öffentlichkeit ein anderer Eindruck entstanden sein sollte, so stelle ich hiermit ausdrücklich als Auffassung der Bundesregierung fest, daß gleichwohl die Ausführungen des Herrn Bundesministers für Familienfragen eine andere Auslegung als die von mir gegebene nicht zulassen. Im übrigen hat der Herr Bundesminister für Familienfragen betont, daß er in Übereinstimmung mit Art. 5 des Grundgesetzes eine staatliche Zensur ablehne.« Schröders Beschwichtigung dämpfte den Zorn der Opposition kaum, und zur Sprache kam nun auch Wuermelings Glückwunschtelegramm an Klinkhammer. Dazu sagte Heinz Kühn, SPD-Abgeordneter aus Köln und stellvertretender Vorsitzender des Ausschusses für Fragen der Presse, des Rundfunks und des Films:

»Aber es ist etwas anderes, ob der Geistliche von der Kanzel, seinem hohen Amte verpflichtet, eine Beurteilung oder eine Mahnung ausspricht oder ob er mit Stinkbomben und einer Art von Rollkommando als Instrumentarium der Volkszensur in die Lichtspieltheater zieht.«[419] Wuermeling habe mit seiner Solidaritätsbekundung für den Ruhrkaplan deutlich gemacht, was er wirklich unter »Volkszensur« verstehe. Kühn warnte davor, »den gefährlichen Schritt von der freiwilligen Selbstkontrolle zur staatlichen Zensur« zu tun. Aber offensichtlich plane der Minister, sein Haus zu einer Art »kommendem Propagandaministerium« zu machen.[420]

Nach so deutlicher Schelte ergriff Wuermeling schließlich selbst das Wort. Reichlich gewunden und überaus vorsichtig (was auf vorausgegangene Ermahnungen seiner Fraktion schließen lässt) erklärte er, in der Frage der »Volkszensur« habe er den Erläuterungen Schröders nichts hinzuzufügen. Aus den Reihen der SPD erschollen daraufhin Zurufe »Ihr Telegramm! Ihr Telegramm« und »Streiten Sie Ihr Telegramm ab?« Darauf ging Wuermeling aber nicht ein, flüchtete sich vielmehr in Schiller-Zitate und wünschte, dass »endlich das dumme Gerede von dem ›klerikalisierenden‹ Minister« aufhören möge.[421] Anders als er war sich das Gros der Abgeordneten sicher, dass erst das Aufsehen, das um die »Sünderin« gemacht worden war, für die Zuschauerrekorde gesorgt hatte. Deutliche Worte fand das Parlament zudem für das Vorgehen der Kirchen. Deren Verbotsinteressen dürften nicht »zu einer Art Nebenzensur ausarten«, forderte Erich Mende für die FDP.[422]

Die »Sünderin« hatte überdies ein weiteres juristisches Nachspiel von Gewicht. Nachdem die Herzog-Film GmbH umgehend gegen geplante Aufführungsverbote geklagt hatte, schaltete sich eine Reihe von Gerichten ein: das Landesverwaltungsgericht Osnabrück, das Oberverwaltungsgericht Lüneburg und schließlich auch das Bundesverwaltungsgericht in Berlin, wo in dritter und letzter Instanz drei Tage vor Weihnachten 1954 das Urteil fiel. Die »Sünderin« wurde entgegen der Meinung der Kirchen als Kunstwerk bezeichnet, und es war evident, dass die kirchlich gesteuerte Agitation nicht mit nachträglicher staatlicher Legitimierung rechnen durfte. Kunst, so die gerichtliche Grundsatzentscheidung, unterliege keinen Verbotsmaßnahmen. In der Urteilsschrift stand: »Moralische, religiöse und weltanschauliche Auffassungen einzelner Bevölkerungskreise, wie sie in den verschiedenen Landesteilen verschieden entwickelt sind, sind zwar innere Werte. Das Grundgesetz hat sie aber nicht unter den besonderen Schutz der staatlichen Grundordnung gestellt.«[423] Damit war die Streitfrage, ob Kunst sittlich anstößig sein dürfe, klar und deutlich bejaht worden.

Ein weiteres Urteil, das eines der höchsten Gerichte im Land noch im selben Jahr fällte, hatte im Konflikt um die Sittlichkeit ebenfalls zentrale Bedeutung: der Grundsatzentscheid des Bundesgerichtshofs vom Februar 1954 zum Kuppeleiparagraphen. Das seit dem Kaiserreich gültige Gesetz wurde zwar nicht aufgehoben, aber doch deutlich eingeschränkt. Nach den Paragraphen 180 und 181 des Reichsstrafgesetzbuches wurde belangt, wer »gewohnheitsmäßig oder aus Eigennutz durch seine Vermittlung oder durch Gewährung oder Verschaffung von Gelegenheit der Unzucht Vorschub leistet«.[424] Geschlechtsverkehr zwischen Unverheirateten war verboten, und im Falle der Duldung wurden Verwandte, Freunde und Vermieter ebenfalls bestraft, um Zuhälterei und Prostitution zu unterbinden. Eltern hatten in der NS-Zeit nicht zum Kreis der »Verdächtigen« gezählt, im Kaiserreich und in der Bundesrepublik hingegen schon. Der Bundesgerichtshof postulierte unter Berufung auf das Sittengesetz nun zwar nach wie vor, Geschlechtsverkehr dürfe »grundsätzlich nur in der Ehe« stattfinden, denn Ehe und Familie seien verbindliche Lebensformen – machte aber bei zur Heirat entschlossenen Paaren, die, aus Gründen, die sie nicht zu verantworten hätten, an der Eheschließung gehindert seien, eine Ausnahme. Dies war grundsätzlich neu; zudem hieß es, niemand mache sich wegen der Duldung unerlaubten Geschlechtsverkehrs schuldig, wenn ein »Eingreifen« unmöglich oder unzumutbar wäre. Die Strafbarkeit hing fortan vom Einzelfall ab, eine deutliche Einschränkung des seit dem Kaiserreich gültigen Moralgesetzes.[425]

Inwieweit sich scheinbar festgefügte Positionen im Umgang mit Sexualität bereits auflösten, wenngleich das Normensystem der Jahrhundertwende noch der Bezugsrahmen blieb, zeigt auch die hitzige öffentliche Auseinandersetzung um die Kondomautomaten. Die Bundesregierung legte im April 1956 einen Gesetzesvorschlag für ein grundsätzliches Verbot der Automaten für sogenannte Gummischutzmittel vor. Paragraph 41 der Gewerbeordnung sollte dem Antrag zufolge den Zusatz erhalten: »Das Feilbieten empfängnisverhütender Mittel durch Warenautomaten ist verboten.« Der Bundesrat lehnte das Vorhaben jedoch mit dem Argument ab, ein eigenes Gesetz dazu sei nicht notwendig, allenfalls könne eine entsprechende Regelung in das Gesetz zum Schutz der Jugend in der Öffentlichkeit aufgenommen werden. Eine endgültige Entscheidung wurde vor Ende der Legislaturperiode nicht mehr getroffen.[426]

Die Gerichte fällten angesichts der Rechtsunsicherheit nun eine Vielzahl ganz unterschiedlicher Urteile: Manche verboten die Automaten zwecks Wahrung der Sittlichkeit, andere hatten nichts dagegen einzuwenden, wieder andere machten ihre Entscheidung von den näheren Umständen abhängig.[427] Sie hielten Apparate, die sich an öffentlichen Straßen und Plätzen befanden oder in der Nähe von Kirchen, Schulen, Bushaltestellen, Eisdielen und anderen von Jugendlichen stark frequentierten Orten angebracht waren, für besonders verwerflich und untersagten ihren Betrieb. Hingegen ließen sie solche Automaten unbeanstandet, die verdeckt in Hausdurchgängen hingen und deren Münzeinwurfschlitz höher als 1,70 Meter angebracht war, so dass Heranwachsende ihn nicht erreichten. Auch war es für die Gerichte ein Kriterium, ob ein Automat noch andere Waren, beispielsweise Zigaretten, Traubenzucker oder Süßigkeiten, enthielt; dann untersagten sie den Kondomverkauf. Außerdem kam es darauf an, ob die Kondompackungen senkrecht im Automatenschacht standen, so dass ihre Reklame-Aufschrift zu lesen war, was als unsittlich galt, oder ob sie quer einsortiert worden waren, so dass nur die unbeschriftete Schmalseite zu sehen war, was geduldet wurde.

Kondomautomaten waren erstmals zur Jahrhundertwende in Herrentoiletten aufgestellt worden. Der öffentliche Verkauf von Präservativen wurde nach dem Ersten Weltkrieg aber untersagt. Erhältlich waren sie allenfalls in den wenig verbreiteten Sexualberatungsstellen; später gab es sie auch in Drogerien und Friseurgeschäften zu kaufen. Die Kondomautomaten kehrten zurück, als 1927 im Parlament ein Zusatz zu Paragraph 184 des Strafgesetzbuches beschlossen wurde. Angesichts ihrer schützenden Wirkung gegen Geschlechtskrankheiten waren Kondome aus Automaten fortan nicht mehr grundsätzlich verboten, sondern nur dann, wenn die Verkaufsgeräte in Sitte und Anstand verletzender Weise auffielen. Die (nicht näher definierte) Vorschrift galt in der Bundesrepublik fort, und die Gerichte orientierten sich an der Rechtspraxis der Weimarer Republik. Sie urteilten strenger, wenn es um Kondomautomaten in einer Kleinstadt ging, wo die Empörung prinzipiell größer sei als im Zentrum einer Großstadt. In manche Entscheidung flossen auch kulturpessimistische Überzeugungen ein, zumal die anhaltende Auseinandersetzung um die aus Amerika stammenden Selbstbedienungsläden und Supermärkte die Vorstellung von zunehmender Mechanisierung, Anonymisierung und Entfremdung nährte. 1958 urteilte jedenfalls der Verwaltungsgerichtshof Stuttgart: »Kein anständiger Geschäftsmann würde etwa Präservative an Schüler oder Lehrlinge im Laden verkaufen. Es ist unanständig, wenn er diese seine kaufmännische und menschliche Verantwortung auf einen unkontrollierbaren Apparat abschiebt. Ebenso würde kein Jugendlicher es wagen, Präservative im Ladenverkauf zu erwerben. Es ist unanständig, wenn die Allgemeinheit zusieht, wie seelenlose Apparate auf öffentlichen Straßen derartige primitive Hemmungen der Anständigkeit beseitigen.«[428]

Viele Oberverwaltungs- und Verwaltungsgerichte ebenso wie alle Strafgerichte entschieden indes in über hundert Fällen, dass der diskrete Kondomverkauf aus Automaten aus Gründen der Gesundheitsfürsorge grundsätzlich zulässig und nur im Einzelfall, beispielsweise bei aufdringlicher Werbung, strafbar sei. Über diese milde Rechtsprechung gingen wiederum bei der Aktion Jugendschutz zahlreiche Klagen von Jugendämtern, Lehrern und Geistlichen ein, denn: Halbwüchsige beiderlei Geschlechts bedienten sich an den Automaten, schon Schulkinder in der ersten Klasse wüssten über den Zweck ihres Inhalts Bescheid, die Neugier der Kinder und Jugendlichen sei kaum zu bändigen. In manchen kleineren Städten waren die Automaten deshalb schon auf Initiative der Jugendwohlfahrtsausschüsse entfernt worden.[429]

Der Bundesgerichtshof setzte der widersprüchlichen Urteilspraxis schließlich ein Ende: Karlsruhe verhängte im März 1959 aus Anlass eines Revisionsverfahrens gegen eine Münchner Friseurgeschäftsbesitzerin, die an ihrem Laden, zur Straße hin, einen Kondomautomaten angebracht hatte, ein grundsätzliches Verbot für die Maschinen. »Wer in Warenautomaten an öffentlichen Straßen oder Plätzen Gummischutzmittel (Präservative) feilhält, verletzt Sitte und Anstand schlechthin – gleichviel, ob andere anstößige Umstände noch hinzutreten oder fehlen«, hieß es im Urteil.[430] Der Bundesgerichtshof begründete seine Entscheidung mit dem Argument: »Eindeutig geschlechtsbezogene Dinge verlieren dadurch das Schamhafte und Peinliche, das ihnen besonders dann anhaftet, wenn sie (wie hier und häufig) zu nicht naturgemäßem Geschlechtsverkehr bestimmt sind. Sie erhalten so, zumal im Angebot neben Gegenständen des täglichen Gebrauchs, den Anschein des Unverfänglichen und Selbstverständlichen. Das muß namentlich bei Kindern und Jugendlichen alle Begriffe von Sitte und Anstand hoffnungslos verwirren und das Schamgefühl zuletzt zerstören.« In Bayern schalteten sich auf der Basis des Urteilsspruchs umgehend Polizei und Staatsanwaltschaften ein und gingen gegen Automatenbetreiber vor; auch andere Bundesländer setzten nun Ermittlungen in Gang.[431]

Sittlichkeitsverfechter begrüßten das Urteil des Bundesgerichtshofs. Sie hatten den Automatenverkauf schon seit langem als amerikanische Modeerscheinung kritisiert, der zur »Verflachung« der menschlichen Beziehungen führe und die »Mechanisierung« des Kaufaktes zur Folge habe. Kondomautomaten galten ihnen als Inbegriff der Unmoral: als Aufforderung zur Unzucht, Verleitung zum Ehebruch und Ermunterung zur Prostitution. Auf Jugendliche übten die Geräte deshalb besonderen Reiz aus, hieß es, weil sie es ihnen ermöglichten, der Kontrolle durch Erwachsene zu entgehen und voreheliche Beziehungen aufzunehmen. Der Volkswartbund, die Innere Mission, die Landesarbeitsgemeinschaft zur Bekämpfung der Geschlechtskrankheiten in Nordrhein-Westfalen und eine Reihe von Gesundheitsämtern unterstützten die Karlsruher Verbotsentscheidung. Richard Gatzweiler sammelte alle Argumente in einer Broschüre des Volkswartbunds mit dem Titel »Ein klares Urteil zum Automatenverkauf«.[432] Der Karlsruher Richterspruch, dessen Intention es gewesen war, Rechtsklarheit zu schaffen, heizte die Diskussion erst recht an. Ein Bundesanwalt kritisierte das Urteil und plädierte dafür, den (unauffälligen) Bezug von Kondomen weiterhin zu ermöglichen, denn: »Reize üben diese Automatengegenstände weit weniger aus als ein reißerisches Kinobild im Schaukasten oder die schlüpfrige Stelle in einem sonst guten Buche.«[433] In zahlreichen Fachzeitschriften erschienen Stellungnahmen und juristische Kommentare. Jugendrichter und Volkswartbundmitglied Gerhard Potrykus, der als Autor in den Schriften des Verbands viele Male hervortrat,[434] teilte hier keineswegs die Ansicht des Kölner Sittlichkeitsvereins, sondern sprach sich in Artikeln und anderen Stellungnahmen gegen das generelle Automatenverbot aus.[435] Mediziner betonten die Bedeutung von Kondomen für die Prävention von Geschlechtskrankheiten und plädierten für die Beibehaltung der Automaten in der Öffentlichkeit. Der Gesundheitsausschuss des Deutschen Städtetages pflichtete ihnen bei. Mehrere Wissenschaftler präsentierten ausführliche Expertisen. Die Stellungnahme des Direktors der Universitäts-Hautklinik in Gießen, der das Verbot aus gesundheitspolitischen Gründen strikt ablehnte, fand besondere Aufmerksamkeit, auch unter Parlamentsabgeordneten.[436] Argumentiert wurde

unter anderem, dass die Verbraucher angesichts der strikten Ladenschluss-
gesetze auf den Automatenkauf angewiesen seien. Bedenklich sei allenfalls,
dass die öffentliche Auseinandersetzung nun erst die Aufmerksamkeit der
Jugend auf die Automaten lenke.

Anfang Dezember 1959 stand im Bundestag ein Antrag der SPD über
die Gewerbeordnung zur Abstimmung; einer von mehreren Änderungsvorschlägen betraf Kondomautomaten.[437] Die Partei, die in Bad Godesberg erst zwei Wochen zuvor ihr neues Grundsatzprogramm verabschiedet hatte, vollzog mit dem Wandel zur Volkspartei in der Sittlichkeitsfrage
eine deutliche Annäherung an die Union, mehr noch: Die Sozialdemokraten beantragten ein gesetzliches Verbot von Kondomautomaten, zwar kein
generelles, wie der Bundesgerichtshof intendierte, aber ein auf öffentliche
Straßen und Plätze bezogenes. Im Parlament, wo die CDU/CSU-Fraktion
seit 1957 die absolute Mehrheit besaß, deutete zunächst alles auf eine
Ablehnung des Antrags hin. Der Wirtschaftsausschuss hatte sich schon
einstimmig darauf geeinigt, dem vom Bundesgerichtshof verfügten Generalverbot Gesetzeskraft zu verleihen.[438] Indes, es kam anders: Bei der Abstimmung schloss sich eine ganze Reihe von Mitgliedern der Regierungs-
fraktion den Sozialdemokraten an, so dass die Entscheidung am Ende mit
197 zu 176 Stimmen bei vier Enthaltungen zugunsten des SPD-Vorhabens
ausfiel. Auch der Bundesrat (wo wenige Tage später ein Revisionsantrag
Nordrhein-Westfalens scheiterte) nahm das Gesetz mehrheitlich an.[439]
Die Gewerbeordnung erhielt nunmehr einen Zusatz, wonach in Warenautomaten an öffentlichen Wegen, Straßen und Plätzen, den sogenannten
Außenautomaten, ab Oktober 1960 empfängnis- und geschlechtskrank-
heitenverhütende Mittel nicht mehr angeboten werden durften; Zuwider-
handlungen waren mit Strafe bedroht. Die Polizei war fortan gehalten,
öffentlich aufgestellte Automaten zu kontrollieren und gegebenenfalls
Strafanzeige zu erstatten. In Gaststätten angebrachte sogenannte Innen-
automaten wurden aber geduldet und nur dann beanstandet, wenn sie
durch Werbung auffielen.[440] De facto setzte das neue Gesetz eine einheit-
lich strenge Rechtspraxis in Gang. Kondomautomaten, »Außenautomaten« jedenfalls, waren fortan aus der Öffentlichkeit verbannt.[441]

Dass die Sozialdemokraten für die strikte Rechtsauslegung gesorgt
hatten, war die eine Überraschung; die andere war der Umstand, dass die
Auseinandersetzung, über die viele Zeitungen berichteten, am Ende eine
empfindliche politische Niederlage für Bundesfamilienminister Franz

Josef Wuermeling bedeutete. Der fünffache, streng katholische Familienvater erachtete die patriarchalisch-bürgerliche Familie als Instrument sowohl gegen die kollektivistischen Vorstellungen des Sozialismus als auch gegen den Individualismus der kulturellen Moderne und deren Rechtsauffassung. In vielen öffentlichkeitswirksamen Auftritten zog er gegen Unmoral und Hedonismus zu Felde. Als er sein Amt antrat, erklärte er sein Ministerium zur Abwehrinstanz gegen die Gleichberechtigung der Frauen.[442] Der Minister war außerdem ein prononcierter Anhänger des Volkswartbunds, betätigte sich als Autor in dessen Schriftenreihe und trat auf vielen Tagungen als Redner auf. »Demokratie und Jugendschutz« war bei den Zusammenkünften des Verbands sein zentrales Thema, bei denen er sich oftmals unter anderem über die »Entartungserscheinungen des Vergnügungswesens« echauffierte.[443]

Wuermeling wollte das grundsätzliche Verbot von Kondomautomaten in der Gewerbeordnung durchsetzen. Dafür plädierte er in einer flammenden Rede im Bundestag, die ihm seine Parlamentskollegen – auch in der eigenen Partei – allerdings sehr übel nahmen. Denn in einer interfraktionellen Verabredung war vor der Abstimmung vereinbart worden, keine Sachdebatte über die Automatenfrage zu führen. Wuermeling setzte sich jedoch über den Beschluss hinweg. In seiner Rede, die SPD-Abgeordnete mehrmals empört unterbrachen, betonte er, dass Kondomautomaten die Jugend in hohem Maße gefährdeten, da mit dem anonymen und unkontrollierten Verkauf jede Verantwortung entfalle, die ein Geschäftsmann im Laden wahre. Der Minister wütete gegen die Vertreter der Automatenindustrie, die vor der Gesetzeslesung an alle Bundestagsabgeordneten mit einem Appell herangetreten waren, das Generalverbot abzuwenden. Er ermahnte das Parlament, »unseren Vätern und Müttern in der Erfüllung ihrer schweren Erziehungsaufgabe helfend zur Seite zu stehen und unserer Jugend den Schutz, auf den sie Anspruch hat, nicht zu verweigern«.[444] Das Protokoll vermerkte vonseiten der Opposition Zurufe wie »unerhört!«, »stimmt ja gar nicht!« und »Herr Minister, Sie hätten besser geschwiegen!«. Sprecher von SPD, FDP und DP erklärten, das Thema eigne sich nicht für eine öffentliche Diskussion. Gerhard Jahn (SPD) sprach von einer Entgleisung des Ministers und attestierte ihm ironisch ein »eigenartig warmes Interesse« am Thema; dem Ansehen des Hauses sei mit seinen Ausführungen alles andere als gedient.[445] Marie-Elisabeth Lüders (FDP), die Alterspräsidentin des Bundestags, verglich

Wuermelings Auftritt mit den »Laufübungen eines gewissen Tieres im politischen Porzellanladen«.[446] Die 81-Jährige, Gründungsmitglied der DDP, führende Mitstreiterin der bürgerlichen Frauenbewegung und ehemals Abgeordnete im Weimarer Reichstag, hatte sich in den zwanziger Jahren im Kontext des Gesetzes zur Bekämpfung der Geschlechtskrankheiten, das sie damals maßgeblich vorangetrieben hatte, als dezidierte Gegnerin von Kondomautomaten hervorgetan und ihre Meinung nie geändert. Ihre Beweggründe waren ganz von ihrer Unterstützung des Abolitionismus geprägt, einer um die Jahrhundertwende von britischen Frauen ausgehenden Bewegung gegen die viktorianische Doppelmoral. Abolitionistinnen forderten Frauenrechte und traten gegen die staatlich gebilligte und polizeilich reglementierte Prostitution ein. Lüders lehnte daher Bordelle ebenso ab wie die sogenannte Kasernierung der Dirnen (das Gesetz von 1927 verbot beides); den freien Verkauf von Kondomen erachtete sie als Anreiz für Männer, Prostituierte aufzusuchen und Frauen in das Gunstgewerbe zu treiben.[447] Wuermeling, so erklärte sie, habe ihrer gemeinsamen Sache aber einen schlechten Dienst erwiesen und eine überflüssige Debatte losgetreten. Aus den Parteien traten in der Kontroverse keine weiteren Frauen hervor. Auch die Frauenverbände blieben erstaunlich stumm, ebenso Frauen in kirchlichen Organisationen, und in den Medien fallen Frauenstimmen nicht auf. Offensichtlich galt, was die Vertreter aller Parteien im Parlament im Zusammenhang mit Wuermelings Auftritt einhellig anstrebten, nämlich: die öffentliche Diskussion des »delikaten Themas« zu vermeiden. Zur Begründung hieß es später, auf der Tribüne des Bundestags hätten viele jugendliche Besucher gesessen, vor denen das Thema nicht hätte ausgebreitet werden sollen. Die Zeitungen griffen die Auseinandersetzung nun umgehend auf; viele mokierten sich über die intendierte schamhafte Zurückhaltung der Parlamentarier.[448]

Für Wuermeling war das Abstimmungsergebnis eine Ohrfeige, erteilt von seiner eigenen Partei. Verschärft wurde seine Niederlage noch, als der Bundeskanzler ihn wenige Tage später in einer Fraktionssitzung wegen seiner Äußerungen öffentlich rügte und ihm vorwarf, die interfraktionelle Absprache gebrochen und eine »vollkommen verfahrene Situation« geschaffen zu haben. »Aber wenn die Situation so ist, daß die ganze Absprache gefährdet wird, dann muß man so viel innere Disziplin haben und, wenn es einem auch das Herz abdrückt, den Mund halten können. Ich muß auch oft den Mund halten im Kabinett – und das war jetzt die lautere Wahrheit.«[449] Adenauer kritisierte den Rigorismus des Ministers in Fragen der Sexualmoral schon seit Längerem. Nach dessen umstrittener Rede über das Filmwesen, als er eine »Volkszensur« gefordert hatte, hatte der Kanzler seinen Unmut ebenso wenig verhehlt. Damals hatte er im Kabinett in aller Deutlichkeit klargestellt, dass Wuermeling »nicht der Zensor der Sittlichkeit« sei.[450]

Nach Adenauers neuerlichem Tadel ließ der Familienminister in einer trotzig formulierten Presseerklärung verlautbaren, dass er lediglich seinen Auftrag im Dienste des Jugendschutzes erfüllt habe: »Er habe als der zum Schutz der Jugend eingesetzte Bundesminister im Bundestag eine zum Schutz der Jugend eingebrachte Vorlage der Bundesregierung gegen einen ihren Zweck vereitelnden Gegenantrag der SPD vertreten. An der Erfüllung dieser seiner Amtspflicht könne ihn niemand hindern.«[451] Dass Wuermeling eine Außenseiterposition unter seinen Parteigenossen einnahm und seine harte Linie im Sittlichkeitskampf in den eigenen Reihen stark umstritten war, ließ sich fortan nicht mehr verbergen; im Kabinett besaß er ohnehin kaum Rückhalt. Als Drahtzieher unter seinen innerparteilichen Gegnern machte Wuermeling umgehend Ludwig Erhard aus. Kirchliche Würdenträger, Parteifreunde und Teile der Presse informierte er darüber, dass eine Gruppe um den Bundeswirtschaftsminister, die den Automatenverkauf in Gaststätten und Cafés befürwortete, das klägliche Abstimmungsergebnis im Bundestag zu verantworten habe.[452] Auf öffentlichen Veranstaltungen ließ Wuermeling bereits seit Längerem keinen Zweifel daran, dass er mit der Haltung seiner Parteikollegen in Fragen der Sexualmoral höchst unzufrieden war. Die CDU/CSU, forderte er, habe bei dem Thema weitaus bestimmter zu sein. An den Fraktionsvorsitzenden Heinrich Krone hatte er Monate vor dem Eklat im Bundestag ein Schreiben gerichtet, in dem er erklärte:»Das christliche Volk kann sich dieses Verhalten einer christlichen Fraktion auf diesem Gebiete jetzt einfach nicht mehr gefallen lassen.«[453] In Antwortbriefen an Privatleute, die sich über die zunehmende öffentliche Unsittlichkeit beschwert hatten, sparte der Minister nicht mit Klagen darüber, dass der Führung der CDU/CSU-Fraktion das Interesse fehle und sie jeden Einsatz in Fragen der Sittlichkeit vermissen lasse.[454] Das Abstimmungsverhalten seiner Kollegen war die Quittung für Wuermelings ständige Querulanz. Sein Parteikollege Thomas Ruf schickte ihm nach der Sitzung im Bundestag ein süffisant gemeintes lateinisches Zitat aus der »Summa theologica« von Thomas von Aquin, dessen Übersetzung lautete: »So dulden auch in menschlicher Herrschaft die Obrigkeiten berechtigterweise einiges Böses, damit nicht einiges Gutes behindert wird und nicht einiges Böses herbeigeführt wird. Wie auch Augustinus in seinem Buche über die Ordnung (2. Buch, Kap. 4) sagt: Wenn du die Dirnen aus der Menschheit vertreibst, so treibst du alles in den Strudel der Leidenschaften.«[455]

Wuermeling erhielt auf seine Rede hin Hunderte von Dankschreiben aus der katholischen Bevölkerung; die meisten kamen aus Nordrhein-Westfalen und Bayern. Ein großer Teil war von Jugendlichen und Priestern verfasst. Die *Neue Bildpost*, eine überregionale christliche Wochenzeitung, die im Boulevardstil und in ähnlicher Aufmachung wie die *Bild-Zeitung* erschien, hatte ihre Leser unter der Überschrift »Ein Jugenschutz-Skandal! Moral-Bankrott normal?« aufgerufen, dem Minister zu schreiben und gegenüber den Verantwortlichen im Bundestag Protest wegen ihrer »unmöglichen Entscheidung« einzulegen.[456] Die Briefschreiber zollten Wuermeling Respekt, bescheinigten ihm Mut und Zivilcourage und äußerten den Wunsch, er möge weiterhin entschlossen für die Sittlichkeit eintreten. Mit »Hut ab vor Minister Wuermeling« war der Leserbrief des Vizepräsidenten des Familienbundes der deutschen Katholiken in der *Allgemeinen Sonntagszeitung* überschrieben.[457] In den Zuschriften trat der Sittlichkeitskampf in den sprachlichen Versatzstücken der vergangenen Jahrzehnte zutage. Ein Lehrer versprach: »Viele in unserem Vaterland stehen hinter Ihnen und teilen ganz Ihre Meinung. Es wäre der Anfang eines schleichenden Siechtums unseres geistig hochstehenden Volkes. Nie und nimmer dürfen wir als verantwortungsvolle Erwachsene und Staatsbürger unserer Jugend derartigen widernatürlichen Schmutz als Aus- oder Umweg anpreisen.«[458] Ein anderer schrieb: »Legen Sie den Totengräbern unserer Volksmoral das Handwerk.« Ein Herr aus Krefeld schlug den Bogen zur Attacke auf die Kölner Synagoge, die an Weihnachten 1959 für Schlagzeilen sorgte. Da »plattester Sexualismus« ein Verstoß gegen die Menschenwürde sei, brauchte sich seiner Meinung nach über die Hakenkreuz-Schmierereien niemand zu wundern. Dass Antisemitismus zur sozialen Wirklichkeit in der Bundesrepublik gehörte, ließ sich in dieser Denkweise mit der grassierenden Unsittlichkeit erklären. Sittlichkeitskampf und Antisemitismus hatten also noch immer miteinander zu tun.

Wuermeling zögerte nicht, gegenüber der Presse auf die vielen Briefe hinzuweisen, aus denen die *Neue Bildpost* sogar Auszüge druckte. Er stilisierte sich zum einsamen Kämpfer für Sitte und Anstand in seiner Partei. Eine Reihe von christlichen Blättern würdigte seine Position und war voll Unverständnis darüber, dass »ein ausreichender Teil der CDU/CSU ihren Gewissensprediger im Stich ließ«.[459] Unter den Briefschreibern befanden sich nicht wenige, die davor warnten, die SPD werde durch ihr neues Programm und ihre grundlegend veränderte Haltung zum Jugendschutz Anhänger gewinnen, während die CDU/CSU immer stärker »ins liberale Lager« drifte.[460] Furcht vor solchen Tendenzen der konservativen Parteien war zur Jahreswende 1959/60 über Wochen hinweg auch der Tenor vieler Leserbriefe in den Zeitungen. »Mit diesen Halbheiten erfüllt die CDU/CSU nicht den Auftrag ihrer christlichen Wähler«, schrieb jemand aufgebracht. Ein anderer Leser warnte: »Mit solchen gesetzlichen Bestimmungen untergräbt man die Moral schlechthin und macht sich gewollt oder nicht zum Schrittmacher des Kommunismus. Man bleibe sich doch bewußt, daß dem Kommunismus nur widersteht, wer sittlich und moralisch einwandfrei dasteht.«[461]

Kondomautomaten standen (wie Sexualität überhaupt) für vieles: für die USA, für den Materialismus und andere amerikanische Ideen, für Liberalisierung und Modernisierung, für den Verfall von Christentum und Kultur, für den Rechtsextremismus und genauso für den Kommunismus. Im Parlament wurde im Konflikt um Wuermelings Rede offenkundig, dass die Sittlichkeit zum Wahlkampfthema geworden war. Aus diesem Grund sollte die SPD der Novellierung des Schmutz- und Schund-Gesetzes 1961 widerspruchslos zustimmen. Sittlichkeit war längst kein von konservativen Kreisen besetztes Ideologem mehr. In den Reihen von CDU/CSU zeigte sich vielmehr, dass sich am Sittlichkeitspostulat die Geister schieden. Viele Abgeordnete hielten das Thema offenkundig für denkbar ungeeignet, um die Probleme der Gegenwart in den Griff zu bekommen.

De facto fanden Betreiber von Kondomautomaten mit anwaltlicher Hilfe – auch vonseiten eines Bundesanwalts – fortan eine Reihe von Schlupflöchern in der Gewerbeordnung. Spitzfindig unterschieden die Juristen zwischen den Begriffen »feilbieten« und »feilhalten«. Die Strafverfolgungsbehörden waren dadurch verunsichert und schritten nicht ein, um verbotene Automaten zu entfernen. Wie erfolgreich der Handel am Ende doch florierte, zeigte ein Merkblatt, das die Hanseatische Gummiwarenfabrik in Bremen im Mai 1960 an ihre Geschäftskunden verschickte. Es war eine zwei Seiten umfassende Liste von Regeln: für den (ungestörten) »Verkauf von Fromms-Erzeugnissen aus Außenautomaten«.[462]

An Wuermelings innerparteilicher Isolation und dem Umstand, dass das konservative politische Lager in Sachen Sittlichkeit nicht am selben Strang zog, lässt sich erkennen, dass es in der frühen Bundesrepublik keineswegs eine zu verallgemeinernde Antwort auf die kulturelle Moderne gab. Ein Zusammenfinden kulturkonservativer Kräfte, die, orientiert am neunzehnten Jahrhundert, in der Sittlichkeit eine gemeinsame Basis suchten, war ein Vorhaben, das früh zu scheitern tendierte und nicht auf breitem gesellschaftlichen Fundament ruhte. Zwar widmeten sich wortmächtige Kreise in Kirchen und Politik dem Unterfangen, und sie blieben nicht ohne Erfolg. Aber kulturkonservativ zu sein, bedeutete mitnichten, die Blockierer der kulturellen Moderne zu unterstützen, von denen viele auch nicht starr an ihrer Position festhielten. Vielmehr gab es vielfältige Wege der Annäherung an die Kultur der Moderne. Darin liegt die Komplexität gesellschaftlicher Selbstsuche, die der soziale Konflikt um Sexualität verdeutlicht. In dem Maße, in dem sich die unterschiedlichen Zugänge herausbildeten, verloren extreme Positionen, wie etwa der Volkswartbund sie vertrat, an Bedeutung, auch weil der gesellschaftliche Bedarf nach dogmatischer Sittlichkeitspropaganda allmählich schwand. Bis der Volkswartbund jedoch wegen seines Konzepts sexualmoralischer Bevormundung massiven öffentlichen Angriffen ausgesetzt war, zur Zielscheibe der Medien wurde und sich schließlich auflöste, sollten noch einige Jahre vergehen.[463] Einstweilen setzte Alfred C. Kinsey eine epochale Zäsur in der Sittlichkeitsdebatte und sorgte für die Herausforderung schlechthin. Der amerikanische Wissenschaftler schuf ein neues Paradigma der Sexualforschung und erregte international Aufsehen. Dass in der Bundesrepublik Deutschland (und anderswo) die Sittlichkeitsverfechter in den fünfziger Jahren so vehement auf den Plan traten, um ihre Sache zu verteidigen, war zuvörderst ihm zuzuschreiben, genauso wie der Umstand, dass nun die Medien den Sex zu entdecken begannen.

KAPITEL 2

Kinsey und der Fortschritt

Auf dem Flugfeld warteten schon die Reporter, und als die Gangway herangefahren wurde, stürmte der Pulk der Presseleute hinauf, um den Mann mit der Fliege und dem Bürstenhaarschnitt in Empfang zu nehmen. Alfred C. Kinsey landete an einem regnerischen Dienstag Ende November 1955 in Frankfurt am Main. Den Mantelkragen hochgeschlagen und die prall gefüllte Aktentasche in der Hand, ließ er sich noch auf dem Flugfeld interviewen. Der ebenso gefeierte wie umstrittene amerikanische Sexualforscher blieb nur wenige Stunden in Frankfurt, denn lediglich eine Zwischenlandung führte ihn auf dem Weg von Kopenhagen nach Barcelona hierher. Was er in dieser denkbar knappen Zeit aber zu sagen hatte, stand an den folgenden Tagen in vielen Zeitungen und war im Radio zu hören.[1]

Verwandte und Freunde hatten ihn nach Europa geschickt, damit er sich von den Strapazen seiner Arbeit erholte. Der Professor nahm sich für die sieben Wochen jedoch etwas anderes vor: In Süditalien, Frankreich, Großbritannien und Skandinavien hielt er Vorträge, suchte Regierungsbehörden und Gefängnisse auf, um sich über die Behandlung von Sexualstraftätern zu informieren, ließ sich das Rotlichtmilieu der Großstädte zeigen, und vor allem studierte er in den verschiedenen Ländern Gesetze, die das Sexualleben regelten. Nein, schockieren konnte ihn auf seiner Reise nichts, erläuterte der 61-Jährige den Journalisten und kündigte an, bald mit seinem gesamten Arbeitsstab zurückzukehren, um eingehende Untersuchungen aufzunehmen. Er war sich sicher, dass bei allen Unterschieden zu den USA auch das Sexualverhalten der Europäer nicht den bestehenden rechtlichen und religiösen Normen entsprach. Die Gesetze Großbritanniens erschienen ihm noch strenger als die amerikanischen; lediglich in Skandinavien hielt er die Bestimmungen für lebensnah und vernünftig. Wann er zurückkehren und Europa genauer studieren würde, präzisierte Kinsey zwar auch auf Nachfrage nicht, dass er aber das Sexualleben der Deutschen ebenfalls erforschen wolle, sagte er auf seinem Zwischenstopp zu. Wie sehr der Kurzbesuch des Wissenschaftlers, dessen Veröffentlichungen international Furore machten, die Presse in der Bundesrepublik bewegte, zeigt das dem Anlass gewidmete »Streiflicht« der *Süddeutschen Zeitung* trotz (oder vielmehr: wegen) seiner um Distanz bemühten Ironie: »Nun sitzen wir da und erwarten des Sexualforschers Heinzelmännchen, auf daß wir endlich erfahren, was wir in der Liebe falsch machen.«[2]

Zeitgenossen attestierten Kinsey weltverändernde Bedeutung. Der Professor für Zoologie hatte gemeinsam mit seinen Assistenten zunächst ein Buch über das Sexualverhalten des Mannes geschrieben: »Sexual Behavior in the Human Male« (dt.: »Das sexuelle Verhalten des Mannes«). Wissenschafter und Publizisten in den USA waren begeistert davon und schwelgten in Superlativen; Kinsey wurde mit Columbus und Einstein verglichen.[3] Die W. B. Saunders Company, ein medizinischer Spezialverlag in Philadelphia, hatte nicht mit dem Ansturm gerechnet und im Januar 1948 nur eine Erstauflage von 5000 Exemplare vorrätig. Nachschub musste rasch beschafft werden, und innerhalb von zwei Monaten waren rund 250 000 Bücher verkauft – für jeweils stolze 6,50 Dollar. Kinsey gelang mit seiner Studie, die sich eigentlich an ein Fachpublikum richtete, einer der größten Bestsellererfolge in der Geschichte der Vereinigten Staaten. Einer Umfrage vom Frühjahr 1948 zufolge hatte jeder fünfte Amerikaner bereits von ihm gehört oder über ihn gelesen; weit mehr als die Hälfte aller Befragten hielt seine Forschung zum menschlichen Sexualverhalten für gut und wichtig. Nach einem Jahr ging sein Buch schon in die neunte Auflage.[4] Der Band »Sexual Behavior in the Human Female« (dt.: »Das sexuelle Verhalten der Frau«), der im September 1953 folgte und im selben Verlag erschien, erfuhr mindestens ebenso hohe Aufmerksamkeit und gelangte fast genauso rasch auf die Bestellerliste. Nach vier Monaten waren 210 000 Bücher verkauft, für acht Dollar das Stück. Die beiden Wälzer von jeweils mehr als 800 Seiten waren alles andere als anschaulich, geschweige denn frivol geschrieben. Vielmehr legte Kinsey trockene und spröde wissenschaftliche Studien vor, gespickt mit Hunderten von Grafiken, Tabellen, Kurven und Statistiken. Fasziniert waren die amerikanischen Leser vom Thema selbst, das nie in solcher Offenheit behandelt und einem breiten Publikum präsentiert worden war. Kinsey weckte Neugier und hohe Erwartungen – und stellte letztlich alles auf den Kopf, was man über Sexualität dachte und zu wissen glaubte.

Alfred C. Kinsey war eigentlich ein international führender Insektenforscher. Seine Studien an Millionen von selbstgesammelten Wespen:

genauer: Gallwespen, die der Harvard-Absolvent präpariert, mikroskopisch untersucht und nach mehreren tausend Arten klassifiziert hatte, galten als unübertroffen. Einen Namen hatte er sich überdies als Verfasser einer vielfach aufgelegten Einführung in die Biologie gemacht. Seit 1920 lehrte Kinsey, der aus Hoboken in New Jersey stammte, an der Universität in Bloomington, Indiana, im Mittleren Westen der USA. Als er dort seinen Lehrstuhl erhielt, war er gerade 26 Jahre alt. Im Jahr darauf heiratete er und wurde bald Vater von drei Kindern. Nachfragen seiner Studierenden veranlassten ihn Ende der dreißiger Jahre, wie er später schilderte, seine Aufmerksamkeit von den Wespen auf die Sexualität des Menschen zu lenken. Er wurde an seiner Universität Dozent eines interdisziplinären Eheberatungskurses. Da Darstellungen über das menschliche Sexualverhalten entweder fehlten oder wegen moralischer Wertungen seiner Ansicht nach unbrauchbar waren, machte er sich im Sommer 1938 daran, das Datenmaterial selbst zu produzieren – indem er seine Familie, seine Studierenden und bald auch die Einwohner der Kleinstadt Bloomington befragte, die zu der Zeit keine 20 000 Personen zählte.

Nicht anders als bei den Wespen legte Kinsey sein Vorhaben groß und systematisch an. Schon früh sicherte er sich Gelder: Es gelang ihm 1941, den Nationalen Forschungsrat und dessen Sonderausschuss zum Studium von Sexualproblemen für sich zu gewinnen. Der Ausschuss, der Anfang der zwanziger Jahre gegründet worden war, hatte bereits zuvor Forschungen zum menschlichen Sexualverhalten initiiert[5] – und war von Kinsey begeistert. Die Rockefeller-Stiftung in New York wurde sein wichtigster Geldgeber.[6] Kinsey reiste mit seinen Assistenten Clyde E. Martin, Wardell B. Pomeroy und Paul H. Gebhard durch die USA, um Männer und Frauen nach ihren sexuellen Erlebnissen, ihren Vorlieben und Abneigungen zu befragen. Die Forscher hatten ein klares Ziel vor Augen: Sie wollten 100 000 Interviews führen. Erst dann, so ihre Überzeugung, ließe sich die gesamte Variationsbreite sexueller Verhaltensformen des Menschen akribisch erfassen.

Kinsey entwickelte ein neues Interviewverfahren: Anders als der in den Naturwissenschaften schon zuvor eingesetzte papierene Fragebogen erlaubte es das persönliche Gespräch, davon war der Forscher überzeugt, Details menschlichen Verhaltens zu eruieren und Aussagen nachzuprüfen. Was er und seine Mitarbeiter über das Sexualverhalten ihrer Gesprächspartner erfuhren, setzten sie in Bezug zu deren Alter, Familienstand, Religion, Wohnort, Bildung, Beruf, sozialer Schicht und Ethnie. Von diesen Kriterien wiederum hing ab, welche und wie viele Fragen sie stellten. Ihr hochdifferenzierter Katalog umfasste in der Kurzversion rund 300, in der Langfassung über 500 Fragen. Viele Einzelpunkte waren miteinander verknüpft, so dass es möglich war, Unstimmigkeiten und Lücken in den Antworten gleich zu bemerken. Ein Interview dauerte mindestens eine, bisweilen auch zwei bis drei Stunden. Nicht nur Erwachsene (bis ins Greisenalter) waren unter den Interviewten, sondern auch Kinder und Jugendliche. Sie wurden nicht nach Kriterien der Repräsentativität ausgewählt; vielmehr zogen Kinsey und sein Team aus verschiedenen sozialen Gruppierungen sogenannte 100-Prozent-Stichproben. Oft dauerte es Wochen und Monate, bis die Bewohner eines Dorfes, sämtliche Insassen eines Gefängnisses, ganze Klostergemeinschaften, Studentenverbindungen, Fabrikbelegschaften und Pfadfindergruppen in Einzelgesprächen gehört worden waren. Nicht immer verlief das Unternehmen problemlos, denn es kam durchaus vor, dass mancherorts die Polizei oder auch ortsansässige Ärzte Protest erhoben und alle Hebel in Bewegung setzten, um die Befragungen zu verhindern. Allerdings glückte Kinseys Gegnern dies selten, und in einigen hundert Fällen wiederholten die Forscher das Gespräch sogar nach einem Jahr, um die Aussagen zu überprüfen.[7] Sie arbeiteten mit den modernsten Methoden: In einem von Kinsey erdachten Spezialcode notierten sie die (Selbst-)Beobachtungen ihrer Gesprächspartner. Diskretion und höchste Geheimhaltung wurden garantiert. Nur sie selbst konnten die Geheimschrift entschlüsseln, in der sie ihre Aufzeichnungen machten; das Verfahren erlaubte es, die Antworten auf einem einzigen Blatt Papier zu notieren, was den Interviewten vermittelte, dass nicht jedes Wort registriert wurde, und Vertrauen schuf. Die Universität Bloomington richtete Kinsey zur Auswertung seines Materials 1947 das Institute for Sex Research ein, das erste sexualwissenschaftliche Forschungsinstitut der USA. Hier sorgte eine Hollerith-Maschine für die statistische Bearbeitung der Daten. Die gesammelten Sexualgeschichten lagerten in feuersicheren Stahlkästen.[8]

Kinseys Buch über den Mann basierte auf 5300 Befragungen, das über die Frau auf 5940 weiteren. Die beiden Studien standen ganz in der Tradition der biologischen Variationsforschung, worauf schon ihre Titel hinweisen. Anhand der Methoden der auf großen Reihenuntersuchungen basierenden naturwissenschaftlichen Klassifizierung wurden aus den Fallgeschichten die verschiedenen Spielarten sexuellen Verhaltens abgeleitet. Kinsey nannte seine beiden Bände »Arbeitsberichte«, was darauf hindeutete, dass er endgültige Befunde erst nach Abschluss aller geplanten Interviews vorlegen wollte. Mehr Einzelergebnisse, so sein Verständnis von Forschung, bedeuteten ein größeres Maß an Wahrheit. Kinsey kündigte beim Erscheinen des Buches über den Mann an, in den kommenden knapp drei Jahrzehnten weitere acht Werke über das menschliche Sexualverhalten folgen zu lassen, darunter Bücher mit Titeln wie »Sexuelle Faktoren in der ehelichen Anpassung«, »Juristische Aspekte des sexuellen Verhaltens« und »Prostitution«; eine der Schriften sollte auch einfach heißen: »Andere Spezialprobleme«.[9] Mehr als insgesamt 18 000 Interviews, von denen Kinsey rund 8000 selbst führte, kamen bis zum Tod des Sexualforschers aber nie zustande. Die Zahl von 100 000 Gesprächen blieb eine Wunschvorstellung, und auch keines der noch geplanten Bücher wurde je geschrieben.

Über das Sexualverhalten der Amerikaner und die Intimsphäre der Deutschen

Als Kinsey begann, das menschliche Sexualverhalten zu erforschen, bestand in der amerikanischen Publizistik bereits ein Markt für Eheratgeber, und in den Illustrierten waren bisweilen dezent formulierte Hinweise für ein sexuell erfülltes Eheleben zu lesen.[10] Populär war in den USA ebenso wie in Europa, vor allem in Deutschland seit den späten zwanziger und frühen dreißiger Jahren, der Ratgeber »Die vollkommene Ehe, ihre Physiologie und Technik«. Das Buch stammte aus der Feder des niederländischen Mediziners Theodoor Hendrik van de Velde, einem pensionierten Gynäkologen, der es für einen breiten Leserkreis verfasst hatte. Van de Velde gab Anleitung in Sachen Liebestechnik und Liebesfreuden, intendierte die erotische Aufwertung der Ehe und erteilte auch Ratschläge für die Empfängnisverhütung. Er ging von der Orientierung an der gesellschaftlichen Norm rationellen Handelns aus; das verbreitete zeitgenössische Gebot sozialer Rationalisierung schloss in den zwanziger Jahren die Sexualität unmittelbar ein.[11] Van de Veldes Botschaft lautete, dass das (eheliche) Sexualleben Freude bereite und Männer wie Frauen der wissenschaftlichen Lenkung bedürften, um dies zu erfahren. In einem zweiten

Buch mit dem Titel »Die vollwertige Gattin« wandte er sich diesbezüglich speziell an Frauen.[12]

Dass der Autor Mediziner war, verwundert nicht. Medizin, Biologie und Psychiatrie avancierten Ende des neunzehnten Jahrhunderts zu den für die Erforschung der Sexualität zuständigen Wissenschaftsdisziplinen. Das Pionierland der Sexualforschung war Deutschland respektive der deutschsprachige Raum, wo auch der Terminus »Sexualwissenschaft« aufkam.[13] Der Logik der Naturwissenschaften gehorchend, erfassten Sexualwissenschaftler eine Vielzahl sexueller Krankheiten und spezifischer sexueller Charaktere und bannten das Sexualverhalten in exakte Kategorien. Im Zentrum ihrer Forschungen und überhaupt der Verwissenschaftlichung der Sexualität standen unter medizinisch-psychiatrischen Gesichtspunkten die abweichenden Formen sexuellen Verhaltens. Die naturwissenschaftlich-medizinische Orientierung brachte es mit sich, dass Sexualität dem Deutungsraster von Gesundheit und Krankheit unterlag. Ihre Verwissenschaftlichung stand im Kontext der gesamten Verwissenschaftlichung des Körpers, der im neunzehnten Jahrhundert als Rätsel galt, dessen Entschlüsselung Aufgabe der Medizin sei. Medizin und Biologie dominierten die Deutung sozialer Entwicklungen. Empirische Erhebungen vermengten sich dabei mit politischer Ideologie und bildungsbürgerlichen Moralurteilen. Sittliche Normen verschmolzen mit Naturgesetzlichkeiten. Naturwissenschaftliches Expertenwissen bestimmte fortan die Sexualität, von der die Erotik abgetrennt war. Fachleute vermaßen Sexualität und stellten ihren Zugriff darauf unter die Kriterien von Rationalität und Objektivität. Im Vordergrund wissenschaftlicher Beschäftigung stand die Sexualpsychopathologie, und nicht zufällig fiel die Erfindung des Begriffs »Homosexualität« gleichfalls in die Zeit um die Jahrhundertwende.[14]

Experten unterschiedlicher naturwissenschaftlicher Disziplinen, darunter Psychiater und Mediziner, etablierten die Sexualwissenschaft als neues Forschungsfeld. Erste Studien unternahmen schon Mitte des neunzehnten Jahrhunderts Paolo Mantgazza und Karl Heinrich Ulrichs, später kamen Richard von Krafft-Ebbing, Sigmund Freud, Henry Havelock Ellis, Albert Moll, Magnus Hirschfeld, Max Marcuse, Wilhelm Reich, Helene Stöcker, Iwan Bloch und einige andere hinzu; viele stammten aus jüdischen Familien. Unverkennbar konturierte die neue Wissenschaft die sexuelle Frage als gesamtgesellschaftliche und gesamtkulturelle, sozusagen als wesentlichen Teil der sozialen Frage. Zur akademischen Disziplin avancierte sie allerdings nicht; ihre Vertreter waren keine Universitätsprofessoren. Mit dem Institut für Sexualwissenschaft entstand unter der Leitung des jüdischen Mediziners Magnus Hirschfeld, des bekanntesten und höchst umstrittenen Sexualwissenschaftlers der Weimarer Republik, 1919 in Berlin eine internationale Pioniereinrichtung. Von der Anatomie über die Psychologie bis hin zur Ethik reichten die Gebiete, die dort erforscht wurden.[15] Der Aufbruch in der Sexualwissenschaft ging in den zwanziger Jahren überdies mit vorsichtigen Ansätzen zu weitreichender sexueller Aufklärung der Bevölkerung einher. Zumal in den deutschen Großstädten entstanden öffentliche Beratungsstellen, die über Geburtenkontrolle und Abtreibung, über die Prävention von Geschlechtskrankheiten, die Sexualerziehung der Jugend, den Schutz lediger Mütter und unehelich geborener Kinder informierten. Die wissenschaftliche Nähe zur gleichzeitig entstehenden Eugenik, ja die deutliche Verknüpfung damit, zählte ebenfalls zu den Kennzeichen der neuen Fachrichtung.[16] Der Psychoanalyse, jener wissenschaftlichen Disziplin, die nicht die naturwissenschaftlich kategorisierte Erforschung des Sexuellen, sondern vielmehr die Einzelpersönlichkeit und ihr Unterbewusstes in den Mittelpunkt rückte und Sexualität in aller (skandalösen) Offenheit verhandelte, stand der anthropologisch orientierte Hirschfeld indes zurückhaltend gegenüber.

Unter den Anhängern der Psychoanalyse fand sich eine Reihe amerikanischer Forscher. Der Psychologe Lewis Terman, der Gynäkologe Richard L. Dickinson (der in kleinerem Rahmen ebenfalls Befragungen durchführte) und die Anthropologin Margaret Mead befassten sich bereits vor Kinsey mit Fragen des menschlichen Geschlechtstriebs.[17] Insbesondere psychoanalytische Theorien, wonach Sexualität eine zentrale Antriebskraft menschlichen Verhaltens darstellt, waren in den Vereinigten Staaten weit verbreitet. Ihre populärwissenschaftliche Aufbereitung und Verkürzung seit den zwanziger Jahren hatte zur Folge, dass sich ein (von Freud nicht intendiertes) Denkmuster in der öffentlichen Wahrnehmung etablierte, das nach »normalem« und »anormalem« Sexualverhalten unterschied.

Kinsey orientierte sich nicht an der Psychoanalyse. Er wollte vielmehr demonstrieren, dass es »normales« und »anormales« sexuelles Verhalten nicht gab. »Nichts hat die freimütige Untersuchung des sexuellen Verhaltens mehr blockiert als die selbst unter Wissenschaftlern fast über die ganze Erde verbreitete Ansicht, daß bestimmte Aspekte dieses Verhaltens normal seien und andere abnorm«, erklärte er in seinem Buch über das Sexualverhalten des Mannes, in dem er die Ziele seines Forschungsunternehmens ausführlich darlegte.[18] »Die Gleichsetzung der Unterscheidung zwischen den Ausdrücken normal und abnorm mit den Ausdrücken Recht und Unrecht weist deutlich auf die weltanschaulichen, religiösen und kulturellen Ursprünge dieser Begriffe hin. Dass Wissenschaftler bereit sind, diese Unterschiede ohne Widerspruch zu akzeptieren, könnte unter Umständen Grund zu ernstester Kritik sein, die spätere Generationen an den wissenschaftlichen Qualitäten der Forscher des neunzehnten und frühen zwanzigsten Jahrhunderts üben könnten.«[19] Mit dem radikalen Empirismus seiner sozialstatistischen Erhebungen etablierte Kinsey einen neuen Zweig der Verhaltenswissenschaft des Menschen. Er war außerdem der erste Forscher, der Sexualität im sozialwissenschaftlichen Kontext untersuchte, indem er Sexualverhalten und soziale Herkunft in Bezug zueinander setzte. Neu waren seine Studien auch insofern, als sie sich nicht mit den Folgen sexuellen Verhaltens wie Geschlechtskrankheiten und Schwangerschaft, sondern mit dem Verhalten selbst befassten. Kinsey präsentierte in seinen beiden Büchern nicht nur eine umfassende Sammlung von Erfahrungswissen der amerikanischen Bevölkerung, sondern stellte zudem seine nicht weniger wichtige Programmatik wissenschaftlicher Objektivität in den Vordergrund, die allerdings nicht frei war von Polemik. Er machte kein Hehl daraus, dass er die religiös und moralisch motivierte Reglementierung der Sexualität ablehnte. »Die vorliegende Untersuchung stellt nun einen Versuch dar, objektiv festgelegtes Tatsachenmaterial über die Sexualität zu sammeln, wobei eine soziale oder moralische Auswertung der Tatsachen strikt vermieden wird«, schrieb er in seinem ersten Band.[20] Ihm ging es vor allem um eines: Fakten zu präsentieren und zu zeigen, dass das Verhalten im Widerspruch zu den in Religion und Recht fixierten moralischen Werten stand. Zwischen Norm und Realität, so seine zentrale Erkenntnis, tat sich eine tiefe Kluft auf.

Die rechtlichen Vorschriften über Sexualität unterschieden sich zwar in den USA von Staat zu Staat, aber Sexualkontakte zwischen Unverheirateten, außerdem Pornografie, Prostitution, Homosexualität, Ehebruch und andere von der christlichen wie der jüdischen Religion als »Verstöße gegen die Natur« apostrophierte sexuelle Verhaltensweisen wurden nahezu überall bestraft. Kinsey kam zu der Überzeugung, dass keine der gesetzlich sanktionierten sexuellen Spielarten abzulehnen sei. Sie gehörten nach seiner Auffassung vielmehr zum Mosaik individueller sexueller Vorlieben. Dass aber die Wissenschaft bei der Untersuchung der Sexualität noch nicht weit vorgedrungen war, führte er gerade auf die Fülle spezifischer Gesetze zur Kontrolle des Sexualverhaltens zurück, die in den USA wie in Westeuropa letztlich eine heillose Verwirrung aus moralischen Werten, weltanschaulichen Befunden und wissenschaftlichen Fakten geschaffen hätten. Kinsey definierte Sexualität ebenso pragmatisch wie an »objektiver« Wissenschaftlichkeit orientiert als messbare Orgasmushäufigkeit. Der Orgasmus war bei ihm der Maßstab des Sexualverhaltens. »Total sexual outlet« lautete der mechanistische Terminus, mit dem er die Gesamtsumme aller Orgasmen aus den von ihm eruierten Quellen sexueller Erregung bezeichnete.[21] Diese waren: heterosexueller Geschlechtsverkehr, den Kinsey nach vorehelichen, ehelichen, außer- und nachehelichen Kontakten unterschied, ferner Homosexualität, Onanie, nächtlicher Samenerguss, Petting und Kontakt mit Tieren.

Nicht weniger als 95 Prozent aller amerikanischen Männer liefen nach Kinseys Forschungen Gefahr, wegen ihres Sexualverhaltens mit dem Gesetz in Konflikt zu geraten. Mehr als 90 Prozent hatten demnach vorehelichen Geschlechtsverkehr, 37 Prozent besaßen homosexuelle Orgasmuserfahrungen, und 15 Prozent aller Verheirateten teilten ihre sexuellen Erlebnisse nicht mit ihrer Ehefrau. Dass Heterosexualität keine exklusive Verhaltensweise, sondern vielmehr von homosexuellen Phasen unterbrochen war, stellte eine weitere grundlegende neue Erkenntnis dar, mit der Kinsey an die Öffentlichkeit trat. Er lehnte die psychologische Pathologisierung der Homosexualität ab, die sowohl die Psychoanalyse als auch die Vulgärpsychologie vertraten. Nach Kinsey war Homosexualität weder abnorm noch eine Krankheit, sondern eine »natürliche« Verhaltensweise. Er forderte daher mit Nachdruck die rechtliche und gesellschaftliche Anerkennung der Homosexualität. Kinsey wurde gleich nach Erscheinen seines Buches über den Mann unter Homosexuellen weltweit zum Hoffnungsträger; in den USA, wo Homosexuelle in vielen Staaten der Bestrafung ausgesetzt waren, begannen diese Anfang der fünfziger Jahre, sich zu organisieren. Auch in Europa, wo Homosexualität unter Erwachsenen lediglich in Dänemark (seit 1932), den Niederlanden (seit 1936), der Schweiz (seit 1942) und Schweden (seit 1944) nicht mehr gesetzlich sanktioniert wurde, galt der Sexualforscher als Befreier.[22]

Nach Kinsey waren nur vier Prozent aller Männer und zwei Prozent der Frauen ausschließlich homosexuell; die große Mehrheit fühlte sich hingegen in unterschiedlicher Intensität und innerhalb gleitender Übergangsformen vom gleichen wie vom anderen Geschlecht sexuell angezogen.[23] Kinsey veranschaulichte diesen Befund anhand einer Grafik, später »Kinsey-Skala« genannt, die in insgesamt sieben Kategorien die verschiedenen Mischformen homo- und heterosexuellen Verhaltens auf statistische Werte brachte.[24] Er plädierte dafür, nicht länger zwischen Hetero- und Homosexualität zu differenzieren, sondern mit dem Begriff »soziosexuelles Verhalten« eine alle Formen umfassende, wertneutrale Sprachregelung zu finden.

Neu war außerdem, dass sich Häufigkeit sowie Art und Weise des Geschlechtsverkehrs Kinseys Erkenntnis zufolge nach schichtenspezifischen Kriterien richteten. Am Sexualverhalten ließen sich tiefe Klassenunterschiede nachzeichnen. Männer aus unteren sozialen Einkommensklassen machten früher heterosexuelle Erfahrungen, onanierten seltener und suchten häufiger Prostituierte auf als Besserverdienende. Auf dem Land kam es häufig vor, dass Männer sexuellen Kontakt mit Tieren suchten. Und in der sozialen Oberklasse war die Toleranz für homosexuelles Verhalten ausgeprägter als in anderen Schichten. Was politisch und gesellschaftlich als »abnorm« verurteilt wurde, war nach Kinsey das biologisch ursprüngliche Verhalten. Er schrieb in seinem Buch über das sexuelle Verhalten des Mannes: »Viele sozial und intellektuell hervorragende Personen in unseren Berichten, erfolgreiche Wissenschaftler, Erzieher, Ärzte, Geistliche, Geschäftsleute und Personen in hohen Regierungsstellen bringen in ihren Sexualberichten sozial tabuierte Einzelheiten und Weisen (sic!), zusammengenommen, fast die ganze Spanne sogenannter sexueller Anomalien auf. Unter den sozial erfolgreichsten und persönlich am besten angepaßten Personen, die uns Berichte gaben, sind manche, deren Raten der Triebbefriedigung ebenso hoch sind wie die irgendeines Falles, der in der Literatur als Nymphomanie oder Satyriasis angeprangert oder in der Klinik als solcher diagnostiziert wurde.«[25]

Kinseys Band über das Sexualverhalten der Frau, das nicht nur auf Interviews, sondern auch auf der Auswertung von Tagebüchern, Briefen, Zeichnungen und persönlichen Kalendern basierte, zeigte deutlich, dass vor- und außereheliche Sexualkontakte auch unter der weiblichen Bevölkerung Amerikas gang und gäbe waren. Nahezu die Hälfte aller interviewten Frauen – insbesondere die nach 1900 geborenen – besaß vor ihrer Ehe bereits Koituserfahrungen. Nicht wenige ledige Frauen hatten mehrere Geschlechtspartner, und nahezu keine verzichtete auf Petting. Reichlich ein Viertel aller Ehefrauen pflegte zudem geschlechtliche Beziehungen mit einem anderen Partner als ihrem Ehemann. Kinsey hielt Frauen gleichwohl für weniger am Sexualleben interessiert als Männer. Sie waren seinen Ergebnissen zufolge sexuell nicht so aktiv, verhielten sich gehemmt und hatten im Laufe ihres Lebens auch weniger Sexualpartner.

Ihre höchste sexuelle Erlebnisfähigkeit erreichten Frauen nach Kinsey zwischen Dreißig und Vierzig, während Männer sie mit etwa zwanzig Jahren bereits wieder hinter sich hatten. Homosexualität war vor allem unter Frauen aus der Mittelschicht verbreitet. Soziale Klassenunterschiede wirkten sich in der weiblichen Bevölkerung insgesamt zwar nicht ähnlich gravierend aus wie bei Männern. Feststellen ließ sich aber, dass sexuelle Zufriedenheit unter Frauen der Oberschicht verbreiteter war als unter Arbeiterinnen. Indem Kinsey auf die physiologische Ähnlichkeit weiblicher und männlicher Sexualität verwies und Frauen sexuelle Lust attestierte, widersprach er massiv der unter Psychiatern verbreiteten Annahme von der weiblichen Frigidität. Gelangte eine Frau nicht zum Orgasmus, so Kinsey, lag dies nicht etwa an ihrer Unfähigkeit zu sexueller Reaktion, sondern eher daran, dass sie von ihrem Partner nicht hinreichend stimuliert worden war.

Kinsey demonstrierte die gesamte Variationsbreite menschlichen Sexuallebens – und erklärte sie für »natürlich«. Er erfand die Naturalisierung des Sexuellen zwar nicht, die bereits mit dem Aufkommen der Sexualwissenschaft entstanden und Teil des Trends zur Säkularisierung des sozialen Lebens war. Auch entwickelte er, anders als Freud, keine Theorie. Aber er setzte neue Akzente, indem er die Verwissenschaftlichung der Sexualität in beispielloser Breite empirisch fundierte und ihr eine völlig neuartige Deutungsrichtung gab. Denn unter Betonung wissenschaftlicher Objektivität erhob er den Anspruch, Sexualität aus ihren moralischen Fesseln zu lösen und die Absurdität und Ineffektivität religiöser Weisungen und strafrechtlicher Vorschriften aufzuzeigen. Sexualität war nach seiner Erkenntnis an kein Lebensalter und keinen körperlichen Reifungszustand gebunden – und schon gar nicht an den Zweck der Fortpflanzung. Kinsey brach mit dem etablierten wissenschaftlichen Diskurs und befasste sich als Erster nicht mehr mit den sogenannten Pathologien der Sexualität. Indem er sich von jeder Moralisierung distanzierte und die Natürlichkeit sämtlicher Variationen sexuellen Verhaltens propagierte, rückte er von den Kernüberzeugungen der Verwissenschaftlichung der Sexualität ab und schuf neue.

Bei aller Kritik an den sexualmoralischen Normen stellte Kinsey die Ehe nicht in Frage. Vielmehr wollte er ihre Stabilisierung und betonte, sexuelle Erfüllung garantiere sowohl eheliches Glück als auch den dauerhaften Bestand der Ehe. Er trat jedoch mit Nachdruck für die Abschaffung der sozialen Kontrolle von Sexualität ein. Aufgabe der Wissenschaft war es seiner Meinung nach nicht, die Rationalisierung veralteter Sitten zu betreiben. »Unsere heute gültigen gesetzlichen Definitionen sexueller Akte als ›zulässig‹ oder ›natürlich‹ und als ›widernatürlich‹ fußen nicht auf Daten, die Biologen erarbeitet haben, noch auf der Natur selbst. Im Gegenteil, Laien, Juristen und Wissenschaftler, alle haben die antiken Gesetzesvorschriften als letzte Quelle für moralische Werturteile, für unser heutiges juristisches Vorgehen und für die Liste jener Verhaltensformen akzeptiert, die in ein Lehrbuch der abnormen Psychologie gehörten«, schrieb er.[26]

Indem Kinsey zeigte, dass die Bevölkerung unablässig gegen sexualmoralische Normen verstieß, dabei aber lediglich »natürlicher« Veranlagung nachging, agierte er nach eigener Wahrnehmung in aufklärerischer Absicht. Er nahm sich vor, eine für falsch erachtete, Angst und Unterdrückung verursachende Schamhaftigkeit zu entlarven. Kinsey trat im Dienst von Wissenschaft und Fortschritt an – gegen die für rückständig und schädlich erachtete, indes gesellschaftlich etablierte und von Staat und Kirchen getragene Auffassung über Sexualität. Er formulierte (wie Freud und viele andere Sexualforscher) die Repressionshypothese, wonach zwischen autoritärer Sexualmoral und Triebunterdrückung ein Zusammenhang bestand, und knüpfte daran seine Forderung nach sexueller Liberalisierung. Ausgehend von der Überzeugung der Fortschrittlichkeit, entwickelte er ein mechanistisches Funktionsmodell, mit dem Orgasmus als Zentrum und Maßstab von Sexualität. Kraft und Zuversicht, überhaupt zukunftsorientierter Gestaltungsoptimismus waren dabei die an seine Auffassung von Sexualität geknüpften Versprechungen. Er bot damit letztlich ein weltanschauliches Gegenprogramm gegen die von Angst und Pessimismus getragene Verfallsprophetie der Verfechter sexualmoralischer Sittlichkeit, die es auch in den USA gab.

Im Wesentlichen beruhte Kinseys Lehre von der Naturalisierung des

Sexuellen nicht weniger auf einer ideologischen Grundannahme als die von Sittenwächtern hochgehaltene Anschauung, wonach Sexualität sozial gefährlich sei und jeder Verstoß gegen die tradierte Moral geradewegs in den Untergang führe. Zwar postulierte Kinsey anders als seine Gegner ein genuin positives Zukunftsverständnis, aber er erachtete Sexualität ebenfalls als Mittel, besser: als zentrale Größe der Gesellschaftsgestaltung. Die emphatische Forderung nach Abkehr vom Hergebrachten gründete in seiner tiefen Überzeugung, dass bestehende soziale Strukturen unüberwindbar und eine bessere Zukunft machbar seien. Seine Botschaft war im Kern nicht weniger eine weltanschauliche Lehre als die hergebrachte Ordnung von Sittlichkeit und Anstand. Dogmatisch traten auch Kinsey und seine Anhänger auf, denn der Forscher erhob nicht weniger Anspruch auf »Wahrheit« als seine Gegner. An Sendungsbewusstsein fehlte es ihm überdies nicht; vieles weist darauf hin, dass er in hohem Maße Charles Darwin nacheiferte, den er sehr bewunderte.[27] So wie Darwins Erkenntnisse über die Artenvielfalt im Tierreich bahnbrechend für die Evolutionsgeschichte gewirkt und die Anhänger der biblischen Schöpfungsordnung herausgefordert hatten, wollte Kinsey mit seinen Forschungen ein wissenschaftliches und gesellschaftliches Umdenken einleiten. Dabei war offensichtlich, wie sehr die politische und soziale Gegenwart seine Forschungen geradezu bedingte. Es ging ihm um ein sozialreformerisches Projekt: um die Befreiung der Sexualität aus ihren gesellschaftlichen Zwängen, um eine genuin freiheitsutopische Idee, gekleidet in ein naturwissenschaftlich-biologisches Gewand. Und er hegte keinerlei Zweifel daran, der Menschheit einen großen Dienst zu erweisen. Seine Wissenschaft trug Züge einer Mission, und sie barg eine große Prophetie: das Versprechen, eine nicht reglementierte Sexualität bereichere das menschliche Leben und sei das Herzstück individuellen Glücks. Mit Kinsey avancierte Sexualität zu einem Kernelement des »Pursuit of happiness«, des in der Verfassung der Vereinigten Staaten verankerten Leitgedankens amerikanischen Selbstverständnisses, wonach das Streben nach Glück zu den unabänderlichen und gottgegebenen Rechten eines jeden Einzelnen gehört. Mit Befreiung der Sexualität – seinen Freiheitsbegriff konturierte er nicht näher – meinte Kinsey deren Erhebung zum Mittel der Selbstverwirklichung; Individualismus und Gemeinwohl standen sich in der öffentlichen Auseinandersetzung über seine beiden Bücher künftig (in den USA ebenso wie anderso) diametral gegenüber.

Auf seinen vielen hundert Seiten verlor Kinsey kaum ein Wort über den (männlichen und weiblichen) Körper beim Sexualakt. Im Vordergrund standen bei ihm vielmehr die Strukturen sexuellen Verhaltens. Die erschöpfende Fülle des von ihm gesammelten Detailwissens sollte der Entschlüsselung und Kategorisierung dieses Verhaltens dienen. Mit Faktenorientierung und naturwissenschaftlicher Sprache ließen sich kühle Distanz zum Gegenstand schaffen und überhaupt die von ihm hochgehaltene »Objektivierung« herstellen – oder was Kinsey dafür hielt, denn ohne Zweifel nutzte er den naturwissenschaftlich-rationalen Gestus dazu, seine Wahrheitsversion zu verkünden. Auf dem Wege der sprachlichen und stilistischen Nüchternheit wollte er entzaubern, was als »Mysterien der Sexualität« recht ungenau im allgemeinen Bewusstsein verankert war. Beschreibungen des Körpers und überhaupt der sozialen und emotionalen Bezüge hätten wohl die Grenze zum Sinnlichen überschritten, womit die Beschäftigung mit dem Gegenstand nicht mehr legitim erschienen wäre. Emotionslosigkeit war Kinseys Mittel, um über Sexualität zu sprechen, aber auch sein Kalkül, um Glaubwürdigkeit zu erlangen. Dass sexuelle Handlungen bei ihm ohne Vorstellungen und Fantasien abliefen, entsprach ganz den zeitgenössischen Sagbarkeitsregeln. Seine technisch-mechanistische Auffassung vom Körper kam in der (wohl eher unbewusst gewählten) Symbolik ebenfalls zum Ausdruck. Kinseys zentraler Begriff »outlet« bedeutete wörtlich übersetzt »Ventil«. Der Körper funktionierte demnach wie eine Maschine, ein Bild, das keineswegs neu, sondern historisch längst etabliert war.[28] Kinseys revolutionäre Botschaft von der Befreiung der Sexualität war de facto an das alte Bild des Leibes und dessen althergebrachte gesellschaftliche Formierung geknüpft. Dass sie so populär wurde, lag vermutlich gerade an den Traditionen, auf denen sie aufbaute.

Kinseys Name stand für eine Zeitenwende im Umgang mit Sexualität. In der öffentlichen, in den Medien ausgetragenen Diskussion über ihn ging es nicht um die Details seiner Forschungsergebnisse, sondern vielmehr um das Thema selbst. Die Kurzformel »Kinsey-Report« bürgerte sich in den USA umgehend ein, ebenso wie die verballhornte Redeweise vom Preis für Band eins, der für »sex fifty« zu haben war. Es dauerte auch nicht lang, bis der Name des Professors, der in den USA für Sinnliches ebenso stand wie für Frivol-Schlüpfriges, zum Synonym für »Sex« avancierte.[29]

Unzüchtige Lektüre oder sexualwissenschaftliche Aufklärung? Eine Amerikanerin liest den »Kinsey Report« über das sexuelle Verhalten des Mannes. Die Aufnahme wurde zum Jahresende 1953 in der Radio Review veröffentlicht.

Wie populär Kinsey wurde, zeigten Radiosendungen, Theaterstücke und Kabaretts, denn überall war er gleich das Thema Nummer eins. Auch Lieder und Gedichte entstanden über ihn, und eine neue Schallplatte trug den Titel »Ohh Dr. Kinsey«. Die Werbeindustrie zögerte nicht, allerlei Waren mit seinem Namen zu vermarkten und in die Welt zu tragen. Der Name »Kinsey« prangte an Hauswänden, Bussen und Tankstellen, und Sex wurde zum Verkaufsmotor. War etwas »hotter than the Kinsey report«, bedeutete dies unerhörte Pikanterie. Die USA feierten Kinsey gleich nach Erscheinen seines ersten Bandes als »neuen Volkshelden«, wie einer seiner Kritiker tadelnd hervorhob.[30] *Time Magazine*, das weltweit größte Nachrichtenmagazin, stellte Ende 1952 lapidar fest: »The name of Dr. Alfred Kinsey is a household word.«[31]

Kinseys Bände wanderten in die Bücherschränke bürgerlicher Familien. Ihren Inhalt kannte aber auch, wer sich nicht der Mühe ihrer Lektüre unterzog. Denn für ihre publizistische Verbreitung sorgte in den USA rasch eine Reihe günstiger Taschenbücher. Der Rechtsanwalt Morris L. Ernst und der Journalist David Loth verfassten noch 1948 eine der ersten populärwissenschaftlichen Publikationen über seine Befunde.[32] Vor allem aber trieben die Illustrierten Kinseys Popularisierung voran. Schon über Band eins berichteten die bunten Blätter; als schließlich fünf Jahre später der zweite Band herauskam, der ursprünglich schon 1949 hätte erscheinen sollen, sich aber ein ums andere Mal verzögerte, rollte eine beispiellose Medienwelle an.[33] Kinsey bestimmte, dass vor dem 20. August 1953 weltweit kein einziger Pressebericht darüber erscheinen durfte. Erst dann sollte eine konzertierte Medienaktion beginnen; Erscheinungstermin seines Buches über die Frau war der 14. September. Kinsey war überzeugt davon, dass ihm mit Band zwei dank seiner geschickten Pressekampagne noch höhere Verkaufszahlen beschert sein würden als beim Vorgänger.[34] Die Journalisten gaben dem großen Tag sogleich einen Namen: Die Medienwelt wartete fieberhaft auf den »K-Day«.[35]

Kinsey erlaubte im Mai und Juni 1953 rund sechzig ausgewählten Reportern aus den USA, Europa und Australien, für vier Tage nach Bloomington zu kommen. Auf dem Gelände der Universität untergebracht und von ihm selbst betreut, durften sie das Manuskript lesen und darüber schreiben. Kinsey vereinbarte vertraglich mit jedem Einzelnen, dass ihm das Recht vorbehalten blieb, die unveröffentlichten Artikel zu lesen und sachliche Fehler zu korrigieren. Auch die Wortzahl legte er exakt fest. Pünktlich zum 20. August brach denn auch eine wahre Lawine über die Amerikaner herein. Sie erlebten einen der größten Werbefeldzüge ihrer Pressegeschichte. Nie zuvor war ein Buch mit solcher Vehemenz publizistisch begleitet und so angespannt erwartet worden. Illustrierte und Nachrichtenmagazine, Familienmagazine, Hausfrauenblätter und auch die *New York Times* berichteten über »Sexual Behavior in the Human Female«.[36] In *Collier's, Life, Woman's Home Companion, Newsweek, Time Magazine, Redbook, Mc Call's, Harpers, People, Reader's Digest, Modern Bride, Cosmopolitan, Look, Mademoiselle, Ebony, Today's Woman* und *Ladies' Home Journal* waren mit Kinseys Konterfei üppig bebilderte Artikel zu lesen. Überall wurde über ihn, seine Herkunft, seine Karriere und sein Privatleben geschrieben; auch dem Intellektuellenblatt *The New Yorker* war Kinsey einen Bericht wert.

Wenngleich Kinsey im ganzen Land zugejubelt wurde, meldeten sich schon früh Kritiker zu Wort. Bedeutende Persönlichkeiten des öffentlichen Lebens schalteten sich ein, darunter die Anthropologin Margaret Mead, der Theologe Reinhold Niebuhr und der Literat Lionel Trilling. Konnte eine wissenschaftliche Untersuchung überhaupt »wertfrei« sein?

Entsprachen Kinseys Methoden tatsächlich »objektiven Kriterien«? Wie zuverlässig waren seine Befunde, wie valide war seine empirische Basis? Die Auswahl der Interviewpartner galt vielen Kritikern als nicht repräsentativ. Dies nicht nur wegen der großen Zahl an Homosexuellen und Gefängnisinsassen, die befragt worden waren, sondern auch, weil Kinsey nahezu ausschließlich die weiße Bevölkerung einbezogen und vorwiegend die nordöstlichen Staaten der USA bereist hatte. Zweifel kamen außerdem an der Erinnerungsfähigkeit der interviewten Männer und Frauen auf. Psychologen und Umfrageexperten hielten das Vertrauen der Forscher, die davon ausgingen, von ihren Gesprächspartnern stets die Wahrheit zu erfahren, für leichtsinnig und falsch. Statistiker erachteten die Auswertungen und ihre grafische Darstellung als irreführend und bemängelten, dass sie weder auf erschöpfenden Massenbefragungen noch auf repräsentativen Stichproben beruhten und daher wissenschaftliche Exaktheit und Zuverlässigkeit nur vortäuschten.[37] Dass Fragen der Moral bei Kinsey keine Rolle spielten und er jegliche rechtliche und soziale Norm negierte, sorgte für besonders große Irritation. Vertreter der katholischen Kirche lehnten seine Befunde entschieden ab. Sie hielten deren öffentliche Verbreitung für überaus gefährlich und kritisierten, Kinsey lasse in materialistischer Manier Liebe, Gefühle und geistige Werte außer Acht und hebe etablierte Wertmaßstäbe auf. Freudianer distanzierten sich ebenfalls von ihm, da Kinsey sich gegen die Psychologisierung des Sexualverhaltens aussprach, was eine Kontroverse zwischen somatischen und psychosozialen Konzeptualisierungen von Sexualität auslöste. Die Anhänger Freuds warfen ihm Ignoranz vor, attestierten ihm mechanistischen Behaviorismus und hielten ihn für einen Förderer sexueller Zügellosigkeit.

Als im September 1953 das Buch über das Sexualverhalten der Frau auf den Markt kam und reißenden Absatz fand, ging ein Aufschrei durch die USA. Nicht lange, und Kinsey hatte die Gunst weiter Kreise der amerikanischen Öffentlichkeit, die ihm gerade noch zugejubelt hatte, schon wieder verloren. Seine wissenschaftlichen Ergebnisse wirkten erschütternd, weil sie den Annahmen über die soziale Rolle der Frau grundlegend widersprachen. Dass Kinsey Frauen sexuelle Aktivität zuschrieb, galt an sich schon als skandalös. Die prozentgenaue Angabe ihrer sexuellen Normverstöße und die offene Auseinandersetzung damit sorgten erst recht für einen Proteststurm. Die statistischen Befunde des Forschers untergruben die geschlechtliche Doppelmoral. Vor allem konservative Frauenorganisationen machten nun gegen Kinsey mobil.[38]

Weibliche Untreue galt zumal im Kalten Krieg als Ursache und Symptom nationaler Instabilität. Ehe, Familie und die traditionelle Hierarchie der Geschlechter wurden als Garanten sozialen Zusammenhalts und als Bollwerk gegen den Kommunismus erachtet – nicht nur in den USA. Im Kontext des Ost-West-Konflikts erlangte Kinseys Buch über die Frauen unmittelbar politische Bedeutung. Der fünf Jahre zuvor noch gefeierte Forscher galt nun mit einem Mal als Gefahr für die gesellschaftliche Ordnung der Vereinigten Staaten. J. Edgar Hoover, der Direktor des Federal Bureau of Investigation, erklärte, Kinsey unterminiere die Moral der Bevölkerung. Durch seine »zersetzenden« Befunde gebe er Ehe und Familie dem Verfall preis und gefährde den gesellschaftlichen Zusammenhalt. Vertreter der McCarthy-Ausschüsse beschimpften Frauen, die Kinsey und seinem Team Auskunft gegeben hatten, als »unamerikanisch«. Pitirim A. Sorokin, ein Soziologe in Harvard, klagte, die Amerikaner beschäftigten sich seit Kinsey nur noch mit Sexualität. Er nannte dies ohne Umschweife die »größte Bedrohung der amerikanischen Demokratie seit der Entstehung des Faschismus in Europa«.[39]

Die allgemeine Empörung blieb nicht ohne Folgen: Im Sommer 1954 entzog die Rockefeller Foundation Kinsey ihre finanzielle Unterstützung. Welche Probleme der Sexualforscher hatte und dass er um seine Reputation und die Zukunft seines Instituts fürchten musste, ahnte in der Bundesrepublik noch niemand, als er, zermürbt von der Kritik und gesundheitlich schon schwer angeschlagen, im November 1955 in Frankfurt zwischenlandete. Die Nachricht vom Versiegen seiner Geldquelle wurde hier erst später publik.[40] In der Bundesrepublik, wo sein Name schon seit Erscheinen seines ersten Bandes bekannt und alsbald populär war, avancierte er, nicht anders als in den USA, seit 1948 unter Anhängern wie Kritikern zum Inbegriff der Idee von der befreiten Sexualität.[41]

Kinsey setzte seine Auffassung von einer Sexualität ohne Normen und Restriktionen der traditionellen Meinung entgegen, wonach nur eine sittlich und kulturell überformte Sexualität den Kern allgemeinverbindlicher Regeln der menschlichen Existenz bilden könne. Er verstand seine Wissenschaft als Streben nach Modernisierung, überhaupt als Emanzipation von der überlieferten Lebensordnung. Das hoffnungsvolle Zukunftsversprechen seiner Erkenntnisse, das nach seiner Vorstellung Lebensglück,

Alfred C. Kinsey im November 1955 bei seiner Ankunft auf dem Frankfurter Flughafen. Journalisten umringten den berühmten Sexualwissenschaftler, der sich daranmachen wollte, auch das Sexualleben der Europäer zu erforschen.

Erfüllung, Orientierung und Freiheit ermöglichen sollte, hatte Folgen von internationaler Tragweite. Kinsey wurde sowohl in den USA als auch in der Bundesrepublik Deutschland und anderswo zur Symbolfigur und zum Antriebsmotor eines grundlegenden Wandels im Umgang mit Sexualität. Es ist wohl nicht übertrieben zu behaupten, dass seine Studien in der westlichen Welt nicht nur sozialkulturell einschneidend waren, sondern Veränderungen auslösten, ja einen epochalen Umbruch markierten: Kinsey stand in den Augen seiner Zeitgenossen für die Moderne schlechthin. So lag seine Bedeutung denn auch in der Wirkung, die von ihm ausging.

Der mediale Trubel um den Sexualforscher war ein Werk der Populärkultur. Die USA, Pionier der kapitalistischen Marktgesellschaft und ihrer Transformation in eine Konsumgesellschaft, zeigten beispielhaft, wie der Konsum weit über die wirtschaftlichen Bezüge hinaus Lebensstil und Alltagskultur der Moderne prägte, ja letztlich überhaupt erst erfand. Kinsey entwickelte sich in rasantem Tempo zu einer Ikone der Reklame und der sogenannten Massenpresse. In der sich herausbildenden deutschen Konsumgesellschaft nahmen sich gerade die (Unterhaltungs-)Medien am so übermächtigen wie umstrittenen kulturellen Vorbild USA ein Beispiel. Kinseys Befunde wurden in der Bundesrepublik ebenfalls groß und sensationell aufbereitet.

Einer der Ersten, der das Thema in Westdeutschland populär machte, war Walther von Hollander. Er hatte im Dritten Reich als Drehbuchautor für die Universal Film AG (UfA) gearbeitet und war seit Kriegsende Mitarbeiter des Nordwestdeutschen Rundfunks. Hollander veranstaltete im Februar 1948, gerade einmal fünf Wochen nach dem Erscheinen von Kinseys erstem Band, einen ganzen Abend über dessen aufsehenerregende Forschung. Schauplatz seines Auftritts war das Amerikahaus in Hamburg, damals noch eine Lesestube.[42] Die USA wurden der deutschen Bevölkerung im Programm der Amerikahäuser und Deutsch-Amerikanischen Institute im Rahmen des strategischen Programms von r*eeducation* und *reorientation* nicht nur als Modell der Demokratie und als führendes Land in Wissenschaft und Technik, sondern programmatisch auch als Kulturnation präsentiert.[43] Kinsey war Bestandteil der amerikanischen »Kulturoffensive«. Walther von Hollander besaß, anders als die meisten Referenten der Amerikahäuser, zwar keine USA-Erfahrung, als Verfasser des 1940 erschienenen Ratgebers »Das Leben zu zweien« war er aber geradezu prädestiniert, über Kinsey zu berichten. Die *Berliner Illustrierte Zeitschrift* hatte in der NS-Zeit einen Vorabdruck seines Buches als Serie veröffentlicht, woraufhin er zahllose Zuschriften erhalten hatte und bereits damals als Eheberater tätig geworden war. Sein Buch hatte während des Krieges trotz Papierkontingentierung hohe Auflagen erzielt und war noch in den letzten Kriegsmonaten in einer eigenen Frontbuchhandelsausgabe herausgekommen.[44] In seinen Romanen und Ratgeberschriften zu Eheführung und Sexualerziehung, die Hollander auch schon in der Weimarer Republik veröffentlicht hatte, trat er für eine neue Ordnung des Geschlechterverhältnisses ein. Er bejahte die weibliche Berufstätigkeit ebenso wie die rechtliche und soziale Gleichberechtigung der Frauen, erlegte ihnen allerdings gleichzeitig die Verantwortung für den Bestand von Ehe und Familie auf und ermahnte sie, eigene Interessen zurückzustellen. Walther von Hollander wurde nach Kriegsende rasch zum weitaus bekanntesten Lebens- und Eheberater in der Bundesrepublik. Er vertrat seine Ansichten nach Kriegsende in Artikeln und Serien für verschiedene

Frauenzeitschriften, darunter die auflagenstarke *Constanze*,[45] die ausführlich über außereheliche Beziehungen, »ledige Mütter«, Sexualaufklärung und Methoden der Empfängnisverhütung berichtete.[46] Das Blatt erschien seit 1948 bei John Jahr in Hamburg. Mit rund 600 000 Exemplaren war die *Constanze* Mitte der fünfziger Jahre die erfolgreichste bundesdeutsche Frauenzeitschrift; sie erreichte rund 1,35 Millionen Leserinnen, was einem Anteil von rund 4 Prozent entsprach.[47] Als die Rundfunkzeitschrift *Hör zu!* im November 1949 ihre Kolumne »Fragen Sie Frau Irene«, ein Diskussionsforum zu Fragen der privaten Lebensführung, startete, verpflichtete die Chefredaktion ebenfalls Hollander als deren (anonymen) Autor, der zum Erfolg des Blattes aus dem Axel-Springer-Verlag, das programmatisch eine heile Welt vermittelte und mit einer Auflage von über einer Million bald zur marktbeherrschenden Programmzeitschrift aufstieg, maßgeblich beitrug.[48] Mitte der fünfziger Jahre erhielt er beim Norddeutschen Rundfunk die wöchentliche Radiosendung »Was wollen Sie wissen?«

Hollander war von Kinsey begeistert. In der 1955 erschienenen und ergänzten Neuauflage seines Ehebuches »Das Leben zu zweien« sollte er sich schwärmend zu dem amerikanischen Forscher äußern. Wie dieser sah Hollander das Wesen der Sexualität nicht in der Zeugung, sondern in der erotischen Liebeskunst. Der Mensch sei zwar nicht ausschließlich ein Sexualwesen, schrieb er, dies aber doch so sehr, dass er über die von Kinsey erforschte »Natur der Sexualität« informiert sein müsse.[49] Die *Welt*, die über seinen Vortrag im Hamburger Amerikahaus 1948 berichtete, ließ sich vom Enthusiasmus und der Neugier des Referenten, aber auch von der Sprengkraft des Themas jedenfalls packen: »Wieviel Prozent aller Ehemänner sind ihren Frauen treu? Wie hoch ist der Anteil der ›Don Juans‹ in der menschlichen Gesellschaft?«, begann der Reporter seinen Bericht. Er hegte keinen Zweifel daran, dass Kinseys Befunde Allgemeingültigkeit besaßen und auch auf Deutschland zutrafen. Für sprachliche Trends aus den USA ebenfalls offen, fragte er, welche »sensationellen Facts« der Forscher wohl noch ans Licht bringen werde.[50]

Während Kinseys erster Band noch 1948 ins Französische, im Jahr darauf auch ins Schwedische und Italienische übersetzt wurde, in Großbritannien eine Sonderausgabe herauskam und bis 1953 insgesamt sechs fremdsprachige Übersetzungen vorlagen, dauerte es noch viele Jahre, ehe die deutsche Version der Bücher erschien.[51] Dies lag vor allem an der Situation des Verlagswesens nach Kriegsende, das sich ökonomisch und organisatorisch erst festigen musste. Der Joachim-Henrich-Verlag in Frankfurt am Main und der medizinische Spezialverlag Ferdinand Enke in Stuttgart zeigten zwar schon früh Interesse an Kinsey, scheuten aber die Übersetzungskosten.[52] Aber schon rasch und lange vor der Gesamtausgabe lag auf Deutsch Anfang der fünfziger Jahre ein ganzes Kaleidoskop allgemeinverständlich geschriebener und überaus preisgünstiger Kurzfassungen im Taschenbuchformat vor. Der Jurist Paul Hugo Biederich und der Psychotherapeut Leo Dembicki veröffentlichten 1951 im Verlag Franz Decker eine Populärversion unter dem Titel »Die Sexualität des Mannes. Darstellung und Kritik des Kinsey-Report«, die sich überaus erfolgreich verkaufte. Die ebenfalls bei Franz Decker erschienene Zeitschrift *Liebe und Ehe* brachte bereits im Vorjahr eine achtzigseitige, kleinformatige Sonderausgabe mit dem Titel »Das Geschlechtsleben des Mannes nach den Ergebnissen des Kinsey-Report« heraus.[53] Nach einem Jahr ging das Büchlein, das für nur 2,80 Mark zu haben war, bereits in die zweite Auflage. Das Unternehmen Franz Decker, ansässig in Regensburg und Wien, nannte sich »Verlag für Sexualliteratur« und zählte zu den Versandbuchhandlungen, einer Branche, die nach Kriegsende schon früh das Geschäft mit der Sexualität entdeckte. Der Betrieb entwickelte sich rasch zu einem der größten Erotikverlage in der Bundesrepublik; »Decker-Bücher« waren alsbald ein Markenname. Das Verlagsprogramm bestand aus einer Mischung aus Sexualaufklärungsschriften und erotischen Publikationen, die per Bestellschein angefordet werden konnten. Im Rahmen der Reihe »Aktuelle Sexualfragen« erschien bei Decker unter anderem das »Illustrierte Wörterbuch des Sexuallebens«, das binnen kurzem drei Auflagen erzielte. Im Jahr 1954 veröffentlichte der Verlag eine populärwissenschaftliche Zusammenfassung des Buches über die Frau.[54] Darin fand harsche Kritik an Kinsey Eingang, dessen sozialreformerische Intention als Fehler bezeichnet wurde, vom »Kinsey-Irrtum« war die Rede.[55] Ein Schweizer Verlag brachte alsbald eine populäre Kurzversion des zweiten Bandes mit dem Titel »Dr. Kinsey und die Frau« heraus; es erschien Mitte der fünfziger Jahre bereits in dritter Auflage.[56]

Sexualität weckte hohes Leserinteresse und verkaufte sich in Westdeutschland ausgesprochen gut. *Wochenend* war Ende 1949 die erste Illustrierte im Land, die für die publizistische Inszenierung von Kinseys wissenschaftlichen Forschungen sorgte. Die »Bilderzeitung zur Erholung vom Alltag« setzte darauf, die Fachergebnisse im Boulevardstil einem breiten Publikum zugänglich zu machen. Das Blatt war mit einer Auflage von 700 000 Exemplaren und einem Leserkreis von etwa zwei Millionen die größte deutsche Unterhaltungszeitschrift; sie erschien seit 1948 jeden Donnerstag im Nürnberger Olympia-Verlag. Das reich illustrierte Blatt im Zeitungsformat porträtierte Filmstars und gekrönte Häupter, hatte gleich mehrere Ratgeber-Rubriken, betrieb Traumdeutung und vergaß auch nie die Seite mit den (frivolen) Witzen. Zwischen November 1949 und Februar 1950 veröffentlichte *Wochenend* »die große deutsche Sexual-Analyse«: In 15 Folgen wurde Woche für Woche ganzseitig über das Sexualverhalten der Westdeutschen informiert.[57] »Urmacht Liebe in unserer Zeit« lautete der Titel der Serie. »Wissen Sie, was normal ist?«, fragte zum Auftakt Herausgeberin und Chefredakteurin Lieselotte Krakauer.[58]

Zum Vorbild nahm *Wochenend* sich die *Sunday Pictorial*, eine britische Wochenzeitung, die aus Anlass der amerikanischen Diskussion über Kinsey schon im Frühjahr 1949 eine Untersuchung über die Haltung der Briten zur Sexualität in Auftrag gegeben hatte. Unter dem Namen »Little Kinsey« führte die Mass Observation die Studie durch, eine maßgeblich von Soziologen und Anthropologen getragene, 1937 gegründete Einrichtung, die sich bereits während des Zweiten Weltkrieges mit Sexualität befasst hatte, als es darum ging, Reaktionen der Bevölkerung auf Regierungsmaßnahmen zur Bekämpfung von Geschlechtskrankheiten und die Ursachen für das Absinken der Geburtenrate zu eruieren. *Sunday Pictorial*, mit rund vier Millionen Lesern eine der größten britischen Unterhaltungszeitschriften, veröffentlichte die Resultate von »Little Kinsey« im Juli 1949 im Rahmen einer großen Serie.[59] *Wochenend* orientierte sich daran. Das Blatt ging voller Emphase von der Überlegung aus, dass der »Liebestrieb« lange Zeit aus der Öffentlichkeit ferngehalten worden sei; nun gelte es, endlich darüber zu reden. Nicht auf billige Sensation komme es an, so Chefredakteurin Krakauer recht scheinheilig, sondern »wertvolle« Ergebnisse wolle man zutage fördern – ganz wie Kinsey, den die noch junge Boulevardpresse zu ihrem Helden machte. *Wochenend* gab sich modern und aufgeschlossen für die neuesten Erkenntnisse der Wissenschaft. »Bei allen Ernstgesinnten und nach exaktem Wissen Strebenden«, war sich Krakauer sicher, werde das Vorhaben Anklang finden. Neu war, dass über Sexualität nun nicht mehr, wie seit dem neunzehnten Jahrhundert üblich, fremdwortreich und nur den Fachleuten verständlich geredet wurde. Die Illustrierte präsentierte vielmehr allgemeinverständlich, was Kinsey herausgefunden hatte. Die Sprache der Wissenschaft war kein Geheimjargon mehr. Sexualwissenschaft und Unterhaltung gingen fortan eine enge Beziehung miteinander ein, mit anderen Worten: Die Illustrierten wurden zum Ort, an dem Sexualität problematisiert wurde.

Wie in den USA und England erwies sich nun ausnehmend schnell: »sex sells«. Schreiend große Lettern prangten auf der Ausgabe mit der Auftaktfolge der »großen deutschen Sexual-Analyse«. Die Serie basierte auf einer bundesweiten Repräsentativumfrage, die *Wochenend* initiiert, finanziert und beim 1947 gegründeten Institut für Demoskopie in Allensbach in Auftrag gegeben hatte.[60] Dessen Erhebungen dienten der Markt-, Meinungs- und Sozialforschung. Sie brachten (Konsum-)Wünsche und Lebensgewohnheiten, Einschätzungen, Verhaltensweisen, Kenntnisse und Unkenntnisse an den Tag. Die Meinungsforschung war von den Alliierten unmittelbar nach Kriegsende als Demokratiewissenschaft eingeführt worden, auch um politische Risikopotenziale ausfindig zu machen. Sexualmoral spielte erstmals im August 1949 eine Rolle. Den Anlass dazu bot Goethes 200. Geburtstag, als das Institut eine Sonderumfrage über das Goethe-Bild der Deutschen veranstaltete. Schließlich stand der Dichter wie kein anderer für die Kulturnation Deutschland. Dass sein Sexualleben eine Rolle spielte, zeigte der Umstand, dass eine Frage sich darauf richtete, ob Goethe, der fast zwei Jahrzehnte lang in wilder Ehe gelebt und nicht wenige Geliebte gehabt hatte, ein moralisches oder ein unmoralisches Leben geführt habe. Für besonders relevant hielt die Frage wohl kaum jemand, vielleicht galt sie aber auch als anstößig. 26 Prozent beantworteten sie jedenfalls nicht.[61]

Für die von *Wochenend* in Auftrag gegebene große Sexualumfrage wählte das Allensbacher Institut diejenigen unter seinen Mitarbeitern aus, die als besonders prädestiniert dafür galten: Ärzte, Medizinstudenten, Psychologen, Lehrer, Sozialarbeiter und Fürsorger. Insgesamt 210 Personen, darunter knapp ein Drittel Frauen, erhielten den Auftrag, im August und September 1949 die Erhebung in den drei Westzonen und Berlin durchzuführen. Das Unternehmen trug den Namen »Umfrage im Bereich der Intimsphäre«; institutsintern firmierte es unter »Gesellschafts-Analyse Nr. 22«, abgekürzt »GA 22«.[62] Der Kreis der Befragten, die sagen sollten, was sie von der Ehe hielten und wie wichtig ihnen Sexualität war, entsprach der statistischen Zusammensetzung der bundesdeutschen Gesamtbevölkerung. Mehr Frauen als Männer, mehr Protestanten als Katholiken und mehr Arbeiter als Akademiker wurden einbezogen; die jüngsten waren zwanzig, die ältesten 75 Jahre alt.

Die Interviews folgten einem bis ins Detail ausgearbeiteten, standardisierten neunseitigen Fragebogen, der dann im Institut ausgewertet wurde. Der Bogen entstand nach den Vorschlägen eines von *Wochenend* beauftragten (namentlich nicht bekannten) Psychologen. 26 Fragenkomplexe standen darauf, die, nach einer ausgeklügelten Reihenfolge in verschiedene Abschnitte unterteilt, insgesamt über hundert Einzelfragen umfassten; in Probeverfahren wurde die Tauglichkeit getestet. Ein Gespräch dauerte etwa eine Stunde; die Antworten blieben anonym. Der Fragebogen für Männer unterschied sich leicht von dem für Frauen, in beiden Versionen hoben die Erkundigungen an mit: »Fühlen Sie sich manchmal einsam?« Auch Erfahrungen wurden eruiert, zum Beispiel: »Wie wurden Sie aufgeklärt?« und »Können Sie sich noch an Ihr erstes sexuelles Erlebnis erinnern?«[63]

Kinsey hatte den Anstoß gegeben und gewissermaßen die Tore geöffnet. Aber es ging in der Allensbacher Umfrage nicht um sein sozialreformerisch gemeintes Projekt freier Triebbefriedigung. Vielmehr stand die Suche nach sozialer Rückversicherung und Selbstvergewisserung im Zentrum. Ziel war es, das Verhältnis der Geschlechter auszuloten und Unsicherheiten über den Bestand der Ehe zu beseitigen, die als Kern des sozialen Gefüges und als Inbegriff von sozialer »Normalität«, sozusagen als Norm der Sittlichkeit, konturiert wurde. Die Botschaft war denn auch klar – und unterschied sich diametral von Kinseys Impetus: Ganz oben rangierte die Liebe. Die Neugier des Lesepublikums wurde vom Sex fort- und auf die Liebe umgelenkt – und die war an die Ehe gebunden. Anders als der Amerikaner legte Allensbach auch keine sozialstatistische Datensammlung vor; nicht 18 000 Menschen wurden interviewt, sondern tausend; nicht viele Jahre lang wurde geforscht, sondern nur knapp zwei Wochen;[64] nicht der Orgasmus war die zentrale Kategorie von Sexualität, stattdessen wurden Transzendenzgrößen wie Liebe, Glück und Gefühl in den Mittelpunkt gerückt. »Gibt es Ihrer Meinung nach ein Lebensglück ohne intime (geschlechtliche) Beziehungen zwischen Mann und Frau?«, lautete eine Frage; in einer anderen hieß es: »Halten Sie solche intime Beziehungen für notwendig zu Ihrem eigenen Lebensglück, oder könnten Sie auch darauf verzichten?« Institutschefin Elisabeth Noelle-Neumann wies ihre Mitarbeiter darauf hin, dass die Umfrage im Dienst der Wissenschaft stehe und der ganzen Gesellschaft von Nutzen sein werde.[65] Über Sexualität Auskunft zu geben, galt der einstigen Stipendiatin, die 1937/38 ein Austauschjahr in den USA verbracht und dort die Methoden der Demoskopie kennengelernt hatte, als Ausweis von Modernität. Die Wissenschaft, betonte sie, werde »bedeutende Aufschlüsse über die Stellung des modernen Menschen zu den Elementar-Fragen des Lebens« erhalten.[66] Die meisten Befragten gaben bereitwillig Auskunft.[67] Manche nutzten die Gelegenheit, um ihr Herz auszuschütten; nur einige wenige verweigerten die Auskunft oder beschimpften die Fragesteller.[68]

»Die folgenden Fragen sollen klären«, stand im institutsinternen Hinweis für die Interviewer, »ob die schweren Krisen der vergangenen Jahre das Verhältnis der Geschlechter zueinander wesentlich beeinflusst haben.« Zweck der Allensbacher Umfrage war es, mit Fragen nach der Akzeptanz der Ehe die soziale Stabilität und die kulturelle Kraft der Gesellschaft zu überprüfen. Anlass dazu war reichlich gegeben, zumal Krieg und Kriegsfolgen einen Ausnahmezustand geschaffen und in bisher ungekanntem Maße ins Ehe- und Familienleben eingegriffen hatten. Im Jahr 1949 lebten noch immer vierzig Prozent der Bevölkerung in unvollständigen Familien. Die Belastungen von Kriegs- und Nachkriegszeit und das Ausmaß privaten Konfliktpotenzials spiegelten sich besonders im Anstieg der Scheidungsziffern wider. Während im Jahr des Kriegsbeginns auf 10 000 Berliner Einwohner etwa neun Scheidungen gekommen waren, stieg die Rate 1946 auf rund elf und zwei Jahre später auf 19 an. Im Jahr 1948 erreichte die Zahl in den Westzonen ihren Höchststand. Mit insgesamt rund 88 400 Scheidungen lag sie um 80 Prozent höher als 1946.[69] Der Anstieg erklärte sich insofern, als das Gros der geschiedenen Paare eine (wenig überlegte) Kriegsehe geschlossen hatte und viele Scheidungsanträge (zwei Drittel davon stellten Frauen) schon in den letzten Jahren des Krieges eingereicht, aber nicht mehr entschieden worden waren. Die hohen Zahlen wurden zeitgenössisch als alarmierendes Anzeichen fortschreitender sozialer Desintegration gewertet.[70] Sie fielen aber nach 1948 rasch, und die Zahl der Eheschließungen stieg angesichts zunehmender ökonomischer Stabilisierung und auch aufgrund der Tatsache wieder, dass das Einkommen eines Mannes ein relativ hohes Lebensniveau sicherte.

Vor diesem Hintergrund erhielten Kinseys Forschungen einen besonderen Nutzen: Sexualität gab demnach Aufschluss über den inneren

Zustand der Nation. Die Allensbacher Erhebung lieferte ein Stimmungs-
bild – und sorgte im Ergebnis für Erleichterung. Denn es zeigte sich, dass
Ehe und Familie nicht in Frage standen; auch wurden weder die Geschlechterhierarchie noch die tradierten geschlechtsspezifischen Rollenmuster in Zweifel gezogen.[71] 89 Prozent der Befragten erklärten, sie hielten die Ehe für eine wichtige und notwendige Einrichtung, vor allem weil
sie in Zeiten sozialer Desorientierung Ordnung, Sicherheit und Geborgenheit spende.[72] Lediglich vier Prozent bezeichneten sie als überkom-
men. 29 Prozent befürworteten eine Lockerung der Scheidungsgesetze,
13 Prozent waren für deren Verschärfung. 89 Prozent der Ehemänner und
80 Prozent der Ehefrauen gaben an, mit ihrer Ehe zufrieden zu sein; rund
drei Viertel aller Befragten erklärten sich bereit, den gleichen Partner
noch einmal zu heiraten. Dass sie auch in sexueller Hinsicht ein »ausgegli-
chenes« Eheleben führten, teilten fast 80 Prozent mit.[73]

Wenige Tage bevor *Wochenend* die erste Folge seiner großen »Sexual-
Analyse« veröffentlichte, wies der *Spiegel* seine Leser darauf hin, dass das
Institut für Demoskopie einen »wohlgezielten Stoß in die deutsche All-
tags-Erotik« unternommen habe und eine Serie über die Ergebnisse erscheinen werde.[74] Ganzseitig präsentierte die »Bilderzeitung zur Erholung
vom Alltag« in den folgenden Wochen ihre Berichte über den Zustand der
Ehe, die Sexualaufklärung der Jugend, die Lage lediger Mütter, über Empfängnisverhütung, das gesetzliche Abtreibungsverbot und die gesellschaftlichen Folgen des »Frauenüberschusses«. Zu erfahren war, dass fünf Prozent der Befragten sich zur Lösung des demografischen Problems für
die Einführung der Polygamie aussprachen.[75] Knapp 70 Prozent waren für
empfängnisverhütende Maßnahmen, und über die Hälfte begrüßte es,
dass Geschäfte Verhütungsmittel verkauften.[76] Auch gab die Umfrage über
die Beliebtheit von Erotikheften Aufschluss: Auf die Frage, was sie für
»erotisch besonders anregend« hielten, verwies fast die Hälfte aller Männer an erster Stelle auf die Magazine mit den freizügigen Fotografien, die
es seit der Währungsreform zu kaufen gab.[77]

Im Zentrum fast aller Folgen stand jedoch die Ehe.[78] Die Verbindung
von Sexualität mit Liebe und Ethik wurde besonders betont: »Triebbefriedigung ist nicht alles«, hieß es.[79] In nahezu jedem Teil wurde das verbreitete Gerede von der Ehekrise und der hohen Scheidungsbereitschaft für
übertrieben erklärt. Zu einer Reihe von Themen bot das Blatt Ratschläge
an, darunter zum Problem der »Langeweile in der Ehe«. Geschlechtsspe-

zifische Verhaltensnormen und Leitbilder standen nicht infrage, sondern wurden im Gegenteil bestärkt. *Wochenend* berief sich dabei auf die Expertise von Philipp Lersch, einem Professor für Psychologie an der Universität München. Er hatte 1947 das breit rezipierte Buch »Vom Wesen der Geschlechter« veröffentlicht, in dem er die traditionelle Annahme von den Rollenmustern und der Dichotomie der Geschlechter untermauerte. In *Wochenend* schrieb er, dass Männer aktiv, dominierend und am Verstand orientiert seien, während Frauen ein behütendes, passives und vom Gefühl bestimmtes Wesen besäßen.[80]

Die Umfrage brachte allerlei Intimes an die Öffentlichkeit, darunter auch Aussagen über vor- und außereheliche Sexualkontakte.[81] Auf die Frage, ob man Beziehungen zwischen Unverheirateten befürworte oder ablehne, waren im Allensbacher Fragebogen die Antworten »notwendig«, »zulässig« oder »verwerflich« möglich. Mehr als drei Viertel der Männer und etwa zwei Drittel der Frauen äußerten sich zustimmend; besonders hoch war der Anteil der jungen Leute zwischen zwanzig und dreißig Jahren, die fast einhellig der Ansicht waren, voreheliche Beziehungen seien erlaubt.[82] Genau dieselbe Frage stellte der Mainzer Medizinprofessor und einstige Rassenexperte im Dritten Reich Egon von Eickstedt seinen Hörern, als er im Wintersemester 1949/50 eine Vorlesung über »Sexualität und Fortpflanzung beim Menschen« hielt. Seine Resultate unterschieden sich kaum von der Erhebung des Instituts.[83]

Allensbach förderte auch zutage, dass 89 Prozent der befragten Ehemänner und 70 Prozent der Ehefrauen vor ihrer Ehe intime Beziehungen gehabt hatten. Etwa genauso hoch fiel das Ergebnis unter den befragten Unverheirateten aus.[84] Beim ersten Sexualkontakt waren Männer im Durchschnitt zwischen 17 und 18, Frauen etwa 19 Jahre alt. Drei Viertel der Junggesellen und ein gutes Drittel der ledigen Frauen sagten, sie hätten Beziehungen zu mehreren Partnern. Frauen wurden sexuelle Bedürfnisse keineswegs abgesprochen, im Gegenteil: Wer Sexualbeziehungen zwischen Unverheirateten bejahte, bezog die Zustimmung auf beide Geschlechter, nur vier Prozent hielten sie für ein männliches Vorrecht.[85] Auf die Frage, ob es unerlässlich sei, dass eine Frau »unberührt« heirate, antworteten rund 20 Prozent aller Befragten mit ja; mehr als die Hälfte war unentschieden.[86]

Die Umfrage führte vor Augen, dass die überwiegende Mehrheit der Deutschen, ähnlich wie die Amerikaner, religiöse Keuschheitsgebote längst nicht mehr einhielt. Sie zeigte aber auch, dass die eheliche Treue im Unterschied zu den USA nicht auf dem Spiel stand: Über die Hälfte der verheirateten Männer und 70 Prozent der Ehefrauen bekannten, sexuell treu zu sein.[87] Außereheliche Beziehungen gaben 23 Prozent der Männer und zehn Prozent der Frauen zu.[88] Insgesamt 66 Prozent aller Befragten, darunter vor allem Männer, betonten, ohne sexuelle Beziehungen gebe es kein Lebensglück. Die soziale Schichtung erwies sich in der Bundesrepublik als eher bedeutungslos. Wie in den USA war aber der Grad der religiösen Bindung bestimmend für das sexuelle Verhalten. Das Verbot vorehelichen Sexualkontakts befolgten nur religiös eingestellte Personen, unabhängig von ihrem Bekenntnis. Unter ihnen war auch die größte Zahl derer, die ihre Teilnahme an der Erhebung verweigerten.[89]

Homosexualität und Onanie, zentrale Themenfelder bei Kinsey, blieben im Allensbacher Fragebogen nicht ausgespart. *Wochenend* ging allerdings in keiner Folge darauf ein; auch in den Auswertungen des Instituts fehlten die Themen. Dass die Ergebnisse mit Stillschweigen bedacht wurden, lässt auf die Grenzen des öffentlich Darstellbaren schließen.[90] Schon die Formulierung der Fragen zeugte von Affektbeladenheit: Männer mussten angeben, ob sie Homosexualität »für eine Krankheit, ein Laster, eine Angewohnheit oder eine ganz natürliche Sache« hielten. Für Letzteres votierten vier Prozent, knapp 40 Prozent für die Krankheit und nahezu die Hälfte für das Laster. Ein knappes Viertel der Befragten räumte homosexuelle Erfahrungen ein. Frauen wurde die Frage hingegen nicht gestellt.[91] In der Abschlussfolge tat *Wochenend* so, als habe man mit dieser Serie Mut bewiesen. Sie habe für ein »allgemeines Aufatmen« gesorgt, hieß es, da nun endlich über Sexualität gesprochen werde. Leserbriefe, die solches Lob aussprachen, wurden zwar erwähnt, aber nicht veröffentlicht.[92] Als großes Thema der Unterhaltungsblätter war die Sexualität jedenfalls entdeckt.

Für Ludwig von Friedeburg brachte das Ergebnis der Umfrage zum Ausdruck, dass die Bevölkerung bereit sei, überlieferte Vorstellungen von der Sexualmoral abzulegen und sich den Gegenwartsverhältnissen anzupassen. In der »Aufhebung der Diffamierung des Geschlechtlichen« sah er einen besonders wichtigen Ertrag und (ohne dass er dies explizit sagte) ein Bekenntnis der Bevölkerung zur Moderne.[93] Der 31-jährige Psychologe und Sozialwissenschaftler wurde 1952 in Freiburg mit einer Studie zum Thema »Die Umfrage als Instrument der Sozialwissenschaften« promoviert. Im Jahr darauf veröffentlichte er im Auftrag des Instituts für Demoskopie eine wissenschaftliche Auswertung über die für *Wochenend* durchgeführten Erhebungen unter dem Titel »Umfrage in der Intimsphäre«.[94] Von 1951 bis 1954 war er als Mitarbeiter in Allensbach tätig, ehe er an das Institut für Sozialforschung nach Frankfurt am Main wechselte, dessen Leiter er später wurde; 1969 übernahm er als einer der führenden Soziologen in der Bundesrepublik das Amt des Kultusministers in Hessen.[95] Voreheliche sexuelle Beziehungen beeinträchtigten nach Friedeburgs Befund die Stabilität der Ehe nicht. Er hielt die Rückwirkung, die von der Veröffentlichung der Umfrageergebnisse ausging, vielmehr für »sozialtherapeutisch« positiv, da sie Fehleinschätzungen in Bezug auf die Ehe korrigieren könne. Die Befragten folgten keiner »neuen Sexualordnung«, wie er – auf Warnungen vor Kinsey gemünzt, die mittlerweile auch in Deutschland laut geworden waren – mit Nachdruck festhielt.[96]

Am Ende kam heraus, was auch hatte herauskommen sollen: die Hochschätzung der Institution Ehe. Ermittelt wurde im Zuge der nationalkulturell modifizierten Anwendung von Kinseys Forschungen auf die Bundesrepublik letztlich ein Sexualverhalten von einiger Variationsbreite. Selbstbeherrschung des Mannes und Jungfräulichkeit der Frau bis zur Ehe waren demnach als eherne Grundsätze entbehrlich – ein Befund, der sich zeitgenössisch sozusagen als moderate, dem Zeitgeist angepasste Modernisierung des Ehekonzepts verstehen ließ. Nicht zur Disposition stand hingegen die eheliche Treue, kurz gesagt: Die Ehe war und blieb nach den Ergebnissen der Demoskopie, der (neuen) Sachwalterin der (alten) Normbegründung, der Ort der moralischen Einhegung der Sexualität. Und Sexualität war und blieb an personale, seelisch erfüllte Liebe und institutionelle Ehe gebunden, oder anders: Liebe, die echt und nicht flüchtig war, strebte nach Ehe. Unmoralisch war also nicht so sehr die Sexualität ohne Ehe, sondern die Sexualität ohne Liebe.

Kinseys mediale Popularisierung gab vermutlich den Ausschlag für den Entschluss des Gottfried-Bermann-Fischer-Verlages, die beiden Bände des Sexualforschers nun auf Deutsch herauszubringen. Dies hing womöglich auch eng mit dem Umstand zusammen, dass der Verlag seit 1953 die Werke von Sigmund Freud veröffentlichte, womit er die Wiedereinführung der jenseits der Fachwelt weitgehend vergessenen Schriften des Mediziners und Begründers der Psychoanalyse besorgte.[97] Der einstige Exilverlag, der nach Kriegsende an seinen Stammsitz Berlin zurückgekehrt war, sich aber auch in Frankfurt am Main niedergelassen und mit dem Samuel-Fischer-Verlag wiedervereinigt hatte, strebte eine Neuprofilierung an und stärkte mit Kinsey sein schmales Sachbuchprogramm.[98] Der Verlag publizierte die übersetzten Bände in umgekehrter Reihenfolge, zuerst den Band über die Frau. Das Buch kam im November 1954, gut ein Jahr nach der Originalausgabe, unter dem Titel »Das sexuelle Verhalten der Frau« heraus. Im Oktober 1955 folgte »Das sexuelle Verhalten des Mannes«. Während der Text beider Bände unverändert blieb, wurde auf eine Reihe von Statistiken und Grafiken verzichtet. Mit 711 und 676 Seiten fielen die übersetzten Bücher deutlich schmaler aus als die Originalversion.[99]

Dass der Bermann-Fischer-Verlag die Kinsey-Bände publizierte, lag ohne Zweifel auch an deren Bestsellererfolgen in den USA. Der Band über die Frau kam mit einer Erstauflage von 10 000 Exemplaren auf den westdeutschen Markt und ging noch im Erscheinungsjahr in die zweite, genauso hohe Auflage. Vom Buch über den Mann wurden 12 000 Exemplare in der ersten (und einzigen) Auflage gedruckt; der Verlag ließ 2300 davon später für die Taschenbuchausgabe aufbinden.[100] Verkauft wurden die Bände in Buchhandlungen, Kiosken und Bahnhofsbuchläden – und nicht zuletzt im Erotikversandhandel.[101] Da sie mit jeweils 38,50 Mark sehr teuer waren, feierte Bermann Fischer den größten Erfolg seiner Verlagsgeschichte denn auch nicht mit Kinsey, sondern mit der Übersetzung des mit dem Nobelpreis ausgezeichneten Romans von Boris Pasternak »Doktor Schiwago«.[102]

Die Verbreitung von Kinseys Befunden schritt nun rasch voran. Der Forscher rief Enthusiasmus und Empörung gleichermaßen hervor. Mit Kinsey erhielt Sexualität eine völlig neue Bedeutung im privaten Leben. Dank der Popularisierung seiner Lehren zog die kulturelle Moderne unaufhaltsam in den öffentlichen Umgang mit Sexualität ein. Neu war der Umstand, dass ihre soziale Funktion nunmehr demoskopisch rekonstruiert und medial verhandelt wurde. Die Botschaft war ebenso unmissverständlich wie umwälzend: Sexualität sei eine unverzichtbare Quelle individuellen privaten Glücks und die Sexualwissenschaft eine Art Sinngebungsinstanz für Gegenwart und Zukunft.

Früher Sex-Boom in den Medien

Mit Kinsey hoben sich in Westdeutschland die Schranken der medialen Berichterstattung, Erotik wurde ein Thema der vielgelesenen Illustrierten. Dies bahnte sich zwar bereits 1948/49 an, aber mit dem »K-Day« in den USA explodierte im Sommer 1953 förmlich das publizistische Interesse an Kinseys Lehre von den Glücksverheißungen eines normativ nicht gebundenen Sexuallebens. Wer im Kaiserreich und in der Weimarer Republik an der erotischen Massenkultur mitwirkte, besaß seinerzeit im öffentlichen Gespräch über die Sittlichkeit keine Stimme, sondern war wegen materieller Interessen von vornherein disqualifiziert. Nun aber entstand ein öffentliches Forum für all jene, die Sexualität in das populäre Unterhaltungsangebot zu integrieren verstanden. Kinsey schlug ein wie eine Bombe, und Sexualität erfuhr eine nie gekannte Popularisierung.[103] Dass der Kinsey-Boom zur selben Zeit in der Bundesrepublik einsetzte, als der Sittlichkeitskampf entbrannte und das Schmutz- und Schund-Gesetz geschaffen wurde, um Sexualität im Dienste des Jugendschutzes aus der Öffentlichkeit zu verbannen, zeigt, wie sehr sich die Ereignisse überschlugen und wie widerspruchsvoll und kompliziert der Umgang mit der Sexualmoral war.

Sexualität stand seit Kinsey im Zentrum von Serien, Ratgeberrubriken, Lebenshilfekolumnen und Leserbriefspalten vieler Unterhaltungsblätter. Kinsey verknüpfte Sexualität nicht mit Angst, Krise, Untergang und apokalyptischen Verfallsszenarien, sondern sprach Sehnsüchte und Bedürfnisse an, machte Glücksversprechungen und stand für optimistische Zukunftserwartungen, für Fortschrittsglauben und gesellschaftlichen Aufbruch, kurz: für eine Gegenideologie zum Sittlichkeitsdiskurs. Der Amerikaner bot Information, Orientierung und Selbstvergewisserung. Dass er die repressiven sexualmoralischen Normen, für die Moralphilosophie und Theologie – die bis dato für die Sexualität zuständigen Deutungsdisziplinen – eintraten, mit den Mitteln der Sexualwissenschaft aufgebrochen hatte und diese als Geständniswissenschaft des Intimen betrieb, war der Kern jedes Presseartikels über ihn. Illustrierte traten nun mit aller Wucht als neue Kraft im Diskurs über Sexualität hervor. Aus der Populärkultur war Sexualität fortan nicht mehr wegzudenken. Dass kein Blatt wegen Kinsey von der neu geschaffenen Bundesprüfstelle für jugendgefährdende Schriften beanstandet wurde, lag schlicht daran, dass sich die

Behörde erst dann konstituierte, als der Boom schon wieder vorbei war. Ein weiterer Grund kam hinzu: Die Illustrierten wählten eine Strategie, die es ihnen erlaubte, sowohl Kinseys Botschaften zu vermitteln und durch entsprechende Fotos zu visualisieren als auch Distanz dazu herzustellen. Sie machten den Forscher zum Symbol der umstrittenen kulturellen Moderne.

Die Illustrierten erwiesen sich in der Kinsey-Debatte als Forum gesellschaftlicher Selbstthematisierung und als wichtiger neuer Akteur im Umgang mit Sexualität. Sie weckten Emotionen, transportierten Wertvorstellungen und Leitbilder und trieben die soziale Selbstdeutung voran. Sie waren Ausdruck wie Antrieb der Erwartungen und des Geschmacks des Lesepublikums und agierten keineswegs unabhängig von gesellschaftspolitischen Einflüssen und ökonomischen Eigeninteressen; schließlich ging es ihnen um Werbekunden und Auflagensteigerung. Die Illustrierten sorgten für Kinseys öffentliche Präsenz und weckten Neugier auf seine Forschungen. Sie machten ihn regelrecht zum medialen Konstrukt und erreichten, dass sich seine Forschung mit alltagsnahen Wahrnehmungen verband. Aber sie nahmen seine Lehre nicht einfach auf, sondern verkehrten sie in ihr Gegenteil: Statt Befreiung der Sexualität propagierten sie deren Bindung an Liebe und Ehe.

Die Kinsey-Welle fiel nicht nur in die Zeit des neu belebten Sittlichkeitskampfes, sondern auch in die Phase des großen Erfolgsbooms der Illustrierten.[104] Die Blätter kamen in der neuen Medienlandschaft der Bundesrepublik rasch zur Blüte; dazu dürfte die öffentliche Aufmerksamkeit für Kinsey nicht wenig beigetragen haben. Als das Fernsehen Anfang der fünfziger Jahre noch einer kleinen Minderheit vorbehalten blieb, lieferten die Bilderblätter (zunächst noch in schwarz-weiß) die visuellen Attraktionen. Sie banden ein konstant hohes Leserinteresse und besaßen ohne Zweifel kulturelle Prägekraft. Die Zahl der Unterhaltungspublikationen war in der Frühzeit der Bundesrepublik immens. Sie standen noch ganz in der Tradition der reichen Zeitschriftenkultur, die sich in Deutschland Ende des neunzehnten Jahrhunderts entwickelt hatte, als die Massenpresse entstand;[105] viele nannten sich wie damals, bezogen auf ihr Zielpublikum, »Familienblätter«. In Aufmachung und Struktur ähnelten sie auffallend den Illustrierten der dreißiger Jahre, was ihren Erfolg begünstigte. Der Fortsetzungsroman aus der Feder bekannter Unterhaltungsschriftsteller, schon damals ein wichtiges Instrument zur Leserbindung, wurde erneut zur belletristischen Attraktion.[106] In alltagsästhetischer Hinsicht war das Anknüpfen an die Vorkriegszeit Ausdruck einer – insgesamt noch viel weiter greifenden und in vielerlei Zusammenhängen feststellbaren – sozialhistorischen Kontinuität.[107]

Etwa zwei Dutzend Illustrierte brachten es Anfang der fünfziger Jahre auf Druckauflagen von 200 000 Exemplaren und mehr; hoch in der Gunst des Lesepublikums standen insbesondere die Hörfunkzeitschriften.[108] Auf dem Illustriertenmarkt verschoben sich die Kräfteverhältnisse angesichts der vielfältigen Konkurrenz allerdings rasch. Unter den Publikumszeitschriften verlor *Wochenend*, das 1949 mit der großen »Sexual-Analyse« Furore gemacht hatte, alsbald den Status als Spitzenreiter unter den auflagenstarken Blättern. Während die Zeitschrift 1954 nur noch auf knapp 450 000 Exemplare kam und rund fünf Prozent der Leser anzog, erschien die im Heinrich Bauer Verlag produzierte *Quick* wöchentlich mit einer Druckauflage von etwa 750 000 Exemplaren. Der *Stern*, der bei Gruner + Jahr ebenfalls in Hamburg erschien, kam mit 730 000 Stück heraus. Nach der zeitgenössisch erstellten Reichweitenanalyse mobilisierten die beiden größten Illustrierten (beide waren 1948 noch in der Lizenzzeit gegründet worden) jeweils knapp ein Viertel der Leser, übertroffen nur von *Hör zu!*. Vor allem Lesemappen und Lesezirkel, eine bundesdeutsche Besonderheit auf dem Pressemarkt, sorgten für die Verbreitung der Illustrierten, die sich dadurch weit mehr Rezipienten als durch Einzelverkauf oder Abonnement sicherten.[109] Die Lesemappen, die jeweils knapp ein Dutzend Zeitschriften enthielten, lagen in Arztpraxen und beim Friseur aus, gingen aber auch privat von Hand zu Hand. Insgesamt zwölf bis 15 Prozent aller Haushalte waren Anfang der fünfziger Jahre darauf abonniert, die meisten auf jene – etwas preisgünstigeren – Mappen, die Ausgaben enthielten, die schon einige Wochen alt waren. Mangelnde Aktualität tat dem Unterhaltungswert keinen Abbruch.[110]

Illustrierte zu lesen zählte zu den liebsten Freizeitbeschäftigungen der Deutschen. Die Blätter waren weitaus gefragter als Bücher, und ihre Lektüre rangierte in der Beliebtheitsskala gleich hinter dem Radiohören.[111] Lediglich die (lokale) Tagespresse, die etwa von drei Vierteln der Bevölkerung gelesen wurde, stand ähnlich hoch in deren Gunst.[112] Die Bilderblätter, ein Produkt der entstehenden Konsumgesellschaft, boten Ablenkung und orientierten sich ganz an einem konsumzentrierten Lebensstil.[113] Sie entlasteten vom Alltag, schützten auch davor, fungierten ebenso wie Quizsendungen, Volksmusik, bunte Abende und andere leichte Kost im Rundfunk in gewisser Weise als Fluchtraum und vor allem als Quelle, die Ratschläge für Lebenspraxis und Seele lieferte. Sie hielten sich (noch) programmatisch von politischer Berichterstattung fern. Krimis, Liebestragödien und sogenannte Tatsachenberichte über Schicksalsnöte aller Art standen im Mittelpunkt.[114] Umfragen und Ratgeberkolumnen dienten dazu, Rückversicherung zu liefern, Verhaltensmaßstäbe zu setzen, stabile Grundaussagen und verbindliche Normen zu vermitteln. Wissenschaft und Öffentlichkeit wurden gewissermaßen Ressourcen füreinander, und die Medien erhielten besonders im Zusammenhang mit Sexualität fortan sozialtherapeutische Funktion. Kinseys Forschungen setzten hierzu den Auftakt.

Nachdem sein zweiter Band in den USA auf den Markt gekommen war, startete zeitgleich im Hochsommer 1953 seine mediale (Dauer-)Präsenz auch in der Bundesrepublik. Über den Sexualforscher schrieben, um nur einige zu nennen, die *Illustrierte Berliner Zeitung*, die *Münchner Illustrierte*, die *Neue Illustrierte*, *7 Tage*, *Wochenend* und *Neue Post*. Auch viele große Tageszeitungen setzten auf das Thema, nicht zuletzt das im Hause Springer neu geschaffene Boulevardblatt *Bild*. Es fiel der Presse nicht schwer, gespannte Erwartung auf seine Enthüllungen über das Sexualverhalten der Frauen und einen gewissen schlüpfrigen Reiz zu erzeugen, und es begann bereits jetzt, nicht erst zehn Jahre später, was ein »Sex-Boom« in den Medien genannt werden muss.[115]

Die verbale und visuelle Offenheit der Berichterstattung war ein Novum.[116] Die Medien redeten der Moderne aber, wie schon angedeutet, nicht einfach das Wort, sondern waren vielmehr Orte der (Dauer-)Reflexion über deren Neuerungen und Bedrohungen. Kulturpessimistischen Gedanken und überhaupt dem kulturkonservativen Zeitgeist schenkten sie breiten Raum. Dies war die Besonderheit der Kinsey-Debatte in der Bundesrepublik: Der Sexualforscher stärkte nicht nur modernistische, sondern auch modernismuskritische Denkmuster. Er wies nicht nur den Weg zu einem neuen Umgang mit Sexualität, sondern lieferte zudem reichlich Stoff, um althergebrachte kulturelle Ressentiments von neuem zu befeuern. Vorurteilsbeladenen, amerikakritischen Deutungen wurde in der publizistischen Auseinandersetzung über ihn freier Lauf gelassen. Sexualität, dies zeigte sich, war in Westdeutschland auch und vor allem das Feld der kulturellen Abrechnung mit den Amerikanern. Mit Kinsey im

Zentrum wurde ein Stellvertreterkonflikt über die kulturelle Moderne geführt. Lange etablierte Stereotype und tiefsitzende Überfremdungsängste traten ebenso zutage wie Ressentiments gegenüber der Siegermacht des Zweiten Weltkrieges.

Die amerikakritischen Vorurteile standen in der langen Tradition einer Amerikanisierungsdebatte, die schon seit dem Kaiserreich geführt wurde; von den Wahrnehmungsmustern waren die Zeitgenossen auch biografisch geprägt.[117] Mit dem Begriff »Amerikanisierung«, der viele Deutungen erlaubte, war teils wohlwollend, teils ablehnend die Adaption von Waren, Werten und Lebensstilen der USA gemeint. Die Diskussion bezog sich im Kaiserreich auf den amerikanischen Imperialismus und die wirtschaftlich-technische Rationalisierung mit ihren gesellschaftlichen Folgen. Im Mittelpunkt stand schon damals die – als Tatsache angesehene – Amerikanisierung des Geisteslebens durch die sogenannte Massen- und Unterhaltungskultur. Denn mit dem Siegeszug der Industrialisierung waren die Bedingungen für Massenproduktion und Massenkonsum in Deutschland geschaffen worden. Populär wurde der Terminus »Amerikanisierung« zur Jahrhundertwende und barg seither eine große Zahl von kulturellen Metaphern für überaus komplizierte soziale Veränderungen.[118]

Über die USA hegte man in Deutschland, Großbritannien und Frankreich seit dem Ende des neunzehnten Jahrhunderts die Vorstellung, alles sei dort warenförmig und käuflich, aber der Preis für Wohlstand und hohen technischen Standard sei die kulturelle Verflachung. Auch im Dritten Reich blieb das Amerikabild eine facettenreiche Projektionsfläche. Die Nationalsozialisten entwarfen keine neuen Vorstellungen davon, sondern hielten an den bestehenden fest und vermengten die Faszination über die amerikanische Moderne mit der sozialen Utopie der »rassisch« homogenen Volksgemeinschaft. Während die amerikanische Kultur als Un-Kultur verpönt blieb, was besonders im Bereich der Kunst Ausdruck fand, galten der technische Fortschritt und die Rationalisierung der Industrie als vorbildlich – und wurden adaptiert.[119] Dass die USA nur eine »Zivilisation«, Europa – und vor allem Deutschland – indes »Kultur« besäßen, blieb weit über das Ende des Zweiten Weltkrieges hinaus eine bildungsbürgerliche Überzeugung. Kultur galt als die höherwertige, bloßer Zivilisation weit überlegene Existenzform; sie stand für Seelentiefe, Gemüt, Innerlichkeit und Idealismus. Zivilisation hingegen bildete nur die materielle Basis wirklicher Kultur, repräsentierte reines Zweckdenken, Oberflächlichkeit und »Mammonismus«. Nach der dichotomischen Deutung von Kultur und Zivilisation verdarb der amerikanische Einfluss die europäische Wesensart, denn mit der Amerikanisierung des Geisteslebens kam die Seichtheit auch in andere Länder. Amerikaner galten als »Massenmenschen«: als intellektuell anspruchslos, infantil, mechanistisch, materialistisch, kultur-, geschichts- und seelenlos. Antisemitische Stereotype fehlten ebenfalls nicht: Amerikaner, hieß es, strebten einzig nach Besitz und Gelderwerb. Vorstellungen von der Dominanz der USA waren mit der Angst vor dem als jüdisch geltenden Kapital verbunden; das eine verstärkte das andere.[120]

Auf der Suche nach Orientierung standen die USA nach wie vor sowohl für die Verheißungen der zivilisatorischen Moderne als auch für ihre Gefahren und Bedrohungen. Dabei war es gerade der imaginäre Charakter des Landes, der Wirkung entfaltete. Das Modell Amerika, in dem die eigene Zukunft gesehen wurde, verlockte zwar, schreckte aber auch ebenso sehr ab. Die Amerikabilder dienten letztlich zur Selbstbeschreibung der eigenen Gesellschaft, ihrer Sehnsüchte und Ängste. Die Überlegenheit des Landes in Fragen der Technik, der Wirtschaftskraft, des Konsums, überhaupt der modernen Zivilisation und des Wohlstands (der amerikanische Wirtschaftswissenschaftler John K. Galbraith prägte 1958 das Schlagwort von der *affluent society*, der Wohlstandsgesellschaft) wurde in der Bundesrepublik unumwunden anerkannt. Mit der Begeisterung für das technisch-industrielle Niveau und den Lebensstandard der USA ging jedoch traditionell die massive Abwehr der sozialkulturellen Folgen einer Modernisierung einher, für die die USA standen.[121] Die Ambivalenz, die darin bestand, dass die technische Moderne begrüßt, die Kultur der Moderne hingegen torpediert wurde, war ein Strukturelement des Amerikadiskurses der fünfziger Jahre, sowohl des europäischen als auch speziell des deutschen.[122] Gerade unter kulturkonservativen Eliten in der Bundesrepublik behielt die ebenso angstvolle wie feindselig-herablassende Überzeugung von der europäisch-abendländischen kulturellen Überlegenheit ihre Gültigkeit.[123] Die amerikanische Massen- und Unterhaltungskultur wurde zum Gegensatz der traditionellen bürgerlichen Hochkultur mit ernster Musik, Dichtung, Theater und bildender Kunst stilisiert.[124] Die als gefährlich wahrgenommenen kulturellen Einflüsse galten als Dekadenzerscheinung und als Sinnbild für Niveauverlust und Vulgarisierung.

In der modernen Hülle der Illustrierten mit ihren neuen Angeboten steckten althergebrachte Stereotype und Leitbilder sozialer Ordnung. Das lange tradierte Klischee von der amerikanischen »Kulturlosigkeit« zählte dazu und schloss Sexualität unmittelbar ein. Vehement und voller Emphase plädierten viele Blätter in ihrer Berichterstattung über Kinsey für die kulturelle Abgrenzung von den USA. Sie orientierten sich dabei am Publikumsinteresse, denn ihre Leser wollten ein amerikakritisches Weltbild, kulturellen Dünkel und den Wunsch nach Distanzierung von der Amerikanisierung des Konsums bestätigt sehen.[125] Gerade die Ablehnung ermöglichte indes die detailgenaue Erläuterung der sexualwissenschaftlichen Neuigkeiten. Die Illustrierten betrieben eine geschickte (Verkaufs-)Strategie: Sie hielten an bildungsbürgerlicher Konventionalität fest und bekräftigten mit ihren Texten und vor allem auch mit ihren Fotos die eigenen Wert- und Orientierungsmuster. Dabei erklärten sie zugleich exakt und nicht ohne Gefallen an der Lust, wie es um das menschliche, vor allem das weibliche Sexualverhalten bestellt war.

Die in Köln erscheinende *Neue Illustrierte* wählte Ende August 1953 für den Auftakt zu ihrer zweiteiligen Kinsey-Serie den Titel »Wie werden Frauen wieder glücklich?«. Auf dem Titelblatt prangte unter dem Foto einer bis zu den Schultern im Wasser stehenden Taucherin die rotunterlegte Zeile »Die sensationellste Untersuchung unserer Tage«. Im Text erfuhr der Leser von den »aufsehenerregenden« Forschungen aus Bloomington und dem »unendlichen Schatz menschlicher Erfahrungen«, der dort zusammengetragen worden sei.[126] Die *Neue Illustrierte* zählte mit einer Auflage von rund 675 000 Exemplaren zu den zehn größten Publikumszeitschriften in der Bundesrepublik.[127] Nach abendländisch-christlichen Wertmaßstäben, hieß es, sei die Liebe ein »ethischer Begriff« und die Ehe der Kern des Lebens. In Amerika verhalte es sich jedoch anders, daher sei Kinsey nur auf die »Praxis des Liebeslebens« bedacht. Vermeintlich distanziert wurde gefragt, ob das, was Kinsey tue, nicht womöglich »wissenschaftlicher Materialismus« sei. Im selben Artikel erfuhr der Leser, dass Kinsey die physischen Reaktionen beim Orgasmus untersucht habe und in seinen Büchern alle »Einzelheiten des Vorgangs bis zum Höhepunkt« erläutere. Auch vom Fetischismus und der sexuell anregenden Wirkung von Tanzrevuen und Entkleidungsszenen auf Männer wurde berichtet. Zu lesen war, dass Kinsey »Frauen mit einer gewissen Vergangenheit« für nichts weniger als die »besten Ehefrauen« hielt. »Frau und Ehe«, vermerkte das Blatt zufrieden, bilden in den Sexualstudien eine »natürliche Einheit«. Einen anderen Ton schlug die *Neue Illustrierte* im zweiten

Teil der Folge an, der aus der Feder einer von Kinsey begeisterten amerikanischen Journalistin stammte; ihr Text war bereits in einer US-Frauenzeitschrift erschienen.[128] Auf dem Titelblatt des Heftes prangte ein leuchtend rotes Band, und in dicken Lettern stand darauf das einem Hollywood-Star in den Mund gelegte Zitat: »Glauben Sie denn, daß wir Frauen die Wahrheit sagen?« Aber um die Aufrichtigkeit von Kinseys Interviewpartnerinnen ging es im Text gar nicht. Die Autorin lobte vielmehr den demokratischen Charakter der Sexualstudien, die »ausschließlich vom Volk, durch das Volk und für das Volk« zustande gekommen seien. Sie kam auf den Sexualakt (»gewisse Vorgänge«) und auf Onanie (»ein Ventil bei sich selbst suchen«) zu sprechen. Das Bild einer tiefdekolletierten amerikanischen Schauspielerin und einige frivole Zeichnungen aus dem seit den dreißiger Jahren erscheinenden, weniger schlüpfrig als vielmehr anspruchsvoll und eher »sophisticated« orientierten US-Magazin *Esquire* fehlten ebenfalls nicht.

Die Ausgabe, in der die *Illustrierte Berliner Zeitschrift* im September 1953 ihre Reportage über Kinsey präsentierte, zeigte eine junge Frau in Corsage, Spitzenröckchen und Netzstrümpfen auf dem Titelblatt; auf die Kommastelle genau wurden ihre Körpermaße gleich mitgeliefert. Unter einer kleinen Porträtaufnahme von Kinsey stand zu lesen: »Liebe auf Tabellen«.[129] Der Reporter wollte wissen, ob das neue Buch auch »für uns« gelte, und kam rasch zu dem Schluss, dass die Ergebnisse keinesfalls auf Deutschland übertragbar seien. Naserümpfend rügte er Kinseys »zoologische« Herangehensweise, ein Befund, den einige von Kinseys wissenschaftlichen Kollegen zur selben Zeit ebenfalls äußerten. Recht genau informierte der Verfasser über voreheliches Geschlechtsverkehr sowie darüber, dass es bei der Frau »bis zur Erreichung des Kulminationspunktes« etwa genauso lang dauere wie beim Mann. Das Blatt zeigte sich sexuell aufgeklärt und pflegte den Kulturdünkel: Wie der Sex zur Liebe, so verhielten sich die von Kinsey angestrebten moralischen Normen zur christlich-abendländischen Tradition. »Ihr aber, der Liebe, werden wohl auch in Zukunft die Dichter näherstehen als die Statistiker.«

Das *Hamburger Abendblatt* fragte in dicken Lettern: »Liebten Frauen früher heißer?«[130] Zuvor hatte es schon das Faksimile einer von Kinsey in Codeschrift ausgefüllten, computerlesbaren Lochkarte abgedruckt. Auch die *Bild-Zeitung* griff das Thema auf. Zu der typischen Mischung aus reißerischen Aufmachern, Klatschgeschichten und knappen Texten über

Sport und allerlei Optimistisch-Erbauliches mit Bildern von eher spärlich bekleideten Mädchen passte Kinsey nach Ansicht des Blattes recht gut. »Dr. Kinsey hat keine Zeit für Liebe«, lautete der Titel des Fünfspalters, der – samt Foto vom Forscher und seiner Familie – Anfang September 1953 detailliert über dessen Privatleben Auskunft gab.[131] Seine Gattin wurde von *Bild* mit den Worten zitiert, sie sehe ihren Mann nachts kaum noch, »seitdem er sich mit Sex beschäftigt«. Das Familienbild, das sechs Personen zeigt, war wenig plausibel, aber aufmerksamkeitsheischend betitelt mit »Sechs um Sex«. Das Blatt spielte mit der Anzüglichkeit, berichtete von der Aufregung über Kinsey in den USA, bezog aber nicht Stellung dazu.[132] Die im Vorjahr gegründete *Bild-Zeitung* war nach anfänglichen Schwierigkeiten in einem beispiellosen Siegeszug bereits zur größten deutschen Tageszeitung aufgestiegen; das überregionale Boulevardblatt des Axel-Springer-Verlags erreichte mittlerweile eine Druckauflage von über einer Million Exemplaren.[133]

In der Wortwahl zurückhaltend, aber durchaus freimütig beschrieb die *Münchner Illustrierte* in ihrer siebenteiligen Kinsey-Serie sexuelle Details. Das Blatt erschien seit 1950 und steigerte seine Auflage bis Ende der fünfziger Jahre auf eine halbe Million Exemplare. »Moralisches Erdbeben durch Kinsey-Bericht«, lautete die reißerische Ankündigung der Serie. Der Verfasser, ein Amerikaner, soll zu den ausgewählten Journalisten gehört haben, die in den Wochen vor dem »K-Day« nach Bloomington hatten reisen dürfen und von Kinsey empfangen worden waren. »Die Frau – kein Rätsel mehr?«, hieß der Titel seiner ersten drei Folgen; mit »An allem sind die Männer schuld!« ging es in den beiden nächsten weiter. Unter dem Stichwort »Kinsey und Deutschland« gaben in den letzten Folgen schließlich zwei Experten, ein Anwalt und ein Arzt, ausgestattet mit der Autorität ihres Doktortitels, Stellungnahmen ab.[134] Leserinnen erhielten in der Serie Handlungsanleitungen für ihr eigenes Liebesleben und erfuhren, was Männer mögen: pornografische Literatur, erotische Träume und außerdem das »Zusammensein« bei Licht.[135] Anders als in den USA könne Kinsey hierzulande aber niemanden schockieren. Da Europäer in der Erotik keine Probleme hätten, seien auch ihre Familien weitaus stabiler als die amerikanischen. In den USA seien zwei Drittel aller Scheidungen sexuell bedingt, Gründe, die in Europa nur selten zur Trennung führten, denn schließlich zähle hier Untreue unter Ehepartnern zu den »primitivsten sexuellen Wirklichkeiten«. Die *Münchner Illustrierte* wusste auch, woran es lag: Amerikanische Paare tun nichts, »um eine seelische und geistige Gemeinschaft zu kreieren, die die Vorbedingung der wahren Befriedigung ist«. Dass in Deutschland nach Kriegsende die Zahl der Scheidungen gestiegen war, führte ein als Experte befragter Anwalt auf die »Lebensgier« der Frauen und ihre Gewöhnung an die Freiheit zurück. Die Entwicklung sei aber zurückgegangen, weil die Frauen mittlerweile »viel weniger zu einem Seitensprung geneigt« seien, denn: Ihre »Vorstellungswelt« sei »zur Zeit nur wenig erotisch betont«.[136] Die europäischen Männer, so das Blatt, pflegten im Unterschied zu den Amerikanern »die feine und edle Kunst der Werbung«; der europäische Mann sei daher auch der weitaus bessere Liebhaber.[137]

Die *Münchner Illustrierte* erklärte die Kinsey-Berichte zu einem »kulturhistorischen Dokument des heutigen Amerika«. Dies aber nicht etwa aufgrund ihrer bahnbrechenden wissenschaftlichen Bedeutung, sondern weil die Studien schwarz auf weiß bestätigten, dass die Amerikaner ein »Dilettantenvolk der Liebe« seien.[138] Der erwachsene Amerikaner, hieß es, habe ein Verhältnis zum Sexualleben wie in Europa die Volksschüler. Millionen Amerikaner glaubten, »das beispiellose Geschlechtselend« in ihrem Land bewältigen zu können, indem sie die Kinsey-Berichte läsen und ihre Sexualprobleme in die Öffentlichkeit trügen. Dies sei aber nichts anderes als die Flucht einer »erotisch bedrängten Nation«.[139] Dass Frauen vor der Ehe sexuelle Erfahrungen sammelten, versetze hierzulande niemanden in Erstaunen, so die Diagnose eines Arztes, den die Illustrierte zu Wort kommen ließ. Kinsey habe erkannt, dass »absolute Maßstäbe« nicht existierten. Um keinen Zweifel an der sexualmoralischen Anständigkeit deutscher Frauen zu lassen, betonte der Experte aber auch, die Amerikanerinnen hätten Kinsey bei ihrer Befragung (bewusst oder unbewusst) nicht die Wahrheit gesagt. Deutsche Frauen würden ihm die Auskunft über ihr Intimleben jedenfalls strikt verweigern.[140]

In fast jeder Kinsey-Folge der *Münchner Illustrierten* gewährte ein Foto den Blick auf nackte Haut. Schon 1950 prangten Bikini-Schönheiten auf den Titelblättern vieler Zeitschriften.[141] Das Zusammenspiel von Text und Bildsprache machte einen besonderen Reiz aus, denn gerade im Bild dominierten freizügige, manchmal laszive Elemente. Der Visualisierungsschub durch die Illustrierten war für die mediale Aufbereitung des Themas Sexualität, für seine Konstruktion und Perzeption von eminenter Bedeutung, zumal Bilder auf Betrachter weitaus stärker wirken als Texte. Die Fotos der Kinsey-Serien schufen und bedienten Fantasien und eröffneten dem Voyeurismus ein weites Feld. Sie (re-)präsentierten nicht nur, sondern interpretierten zugleich, was sie abbildeten. Hinzu kam die Spannung zwischen Text und Bild: Während in den Berichten von der kulturellen Niveaulosigkeit der USA die Rede war, zeigten die Fotos auffallend viel nackte deutsche Haut.[142] Eigengewicht und Bedeutungseffekt der Bilder lagen in dem Umstand, dass sie das etablierte amerikakritische Deutungsmuster zwar verstärkten, zugleich aber im wahrsten Sinne Lust erregen wollten und letztlich der männlichen wie der weiblichen Fantasie vom Begehren und Begehrtwerden freien Lauf ließen. Verstärkt wurde der Effekt noch durch die Dramaturgie des Umblätterns: In der *Münchner Illustrierten* ist auf einer Seite eine junge Frau zu sehen, die züchtig gekleidet und bebrillt an der Schreibmaschine sitzt; auf der nächsten Seite räkelt sie sich als Pin-up-Mädchen im Bikini auf dem Boden. Das Blatt zeigte auch allerlei, als typisch amerikanisch ausgegebene erotische Erscheinungen: hantelschwingende Turnerinnen im kurzen Dress, langbeinige Revuegirls mit Kopfschmuck, eine Schöne im schwarzen Badeanzug aus »hauchdünnem Nylongewebe« und ein von Soldaten umringtes, halb sitzendes, halb liegendes Mädchen in Corsage und Seidenstrümpfen.

Zu entnehmen waren der *Münchner Illustrierten* außerdem sämtliche Versatzstücke dessen, was in den USA schon längst zum Kanon der Berichterstattung über Kinsey gehörte: Der Forscher litt als Kind an einer schweren Krankheit, fand durch die Natur Heilung, beschäftigte sich als Jugendlicher mit dem Verhalten der Vögel im Regen, wurde zum Wespenkundler und schließlich zum Sexualexperten, war verheiratet, hatte Kinder – und steckte die gesamten Tantiemen für seine beiden Bestseller in weitere Sexualforschungen. Kinsey als Geschäftsmann war in der Bundesrepublik ebenso wie in den USA ein großes Thema. Der Forscher galt als unbeschreiblich reich, worüber der *Spiegel* wiederholt Meldungen brachte. Sein Autorenhonorar belief sich demnach auf umgerechnet 1,3 Millionen Mark. Da die Verkaufszahlen der Bücher nach der öffentlichen Kritik in den USA aber zurückgegangen waren, schrumpften seine Einkünfte angeblich eklatant. *Wochenend* berichtete in seiner Serie »Millionäre verraten ihr Geheimnis« indes, dass er mit seinen Büchern drei Millionen Dollar verdient habe. In dem 1955 im List-Verlag erschienenen Buch »So macht man Millionen« handelte ein ganzes Kapitel nur von Kinsey.[143] Detailreich breitete die Presse seinen Alltag aus: Er arbeitete bis zu 14 Stunden am Tag, oftmals sieben Tage die Woche, hatte 13 Jahre lang keinen

Urlaub mehr gemacht, gönnte sich als einzigen Genuss sonntags Schall-platten mit klassischer Musik im Kreise seiner Familie – und musste nach dem Abschluss der Arbeiten an seinem zweiten Band zur Erholung in ein Sanatorium eingeliefert werden.

Dass die Illustrierten offen über Kinseys Befunde schrieben, nahmen die Leser unaufgeregt hin. Nur selten echauffierte sich jemand über die Lehren aus Amerika, wie etwa ein Vater, der in einem Leserbrief an die *Münchner Illustrierte* demjenigen, der seiner halbwüchsigen Tochter raten sollte, »nicht ohne Erfahrungen« in die Ehe zu gehen, eine Tracht Prügel ankündigte. »Behalten Sie Ihren Unflat gefälligst für sich im Land der unbegrenzten Möglichkeiten«, schimpfte im Blatt auch eine Mutter aus Hannover. Ein Herr aus Bonn meinte hingegen, nur »engstirnige Zeitge-nossen« hielten Kinsey für unmoralisch, und war sich sicher, dass seine Befunde »im besten Fall« nur für die USA gültig seien.[144] Der *Spiegel* ver-öffentlichte Leserbriefe, die zeigten, wie sexuell »befreit« sich manche Le-ser längst wähnten. Ein Berliner erinnerte daran, dass Theodoor Hendrik van de Velde schon in den zwanziger Jahren bekannt gemacht habe, was Kinsey verkünde. Ein Mediziner fand ebenfalls, dass der amerikanische Professor den Europäern nichts Neues zu sagen habe, denn hier seien schon vor Jahrzehnten Dinge zu erfahren gewesen, »mit denen die Abend-länder wohl kaum noch aufzuschrecken sind«.[145]

Auffallend ist, dass die beiden größten und erfolgreichsten Illustrier-ten, *Quick* und *Stern*, sich in der Berichterstattung über Kinsey deutlich zurückhielten. Serien über den Sexualforscher erschienen dort nicht, was womöglich darauf zurückzuführen war, dass sie vor dem »K-Day« keine Exklusivverträge mit Kinsey abgeschlossen hatten. An amerikakritischen Kulturdünkeln sparten *Quick* und *Stern* indes ebenso wenig wie alle ande-ren. Der *Stern* schlug ostentativ ein anderes »Kapitel der Liebe in Ame-rika« auf, indem er sich Kinseys lediglich als Aufhänger für eine große, in New York spielende Krimiserie bediente. Der Vorspann der ersten Folge begann mit den Worten: »Alle Welt spricht heute von Prof. Kinsey und seinem Bericht über das Liebesleben Amerikas. Alle Welt spricht davon – als ob sich Liebe statistisch erfassen ließe, und als ob das, was für Amerika gilt, auch auf uns anzuwenden wäre.«[146] Die *Quick* stieß ins selbe Horn – und wunderte sich über den »Kinsey-Rummel« der anderen Illustrierten. Im Unterschied zur Amerikanerin, hieß es, suche die Europäerin in der Liebe »nicht allein das Sexuelle, sondern auch das Geistige«. Die *Quick* erklärte, von Kinsey sei in Deutschland und Europa nicht das Geringste zu lernen, denn: »Wir Europäer sind Romantiker. Und die Romantik lässt sich in Statistiken nicht fangen. Was hätte Kinsey mit Isolde angefangen? Was mit Julia?«[147]

Dass die USA als Land hysterischer Puritaner galt und die europäische »erotische Kultur« beschworen wurde, gehörte ebenso zu den Regeln der medialen Berichterstattung über Sexualität wie die Sorge um das Geschlechterverhältnis und die Überzeugung, dass das Sexualleben der Frauen von moralischen Normen besonders intensiv geregelt sein müsse. Wer sich an diese festgefügten Annahmen hielt, hatte freien Raum, um recht ungehemmt über »die Amerikanerin« zu fantasieren: Kennzeichen der Ehen in den USA, hieß es, sei ein »erotisches Mißbehagen«, verursacht durch die vom hypertrophen Glauben an Macht und Überlegenheit geprägten Frauen.[148] Sie trieben ihre Gatten zum Erfolg im Beruf und zum sozialen Aufstieg, was diese aber geistig wie physisch erschöpfe. Die Männer trügen auch die Hauptlast in Haushalt und Kindererziehung. »Das Kindermädchen seiner Frau ist der Mann in Amerika«, stand unter einem Foto in der *Münchner Illustrierten*.[149] Ein anderes Bild zeigte eine Frau, die auf Säcken mit importierten Nerzfellen thront; darunter stand zu lesen: »Ein Nerzmantel ist das mindeste, was ein Mann seiner Frau ›erarbeiten‹ muß.«[150] Die Vorstellung, dass in den USA die Frauen das Sagen hätten, findet sich als Topos der Debatte über Amerikanisierung schon in den zwanziger Jahren.[151] Illustrierte und Zeitungen nahmen die Kinsey-Berichte nun zum Anlass, um die Klischees von der sozialen und kulturellen Vormachtstellung der amerikanischen Frauen neu zu beleben und nach Kräften zu bedienen. Frauen übten demnach unerhörten politischen und gesellschaftlichen Einfluss aus, besaßen weitreichende Freiheiten und bestimmten die gesamte Kultur. Ihre Übermacht galt als Ursache des amerikanischen Materialismus, denn nur um die Ansprüche der Frauen zu erfüllen, strebten Männer nach Geld und Besitz. Die »Vermännlichung« der Frauen und die »Verweiblichung« der Männer wurden als abstoßende Folgen der modernen egalitären Massenkultur dargestellt. Kam die Rede auf die »Feminisierung« der USA, war der fortschreitende Autoritätsverfall des Mannes gemeint. Die von den Männern geduldete »Herrschaft der Frau« galt als eine nicht weniger grundstürzende Herausforderung für die Kultur des Abendlandes als Materialismus, Rationalisierung und die Massengesellschaft.

Amerikakritik war scharfe Kritik am Feminismus, der nach Lesart der Illustrierten nicht die Gleichberechtigung der Geschlechter, sondern die Dominanz der Frauen über die Männer bedeutete. Die USA hatten um die Jahrhundertwende als das Land gegolten, in dem die Emanzipation der Frauen weiter fortgeschritten war als in jedem anderen; Vertreterinnen der deutschen Frauenbewegung hatten Amerika als Nation der Zukunft gepriesen. Entsprechend massiv war seinerzeit die Reaktion von Kritikern ausgefallen. Vom »Kulturfeminismus« hatte in männerbündisch-militaristischer Absicht schon der Amerikaverächter Adolf Halfeld Ende der zwanziger Jahre gesprochen.[152] Dass Frauen in den USA in moralisch-kulturellen Fragen angeblich das Sagen hatten, bestätigte im Kontext der Kinsey-Debatte nach verbreiteter Meinung die Annahme von der Kulturlosigkeit des Landes, denn eine weiblich bestimmte Kultur konnte keine Seelentiefe besitzen. Aufgrund der bevorzugten Stellung der amerikanischen Frauen und ihrer straffen und gut vernetzten Organisationen, so die Vorstellung, ließen sich auch politische und gesellschaftliche Entscheidungen nicht ohne ihre Zustimmung treffen. Die Verhältnisse in den USA wurden als fataler Verstoß gegen die für naturgegeben erachtete traditionelle Geschlechterhierarchie betrachtet. Die emanzipierte Frau stand wie Konsumstreben, Vergnügungssucht und Massenkünste für die bedrohliche kulturelle Amerikanisierung Europas.

Das negative Image der Amerikanerinnen diente im Grunde dazu, die deutschen Frauen zu erhöhen, die tradierten Rollenmuster zu propagieren – und zugleich erotische Fantasien anzuheizen. Der *Spiegel* bediente das Klischee schon 1948 in einem Bericht über die (sexuellen) Vorzüge der Europäerinnen gegenüber amerikanischen Frauen.[153] Im August 1950, als das Blatt eine Titelgeschichte über Kinsey veröffentlichte, überzog es die Amerikanerinnen einmal mehr mit Spott und Häme. Hysterisch seien sie seit der Veröffentlichung von Kinseys erstem Band, hieß es. Sie stürzten sich auf sein Buch und rissen es den Verkäufern förmlich aus den Händen. Kinsey sei für sie eine »Mischung von Beichtvater und Casanova«. In ihrer unkontrollierten Sexualität bestürmten sie ihn, schrieben ihm Briefe, besuchten ihn und seien in dem Wunsch, ihm ihr Liebesleben zu schildern, gar nicht zu bremsen. Kinsey erhalte Anträge von Frauen, die laut *Spiegel* »frank und frei« unzüchtig zu nennen seien. Begebe er sich auf Reisen, tummelten sich ganze »Frauenschwärme« in der Halle seines Hotels. »Konfessionssüchtige« seien sie.[154] »Kinsey fragt die Frauen« stand auf dem Titelblatt des Magazins. Zufrieden lächelnd und eingerahmt von vier Frauenköpfen prangte Kinseys Konterfei darauf. »Wie die Frauen sind«, lautete der Titel des Berichts – der kurioserweise ausschließlich vom Buch über den Mann handelte.

Der *Spiegel* war das erste Presseorgan in der Bundesrepublik, das Kinsey (lange vor dem »K-Day«) ausgiebig porträtierte. Das Blatt, das im Januar 1947 mit einer Auflage von 15 000 Exemplaren gestartet war, erreichte drei Jahre später bereits rund 100 000 Leser. Es orientierte sich programmatisch an amerikanischen und britischen Vorbildern; die Vorlage für den Artikel über Kinsey lieferte die US-Illustrierte *People*.[155] Kinsey wurde als ebenso leidenschaftlicher wie selbstloser Wissenschaftler geschildert und idealisiert. Der *Spiegel* begrüßte seine Forschungen und maß ihnen historische Bedeutung bei. Kinsey, so hieß es, »brachte jahrhundertealte Ansichten über Sitte und Moral zum Einsturz«.[156] Die Vision treibe ihn an, die Menschheit über Zusammenhänge aufzuklären, über die sie nichts wisse, die aber ihr Leben bestimmten. Kinseys Ziel sei es, einen Beitrag zur Verbesserung der gesellschaftlichen Verhältnisse zu leisten. Er wurde als zurückhaltend, unbescholten, sympathisch und als Inbegriff eines treusorgenden Ehemanns und Familienvaters präsentiert. Als in den USA trotz Geheimhaltung Einzelheiten aus seinem zweiten Band bekannt geworden waren, veröffentlichte der *Spiegel* postwendend Details daraus und zitierte reißerisch den Satz: »Es gibt kaum eine Hautregion, die für die Frau nicht eine Quelle sexueller Erregung werden kann.«[157] Das Blatt berichtete außerdem von Kinseys Ehe mit seiner Frau Clara, dem glücklichen Leben des Paares in der amerikanischen Provinz und dem guten Verhältnis zu seinen drei erwachsenen Kindern, den Töchtern Joan und Anne und dem Sohn Bruce. Über Kinseys Ehefrau, auf die sich auch in den USA die allgemeine Neugier richtete, schrieb der *Spiegel*: Clara sei weder ein »Glamour Girl« noch die Verkörperung des »Sex Appeal«.[158] Die Leser erfuhren, dass sie eine hingebungsvolle Ehefrau und Mutter sei, eine »brave, fast steifleinen wirkende Hausfrau«.

Einen ähnlichen Ton schlug die *Süddeutsche Zeitung* an. Sie berichtete über Kinsey Ende August 1953 in einer großen Reportage auf der Seite drei. Illustriert war der Text mit einem Foto von Clara Kinsey im Garten der Familie, zu dem es süffisant hieß: »Frau Kinsey ihrerseits erforscht hier Fliederblüten.«[159] Das Übel der »amerikanischen Zivilisation«, so das Blatt giftig, rühre aus dem ins Ungleichgewicht geratenen, der natürlichen

Ordnung zuwiderlaufenden Geschlechterverhältnis. Die amerikanischen Frauen seien davon überzeugt, den Männern überlegen zu sein. Ihre Macht sei bedeutend, denn in ihrer Hand liege nicht nur der weitaus größte Teil des Volksvermögens, sondern sie entschieden auch die Wahlen, lenkten den Konsum und bestimmten über die Erziehung der Kinder. Die amerikanischen Männer seien hingegen schwach. Ihnen wurde ein wahrer »Muttikomplex« attestiert. Von der Krise der amerikanischen Männlichkeit war in manchen Medien der Vereinigten Staaten tatsächlich die Rede; der im Zuge der Kinsey-Debatte entstandene *Playboy* beispielsweise sprach davon, der sich an den urbanen, eleganten, feinsinnigen Mann richtete und dem mit der hüllenlosen Marylin Monroe auf dem Cover gleich ein Senkrechtstart gelang. Die erste Ausgabe erschien mit einer Auflage von 53 000 Exemplaren im Dezember 1953.[160] Repräsentativ für die amerikanische Presse waren solche Berichte aber nicht, die sich als strategisch eingesetzte polemische Reaktion auf die Frauenemanzipation deuten lassen. Die Illustrierten in der Bundesrepublik griffen sie jedoch gern auf und benutzten sie, um zu betonen, wie unerschüttert und gesichert in Europa die tradierten Geschlechternormen seien. Kinsey (»Der stille Mann aus Indiana«) hatte nach Ansicht der *Süddeutschen Zeitung* die Macht der Frauen unterschätzt und stand deswegen im Kreuzfeuer der Kritik. Die Zeitung bezichtigte ihn der Primitivität, weil er von der »Partnerschaft zwischen Mann und Frau« nichts wisse und die Sexualität von der Liebe trenne. »In diesem Sinne ist Kinsey auch unmoralisch – aber das hat ihm keiner seiner tausenden amerikanischen Richter vorgeworfen«. Wie anders hingegen die Tradition Europas, wo das Zeitalter der Prüderie längst überwunden und die »viktorianische Heuchelei« nie tief verwurzelt gewesen sei. Der überarbeitete und abgehetzte Kinsey sei ganz im Gegensatz zu den einstigen europäischen Sexualreformern auf der Flucht »vor seiner eigenen Courage«.

Die Philippika gegen Kinsey und gegen Amerika ging mit dem demonstrativen Gebrauch des Wörtchens »Sex« einher, das Anfang der fünfziger Jahre noch nicht in vielen deutschen Publikationen zu lesen war. In der *Süddeutschen Zeitung* fand es sich an einem Tag gleich mehrmals: Amerikanische Frauen, hieß es, seien es gewohnt, im Dienst des sozialen Aufstiegs »›Sex‹ als Waffe« einzusetzen. Auf der Seite drei wurde »Sex« noch von distanzierenden Anführungszeichen eingerahmt. Im Kulturteil derselben Ausgabe, wo es ebenfalls um Kinsey ging, stand es schon ohne die schamhaften Gänsefüßchen, und dies gleich drei Mal. Dort konnte man lesen, Amerikaner hielten es für sündhaft, »ein menschliches Gespräch über Sex« zu führen.[161] Um die Geschlechterordnung sei es dort miserabel bestellt. Die vorgebliche Herrschaft der amerikanischen Frauen wurde als Degenerationserscheinung *par excellence* bewertet – und als Zeichen eklatanter innerer Schwäche der Weltmacht USA. Vielfältige Projektionen sorgten für Bezüge zur eigenen Gegenwart und Zukunft: Es ging darum, vor der Entstehung ähnlicher Verirrungen zu warnen. Die Emanzipation galt als auslösendes Übel der dortigen Krise. Sie mache die Frauen kalt, gefühllos, sexuell unattraktiv und schaffe eine von Wettbewerb und Oberflächlichkeit geprägte Kultur. Zeitungen und Illustrierte vermittelten auf diese Weise geschlechtsspezifische Leitwerte und Normen für die private Lebensführung. Ein publizistisches Heilungsversprechen war daran geknüpft, damit nicht Ähnliches wie in den USA geschehen möge. Anlass zu solcher Mahnung sah man reichlich gegeben. Denn die rechtliche und soziale Gleichstellung der Frauen avancierte in der Bundesrepublik zur selben Zeit zu einem wichtigen sozialpolitischen Thema. Das Grundgesetz garantierte die Gleichstellung von Mann und Frau auf allen Gebieten des öffentlichen und privaten Rechts. Aber im Bürgerlichen Gesetzbuch war noch immer die patriarchalische Ordnung fixiert. Die Revision des Familienrechts und überhaupt die Angleichung der Rechtsordnung an das Grundgesetz beschäftigten den Bundestag in mühsamen Verhandlungen viele Jahre lang. Das Parlament lehnte die Gleichberechtigung als Strukturprinzip der Familie am Ende ab und interpretierte den im Grundgesetz verankerten Schutz von Ehe und Familie als Schutz traditioneller Familienstrukturen. Das 1957 schließlich verabschiedete Gleichberechtigungsgesetz ließ die patriarchalische Ehe- und Familienkonzeption unangetastet. Auch als das Bundesverfassungsgericht zwei Jahre später die alleinige Entscheidungsgewalt des Ehemanns in der Familie aufhob, änderte sich daran nichts.[162]

Die Kinsey-Debatte in den Illustrierten und Zeitungen diente dazu, die konservative Wahrnehmung zu untermauern. Demnach war die gestiegene Erwerbstätigkeit von Ehefrauen und Müttern eine Erscheinungsform der Moderne, der man entgegentreten müsse, weil sie das tradierte Familienideal mit seinen klar zugewiesenen Rollen zerstöre. Die Selbstständigkeit der Frau ruiniere Ehe und Familie und verhindere die Rückkehr zur »Normalität«, so die Warnung. Die Überhöhung der Hausfrau und Mutter diente der Sicherung männlicher Autorität und geschlechts-spezifischer Privilegien und war zudem unmittelbar gegen das von Ost-Berlin konzipierte Leitbild der erwerbstätigen Frau und Mutter gerichtet. Dass trotz aller ostentativen Abgrenzung gegenüber der DDR wertkonser-vative Einstellungen zur privaten Lebensführung de facto bereits in Auf-lösung begriffen waren, zeigte jedoch in aller Deutlichkeit die Arbeits-marktsituation in der Bundesrepublik: Die zunehmende ökonomische Prosperität ging in den fünfziger Jahren mit der steigenden Berufstätigkeit von Frauen einher. Sie drängten schon seit der Währungsreform in Be-schäftigungsverhältnisse, und der Anteil der Ehefrauen und Mütter auf dem Arbeitsmarkt erhöhte sich trotz öffentlicher Kritik seitdem anhal-tend.[163] Unter den weiblichen Erwerbstätigen stellten verheiratete Mütter bis 1950 rund 13 Prozent, zehn Jahre später bereits mehr als doppelt so viel. Subtext der Diskussion um Kinsey war die Botschaft, das Rad anzuhalten und die Frauen auf ihre »angestammte«, »naturgegebene« sozialpolitische Funktion zurückzuverweisen. Bei ihnen, so der Tenor, liege die Verant-wortung für die Stabilität von Ehe und Familie. Dahinter verbarg sich ein schlichtes Plädoyer für die patriarchalische Gesellschaftsordnung mit ihrem sozialen Leitbild der Ehefrau und Mutter. Die zeitgenössisch auf-blühende Familiensoziologie wies schon länger darauf hin, dass an die Stelle des autoritativen Familienwesens die Auffassung von der Ehe als Solidaritätsverband getreten sei.[164] Gegen diese Tendenzen gesellschaft-licher Umbrucherscheinungen richteten sich die Ratschläge der Kinsey-Berichterstattung in vielen Medien. Dass die Blätter zu einer am tradierten Geschlechtermodell orientierten privaten Lebensführung rieten, war im Kern vor allem Ausdruck sozialer Furcht. Der Umstand, dass die (Re-) Etablierung des hierarchischen Rollenmusters so lautstark gefordert wurde, gab dabei Auskunft darüber, wie bedrohlich (gerade mit Blick auf die Erwerbstätigkeit) emanzipative Bestrebungen von Frauen wirkten und wie weit diese nach zeitgenössischer Wahrnehmung schon gekommen waren. Die Debatte zeugte vom rasanten Tempo des gesellschaftlichen Wandels; das Ringen um männliche Autorität gründete auf einer Wunsch-vorstellung und sagte über deren Umsetzung nichts, über die Bedrohun-gen durch die kulturelle Moderne indes eine Menge aus. Dass Frauen Kin-seys Botschaften für attraktiv befanden, lag darin begründet, dass er nicht männlicher Hegemonie das Wort redete. Zwar war auch er keineswegs frei von geschlechtsspezifischen Auffassungen, aber er stellte eher zurückhaltend Verhaltensanforderungen an Frauen. Wichtiger war, dass er ihnen ein eigenständiges Sexualleben zugestand und sie als selbständig Handelnde ernst nahm. Unter den vielen Brüchen mit der Tradition, die Kinsey vollzog, war der Umstand, dass er weiblichen Ambitionen nach einem selbstbestimmten Leben (und einer selbstbestimmten Sexualität) nicht entgegentrat, sondern gewissermaßen die Legitimation dafür lieferte, der massivste Verstoß gegen die hergebrachte Sittenordnung.

Aber nicht nur die Frauen waren ein großes Thema der Presseberichterstattung, die amerikanische Jugend rückte ebenfalls in den Blickpunkt. Mit Kinseys Forschungen kam ein neuer Terminus ins Land, und kaum ein Presseorgan verzichtete darauf, ihn ausgiebig zu kommentieren: Petting. Kinsey verstand darunter körperliche Berührungen, die auf erotische Erregung zielen. Petting, die Fortführung des kindlichen »sex-play«, sei eine charakteristische Verhaltensweise im Sexualleben amerikanischer Jugendlicher vor allem aus gehobenen Bildungsschichten, schrieb er in seinem zweiten Band. Petting sei unter Schülern der Highschools und unter College-Studenten »eine Angelegenheit des gesellschaftlichen Prestiges, ebenso wie eine Gelegenheit zum Tanzen, Trinken, Autofahren und anderen gesellschaftlichen Betätigungen, die ihm vorausgehen oder es begleiten können«.[165] Als Vorbereitung für die Ehe schätzte Kinsey die Bedeutung des Petting hoch ein, vor allem für Frauen, die er für sexuell gehemmter hielt als Männer.[166] Unverheirateten amerikanischen Jugendlichen war zwar der Geschlechtsakt bei Strafe verboten, das Petting und dessen abgeschwächte Variante, das Necking, wurden ihnen als sexualtechnischer Kompromiss zwischen Enthaltsamkeit und Erfahrung aber erlaubt. Beides war gesellschaftlich geduldet. Kinsey wertete diese Formen des Liebesspiels als Beleg für die Doppelbödigkeit sexualmoralischer Grundsätze, die zudem negative Folgen haben könnten, da Petting die jungen Leute, wie er meinte, nervös, aufgewühlt und am Ende unbefriedigt ließ.[167] »Liebesspiel« lautete die Übersetzung in der deutschen Ausgabe seiner Bücher. Allerdings kam das romantisch anmutende Wort dem amerikanischen Terminus nicht immer nahe, vor allem dann nicht, wie die Übersetzer meinten und in einer kompliziert formulierten Fußnote eigens anmerkten, wenn Petting ein Verhalten beschrieb, das »bewußt und von vornherein beabsichtigt auf die Erzeugung sexueller Erregung abzielt und deren Einleitung weniger von einer schon bestehenden gegenseitigen erotischen Anziehung als von der beiderseitigen Absicht ausgeht, eine noch nicht vorhandene Erregung technisch zu erzeugen«.[168] Immer dann, wenn es um diese Art der Herstellung sexueller Lust ging, blieb in den deutschen Büchern daher der amerikanische Terminus einfach stehen.

Die Presse informierte ihre Leser eingehend darüber, was es mit dem Petting auf sich hatte. Der *Spiegel* nannte es einen festen Bestandteil im Ausgeh- und Liebesritual der amerikanischen Jugend.[169] Auch medizinische Fachzeitschriften hielten den Begriff keineswegs für selbsterklärend: Die *Psyche* definierte Petting als »fremdgeschlechtliche Berührung ohne Coitus bis zur Höchsterregung«.[170] Der *Nervenarzt* rechnete eine Reihe von sexuellen Praktiken dazu, »vom Kuß bis zur manuellen und oralen Stimulation der Genitalien«.[171] *Pro medico* erklärte es als »sexuelles Reizspiel ohne letzte Konsequenz« – und konstatierte voller Argwohn, es breite sich auch auf den hiesigen Parkbänken und an den Badeplätzen aus.[172] Ohne Ausnahme interpretierten Illustrierte, Kulturzeitschriften und Zeitungen Petting als Ausweis amerikanischer Un-Kultur. Für die *Süddeutsche Zeitung* war es eine typisch amerikanische Praxis, die in der »erotischen Kultur« des Abendlands undenkbar sei. Die Zeitung sprach von »mechanisierten necking- und petting-Spielen«, die der amerikanischen Jugend als Mittel gegen die weit verbreitete Langeweile dienten und keine andere als erostötende Wirkung hätten.[173] Ähnlich urteilte die Kulturzeitschrift *Merkur*, die Petting »eine Art von gegenseitiger Masturbation« nannte und sich sicher war, dass es keine »tiefere Befriedigung« verschaffe.[174] Einmal mehr zeigte sich, was für die Presseberichterstattung über Kinsey kennzeichnend war: die Kombination aus Distanzierung und Schlüssellochperspektive, die reichlich Raum für Fantasien ließ. Die *Münchner Illustrierte* schrieb, dass Frauen beim Petting eine aktive Rolle spielten und manches amerikanische Mädchen »Erlebnisse« schon »mit 20 bis 30« Jungen gehabt habe.[175] Die *Berliner Hefte* waren indes der Ansicht, dass Frauen Petting generell passiv über sich ergehen ließen.[176] Die *Bild-Zeitung* schrieb wiederum von den kussfreudigen jungen Amerikanerinnen und darüber, dass sie sich am liebsten im Auto zum Stelldichein mit einem Verehrer träfen.[177]

Petting galt als symptomatisch für ein lediglich auf Genuss fixiertes sexuelles Triebleben.[178] Nach verbreiteten Vorstellungen ging mit der Rationalisierung und Homogenisierung in den USA die Standardisierung der Sexualität einher. Die *Zeit*, in deren Spalten das Petting ebenfalls nicht fehlte, deutete es als »amerikanische Sitte oder Unsitte«; »Hochschulen«

dafür seien im wahrsten Sinne die Colleges und Universitäten.[179] Nach Auffassung von *Wochenend* war Petting »potenziertes ›Knutschen‹« – und »die Giftblüte einer vergötzten Sexualität«.[180]

Vehementer als viele andere Blätter übte *Wochenend* nach dem »K-Day« beißende Kritik an den Forschungen aus Amerika. Das Blatt, das 1949 die Allensbacher Umfrage initiiert und damit den Auftakt zur Popularisierung von Kinseys Sexualstudien in der Bundesrepublik gesetzt hatte, wandte sich nun mit Verve dagegen. Angesichts des Booms in den vielen Illustrierten und der Tatsache, dass das Blatt Leser verlor, war nun wohl die Distanzierung eine vielversprechende Verkaufsstrategie. Unter dem Titel »Professor Kinseys großer Irrtum« widmete die »Bilderzeitung zur Erholung vom Alltag« die Aufmacherseite und die Seite zwei zur Gänze dem Thema »Kinsey und die Frauen«.[181] Unter der Rubrik »Die nachdenkliche Viertelstunde« nahm *Wochenend* zu Fragen von Ehe und Sexualmoral Stellung. Wer der anonyme Autor der Kolumne war, ist unklar. Er warnte eindringlich davor, aus Kinseys Studien allgemeine Verhaltensmaßstäbe abzuleiten, und betonte, die Naturwissenschaften gingen fehl in der Annahme, sie könnten Richtlinien für das Sexualleben vorgeben. Sexualität sei nämlich keine »von jeder Ethik abzulösende Triebgewalt«. Dass Kinsey dies im wissenschaftlichen Duktus verbreitet habe, sei »Unfug erster Qualität«. Die Sexualforschung war nach Meinung des Verfassers nichts als ein »Afterunternehmen«. Denn die Liebe der Frauen lasse sich nicht einfach in Statistiken kleiden, der »Lebensquell« sei »kein Objekt der Lüsternheit«. Der Autor fühlte sich verpflichtet, das wahre Wesen der »wie eine Giftsaat wirkenden Pseudo-Wissenschaft des Zoologie-Professors« zu entlarven. Dabei hielt er Kinseys Befunde keineswegs für spektakulär, war sich sogar sicher, dass in Deutschland selbst die Bauern in einem fernen Bergdorf sie schon längst kannten. Dass Kinseys Forderung, wonach die Regeln der »Zucht« umzustürzen seien, vielsprachig übersetzt in die Welt posaunt wurden, hielt er für empörend. Dies sei nichts anderes als die »Zerstörung des Menschenglücks«, denn Kinsey trenne Sexualität von der Arterhaltung und entkleide sie ihrer seelischen, geistigen und ethischen Bezüge. Wäre er ein redlicher Wissenschaftler, würde er seine Ergebnisse berichtigen. Niemand solle sich auf ihn berufen dürfen, um als »erlaubt und normal« zu rechtfertigen, was de facto der »Weg ins Verderben« sei. Düster kündigte der Autor eine »Kinsey-Dämmerung« an: Distanziere sich der Forscher nicht von seinem Ruf nach neuen Normen, sei er kein Sexualreformer, sondern ein auf die Würde des Menschen nicht bedachter »Sexualverderber«.

Die *Süddeutsche Zeitung* ließ es in Sachen Amerikakritik ebenfalls nicht an Schärfe fehlen, als sie Ende August 1953 das aktuelle *Time Magazine* zum Anlass für einen geharnischten Kommentar nahm. Im Vordergrund stand nicht so sehr Kinseys Forschung als vielmehr der Resonanzboden, den sie in der US-Gesellschaft fand. Dazu wurde das Titelbild des *Time Magazine* abgebildet: Es zeigte Kinsey, umkränzt von allerlei stilisierten Elementen aus seiner Forscherkarriere, darunter Rosenblüten und Knospen, auf die eine Biene zufliegt. Auf Kinseys obligatorischer Fliege verewigte der amerikanische Künstler das Weiblichkeitssymbol, und im Hintergrund ließ er neben einem mit Eiern bestückten Nest ein Spatzenpärchen turteln.[182] Die gezeichneten Symbole standen für Sexualität, Fruchtbarkeit und auf betont altbackene Weise für sexuelle Aufklärung. Unter dem Titel »Kinseys Spatzen« mokierte sich *die Süddeutsche* über die Prüderie der Amerikaner.[183] Dass Kinsey zu Ruhm und Geld kommen konnte, hielt die Zeitung für ein typisches US-Phänomen. Die dortige »überaus merkwürdige Moral« schreibe vor, die natürlichen Vorgänge des Lebens mit Schweigen zu ummänteln. »Aber Mr. Kinsey hat eine Methode gefunden, Sex en detail amerikafähig zu machen« – und die US-Bevölkerung nehme die »pseudowissenschaftlichen« Informationen begeistert auf und lasse sich von Statistiken »beispiellos langweilen«. Die »Auto-Eisschrank-Zivilisation« der Vereinigten Staaten sei erzeugt und getragen von »puritanischer Moral und Verlogenheit sowie Langeweile«, was die Zeitung zu ätzenden Äußerungen über die Detailfreude der amerikanischen Berichterstattung zum Anlass nahm. Voller Überzeugung attestierte die *Süddeutsche* den Amerikanern fehlenden Eros. Der Bevölkerung in der Bundesrepublik mangle es daran indes nicht, und die Deutschen zählten deswegen auch zu den kulturell überlegenen, »glücklicheren Völkern«. Gleichwohl sei Kinsey längst auch in Westdeutschland populär; und obwohl niemand hierzulande seine Bücher kenne, spreche doch jedermann davon. »Der gute Doktor« sei in den Augen der Leser gar »zu dem Ruhm gekommen, unanständige Bücher geschrieben zu haben«. Die *Süddeutsche* staunte: »Wie schlecht kennen doch die Deutschen ihre Amerikaner.«

Die *Welt* stellte die Frage, ob Kinsey der »Zerstörer der Moral« sei. Nein, hieß es klipp und klar, der Wissenschaftler arbeite an einem Werk »von entscheidender Bedeutung für die Moral der Menschheit«. Die Zeitung berichtete, wie zuvor schon das *Time Magazine,* wie gut die gesammelten Sexualgeschichten in Kinseys Institut gehütet seien: »wie das Gold von Fort Knox«.[184] Die *Welt* nutzte den »K-Day«, um zwei Wochen später eine eigene Umfrage zu starten: »Gehört Kinsey in die Familie?«, wollte sie von fünf bekannten in- und ausländischen Repräsentanten von Kultur, Religion und Medizin wissen, um unter dem Motto »Wir sollten freimütig darüber reden« zu eruieren, ob es richtig sei, die Sexualstudien der Öffentlichkeit zugänglich zu machen.[185] Der Verleger Ernst Rowohlt, der wenig später Schelskys massiv Kinsey-kritische »Soziologie der Sexualität« herausbrachte, sprach sich ebenso überzeugt dafür aus wie ein Pastor, der lediglich vor Missbrauch warnte, und ein britischer Theologe, der Kinseys reformerische Absicht ebenfalls unterstützte. Der österreichische Gynäkologe Hermann Knaus, der (Mit-)Erfinder der Knaus-Ogino-Methode zur Berechnung des weiblichen Fruchtbarkeitszyklus, war indes gegen die öffentliche Verbreitung, denn Kinseys Erkenntnisse, erklärte er, bewahrten die Allgemeinheit nicht vor Enttäuschungen in der Ehe.

Unter den Experten, deren Meinung die *Welt* einholte, war auch Ernst von Salomon. Als Freikorpssoldat hatte er 1919 in Berlin Aufstände von Spartakisten niedergeschlagen, im Baltikum hatte er im selben Jahr die Bolschewiki bekämpft, bald darauf war er in Berlin beim Kapp-Putsch dabei gewesen, und 1921 hatte er nicht gefehlt, als deutsche Nationalisten in Oberschlesien die Proteste von Polen niederschlugen, die die Region ihrer neu gegründeten Republik angliedern wollten. Salomon war etwa zu dieser Zeit der Organisation Consul beigetreten, einer Truppe, die eine Art Geheimdienst der Reichswehr und de facto eine terroristische Organisation war. Der Mord an Außenminister Walther Rathenau ging auf ihr Konto, und Salomon hatte deswegen von 1922 bis 1927 im Gefängnis gesessen. Er verstand sich zeit seines Lebens als Repräsentant der »Konservativen Revolution« und wollte nichts mehr, als den deutschen Nationalismus zu stärken und einen autoritären Staat nach dem Vorbild des alten Preußen zu schaffen. Als Schriftsteller und später als Drehbuchautor hatte er sich in der Zwischenkriegszeit eine breite Leserschaft gesichert. In amerikanischer Internierungshaft schrieb er 1950 den autobiografischen Roman »Der Fragebogen«, der im Jahr darauf bei Rowohlt erschien. Die spöttische und zynische Kampfschrift gegen die Entnazifizierungspraxis der Alliierten,[186] gespickt mit anti-amerikanischen Spitzen, wurde trotz ihres Umfangs von mehr als 800 Seiten umgehend zum ersten literarischen Bestseller der Bundesrepublik. Schon im Erscheinungsjahr wurden 150 000 Exemplare der teuren Leinenausgabe verkauft, und Übersetzungen erschienen in vielen Sprachen. Salomon wandte sich gegen die Abwicklung des Dritten Reiches und deren strafrechtliche Folgen, um, so seine Ansicht, den Deutschen zu Selbstbewusstsein zu verhelfen und ihnen »Gewissensnöte« zu nehmen. Der verurteilte Mörder Salomon machte Anfang der fünfziger Jahre kein Hehl daraus, dass er den deutschen Nationalismus rehabilitieren wollte, dass er die liberale Werteordnung des Westens nach wie vor tief verachtete und die Demokratie für ihr größtes Übel hielt; der Aufstieg Hitlers, dessen Ideen er sich nicht angeeignet hatte, weil sie sich mit den seinen nicht deckten, hielt er für eine Folge der Etablierung der verhassten Republik.

Salomon benutzte das Interview über Kinsey in der *Welt*, um einmal mehr mit Liberalismus, Parteien und Demokratie abzurechnen und überdies seinen Protest gegen die kulturelle Amerikanisierung zum Ausdruck zu bringen. Die *Welt* wiederum demonstrierte, dass sie Parallelen sah zwischen dem Fragebogen der Alliierten, der weiten Bevölkerungkreisen als Symbol von Fremdherrschaft, Unterwerfung und kollektiver wie individueller Demütigung galt, und den Erhebungen des Sexualforschers, die für manche eben nichts anderes als amerikanische »Kulturlosigkeit« symbolisierten. Das eine wie das andere ließ sich als Gewissenserforschung, anders gesagt: als Gesinnungsinquisition und entwürdigendes Eindringen in die Privatsphäre verstehen. Dass Salomons Meinung bei den Lesern ankam, durfte die *Welt* voraussetzen, denn gerade in bürgerlichen Kreisen war die gegen die USA gerichtete Empörung darüber groß, dass sozusagen Banausen das Volk Goethes belehrten, es juristisch aburteilten und kulturell lenken wollten. Höhnisch hob Salomon an: »Nachdem wir uns in der uns zugänglichen Welt darüber geeinigt haben, daß die Freiheit der öffentlichen Meinung entscheidend zum allgemeinen Wohle beiträgt, darf es niemanden verwundern, wenn nun auch die Freiheit der öffentlichen Information im allgemeinen Wohle beschlossen liegt.«[187] Wer in der Freiheit das höchste Glück finden wolle, müsse begierig sein nach Wissen, auch wenn es seine Weltordnung erschüttere. Die Kinsey-Berichte verletzten seine Scham nicht, sondern weckten sie vielmehr. Als »konservativ Denkender« fühle er sich mit einer Tragik konfrontiert: Befasse er sich nicht mit den Befunden oder verschweige sie, verkehrten sich seine Werte in der Wahrnehmung der Öffentlichkeit zu »Unwerten«. In den USA, so Salomon zynisch, werde die Diskrepanz zwischen privater und öffentlicher Meinung kurzerhand durch Tests und andere Verfahren verringert, »so lange, bis beide identisch sind«. Dass er die Demokratie für Manipulation und (Selbst-)Betrug hielt, verhehlte er nicht, und die *Welt* druckte seine Botschaft unkommentiert ab.

Salomons Stellungnahme führte deutlich vor Augen, dass in der amerikakritischen Debatte über Kinsey (auch) all jene Identifikationsmöglichkeiten finden konnten, die das alliierte Entnazifizierungsprogramm und dessen juristische Maßnahmen zur Ausschaltung der NS-Eliten rundweg ablehnten und nach Absolution der Deutschen riefen. Die lautstarke Kritik an den politischen Säuberungsmaßnahmen nahm seit der Gründung der Bundesrepublik stetig zu. Im Zuge der sukzessiven Verschärfung des Kalten Krieges lockerten sie sich de facto ohnehin bald; nicht zuletzt wegen des nachlassenden alliierten Drucks wurden sie umso vehementer als »Siegerjustiz« gebrandmarkt. In der Empörung über Kinsey wurde deutlich, dass Ressentiments gegen die kulturelle Amerikanisierung sich mit dem Protest gegen die Säuberung von der NS-Vergangenheit verbanden.

Theorie und Praxis des Sittengesetzes

In der Vorstellungswelt der Zeitgenossen, die sich leidenschaftlich für die sittliche Überformung und Normierung des Sexualverhaltens einsetzten, hinterließ Kinsey tiefe Spuren. Er rief all jene auf den Plan, die mit sexueller Freizügigkeit Verlustvorstellungen und Defizitbefunde verbanden. Denn nach dem Dafürhalten derer, die die tradierten Normen verteidigten, ging es bei Sexualität nicht um das persönliche Glück, sondern um die soziale Ordnung. Kinsey repräsentierte in den Augen seiner besonders radikalen Gegner aus Wissenschaft, Politik und Kirchen sämtliche Negativerscheinungen der Gegenwart: Popularisierung, Psychologisierung und Konsumorientierung, überhaupt die Antriebskräfte sozialer Desintegration. Sie dachten gar nicht daran, sich ihre Rolle als Sachwalter der Wahrheit über Sexualität von dem Amerikaner streitig machen zu lassen. Wer für die Deutungsmacht von Moralphilosophie und Theologie über Sexualität eintrat, hielt Kinsey für den Prediger einer gefährlichen Ersatz- und Gegenreligion und für den Inbegriff fortschreitenden Ordnungsverfalls. Die Vehemenz solcher Kritik nahm zu, je weiter sich die mediale

Kinsey-Welle ausbreitete. Dahinter stand das sichere Gespür der Kritiker, dass sich etwas Entscheidendes ereignete: Nicht nur wurden auf dem Gebiet der Sexualität neuerdings spirituelle Antworten gesucht. Es war darüber hinaus fortan nicht länger Sache der Kirche, solche Antworten zu formulieren. Kinsey verkörperte daher das Eindringen des beschleunigten Wandels der materiellen Welt in den Bereich der Ethik und des Ideellen.

Die Enthüllung der Sexualität galt weithin als Entwürdigung, Banalisierung und Pornografie.[188] Georg Schückler vom Volkswartbund bezichtigte Kinsey der »Angriffe auf die Menschenwürde«;[189] von ihm stammten gleich mehrere Broschüren und Artikel über die Kinsey-Berichte. »Positivistische Wissenschaftsmagie oder die Anthropologie eines Zoologen«, lautete ein Untertitel.[190] Umfragen erschienen ihm als unverantwortliche Form öffentlichen Redens und als Ursache der fortschreitenden Ausbreitung moralischen Verfalls. Schückler kritisierte die Demoskopie, die zeitgenössisch als »amerikanische Wissenschaft« oftmals geschmäht wurde,[191] und hielt »Indiskretionsmanie« für ein Kennzeichen der Gegenwart; eine seiner Broschüren hieß »Irrwege moderner Meinungsforschung«.[192] Der »moderne Mensch«, der ohnehin »im Banne des Positivismus und Szientismus« stehe, sei von Kinseys Forschungen ergriffen und glaube vorbehaltlos, dass der Amerikaner die Wahrheit verkünde.[193] Entgeistigung, Entmenschlichung, Verflachung, Vernichtung, Chaos – so lauteten nach Schückler die Schreckensbegriffe, für die der Forscher stand. Kinsey symbolisierte die Säkularisierung des sozialen Lebens, namentlich die Erosion all dessen, was für permanent und transzendent erachtet worden war: Gott, die Familie und die soziale Gemeinschaft. Er empörte seine Kritiker, weil er als unveränderlich erachtete Fixpunkte des Lebens abwertete. Die »Entfesselung des Sexus« galt Schückler als unmittelbare Folge einer Kultur, die sich der »Emanzipation des Ökonomischen« verschrieb. Er beschuldigte die kapitalistisch-industrielle Gesellschaft der »seelischen Verödung«, deren unmittelbarer Ausdruck der »Sexualismus« sei. »Sexuelle Überreizung in Wort, Ton und Bild« befalle die Menschen, so Schückler, der vom »Tatbestand der seelischen Nötigung«, vom »Trommelfeuer der Erotik« und einer »pansexuell geschwängerten und überhitzten Atmosphäre« sprach.[194]

Eine Reihe katholischer Publikationsorgane hielt Kinsey und die Wirkung der Demoskopie ebenfalls für fatal. »Die Magie der großen Zahl baut unmerklich die sittliche Welt ab«, hieß es dazu im *Christlichen Sonntag*;

einige Tageszeitungen druckten den Artikel nach.[195] In der jesuitischen Zeitschrift *Orientierung* stand, die sexuelle »Massenaufklärung« sei »verbrecherisch«, Kinsey ein »Volksverführer« und der »Feind aller menschlichen Ordnung«. »Christenpflicht« sei es daher, ihn zu bekämpfen.[196] Aber auch weniger rigorose und apodiktische Meinungen kursierten. Kinseys Kritiker argumentierten ohne Zweifel nicht alle aus einer ähnlich starren Position heraus, wie der Volkswartbund sie einnahm. Dessen Veröffentlichungen zeigten aber, welche Ängste Kinsey weithin auslöste und wie lebhaft er insbesondere tiefverwurzelte soziale Denkmuster über Homosexualität neu belebte. Der Verband, der schon in der Weimarer Republik für die Strafbarkeit gleichgeschlechtlicher Beziehungen (unter Männern wie Frauen) gekämpft hatte,[197] lieferte eine kulturpessimistisch verzerrte Abbildung der akribisch beobachteten Gegenwart. Er warnte, der »Homosexualismus« bedrohe die Bevölkerung, vor allem die Jugend, massiv; in München sei die Zahl der Delikte binnen kurzem schon um 75 Prozent gestiegen.[198] Ein Bonner Amtsgerichtsrat namens Richard Gatzweiler verfasste für den Verband gleich mehrere Broschüren, die an staatliche Behörden und katholische Geistliche verschickt wurden. Darin malte er aus, was wohl passiere, »wenn sich die Bolschewisten die Invertierten in der Bundesrepublik gefügig machen«.[199] »Homosexualität als akute öffentliche Gefahr« lautete das Stichwort; zugleich dokumentierten die Papiere des Verbands aber auch die vielfältigen Aktivitäten, die Homosexuelle zur selben Zeit entfalteten, um für ihre Rechte zu kämpfen. Deutlich wurde, wenngleich im Einzelnen wenig darüber bekannt ist, dass sie dafür die Öffentlichkeit nicht scheuen mussten. In Hamburg veranstalteten Homosexuelle 1952 einen »Ball der Freunde«, den die Polizei genehmigte und über den die Presse berichtete.[200]

Kinseys klerikale Gegner nahmen Anstoß an seiner medialen Präsenz und versuchten abzuwehren, was in das öffentliche Bewusstsein gedrungen war. Sie mühten sich, die freigesetzte Dynamik zu bremsen, die neuen wissenschaftlichen Erkenntnisse und die neu etablierten Wissensformen aufzuhalten und die Bevölkerung vor den (unterstellten) sozialkulturellen Folgen der Kinsey-Welle zu schützen. Kinseys Kritiker gingen davon aus, dass Umfragen Erwartungen evozierten und Einfluss auf das private Leben nahmen, indem sie zur Selbstverortung und zur Orientierung am statistischen Durchschnitt aufforderten und einen unter Umständen lange nachwirkenden Selbstverstärkungseffekt haben konnten.[201] Eine ganze

Reihe von Zeitungen und Zeitschriften griff die Besorgnis bildungsbürgerlicher Kreise auf. Die Rede war von umwälzenden Vorgängen, die im Gange seien und die es abzuwenden gelte. Es war evident, dass sich viele Zeitgenossen inmitten einer sexuellen Revolution sahen, die die hergebrachte soziale Ordnung umzustürzen drohte. Anton Böhm meinte in der katholischen Zeitschrift *Wort und Wahrheit*, deren Mitherausgeber er war, in Kinseys Erhebungen den »Popanz der Entmenschlichung« zu erkennen; er sprach von einer »kulturellen Revolution«, die sie ausgelöst hätten.[202] Ziel bildungsbürgerlichen Engagements war es, Kräfte auf den Plan zu rufen, die der Entwicklung entgegentraten, um gewissermaßen die Gegenrevolution voranzutreiben. Die großen Zeitungen trugen das Ihre dazu bei: Die *Frankfurter Allgemeine Zeitung* brachte im Februar 1955 in ihrem Feuilleton einen fast ganzseitigen Bericht, illustriert mit einer »Seegott und Fischweib« betitelten Bronzeplakette, auf der halbnackte Figuren nicht Lust, sondern Transzendenz vermittelten. »Geistige Revolution« lautete hier der Vorwurf an Kinsey, der das überzeitlich geltende Sittengesetz beseitigen und Normen schaffen wolle, die zur Enthemmung führten und Unheil bedeuteten. Der Autor, ein Mediziner, forderte zum offenen Protest auf.[203]

Kinseys akademisch-fachliche Kritiker lassen sich jedoch nicht über einen Kamm scheren. Zu unterschiedlich waren die Positionen, von denen aus sie argumentierten. Es wäre verkehrt, sie alle mit dem Etikett »reaktionär« zu versehen oder schlechthin »kulturkonservativ« zu nennen. Damit verlöre man aus dem Blick, dass neben einer Extremposition, wie der Volkswartbund sie einnahm, auch moderate Haltungen bestanden. Hinzu kam, dass jede Forschungsdisziplin eigene Ansätze und Fragestellungen ins Spiel brachte. Oftmals wurden dezidiert philosophische oder erkenntnistheoretische Einwände formuliert. Keineswegs allen Wissenschaftlern, die sich einschalteten, um auf Kinsey zu reagieren, ging es darum, einen Weltanschauungskampf zu führen; viele benannten tatsächliche Probleme, methodische ebenso wie inhaltliche. Nicht selten deckten sie Widersprüche und blinde Stellen in Kinseys Büchern auf. Zweifel wurden beispielsweise (nicht anders als in den USA) an der Repräsentativität der Studien, der Glaubwürdigkeit der Interviewten, den statistischen Verfahren und der behaupteten Wertfreiheit geäußert.

Dass Kinseys Befunde in die »Sphäre des Normativen« glitten, stellte im Juni 1955 Hans Blumenberg in der *Süddeutschen Zeitung* ins Zentrum seiner Kritik. Der spätere Professor für Philosophie, der im Nationalsozialismus als Halbjude den Schikanen des Regimes ausgesetzt gewesen war, erinnerte an »Hitlers blutiges Selektionsexperiment« und warnte vor den Folgen des Biologismus. Der »Zoologe« Kinsey, für den der Mensch nur ein Säugetier sei, behandle seinen Untersuchungsgegenstand wie ein Präparat, das sich messen und erfassen lässt. Er sehe Moral als Behinderung, die Statistik des sogenannten Natürlichen indes als Ersatznorm und als »Instrument der Selbstentlastung«. Blumenberg hielt Kinseys Reformansprüche für höchst fragwürdig und warf ihm vor, die Breitenwirkung seiner Studien mit falschen Glücksversprechen (sendungs-)bewusst zu forcieren.[204] In der Literaturzeitschrift *Neue Deutsche Hefte* stieß sich Mitherausgeber Joachim Günther an Kinseys »naturalistischer« Ethik. Dieser erkenne nicht, wie lebensnotwendig es sei, dass zwischen Geist und Trieb eine (schuldbeladene) Spannung bestehe, vielmehr vermittle er den Menschen ein notorisch gutes Gewissen.[205] Die *Zeit* sprach von der »Vivisektion des Menschen mit dem Messer des modernen Zoologen«.[206] Bis an die »äußerste Grenze« sei man in den USA mit den Meinungserhebungen gegangen. Wer auf derart indiskrete Fragen, wie Kinsey sie gestellt hatte, zu antworten bereit sei, zeichnete sich nach Meinung des Blattes durch »eine gewisse Abnormität« aus. Der Artikel war mit fünf Spalten denkbar groß aufgemacht und auf der dritten Seite prominent platziert. »Im ganzen«, hieß es, »befindet sich Kinsey auf dem Holzwege.« Denn er richte seine Sozialphilosophie am »Trieb« aus und wolle eine ausschließlich am »Trieb« orientierte Gesellschaftsordnung etablieren. Um zu beweisen, dass die Sexualgesetze der USA anachronistisch seien, hätte es seines enormen Aufwands nicht bedurft. Selbst Millionen von Interviews, so die *Zeit*, könnten nicht belegen, dass Kinsey Recht habe mit seinem »Sexualmaterialismus«. Die *Schwäbische Landeszeitung* und die *Mindelheimer Zeitung* hielten Kinseys Sprache für menschenverachtend. Termini wie »orgasmusfähig« und »Onaniefrequenz« verrieten nach ihrem Dafürhalten eine ethik- und ehrfurchtslose Gesinnung.[207] Das *Heidelberger Tageblatt* und die *Westdeutsche Allgemeine* waren aus moralischen Gründen strikt gegen die öffentliche Verbreitung seiner Befunde, weitere Blätter schlossen sich an.[208] Als Kinsey im Herbst 1955 nach Europa kam, begrüßte ihn die *Neue Ruhr Zeitung* mit den Worten: »Kinsey, go home! In Europa spricht man noch von Liebe.« Das Blatt nannte ihn einen »Sex-Buchhalter«.[209]

Dass insbesondere Mediziner das Wort ergriffen und sich mit abfälligen Bemerkungen über den »Zoologen« Kinsey hervortaten, zeigt, wie stark sie darum bemüht waren, ihre Deutungshoheit über Sexualität zu verteidigen. Die Naturwissenschaften und gerade die Medizin hatten seit der Erfindung des Terminus »Sexualität« für dessen normative Deutung gesorgt. Daran hielten viele Experten nun fest. Kinseys Befunde wurden für wenig überraschend erklärt. Ärzte wüssten seit Langem über die sexuellen Verhaltensweisen des Menschen Bescheid, hieß es, zudem sei bekannt, dass sich die Geschlechter in der Physiologie ihrer sexuellen Reaktionen ähnelten. Aber nicht nur Ablehnung wurde laut; es meldeten sich auch Stimmen zu Wort, die Kinsey wissenschaftliche Leistung attestierten. Manche Rezensenten meinten, seine Studien lieferten eine Grundlage für Fachleute aus Medizin und Seelsorge, um Ratsuchenden Auskunft zu geben. Gelobt wurde vereinzelt auch Kinseys innovative Methode sozialstatistischer Massenerhebungen durch Interviews. Wer das Thema für entwürdigend hielt, riet der *Medizinische Literaturanzeiger*, solle Kinsey eben einfach nicht lesen.[210] In *Medizin heute* wertete der Autor dessen Befunde als »Kultursymptom« und prophezeite, sie würden Recht und Gesellschaft künftig auch in der Bundesrepublik verändern. Vom Buch über die Frau meinte er, es werfe ernsthafte Fragen auf, und registrierte lobend, es sei eben gerade »kein ›Reißer‹«.[211]

Vorbehalte bestanden vor allem mit Blick auf den Kreis, dem die Bücher zugänglich gemacht werden sollten. Schon die Teilnehmer einer internationalen wissenschaftlichen Tagung, die im Oktober 1948 in London Kinseys ersten Band diskutierten, waren sich sicher, dass die Studien nur in die Hand von Fachleuten gehörten.[212] Der Meinung schlossen sich später auch viele deutsche Rezensenten an: Kinseys Sexualforschungen seien nützlich für Ärzte, Ehe- und Jugendberater, Pfarrer und Psychologen und dürften keinesfalls an die breite Öffentlichkeit gelangen. Eine ganze Reihe von Mängeln wurde ausgemacht: Die Lektüre sei, wie es nicht zu Unrecht hieß, ermüdend, ja langweilig, und in der Fülle der Einzelfakten gehe der rote Faden verloren. Dass Kinsey den »Faktor der Liebe« ausklammere, sei ein Fehler, monierte der Rezensent der *Ärztlichen Forschung,* denn, so sein geschlechtsspezifisch zugeschnittener Einwand, die Liebe »macht das ganze Leben der Frau aus!« Derselbe Autor war zuvor in *Pro Medico* noch der Ansicht gewesen, dass Gefühle bei Kinsey zwar fehlten, aber in Verhaltensstudien womöglich auch gar nicht relevant seien.[213] Die *Medizinische Klinik* hielt dem »Zoologen« vor, er missachte, dass Sexualität vom Unbewussten geprägt sei. Deshalb könne von Allgemeingültigkeit seiner Aussagen nicht die Rede sein. Sein Material sei außerdem mit dem von Magnus Hirschfeld vergleichbar – und daher wissenschaftlich kaum zu gebrauchen.[214]

Viele von Kinseys akademischen Kollegen setzten sich nicht mit fachspezifischen Fragen auseinander, sondern verlegten sich stark aufs moralphilosophische Räsonnement und pflegten die Kulturemphase. Wie auch eine Reihe von Zeitungen setzten sie auf Überlegenheit durch »erotische Kultur«. Der Ort, an dem sie sich äußerten, war das zeittypische, nach Kriegsende neu entstandene Forum der Kulturzeitschriften.[215] Ganz im Pathos des Neubeginns rückten viele Blätter die Besinnung auf die Kultur ins Zentrum ihres Selbstverständnisses. Kulturelle Sinnsuche war ihr Ziel. Sie sahen ihre Aufgabe nach den Erfahrungen des Dritten Reiches in ethisch motivierter Selbstbesinnung und der Vermittlung geistiger Neuorientierung. Manche riefen zu religiöser Umkehr und Läuterung auf und lobten Tugenden wie Maßhalten, Aufrichtigkeit und Selbstzucht. Für andere bot die Abendlandidee einen gemeinsamen Bezugspunkt; der schillernde Begriff »Abendland« stand in den Nachkriegsjahren im Mittelpunkt zeitdiagnostischer Debatten der kulturkonservativen Publizistik. Die Rückbesinnung auf die christlich-abendländische Vergangenheit spielte in der Bildungstradition des Bürgertums eine besondere Rolle, da sie auch und vor allem dazu diente, mit den Folgen des Krieges und der NS-Herrschaft umzugehen. Die »Schulddebatte« machte denn auch den thematischen Kern vieler Kulturzeitschriften aus.[216]

Mit »Abendland« war in moralphilosophischer Hinsicht die Orientierung an der vormodernen Welt gemeint, die nicht mit der »Entchristlichung« der Gegenwart und ihren negativen Begleiterscheinungen zu ringen hatte. Anhänger der Abendlandidee nahmen für sich in Anspruch, nicht vom »Ungeist« des Nationalsozialismus infiziert worden zu sein. Aus der Überzeugung moralischer Überlegenheit leiteten sie ihren Anspruch auf Führung und die Hoffnung ab, das Land zu »rechristianisieren«. Das christliche Abendland war zudem ein ideologischer Kampfbegriff sowohl gegen den für gottlos erachteten Bolschewismus in der Sowjetunion als auch gegen das »materialistische« Amerika. Beide Staaten repräsentierten ähnliche Varianten der als bedrohlich wahrgenommenen modernen Massengesellschaft. »Masse« implizierte das Unbehagen an sozialer Egalität und politischer wie kultureller Partizipation. Die Vorstellung vom ewigen Kampf zwischen westlicher individualistischer Freiheit und östlichem Kollektivismus trug das Ihre zur großen Erzählung über die Entfernung von Gott bei. In der Abendlandidee mischten sich im Wesentlichen Antibolschewismus, Rechristianisierung, Ablehnung des liberalen (amerikanischen) Gesellschaftsmodells sowie das Streben nach einer supranationalen westeuropäischen christlichen Wertegemeinschaft, die Säkularisierungstendenzen zu trotzen wusste und eine historische Einheit von Antike, Christentum, Religion, Kultur und Bildung schuf. Sie stand mit ihren massiven kulturellen Vorbehalten gegenüber den USA in deutlicher Spannung zur Bonner Regierungspolitik. Bei der Verteidigung des Abendlandes blieb zwar die politisch-militärische Suprematie Amerikas respektiert. Jedoch ging mit der Zustimmung zum politischen, wirtschaftlichen und militärischen Bündnis nicht auch die Übernahme des westlichen Lebensstils im Sinne einer kulturellen Aneignung der den USA zugeschriebenen Werthaltungen einher. Liberalismus galt vielmehr als Schritt zur Säkularisierung. Das Selbstbild der USA, die sich als Norm und Ideal der modernen Gesellschaft entworfen hatten und im Rahmen einer historisch beispiellosen »Kulturoffensive« unmittelbar nach dem Zweiten Weltkrieg für ihre Wertvorstellungen und sozialen Leitbilder in der Bundesrepublik warben, wurde gerade in bildungsorientierten Kreisen so gut kaum akzeptiert. Amerika mochte politisch und militärisch unangefochten und in technischer Hinsicht beispielgebend sein, aber die geistige Führung des Westens gebührte in dieser Wahrnehmung dem Abendland – mit Deutschland als seiner Mitte. In der Auseinandersetzung um Kinsey fanden solche Gedanken hinreichend Ausdruck.

Die *Berliner Hefte für geistiges Leben*, eine Kulturzeitschrift mit einer Auflage von etwa 50 000 Exemplaren, die sich mit literarischen und gesellschaftspolitischen Fragen auseinandersetzte und eher auf Distanz zu klerikalen Vertretern der Abendlandidee ging, veröffentlichte im Sommer 1948 eine mehrseitige Rezension über Kinseys ersten Band. In dem Umstand, dass in den USA Wert auf die »Beibehaltung der Jungfernschaft vor der Ehe« gelegt wurde, sah der Autor den besten Beleg für die kulturelle Rückständigkeit des Landes. Im Europa der Gegenwart seien jungen Frauen sexuelle Kontakte vor der Ehe allenfalls noch in ländlichen Regionen des Balkans oder Spaniens verboten. Die USA verhielten sich nach seiner Überzeugung wie einst Mitteleuropa im neunzehnten Jahrhundert.[217] Unter dem Titel »Der Mann, der peinliche Fragen stellt« veröffentlichte *Kristall*, eine Kombination aus Kulturzeitschrift und anspruchsvoller Illustrierter,[218] 1949 ebenfalls einen Artikel über Kinsey. Das Fazit lautete, dass für die Verstöße gegen das gängige »Sexualbenehmen« insbesondere »die zersetzenden Einflüsse unseres fieberhaften Zeitalters« verantwortlich seien.[219]

Der *Merkur*, eine liberale politisch-kulturelle Zeitschrift, brachte im Mai 1949 eine Besprechung des Buches über das Sexualverhalten des Mannes unter dem lapidaren Titel »Der Kinsey-Report« heraus.[220] Viele der nach Kriegsende neugegründeten Kulturzeitschriften waren nach der Währungsreform rasch wieder verschwunden, als sich auf dem Zeitschriftensektor ein freier Markt entwickelte. *Merkur* blieb aber bestehen und sicherte sich (bei einer Auflage von etwa 40 000 Exemplaren) einen stabilen Leserkreis. Mit der fünfseitigen Besprechung von Kinseys Buch vermittelte die Zeitschrift ihrem bildungsbürgerlichen Zielpublikum Gegenwartsdeutung und Zukunftsorientierung in einem. Nicht Kinseys Plädoyer für die Tolerierung sexueller Verhaltensformen stand im Mittelpunkt. Vielmehr gab der Autor[221] unverhohlen seinem Erstaunen über die Fremdartigkeit, ja Anomalität sexueller Sitten in Amerika Ausdruck. Er begeisterte sich auf zynische Weise für Kinsey, weil dieser, wie er meinte, den empirischen Nachweis für die Neurosen und Psychosen der Amerikaner liefere. Seine Studien seien ein »einzigartiges Dokument« zum Beleg ihres pathologischen Verhaltens. Skurril fand er den Umstand, dass mehr als die Hälfte der von Kinsey befragten, vor allem aus der unteren und mittleren Einkommensschicht stammenden Männer beim Geschlechtsverkehr bekleidet blieb. »Der Amerikaner empfindet ganz offenbar Nudität, selbst beim Liebesakt, als obszön.«[222] An die Stelle der Lust rücke bei amerikanischen Männern und Frauen das schlechte Gewissen, wofür aber, anders als Kinsey meine, nicht der Einfluss der Religion verantwortlich zu machen sei, im Gegenteil: Während Kirche und Aristokratie über Jahrhunderte die Kultur Europas bestimmt hätten, seien die USA das einzige Land des Westens, das diese Prägung nicht erfahren habe. Der Autor schwärmte von der »sexuellen Freiheit« des Europäers, von dessen Unbefangenheit und dem Umstand, dass dieser »sein gutes Gewissen in allen Situationen des Geschlechts« zu bewahren wisse.[223] Er zog einen bemerkenswerten Schluss: Anders als Amerika, wo lediglich die Oberschicht dank einer gewissen Weltläufigkeit sexuell weniger gehemmt sei als das

Gros der Bevölkerung, besitze Europa eine tiefwirkende »erotische Kultur«. Er hielt es für undenkbar, dass eine Befragung hier ähnliche Ergebnisse ans Licht bringen könnte wie in den USA. Die Männer in Europa nämlich wünschten den Körper ihrer Frau zu sehen. Und die Frauen hätten nicht im Sinn, »ihre Anständigkeit mit zu Bett nehmen« zu wollen, anders als dies in Amerika der Fall sei – »wie jemand kurz und bündig seine Erfahrungen mit Amerikanerinnen umschrieben hat«.[224]

Der *Merkur* gab »erotische Kultur« als spezifisch europäisches Kulturgut aus. Sie galt als wertvolle Errungenschaft, gewissermaßen als Seele des Kontinents, und als Ausdruck kultureller Kraft, die die Bundesrepublik naturwüchsig in ein europäisches Kulturganzes integrierte. Die nachdrückliche Betonung »erotischer Kultur« war politische Stellungnahme, kulturelle Distinktion gegenüber den USA und existenzielle Selbstdeutung in einem.[225] Die Vorbehalte kamen besonders unverblümt zum Ausdruck, als Kulturzeitschriften, medizinische Fachblätter und die Tagespresse Vorwürfen breite Aufmerksamkeit schenkten, die in den USA der Psychiater Edmund Bergler und der Gynäkologe William S. Kroger erhoben hatten. Die beiden Wissenschaftler veröffentlichten 1954 ein Buch, das rasch unter dem Namen »Anti-Kinsey« firmierte.[226] Sie erklärten, die Studie über die Frau (auf die sie sich ausschließlich bezogen) lasse außer Acht, dass die Aussagen der befragten Mädchen und Frauen von Fantasien, Ausflüchten, Verhüllung und Scham geprägt seien. Sie hielten sie für entstellt und unglaubwürdig und waren überzeugt, dass die Interviewten nicht die Wahrheit gesagt hätten. Kinsey verkenne, dass Sexualität im Unbewussten wurzle, seine Studien entbehrten daher jeden wissenschaftlichen Anspruchs. Einigen (Fach-)Blättern erschien Berglers und Krogers Kritik sehr berechtigt, zumal sie den beiden Medizinern mehr Kompetenz zusprachen als Kinsey.[227] Die *Westfälische Rundschau* in Münster und der *Tag* in Berlin, die beide Autoren irrtümlich für Deutsche hielten, stellten ihre Vorwürfe breit und voller Zustimmung dar.[228]

Einen anderen Ton schlug Harry Pross an. Der Sozialwissenschaftler und spätere Professor für Publizistik staunte in der *Deutschen Rundschau*, deren Redakteur er war, dass die Privatsphäre zum öffentlichen Anliegen geworden war, und nannte es Kinseys Verdienst, dass sich die Menschheit der Ergebnisse seiner Forschung »so rasch und selbstverständlich bemächtigt« habe. »Das Recht zu forschen ist unveräußerlich, eine Pflicht«, betonte er. »Nicht die Forschung ist ja das Kreuz unserer Zeit, sondern die mangelnde Aufgeklärtheit der menschlichen Zustände, die uns verhindert (sic!), den rechten Gebrauch von ihr zu machen.« Pross hatte manches an der Methode auszusetzen (er sprach von »orgasmetrischer Soziologie«) und fand, Kinsey überschätze »das Technische«. Aber seine positive Gesamteinschätzung trübte derlei Kritik nicht, vielmehr hoffte Pross, die Studien würden die bestehenden Missstände im Umgang mit Sexualität beseitigen.[229]

Die Kulturzeitschrift *Universitas* veröffentlichte im Juli 1955 einen an den Verfassern des »Anti-Kinsey« orientierten, langen Text aus der Feder des Hamburger Psychiatrieprofessors Carl Riebeling. Der Experte für Liquorforschung und die Pathophysiologie der Psychosen, der 1943 Ordinarius geworden und nach Kriegsende auch geblieben war, bezeichnete die Frauen, die Kinsey und seinem Team Auskunft gegeben hatten, als »exhibitionistisch« und »neurotisch«. Dass eine Frau ihr Geschlechtsleben unumwunden ausbreite, sei alles andere als selbstverständlich. Tue sie es doch, leite sie daraus eine Art »Selbstwerterhöhung« ab – und bestätige sich die Normalität ihrer eigenen Neurose.[230] Riebeling war sich mit Bergler und Kroger einig, dass es mit der Seriosität von Kinseys Studie über die Frau nicht weit her war. Ihr wissenschaftliches Gewand sollte nach seinem Eindruck »das Buch vor dem Zensor und den Laien vor Erröten beim Einkauf« schützen.[231] Der Spezialist für Hirnchemie zog aus den Kinsey-Berichten weitreichende Schlüsse über den mentalen Zustand der amerikanischen Gesellschaft: Europa sei Nordamerika weit voraus, denn in Europa bedürfe es einer Befreiung aus überkommenen sexualmoralischen Vorstellungen längst nicht mehr. Hier sei eine »gesunde Mittellinie« zwischen einem zurückhaltenden und einem ausschweifenden Lebensstil gefunden worden. Die USA hingegen zeigten vor allem eines: Symptome einer verfallenden Zivilisation. Einer »neuen europäischen Gesellschaft« möge dies eine Warnung sein, dozierte er. Kinseys Studien offenbarten nach seinem Eindruck die (Ab-)Wege, auf die Bequemlichkeit und Genusssucht führten. Sie zeigten zudem, welche Gefahren der »Massenmensch« schaffe. Riebeling prangerte besonders die Wissenschaftsgläubigkeit der Amerikaner an. Im Fragebogen, erklärte er, sähen sie einen »Glaubensartikel« und in der Auswertung einer Umfrage ein »wissenschaftliches Wunder«. Er könne sich nach der Lektüre von Kinsey Zukunftsszenarien vorstellen, die sich auch Aldous Huxley (der Sexualität als konsumierbare Dienstleistung ohne Leidenschaft und Liebe deutet) in seinem Roman »Schöne neue Welt« nicht schlimmer habe ausmalen kön-nen.[232] Wenn kritiklos hingenommen und nachgeahmt werde, was die moderne Wissenschaft verbreite, seien am Ende autoritäre Strukturen die Folge. Damit vermengte Riebeling seine Distanzierung von den Vereinig-ten Staaten mit einer ebenso schwammigen wie scheinheiligen, auf den Nationalsozialismus gemünzten Warnung vor totalitären Strukturen. Die implizite Gleichsetzung von amerikanischer Wissenschaft und national-sozialistischer Herrschaftspraxis stand ganz im Zeichen apologetischer Interessen.

Kinsey abzulehnen bedeutete nach dem Dafürhalten vieler seiner wissenschaftlichen Kollegen, Europa vor der Kulturzerstörung und der Aushöhlung der humanistischen Tradition zu bewahren. Eine Tagung zum Thema, zu der die Britische Gesellschaft für Sozialhygiene nach Lon-don eingeladen hatte, kam zu dem Schluss: »Im ganzen gibt der Bericht ein Bild über das Verhalten einer sexuell entarteten Gesellschaft und über die kaum der Hervorhebung bedürfende Zerrüttung des Familienlebens in den USA.«[233] Kinseys Forschungen waren auch in breiten wissenschaft-lichen Kreisen Anlass, um mit christlich-abendländischer Kulturemphase und unter Neubelebung des traditionellen Gegensatzes zwischen Kultur und Zivilisation anti-amerikanischen Kulturdünkel zu pflegen. Sie wur-den als moralische Einflussnahme wahrgenommen, die – gleichsam wie eines der vielen Produkte der amerikanischen Massenkultur – die Bevöl-kerung zu dominieren und auf einen falschen Weg zu bringen drohte. Die wissenschaftliche Debatte zeigte, dass politische Selbstverortung im Wes-ten (nicht nur, aber doch in sehr hohem Maße) von kultureller Abgren-zung begleitet war. Nicht »Westernisierung« im Sinne eines Bekenntnisses zur westlichen Wertegemeinschaft, vor allem zu ihren kulturellen Errun-genschaften, lässt sich ausmachen,[234] vielmehr schlugen stark amerikakri-tische Ressentiments in gesellschaftspolitische Überzeugungen um.

Gerade die Vorstöße der besonders radikalen Kinsey-Gegner ver-deutlichen, in welchem Maße Vorstellungen von »sexueller Revolution« Projektionen waren und überhaupt erst aus Ressentiments gegen die kul-turelle Moderne und ihre Repräsentanten entstanden. Deutlich wird zu-dem, dass der Terminus und seine Variationen zeitgenössisch (auch) Kampf- und Abwehrbegriffe waren, die letztlich auf bildungsbürgerliche Selbstbehauptung zielten. Aber von gesellschaftlicher Schlagkraft, gar vom Erfolg solcher Agitation kann keine Rede sein. Die Illustrierten verbreiteten Kinseys Botschaften in höchsten Auflagen, und seine Bücher gingen zur selben Zeit (entweder im Original oder in populärwissenschaftlich aufbereiteten Versionen) zu Tausenden über die Ladentische. Wer für Kinsey war, betonte den dezidiert wissenschaftlich-nüchternen Charakter seiner Forschung und hob hervor, welchen Gewinn für die gesamte Menschheit sein tiefer Einblick in das Sexualverhalten bedeute. Überhöhung, Heilsversprechen und weltanschauliches Sendungsbewusstsein blieben auch hier nicht aus. Manche Rezensenten feierten ihn als Repräsentanten des Fortschritts und betonten, er erlöse die Menschen von ihren Ängsten und lehre sie, das Leben besser zu meistern.[235] Einige Zeitungen, darunter die *Hannoversche Allgemeine*, lobten die aufklärende, entmystifizierende Macht seiner Bücher und hielten ihn für ebenso bedeutend wie Freud. Sie bestätigten seine Ansicht, dass die Erweiterung des Wissens über Sexualität für stabile und bessere Ehen sorge, und begrüßten, dass Laien und nicht nur Fachleute in der Bundesrepublik die Bücher nun lesen konnten.[236] Mit der deutschen Übersetzung, hieß es im Berliner *Tagesspiegel*, sei all denen das Argument entzogen, die die Kinsey-Berichte zur erotischen Lektüre erklärt und abgelehnt hatten.[237]

Der Bayerische Rundfunk, der Sender Freies Berlin, der Norddeutsche Rundfunk, Rias Berlin und andere Radioanstalten nahmen Kinsey in ihr Nachtprogramm auf. Die »Nachtstudios« der Hörfunksender, die vor allem das intellektuelle Publikum ansprachen,[238] waren Diskussionsforen für aktuelle politische, ökonomische und wissenschaftliche Fragen. Sie betrieben Gegenwartsanalyse, und nicht selten boten sie eine Plattform für düstere kulturpessimistische Debatten über Technik, Masse und Entfremdung. Rias Berlin brachte die Rede auf Kinsey im Kontext der zeitgenössisch vieldiskutierten »geistigen Krise«. Der Forscher sei naiv und vertrete voller Pathos einen unwissenschaftlichen Standpunkt, hieß es in einer Sendung im Frühjahr 1955.[239] Dass er auf die Einbindung von Seele, Geist und Liebe verzichtete, galt als Beleg für seine Rücksichtslosigkeit in Fragen der Ethik. Aber auch ganz andere Töne waren in den Nachtprogrammen zu hören: Gerhard Szczesny, der linksliberale Leiter des »Nachtstudios« beim Bayerischen Rundfunk, war von Kinsey fasziniert und nahm die Einwände zum Anlass, in seiner Buchbesprechung auf die von Psychologen geäußerte Einschätzung zu verweisen, wonach Kinseys Befunde auch auf die Bundesrepublik übertragbar seien. Szczesny stellte einen besonderen Zusammenhang her: Sexuelle Freiheit sei für die Demokratie unerlässlich. Demokratisches Selbstverständnis setzte gewissermaßen die Befreiung der Sexualität voraus. Eine »säkularisierte Gesellschaft«, sagte er, könne »nur im Rahmen einer durchgehend demokratischen Lebensordnung moralisch sein«.[240] Auch dafür ließ sich Kinseys Lehre in ihrer diskursiven Vielfalt nutzen, die de facto in jeder Hinsicht ein Konstrukt und eben offen für sehr viele »Wahrheiten« war: zur Festigung der sozialen Ordnung.

Kinsey war in der Bundesrepublik das große Thema politischer und gesellschaftlicher Selbstverortung. Der Forscher, der Ende 1955 bei seinem Zwischenstopp in Frankfurt noch angekündigt hatte, das Sexualverhalten der Deutschen im Rahmen einer großen Reise durch Europa bald intensiv studieren zu wollen, kam aber nie in die Bundesrepublik zurück. Er starb schon im Jahr darauf, Ende August 1956, im Alter von 62 Jahren in Bloomington an einem Herzanfall. Der *Spiegel* widmete ihm wenige Wochen später die Auftaktfolge seiner neuen Serie »Gedenktafel«. Das Blatt lobte einmal mehr Kinseys historische Weltbedeutung; seine Bücher seien »eine zeitgeschichtliche Sensation von bis heute unabsehbarer Bedeutung«.[241] Eine Karikatur zeigte ihn, wie er im Himmel, auf einer Wolke sitzend und von weiß gekleideten Gestalten umgeben, an einem Buch schreibt: »Über das sexuelle Verhalten der Engel«. Nach seinem Tod wurde Kinsey erstmals auch in der DDR wahrgenommen, als Stütze antikapitalistischer Kritik herangezogen und zum imaginären Element des Klassenkampfdiskurses stilisiert.[242] Die nach Kriegsende in Ost-Berlin wiederbegründete *Weltbühne*, die sich durch politische Linientreue auszeichnete und im Westen in Intellektuellenkreisen gelesen wurde, sah in dem Verstorbenen den Verkünder der Wahrheit über die fortschreitende Degeneration der westlichen Industrieländer, allen voran der USA. Das Blatt wies auf Comics voller »perverser Sexualität« und auf »schweinische Romane« hin, die gerade in Amerika Massenauflagen erzielten. Es erhob schwere, keineswegs ganz unbegründete Vorwürfe: McCarthy-Ausschüsse und andere Sittenwächter hätten Kinsey sowohl in den »bürgerlichen« als auch in den »physischen Tod« getrieben. »Die Wahrheit«, schrieb das Blatt ohne weitere Erklärung, werde in den USA »für die herrschenden Mächte immer unerträglicher«. Schuld an Kinseys Tod sei auch »eine gewisse westliche Sensationspresse«: »Man hetzte ihn zu Tode«, lautete der Titel des Nachrufs.[243]

Während der Auseinandersetzung um Kinsey nahm die von dessen schärfsten Kritikern sehnsüchtig erwartete Bundesprüfstelle für jugendgefährdende Schriften ihre Arbeit auf. Ehe es im Juli 1954 so weit war,[244] gab es noch Reibereien um den Standort, denn an den Planstellen und Etatmitteln bestand von vielen Seiten Interesse: Die Bundesregierung schlug Düsseldorf als Behördensitz vor. Der Bundesrat votierte auf Antrag Nordrhein-Westfalens für Bonn.[245] Baden-Württemberg meldete ebenfalls Ansprüche an und sprach sich für Stuttgart aus. Zur Debatte standen ferner Frankfurt, Berlin und Hannover. Am Ende erhielt die Bundeshauptstadt den Zuschlag, und die neue Behörde ließ sich im Stadtteil Bad Godesberg in der Nähe des Stadttheaters nieder. Chef der Bundesprüfstelle wurde Robert Schilling. Bereits zwischen 1933 und 1939 Staatsanwalt in Bonn, übte er dieses Amt nach Kriegsende zunächst in Aachen, später in Köln erneut aus,[246] wo er das Sonderdezernat zur Bekämpfung unzüchtiger Schriften, Bilder und Inserate geleitet hatte. In dieser Eigenschaft hatte er eng mit dem Volkswartbund kooperiert und in Köln eine (grundgesetzwidrige) Vorzensur praktiziert, mit der er Händler dazu bewog, unzüchtige Hefte an die Verlage zurückzuschicken.[247] Auch im neuen Amt blieb der 50-Jährige mit dem erzkonservativen Verband in Verbindung. Er referierte regelmäßig auf dessen Tagungen und machte sich weiterhin als Autor mehrerer Broschüren einen Namen,[248] darunter die Schrift »Das erotisch-sexuelle periodische Schrifttum als Gegenstand der Beurteilung gemäß § 184 StGB«, die der Volkswartbund, der sie herausgebracht hatte, 1951 an die Bundestagsabgeordneten der Union hatte verteilen lassen. Schilling erklärte in seiner Antrittsrede, seine Behörde gehe aus »von einer verbindlichen Sittlichkeit, die den ethischen Kern der abendländischen Kultur darstellt«.[249] Er kündigte an, »praktische Sozialhygiene« betreiben zu wollen, und zitierte Theodor Heuss' Formulierung von 1926, das Schmutz- und Schund-Gesetz sei eine »Sozialpolitik der Seele«.[250] Auch Bundesinnenminister Gerhard Schröder, der Schilling ernannt hatte, äußerte stark von der Rhetorik des Sittlichkeitskampfes geprägte Worte: Aufgabe der Behörde sei es, »offensichtliche Mißbräuche des Rechts der freien Meinungsäußerung« zu verhindern.[251]

Gerade die klerikalen Gegner von Kinseys Forschungen verbanden mit der Bundesprüfstelle die Hoffnung, nun ein Instrument zu besitzen, um massiv gegen die »organisierte Indiskretion« und das »Illustriertenunwesen«, wie Schückler vom Volkswartbund sagte, vorgehen und den liberalistischen Tendenzen der Gegenwart Einhalt gebieten zu können.[252] De facto war die Bundesprüfstelle jedoch keine Instanz, die berechtigt war, die Freiheitsrechte zu beschränken. Dass Schilling auf Tagungen des Volkswartbunds auftrat, stieß im Bundesinnenministerium auf unverhohlene Kritik – auch deshalb, weil repräsentative Aufgaben in die eigene Zuständigkeit fielen und Schilling Auslagen für derlei Nebentätigkeiten dienstlich hatte abrechnen wollen. Dem Leiter der Bundesprüfstelle wurde überdies schnell klargemacht, dass es ihm nicht zustehe, jugendpolitische Maßnahmen zu konzipieren. Er habe sich vielmehr darauf zu beschränken, Anträge zu bearbeiten und Entscheidungen darüber herbeizuführen, hieß es in strengem Ton aus dem Ministerium.[253]

Die Bundesprüfstelle zählte wie die Bundesministerien, das Bundeskanzleramt, das Bundespräsidialamt und der Bundesrechnungshof zu den obersten Bundesorganen. Dem Gremium, das monatlich zusammentrat, gehörten einschließlich dem auf Lebenszeit ernannten Schilling zwölf Personen an, die für die Dauer von drei Jahren bestimmt wurden; alle Stellvertreter zusammengenommen, handelte es sich um 54 ehrenamtlich tätige Personen, die die Bereiche Buchhandel, Verlagswesen, Kunst und Literatur, Jugendwohlfahrt und Jugendverbände, die Lehrerschaft, die Kirchen und die Bundesländer repräsentierten. Der Volkswartbund entsandte seinen Generalsekretär Michael Calmes als Vertreter der Jugendwohlfahrt beziehungsweise der Arbeitsgemeinschaft der Spitzenverbände der freien Wohlfahrtspflege; er gehörte zudem der Sofortkommission der Bundesprüfstelle an, einem Kreis aus drei Mitwirkenden, den der Vorsitzende einschalten konnte, wenn es auf dem Wege einer einstweiligen Anordnung Eilentscheidungen zu treffen galt.[254] Der Volkswartbund hatte im erweiterten Kreis der Bundesprüfstelle mit Georg Schückler noch einen zusätzlichen Vertreter; er fungierte als stellvertretender Beisitzer der katholischen Kirche.[255] Trotz seiner Einbindung in die neue Behörde hatte der Volkswartbund, der sich seit einiger Zeit »Bischöfliche Arbeitsstelle für Fragen der Volkssittlichkeit« nannte,[256] seinen einstmaligen Einfluss auf die Politik der jungen Bundesrepublik längst verloren. Schon seit dem Erlass des Gesetzes gegen Schmutz und Schund schlug dem Kölner Verband vonseiten der Politiker vor allem Desinteresse entgegen. Vom Bundesjustizministerium und anderen Institutionen kamen auf Einladungen zu Tagungen schon seit geraumer Zeit nur noch Absagen; einzig das Bundesfamilienministerium unter Wuermeling erhielt den Kontakt weiterhin aufrecht.[257]

Der Volkswartbund, der kein Antragsrecht bei der Bundesprüfstelle besaß, konnte lediglich über die Landesregierung Nordrhein-Westfalens und das Bundesinnenministerium die Indizierung anstößiger Schriften auf den Weg bringen. Von beiden Behörden trafen denn auch die weitaus meisten Anträge in Schillings Behörde ein, und der Volkswartbund entwickelte sich zum eifrigen Zulieferer der Bundesprüfstelle.[258] Aus Nordrhein-Westfalen gingen innerhalb von zwei Jahren 91 Anträge ein, Bayern brachte es im selben Zeitraum nur auf 36, Hamburg auf 17; alle anderen Bundesländer blieben sogar im einstelligen Bereich. An den Zahlenverhältnissen änderte sich auch später nichts.[259] Von den insgesamt 550 Titeln, die bis April 1958 auf den Index gerieten, hatte Calmes' Verband mehr als die Hälfte angezeigt.[260] Bemerkenswerter noch als die fortwährend aktionistische Tätigkeit der Kölner Sittlichkeitsorganisation war der Umstand, dass Initiativen aus der Bevölkerung zur Unterstützung der Bundesprüfstelle vollkommen ausblieben. Schilling beklagte schon wenige Monate nach seinem Amtsantritt, dass es seiner Behörde eklatant an jener Zuarbeit mangle, auf die er so sehr gehofft hatte.[261] Sein Wunsch, die Bundesprüfstelle möge in der Bevölkerung »Autorität und Popularität« gewinnen, erfüllte sich keineswegs, im Gegenteil.[262] Vom Desinteresse, ja von der offenen Verweigerung der Bevölkerung zeugten viele Verlautbarungen. Eine stammte von Amtsgerichtsdirektor Gerhard Potrykus, dem Verfasser eines einflussreichen juristischen Kommentars zum Schmutz- und Schund-Gesetz. Im Vorwort seines 1954 erschienenen Buches schrieb er, er wolle für die Anwendung des Gesetzes werben, das »in großen Bevölkerungskreisen unverständlicherweise auf weitgehende Ablehnung« stoße.[263] Fritz Rothe, der Referent für Jugendfragen im Bundesinnenministerium, sagte im Rundfunk: »Wie mit so vielem anderen macht man auch mit dem Jugendschutzgesetz die Erfahrung, daß in der Bevölkerung das wirkliche Verständnis für seine Durchführung fehlt.«[264]

Der ausbleibende gesellschaftliche Rückhalt zeigte besonders sinnfällig, wie sehr der Sittlichkeitskampf ein Vorhaben kleiner, wortmächtiger Kreise blieb. Es ärgerte Behördenchef Schilling, dass die Arbeit seines Hauses dadurch mehr oder weniger dem Zufallsprinzip überlassen war.[265] Deshalb forderte er die Einrichtung einer marktbeobachtenden Stelle, die systematisch ermitteln, nach Schmutz und Schund recherchieren und ihm zuarbeiten sollte. Aber ein solches Gremium wurde ihm ebenso wenig genehmigt wie die Jugendschutz-Polizei, die er sich wünschte.[266] Juristen, die mit der Bundesprüfstelle eng kooperierten, fielen bald in Schillings laute Klage ein und beschwerten sich über das verbreitete Desinteresse an der Strafverfolgung in Sachen Schmutz und Schund. »Es hat den Anschein, als ob man sich mancherorts noch nicht der Mühe unterzogen hat, vielleicht auch nicht wollte, sich mit dem Gesetz zu beschäftigen und sich um seine Respektierung zu bekümmern«, hieß es im Mai 1959 auf einem Juristentreffen. Es fehle den beteiligten Behörden am Verständnis, aber auch am guten Willen, dem neuen Gesetz Geltung zu verschaffen.[267] An der allgemeinen Interesselosigkeit änderte sich auch künftig nichts. Behördenchef Schilling sollte sein Lamento über die miserablen Bedingungen seiner Arbeit und die ausbleibende Unterstützung aus der Bevölkerung bis zum Ende seiner Amtszeit im Oktober 1966 daher noch viele Male wiederholen.[268]

Unmittelbar betroffen vom Schmutz- und Schund-Gesetz waren nur Klein- und Kleinstverlage, die Erotikheftchen produzierten.[269] Das generelle Verbot für Schriften, die mit Bildern für die Nacktkultur warben, wie die gesetzliche Formulierung lautete, bedeutete das (vorläufige) Ende dieser Branche. Viele Unternehmer passten sich der Gesetzeslage recht schnell an, suchten sich Nischen oder entwickelten neue Vertriebsstrategien. Sie produzierten nicht mehr für den Buchhandel, sondern belieferten Leihbüchereien und Versandhandelsunternehmen für Erotika, Sparten, für die sie eigens produzierten und die (weil sie »aus Versehen« vergessen worden waren, wie es später im Rückblick hieß)[270] bis zur Gesetzesnovellierung 1961 keinen Einschränkungen unterlagen. Mit Leihbüchereien war der pfandfreie Buchverleih gemeint, den Schuster, Friseure, Lebensmittel- und Tabakhändler in ihre Läden integrierten, um sich damit einen kleinen Zusatzlohn zu verdienen. Schon in der Weimarer Republik waren die Buchausleihen weit verbreitet gewesen; während des Wiederaufbaus nach Kriegsende, als der Lesehunger groß war – die Kunden kamen aus allen Alters-, Berufs- und Gesellschaftsschichten –, soll es bis weit in die fünfziger Jahre bundesweit rund 20 000 bis 30 000 gegeben haben.[271]

Viele Heftchenverleger waren auch so flexibel, auf ein anderes Genre umzusteigen. Sie setzten fortan auf ein Produkt, das tatsächlich aus Amerika kam: Comics.[272] Der Volkswartbund war sich sicher, Comics (seit 1951 wurde zunächst monatlich »Micky Maus« importiert) seien das »Esperanto der Analphabeten« und der Anfang vom Ende der Schriftkultur.[273] Schilling hielt sie für einen Anschlag auf die Bildung. Sie förderten nach seiner Meinung »geistigen Infantilismus« und trieben jugendliche Leser in die Kriminalität.[274] Noch ehe er Vorsitzender der Bundesprüfstelle geworden war, hatte er in Köln 1953 an einem einzigen Tag exakt 136 234 Comic-Hefte beschlagnahmen lassen.[275] Im neuen Amt richtete sich seine Arbeit schon bald ganz gegen Heftserien wie »Tarzan«, »Micky Maus«, »Till Eulenspiegel« (woraus später »Fix und Foxi« wurde) und »Jerry Cotton«. Comics waren das Genre, das am häufigsten auf die Verbotsliste geriet: Von den 39 Indizierungsanträgen, die die Bundesprüfstelle im ersten Halbjahr ihrer Tätigkeit behandelte, bezogen sich 21 auf die bunten Bilderstreifen. Weitere elf betrafen Leihbuchromane; nur drei Magazine und ein Sexualaufklärungsheftchen wurden beanstandet, außerdem eine Wochenzeitschrift, eine Illustrierte und ein Filmplakat.[276]

Die Bundesprüfstelle agierte maßvoll und fiel trotz des Aktionismus des Volkswartbunds nicht durch große Verbotsfreude auf. Nur gut die Hälfte der 172 Druckschriften, die nach dem Wunsch der Antragsteller bis Mitte 1955 als jugendgefährdend ausgewiesen werden sollten, landeten tatsächlich auf dem Index. Viele Anträge wurden wegen Geringfügigkeit abgelehnt, andere Verfahren rasch eingestellt, weil sich die Schriften als harmlos erwiesen. Von 240 Indizierungen der Bundesprüfstelle wurden bis Anfang 1957 insgesamt 17 von Verlegern oder Autoren angefochten; ein Beschluss musste (aus formalen Gründen) revidiert werden.[277] Sowohl der Zeitschriftenverlegerverband als auch die im Börsenverein des deutschen Buchhandels organisierten Verlagsunternehmer und Sortimentsbuchhändler konstatierten, die Arbeit der Bundesprüfstelle wirke sich so gut wie nicht auf sie aus.[278]

Die Bundesprüfstelle hatte nicht mit dem raschen Ende des anstößigen Schrifttums gerechnet. Die Formulare der neuen Behörde zeigen, dass vielmehr viele Sorten sexuell freizügiger Publikationen erwartet worden waren. Allein zu deren Gruppierung hatte man sieben Kategorien entwickelt: Sittenromane in Buchform, Sittenromane als Heftchen, Sexualaufklärungsbücher, Sexualaufklärungszeitschriften, Magazine, spezielle Aktmagazine und Zeitschriften für Homosexuelle. Eine Feinkategorisierung differenzierte auch noch zwischen pornografischen Privatdrucken, Prospekten, französischen Magazinen, FKK-Heften und sogenannten Trick-Aktbildern, womit unzüchtige Kartenspiele und Scherzartikel gemeint waren. Für Kriminalromane und Comics bestand

Schüler einer Braunschweiger Schule werfen ihre »jugendgefährdenden« Comics in einen Müllwagen, um sie kostenlos gegen »gute Jugendhefte« einzutauschen. Die Kampagne firmierte unter dem Namen »Harzburger Aktion zum Schutz der Jugend vor Schund und Schmutz« und wurde vom Jugendschrifttumsausschuss des Deutschen Städtetages unterstützt.

hingegen keine einzige Untergruppe, obwohl sich gerade diese Spalten zügig füllten.[279]

Eine stattliche Anzahl von Comicreihen wurde Mitte der fünfziger Jahre schon wieder eingestellt. Also befasste sich die Bundesprüfstelle mit Krimis, Detektiv-, Wildwest- und Piratenromanen – mit kriegs- und NS-verherrlichenden Schriften indes noch lange nicht. Es vergingen viele Jahre, ehe allmählich auch die (zeitgenössisch nicht so bezeichnete) politische Pornografie ins Blickfeld rückte. Hamburg und Bremen waren die ersten Bundesländer, die 1960 entsprechende Anträge stellten.[280] Daraufhin kamen zwei besonders abstoßende NS-apologetische Schriften auf den Index: »Waffen-SS im Einsatz« von Paul Hausser, dem ehemaligen Generaloberst der Waffen-SS, und »Trotzdem«, die Memoiren des einstigen Kampffliegers der Wehrmacht Hans-Ulrich Rudel, der im Dritten Reich als (einziger) Träger des Ritterkreuzes mit goldenem Eichenlaub, Schwertern und Brillanten der höchstdekorierte Soldat gewesen war. Beide Bücher waren bis dahin längst in vielen Auflagen erschienen und wie eine große Zahl weiterer apologetischer Schriften ehemaliger NS-Funktionäre völlig unbeanstandet geblieben.[281]

Der Schutz der Jugend vor Schmutz und Schund konzentrierte sich weiterhin auf die Sittlichkeit. Sie war auch ein Schwerpunkt der bundesweit organisierten Jugendschutzwochen. Die Veranstaltungen basierten auf dem im Dezember 1951 verabschiedeten Gesetz zum Schutz der Jugend in der Öffentlichkeit, das noch auf Himmlers Polizeiverordnung aus den Kriegsjahren zurückging.[282] Jungen Leuten wurde damit untersagt, in der Öffentlichkeit zu rauchen, und nur unter bestimmten Bedingungen durften sie eine Gaststätte betreten, Tanzveranstaltungen, Kino- und Varietévorstellungen besuchen und Alkohol trinken (Schnaps ausgenommen).[283] Bei aller Ähnlichkeit mit Himmlers Polizeiverordnung wurde das Gesetz zeitgenössisch als Abgrenzung gegenüber dem NS-Gesetz verstanden, da es keine polizeistaatlichen Maßnahmen verfügte und der Fokus auf die Verantwortlichkeit der Erzieher gerichtet war.[284] Der Volkswartbund war einer der Hauptinitiatoren der Jugendschutzwochen, die nun in vielen Städten organisiert wurden, um dem Gesetz Geltung zu verschaffen.[285] Schauplatz der mit staatlichen Zuschüssen finanzierten Veranstaltungen waren Schulen, Betriebe und Universitäten. Im Mittelpunkt standen Vorträge von Juristen, Sozialpädagogen, Jugendleitern und Jugendpsychologen über eine ganze Reihe von Gefahren für die Jugend:

anstößige Schriften und Filme, aber auch Alkoholsucht, sogenannte Tanz-
und Lesewut und die Einflüsse von Schlagermusik, Glücksspielautomaten
und des genussorientierten Lebensstils überhaupt.[286] Organisiert wurden
die Jugendschutzwochen von kommunalen Veranstaltern. Michael Calmes war oftmals als Redner geladen und sorgte dafür, dass auch die Autoren der Broschüren, die er für den Volkswartbund herausgab, bundesweit auftraten und Vorträge hielten.[287] Für Schüler und Lehrlinge war der
Besuch der Veranstaltungen Pflicht; oftmals wurden Tausende Besucher
gezählt.

Neben dem Volkswartbund kümmerten sich viele weitere Organisationen um die Jugendschutzwochen, vor allem die im Oktober 1951 gegründete Bundesarbeitsstelle Aktion Jugendschutz, ein Zusammenschluss
von Verbänden der Kirchen, der freien Wohlfahrt und der Kommunen.
Die in Hamm ansässige Organisation unter der Leitung von Walther Becker, dem Ersten Staatsanwalt in Bielefeld, unterhielt in vielen Bundesländern Landesarbeitsstellen.[288] Ferner beteiligten sich die Caritas, die Innere
Mission und die Arbeiterwohlfahrt, außerdem konfessionelle Jugendverbände, die Industrie- und Handelskammer und die Sport- und Gewerk-
schaftsjugend. Zahlreiche neu entstehende, oft auf private Initiativen
zurückgehende Vereinigungen aus Lehrern, Eltern, Jugendamts- und Für-
sorgevertretern, Geistlichen, Journalisten und Kommunalpolitikern kamen hinzu, deren Aktivitäten kaum zu überblicken sind.[289] In Mülheim
an der Ruhr gab es ein »Aktionskomitee«.[290] In Castrop-Rauxel formierte
sich 1954 eine »Aktionsgemeinschaft Jugendhilfe«.[291] In München pat-
rouillierten Jugendschutzstreifen aus Mitarbeitern von Kriminalpolizei
und Stadtjugendamt vor den Orten »sittlicher Gefahr«.[292] Dazu zählten Kinos, Bars, Spielhallen, Rummelplätze, Bahnhöfe, Wartehallen, Zelt-
plätze, Ruinengrundstücke, Parkanlagen, Hauseingänge, ganze Straßen-
züge, außerdem Truppenunterkünfte und ihre Umgebung und nicht
zuletzt Ecken, an denen sich, wie es hieß, »lichtscheue Elemente« aufhiel-
ten.[293] Zur Faschingszeit 1954 durften auf Weisung der Deutschen Städte-
reklame die Münchner Litfaßsäulen nicht mit Einladungen zum Schwa-
binger Modeball beklebt werden, weil eine spärlich bekleidete junge Frau
darauf zu sehen war.[294] Eine Ausstellung mit dem Titel »Jugend in Gefahr«, zu der nur Erwachsene Zutritt erhielten, zeigte dort im selben Jahr
Aktzeitschriften und inkriminierte Filmplakate aus dem Fundus der Kriminalpolizei.[295] Bürgermeister, Stadt- und Gemeinderäte erließen vieler-

orts Tanzverbote. In Passau wurden der Jugend Samba und Rumba untersagt; zur Begründung hieß es, die Tänze stammten »aus dem Bordell«.[296]

All dies zeigt, wie ideologisiert das Aktionsfeld Sittlichkeit war. Ihr Kernelement, der Jugendschutz, umfasste ein politisches und erzieherisches Programm, das umstritten und voller Widersprüche war. Ein Organisator der bayerischen Jugendschutzwochen schrieb in der *Deutschen Tagespost* aus Augsburg, einem katholischen Blatt mit überregionalem Anspruch, das politisch am äußersten rechten Rand stand: »Endlich, nach langem Ringen und Reden hat man es fertig gebracht, daß unsere kleinen Buben und Mädel auf offener Straße nicht mehr von unzüchtigen Bildern und Romanen überfallen werden dürfen. Erfreut haben wir Eltern und Erzieher aufgeatmet, als die Kinder nun wieder auf die Straße durften, ohne daß ihnen von jedem Schaufenster und jeder Kinogablotte (sic!) die Fratze des Obszönen entgegengrinste.«[297] Der Verfasser war Referent für Jugendschutzwochen bei der Bayerischen Landesstelle gegen die Suchtgefahren. Sein offener Brief, den er ursprünglich an den Chefredakteur der *Welt* gerichtet hatte und der von anderen Blättern nachgedruckt wurde, antwortete auf einen Artikel der *Welt*, der die Durchführung des Schmutz- und Schund-Gesetzes ironisch aufgespießt hatte.

Viele Zeitungen fragten unverblümt, ob die Jugendschutzwochen in der Hand volkserzieherisch tätiger Schmutz- und Schundbekämpfer überhaupt sinnvoll und nicht eher ein Relikt aus vergangener Zeit seien.[298] Auswüchse des sittlichen Rigorismus wurden heftig kritisiert. Als in Frankfurt am Main 1957 Scheiterhaufen aufgerichtet wurden, um Schmutz und Schund zu verbrennen, hagelte es so viel Kritik, dass niemand sie anzündete.[299] Anders kam es in Paderborn, wo Jugendliche Kioske in Brand steckten und eine Gruppe älterer Sittenwächter die örtlichen Textilhändler bedrohte, weil sie ihre Schaufensterpuppen nicht »anständig« angezogen hatten.[300] Und ausgerechnet Bad Harzburg, wo sich am Ende der Weimarer Republik Nationalsozialisten, Deutschnationale und Anhänger des Stahlhelm zur Front gegen die Weimarer Republik zusammengeschlossen hatten, feierte sich 1952 als »schundfrei«. Doch solche Aktionen waren nicht gerade typische Zeiterscheinungen im praktischen Umgang mit Schmutz und Schund. Häufiger kam es vor, dass Schüler und Lehrlinge von Erziehern, Lehrherren und Pfarrern aufgerufen wurden, Comics und andere Groschenhefte in sogenannten Schmökergräbern zu versenken. Dafür erhielten sie dann einen für gut erachteten Lesestoff: für drei Heftchen gab es ein Buch von Karl May.[301] Für die Wahrnehmung von der amerikanisierten Nachkriegsjugend sorgte vor allem die Vorliebe junger Leute, die sich auf die neuen populärkulturellen Attraktionen aus den USA richtete: auf elektronische Musik, Jeans, Rock 'n' Roll und das Kino. Die sogenannten Halbstarkenkrawalle – de facto Rangeleien am Rande der ersten Konzerte des Rock 'n' Roll-Stars Bill Haley – lösten Mitte der fünfziger Jahre eine große Jugenddebatte aus; die »Jugendverwahrlosung« war einmal mehr ein Topos und weithin Anlass zur Aufregung, die viele Zeitungen kräftig schürten. Aber Jugendschützer, die versuchten, die amerikanische Alltagskultur zu verbieten, scheiterten.[302]

Junge Leute ab 16 Jahren durften 1957 dann auch den Film sehen, der gleich nach Kinseys Tod entstanden und eine Hommage an den Sexualforscher war: »Liebe, wie die Frau sie wünscht«. Mit Paul Dahlke und Barbara Rütting in den Hauptrollen ging es darin um die Liebesgeschichte zwischen einem Anwalt und seiner Sekretärin, deren Vater Universitätsprofessor für Sexualwissenschaft war und über Kinseys Forschungen dozierte. Dass die Feuilletons enttäuscht auf das »Filmsensatiönchen« reagierten, wie der *Spiegel* schrieb,[303] verriet viel über die hohe Erwartungshaltung in Sachen Sexualität. Die schale Geschichte, die vermittelte, dass es wichtig sei, über sexuelle Fragen Bescheid zu wissen, um Glück in der Ehe zu finden, löste nur müde Reaktionen aus. Selbst die *Zeit*, die in der Kinsey-Debatte für die normative Regulierung der Sexualität eingetreten war, monierte die züchtigen Schlafzimmerszenen: »Pikant sollten sie sein, und statt dessen verspritzen sie nur Reeperbahn-Erotik.«[304] Der Film ließ keinen Zweifel daran, dass Kinsey in der Bundesrepublik längst zum Symbol für Sex avanciert war. Er demonstrierte außerdem die fortschreitende Übernahme des Themas durch die Medien, überhaupt durch die Unterhaltungsindustrie. Produzent Wolf C. Hartwig[305] lieferte mit seinem Werk schon im Jahr nach Kinseys Tod den Vorläufer der späteren Sex-Klamotten, die ihn noch sehr berühmt machen sollten. Seit Kinsey stand der Begriff »Report« in der Medienbranche generell für sexuell Schlüpfriges und Zweideutiges. Auch dies gehörte zum Erbe und zur unmittelbaren Wirkungsgeschichte des amerikanischen Sexualforschers in der Bundesrepublik. Filmproduzent Hartwig war denn auch 1970 der Drehbuchautor des »Schulmädchen-Reports«, des Prototyps der alsbald boomenden Sexualaufklärungsfilme, dem Hartwig »Urlaubs-Report«, »Schlüsselloch-Report« und eine Reihe weiterer »Report-Filme« folgen ließ. Die 13 Folgen des »Schulmädchen-Reports« waren als »Sexproto-kolle« ausgewiesene, bebilderte Statistiken jugendlichen Sexualverhaltens. Sie wurden bis 1980 unausgesetzt hergestellt und kamen ganz im Gestus der volkspädagogischen Belehrung daher.[306] Mit vermeintlich authentischen Sensationsreportagen, drastischen Bildern und einer Mischung aus Spielfilmszenen und Straßenumfragen wurden die Streifen unter anderem wegen ihrer verkappt ironischen Botschaft zum großen voyeuristischen Kino-Erfolg – und zum Exportschlager für weltweit hundert Millionen Zuschauer.

Kinseys radikale Gegner verstummten allerdings noch lange nicht, was ein Büchlein zeigt, das 1961 unter dem Titel »USA frei Haus« erschien. Es skizzierte den Stand der sprachlichen Amerikanisierung und bündelte eine Vielzahl assoziationsreicher Klischeevorstellungen. Dabei verstand es sich als Fibel amerikakritischer Vorbehalte und als Dokument der aktuellen Bedrohung für die deutsche Sprache. Denn mit den neuen Wörtern sei auch die »Kultur von drüben«, so der Untertitel, ins Land gekommen. Der Autor beleuchtete die Übernahme sprachlicher Versatzstücke und ihrer kulturellen Begleiterscheinungen. Er zählte eine ganze Litanei von neuen Begriffen auf, die bereits ins Deutsche eingegangen waren, zum Beispiel »Business«, »Body-Building« und »Hobby«, ferner »Sex« und »Kinsey-Report«. Der Umschlag zeigte einen großen Dampfer mit einer vollbusigen Liberty als Galionsfigur. Das Schiff war bepackt mit Wolkenkratzern, an denen Reklametafeln mit den neuen Worten hingen.

Dass das mit Illustrationen, Anekdoten und Gedichten reichlich bestückte Bändchen munter wie ein Kinderbuch daherkam, widersprach seiner Intention nicht, im Gegenteil: Die Aufmachung unterstrich die Bedrohlichkeit schleichender Gefahren für die deutsche Kultur. Das Buch erschien zu einer Zeit, als die neu entstehende Jugendkultur längst eine Vielzahl von Trends aus den USA übernommen hatte, von denen hohe Faszinationskraft ausging.[307] Vermutlich war gerade dieser Umstand der Anlass zu der bebilderten meinungsstarken Wörtersammlung, die vor allem eines verdeutlichte: Ablehnung der in Sprache und Lebensweise eingegangenen Produkte sogenannter amerikanischer Massenkultur.[308] Zu deren Auswüchsen zählten Sittlichkeitsverfechter auch die Anfang der zwanziger Jahre in den USA erstmals durchgeführten Miss-Wahlen. Zum Stichwort »Sex« lieferte der Autor die Geschichte von der Wahl einer »Miss Südwest Germany«.[309] Im Zeitungsstil berichtete er über die Aufregung in einer Kleinstadt, die das Defilee der vielen Bikini-Schönheiten erwartete. Er fügte einige Illustrationen weiblicher Körperteile bei, aneinandergereiht wie in Marschaufstellung. Dies sollte das »Girl« als Kollektivwesen und Ausgeburt der rationalisierten Gesellschaft sowie als Inbegriff des kommerzialisierten Frauentyps veranschaulichen: ein genormtes, standardisiertes, gleichsam fabriziertes und serielles Produkt, dem jeder Hauch des Individuellen fehlte. Nivellierung und Kollektivierung des Menschen galten in der Debatte über die Amerikanisierung als Entartungserscheinungen des Rationalismus. Schönheitswettbewerbe und Revuen standen für Oberflächlichkeit, Künstlichkeit und Narzissmus. Zum »Kinsey-Report« hatte der Verfasser ein vielzeiliges Gedicht parat mit dem Titel »Dr. Kinsel's Practicum«. Eine der Strophen lautet: »Wie oft küssen Sie pro Jahr? – Zwanzigmal? Das ist nicht wahr?! Ah, Ihr Mann hat was dagegen – küssen kann ihn nicht erregen? Aber was erregt ihn dann? – So was gibt's doch nicht! Seit wann? Und was fühlen Sie dabei – bitte sprechen Sie ganz frei! Wunderbar – noch nie gehört – ja, da wär' ich auch verstört!«[310] Das Gedicht endet damit, dass die interviewte Ehefrau dem Fragesteller ein recht eindeutiges Angebot unterbreitet, das er ablehnt (»Oh, was woll'n Sie denn von mir – ich bin doch beruflich hier!«). »Dr. Kinsel« schließlich wird mit Hut, Brille und Fliege gezeichnet, wie er zwischen Ehemann und Ehefrau im Bett liegt und fleißig notiert, was die beiden ihm berichten. In der nächsten Illustration liegt er dann tot auf dem Boden, getroffen von einem Pfeil – niedergestreckt hat ihn Amor, der zufrieden dreinblickend aus dem Bild geht.

Wissenschaftler und die Bedrohung Amerika

In welchem Maße die Gegner der Moderne sich durch Kinsey herausgefordert fühlten, macht auch die Neubelebung der deutschen Sexualwissenschaft deutlich, die während der Kontroverse um den Forscher vonstatten ging. Die Disziplin distanzierte sich programmatisch von Kinsey. Hans Giese, ihr Neubegründer, ein promovierter Germanist, der nach Kriegsende außerdem seinen Doktortitel in der Medizin erworben hatte,[311] richtete im April 1949 in Frankfurt am Main das Institut für Sexualforschung ein, das er lange Zeit im Ein-Mann-Betrieb führte und weitgehend selbst finanzierte.[312] Das Institut befand sich zunächst in der Wohnung des 29-Jährigen in Kronberg im Taunus, später, nachdem Nachbarn sich beschwert hatten, in der Wohnung seiner Eltern in Frankfurt. Die Öffentlichkeit nahm von der Einrichtung so gut wie keine Notiz.[313] Selbst homosexuell, initiierte Giese 1949 zudem die Wiederbegründung des Wissenschaftlich-Humanitären Komitees, das Magnus Hirschfeld gemeinsam mit anderen Sexualforschern kurz vor der Jahrhundertwende ins Leben gerufen hatte, um mittels Petitionen und öffentlichen Kampagnen gegen Paragraph 175 des Strafgesetzbuches vorzugehen, der Homosexualität (seit dem Kaiserreich) unter Strafe stellte. Zur Reorganisation kam es aber nicht, denn Giese wollte das Komitee eng an sein Institut binden und geriet deshalb in Konflikt mit seinen Mitstreitern.[314] Dafür gelang ihm aber die Gründung eines Arbeitskreises aus Medizinern und Juristen, darunter vielen Professoren, die gegen Paragraph 175 aktiv wurden. Gieses Vater, der bekannte Frankfurter Professor für Verfassungsrecht, Friedrich Giese, zählte dazu.

Der Arbeitskreis richtete im Oktober 1949 eine Eingabe an den Bundestag, in der betont wurde, das grundgesetzlich zugesicherte Recht auf freie Entfaltung der Persönlichkeit schließe die sexuelle Freiheit ein. Angesichts der Gleichheit beider Geschlechter vor dem Gesetz sei überdies nicht hinzunehmen, dass Homosexualität unter Männern bestraft werde, während lesbische Frauen unbehelligt blieben. Die Wissenschaftler forderten die grundlegende Reform des Paragraphen.[315] An ihre Initiative knüpfte zwei Jahre später der 39. Deutsche Juristentag in Stuttgart an. Die Rechtsexperten waren sich sicher, dass die Sanktionierung der Homosexualität gegen rechtsstaatliche Prämissen verstieß, und verlangten von der Bundesregierung, fortan Straffreiheit zu gewähren; der Strafrechtsausschuss der Bundesrechtsanwaltskammer schloss sich später ebenfalls an. Dennoch hielt sich das Sittlichkeitspostulat gerade im Zusammenhang mit Homosexualität hartnäckig. Der Bundesgerichtshof lehnte 1951 und 1952 unter Verweis auf das Sittengesetz jede Änderung von Paragraph 175 ab. Fast 100 000 Männer gerieten daraufhin bis Ende der sechziger Jahre unter Verdacht und wurden polizeilich registriert; jährlich kamen etwa 3300 vor Gericht, von denen die meisten auch Haftstrafen verbüßen mussten.[316]

Giese ging es, anders als Kinsey, indes nicht um das freie Ausleben homosexueller Neigungen und auch nicht um Kritik an Staat, Kirchen und Gesellschaft. Mangelnde Einordnung und soziale Inkompetenz, die er

Homosexuellen explizit zuschrieb, rechtfertigten seiner Ansicht nach vielmehr die gängigen Vorbehalte und Praktiken, rechtliche Sanktionen ebenso wie die gesellschaftliche Ausgrenzung. An seiner Anerkennung der tradierten Sittenordnung ließ er keinen Zweifel. Der einstige Heidegger-Schüler verankerte Sexualität in tiefsten existenziellen Zusammenhängen und richtete das Nachdenken darüber an der Besinnung auf das Ursprüngliche aus.[317] Giese verfolgte ein ganz konkretes Ziel: Er wollte Homosexualität eingehegt wissen in »Disziplin« und »Ordnung«, daher hielt er an der etablierten Interpretation vom normalen und anomalen Sexualverhalten fest. Normal war für ihn einzig die heterosexuelle Orientierung. Sie sei von höherem Rang und bildete den Maßstab seiner Auffassung vom Wesen homosexueller Partnerschaft. Giese entwickelte ein Konzept, das mit Blick auf gleichgeschlechtliche Beziehungen gesunde und kranke Ausprägungen unterschied;[318] als gesund galt ihm nur eine Orientierung, die sich durch Gemeinschaft und soziale Bindungsfähigkeit auswies. Sexualität war für ihn dementsprechend »politisch steuerbar«.[319] Als sein Ideal – das sich auf die Prämissen des staatlichen Ehe- und Familienideals stützte – postulierte er die von Selbstbeherrschung getragene, eheähnliche homosexuelle Dauerbeziehung (wie er selbst sie führte); sie gesellschaftlich zu ermöglichen, war sein Antrieb zur Reformierung des Paragraphen 175. Homosexuellen Männern und Frauen, die ihrer Orientierung nachgingen, ohne sich aber zu binden, attestierte er dagegen sozial zerstörerische Kraft.[320] Damit verdeutlichte Giese, dass die von Kinsey geforderte rechtliche und gesellschaftliche Anerkennung der Homosexualität mit Vorstellungen von Orientierung und Normativität nicht zu vereinbaren war. Seiner Ansicht von der sozialen Andersartigkeit von Homosexuellen verschaffte er bald auch als Gerichtssachverständiger Gehör. Das Bundesverfassungsgericht beispielsweise stützte sich 1957 auf ein Gutachten von Giese, als es im Streit um Paragraph 175 zu entscheiden hatte. Zwei Männer, die wegen Homosexualität verurteilt worden waren, hatten Verfassungsbeschwerde eingereicht und erklärt, die Strafvorschrift, die in der Bundesrepublik (anders als in der DDR) noch in der von den Nationalsozialisten 1935 verschärften Version galt, basiere auf dem Ermächtigungsgesetz und sei daher abzuschaffen.[321] Karlsruhe kam aber zu dem Schluss, dass das Gesetz keine typisch nationalsozialistische Bestimmung sei, zumal die Besatzungsmächte sie nach Kriegsende nicht kassiert hatten; auch liege keine geschlechtsspezifische Rechtsungleichheit vor, da weibliche

Sexualität nicht hemmungslos, sondern gefühlsgeleitet und daher sozial ungefährlich sei.[322]

Giese unterschied sich des Weiteren insofern von Kinsey, als er die Erörterung sexualwissenschaftlicher Fragen in der Öffentlichkeit für deplatziert, ja schädlich hielt. Sexualität gehörte für ihn ausschließlich in den akademischen Kontext. Das »Wörterbuch für Sexualwissenschaft«, das er 1952 herausgab, verfasste er für ein Zielpublikum aus Juristen, Ärzten, Fürsorgern, Geistlichen und anderen Fachleuten.[323] In Publikationen äußerte er sich ebenso distanziert und herablassend gegenüber Kinsey wie sehr viele seiner Kollegen. In »Sexualität des Menschen«, einem medizinischen Handbuch, schrieb er, Kinsey reproduziere »in einem monströsen Ausmaß« lediglich, was längst bekannt sei. Eine gewisse Bedeutung sei seinen Forschungen zwar nicht abzusprechen, aber zu betonen sei doch, »daß jede Bedeutung auch Grenzen« habe. Giese war sich sicher: »Diese sexualwissenschaftliche Forschungsmethode ist bei uns mit Hirschfeld abgeschlossen worden.« Nicht die öffentliche Breitenwirkung, sondern die »Rückkehr in die Stille« hielt er für den richtigen Weg zur Etablierung der Sexualwissenschaft.[324] Das von Giese gemeinsam mit A. Willy herausgegebene, fast tausendseitige Buch »Mensch, Geschlecht, Gesellschaft. Das Geschlechtsleben unserer Zeit gemeinverständlich dargestellt« wurde 1954 von der Presse als »eine Art deutscher Kinsey-Bericht« aufgenommen. Auch Giese schwamm mithin auf der großen Kinsey-Welle, die Anfang der fünfziger Jahre so viele wissenschaftliche wie populärwissenschaftliche Publikationen über Sexualität hervorbrachte. In »Mensch, Geschlecht, Gesellschaft« bemühte er sich um Abgrenzung von dem Amerikaner, was ihm nach Ansicht des *Münchner Merkurs* auch gelang, der lobend konstatierte, wie sehr der Band im Unterschied zu Kinsey ethische Fragen thematisiere.[325] Einige Male korrespondierte Giese mit Kinsey; den Anlass dazu gaben aber nicht etwa gemeinsame wissenschaftliche Interessen, sondern vielmehr Streitigkeiten um Publikationsrechte.[326]

Gieses Ausrichtung an bürgerlichen Ordnungsideen war Überzeugung und gleichermaßen Strategie, um die (akademische) Öffentlichkeit von der Seriosität seiner Arbeit zu überzeugen und seine Disziplin durchzusetzen. Voraussetzung dafür war neben dem demonstrativen Bekenntnis zur Kultur allem Anschein nach auch die Lösung der Sexualwissenschaft aus ihrer (jüdischen) Tradition. Giese lehnte sowohl die Thesen von Magnus Hirschfeld als auch Freuds Psychoanalyse rundweg ab.[327] Nicht

nur dies: Unter den Förderern, die er mobilisierte, waren auffallend viele
Exponenten der einstigen NS-Ärzteschaft. Um Giese bildete sich ein intellektuelles Netzwerk von Medizinern, die ihn unterstützten und in der neu
etablierten Sexualwissenschaft ein reiches Betätigungsfeld fanden.[328] Zu
den Mentoren, um die er bedenkenlos warb, zählten der Erbbiologe und
Rassenhygieniker Otmar von Verschuer, der Anatom Hermann Stieve und
der Psychiater Hans Bürger-Prinz. Verschuer, der als Leiter des Kaiser-
Wilhelm-Instituts für Anthropologie, menschliche Erblehre und Eugenik
in Berlin-Dahlem für Menschenexperimente in den Konzentrationslagern
(insbesondere in Auschwitz) verantwortlich gewesen war, behielt seinen
Posten nach Kriegsende und wurde alsbald Professor für Humangenetik
in Münster. Er sprach auf der Ersten Sexualwissenschaftlichen Arbeitstagung in Frankfurt am Main im April 1950 über Homosexualität bei Zwil-
lingen; gerade die Zwillingsforschung war in der NS-Zeit sein Schwerpunkt gewesen. Verschuers Mitarbeiter Hans Habel und Bernhard Duis
publizierten im selben Jahr in der von Giese herausgegebenen *Zeitschrift
für Sexualforschung* über die Vererbbarkeit der Homosexualität. Hermann
Stieve, in der NS-Zeit Professor für Anatomie an der Berliner Charité, berichtete auf der Frankfurter Tagung unter dem Titel »Vergreisung des
Keimzellenapparates durch Angst« über die physischen Auswirkungen
der Todesangst auf weibliche Häftlinge, deren Hinrichtung er im Dritten
Reich beigewohnt hatte. Der Psychiater Hans Bürger-Prinz hatte 1936 die
Leitung der Psychiatrischen Klinik und Nervenklinik der Universität
Hamburg übernommen und war dort Mitglied eines Erbgesundheitsge-
richts gewesen, das Urteile in sogenannten Euthanasiefällen sprach. Nach
Kriegsende nahm er eine Spitzenstellung unter den Psychiatern der Bundesrepublik ein und behielt nach kurzer Unterbrechung (noch lange Zeit)
sowohl seine Leitungsfunktionen als auch seinen Lehrstuhl.[329] Für Bürger-Prinz war Sexualität ganz in tradierter, biologistischer Manier ein »In-
dikator für die Gesamtvitalität« des Volkes, wie er in seiner Ansprache zur
Eröffnung der Ersten Sexualwissenschaftlichen Arbeitstagung in Frankfurt am Main detailliert darlegte.[330] Vom »Volkskörper« sprach er zwar
nicht explizit, meinte ihn aber. Giese, der sich gern von Bürger-Prinz unter
die Fittiche nehmen ließ, war dessen Auffassung sehr vertraut. Aus dem
Dritten Reich ging auch er ohne Blessuren hervor. Giese war als Amtslei-
ter für politische Kameradschaftserziehung an der Universität Frankfurt
und in derselben Funktion in der örtlichen Gaustudentenführung tätig

gewesen; 1941 war er der NSDAP beigetreten. Die Frankfurter Spruch-kammer verwehrte ihm zunächst die schon gewährte Jugendamnestie; nach mehrmaliger Fürsprache seines Vaters rangierte er am Ende aber unter den »Mitläufern«.[331]

Gieses Institut firmierte unter dem Dach der, ebenfalls von ihm initi-ierten, Deutschen Gesellschaft für Sexualforschung.[332] Zum Vorsitzenden wählte die Erste Sexualwissenschaftliche Arbeitstagung Hans Bürger-Prinz.[333] Giese zögerte nicht, dessen Homosexualitätsvorstellungen zu übernehmen, die dieser einst dem NS-Staat als wissenschaftliches Kon-zept über das Wesen und die »Staatsgefährlichkeit« von Homosexuellen geliefert hatte. Viele Begriffe und Bewertungen von Bürger-Prinz bildeten die Grundlage von Gieses eigenen Überlegungen und fanden sich (nicht selten ohne Nachweis) in seinen Studien wieder.[334] Bürger-Prinz, mehr als zwanzig Jahre älter als Giese, betreute nicht nur dessen Habilitation, son-dern war auch dessen väterlicher Mentor. Er vermittelte Giese 1959 die Angliederung seines Instituts an die Universität Hamburg; sechs Jahre später erhielt Giese dort eine außerplanmäßige Professur.[335]

Die Deutsche Gesellschaft für Sexualforschung beteiligte sich am in-stitutionalisierten Sittlichkeitskampf. Sie war korporatives Mitglied der Landesarbeitsgemeinschaft zur Bekämpfung der Geschlechtskrankheiten in Nordrhein-Westfalen und schloss sich deren auf »sozialpädagogische Prophylaxe« ausgerichteten, rigorosen Maßnahmen an.[336] Giese war auch gewillt, dem Volkswartbund beizutreten, was dieser ihm aber (vermutlich wegen seiner Homosexualität) verwehrte.[337] Zum Vorstand der Gesell-schaft zählten Mediziner, Juristen, Ethnologen und Biologen. Giese, der als Schriftführer fungierte, rekrutierte außerdem für die verschiedenen neu geschaffenen Gremien Vertreter zahlreicher Disziplinen. Die von ihm herausgegebene *Zeitschrift für Sexualforschung* kam 1950 allerdings über das vierte Heft nicht hinaus und wurde aus Geldmangel noch im selben Jahr wieder eingestellt.[338] Im Jahr 1952 erschien aber bereits das erste Heft der von Bürger-Prinz und Giese gemeinsam herausgegebenen, von beiden bis Ende der sechziger Jahre fortgeführten Schriftenreihe »Beiträge zur Sexualforschung«.[339] Dort kam 1957 die Mainzer Dissertation von Hans Lutz über das »Menschenbild der Kinsey-Reporte« heraus. Lutz unter-suchte darin die »philosophisch-ethischen« Voraussetzungen von Kinseys Studien und befand sie für unzureichend.[340] Nach Kinsey sei Sexualität eine individuelle, vom menschlichen Gemeinschaftsleben abgelöste, im

Kern asoziale Lebenspraxis. Lutz zufolge unterschieden aber nur die geistig motivierten, vom Gewissen getragenen Hemmungen sexuellen Verhaltens den Menschen vom Tier, und erst rechtliche Bindung formte Sexualität zum Bestandteil geistig-kulturellen Lebens. Der katholische *Rheinische Merkur* brachte eine überschwängliche Rezension des Buches, verfasst von Walter Becker, dem Leiter der Bundearbeitsstelle Aktion Jugendschutz; der Volkswartbund gratulierte Giese zur Veröffentlichung.[341]

Die kinseyfeindlichen Anfänge der Sexualforschung waren umso erstaunlicher, als Hans Giese sich in den sechziger Jahren nicht scheute, sich zum Protagonisten der »sexuellen Befreiung« stilisieren zu lassen, der – namentlich auf Kinseys Spuren – die Sexualität sozusagen aus den Fängen des Moralismus und einer religiös geprägten Gesetzgebung holte. Von der Studentenbewegung ließ Giese sich denn auch feiern, und in Erklärungsnot geriet er deshalb zeitlebens nicht. Vielmehr wusste Giese die wachsende mediale Aufmerksamkeit für das Thema geschickt für seine eigene Vermarktung zu nutzen. Seine Stellungnahme fehlte später in Filmen, Zeitungsartikeln und Illustriertenberichten über Sexualität so gut wie nie. Er sah sich sogar ganz in der Rolle eines »deutschen Kinsey«, orientierte sich an dessen Methode, betrieb soziale Schichtenanalysen und fragte darin explizit nach der Sexualität von Arbeitern und Studenten.[342] So widersprüchlich, wie es auf den ersten Blick den Anschein hat, war Gieses Verhalten nicht. Denn dass seinem Fach im Verbund mit den ehemaligen NS-Medizinern in den sechziger Jahren kein Ansehensgewinn (mehr) beschieden sein würde und die Medien im Umgang mit Sexualität Kinsey anhaltend Bedeutung attestieren würden, erkannte er schnell. Nun orientierte er sich, nicht weniger opportunistisch als zuvor, an den mittlerweile veränderten Maßstäben im Umgang mit Sexualität. Bis dahin sollte indes noch viel Zeit vergehen, und einstweilen war er auf die Gunst seiner Mentoren aus dem Dritten Reich angewiesen.

Helmut Schelsky, der wohl prominenteste Gegner der Popularisierung von Kinseys Forschungen, gehörte dem Gründungsbeirat der Schriftenreihe an, die Giese mit Bürger-Prinz herausgab. Giese hatte ursprünglich vorgeschlagen, Max Horkheimer als Vertreter der Soziologie in das Gremium zu berufen, den aus dem Exil zurückgekehrten Leiter des neu begründeten Instituts für Sozialforschung. Da Horkheimer Ende 1951 zum Rektor der Frankfurter Universität gewählt wurde, hielt er dessen Unterstützung für strategisch besonders wichtig, außerdem war Horkheimer ein guter Bekannter seines Vaters. Aber Bürger-Prinz zog Schelsky vor,[343] mit dem ihn eine enge wissenschaftliche und persönliche Freundschaft verband. Schelskys alsbald berühmtes Buch über die »Soziologie der Sexualität« beruhte, wie der Autor später sagte, auf dem jahrelangen Gedankenaustausch mit Bürger-Prinz, auf dessen »Erfahrungen und Einsichten«.[344] Die Kooperation zwischen den beiden war im Zusammenhang mit den Aktivitäten des intellektuellen Netzwerks, das die deutsche Sexualwissenschaft bildete, eine besonders wirkungs- und deutungsmächtige Verbindung. Gemeinsam verfassten Schelsky und Bürger-Prinz den fast zehnseitigen Artikel über Sexualität, der 1956 im »Handwörterbuch der Sozialwissenschaften« erschien. Die Notwendigkeit kultureller Überformung und Normierung des Sexualtriebs im Dienst kultureller Leistungsfähigkeit ist die Kernaussage ihres Textes, in dem es heißt: »Im allgemeinen kann man sagen, daß die Komplexität und Höhe einer Kultur und der in ihr vorhandenen Erlebens- und Verhaltensweisen der Komplexität und Hierarchie ihrer Konventionen, Hemmungen und emotionalen Verzichtleistungen gerade auf dem Gebiet der geschlechtlichen Verhaltensweisen entspricht.« Daher ihre Überzeugung, dass ein »echtes sozialwissenschaftliches Verständnis der Sexualität […] in unserer Gegenwart also gerade darin zu bestehen [hat], die im Dualismus sozialer und individueller Interessen gegenüber der Sexualität liegende soziale und persönliche Formierungs- und Gestaltungsaufgabe der bloßen ›Natur‹ der Sexualität entgegenzustellen.«[345]

Helmut Schelsky machte sich spätestens 1953 mit seinem Buch über die »Wandlungen der deutschen Familie in der Gegenwart« einen Namen. Darin entfaltete er seine These, wonach die Familie von allen gesellschaftlichen Institutionen den vielfältigen Auflösungstendenzen der Nachkriegszeit am besten standgehalten habe, ja sogar gestärkt daraus hervorgegangen sei.[346] Schelsky avancierte nach Kriegsbeginn rasch zum bekanntesten Soziologen der Bundesrepublik. Er hatte in Königsberg und Leipzig Philosophie, Germanistik und Geschichte studiert und war 1932 mit zwanzig Jahren in Leipzig der SA beigetreten. Er engagierte sich im Nationalsozialistischen Deutschen Studentenbund und arbeitete eine Zeit lang für das Amt Rosenberg, das im Dritten Reich für die geistige und weltanschauliche Erziehung zuständig war; 1937 wurde er Mitglied der NSDAP. Im Jahr des Kriegsbeginns habilitierte er sich in Königsberg und war anschließend am Lehrstuhl von Arnold Gehlen an der Universität Leipzig und in Budapest am Lehrstuhl von Hans Freyer tätig. Im Juli 1943 wurde er als außerordentlicher Professor für Soziologie und Staatsphilosophie an die Reichsuniversität Straßburg berufen, eine zwei Jahre zuvor gegründete nationalsozialistische Einrichtung zur Förderung »deutschen Wissens«. Aufgrund der Kriegsverhältnisse trat er sein Amt jedoch nicht mehr an. Nach Kriegsende setzte er sich für den Aufbau des Suchdienstes des Deutschen Roten Kreuzes ein und folgte im Jahr vor der Gründung der Bundesrepublik einem Ruf an die gewerkschaftseigene Akademie für Gemeinwirtschaft in Hamburg, deren Direktor er schließlich wurde. Im Frühjahr 1953 wechselte er als Professor für Soziologie an die dortige Universität, wo er bis zu seinem Weggang nach Münster 1960 lehrte und forschte. In dieser Zeit verfasste er seine alsbald vielgelesenen Studien über Familien-, Industrie- und Jugendsoziologie sowie über Sexualität.

Ausgestattet mit viel Gespür für die epochalen Entwicklungen und relevanten Themen der Gegenwart und konzentriert auf die Strukturveränderungen der modernen Gesellschaft, trat Schelsky Kinseys Bruch mit der Tradition rigoros entgegen. Er warf ihm vor, Sexualität aus ihrer Bindung an die »moralische Führung« zu lösen.[347] Nach seiner Auffassung lief Verwissenschaftlichung durch Quantitätsfixierung sexueller Triebbefriedigung auf nichts anderes als moralische Indifferenz hinaus.[348] Im Zentrum seiner Kritik, die Kinseys Schwächen und Widersprüche treffsicher benannte, stand die (unterstellte) Wirkung öffentlichen Redens über Sexualität. Anders als die Vertreter der pessimistischen Kulturkritik ging Schelsky von der Akzeptanz der sozialen Gegenwartsrealität aus. Seine Zeitkritik stand für die später so bezeichnete »moderne« beziehungsweise »technokratische« konservative Sozialphilosophie, eine Formveränderung des Konservatismus, die sich in der Gegenwartsdiagnostik im Laufe der fünfziger Jahre durchsetzte.

Pragmatisch orientiert, vertrat Schelsky weder düstere Endzeitstimmung, noch gab er sich utopisch-romantischen Sehnsüchten hin. Auch verlangte er nicht nach einem Ende der von der Moderne verursachten Entfremdung oder nach Schaffung eines harmonischen Lebens und der Rettung des Abendlandes. Die Troika der führenden »modernen« beziehungsweise »technokratischen« konservativen Sozialwissenschaftler und Sozialphilosophen (neben Schelsky seine Lehrer Freyer und Gehlen) lehnte Technik und Bürokratie keineswegs ab, sondern öffnete sich der wissenschaftlichen und technischen Fortschrittsdynamik. Nicht mehr elegische Kulturemphase und Abendlandideologie, sondern das gelassen-heroische Aushalten der modernen Zeiten war ihre Prämisse. Wirklichkeit und Nüchternheit lauteten die Schlagworte, mit denen sie sich von der eher spekulativen und romantisierenden kulturkritischen Soziologie abwandten und anstelle von utopischen Zukunftsentwürfen die Analyse der Gegenwart einforderten. Der moderne Konservatismus war eine Anpassungsleistung an die Moderne, mit dem Ziel, den kulturpessimistischen Diskurs zu überwinden. Die Kritik an der Kulturkritik stand für das Arrangement mit dem zivilisatorischen Fortschritt bei gleichzeitiger massiver Ablehnung seiner soziokulturellen Folgen. Es ging darum, den Prozess der Modernisierung zu regulieren und in die sozial und kulturell »richtigen« Bahnen zu weisen. Zwar stimmten auch Schelsky und seine Lehrer in das Lamento über die als Verfallserscheinung erlebten Formen der Pluralisierung ein. Aber nicht, um die Entfremdungsgefahren einzudämmen: Die Entfremdung aushalten, lautete vielmehr die Botschaft ihrer Gesellschaftslehre. Im Vordergrund stand nicht mehr der im Namen der Kultur geführte Kampf gegen die kulturelle Moderne, sondern die geistige Lenkung der Menschen durch Einsicht in die Notwendigkeit, die Moderne und ihre Unumkehrbarkeit zu akzeptieren.

Schelskys erste öffentliche Stellungnahme zu Kinsey, betitelt mit »Die Moral der Kinsey-Reporte«, wurde 1954 in der katholischen Zeitschrift *Wort und Wahrheit* publiziert. Der Soziologe stellte Kinseys Sozialstatistiken ausdrücklich sozialethische Erwägungen gegenüber. Er ging von der fundamentalen funktionalen Bedeutung von Moral und Tradition für den Bestand einer Gesellschaft aus. Würde die sozial etablierte Sexualmoral zerstört, so seine These und Warnung gleichermaßen, seien verheerende, sozial destruierende Auswirkungen die Folge. Schelsky rechnete sexualmoralische Normen zu den kulturellen Errungenschaften des Menschen – »wie Werkzeug und Sprache«.[349] Von der biologischen Triebnatur seien sie keineswegs zu trennen, vielmehr formten sie diese erst. Zwar seien Normen nicht universal gültig, sondern unterschieden sich von Kultur zu Kultur. Jeder Versuch aber, sie zu verändern, erschüttere eine Kultur in ihren Grundfesten. Nach Schelsky zeigte sich die soziale, moralische und religiöse Kraft einer Gesellschaft in der Aufrechterhaltung der »Absolutheit sexueller Normen«.[350] Wegen ihrer immensen Bedeutung sei es unerlässlich, sie mit aller Macht zu schützen. Gerieten die Normen in Gefahr, darunter gerade auch die Polarität der Geschlechterrollen, könne Sexualität sozial auflösend und kulturzerstörend wirken.

Der Begriff des »Natürlichen«, dessen Doppeldeutigkeit Kinsey nach Schelskys Dafürhalten ignorierte, stand im Zentrum seiner Kritik. »Natürlich« sei, anders als Kinsey meine, nicht allein das biologisch orientierte, sondern auch das vom Absolutheitscharakter der Sexualmoral normativ geprägte menschliche Verhalten. Schelsky stellte weder Kinseys methodisches Vorgehen in Frage, noch äußerte er Zweifel an dessen Befunden. Er bekräftigte vielmehr, dass die in ihrer Variabilität und Vielfalt gezeigten sexuellen Verhaltensweisen keineswegs krank oder anomal seien. Aber der Umstand, dass sie als biologisch natürlich gelten können, rechtfertige nicht, sie auch »moralisch erlaubt« zu nennen, denn dies berge die große Gefahr der »Autonomisierung des Geschlechtlichen« und der Abkehr von normativer Verbindlichkeit.[351]

Schelsky sprach vom »Dogmatismus und Absolutismus des ›Naturhaften‹«.[352] Besonders kritisierte er, dass die von Kinsey betriebene Gleichsetzung von Norm und Faktizität durch »vulgär-wissenschaftliche« Rationalisierung weit verbreitet werde. Im Kontext der Wissenschaftsgläubigkeit der Gegenwart stiegen Biologie, Statistik, Medizin und Tiefenpsychologie zu normativen Leitwissenschaften auf, monierte er und warnte vor dem »Biologismus unseres Zeitalters«.[353] Dass zwischen Norm und Realität eine Kluft bestehe, wie Kinsey konstatierte, hielt er für nicht weiter verwunderlich, sondern vielmehr für gesellschaftlich notwendig. Die Idealität der Normen schließe nämlich deren Unerreichbarkeit ein; gerade darin sah er ihre humanisierende Kraft.

Schelskys Kritik war der von Lionel Trilling sehr ähnlich, der unter den amerikanischen Liberalen zu Kinseys frühesten und schärfsten Gegnern zählte. Der Literaturkritiker und Freudianer hatte bereits 1948 im *Partisan Review* konstatiert, dass für Kinsey Sexualität mit deren Messung identisch sei und er Moral durch Verhalten ersetze. Zwar rufe Kinsey zu Befreiung und Toleranz auf, versage aber im Umgang mit Ideen und verzichte auf jede klare gedankliche Unterscheidung. Trilling wies Kinsey in seine intellektuellen Schranken und warf ihm vor, unter dem Deckmantel der Objektivität subjektive Interessen zu vertreten. Auch widersprach er dessen Annahme, dass, was »natürlich« sei, auch »gut« sei. Kinsey, so Trilling, erhebe die Faktizität zur Norm und unterscheide nicht, was »ist« und was »sein soll«. Obwohl er moralischen Fragen gleichgültig gegenüberstehe, wolle er paradoxerweise moralische Wirkung erzielen. Die moderne Wissenschaft erhob nach Trillings Eindruck Sachlichkeit zur neuen Norm und verzichtete auf Humanismus. Nach seinem Dafürhalten förderten Kinseys Studien die Entstehung einer »res publica des Sexuellen«, begleitet von einer weithin enthemmenden Wirkung, was er als Folge gesellschaftlicher Zersplitterung und sozial verursachter Ängste deutete. Er wandte sich deswegen strikt gegen die Verbreitung von Kinseys Büchern.[354] Wann Schelsky Trillings Kritik rezipierte, ist unklar,[355] aber sie floss spätestens in seine Überlegungen ein, als er Kinseys Studien zum Anlass nahm, ein eigenes Buch über Sexualität zu schreiben.

Schelskys »Soziologie der Sexualität«, im Herbst 1955 erschienen,[356] war die erste deutsche Veröffentlichung, die Sexualität in ihren kulturellen und gesellschaftlichen Bezügen deutete.[357] Kämpferischer als zuvor lehnte der Autor Kinseys Anspruch auf wissenschaftliche Wahrheit und Objektivität ab. Entschieden konfrontierte er die Naturwissenschaften mit den Folgen ihrer »aufklärerischen Popularisierung«; ohne Umschweife war vom »Meinungszwang« die Rede. Schelsky attestierte Kinsey »erschütternde und verderbliche Wirkung«. Sich selbst nannte er den Verfechter einer »Gegenaufklärung«.[358] Schelskys Buch war eine besonders schlagkräftige und angesichts der Bekanntheit des Autors letztlich gesellschaftlich überaus einflussreiche Reaktion auf die Kinsey-Welle in den Medien, handelte es doch von der individuell ebenso wie sozial und politisch »lebenswichtigen Funktion der Moral«.[359] Schelsky ging es um die Kritik biologischen Denkens und dessen wuchernde Ausbreitung sowie darum, die Leistungskraft sexualmoralischer Normen und ihre Bedeutung für die Stabilität der Gesellschaft darzustellen. Nützlich und wünschenswert sei es, postulierte er, wenn Sexualität und Sexualmoral der öffentlichen Diskussion gänzlich entzogen blieben. Selbst für den Fall, dass seine »altmodische Ansicht«, wie er mokant schrieb, von »modernen Menschen« als Symptom »eines nicht bewältigten Trieblebens und eines unfreien Charakters gedeutet und das Bekenntnis zu ihr als eine geistige Kastration oder als ein Verharren in muffig-kleinbürgerlicher Geistesenge angesehen« werde, lasse er sich nicht davon abbringen.[360] Der Soziologe Schelsky sagte indes nichts über das Sexualverhalten sozialer Schichten, sondern bezog sich einzig auf das Individuum und dessen Verhältnis zur Sexualmoral. Nach dem Verständnis der (frühen) Soziologie waren soziale Ordnungsprobleme grundsätzlich auf den

Individualismus zurückzuführen, der denn auch das Signum einer Art Zeitkrankheit erhielt.[361]

Für wie gefährlich Schelsky die Popularisierung von Kinseys Studien erachtete, veranschaulichte er an einem eindrücklichen Beispiel über Wehrkraftzersetzung, einem Delikt, das im Zweiten Weltkrieg mit der Todesstrafe belegt gewesen war. Dass er es auswählte, zeigte nicht nur, dass er auf den Erfahrungshorizont der Zeitgenossen des Dritten Reiches setzte, um verstanden zu werden, sondern auch, wie bedenkenlos er die Polemik und propagandistische Schlagkraft der einstigen Volksgemeinschaftsideologie übernahm, in der die Geschlechterordnung ebenfalls eine maßgebliche Rolle gespielt hatte. Schelsky zitierte eine Zeitungsmeldung (ohne Angabe von Quelle und Datum), wonach ein amerikanischer Armeepfarrer nach seiner Rückkehr aus dem Koreakrieg Folgendes berichtete: »Keine kommunistische Propaganda könne so demoralisierend wirken wie die Behauptung, daß jede vierte Frau ihrem Manne untreu sei.«[362] Dass ein Viertel aller amerikanischen Ehefrauen außereheliche Sexualkontakte pflege, hatte Kinsey in seiner Studie über das Sexualverhalten der Frau detailliert dargelegt. Schelsky knüpfte an das Zeitungszitat seine ganze Empörung und erklärte, er halte die Interpretation, zu der Kinseys Statistiken einlüden, sogar für »fast unmoralischer als den Ehebruch selbst«.

Unter Kapitelüberschriften wie »Die Abnormen und die Gesellschaft« handelte er Homosexualität ab und nannte sie eine »soziale Krankheit«. Er lieferte Argumente, um die wissenschaftliche Pathologisierung und Kriminalisierung von Homosexuellen zu untermauern, und vertrat die Ansicht, dass ihre Tolerierung dem Verfall des sozialen Gefüges Vorschub leiste. Schelsky sprach von der »biologischen und sozialen Zwecklosigkeit« der Homosexualität und attestierte (männlichen) Homosexuellen Narzissmus und mangelnde Reife.[363] Da sie Sexualität ausschließlich als Genuss erachteten und ihr sexuelles Verhalten dezidiert nicht auf die Stabilisierung der Gesellschaft ausrichteten, fehlten ihnen die Kontrolle ihres Trieblebens und damit jede Fähigkeit zum sozialen Leben. Schelsky hielt die von Homosexuellen für die kulturelle und geistige Ordnung ausgehende Gefahr für noch gravierender als diejenige, die der Wandel im Verhältnis der Geschlechter bereits verursacht habe.[364] Er wies die Deutung des (homosexuellen) Arztes Magnus Hirschfeld zurück, der zur Jahrhundertwende davon ausgegangen war, dass Homosexualität nicht krank und »heilbar«, sondern angeboren, unabänderlich und daher auch nicht strafrechtlich zu ahnden sei. Ihm zufolge zeichneten sich Homosexuelle durch spezifische Gefühle und Verhaltensweisen aus, die sie so sehr prägten, dass sie ein eigenes »drittes Geschlecht« bildeten, wie auch sein Konzept von Homosexualität lautete.[365] Hirschfelds Institut hatten die Nationalsozialisten kurz nach ihrer Machtübernahme zerstört;[366] die Aversion gegen ihn prägte auch die Auseinandersetzung mit dem Thema in der frühen Bundesrepublik. Nach Schelsky war Homosexualität nicht biologisch bedingt, sondern vielmehr eine ansteckende Verhaltenskrankheit, die auf soziale Faktoren zurückzuführen sei und sich epidemisch ausbreite, wenn ihr nicht Einhalt geboten werde.

In den USA sah Schelsky einen »übertriebenen Moral-Perfektionismus puritanischer Tradition« am Werk.[367] Anders verhielten sich nach seiner Ansicht hingegen (nicht näher bezeichnete) »lebensklügere«, katholisch geprägte Gesellschaften. Sie seien von Kinseys »umgekehrten Moralpredigten« nicht beeindruckt, da ihr Normierungsbedürfnis an der Grenze des Privaten haltmache. Versagensangst und neue Zwänge, hervorgerufen durch das ausdrückliche Gebot zur sexuellen Freizügigkeit – das Schelsky für eine soziale Tatsache hielt –, machten sich gerade unter den Amerikanern breit. Schelsky ließ keinen Zweifel daran, dass er die USA für einen Hort des entgrenzten Sexualkonsums und überhaupt der zivilisatorisch-konsumistischen Gefährdung hielt – »vorläufig gipfelnd in dem pansexuellen Menschenbild, einer popularisierten Libido-Theorie und der Orgasmus-Statistik Kinseys«.[368]

Der Umstand, dass eine nach Millionen zählende Lesergemeinde die medial und publizistisch popularisierten Forschungen des Amerikaners rezipierte, führte nach Schelskys Meinung zur »Umwertung der Sexualmoral«. Er prognostizierte Entnormierung und Entmoralisierung.[369] Schelsky assoziierte den beginnenden Massenkonsum mit Genusssucht, Risikoscheu, ja mit den negativen Folgen der Individualisierung schlechthin. Der Konsum war ihm zufolge die Ursache für die allgemeine Enthemmung und für den »Zwang zu sexueller Freiheit«, die er als »Angleichung des sexuellen Habitus an die modernen Konsumverhältnisse« verstand. Die permanente Bereitstellung »erotischer Bilder« habe unmittelbar »triebenthemmende« Wirkung.[370] Das Ergebnis sei gerade nicht die Befreiung des Menschen, vielmehr werde mangelnde Sinnerfüllung mit Konsum kompensiert. Sexualität geriet nach Schelsky unter das Diktat der Konsumbedürfnisse, und der Konsumismus beraubte die menschlichen Beziehungen ihrer Tiefe und Innigkeit. An die Stelle von Daseinserhöhung und Daseinsbedrohung rückte demnach einzig der Genuss. Schelsky sprach von »Sexualität als Konsum«, eine einprägsame Formel, die einschloss, was die von ihm stark beeinflusste kulturkritische Publizistik meinte, wenn oftmals in einem Atemzug von »Sittenverfall«, »Konsumterror« und »sexueller Hemmungslosigkeit« die Rede war.[371]

In der Bundesrepublik sah Schelsky die Gefahr der »Pansexualisierung« nicht gegeben. Schon in seinem Aufsatz in *Wort und Wahrheit* erklärte er es zu einem amerikanischen Phänomen, dass junge Leute sich von der »Pseudo-Führung der Wissenschaft im intimen und personalen Bereich« leiten ließen.[372] Mit Blick auf die Bevölkerung meinte er, eine solche – »spätbürgerlich« genannte – Entwicklung sei keineswegs zwangsläufig. Denn nicht nur sexuelle Normen seien wandelbar, sondern, was Kinsey ausblende, auch die gesellschaftliche Bedeutung der Sexualität selbst. Mit Blick auf die Bundesrepublik diagnostizierte Schelsky zufrieden einen bereits eingetretenen »Abbau der Rolle der Erotik«.[373] Angesichts eines verbreiteten Bedürfnisses nach sozialer Sicherheit und Solidarität »im Daseinskampf« werde von der Ehe auch nicht erwartet, dass sie eine »erotische Erlebnisgemeinschaft« sei; sie erweise sich vielmehr als eine soziale Institution, deren Dauerhaftigkeit nicht im Sexuellen, sondern in der ökonomischen Sicherung des Alltagslebens und der Kindererziehung begründet liege. Von »erotischer Kultur« sprach Schelsky nicht explizit, aber er erachtete Sexualität als Feld, auf dem sich die europäische Kultur unter Beweis stellte. Der bundesdeutschen Jugend sprach er in hohem Maße »unerotische Sachlichkeit« zu; die ältere Generation sei über diesen Umstand bisweilen schon erschrocken, meinte er und zeigte sich voller Zuversicht, denn er sah seine Prognose bereits bestätigt: dass nämlich die Bedeutung der Sexualität langfristig schwinden werde. Er war sich daher sicher, »daß die heranwachsende Generation einmal wieder prüde wird«.[374]

Die »Soziologie der Sexualität« avancierte umgehend zu einem der erfolgreichsten wissenschaftlichen Werke der fünfziger Jahre und dies, obwohl Schelsky wenig luzide schrieb und einen ausgeprägt wissenschaftlichen Jargon pflegte. Dass es reißenden Absatz fand, lag zumal am Titel, der Neugier und wohl auch manch falsche Erwartung weckte. Immerhin war es ungewöhnlich, dass der Begriff »Sexualität« auf dem Umschlag eines

Buches stand, das einem weit über ein naturwissenschaftliches Fachpublikum hinausreichenden Leserkreis vorgesetzt wurde. Noch im Erscheinungsjahr 1955 gingen 50 000 Exemplare über die Ladentische; innerhalb von fünf Jahren stieg die Auflage auf 130 000 – 1958 erschien das knapp 150 Seiten starke Buch in der neunten Auflage; es wurde in viele Sprachen übersetzt. In der Erstausgabe kam es als rororo-Taschenbuch im Rowohlt-Verlag heraus.[375] Schelskys Werk war die Nummer zwei der im September 1955 begründeten und für die intellektuelle Selbstverständigung der frühen Bundesrepublik wichtigen Taschenbuchreihe »rowohlts deutsche enzyklopädie«. Herausgegeben von dem Philosophen Ernesto Grassi, Ordinarius an der Universität München, richtete sich die populäre Reihe gegen die »Vermassung des Geistes«. Ein modernekritisches Werk war schon der Auftaktband »Die Revolution der modernen Kunst« aus der Feder des österreichischen Kunsthistorikers und erklärten Gegners der abstrakten Malerei Hans Sedlmayr, der seinen Wiener Lehrstuhl nach Kriegsende wegen Unterstützung der NSDAP verloren hatte, mit Publikationsverbot belegt worden war und nun in München wieder lehrte. Als dritter Band folgte noch im selben Jahr »Konjunkturen und Krisen« des Wirtschaftswissenschaftlers und Sozialökonomen Günter Schmölders. Schelskys »Soziologie der Sexualität« verkaufte sich von allen dreien am besten.[376] Der Autor präsentierte sein Buch auf zahlreichen Veranstaltungen, worüber Zeitungen und Rundfunk ausführlich berichteten.[377] Für den Erfolg des Bandes gab es neben dem verlockenden Titel einige weitere Gründe: Es kostete nur 1,90 Mark; die ins Deutsche übersetzten Kinsey-Berichte kamen hingegen auf das Zwanzigfache. Schelsky selbst war als prominenter Vertreter seines Fachs weithin bekannt. Vor allem aber gab das hohe Maß an Anschlussfähigkeit den Ausschlag für das Publikumsinteresse. Schelsky verlieh der Sehnsucht nach einem sozialen Normengefüge Ausdruck, das in Deutschland seit dem Ersten Weltkrieg nicht mehr bestand. Er verband mit Sexualität gesellschaftliche Ordnungsvorstellungen, die weit über politisch konservative, religiöse Kreise hinaus Anklang fanden. Die Soziologie verstand er als »empirische Wirklichkeitswissenschaft«, und seine Aufgabe sah er darin, Zeitdiagnosen zu stellen und Ordnungs- und Orientierungswissen zu vermitteln. Sein Fachgebiet war die Strukturveränderung der modernen Industriegesellschaft, sein Gegenstand die westdeutsche Nachkriegsbevölkerung und ihr Zustand angesichts drängender sozialer Probleme. Die illusionslose Darstellung der Wirklichkeit betrachtete er als Grundlage soziologischer Forschung. Motivation aller seiner Studien zur westdeutschen Nachkriegsbevölkerung war die Wahrnehmung krisenhafter Unordnung der Gesellschaft, zu der er Lösungen anbot.

Schelsky lieferte für eine weit verbreitete Sorge über die negativen Folgen der Popularisierung von Kinseys Befunden das wissenschaftliche Fundament. Er verknüpfte Sexualmoral und Ordnungsdenken zu einem Gesellschaftsmodell, mit dem sich auch identifizieren konnte, wer nicht wie er von den Ideen der »Konservativen Revolution« geprägt worden war. Kurt Sontheimer, später Professor für Politikwissenschaft und Mitglied der SPD, attestierte Schelsky in seiner 1956 in den linkskatholischen *Frankfurter Heften* veröffentlichten Buchbesprechung höchste Überzeugungskraft.[378] Sontheimer rechnete Schelskys Schrift »zum Besten«, was zum Thema zu sagen sei. Sie biete eine Fülle an Erkenntnissen und wichtiges Wissen, um die »Heilung des gesellschaftlichen Notstandes« vorantreiben zu können. Schelsky gelinge es exzellent, ethische Forderungen ins Bewusstsein zu heben und für verbindlich zu erklären. Dies sei auch dringend geboten, da Sexualität, »auf kulturelle Formung angewiesen ist«. Sontheimer distanzierte sich ausdrücklich von dem »Zoologen Kinsey«, der nach seiner Ansicht ein Verständnis von Sexualität propagierte, das »auf dem bloß Vitalen (um nicht zu sagen Animalischen)« basierte.

Es entstand aber auch die paradoxe Situation, dass Schelsky, der die mediale Popularisierung von Kinseys Befunden rasch und umfassend wieder eindämmen wollte, mit seinem Taschenbucherfolg erheblich zur Verbreitung von Kinseys Forschungen beitrug. Er sprach später selbst von der Gefahr von »Popularisierungs-Konzessionen«, mit der er sich konfrontiert gesehen habe. Allerdings war er sich sicher, dass ihn sein Ansatz und sein wissenschaftlicher Stil davor bewahrten, Zugeständnisse an den Massenmarkt zu machen. Die Massenmedien, die mit ihren »neuen Möglichkeiten der Publizität« für die Verbreitung und Anwendung der sexualwissenschaftlichen Erkenntnisse sorgten, prangerte er indes an.[379] Dass er schrieb, Kinseys Bände erweckten in der Bevölkerung gleichwohl »kein vitales Interesse«, war allerdings in erster Linie seinen Wunschvorstellungen geschuldet.[380]

Der Psychologe und Psychoanalytiker Wolfgang Hochheimer geriet mit Schelsky in erbitterten Streit. Er veröffentlichte 1954 in der *Psyche* die mit 36 Seiten ausführlichste wissenschaftliche Besprechung von Kinseys Sexualstudien.[381] Hochheimer war Vorstandsmitglied der Deutschen

Gesellschaft für Psychotherapie und Tiefenpsychologie, die sich nach Kriegsende um die institutionelle Reorganisation der Psychotherapie bemühte. Die *Psyche* war Mitte der fünfziger Jahre zwar noch nicht zum Fachorgan der deutschsprachigen Psychoanalyse avanciert (dies geschah erst etwa ein Jahrzehnt später), hatte sich seit ihrer Gründung 1947 aber bereits einen Namen gemacht und wurde international breit rezipiert. Hochheimer wurde 1956 gemeinsam mit dem Psychoanalytiker Alexander Mitscherlich ihr Herausgeber. Er war im selben Jahr, als er seine Rezension über Kinsey veröffentlichte, mit einer vielbeachteten Untersuchung über die psychoanalytische Methode hervorgetreten. Von der affektgeladenen kulturkritischen Abwehr gegen Kinseys Studien, die seine wissenschaftlichen Kollegen betrieben, distanzierte sich Hochheimer ausdrücklich. Denn er fühlte sich dadurch an die Auseinandersetzungen erinnert, die einst wegen Freud entbrannt waren. Von Kinsey, so folgerte er, sei erneut ein »höchst wunder Punkt der Menschheit« getroffen worden.[382] Darauf richtete er seine Aufmerksamkeit und stimmte Kinsey unumwunden zu, dass die sexualmoralischen Normen »grauen Vorzeiten« entstammten.[383] Er bekräftigte dessen Überzeugung, wonach sexuelles Verhalten »natürlich« und in allen Ausformungen zu tolerieren sei. Ausdrücklich knüpfte er an die Stellungnahme seines Kollegen Undeutsch an und attestierte Kinsey bahnbrechende Bedeutung. Udo Undeutsch, der in Mainz und später in Köln Psychologie lehrte, war einer der ganz wenigen deutschen Wissenschaftler, die auf Kinsey begeistert reagiert hatten. Zwar fielen ihm fehlerhafte Tabellen und unvollständige Auswertungen auf, dennoch attestierte er dem Forscher im Sommer 1950 in der Zeitschrift *Studium Generale* »epochemachende« Bedeutung. »Mit wahrer Meisterschaft« sei Kinsey ans Werk gegangen. Undeutsch war mit ihm der Meinung, dass Sexualität, zumal Jugendsexualität, ein »Tummelplatz stickiger Vorurteile« sei.[384] Ostentativ stellte er die Ansicht von der »Sittenlosigkeit der heutigen Jugend« in Frage[385] und ging noch einen Schritt weiter: Undeutsch war der erste Wissenschaftler, der ausdrücklich konstatierte, Kinseys Forschungen seien auch auf die Bundesrepublik übertragbar.[386] Zwar hielt er die bestehende Sexualmoral nicht für widernatürlich, sondern sah vielmehr den Bedarf, die Moralfrage im philosophischen Kontext zu diskutieren. Aber mit Kinsey konstatierte er, dass das menschliche Sexualverhalten durch kulturelle Einwirkungen gehemmt sei. Ähnlich positive Reaktionen auf Kinsey ließen sich an einer Hand abzählen: In der *Zeitschrift für Haut- und Geschlechtskrankheiten* hatte ein in Kairo tätiger deutscher Arzt dessen Werk 1950 einen »Markstein in der gesamten Sexualwissenschaft« genannt.[387] Ähnlich fiel die Besprechung im Fachblatt *Der Nervenarzt* aus. Die medizinische Zeitschrift, in der Rezensionen in der Regel nicht länger als eine Textspalte waren, widmete Kinseys erstem Band volle 13 Spalten. Der Rezensent hielt die Ergebnisse zwar nicht für unmittelbar übertragbar auf Europa, sah aber doch deutliche Parallelen, vor allem mit Blick auf die schichtenspezifischen Besonderheiten sexuellen Verhaltens. Enthusiastisch hielt er fest, das Werk sei in seiner »Breite und Gründlichkeit einmalig«.[388]

Hochheimer war überzeugt davon, dass Kinseys Resultate auf die deutsche Bevölkerung übertragbar seien. Zwar sah er dessen behavioristischen Ansatz kritisch, der alles vernachlässige, was nicht beobachtbar war. Auch betonte er, dass es weiterer, ähnlicher Untersuchungen bedürfe, um die psychologische Dimension sexuellen Verhaltens differenziert zu studieren. Er war sich jedoch sicher, dass Kinsey und seine Mitarbeiter in ihren damals noch geplanten Folgestudien entsprechende Forschungen anstellen würden. »Zersetzt«, so Hochheimer spitz, habe Kinsey allenfalls die allgemeine Unkenntnis über die Komplexität sexuellen Verhaltens. Die Wissenschaft, erklärte er, müsse den »Zeitwiderständen« zum Trotz »ihren fortschrittlichen Weg« nehmen.[389] Ganz der aufgeklärten Moderne verpflichtet, stellte Hochheimer einer für rückständig erachteten Sexualmoral die Wissenschaft gegenüber. Deren Selbstverständnis verbiete es, Einschränkungen durch moralische Normen hinzunehmen. In der Überzeugung, aufgeklärte Rationalität könne gesellschaftliche Veränderung in Gang setzen, erklärte er in Anlehnung an Kinsey die Wissenschaft gleichsam zur Wegbereiterin sozialen Fortschritts. Namentlich die Verwissenschaftlichung der Sexualität betrachtete er als Motor positiven gesellschaftlichen Wandels. Kinsey habe gezeigt, dass die Wissenschaft gesellschaftliche Probleme aufgreife und Lösungen anbiete. Indem sie Sexualität nicht als obskure Macht begreife oder als Mysterium behandle und in Restriktionen zwänge, sondern erforsche und entdramatisiere, so seine Überzeugung, überwinde die Wissenschaft überkommene sexualmoralische Vorstellungen. Hochheimer sah wie Kinsey eine klare Verbindungslinie zwischen Sexualität und Fortschritt.

In seiner vehementen Verteidigung steckte – nicht anders als in der radikalen Kritik an Kinsey – ein gerüttelt Maß an moralphilosophischem

Überschuss. Die Grenzen zwischen den Wertmaßstäben verschwammen, und wissenschaftliche Argumente, moralphilosophische Ansprüche und nationalkulturelle Deutungen flossen ineinander. Auch Hochheimer knüpfte an den Umgang mit Sexualität eine Ideologie, und auch er war nicht willens, in Zweifel ziehen zu lassen, was er für die Wahrheit hielt. Im Zentrum seiner weltanschaulichen Botschaft und im Mittelpunkt seines Selbstverständnisses als Psychologe und Psychoanalytiker stand die Überzeugung vom naturwissenschaftlich fundierten Glauben an den Fortschritt, der immer zugleich sozialen Fortschritt bewirke.

Dass er mit Schelsky in Konflikt geriet, zunächst auch ohne dessen Publikationen zu kennen, verstand sich angesichts der Polarität ihrer Positionen von selbst. Für Hochheimer war die Sexualwissenschaft eine politische Oppositionswissenschaft. Er setzte Wissenschaftsglauben mit der Überwindung einer für rückständig und fortschrittsfeindlich erachteten Sexualmoral gleich, die Ursache vielfältigen Leids sei. Befreite Sexualität war für ihn gleichsam ein Weg zu gesellschaftlicher Zufriedenheit. Mit der Verwissenschaftlichung der Sexualität im Sinne Kinseys, so seine selbstbestätigende Botschaft, gingen Freiheit und Fortschritt unmittelbar einher. Unter dem Titel »Aufklärung und Gegenaufklärung in der Sexualanthropologie« bescheinigte Hochheimer Schelsky im Juli 1956 in der *Psyche* Polemik, Dramatisierung – und Nähe zur nationalsozialistischen Ideologie.[390] In welchem Maße der Umgang mit dem Dritten Reich den Subtext der Debatte um Sexualität bildete, zeigte der Disput zwischen den beiden bis ins Detail. Der Psychologe erinnerte daran, dass Kinseys Bücher in der NS-Zeit angesichts von Zensur und Verfolgung nicht hätten erscheinen können. An Schelsky gerichtet, mahnte er, es sei durchaus angebracht, »dieses Projekt der Aufklärung« gebührend zu würdigen.[391] Ostentativ erklärte er, ihm werde angesichts von Begriffen wie »Zucht« und »Führung«, die Schelskys Lehrer Arnold Gehlen in älteren (später bereinigten) Auflagen seiner Werke verwende und an die Schelsky anknüpfe, »anthropologisch so elend, daß wir uns nur noch vehementer nach neuen Normen aus anderen als ›weltanschaulichen Führungssystemen‹ umsehen«.[392] Auch wenn er nicht auf Schelskys Karriere im Dritten Reich abhob und keinen gegen ihn persönlich gerichteten Vorwurf formulierte, legte er doch nahe, dass dessen »Soziologie der Sexualität« eine Moralauffassung vertrete, die von normativen Ansprüchen des Nationalsozialismus geleitet sei. Hochheimer hielt Schelskys Befund, Kinsey wolle neue Normen setzen, für irreführrend und ablenkend, denn von Kinsey gehe lediglich der Appell aus, die bestehenden sexualmoralischen Leitwerte der Realität anzupassen. Kinsey neige zwar zu aufklärerischem Überschwang, aber ihm gebühre ausdrücklich Dank dafür, dass er das Sexualverhalten des Menschen untersucht und auf gesellschaftlich verursachte Leiden der »Opfer unserer Gesellschaftsordnung« öffentlich aufmerksam gemacht habe. Hochheimer zog Schelskys wissenschaftliche Seriosität in Zweifel, nannte ihn einen »kulturellen Normierer« und den Vertreter eines »Moralsoziologismus«.[393]

Schelsky reagierte im November-Heft der *Psyche* 1956 mit einer geharnischten Replik, in der von »Verzerrung«, »Verschleierung«, »Falschmünzerei«, »assoziativ-pseudologischem« Denken und vom »Pathos der Empörung« die Rede war. Der »Herr Kollege Hochheimer« knüpfe an die Konstruktion seiner »extremistischen Typisierung«[394] zweifelhafte Deutungen. Schelsky verwahrte sich gegen die ihm unterstellte Wissenschaftsfeindlichkeit.[395] Er warf Hochheimer vor, seinen Text in entstellender Weise umgedeutet zu haben. Von diesem herausgefordert, fühlte er sich allerdings veranlasst zu präzisieren, worum es ihm genau ging: Er wandte sich gegen Kinseys »außerwissenschaftliche Wirkung und Wirkungsabsicht«, durch die der Forscher zu einem »sozial bedeutsamen Zeitsymptom« geworden sei.[396] Vor den aus dem Populärverständnis seiner Forschungen abgeleiteten normativen Ansprüchen müsse die Gesellschaft geschützt werden. Schelsky nahm erneut den Begriff »Gegenaufklärung« für sich in Anspruch. Sein Ziel sei die Klarstellung und Analyse der funktionalen Bedeutung der Moral für den Einzelnen wie für die Gesellschaft. Über die Rolle und psychologische Funktion der Wertorientierungen im Sexualverhalten, überhaupt über die soziale Bedeutung der Moral habe Kinsey – anders als über die biologischen Zusammenhänge – indes nie geforscht. Seine sozialkritische Forderung nach Reformierung der Sexualnormen – Schelsky sprach von »Moral-›Neustrukturierung‹ vom Boden seiner Verhaltensforschung aus«[397] – entbehre daher wissenschaftlicher Validität. Aufgabe der Wissenschaft sei es aber, ihr eigenes Tun und dessen Folgen kritisch zu hinterfragen. Schelsky zögerte nicht, sich selbst die Position des sozial verantwortungsbewussten Wissenschaftlers zu attestieren, und hielt Kinsey und Hochheimer mangelndes ethisches Bewusstsein vor.[398]

Fast ein Drittel seines Aufsatzes verwendete Schelsky darauf, Hochheimers Anwürfe in Bezug auf den Nationalsozialismus zu entkräften. Er verwahrte sich gegen die Unterstellung, seine »Soziologie der Sexualität« fördere »die Gefahr eines Rassismus und eines weltanschaulichen Terrors«, und bekundete sein Entsetzen über einen solchen Befund.[399] Hochheimer hatte ihm jedoch weder das eine noch das andere vorgehalten und von Rassismus nicht gesprochen. Schelsky fühlte sich in die dubiose Rolle »eines wissenschaftsfeindlichen, moral-reaktionären Finsterlings« gedrängt, der politisch rechtes Gedankengut verbreite.[400] Er hielt seinem Kritiker »Zitat-Gaukelei« vor und bezichtigte ihn, sich der Methoden der Propaganda zu bedienen, um mit Hilfe von allerlei »Tricks« und in frei assoziativer Verkettung verschiedener Stereotype Klischees zu verbreiten. Dabei sei es Hochheimer selbst, der die Debatte politisiert und nach weltanschaulichen Denkmustern strukturiert habe. Schelsky sah darin »einen Mentalitätsrest der 20er Jahre« fortwirken;[401] er hielt Hochheimers Auffassung von einer schematischen Polarisierung zwischen linken und rechten Positionen nicht nur für eine unzureichende Beschreibung der politischen und sozialen Realität der Gegenwart, sondern meinte darin auch den Ursprung der »›Totalität‹ des Nationalsozialismus auf allen Lebensgebieten«[402] zu erkennen – und schrieb Hochheimer deren Fortführung zu.

Noch im gleichen Heft der *Psyche* reagierte Hochheimer unter dem ironisierenden Titel »Viel Lärm um Normen der Sexualität«. Schelsky, monierte er, benutze seinen prominenten Status, um mit seinem Buch Einfluss auf breite Leserkreise auszuüben und diese dezidiert gegen Kinsey einzunehmen. Dass er selbst an die Öffentlichkeit getreten sei, liege daran, dass er die Kritik weder für gerechtfertigt noch für gerecht halte. »Es gefiel mir nicht zu sehen, wie Kinsey, der weit vom Schuß europäischer Kritik in unsere Diskussion gar nicht eingreifen konnte, einerseits totgeschwiegen, andererseits mit einem Stempel versehen wurde, der mir unecht schien.«[403] Zwar wollte er Schelsky nicht verunglimpfen und räumte ein, manche Positionen verkürzt dargestellt zu haben. Er fühlte sich von diesem aber in aggressiver Weise rezipiert. Hochheimer zufolge stellte Schelsky den in der Debatte virulenten politischen Vergangenheitsbezug begrifflich selbst her. Termini wie »kulturelle Führung« und »Zucht« gelte es »um so mehr radikal in Frage zu stellen, als wir gerade noch damit zu tun haben, die Erfahrungen zu verdauen, die diesbezüglich hinter uns liegen«.[404] Verwundert registrierte er, dass Schelsky sich von ihm des Vorwurfs rassistischer Agitation ausgesetzt sah. Dies zu behaupten und eloquent zurückzuweisen, habe eine »bombastische« Ausstrahlungskraft auf das Lesepublikum. Der Vorwurf, »propagandistische Tricks« anzuwenden, falle daher ganz auf Schelsky zurück. Hochheimer, der seinen Text ein »Schlußwort« nannte, sah nun keine Verständigungsbasis mehr. Selbst wenn es gelänge, erneut zu einer sachlichen Diskussion zurückzukehren, fragte er: »Würde es nicht auch da immer noch aus der Tiefe grollen?«[405]

Der Streit der beiden Wissenschaftler über die Risikopotenziale der kulturellen Moderne und die Frage, ob Sexualität bestehende Normen aufweiche und die Gesellschaft zerstöre oder nicht, endete ohne klares Ergebnis, aber auch ohne jede Folgewirkung. Die Tatsache, dass der Schlagabtausch nur vor einem kleinen Fachpublikum geführt worden war und die Tagespresse nicht darüber berichtete, war ein Indiz dafür, dass die Auseinandersetzung außerhalb hoch spezialisierter Expertenkreise kaum Interesse weckte und mit der sozialen Lebensrealität wenig zu tun hatte. Den wissenschaftlichen Streit um die Deutungsmacht über Sexualität, bei dem es nicht zuletzt darum ging, ob ein mit dem Nationalsozialismus kompatibles Gedankengut in der Forschung weiterhin Gewicht haben würde, fochten die Gelehrten unter sich aus. Derweil blühte längst der von Schelsky so verachtete Konsum in Sachen Erotik, mehr noch: Die Bundesrepublik war zur führenden Nation in der Erotikindustrie aufgestiegen.

KAPITEL 3

Konsumzeitalter und sexuelle Befreiung

Beate Uhse, die spätere Chefin von Europas größtem Erotikkonzern, begann ihr Geschäft mit dem Sex in Braderup, einem 300-Seelen-Dorf bei Niebüll im äußersten Norden Schleswig-Holsteins. Dorthin hatte es die knapp 25-jährige Kriegerwitwe in den letzten Tagen des Zweiten Weltkrieges verschlagen, nachdem sie gemeinsam mit ihrem anderthalbjährigen Sohn und einigen Begleitern noch aus dem zerbombten Berlin herausgekommen war. Die Flucht war ihr im Flugzeug gelungen, einer zweimotorigen Reisemaschine, die sie selbst steuerte. Beate Uhse war Hauptmann der Luftwaffe gewesen und hatte seit 1943 in Diensten der Wehrmacht gestanden. Als Angehörige eines Überführungsgeschwaders hatte sie Jagdmaschinen, Sturzkampfbomber und Strahljäger an die Front geflogen, so wie ihr Ehemann und einstiger Fluglehrer Hans-Jürgen Uhse, der Staffelkapitän eines Nachtfluggeschwaders gewesen und im Jahr vor Kriegsende umgekommen war. Beate Uhse hatte im Dritten Reich eine für Frauen wenig typische Karriere gemacht; Mitglied der NSDAP war sie nicht geworden, aber am Nationalsozialismus hatte ihr besonders die Offenheit für den technischen Fortschritt gefallen.

Die jüngste Tochter des Landwirts und Gutsbesitzers Otto Köstlin und seiner Frau Margarete, einer Ärztin, war im Oktober 1919 zur Welt gekommen und mit ihren beiden Geschwistern auf dem elterlichen Gutshof Wargenau bei Cranz in Ostpreußen aufgewachsen. Sie hatte die behütete Kindheit eines Mädchens aus wohlhabendem Hause verlebt, zuerst auf der Nordseeinsel Juist die höhere Schule und dann das Internat der Odenwaldschule besucht. Mitte der dreißiger Jahre hatten die Eltern sie zum Sprachaufenthalt nach England geschickt. Statt danach, wie geplant, eine Haushaltslehre zu absolvieren, hatte sie mit 17 Jahren den Pilotenschein gemacht und war zunächst Einfliegerin in einem Flugzeugwerk geworden, ehe sie heiratete und im Dienst der Wehrmacht in die Reichshauptstadt zog.[1] Ihre Flucht vor dem »Endkampf«, der dort tobte, führte

sie zunächst für einige Wochen in britische Kriegsgefangenschaft.[2] Ihre
Eltern waren zu dem Zeitpunkt beim Einmarsch der Roten Armee in Ostpreußen bereits ums Leben gekommen.[3] Nach ihrer Entlassung verdingte
Uhse sich in Braderup und Umgebung als Landarbeiterin, verkaufte im
Wandergewerbe Spielzeug, Knöpfe und Haushaltswaren und setzte Annoncen in die Zeitung, in denen sie Traumdeutung anbot. Als Hausiererin
in einer Gegend, in der sich viele Flüchtlinge niedergelassen hatten, lernte
sie viele Frauen kennen – und deren Probleme. Angesichts der Nach-
kriegsnot und der mit Abtreibung verbundenen hohen gesundheitlichen
Risiken für die Frauen war eines besonders dringlich: die Verhütung ungewollter Schwangerschaft. Beate Uhse half mit Ratschlägen, erstellte
Fruchtbarkeitstabellen und ließ sich dafür (in Naturalien) bezahlen. Dies
waren ihre Anfänge als Unternehmerin in Sachen Sexualität.

Abtreibung war schon seit dem Ersten Weltkrieg ein großes gesellschaftliches Thema. In den zwanziger Jahren war die Zahl der Fälle auf
rund eine Million gestiegen – trotz des seit 1871 geltenden Verbots nach
Paragraph 218 des Reichsstrafgesetzbuches, der dafür fünf Jahre Zucht-
haus vorsah.[4] Die in der Weimarer Republik intensiv diskutierte Reform
des Gesetzes war ausgeblieben; 1926 wurde die Zuchthausstrafe lediglich in
eine genauso lange Gefängnisstrafe umgewandelt. Im Dritten Reich wurden »nicht arische« Frauen aus rassepolitischen Gründen zum Schwanger-
schaftsabbruch gezwungen, während für »Arierinnen« sowohl ein Abtrei-
bungs- als auch ein Verhütungsverbot galten. Die Rechtsgrundlage bot
Heinrich Himmlers Polizeiverordnung vom Januar 1941 über Verfahren,
Mittel und Gegenstände zur Unterbrechung und Verhütung von Schwangerschaften, die die Anwendung, Herstellung und Verbreitung einschlägiger Verfahren und Gegenstände, darunter Pessare, unter Strafe stellte. Verstöße konnten mit sechs Wochen Haft oder 150 Reichsmark Geldbuße
geahndet werden.[5] Im März 1943 erließ der Reichsführer-SS und Chef der
deutschen Polizei zum Schutz von Ehe, Familie und Mutterschaft eine
weitere Polizeiverordnung; auf Abtreibung und Verhütung standen nun
bis zu zwei Jahre Haft.[6] Über die Anwendung der Verordnung im Dritten
Reich ist wenig bekannt. Vor allem in den letzten Kriegsjahren kam es jedoch zu drakonischen Urteilen, einige Sondergerichte verhängten die Todesstrafe.[7] Schon in der NS-Zeit sprachen Ärzte, Juristen und Politiker
von der »Abtreibungsseuche«, ein Begriff, der auch nach Kriegsende ge-
bräuchlich blieb.[8]

Paragraph 218 des Strafgesetzbuches galt in der Besatzungszeit fort, wurde aber in der Sowjetischen Zone gelockert, vor allem dort, wo Frauen Massenvergewaltigungen von Soldaten der Roten Armee ausgesetzt gewesen waren.[9] In den Westzonen herrschten in der Frage von Verhütung und Abtreibung bis weit in die fünfziger Jahre Rechtsungleichheit und Rechtsunsicherheit. Himmlers Polizeiverordnung von 1941 wurde dort keineswegs aufgehoben, denn die Alliierten erachteten sie – wie viele andere Bestimmungen zum Thema Sittlichkeit – nicht als typisch nationalsozialistisches Unrecht. Nach der Gründung der Bundesrepublik behielten manche Bundesländer Himmlers Verordnung gänzlich bei, namentlich Württemberg-Hohenzollern, Baden, Bayern und Rheinland-Pfalz; in Nordrhein-Westfalen und Hessen blieb sie zwar formal in Kraft, aber Verstöße dagegen wurden nicht strafrechtlich verfolgt. Niedersachsen und Württemberg-Baden veränderten die Vorschrift insofern, als anstelle eines Pauschalverbots Genehmigungs- und Zulassungsverfahren für Verhütungsmittel eingeführt wurden. Schleswig-Holstein, Hamburg und Bremen schafften das Gesetz hingegen ab.[10]

Angesichts der ungesicherten politischen und ökonomischen Verhältnisse stieg die Zahl der Abtreibungen in den Nachkriegsjahren rasant. Im Jahr 1950 erreichte sie bundesweit ihren Höchststand. In Schleswig-Holstein wurden über 3000 Anträge gestellt, von denen mehr als 2000 von den dafür zuständigen, mit Medizinern besetzten Gutachterausschüssen auch genehmigt wurden; nur in Niedersachsen lag die Zahl noch höher.[11] Die Ärztekammer in Schleswig-Holstein war alarmiert, denn im Vergleich zu den Kriegsjahren, als Statistiken zufolge in Lübeck auf 20 000 Einwohner durchschnittlich eine Abtreibung gekommen war, hatte sich die Zahl nun um ein Vielfaches erhöht: Auf 10 000 Einwohner kamen 1950 insgesamt 22 Abtreibungen, außerdem eine nicht annähernd bekannte Zahl von Eingriffen, die unerlaubt vorgenommen wurden. Jährlich starben insgesamt etwa 10 000 Frauen an den Folgen.[12] Die Bundesministerien für Gesundheit, Justiz und Inneres erwogen angesichts der Entwicklung Ende 1950, zusätzlich zum Strafrechtsartikel 218 ein Gesetz zu erlassen, das entsprechend Himmlers Polizeiverordnung sowohl Abtreibung als auch Verhütung bundeseinheitlich verbieten sollte. Die ministeriellen Pläne kamen über einen Entwurf jedoch nie hinaus. Anfang 1953 war das Vorhaben bereits nicht mehr spruchreif.[13]

Da Schleswig-Holstein die Polizeiverordnung schon 1949/50 abge-

schafft hatte, verstieß Beate Uhse nicht gegen Gesetze, als sie den Land-
frauen von Braderup und Umgebung Ratschläge für die Empfängnisverhütung erteilte. Der große Zuspruch, auf den sie stieß, brachte sie auf eine
Geschäftsidee: Sie verfasste ein Papier mit Informationen über den weiblichen Fruchtbarkeitszyklus und fügte eine Tabelle sowie eine Anleitung
zur Berechnung der unfruchtbaren Tage bei. Die Methode war schon seit
1928 bekannt und in der Medizin nach ihren Entdeckern, zwei Gynäkologen, benannt worden: dem Österreicher Hermann Knaus und dem Ja-
paner Kyusaku Ogino. Beate Uhse erwähnte die beiden Wissenschaftler
indes nicht, sondern tat so, als handelte es sich um neue Erkenntnisse und
nannte ihre Aufklärungsbroschüre recht kryptisch »Schrift X«. Sie ließ sie
1947 zusammen mit vielen Werbezetteln in einer Flensburger Druckerei
hektografieren. Papier war zu dieser Zeit noch streng kontingentiert und
nur auf dem Schwarzmarkt erhältlich; mit Lebensmittelmarken und
Bargeld bezahlte sie dafür, so jedenfalls schilderte sie ihre Anfänge in späterer Zeit. Adress- und Telefonbüchern entnahm sie Anschriften und verschickte ihre Werbezettel als Postwurfsendung in Husum, Heide und
anderen größeren Orten; oftmals fuhr sie selbst dorthin, um die Briefe
auszutragen.

Beate Uhse im Kampf gegen die Justiz

»Während der Hitlerzeit war die Verbreitung dieser Erkenntnisse in
Deutschland verboten und sie sind deshalb kaum bekannt«, heißt es in
der »Schrift X«, womit Uhse Verhütung als geradezu modern apostrophierte und hervorhob, wie hilfreich ihre Ratschläge gerade jetzt, in Zeiten
schwieriger sozialer Verhältnisse, seien. »Würden wir triebmäßig zeugen,
wäre es heute keinem Elternpaar möglich, ihren (sic!) Kindern ein anständiges, menschenwürdiges Leben und eine entsprechende Erziehung zukommen zu lassen. Es entsteht daher für uns die soziale Pflicht, die Befriedigung des Sexualtriebes von der Zeugung scharf zu trennen.« Unter
Bezugnahme auf Margaret Sanger, die 1921 die amerikanische Bewegung
für Geburtenkontrolle gegründet hatte,[14] betonte Uhse, jedermann habe
das Recht, über die Größe der eigenen Familie autonom zu entscheiden.
Der Sprache und Denkweise der Sexualreformer blieb Uhse ihr Leben
lang ebenso verpflichtet wie der in den zwanziger Jahren in Deutschland

intensiv diskutierten Idee von der Kameradschaft der Geschlechter. Die Kameradschaftsehe gründete auf pragmatischen Erwägungen und der Überzeugung von der Gleichberechtigung der Partner. Der Gedanke stammte aus der sozialistischen Jugendbewegung und gab angesichts der gängigen patriarchalischen Normen im Ehe- und Familienrecht der Weimarer Republik den Anstoß zu einem neuen Verständnis vom Zusammenleben der Geschlechter. Strenge Rollenmuster und die Trennung in männliche und weibliche Sphären verloren tatsächlich an Bedeutung, als Männer und Frauen im Zweiten Weltkrieg im Dienst der nationalsozialistischen Volksgemeinschaft eine arbeitsteilige Kampfgemeinschaft bildeten. Das Konzept der »Partnerschaft«, das nach Kriegsende alsbald aufkam, stand erfahrungsgeschichtlich ganz in dieser Tradition. Die Propagierung alternativer Lebensformen zur Ehe verfolgte Uhse nicht. Es ging ihr um die Verbindung des Kameradschaftsprinzips mit der traditionellen Geschlechterhierarchie; daran knüpfte sie auch ihre unternehmerische Strategie.

Die Werbemaßnahmen für ihre Broschüre hatten Erfolg. Sie erhielt so zahlreiche Bestellungen, dass sie noch 1947 den »Betu-Vertrieb« gründete, der dann auch rasch florierte.[15] Uhse verkaufte ihre »Schrift X« weiterhin für 2 Mark pro Stück, 70 Pfennige kamen für die Nachnahmesendung hinzu – ein stolzer Preis für einen schulheftgroßen Text von acht Seiten Umfang. Zum Vergleich: Eine Zigarette, das wichtigste Zahlungsmittel der Nachkriegsjahre, gab es für neun Reichsmark zu kaufen. Bestellungen trafen aus einem Umkreis, der bis Flensburg und Hamburg reichte, bei ihr ein, bald auch aus noch weiter entfernt gelegenen Städten. Uhse verkaufte viele tausend Exemplare.[16] Die Bestellungen verknüpfte ihre Kundschaft alsbald mit Anfragen nach Sexualaufklärungsschriften, den sogenannten Ehebüchern, ferner nach Aktbildern, potenzanregenden Mitteln und Kondomen.[17] Uhse brauchte nicht viel Kapital und anfangs auch noch keine Lagerräume für ihren Versandhandel. Sie besorgte die angeforderten Waren bei Großhändler Walter Schäfer in Schmiden bei Stuttgart und schickte sie umgehend an ihre Kunden. Kosten verursachten nur Verpackung, Porto und die Herstellung der Werbezettel. Von der Verdienstspanne ließ sich leben. Beate Uhse zog mit ihrem kleinen Sohn nach Flensburg, wo sie sich mit dem Kaufmann Ernst-Walter Rotermund verlobte und mit ihm und dessen beiden Kindern aus erster Ehe zusammenwohnte; 1949 heirateten die beiden, einige Monate nach der

Geburt ihres gemeinsamen Sohnes. Sie hieß jetzt Beate Rotermund, behielt aber ihren Firmennamen bei. Mit ihrem Ehemann, der einen Vertrieb für Haarwasser hatte gründen wollen, nun aber in das Versandgeschäft seiner Frau einstieg, brachte sie ihre kleine Firma mit dem Namenszusatz »Versandhaus für Ehehygiene« zügig in Gang.

Hygiene hatte sich um die Jahrhundertwende zu einem nahezu allgegenwärtigen Thema entwickelt. Staatliche Maßnahmen zum Schutze der Volksgesundheit waren seinerzeit in Gang gekommen, nachdem Wissenschaftler entdeckt hatten, dass Cholera und andere schwere Krankheiten durch verschmutztes Wasser übertragen wurden. Da die Industrialisierung zu großen Bevölkerungsballungen führte, bestand vor allem in den Großstädten Seuchengefahr. Vor allem Mediziner und Politiker hatten sich in der Hygienebewegung hervorgetan; Vereine und Dachorganisationen waren entstanden, vornehmlich für die Sauberhaltung von Wasser, Luft und Boden. In diesem Kontext entwickelte sich auch die Ehehygiene. In ihrem Zentrum stand ganz im Sinne von Volksgesundheit und Gesundheitspflege der Schutz vor Geschlechtskrankheiten, im Wesentlichen durch Kondome, die Mitte des neunzehnten Jahrhunderts erstmals aus Gummi hergestellt worden und wenig später serienmäßig produziert in den Handel gekommen waren.[18] Im Zweiten Weltkrieg waren Kondome wegen der Rohstoffknappheit rar geworden. Auch nach Kriegsende blieb Gummi kostbar, und auf dem Schwarzmarkt wurden hohe Preise dafür gezahlt. Walter Schäfer, der Sohn eines Schuhfabrikanten aus Schmiden bei Stuttgart, sicherte sich 1946/47 in der Sowjetischen Besatzungszone auf verschlungenen Wegen ganze Wagenladungen davon. Nach der Währungsreform machte er mit Kondomen sein Glück. Sein Unternehmen für Ehehygiene stieg schnell zur größten Erotikfirma in den Westzonen auf,[19] ein Status, den Schäfer mit seinem Betrieb, der wie seine Ehefrau »Gisela« hieß, bis in die sechziger Jahre wahrte. Mit den sogenannten Hygieneartikeln – unter »Ehehygiene« wurde noch lange alles, was mit Sexualität und Erotik zu tun hatte, zusammengefasst – verschickte Uhse anfangs auch den Katalog des Stuttgarter Unternehmens an ihre Kunden. So lange, bis sie schließlich selbst Prospekte anfertigte und sich zu Schäfers schärfster Konkurrentin entwickelte.

Beate Uhse stand für drei Entwicklungen: für die Gleichsetzung von Sexualität mit Markt, Geld und Warencharakter und die wachsende Konsumfreude der Bundesbürger, für das desaströse Scheitern der Justiz im

Sittlichkeitskampf und schließlich für die unmittelbar an Sexualität geknüpfte, auf Kinsey zurückgehende Überzeugung von Fortschritt und Freiheit. Ihr ökonomischer Aufstieg spiegelt die Ambivalenzen des Diskurses über Sittlichkeit daher trefflich wider. Das Nebeneinander von Konsumorientierung und sexualmoralischer Wertedebatte, überhaupt die frappierende Gleichzeitigkeit der Sinnstiftungen verweist auf die Komplexität des sozialen Konflikts über den sittlichen Anstand. Uhses Gespür für Marktchancen verließ sie zeitlebens nie. Der Versandhandel, eine Ende des neunzehnten Jahrhunderts in den USA initiierte, auf der Adaptierung von Kaufhausstrukturen basierende Vertriebsform für allerlei Waren, besaß in der Bundesrepublik viele Jahre lang das Monopol auf die Erotik, denn das Schmutz- und Schundgesetz traf die Branche erst nach der Novellierung 1961.[20] Das Interesse an ihren Produkten wuchs stetig. In keinem anderen Land etablierte sich die Branche in ähnlichem Maße und solchem Tempo wie hier, kein anderes Land besaß einen annähernd so großen Erotikmarkt.

Dass Sexualität eine Kraft ist, die sich auf die Gestaltung einer Gesellschaft auswirkt, stand für Beate Uhse außer Zweifel. Für eine moderne Gesellschaft hielt sie eine freie Sexualordnung für unerlässlich. Sie stand (ähnlich wie einige Zeit später der Journalist und spätere Filmautor Oswalt Kolle) für ein Phänomen, das auf die Popularisierung von Kinseys Befunden unmittelbar folgte: Ratgeberbedarf und Selbstthematisierung durch Sexualität. Uhse vollzog ihren Aufstieg im Windschatten der Kinsey-Welle. Die Geschäftsfrau machte aus der vom amerikanischen Sexualforscher propagierten Verbindung von befreiter Sexualität und einem an der sogenannten Moderne orientierten optimistischen Fortschritts- und Zukunftsglauben ein (großes) Geschäft. Dabei rüttelte sie nicht an der Ehe, sondern verstand ihre Tätigkeit – wie Kinsey – vielmehr als Hilfe zu deren institutioneller Bewahrung, Förderung und Stärkung. Sie trat für die Intimisierung und Erotisierung der Ehe ein und war sich sicher, damit nicht nur zwischenmenschliche, sondern auch soziale Probleme zu heilen. Ihr sei es immer ein Anliegen gewesen, zu helfen und vor allem Frauen zu unterstützen, bilanzierte sie nach einigen Jahren. In einem Katalog schrieb sie, sie tue ihre Arbeit, weil sie eine glückliche Ehefrau und Mutter sei. »Eines mußte ich dazu mitbringen: den Mut, einige Dinge beim Namen zu nennen, die im Weltbild des heutigen Menschen längst zu Begriffen geworden sind und über die eine saubere Aussprache zu führen eine Hilfe für unzählige gefährdete Ehen bedeutet.«[21] In Werbeannoncen sprach Uhse ihre Kundinnen und Kunden direkt an: »Weil wir mithelfen durften, die Liebe in vielen Lebensgemeinschaften harmonischer und glücklicher zu gestalten, wollte ich auch Ihnen sagen, daß Sie sich immer an mich wenden können, wenn Sie Sorgen haben oder einen Ratschlag brauchen.«[22] Anders als Kinsey erhob Uhse aber nie die Forderung nach neuen moralischen Regeln. Sie sandte vielmehr die gesellschaftlich unverfängliche Botschaft aus, Sexualität sei wichtig für eine glückliche Ehe.

Uhses Geschäftserfolg mit der »Schrift X« machte Polizei und Justiz hellhörig. Im Januar 1949 bestellten die Beamten die Unternehmerin zum ersten Mal zur Vernehmung auf das Flensburger Polizeipräsidium. Weitere Vorladungen folgten, denn laufend trafen bei der Behörde Beschwerdebriefe ein.[23] Der Vorwurf lautete zunächst nicht, sie habe gegen das Verbot der Verbreitung unzüchtiger Schriften nach Paragraph 184 des Strafgesetzbuches verstoßen. Vielmehr wurde sie wegen groben Unfugs, betrügerischer Absichten und Verstoßes gegen die Preisvorschriften angezeigt, ein Faktum, das sie in späteren Selbstdarstellungen geflissentlich wegließ. Für die »Schrift X«, hieß es, verlange sie mit 2,70 Mark einen Wucherpreis. Dabei biete sie weder eine neue noch eine zuverlässige Methode der Empfängnisverhütung an, sondern informiere nur über das altbekannte, längst ins Allgemeinwissen übergegangene Verfahren nach Knaus-Ogino, über das auch anderswo zu lesen war, nicht nur in medizinischen Fachzeitschriften, sondern auch in Illustrierten wie *Constanze* und *Liebe und Ehe*. Als Erster beklagte sich ein Diplom-Ingenieur aus Braunschweig über Uhse, der ihre »Schrift X« unverlangt erhalten hatte. »Im Interesse unserer Jugend frage ich hiermit an, ob es nicht möglich ist, derartige Geschäftsmethoden zu verbieten.«[24] Das Gesundheitsamt Flensburg stellte in einem polizeilich veranlassten Gutachten fest, inhaltlich sei an der Publikation zwar nichts auszusetzen, denn sie entspreche durchaus dem Stand der Wissenschaft. Der Preis sei allerdings überaus bedenklich.[25] Den Vorwurf des Betrugs und des Wuchers bekam Uhse zur selben Zeit auch deshalb zu hören, weil sie zu einem ähnlich übertriebenen Preis einen Leitfaden zur Traumdeutung versandt hatte.[26] Den Justizbehörden versicherte sie indes, sie verschicke ihre Broschüren nur auf Bestellung.[27] Angesichts der Kosten hatten sich die Käufer ihrer »Schrift X« aber vorgestellt, ein ausführliches Werk mit wissenschaftlich fundierten neuen Informationen zu erhalten. »Man hat die hohe Erwartung, daß das Thema endlich einmal geklärt wird. Und dann kommt so ein Wisch«, schrieb jemand erbost an die Polizei.[28] Auch die Innere Mission, die für die Sittlichkeit zuständige Organisation der evangelischen Kirche, wandte sich an die Flensburger Behörden: »Unseres Erachtens wird durch die Ankündigung in Verbindung mit der geheimnisvollen Bezeichnung ›Schrift X‹ bei den Bestellern die falsche Vorstellung erweckt, es handle sich um ein besonderes Verfahren unbekannter Art und es werde eine dem Verkaufspreis entsprechende Broschüre geliefert.« Der Zettel sei jedoch allenfalls drei Pfennige wert; Uhse nutze Leichtgläubigkeit, Unerfahrenheit und Notlage ihrer Kunden rücksichtslos aus.[29] Die Deutsche Zentralstelle zur Bekämpfung der Schwindelfirmen, ein eingetragener Verein mit Sitz in Hamburg, zeigte sie ebenfalls an, denn ihr Versand war nicht ins Handelsregister eingetragen und ihr Geschäftsgebaren wurde auch hier für betrügerisch gehalten.[30] Aus Hildesheim, Bielefeld, Bochum, Remscheid, Worms und Ingolstadt, von überall her gingen 1949 ähnlich lautende Anzeigen in Flensburg ein. Die enttäuschten Käufer ihrer »Schrift X« verteilten sich über die gesamte Bundesrepublik. Ein »Massen-Volksschwindel« sei im Gange, hieß es unisono; der »gemeingefährlichen Geschäftemacherin« müsse daher das Handwerk gelegt werden.[31]

Ein Strafrechtsprofessor aus Münster war der Erste, der Uhse der Gefährdung der öffentlichen Moral bezichtigte und sie wegen Beleidigung anzeigte. »Es ist mehr als eine bloße Taktlosigkeit, wenn eine fremde Firma zum Zwecke des Gelderwerbs derartige Angebote in offenen – auch Jugendlichen zugänglichen Sendungen – an jeden zugehen lässt«, schrieb der Mann, der jahrelang Erster Staatsanwalt in Köln gewesen war, im September 1949 an die Flensburger Polizei. Er ersuchte die Behörde um den »Schutz des sittlichen Empfindens anständig denkender Menschen«, denn die »Schrift X« sei kränkend, taktlos, roh und überdies eine Einmischung in persönlichste Angelegenheiten.[32] Der zur selben Zeit im Lande neu belebte Sittlichkeitskampf begann sich nun allmählich gegen Uhse auszuwirken. Dies geschah anfangs jedoch nur sehr verhalten, auch zeigte sich, dass es der örtlichen Justiz keineswegs darum zu tun war, einer strengen Sexualmoral Geltung zu verschaffen.

Die Flensburger Oberstaatsanwaltschaft kam im Februar 1950 zu dem Schluss, dass Uhse mit dem Versand ihrer Broschüre (den sie sofort beendete, als die Nachfrage ausblieb) weder beleidigt noch das Schamgefühl verletzt, noch die öffentliche Moral gefährdet habe. Die Ermittlungen wegen Betrugs wurden schließlich ganz eingestellt, nachdem ihr ein Preisvergehen ebenso wenig nachzuweisen war. Womöglich sei geschmacklos, was sie mache, erklärte der Oberstaatsanwalt, aber »überspitzte Empfindlichkeit will das Gesetz nicht schützen«.[33] Dass die Flensburger Justiz milde mit Uhse umging, hatte mit dem zur selben Zeit bundesweit diskutierten Schmutz- und Schund-Gesetz zu tun, das Schleswig-Holstein im Bundesrat ablehnte. Fast schien es so, als wollten die Justizbeamten sich ostentativ von der in vielen anderen Bundesländern vertretenen strengen Moralauffassung absetzen und an Beate Uhse ein Exempel sexualmoralischer Liberalität statuieren. Verfahrenseinstellungen gegen die Versandchefin blieben in Flensburg durchaus noch einige Zeit an der Tagesordnung. Das einzige Verfahren, in dem sie nach langem Instanzenweg vom dortigen Landgericht – bei einer überwältigenden Fülle von Anzeigen und Ermittlungen – verurteilt wurde, endete im September 1953 mit einer Geldbuße von 100 Mark, ersatzweise zehn Tagen Gefängnis.[34] Allerdings gab es immer wieder Beschwerden über das laxe Vorgehen der zuständigen Justiz, vornehmlich von Privatleuten aus den katholischen Bischofsstädten Münster und Köln, die Uhses Schriften erhalten hatten.[35] Der Münsteraner Strafrechtsprofessor, der auf Gefährdung der Moral gepocht hatte, erstattete Anzeige um Anzeige. Als Präsident der örtlichen Katholischen Arbeitsgemeinschaft gegen die Suchtgefahren, einer Organisation, die Jugendschutzwochen organisierte, kooperierte er auch mit dem Volkswartbund. Der Volkswartbund protestierte schon seit Langem gegen den Erotikversandhandel. Im Verbund mit der Hauptpostverwaltung in Frankfurt am Main ging der Verband direkt gegen die Versandhäuser vor, allerdings mit wenig Erfolg.[36] Generalsekretär Calmes zählte schon im Jahr der Währungsreform in den Westzonen über dreißig solche Unternehmen.[37] Sie galten ihm als Inbegriff öffentlicher Unsittlichkeit, denn Massenproduktion, Materialismus und moralische Verkommenheit gingen hier, wie er schrieb, eine einträgliche Verbindung ein. In einer Broschüre heißt es: »Nirgendwo tritt die krasseste Geldgier so in die Erscheinung (sic!) wie bei den Geschäftspraktiken dieser Schmarotzer an der deutschen Volkskraft.«[38]

Das Amtsgericht Flensburg, das ebenfalls mit den Vorwürfen gegen Uhse befasst war, fällte im Juli 1950 ein bemerkenswertes Urteil. Es sprach sie vom Vorwurf des Betrugs frei, denn die Unternehmerin habe durch den Verkauf ihrer »Schrift X« Unkosten gehabt und keinen übermäßigen

Gewinn damit erzielt.[39] Auch der Jugendgefährdung und des Verstoßes gegen die Sittlichkeit sei sie nicht zu bezichtigen, im Gegenteil: »Das Problem, das in dieser Schrift angeschnitten wird, gehört zu den ernstesten und wichtigsten Problemen des Zusammenlebens der Geschlechter«, erklärte das Gericht. »Wenn die Menschen dagegen durch Aufklärung über wesentliche Momente der Körperfunktionen in die Lage versetzt werden, ihre geschlechtlichen Beziehungen in körperlich ausreichender und natürlicher Weise zu gestalten, ohne Gefahr zu laufen, durch zu häufige Schwangerschaften Gesundheit, Leben und Glück vorzeitig zu zerstören, so ist das unbedingt wertvoll und zu begrüßen.« Dies gelte zumal mit Blick auf den unehelichen Geschlechtsverkehr, »der eine zwar unerfreuliche, aber nun einmal nicht wegzuleugnende Massenerscheinung ist«. Jugendgefährdend sei ihre sachlich-nüchterne Schrift nicht, denn: »Die Gefahr, daß auch andere, besonders Jugendliche sie lesen, ist – soweit man die Aufklärung der Jugend über diese Frage überhaupt für schädlich halten kann – sicher nicht größer als durch Lesen der in fast jeder Zeitschrift täglich erscheinenden Anzeigen auf sexuellem Gebiet.« Der Flensburger Amtsrichter hatte einen recht anschaulichen Vergleich in seinem Urteil parat: Uhse greife etwa so in die Privatsphäre ein, »wie es z.B. die Anpreisung eines Waschmittels zur Reinigung schmutzigster Wäsche oder eines Insektenpulvers zur Beseitigung von Flöhen, Läusen und Wanzen tut«.[40]

Mit der verständnisvollen Flensburger Linie nahm es aber ein jähes Ende, als die Justizministerien der Bundesländer ihre Anstrengungen zur Bekämpfung der öffentlichen Unsittlichkeit intensivierten. Noch während der parlamentarischen Debatte um den Erlass des Gesetzes gegen Schmutz und Schund richtete 1949/50 eine Reihe von Landesregierungen auf der Grundlage von Paragraph 184 des Strafgesetzbuches eigene Dezernate zur Strafverfolgung des Handels mit sittlich anstößigen Publikationen bei Justiz und Polizei ein. Als Vorbild diente die sogenannte Polunbi, die 1911 beim preußischen Polizeipräsidium Berlin gegründete Zentralpolizeistelle zur Bekämpfung unzüchtiger Bilder und Schriften.[41] In den zwanziger Jahren hatte die Behörde, die zunächst nur für Preußen zuständig gewesen war, reichsweite Befugnisse erhalten.[42] Sie war im Dritten Reich unter der Bezeichnung »Reichszentrale zur Bekämpfung unzüchtiger Bilder, Schriften und Inserate« bestehen geblieben und hatte – ungeachtet der Goebbels zugeordneten, neu geschaffenen Kontrollinstanzen – weiterhin den Polunbi-Katalog erstellt, die Gesamtliste der für unzüchtig erachteten Publikationen, die reichsweit Gegenstand eines Gerichtsverfahrens nach Paragraph 184 waren; einschließlich aller Nachträge umfasste sie Mitte der dreißiger Jahre rund 9000 Titel.[43] 1936 hatte Himmler die Polunbi in die Geheime Staatspolizei eingegliedert. Nach Kriegsbeginn war sie Teil des Reichssicherheitshauptamtes geworden, und der Volkswartbund hatte bis Kriegsende eng mit ihr kooperiert. Die von den Alliierten verfügte Abschaffung der Polunbi war in den Westzonen jahrelang von den Justiz- und Polizeibehörden bedauert worden. Nordrhein-Westfalen ergriff schließlich im Sommer 1949 (unter Mithilfe des Volkswartbunds)[44] als erstes Bundesland die Initiative zur Wiedereinrichtung der Behörde.[45]

Bei der Oberstaatsanwaltschaft Köln entstand noch 1949 die Zentralstelle zur Bekämpfung unzüchtiger Bilder, Schriften und Darstellungen. Sie war ausschließlich für die Verfolgung von Verstößen gegen die Sittlichkeit zuständig und damit bundesweit das erste Sonderdezernat der Justiz für Schmutz und Schund. Rasch nahmen sich andere Bundesländer ein Beispiel: In Bayern wurde beim Generalstaatsanwalt in München im April 1950 ebenfalls eine Zentralstelle zur Bekämpfung unzüchtiger Schriften, Abbildungen und Darstellungen eingerichtet; zum Jahresende setzte auch das Münchner Polizeipräsidium eine solche Sonderbehörde ein.[46] Rheinland-Pfalz und Niedersachsen schufen ebenfalls Ermittlungsstellen gegen Schmutz und Schund. Im Juni 1950 wies Bundesjustizminister Thomas Dehler (FDP) die Justizverwaltungen der Länder an, die Sonderdezernate bundesweit auszudehnen. Die für jedes Bundesland zu berufenden Leiter erhielten den Auftrag, umgehend miteinander in Kontakt zu treten, um für eine bundeseinheitliche Rechtsprechung im Umgang mit den unzüchtigen Publikationen zu sorgen.[47] Die Bemühungen der Justiz wurden parallel zur parlamentarischen Debatte über das Schmutz- und Schund-Gesetz vorangetrieben. Binnen kurzem entstanden die neuen Justizbehörden, Zentralstellen genannt, überall: Rheinland-Pfalz, Bayern, Hessen, Schleswig-Holstein und Berlin richteten sie bis Ende 1950 jeweils bei der Generalstaatsanwaltschaft ein; Baden-Württemberg plante dies ebenfalls. In Nordrhein-Westfalen, Bremen und Hamburg wurde die Zentralstelle bei den Staatsanwaltschaften beziehungsweise den Oberstaatsanwaltschaften angesiedelt. Niedersachsen unterhielt eine sogenannte Koordinationsstelle, die weder der Generalstaatsanwaltschaft noch der Staatsanwaltschaft, sondern der Kriminalpolizei zugeordnet war.[48] Die neuen

Sonderdezernate waren nicht nur Ermittlungsbehörden, sondern besaßen darüber hinaus staatsanwaltschaftliche Exekutivbefugnisse. Sie konnten Haftbefehle und Durchführungsbeschlüsse erwirken und Anklage erheben. Auch nachdem das Schmutz- und Schund-Gesetz in Kraft getreten war und die Bundesprüfstelle für jugendgefährdende Schriften ihre Arbeit aufgenommen hatte, setzten die Zentralstellen der Justiz ihre Tätigkeit fort, nunmehr in Kooperation mit der Bundesprüfstelle, so dass die Bundesrepublik über ein ausdifferenziertes Netzwerk an Behörden verfügte, die ausschließlich für die Verfolgung der öffentlichen Unsittlichkeit zuständig waren.

Auf dem Aktionsfeld Schmutz und Schund war binnen kurzem möglich, was mit Blick auf die Ahndung von NS-Verbrechen noch jahrelang auf sich warten ließ: die Schaffung organisatorischer Grundlagen zur systematischen Verfolgung und Bestrafung von Tätern.[49] Die bei der Justiz entstandenen Sonderbehörden bildeten ein bundesweit ausgespanntes, überaus dichtes Netz, mit dessen Hilfe vielfältige Aktivitäten und Kooperationen in Gang kamen. Die Leiter der Zentralstellen gegen Schmutz und Schund trafen sich regelmäßig und veranstalteten jährlich eine große, bundesweit organisierte Koordinierungstagung.[50] Zum ersten Mal traten sie im Dezember 1952 in München zusammen. Das Bundesjustizministerium und das Bundeskriminalamt (BKA) waren auf den Versammlungen ebenfalls vertreten.[51] Auch Robert Schilling, der Leiter der neu geschaffenen Bundesprüfstelle für jugendgefährdende Schriften, nahm daran teil. Der Münchner Generalstaatsanwalt unterbreitete seinen Kollegen 1952 den Vorschlag, außerdem Michael Calmes einzuladen. Dazu kam es (aus unbekannten Gründen) zwar nicht, aber der Generalsekretär des Volkswartbundes stand mit einer ganzen Reihe der neuen Behördenchefs ohnehin in engem Kontakt.[52]

Eine besondere Rolle beim Einsatz der Justiz für den Sittlichkeitskampf spielte das Bundeskriminalamt. Die im März 1951 neu geschaffene, aus dem Kriminalpolizeiamt für die Britische Besatzungszone hervorgegangene Behörde war ein Hort ehemaliger Polizeibeamter des Dritten Reiches. Hohe einstige NS-Führungsbeamte konnten hier ihre Karriere fortsetzen, alle leitenden Positionen lagen in ihrer Hand. Es ist zwar unklar, welchen Stellenwert Maßnahmen zur Bekämpfung der Unsittlichkeit im Aufgabenfeld der Behörde einnahmen und wie viele Beamte damit befasst waren. Auch sind (mit einer einzigen Ausnahme) Details über die zuständigen Funktionäre und ihre Arbeit nicht bekannt. Aber es steht fest, dass das Bundeskriminalamt seit seiner Errichtung führend in die strafrechtliche Verfolgung von Erotikhändlern eingeschaltet war. Das justizielle Aktionsfeld Schmutz und Schund wurde womöglich überhaupt erst geschaffen, um den einstigen NS-Beamten Lohn und Brot zu sichern. Geplant war zunächst, das Bundeskriminalamt mit den Aufgaben der einstigen Polunbi zu betrauen und der Behörde bundesweit die zentrale Lenkungs- und Koordinationsfunktion im Vorgehen gegen die öffentliche Unsittlichkeit zu überantworten. Mit der Gründung der Zentralstellen der Justiz in allen Bundesländern wurde das Vorhaben allerdings hinfällig[53] – wenn auch nicht ganz, denn das Bundeskriminalamt erhielt die Aufgabe, nach dem Vorbild des Polunbi-Katalogs die Kartei der nach Paragraph 184 des Strafgesetzbuches für unzüchtig befundenen Schriften, ihrer Hersteller und Vertreiber zu führen. Die zuletzt vom Reichssicherheitshauptamt ausgeführte Tätigkeit wurde hier fortgesetzt. Das Bundeskriminalamt verwaltete den Verbotskatalog, und alle dort verzeichneten Schriften gelangten (automatisch) auf den Index der Bundesprüfstelle.[54]

Dass der Aktionismus der Justiz in Sachen Schmutz und Schund zeitlich mit der Wiedereingliederung einstiger Nationalsozialisten in den Beamtenapparat der Bundesrepublik zusammenfiel, war wohl kein Zufall. Die Strafverfolgung von »Schmutzverlegern« schuf angesichts des großen Booms auf dem Erotikmarkt einen arbeitsreichen Tätigkeitsbereich für ehemalige NS-Beamte, die mit Hilfe des 1951 in Kraft getretenen 131er-Gesetzes in den öffentlichen Dienst hatten zurückkehren können. Nach Artikel 131 des Grundgesetzes besaßen vormalige Beamte des Dritten Reiches, die nach Kriegsende auf Druck der Alliierten ihre Posten hatten räumen müssen, Anspruch auf Wiedereinstellung in den Staatsdienst. Es lässt sich im Einzelnen zwar nicht eruieren, wie viele einstige NS-Funktionäre nun eine neue Berufskarriere starteten, indem sie für die strafrechtliche Verfolgung von Schmutz und Schund sorgten. Insgesamt trugen zurückgekehrte Beamte des Dritten Reiches jedoch erheblich dazu bei, dass das aus der Kaiserzeit stammende Sittlichkeitspostulat, wonach Sexualmoral der Kern staatlicher Ordnung war, in der Bundesrepublik kriminalpolizeilich verfolgt wurde. Gesellschaftliche Wirklichkeit im Umgang mit Sexualität entstand also nicht zuletzt deshalb, weil Angehörige einer Funktionselite des Dritten Reiches Auskommen und soziale Sicherheit fanden, indem sie die Kriminalisierung der sogenannten öffentlichen Unsittlichkeit in die

Praxis umsetzten. Dass sie Weltanschauung zur Tat werden ließen, hatte sich für sie seit dem Dritten Reich nicht geändert. Die protestierende Jugend der späten sechziger Jahre täuschte sich daher nicht, als sie eine Verbindung zwischen »verklemmter Sexualmoral« und fortwirkender NS-Belastung der älteren Generation ausmachte. Dies war keine Konstruktion und schon gar keine Täuschung, sondern in der komplizierten Gemengelage des sozialen Konflikts um Sexualität eine handfeste Tatsache.[55]

Der einzige Beamte im Bundeskriminalamt, der im Zusammenhang mit dem Sittlichkeitskampf namentlich bekannt ist, war Kriminalrat Rudolf Thomsen.[56] Der ehemalige SS-Hauptsturmführer hatte während des Krieges bei der Gestapo Krakau Dienst getan. Im Bundeskriminalamt zählte er zum Kreis der »Charlottenburger«, einem großen, einflussreichen Netzwerk, dem angehören durfte, wer unter den ehemaligen Mitgliedern der NS-Sicherheitspolizei in Berlin-Charlottenburg einen SS-Kommissarlehrgang absolviert hatte. Zuständig für die sogenannte vorbeugende Verbrechensbekämpfung, hatten die Beamten im Dritten Reich für die Schaffung der »Volksgemeinschaft« zu sorgen gehabt; als Angehörige des Reichssicherheitshauptamts waren im Krieg nicht wenige von ihnen Mitglied der SS-Einsatzgruppen gewesen. Ob auch Thomsen zu den Exekutoren des Massenmords an den Juden gehört hatte, ist nicht festzustellen. Im Bundeskriminalamt (und in den Kripo-Behörden Nordrhein-Westfalens) wurde jedenfalls eine ganze Reihe von Leitungsstellen mit »Charlottenburgern« besetzt, auch der Vizepräsident des BKA war einer von ihnen.[57]

Thomsen, im Bundeskriminalamt bald zum Regierungskriminalrat befördert, nahm seine Aufgabe bei der Bekämpfung von Schmutz und Schund sehr ernst. Er kooperierte eng mit dem Volkswartbund, auf dessen 60-Jahr-Feier er 1958 über den »Schutz der Jugend als Aufgabe der Polizei« referierte. In einer Broschüre in der Schriftenreihe des Verbands setzte sich der Kriminalrat mit »sexualpathologischen« Publikationen auseinander, berichtete über Polizeieinsätze gegen anstößige Filme und über seine Auseinandersetzung mit den Erotikversandhäusern im In- und Ausland. Thomsen war regelmäßig dabei, wenn sich die Zentralstellenleiter zu ihren Jahrestagungen trafen.[58] Er war allerdings wenig hoffnungsfroh, was die Unterbindung des Versandhandels anging. Ende der fünfziger Jahre meinte er, es gebe »zur Zeit kein wirksames Mittel gegen die Auswüchse dieses Geschäftszweigs«.[59]

Die Leiter der Zentralstellen versuchten auf ihren regelmäßigen Zusammenkünften, sich auf bundesweit verbindliche Maßgaben und effiziente Verfahrenswege zu einigen, um Kontrollen und ordnungsrechtliche Eingriffe auf den Weg zu bringen.[60] Aber trotz aller Anstrengungen und trotz des erheblichen Aufwands, der bei dem Aufbau des neuen Justizapparats betrieben wurde, haperte es an der Umsetzung des hochgesteckten Ziels. Denn auch nach der Gründung der Behörden blieb es gang und gäbe, dass Schriften, die in einem Bundesland verboten waren, in einem anderen ohne jede Einschränkung verkauft wurden. So durften etwa Erotik-Heftchen, die in Mainz verboten waren, auf der hessischen Rhein-Seite, in Mainz-Castell, unbeanstandet veräußert werden, und zwar unter werbeträchtiger Nutzung der Restriktionen: »In Rheinland-Pfalz verboten« prangte in großen Lettern auf einer Banderole, die jede Ausgabe schmückte.[61] Publikationen, die in Frankfurt per Amtsgerichtsentscheid für unsittlich erklärt und konfisziert worden waren, stufte der Oberstaatsanwalt in Hamburg 1954 als wertvolle Literatur ein.[62] Hamburg war ganz im Gegensatz zum verbotsfreudigen München ohnehin kaum zum Einschreiten gegen Schmutz und Schund bereit. Dies zeigte sich deutlich, als die bayerische Zentralstelle für Schmutz und Schund aufgrund von Kontaktanzeigen Anklage gegen die in Hamburg ansässige *Constanze* erheben wollte. Der dortige Oberstaatsanwalt sah aber keinen Handlungsbedarf und verfolgte die Ermittlungen gegen die Illustrierte einfach nicht weiter.[63] Wie wenig Erfolg den Bemühungen um bundesweite Einheitlichkeit beschieden war, bewies unter anderem die Tatsache, dass Bremen zwar die vom Bundesjustizminister geforderte Zentralstelle eingerichtet hatte, den Jahrestreffen der Leiter aber ostentativ fernblieb – und dies bis 1961. Bremen hatte das Schmutz- und Schund-Gesetz im Bundesrat von Beginn an scharf kritisiert und brachte seine anhaltende Ablehnung offenkundig auch auf diese Weise zum Ausdruck.

Das Scheitern der Justiz im Sittlichkeitskampf trat besonders sinnfällig im Zusammenhang mit Beate Uhse zutage. Obwohl bundesweit Zentralstelle um Zentralstelle entstand, um Schmutz und Schund aus der Öffentlichkeit zu verbannen, wuchs Beate Uhses Unternehmen rasch; sie nannte es jetzt »B. Uhse Reformversand Flensburg«. Im Sommer 1951 beschäftigte Uhse vier Mitarbeiter und hatte bereits etwa 25 000 Kunden.[64] Zwei Jahre später waren es schon 16 Mitarbeiter und 50 000 Kunden. Ihren Käufern bot sie 1951 eine reiche Palette an Utensilien für das Liebesleben an, versammelt in einem Prospekt mit dem Titel »Ein Blick in die Zauberwelt der Erotik«: Spezialpräservative gab es, potenzfördernde Salben und Verhütungsmittel, auch Anregungsmittel mit Namen wie »Amoralkrone« und »Gummi-Peter«.[65] Hinzu kam eine Fülle an Sexualliteratur, deren Vertrieb sie in Zusammenarbeit mit einer Versandleihbücherei in Mülheim an der Ruhr organisierte; zum Sortiment zählten Bücher wie »Das Liebesleben einer kleinen Berlinerin«, »Die Nichte der Frau Oberst« oder ein »Intimes Lexikon«. In Ambach am Starnberger See, im wohlhabenden Münchner Süden, eröffnete sie 1953 das »Fischerheim«, ein Haus zum Kuraufenthalt für Leute, die an Sexualproblemen litten. Allerdings musste sie es bald wieder schließen, nachdem Mitarbeiter Geld veruntreut hatten.[66]

Auch vonseiten der Polizei- und Justizbehörden wuchs der Druck auf die Unternehmerin. Die Zeit des milden Umgangs mit ihr war vorbei; die Wucherung der staatlichen Administration im Umgang mit Schmutz und Schund bekam sie unmittelbar zu spüren, denn auch Schleswig-Holstein setzte nun mit Nachdruck auf die Verfolgung von Verstößen gegen die Sittlichkeit. Das Flensburger Schöffengericht befand Beate Uhse wegen der Verbreitung ihres Katalogs nach Paragraph 184 des Strafgesetzbuches für schuldig und verurteilte sie im September 1951 zu einer Geldbuße von 600 Mark. »Das Anpreisen so heikler Dinge«, hieß es im Urteil, »muß in einer diskreten und zurückhaltenden Art geschehen. Das Anbieten einer ganzen Kollektion von Dingen, die beim Geschlechtsverkehr verwendet werden können und durch die nach den Ausführungen im Prospekt auch der Unzucht Vorschub geleistet werden soll, verletzt diese gebotene Zurückhaltung in gröblicher Weise. Eine Werbung in dieser Art und Weise ist als Sitte und Anstand verletzende anzusehen. Einem normal empfindenden Menschen kann nicht zugemutet werden, sich eine derartige Zusammenstellung ungebeten als Drucksache in sein Haus schicken zu lassen.«[67] Das Schöffengericht hielt es für erschwerend, dass gerade eine Frau unzüchtige Produkte anpries, zudem eine, die eine gute Erziehung genossen und eine Ausbildung absolviert hatte. Ähnlich argumentierte das Landgericht Flensburg, das Uhses Berufung gegen das Urteil ablehnte. Es attestierte ihr Schamlosigkeit, meinte, dass sie gezielt an die »Lüsternheit« appelliere, und hielt ihr vor, ihren Versand »in großem Umfange und mit erheblicher Uneinsichtigkeit und Hartnäckigkeit« zu betreiben.[68] Der Oberstaatsanwalt in Flensburg hatte ebenfalls Berufung eingelegt und forderte mindestens eine höhere Geldstrafe, besser noch Freiheitsentzug.[69]

Das Oberlandesgericht Schleswig-Holstein hob im Revisionsverfahren die Geldstrafe aufgrund formaler Verfahrensfehler indes ganz auf, unterstrich aber den Befund der Vorinstanzen: »Denn in der Tat ergibt sich aus dem Gesamtinhalt aller dieser Prospekte, daß sie gegen die gesunde Anschauung der Bevölkerung über sexuelle Fragen verstoßen. Außer Betracht bleiben muß insoweit die Ansicht eines kleinen Kreises der Bevölkerung, dessen sexuelles Empfinden in allen diesen Dingen keinen Verstoß ersieht.«[70]

Zu Jahresbeginn 1952 stellte die Flensburger Polizei in Durchsuchungen 5000 Kataloge und Sexualaufklärungsschriften in Uhses Firma sicher. Die Unternehmerin hatte ihr Werbematerial wieder einmal als Drucksache an unzählige Adressen im gesamten Bundesgebiet verschickt. Gezielt schrieb sie jetzt Ärzte, Apotheker, Anwälte und Architekten an, überhaupt vermögende Leute und Angehörige akademischer Kreise,[71] eine Klientel, mit der sie ihr Renommee aufwerten wollte. Monatlich verließen etwa 20 000 bis 30 000 Werbeschriften ihr Haus. Wegen der wiederholten Beschlagnahmen – sechs Haussuchungen in zehn Tagen – stellte sie Dienstaufsichtsbeschwerde gegen den Flensburger Staatsanwalt, dem sie vorwarf, nicht sachlich zu handeln: »Er äußerte z.B. mir gegenüber laufend seine private Ansicht, daß ich ›ein schmutziges Gewerbe‹ betreibe. Den Prospekt ›Stimmt in unserer Ehe alles?‹ hob er in meiner Gegenwart immer nur mit zwei spitzen Fingern hoch und sprach von einem ›verabscheuungswürdigen Pamphlet‹. Er gab mir den Rat, das schmutzige Geschäft aufzugeben und lieber Pullover zu stricken, um meine Familie zu ernähren.«[72]

Mittlerweile waren gleich an mehreren Orten in der Bundesrepublik Verfahren gegen Uhse anhängig: Im November 1952 wurde sie vom Schöffengericht Münster wegen Beleidigung zu einer Geldbuße von 900 Mark (ersatzweise 45 Tagen Haft) verurteilt. Das Gericht berief sich auf die christlichen Moralgrundsätze, die für die gesamte Zivilisation Europas bindend seien. Uhse machte im Verfahren geltend, dass sie niemanden hatte beleidigen wollen, und erklärte, die gängige Auffassung in sexuellen Fragen habe sich unter demokratischen Verhältnissen im Vergleich zu früher wesentlich verändert. Nicht die Meinung eines kleinen Zirkels streng moralisch orientierter Leute sei ausschlaggebend, sondern vielmehr die Meinung der Mehrheit. Und die sei ihr durchaus gewogen, denn von den vielen tausend Empfängern ihrer Werbeschriften hätten im Verhältnis nur einige wenige Anzeige erstattet. Sie betonte, ihr Ziel sei es, sexuelle Aufklärung zu leisten und Eheleuten zu helfen. Das Schöffengericht befand indes, Uhse gehe es einzig um lukrative Geschäfte. Sie unterstelle den Empfängern ihrer Werbeschriften, erotisch übersättigt zu sein; und spreche ihnen jede sittlich tadellose Haltung ab. Das Gericht führte einen Vergleich an: Kaufe ein Mann in einem Geschäft das Buch »99 Rezepte der Verführung« oder auch Reizwäsche, stelle er sich in der Öffentlichkeit bloß. Dies sei beim Versandhandel nicht anders. »Im ganzen gesehen handelt es sich also um eine Spekulation auf Empfindungen, die man einem anständigen Menschen nicht ins Gesicht sagen kann. Auf diese Art und Weise gab die Angeklagte kund, daß sie den ethischen Wert der Zeugen mißachtet. Hierin liegt ein Angriff auf die Ehre der Betreffenden.«[73]

Beleidigungsklage folgte nun auf Beleidigungsklage, und hinzu kamen Anzeigen wegen Verstoßes gegen die Heilmittelwerbeordnung. Dies war eine Regelung, die aus der NS-Zeit stammte und sehr zum Ärger der Apotheker nach Kriegsende nicht abgeschafft worden war.[74] Die Vorschrift erlaubte Reklame für empfängnisverhütende Mittel und Sexualpräparate allenfalls in Fachzeitschriften, nicht aber in Illustrierten und Tageszeitungen und auch nicht in den Auslagen der Apotheken. Sie wurde in den einzelnen Bundesländern unterschiedlich gedeutet und insgesamt wenig beachtet, denn Werbung für Verhütungsmittel war in einer ganzen Reihe von Zeitschriften durchaus üblich, darunter auch in der weit verbreiteten *Hör zu!*, die sich als Familienblatt verstand. Die Münchner Zentralstelle gegen Schmutz und Schund ermittelte gegen Uhse sowohl wegen Vergehens gegen die Heilmittelwerbeordnung als auch wegen Beleidigung und Verstoßes gegen die Verbreitung unzüchtiger Schriften. Die Verfahren gegen sie gingen nun durch mehrere Instanzen – und gelangten bis vor den Bundesgerichtshof. Das Karlsruher Gericht fällte im Juli 1955 ein Urteil, das sämtliche polizeilichen Ermittlungen aber umgehend wieder obsolet werden ließ. Karlsruhe sprach Uhse frei und erteilte allen Klägern und Ermittlern eine Unterweisung im Umgang mit dem freien Willen: Jeder Empfänger habe die Möglichkeit, Postwurfsendungen und Broschüren, die im Briefkasten gelandet seien, einfach wegzuwerfen. Die unaufgeforderte Zusendung eines Prospekts sei keine ehrverletzende Missachtensäußerung, keine Beleidigung, keine schwere sittliche Jugendgefährdung und falle auch nicht unter die Verbreitung unzüchtiger Schriften.[75] Nach dieser Grundsatzentscheidung sahen die Justizbehörden in Schleswig-Holstein (erneut) von jeder weiteren Strafverfolgung gegen Uhse ab. Mittlerweile waren an den Ermittlungen gegen sie so viele Behörden beteiligt, dass eigene Formulare gedruckt und überall im Bundesgebiet verschickt werden mussten: über die Einstellung aller wegen Beleidigung und Jugendgefährdung gegen Uhse geführten Verfahren.[76] Das Landgericht Aachen entlastete die Geschäftsfrau im September 1956 zudem vom Vorwurf des Verstoßes gegen die Heilmittelwerbeordnung.[77]

Beate Uhse, die ihre Firma im Mai 1954 ins Handelsregister hatte eintragen lassen, stand mit ihrem Namen bereits für eine Marke.[78] Neu war die unverblümte und in jeder Hinsicht pragmatische Art und Weise, mit der sie ihre Produkte anpries. Ihren raschen Aufstieg verdankte sie der Konsumfreude ihrer Klientel, die Sittlichkeitsprämissen unterlief und die diesbezügliche Orthodoxie sogenannter Hochkultur nicht ernst nahm.[79] Im Jahr 1957 kauften schon rund 200 000 Kunden bei Uhse ein. Der Erotikkonsum hatte viele Gründe: Der Abbau der Arbeitslosigkeit schritt voran, und Mitte der fünfziger Jahre waren das Realeinkommen und die Konsumstruktur der ökonomisch vergleichsweise guten Vorkriegsjahre erreicht.[80] Mit zunehmender Freizeit und wachsender Prosperität wurde Konsum immer wichtiger und erwies sich überdies als Mittel zur Entlastung von privaten Sorgen. Die Produkte der Erotikbranche gehörten alsbald zu den Vorstellungen von Genuss und gutem Leben dazu. Sie waren Bestandteil der Konzeptualisierung von Wohlstand, Sicherheit und Freiheit, und sie zu kaufen bedeutete ein Bekenntnis zum modernen Lebensstil.[81] Das Attribut »modern«, gleichgesetzt mit »fortschrittlich«, blieb indessen, was es immer gewesen war: eine von der Gegenwart geprägte kulturelle Orientierungsnorm. Dabei zeigte sich deutlich, dass die Herausforderungen der kulturellen Moderne, anders als Sittlichkeitsverfechter intendierten, nicht vor allem Verlustängste heraufbeschworen, sondern vielmehr (Fortschritts-)Optimismus erzeugten. Für Uhses ökonomischen Erfolg waren die Privaterfahrungen der Bevölkerung von maßgeblicher Bedeutung, Erfahrungen, die unmittelbar mit den sozialen Auflösungserscheinungen des Krieges und der Nachkriegszeit zu tun hatten. Es war kein Zufall, dass die Erotikbranche gerade in Deutschland rasch zur Blüte kam. Mitverantwortlich dafür war der Umstand, dass ehemalige Soldaten häufig mit sexuellen Problemen, vor allem Potenzstörungen, aus der Kriegsgefangenschaft zurückkehrten. Wie viele Männer davon betroffen waren, ist nicht bekannt.[82] Hilfe zur Linderung ihrer Leiden fanden sie im Grunde nur auf dem Erotikmarkt. Während die Medizin, zumal die neu entstehende Sexualforschung, an den hergebrachten Sittlichkeitsvorstellungen festhielt, avancierten die Versandhäuser zu den wichtigsten Institutionen sexueller (Lebens-)Beratung und Aufklärung. »Kriegsversehrte«, auch in vielen Frauenzeitschriften ein Thema, bekamen hier Rat und Unterstützung. Der an Leib und Seele beschädigte Veteran stand für den Verlust von Männlichkeit und mahnte zur kulturellen Remaskulinisierung, wozu der wachsende Erotikmarkt das Seine beitrug.

»Durch einen glücklichen Zufall« nannte Uhse im Sommer 1953 ihren neuen Prospekt, der später mehrmals wieder aufgelegt werden sollte. Sie hob mit dem Titel auf die Anfangssequenz vieler Dankschreiben ab, die sie, wie sie betonte, Tag für Tag in großer Zahl erhielt. Uhse druckte eine ganze Reihe der Briefe, die zufriedene Kunden ihr geschickt hatten, im Katalog ab und schuf auf diese Weise erstmals ein Forum für die Käufer von Sexualprodukten: »Eine solche Kostbarkeit ist die mir übersandte Schrift, daß ich sie behalten möchte und danke Ihnen, meine liebe verehrte Beraterin«, teilte ihr jemand überglücklich mit. »Mein mich bedrückendes Eheproblem wurde in so einfühlender Weise behandelt, daß ich nicht vergessen möchte, Ihnen dafür zu danken«, hieß es in einer anderen Zuschrift. Eine Ehefrau schrieb: »Aufrichtigen Dank für die Zusendung Ihres Prospektes, der mir und meinem Manne eine unschätzbare Hilfe gab und uns durch die saubere Art von falschen Moralbegriffen befreite. Ich werde mir erlauben, auch in meinem Bekanntenkreis auf Ihr geschätztes Unternehmen hinzuweisen, damit Ihre Hilfe vielen Menschen zuteil werden möge.«[83]

Unter der Überschrift »Bring Sonnenschein in deine Nächte« warb Uhse 1953 in ihrem Katalog für Theodoor van de Veldes Buch aus den zwanziger Jahren »Die vollkommene Ehe«, das sie für 18 Mark verkaufte. Etwas teurer kam mit 24 Mark die »Hohe Schule der Liebe und Ehe« aus der Feder eines als Ehespezialist ausgewiesenen Autors namens Oswin Karsten. »Auf fünfhundertzwanzig Seiten wird Ihnen an Hand von vielen Praxisbeispielen in spannenden Erzählungen die körperliche Liebe erläutert«, stand in Uhses Prospekt, »mein ärztlicher Mitarbeiter empfiehlt es allen, die Schwierigkeiten auf diesem Gebiet in der Ehe haben.« Viele weitere Sexualaufklärungsbücher gab es bei ihr zu bestellen, darunter »Paradies der Liebe«, »Liebe ohne Furcht« und »Unter vier Augen«.[84] Unter dem Stichwort »Das Glück der Ehe« bot Uhse 13 verschiedene Arten sogenannter Spezialkondome an, hergestellt von Fromms, die nach ärztlicher

Meinung »den etwas kühler veranlagten oder noch wenig geweckten Frauen besonders tiefe und starke Liebeserlebnisse« versprachen; von den teuersten verkaufte sie sechs Stück für 15 Mark.[85]

Empfängnisverhütungsmittel blieben ein wichtiger Geschäftszweig ihres Unternehmens; neben Präservativen und Pessaren bot sie chemische Mittel in Form von Tabletten und Pasten an; besonders sicher, betonte sie, sei eine Kombination aus allem. Uhses Mittel gegen Erektionsschwäche und vorzeitige Ejakulation trugen Namen wie »Salubre«, »Corrigé« und »Antipraecox«, Koitus-Hilfsmittel für die Frau hießen »Monte Amore« und »O-Garant«. Die Preisspanne für die Tabletten und Salben reichte von 5,90 Mark bis 17 Mark. Wie Kinsey war Uhse der Meinung, weibliche Frigidität sei in erster Linie eine Frage der männlichen Liebeskunst. Auf Kinseys Erkenntnisse bezog sich Beate Uhse ohnehin in vielen ihrer Prospekte: »Auch Professor Kinsey, der durch seinen ›Kinsey-Report‹ in den letzten Jahren als Sexualforscher weltbekannt wurde, berichtet, daß fast 70 Proz. aller Männer nur zwei bis drei Minuten, statt zehn bis zwanzig Minuten verkehren können«, schrieb sie und führte in ihrer Warenpalette eine ganze Reihe weiterer Mittel für Sie und Ihn: »Arauna-Lebenselexier«, »Erosex«, »Herrensilber«, »Magnipen F«, »Eisgummi-Krone«, »Megaclit«, »Procols-Kugeln« und vieles mehr. Den Kinsey-Report gab es 1953 (lange vor Erscheinen der ins Deutsche übersetzten Bände) ebenfalls bei Uhse zu kaufen: Sie führte deutschsprachige Zusammenfassungen unter dem Titel »Das Geschlechtsleben des Mannes« und »Das Geschlechtsleben der Frau« zum Preis von 13,80 Mark und 17,50 Mark.[86] Bei aller programmatischen Freizügigkeit kannte Beate Uhse jedoch durchaus Tabus: Homosexualität und Masturbation thematisierte sie (auch später) nicht.

Der Erotikversandhandel hatte Mitte der fünfziger Jahre so viele Kunden, dass die Bundesprüfstelle für jugendgefährdende Schriften alarmiert konstatierte, die Zahl gehe »in die Millionen«.[87] Wie Uhse ausführte, machte der zunehmende Wohlstand die Produkte des Erotikhandels immer wichtiger: Denn wie die Mangelernährung im Krieg und danach Potenzstörungen verursacht habe, so »kann die Maximal-Ernährung zu ganz ähnlichen Resultaten führen«, ließ sie um 1960 ihre Kunden in einem Prospekt für »Kunstglieder« wissen.[88] Das heftige staatliche Bemühen um die (Re-)Etablierung der Sittlichkeit erwies sich in der Praxis jedenfalls als nutzlos. Nach juristischen Ermittlungen belieferten Erotikfirmen monatlich rund 60 000 Kunden; 40 000 weitere bestellten in größeren zeitlichen

Abständen.[89] Der Markt hatte Potenzial. Walter Schäfer, der mit »Gisela«
den größten Betrieb der Branche besaß, verfügte zusätzlich über einen
Verlag für Sexualliteratur und kooperierte überdies eng mit Franz Decker,
einem der größten Erotikverlage in der Bundesrepublik, den er später
übernahm. Auch in München und Bremen gab es führende Erotikunternehmen, und in Göttingen war der »Delphin-Versand« ähnlich erfolgreich wie Schäfer.[90] Rund 150 kleine und große Betriebe organisierten sich
seit 1951 bundesweit im Verband deutscher Versandunternehmen, dem
nur Erotikhändler angehörten.[91] Der Verband war eine Art Selbsthilfe-
organisation, wie die Mitglieder auf ihrer ersten Generalversammlung im
September 1952 in Frankfurt konstatierten. Die *Frankfurter Rundschau*
berichtete über die Zusammenkunft und zitierte einen Göttinger Geschäftsmann, der nicht ohne Stolz erklärte, »daß er in seiner Kundenkartei
rund 40 Prozent Akademiker habe, die aus sozusagen bürgerlichen Gründen nicht offen kaufen können«.[92] Robert Schilling, damals noch Staatsanwalt in Köln, beobachtete die Entwicklung und Struktur des Erotikmarktes genau. »Das Geschäft läßt sich von jeder Küche aus betreiben«, schrieb
er 1952 besorgt in einer Broschüre und sah die Behörden zu besonderer
Wachsamkeit veranlasst, zumal die Erotikunternehmer »erhebliche Ver-
mehrungstendenz« zeigten.[93]

Eines war allen Geschäftleuten auf dem Erotikmarkt gemeinsam: Sie
wahrten Diskretion. Kein Paket verließ mit einem Absender versehen ihr
Haus. Auch Beate Uhse schützte ihre Kunden vor den Blicken neugieri-
ger Nachbarn und Familienangehöriger. Päckchen aus ihrem Versandhandel in der Flensburger Wilhelmstraße 1 trugen lediglich die Aufschrift
»Schließfach 185«, und neben der Adresse stand stets der Zusatz »persönlich«. Wie wichtige Geschäfts- und Behördenpost hatten Uhses Sendungen sozusagen vertraulichen Charakter. Mit der Zeit sprach sich, zumal
unter Postangestellten, herum, woher Nachnahmesendungen mit der
ominösen Angabe stammten. Postbeamte nannten das Versandhaus den
»Neckermann in Liebe«.[94] Dass hingegen großbetriebliche Versandunternehmen wie Neckermann, Otto und Quelle, die in den fünfziger Jahren
ebenfalls ökonomische Erfolge feierten, dezidiert nicht auf Erotik setzten,
war ein programmatisches Bekenntnis zu Moral und Anstand. Der Versandhandel hatte in Deutschland Ende der Zwanziger mit dem ersten
Quelle-Katalog von Gustav Schickedanz begonnen; mit dem wirtschaftlichen Aufschwung im Jahrzehnt nach dem Krieg erlebte die Vertriebsform

ihre Blütezeit. Verlockungen, auf Erotik zu setzen, dürften zwar durchaus bestanden haben, da der (Massen-)Markt viel Geld abwarf, aber der Verzicht darauf war für Neckermann und andere der sichere Weg, Justizermittlungen zu entgehen und Prestigeverlust zu vermeiden. Uhses Kunden bezahlten für ihre Waren per Überweisung auf ein Postscheckkonto oder legten ihrer Bestellung einen Verrechungsscheck bei, manche bezahlten auch bar per Einschreiben. Bei Vorauszahlungen fielen die Portokosten zwar um 20 Pfennige günstiger aus, dennoch bevorzugten fast alle Kunden den Nachnahmeversand, nach Uhses Angaben 93 von 100. Der Bestellzettel, der jedem Katalog beilag, listete alle angebotenen Bücher, Anregungs-, Verhütungs- und Sexualhilfsmittel genau auf. Lediglich Name, Adresse und die gewünschte Stückzahl waren darauf einzutragen, dann geschah, was Beate Uhse versprochen hatte: »Alle Ihre Wünsche werden erfüllt.«[95]

»Stimmt in unserer Ehe alles?«, lautete der Titel ihres Katalogs vom Sommer 1957, auf dem der Kopf einer ernst blickenden jungen Frau prangte.[96] Nur die erste Seite ließ sich aufschlagen, und wer den Prospekt durchblättern wollte, was nur Verheiratete tun sollten, wie es hieß, musste erst ein rotes Siegel durchtrennen. Dies hatte rechtliche Gründe; mit dem Siegel hoffte Uhse, Ärger zu vermeiden. Denn wer ihren Katalog nicht wolle, schrieb sie, möge ihn weglegen, vernichten oder, noch besser, im beigelegten Freikuvert zurück nach Flensburg schicken. Auf der Seite, die sich aufschlagen ließ, schrieb ein frisch Vermählter: »Da man als junger Ehemann manchmal vor gewissen Problemen steht, haben Sie mir durch Ihr Heftchen, das mir von meinem Arzt gegeben wurde, wertvollen Rat und Hilfe gebracht.« Ein Sexualwissenschaftler konstatierte: »Ich möchte Ihnen noch sagen, daß mir die Aufmachung Ihrer Broschüre hinsichtlich ihres Inhalts gefällt. Sie haben nach meiner Auffassung den richtigen Ton getroffen, ohne unangenehm zu berühren. Wie schwierig das ist, weiß ich als langjähriger wissenschaftlicher Mitarbeiter van de Veldes.« Ein Arzt äußerte sich so: »Die natürliche, gerade und anständige Art, in welcher Sie dieses Problem besprechen, hat mir gefallen. Ebenso die relative Vollständigkeit und Verwendbarkeit Ihrer Vorschläge. Ich erlebe es oft, daß Menschen ›Ehen auf Einseitigkeit‹ führen und daß daraus die unangenehmsten Neurosen resultieren, die bei einiger Kenntnis so einfach hätten vermieden werden können.« Schließlich erklärte ein Jurist bewundernd: »Ich bin der Meinung, daß alle verantwortungsbewußten Menschen in diesen Dingen besser unterrichtet sein müßten und dadurch manche Ehe gerettet werden könnte, die sonst nur ein Nebeneinanderleben ist. Um diesen Preis sollte man es wagen, auch ablehnende Stimmen auf sich zu nehmen.« Dass Wissenschaftler sie unterstützten, ihr hohe Verdienste, Fortschrittlichkeit und Mut bescheinigten, erfüllte Uhse mit Stolz.

Unfreiwillige Empfänger ihrer Werbesendungen zeigten sie jedoch weiterhin an – auch nachdem der Bundesgerichtshof in seinem Grundsatzurteil von 1955 entschieden hatte, dass Uhses Geschäftspraxis weder beleidigend noch jugendgefährdend sei. Vor allem in Münster, Fulda, Köln und anderen erzkatholischen Gegenden gingen bei Justiz und Polizei empörte Schreiben ein. Womöglich war von kirchlicher Seite (ähnlich wie im Fall der »Sünderin«) zum Protest gegen Uhse aufgerufen worden, die große Zahl gleichlautender Anzeigen lässt jedenfalls auf eine konzertierte Aktion schließen.[97] Der Volkswartbund lamentierte anhaltend über die erfolglosen Methoden von Polizei und Justiz, den Erotikversandhandel zu stoppen.[98] Uhse stand 1957 bei den Behörden im Ruf, das bundesweit größte Erotikunternehmen zu führen, was zwar (noch) nicht zutraf, aber von ihrer starken Werbe-Präsenz in der Öffentlichkeit zeugte. Die Zahl der Kunden auf dem Erotikmarkt belief sich nach amtlichen Schätzungen nun auf insgesamt rund acht Millionen.[99]

Große Aufregung war die Folge, als Uhse, die ihre Prospekte weiterhin wahllos verschickte, kurz vor Weihnachten 1957 die Bewohner mehrerer Lehrlings- und Jugendheime anschrieb – unwissentlich, wie sie der Polizei später sagte.[100] Der Oberkreisdirektor im Landkreis Meppen wandte sich voller Zorn an die Staatsanwaltschaft beim Landgericht Osnabrück: »Die Bevölkerung ist darüber empört, sie fühlt sich in ihrer Ehre angegriffen und hat mich gebeten, geeignete Schritte gegen diese Firma zu unternehmen.«[101] In Cuxhaven präsentierte der Leiter des Lehrlingsheims, ein Diakon, der Polizei zwanzig an seine Schützlinge adressierte Postwurfbriefe aus Flensburg.[102] Im sauerländischen Meschede trafen die Kuverts im Franz-Schweitzer-Haus ein, einem dem Kolpinghaus angegliederten Jugendheim. Eltern und Jugendämter erstatteten sofort Anzeige. Offenkundig ging Uhse nach einem einfachen Muster vor: Post bekam von ihr, wer einen männlichen Vornamen hatte, darunter eben auch Minderjährige.[103] In Frankfurt erhielten Pfarrer und angehende Geistliche in einem Priesterseminar ihre Broschüren; die Theologen zeigten sie wegen Verhöhnung des Keuschheitsgelübdes unverzüglich an.[104] In Meschede, wo ihre Prospekte gleich in 3000 Haushalten gelandet waren, verlangten ein empörter Ehemann und sein Schwiegervater von der Polizei, Uhse wegen Beleidigung streng zu bestrafen. In Hamburg zählte der Geschäftsführer des Evangelischen Landesarbeitskreises für Jugendschutz zu den Empfängern ihrer Werbeschriften.[105]

Bundesfamilienminister Wuermeling hatte sich schon seit Längerem eingeschaltet und (zum Unwillen einiger seiner Parteifreunde) ein gesetzliches Werbeverbot für den Erotikhandel gefordert.[106] Zu seiner Freude fällte der Bundesgerichtshof im November 1957 tatsächlich ein neues Grundsatzurteil. Demnach galten Postsendungen mit unzüchtigem Inhalt fortan als Beleidigung, und ihre Verbreitung war strafbar. »In der unverlangten Zusendung einer Werbeschrift, in der eingehende Ausführungen über das geschlechtliche Leben enthalten sind und Maßnahmen zur Verhütung der Empfängnis und zur künstlichen Steigerung des geschlechtlichen Reizes sowie Bücher solchen Inhalts angepriesen werden, kann eine Beleidigung liegen«, lautete das Urteil.[107] Das Gericht revidierte damit seinen erst zwei Jahre zuvor ergangenen Spruch. Denn, so die Begründung, Ehre und guter Ruf nähmen Schaden, erhalte jemand Uhses Postsendungen. »Durch den Versand ihrer Werbeschrift hat sich die Angeklagte allen Adressaten als ungebetene Ratgeberin in Sexualfragen aufgedrängt. Mit ihren Empfehlungen über die Gestaltung der Liebes- und Geschlechtsbeziehungen zwischen Mann und Frau (…) ist sie ungefragt und ungerufen, überdies im Streben nach finanziellem Gewinn, in einen der innersten und verschwiegensten Bezirke des menschlichen Gemeinschaftslebens als völlig fremde und außenstehende Person eingedrungen. Bei allen Kulturvölkern ist über die intime Sphäre der geschlechtlichen Begegnungen von Mann und Frau der schützende und bergende Schleier der Scham und des nur den beiden Partnern selbst vorbehaltenen Geheimnisses gebreitet.« Beleidigend sei schon die Tatsache, dass der Empfänger einer Schrift aufgefordert werde, darüber nachzudenken, ob mit seinem Sexualleben alles in Ordnung sei.[108] Der Bundesgerichtshof wies im März 1958 schließlich auch den Freispruch zurück, der gegen Uhse im Zusammenhang mit der Heilmittelwerbeverordnung ergangen war; das Verfahren musste neu aufgerollt werden. Allerdings entschied das Landgericht Aachen erneut auf Straflosigkeit, denn Uhse habe angesichts der wirren Rechtslage den unerlaubten Charakter ihres Handelns nicht erkennen können.[109]

Nun nahm die in Schleswig ansässige Zentralstelle zur Bekämpfung unzüchtiger und jugendgefährdender Schriften, Abbildungen und Darstellungen die Zügel in die Hand. Fortan wurden bundesweit sämtliche Verfahren gegen Beate Uhse zur dortigen Generalstaatsanwaltschaft geholt und von dort aus koordiniert. Die Zentralstelle wollte hart durchgreifen und demonstrierte dies sogleich: Im April 1959 initiierte sie eine richterliche Firmendurchsuchung, im Zuge derer tonnenweise anstößiges Werbematerial ans Licht kam, darunter Titel wie »Frau Müller will sich scheiden lassen«.[110] Die Broschüren lagerten in der Druckerei, in den Geschäftsräumen und in einer angemieteten Halle; Heimarbeiter, die Uhse beschäftigte, verwahrten sie gleich stapelweise auch bei sich zu Hause. Allerdings gelang es der Zentralstelle nicht, eine Beschlagnahmeverfügung beim Amtsrichter zu erwirken,[111] weshalb die Aktion schnell scheiterte, eine Blamage für die Justizbehörde. Der Grund lag in der wenig eindeutigen Rechtslage; was »unzüchtig« war, stand schlichtweg nicht fest. Beate Uhse triumphierte und wartete nicht ab, bis die Polizei die Siegel an ihren Geschäftsräumen wieder löste. Sie entfernte sie kurzerhand selbst und nahm es in Kauf, deswegen wieder angezeigt zu werden.[112]

Als die Zentralstellenleiter aller Bundesländer im Mai 1959 in Sankelmark bei Flensburg zu ihrer Jahrestagung zusammenkamen, standen Beratungen über die Firma Uhse auf ihrer Tagesordnung. Der für die Ermittlungen zuständige Staatsanwalt Janzen hielt einen langen, detailreichen Vortrag, der einem soziologischen Seminar Ehre gemacht hätte: »Das Versandhaus Beate Uhse und die Strafjustiz im Spannungsfeld zwischen Recht und Moral«. Janzen kam zwar über die Auflistung der Straftatbestände, Urteile und Verfahrenseinstellungen nicht hinaus, gab aber einen hochdifferenzierten Einblick in die juristische Ermittlungstätigkeit gegen Uhse und deren Geschichte. Er machte in seinem passagenweise recht launig formulierten Text kein Hehl daraus, dass er nur deshalb seit dreieinhalb Jahren mit den Aktivitäten der Geschäftsfrau befasst war, weil sein Vorgänger aus dem Dienst geschieden war – »durch einen unglücklichen Zufall« also, wie er in Abwandlung eines der Firmenkatalogtitel feststellte. »Ich hatte dann noch das aufrichtige Vergnügen, meinem Aachener Kollegen nicht nur die Akten, sondern auch 212 Beiakten mit weiteren Anzeigen und 333 Strafanträgen zur weiteren Veranlassung zu übersenden«, lautete sein Kommentar über das im Vorjahr neu aufgerollte Verfahren. Janzen gab unumwunden und beinahe lakonisch zu, dass die Bemühungen der

Justiz alles andere als von Erfolg gekrönt waren: »So unglücklich wie das Jahr 1958 endete, begann auch das Jahr 1959.«[113]

Schließlich wurde nach langer Verzögerung die Eröffnung des Hauptverfahrens gegen Uhse für den April 1960 in Flensburg anberaumt.[114] Mittlerweile lagen Beweise vor, dass sie, entgegen ihren Angaben, das Alter ihrer Besteller doch nicht prüfte.[115] In Recklinghausen hatte ein Berufsschullehrer nicht gezögert, einen 14-jährigen Schüler anzuhalten, eine Diaserie mit Aufnahmen nackter Frauen bei Uhse zu bestellen – um zu testen, ob er sie auch erhielt, was prompt der Fall war.[116] Aus allen Teilen der Bundesrepublik trafen nach wie vor Strafanzeigen in Flensburg ein; besonders viele kamen nun aus Bayern, namentlich aus Landshut, Berchtesgaden und München.[117] Allerdings verzögerte sich der Prozessbeginn wegen ungeklärter Rechtsfragen und aus Mangel an Personal noch viele Male. Der Termin wurde immer wieder verschoben: zunächst auf den Juni 1960, dann auf das Frühjahr und schließlich auf den Herbst 1961.[118] Die Rechtslage im Fall Uhse war so uneindeutig, dass es in den Akten schon hieß, die Ermittlungen würden »mangels Straftatbestandes« beendet. Die vielen Stellungnahmen, Vermerke und Mitteilungen der Justizbehörden häuften sich in unüberschaubarer Weise.[119]

Aber im November 1961 kam das Hauptverfahren schließlich doch zustande.[120] Zumindest begann es. Noch im selben Monat setzte das Landgericht Flensburg den Prozess jedoch schon wieder aus, weil die Mitglieder der Großen Strafkammer Grund zu der Annahme sahen, dass das Gesetz gegen Schmutz und Schund, das die Basis der Anklage bildete, verfassungswidrig sei.[121] Sie gingen damit auf den Antrag von Uhses vier Verteidigern ein, stellten fest, dass es kein allgemeinverbindliches Sittengesetz gebe, und kritisierten, dass die im April 1961 in Kraft gesetzte Novelle des Gesetzes dem Versandhandel Härten auferlege, die Betreiber von Ladengeschäften nicht träfen, denn diese dürften einschlägige Publikationen an Erwachsene verkaufen und auch vorrätig halten. Die Regelung verstoße damit klar gegen den im Grundgesetz verankerten Gleichheitsgrundsatz. Für verfassungswidrig hielten die Richter zudem das gesetzlich verankerte Verbot von Schriften der Nacktkulturbewegung, das mit der im Grundgesetz garantierten Informations- und Meinungsfreiheit nicht zu vereinbaren sei. Sie überantworteten die Causa Beate Uhse daher mit einer fast zwanzigseitigen Begründung Ende November 1961 dem Bundesverfassungsgericht.[122] Die Flensburger Justiz rechnete mit einem schnellen Urteilsspruch, aber schon bald musste der Oberstaatsanwalt auf die vielen Behördenanfragen aus dem ganzen Bundesgebiet mit der stereotypen Auskunft antworten: Eine Entscheidung im Fall Uhse sei noch nicht gefallen. Alle drei Monate richtete er fortan eine Anfrage nach Karlsruhe. »Der Sachstand ist unverändert«, hieß es von dort – und dies über Jahre hinweg. Tatsächlich sollte ein ganzes Jahrzehnt vergehen, ehe das Bundesverfassungsgericht im Fall Uhse einen Beschluss fasste.[123]

Sexualität und kritische Öffentlichkeit

Als die höchsten Richter im Land im November 1961 eingeschaltet wurden, um über die Rechtmäßigkeit des Schmutz- und Schund-Gesetzes zu befinden, zählte Beate Uhses Firma 1,4 Millionen Kunden. Die Käufer ihrer Waren durften sich als mental aufgeschlossener, an wissenschaftlicher Rationalität orientierter, kurzum: als exklusiver Kreis moderner Menschen verstehen. Modern zu sein war Uhse ein zentrales Anliegen. Dass unreglementierte Sexualität und modernes Lebensgefühl zusammengehörten, war der Kern ihrer Werbebotschaften; die Preise, die sie verlangte, zeigten, dass sie dabei alles andere als »billig« sein wollte. Kurz vor Weihnachten 1962 richtete sie in Flensburg ein eigenes Geschäft ein, genauer: einen, wie ihre Reklame vermittelte, modern organisierten Selbstbedienungsladen. Dies war der erste »Sex-Shop« der Welt.[124] Sie nannte ihn »Fachgeschäft für Ehehygiene« und ergänzte ihn durch eine »Fachbuchhandlung«. Im vorderen Teil gab es Publikationen, im hinteren standen in nummerierten Fächern diverse Artikel zur Auswahl, die Kunden unter Angabe der jeweiligen Nummer aussuchen und (diskret) verpacken lassen konnten; in einem weiteren Raum wurde Reizwäsche aus feiner Spitze verkauft. Die Ladenkunden waren Männer; Frauen trauten sich eher nicht über die Schwelle, wie sich einer Firmeninformation für die Presse, wenn auch verschlüsselt, entnehmen lässt, in der es heißt, es sei »fast jeder 3. Besucher eine Frau«.[125] Im Versandgeschäft aber wuchs der Anteil der Frauen, denn anders als später bot Uhse noch eine Warenpalette an, die auch Frauen interessierte.[126] Den größten Teil des Umsatzes hatte Uhse (ebenso wie ihr Konkurrent Schäfer) bis dahin mit dem Verkauf von Kondomen gemacht.

Uhse expandierte Anfang der sechziger Jahre ohne Unterlass: Sie war nun auch Inhaberin des Carl-Stephenson-Verlags, dessen Namensgeber einige Jahre zuvor gestorben war. Sie holte das Anfang der dreißiger Jahre gegründete Unternehmen von Berlin nach Flensburg und wandelte es von einem belletristischen, literatur-, kunst- und musikwissenschaftlichen Haus in einen Verlag für populärwissenschaftliche Sexualliteratur, genannt »Fachverlag der psychologischen Grenzgebiete«.[127] Etwa jedes vierte ihrer schnell produzierten Bücher wurde fortan zum Bestseller – und erreichte im Durchschnitt Auflagen von über 50 000 Exemplaren. Uhse gliederte ihrem Unternehmen eine Reihe weiterer Betriebe an: das Wäsche-Atelier Frau Cottelli, die Fravex-Verlagsgesellschaft, die Firma H. & G. Honemann für pharmazeutische und kosmetische Präparate, das Unternehmen Interoptik, das Aktaufnahmen und einschlägige Schmalfilme produzierte, die Firma Dr. med. Lappe zur Herstellung biologischer Kurmittel und Heilgeräte, die Förde-Druckerei, das Reformhaus Sonne, das Körperpflegemittel vertrieb und Diätberatung erteilte, sowie das Buchkabinett Bibliotheca Erotica;[128] unter dem Namen »Beate Rotermund« firmierten Großhandel und Export der verlagseigenen Bücher, Präparate und ehehygienischen Artikel, und eine Zeitlang zählte zum Unternehmen überdies ein Reformhaus in Glückstadt, das Uhses Ehemann führte.[129] Monatlich stieß der Konzern Anfang der sechziger Jahre etwa eine viertel Million Werbesendungen aus; 1961 erschien der Beate Uhse-Katalog erstmals in Farbe.[130]

Hatte die Chefin Ende der Fünfziger schon rund sechzig Mitarbeiter beschäftigt, waren es nun (die Heimarbeiter eingerechnet) bereits zweihundert.[131] Ihre Hauszeitung für das stetig aufgestockte Personal, ein bebildertes Blatt von zwei Seiten Umfang, das im Februar 1962 erstmals herauskam und fortan alle zwei Monate erschien, nannte sie »absender: Beate«. Die Mitarbeiter konnten darin Vorschläge machen, wie sich die Arbeitsatmosphäre zusätzlich verbessern ließe. Die Chefin, die ihre Kolumne betont locker mit »Beate« unterzeichnete, informierte regelmäßig über aktuelle Ereignisse und die erfreuliche Firmenentwicklung. Gleich in der ersten Nummer verkündete sie: »Der Erfolg unserer Arbeit war 1961 um 43% größer als 1960!«[132] Uhse besaß nun eine eigene »wissenschaftliche Abteilung«, geleitet von einem Arzt,[133] überdies unterhielt sie ein eigenes Pressereferat, denn Öffentlichkeitsarbeit war zu einem zentralen Sektor ihres Betriebs angewachsen.[134] Die Flensburger Zeitungen berichteten ausführlich über sie, seit sie ihren Laden eröffnet hatte. Sie sei patent und alles andere als eingebildet, hieß es. Gefragt, ob ihre Produkte nicht gewisse Geschmacksgrenzen überschritten, erklärte sie in einem Lokalblatt rundheraus, eine Instanz, die solche Grenzen setze, gebe es nicht.[135]

Uhse verpflichtete ihre Mitarbeiter zur Verschwiegenheit. Dies gebiete die Tatsache, dass Ehehygiene »die Sphäre der ureigensten menschlichen Persönlichkeit« berühre. Das Vertrauen der Kunden sei »ethische Verpflichtung« und »unser größtes Kapital«. Neun Grundsätze erhob sie zur internen Verhaltensrichtschnur.[136] »Die Achtung vor dem Menschen, seinem Recht auf Glück und eine freie Entfaltung seiner Persönlichkeit, auch in ihren Intimbezirken bestimmt unser Verhältnis zu unseren Kunden«, lautete die Nummer eins. Dass sich das Unternehmen »im Einklang mit der herrschenden Meinung der Fachmedizin« befinde und die »uneingeschränkte Freiheit der Wissenschaft« verteidige, stand ebenso in den Grundsätzen wie der programmatische Satz: »Als Bezugsquelle für Erzeugnisse, die einer Befriedigung intimer Bedürfnisse dienen, tragen wir dazu bei, menschliches Glück und eine körperliche wie seelische Harmonie im Bereich der ehelichen Gemeinschaft zu finden, zu stärken und wiederherzustellen.«

Ihres ökonomischen Erfolgs zum Trotz blieb Beate Uhse gesellschaftliche Anerkennung allerdings (noch) versagt. Nicht nur der Flensburger Tennisverein lehnte es ab, sie aufzunehmen. Sie scheiterte 1962 auch damit, dem norddeutschen Verleger- und Buchhändlerverband und damit dem Börsenverein des Deutschen Buchhandels beizutreten. Der Verband wies die Verlagsinhaberin wegen ihres unseriösen Gewerbes ab und wollte ihr vor allem die Möglichkeit nehmen, im *Börsenblatt für den deutschen Buchhandel* zu werben. Uhse reichte daraufhin Klage beim Bundeskartellamt ein und erhielt zunächst Recht. Sie erreichte, dass sie im *Börsenblatt* annoncieren und (erstmals 1964) mit einem eigenen Stand auf der Frankfurter Buchmesse vertreten sein durfte. Der Börsenverein beschwerte sich: »Wir wehren uns mit Zähnen und Klauen dagegen, daß beim Versand von antikonzeptionellen Mitteln und Reizwäsche auch noch auf den Briefbogen steht ›Mitglied des Börsenvereins‹«, ließ sein Sprecher wissen. Der Verband setzte sich durch. Das Bundeskartellamt entschied im Frühjahr 1965, Uhse dürfe angesichts ihrer Produktpalette die Aufnahme durchaus verweigert werden.[137]

Dass die Regulierung und Normierung von Sexualität ein Weg war, um den Anspruch auf konservative Kulturhegemonie zu verteidigen, führte die Regierung in Bonn vor Augen. Während das Bundesverfassungsgericht auf seine Entscheidung im Fall Uhse warten ließ, setzten nun einige Bundesministerien Initiativen gegen die Geschäftsfrau in Gang: Das Bundesinnenministerium schaltete sich ein und beauftragte das Bundeskriminalamt im August 1963 mit Ermittlungen über Vertriebsmethoden und Geschäftspraktiken der Firma Uhse. Man beabsichtigte, dem Bundesverfassungsgericht handfestes Material vorzulegen, um das Verfahren zu beschleunigen. Zum Jahresende lagen die Daten vor. Aber zur Unzufriedenheit des Innenministeriums, dem es eilig war, hatten sich die Ermittler beim Bundeskriminalamt nicht auf Uhse konzentriert, sondern aus eigenem Entschluss die gesamte Erotikbranche im In- und Ausland einbezogen.[138] Im Zuge aufwendiger Recherchen förderten sie (erstmals) zutage, wie viele Versandunternehmen es auf dem bundesdeutschen Erotikmarkt überhaupt gab: exakt 408, und fast die Hälfte der Geschäftsleute war vorbestraft.[139] Ganz in geheimdienstlicher Manier erfasste das Bundeskriminalamt außerdem Vorgänge, »bei denen Verschleierungsmanöver, Tarnbezeichnungen, Deckadressen oder sonstige technische Kniffe angewendet wurden«. Darüber gab es dann Folgendes zu berichten: »Häufig wurde hierbei ein dauernder Wechsel der Postfachanschriften bzw. Deckadressen festgestellt; ferner die Einschaltung von Mittelsmännern zur Abschirmung und Tarnung der Unternehmen beobachtet.«

Im Ausland zählten die Ermittler zusammengenommen nur 330 Firmen, davon 87 in den USA, wo der Erotikversandhandel ebenfalls auf dem Vormarsch war; 64 waren es in Frankreich, 61 in Dänemark, 56 in Großbritannien, 35 in Schweden und elf in den Niederlanden; in Belgien, Norwegen, Österreich, Liechtenstein, der Schweiz und Japan lag die Zahl in einstelliger Höhe.[140] Dies war ein erstaunliches (Miss-)Verhältnis und ein Beleg dafür, wie sehr gerade in Westdeutschland die Konsumpraxis und Vorstellungen von Modernität und Fortschritt an Sexualität gekoppelt waren. Dass dabei ein »substanzergiebiges Ergebnis für die Prozessführung« nicht herauskam, konstatierte das Bundeskriminalamt gleich selbst, und tatsächlich beschwerte sich das Bundesinnenministerium postwendend, denn um vor dem Bundesverfassungsgericht eine Verbotsentscheidung gegen Uhse herbeizuführen, eigneten sich die Resultate der aufwendigen Recherchen nicht.[141]

Ende Oktober 1964 fand im Haus Uhse die größte Polizeiaktion der Firmengeschichte statt: Die Kripo Flensburg durchsuchte sämtliche Geschäftsräume, um indizierte Bücher aufzuspüren, namentlich »Fanny Hill« und das »Erotische Lesebuch«. Die örtliche Presse schrieb von einer »Razzia«, und in den Berichten der Polizei war später recht dramatisch die Rede davon, es sei zu einem »Zusammenstoß« mit der Chefin gekommen.[142] Gemeint war der Umstand, dass Beate Uhse sich zunächst geweigert hatte, Stahlschränke zu öffnen, in denen Archivexemplare der gesuchten Werke lagen. Eine zwölf Mann starke Beamtenriege ermittelte in der Firma und musste schließlich mit einer äußerst mageren Ausbeute abrücken: 18 Bücher beschlagnahmte sie, darunter acht Exemplare von »Fanny Hill«.[143] Der Briefroman des englischen Autors John Cleland aus dem Jahr 1749 trug im Original den vielsagenden Titel »Memoirs of a Woman of Pleasure«. Beate Uhse hatte seit dem Frühjahr 1964 Tausende von Werbeprospekten dafür verschickt und, gewiefte Geschäftsfrau, die sie war, dazu geschrieben: »›Fanny Hill‹ zählt zu den berüchtigtsten Büchern der Welt! Aber auch zu den seltensten und gesuchtesten erotischen Romanen, die es je gab. Weil dieses Buch schwerer zu haben ist als Gold, wurden dafür schon immer Fantasiepreise gefordert und gezahlt.«[144] Die Bundesprüfstelle für jugendgefährdende Schriften setzte »Fanny Hill« im Sommer 1964 prompt auf den Index. Überall in der Bundesrepublik fanden nun polizeiliche Beschlagnahmeaktionen statt, verfügt vom Amtsgericht München und eingeleitet von der dortigen Zentralstelle. Der Volkswartbund hatte den Antrag auf Indizierung des Romans über das Arbeits- und Sozialministerium Nordrhein-Westfalens gestellt und so den Stein ins Rollen gebracht.[145]

Dass dem Verband dies gelang, war angesichts der Bedeutungslosigkeit, in die er abgesunken war, überraschend. Generalsekretär Michael Calmes hatte Mitte der fünfziger Jahre bundesweit fast 100 000 Rundbriefe im Dienst des Sittlichkeitskampfes an Polizeiämter und kommunale Verwaltungen versenden lassen.[146] Auch katholische Schulen und Internate bezogen seine Veröffentlichungen, außerdem Empfänger im Ausland.[147] Grenzüberschreitende Kooperationen hatte Calmes initiiert, als er im Mai 1955 die in Paris ansässige Internationale Union zum Schutz der öffentlichen Sittlichkeit (UIMP) zu einem Kongress nach Köln einlud.[148] Aber alle Ambitionen waren vergeblich, und nichts verhinderte, dass die im Volkswartbund organisierten Sittlichkeitsverfechter schon damals nur noch eines waren: aus der Zeit gefallene Leute. Die *Frankfurter Rundschau* schrieb 1955 süffisant, ein Sittenwächter sei der »Märtyrer seines hohen

Amtes«.[149] So gerierte Calmes sich auch, als er gemeinsam mit einigen anderen Herren im Dienst des Jugendschutzes einschlägige Lokale auf der Reeperbahn besuchte und Nackttänzerinnen, Dirnen, die in Schaufenstern sitzend ihre Kunden anlockten, Frauen-Ringkämpfe im Schlamm und allerlei einschlägige Filme sozusagen prüfend in Augenschein nahm. Im Gestus der Empörung unterrichtete er anschließend Kardinal Frings detailreich über seine Erlebnisse.[150] Der Generalsekretär führte eine solche Reise nur ein einziges Mal durch. Wenige Wochen nach der 60-Jahr-Feier des Volkswartbunds[151] starb er überraschend im Frühjahr 1958 im Alter von 63 Jahren.[152] Der Verband existierte zwar fort, doch so querulatorisch und kommunikativ geschickt wie Calmes trat keiner seiner Nachfolger auf. Josef Böckmann war nur acht Monate im Amt, als er schwer krank wurde und (mit 32 Jahren) ebenfalls starb,[153] und Friedrich Weyer, ein studierter Land- und Volkswirt, trieb weder Gesetzesinitiativen noch Mobilisierungskampagnen voran.[154]

Unter seiner Regie reichte der Volkswartbund bei den Justizbehörden der Länder und den ministeriellen Stellen, die gegenüber der Bundesprüfstelle antragsberechtigt waren, allerdings weiterhin Anzeigen in Hülle und Fülle ein. Schon bald stand in einer Broschüre des Verbands: »Unter Neuerscheinungen befinden sich kaum noch Schriften, die in sexueller Hinsicht zu beanstanden wären.« Fast bedauernd hieß es, es falle schwer, bei einem Kontrollgang durch die Buchhandlungen noch eine Publikation zu finden, die auf die Verbotsliste gehöre.[155] Die Zahl der Indizierungen stieg. Der Grund dafür lag in der »Nuditäteninvasion«, wie es auf einer Tagung der Zentralstellenleiter Ende 1962 hieß. Vor allem eine Reihe von ausländischen Publikationen geriet nun auf die Liste, aber auch Schallplatten mit frivolen Liedern, etwa des Titels »Nur für Herrenabende«; insgesamt führte die Bundesprüfstelle bis 1964 rund 1700 Titel als jugendgefährdende Schriften.[156] Darunter nahm die Zahl der vom Volkswartbund veranlassten Anträge immer mehr ab; viele Gesuche, die auf die Initiative des Verbands zurückgingen, beschied die Behörde abschlägig, darunter die Vorhaben, Vladimir Nabokovs Roman »Lolita« und »Lady Chatterley« von D. H. Lawrence auf den Index zu setzen. Offensichtlich wuchsen unter den Mitgliedern der Bundesprüfstelle die Vorbehalte gegen den Volkswartbund, der seit Calmes' Tod keinen Vertreter mehr im Gremium hatte. Dass »Fanny Hill« auf die Verbotsliste der Bundesprüfstelle gelangte, war vor diesem Hintergrund durchaus erstaunlich. Der Volkswartbund hatte den Antrag im Mai 1964 an die Landesbehörden nach Düsseldorf gerichtet.[157] Es kam dem Verband dabei zugute, dass der Desch-Verlag in München zu Hause war. Denn in Hessen, wo Fritz Bauer seit 1956 als Generalstaatsanwalt amtierte, scheiterten Anzeigen wegen Verstoßes gegen die Sittlichkeit regelmäßig. Auch Hamburg und Berlin galten dem Verband als wenig geeignetes Pflaster, um seine Interessen umzusetzen. Aber die Münchner Gerichte standen beim Volkswartbund im besten Ruf, die »Diktatur der Unanständigkeit« zu bekämpfen. So formulierte es gegenüber der Presse Generalsekretär Friedrich Weyer, der auch von »Unterleibsliteratur« sprach.[158]

Spätestens seit der Spiegel-Affäre waren Presse und Öffentlichkeit für autoritäre Eingriffe des Staates in die Informations- und Meinungsfreiheit in hohem Maße sensibilisiert. Wegen eines kritischen Artikels über die Bundeswehr ließ die Staatsanwaltschaft auf Betreiben von Verteidigungsminister Franz Josef Strauß, der dafür Adenauers Rückendeckung besaß, im Oktober 1962 Rudolf Augstein verhaften, den Verleger und Chefredakteur des *Spiegels*. Conrad Ahlers, der Verfasser des angeprangerten Textes, wurde an seinem Urlaubsort in Spanien festgenommen und nach einem an die Behörden des faschistischen Landes gerichteten Amtshilfeersuchen in die Bundesrepublik überstellt. Die wegen angeblichen Landesverrats losgetretene Polizeiaktion und der eklatante Eingriff in die Pressefreiheit lösten eine Welle öffentlicher Empörung aus, so dass Strauß seinen Ministerposten, den er seit 1956 innehatte, räumen musste. Die Krise hatte auch zur Folge, dass erstmals eine breite Öffentlichkeit für die Pressefreiheit demonstrierte und unverhohlen Misstrauen gegen »die Obrigkeit« äußerte. Freiheit von der Bevormundung des Staates wurde nun weithin gefordert. Die Spiegel-Affäre, die enorme gesellschaftliche Resonanz hatte, bildete den Auftakt zur Herausbildung einer kritischen Öffentlichleit. Gerade die Massenmedien gingen gestärkt daraus hervor. Das Ende der Ära Adenauer, zu deren Kennzeichen die vom Kanzler gezielt forcierte autoritäre Mediensteuerung gezählt hatte, rückte bereits deutlich näher.

Der Volkswartbund mit seinen antipluralistischen Zielen fiel fortan besonders auf – und rückte erstmals ins Licht der breiten (kritischen) Öffentlichkeit. Der *Spiegel* mokierte sich im Herbst 1962, zwei Tage, bevor die Polizei in nächtlicher Aktion die Redaktionsräume stürmte, unter der Überschrift »Schwarze Sehnsucht« über die »militanten Sittenhüter aus Köln«. Teils amüsiert, teils empört berichtete das Blatt ausführlich über die vielen Verbotsanträge, die der Verband im Dienste des literarischen Jugendschutzes bei den zuständigen Behörden einreichte.[159]

In Köln und Umgebung hatte der Volkswartbund noch immer Einfluss. Es fiel ihm daher nicht schwer, im September 1962 dafür zu sorgen, dass in Stadt und Umland gleich die erste Ausgabe der neuen Satirezeitschrift *Pardon* mit geschwärzten Seiten erscheinen musste.[160] Der Grund war eine Zeichnung, die in der Mitte des Heftes auf zwei Seiten vor knallrotem Hintergrund einen aus stilisierten kopulierenden Körpern zusammengesetzten Tramwagen zeigt, die »Straßenbahn namens Sehnsucht«. Im Inneren feiern lauter Nackte ein fröhliches Fest; den Steuerknüppel hält der Teufel fest in der Hand.[161] Die Reaktionen in den Leserbriefspalten des *Spiegels*, der die Zeichnung verkleinert nachdruckte, ließen darauf schließen, dass der Volkswartbund in der Bundesrepublik bis dahin so gut wie unbekannt gewesen war. Eine Leserin aus Bremen schrieb, es sei wohl längst an der Zeit, einmal hinter die Kulissen dieser Organisation zu schauen, um zu verhindern, dass sie weiterhin »darüber gebietet, was wir lesen dürfen und was nicht«. Ein Kölner Arzt meinte: »Ich bin nicht der ›Volkswart‹, obwohl der Titel so possierlich ist, daß ich ihn mir am liebsten sofort auf meine Visitenkarten drucken ließe.« Aus Bad Nauheim schrieb hingegen ein Mann, er halte es durchaus für richtig, »daß den Ferkeln unter unseren Dichtern und Denkern auf ihre unsauberern Griffel geguckt wird«.[162] Der Tenor lautete: Dass eine klerikale Organisation geistige Bevormundung ausübe, sei in einer demokratischen Gesellschaft nicht hinnehmbar. *Pardon* feierte umgehend einen phänomenalen Erfolg. Die Ausgabe mit den geschwärzten Seiten war schon in der zweiten Woche bundesweit vergriffen; die eigens nachgedruckten Hefte reichten nur für eine einzige weitere Woche aus. »Wer schützt die Allgemeinheit vor ihren Beschützern?«, fragte die Satirezeitschrift mit Blick auf den Volkswartbund.[163]

Einige Verlage, darunter Claassen, Desch, Goverts und Rowohlt, schlossen sich 1961 im Kontext der Novellierung des Schmutz- und Schund-Gesetzes zu einer Schutzgemeinschaft zusammen, um ein Gegengewicht zum Volkswartbund zu bilden, dem sie vorwarfen, unter dem Vorwand des Jugendschutzes Erwachsenen Literatur vorzuenthalten, die in anderen Ländern ungehindert verbreitet werde und auf die im Sinne des Grundgesetzes ein Anrecht bestehe.[164] Sie überhöhten ohne Zweifel die Bedeutung des Verbands, denn de facto beschränkten sich die Einflussmöglichkeiten der weithin belächelten »Tugend-Zentrale«, wie der *Spiegel* schrieb, mittlerweile auf den Kölner Raum. Der Volkswartbund tönte indes laut: Der Verlegerschutzverband zeuge von kommerziellen Interessen, die »vom inneren Schweinehund des instinktlosen Massenmenschen unserer Zeit leben«, daher sei es an der Zeit, »die Pornographen unter den Autoren, Verlegern und Kritikern zu demaskieren«. So zitierte ihn der *Vorwärts*, die Parteizeitung der SPD.[165] Die Sozialdemokraten nahmen den Protest der Verlagsleute zum Anlass, im Bundestag eine Anfrage an Bundesinnenminister Hermann Höcherl (CSU) zur Verfassungsmäßigkeit der Bundesprüfstelle und ihrer Tätigkeit zu richten. Höcherl wies Zensur-Vorwürfe zwar zurück und betonte, die Behörde verstoße nicht gegen die Freiheit von Kunst und Literatur; die massive Kritik brachte er damit aber nicht zum Verstummen.[166] »Verkappte Zensoren« nannte der *Vorwärts* die Mitglieder des Volkswartbunds, die nach dem Jugendschutz riefen, Gesinnungskontrolle meinten und die Freiheit der Kunst einzuschränken trachteten. »Die Prüfstellen für jugendgefährdende Schriften wären gut beraten, wenn sie sich mit Rücksicht auf ihren guten Ruf von den Klopffechtern beim Volkswartbund öffentlich distanzierten.«[167] Vehement protestierte auch die Humanistische Union, die erste Bürgerrechtsvereinigung in der Bundesrepublik; sie setzte sich programmatisch für die Trennung von Staat und Kirche ein.[168] Die *Frankfurter Rundschau* wunderte sich, dass sich angesehene Verlage vor der Bundesprüfstelle verantworten mussten, berichtete von den Anzeigen des Volkswartbunds und forderte: »Kunst darf auch frivol werden.«[169] Die *Zeit* fragte: »Wer soll hier eigentlich geschützt werden?« und zitierte Karl Kraus mit dem Satz: »Moral ist die Tendenz, das Kind mit dem Bade auszuschütten«.[170]

Die Medien hatten die Bundesprüfstelle für jugendgefährdende Schriften seit ihrer Gründung 1954 kaum beachtet. Jetzt brachten viele Blätter ganzseitige Berichte über die Behörde mit Schlagzeilen wie »Die Bundesprüfstelle spielt heimliche Zensur«.[171] Im Herbst 1963 berichtete der Zeitfunk des Hessischen Rundfunks über die Moralwächter vom Volkswartbund, die der Bundesprüfstelle zuarbeiteten. Von Zensur war auch hier die Rede und davon, dass der Verband das sittliche Verhalten der Bevölkerung überwache und mit dem Jugendschutz argumentiere, um Erwachsene zu bevormunden. Ein Hörer wandte sich entrüstet an das Erzbischöfliche Ordinariat in Köln: »Ich bitte, diese Vorwürfe zu dementieren, denn es erscheint mir unglaubhaft, daß es so etwas in unserem demokratischen Staatswesen gibt. Eine solche Organisation müßte natürlich von der Bildfläche verschwinden, da sie einen gefährlichen Fremdkörper in unserem freiheitlichen Staatswesen darstellen würde.« Generalsekretär Weyer, der die Vorwürfe in seiner Antwort zurückwies, rechtfertigte die Tätigkeit des Verbands mit dem Hinweis, es würden lediglich die Gesetze ausgeschöpft.[172] Neben den nach wie vor regelmäßig erscheinenden Broschüren, beispielsweise zum »Begriff ›Sittlichkeit‹ im Recht« und zur Frage »Literarischer Jugendschutz in der Sackgasse?«, die von Rechtsgelehrten, darunter einer Reihe von Richtern, die Mitglied im Volkswartbund waren, verfasst wurden, leistete sich der Volkswartbund im Januar 1965 mit der neu gegründeten Monatszeitschrift *Concepte* ein weiteres Sprachrohr.[173] Auch ein neues Informationsblatt mit dem beredten Titel »Wir sichten und orten« gab der Verband heraus.[174]

Dass der Volkswartbund im Sommer 1964 groß in die Schlagzeilen geriet, lag an einem Film, den die Mitglieder auf ihrer Jahrestagung angeschaut hatten. Es handelte sich um die im Veranstaltungsprogramm als »Dokumentation« ausgewiesene Zusammenstellung sämtlicher für unsittlich befundener Passagen, die die Freiwillige Selbstkontrolle aus in- und ausländischen Spielfilmen hatte herausschneiden lassen, darunter einschlägige Szenen eines Streifens mit Brigitte Bardot. Zwei Drittel der Tagungsteilnehmer, zu denen auch ein Vertreter des Bundesfamilienministeriums gehörte, interessierten sich nur dafür und verließen die Veranstaltung gleich nach der Filmvorführung wieder. *Pardon* wusste alle Details: Unter der Überschrift »Die immer an die Unzucht denken« berichtete Otto Köhler für die Satirezeitschrift über die lüsternen Sittenwächter und vergaß nicht, nach der NS-Vergangenheit des Verbands zu fragen (über die er aber keine Einzelheiten zu berichten wusste).[175] Der *Spiegel* stürzte sich darauf und präsentierte die Geschichte von der Jahrestagung des Kölner Verbands gleich selbst – süffisant überschrieben mit »Wacht am Rhein«.[176] Die *Pardon*-Ausgabe vom Juni 1964 mit dem Bericht über die Veranstaltung durfte in Köln auf Betreiben des Volkswartbunds nicht ausgeliefert werden. Daraufhin druckte das Blatt in bester satirischer Manier eine Kölner Sonderausgabe: Alle potenziell anstößigen Bilder, auch die vollbusige Frau mit Germanenhelm, die das Titelblatt zierte, waren darin mit Balken züchtig überdeckt. Und selbst die Tiere trugen Hosen. Die Titelgeschichte lautete »Deutschlands Mädchen: Im Bette unbesiegt«.[177]

Die über den Volkswartbund zutage tretenden Peinlichkeiten nahmen kein Ende. Die Presse mokierte sich zudem über die undemokratischen Strukturen des Verbands, dessen Vorsitzender nicht gewählt, sondern (ebenso wie die Hälfte der Beiräte) vom Kölner Kardinal ernannt wurde. Darüber berichtete im Oktober 1964 »Panorama«, das vom Norddeutschen Rundfunk (NDR) produzierte erste politische Fernsehmagazin der Bundesrepublik, das seit gut zwei Jahren im Hauptprogramm der ARD ausgestrahlt wurde; zwölf bis 15 Millionen Zuschauer sahen es regelmäßig.[178] Der Wissenschaftler und Publizist Eugen Kogon, der sich im Kontext der Spiegel-Affäre massiv für die Pressefreiheit eingesetzt hatte und die Sendung leitete, sowie der Schriftsteller Bernt Engelmann, der die Recherchen geleitet hatte, durchleuchteten die Arbeit der Bundesprüfstelle und sprachen mit Friedrich Weyer, dem Generalsekretär des Volkswartbunds; auch der (Akt-)Verleger Hans Hieronimi, von dem bereits mehrere Veröffentlichungen indiziert worden waren, ferner der Dekan der Juristischen Fakultät und Direktor des Kriminalwissenschaftlichen Instituts der Universität Köln, außerdem ein Rechtsanwalt und andere Experten kamen in der Sendung zu Wort. Engelmann brachte die Sprache darauf, dass Bundesprüfstellenleiter Robert Schilling bis Kriegsbeginn Staatsanwalt in Köln gewesen war, und rückte dessen NS-Vergangenheit ins Zentrum: »Dieser vom Bundesinnenministerium eingesetzte Beamte, dem der Schutz unserer Jugend, nicht nur vor Erotik, sondern auch vor nationalsozialistischem Gedankengut anvertraut ist, diente selbst im Hitler-Staat über ein Jahrzehnt hindurch im Bezirk Köln als politischer Ankläger. Er half eifrig mit, die Freiheit zu beseitigen und die Zuchthäuser mit Gegnern des Nationalsozialismus zu füllen.« Die *Frankfurter Rundschau* nannte die Sendung sogleich einen »Volltreffer«. Eine Reihe weiterer Zeitungen gratulierte den Verantwortlichen dafür, das Thema endlich aufgegriffen zu haben.[179]

In manchen Zuschriften an den Sender war aber auch von »Einseitigkeit« und »Hexenjagd« die Rede. Die Aufregung war jedenfalls groß. Schilling wies die Vorwürfe zurück. In einem Beschwerdebrief, den das Bundesinnenministerium umgehend an Gerhard Schröder, den Intendanten des Norddeutschen Rundfunks, richtete, ließ er Richtigstellung verlangen. Das Ministerium forderte von »Panorama« eine zweite Sendung.[180] Als tatsächlich Anfang Dezember 1964 ein weiterer Beitrag über die Bundesprüfstelle gezeigt wurde, hob Kogon sogleich an mit Ausführungen über Schillings NS-Vergangenheit – und nahm der Diskussion jede Schärfe. Er bedauerte die Anschuldigungen gegen den Bundesprüfstellenleiter, die nicht haltbar seien, denn nachweisen lasse sich nur, dass er NSDAP- und SA-Mitglied gewesen war, als Ankläger in Korruptions- und Unterschlagungsverfahren fungiert habe und mit Kriegsbeginn zur Wehrmacht eingezogen worden sei. »Dies war also eine Richtigstellung, eine Ergänzung und eine Bestätigung«, schloss er. Das Fazit der Sendung, in der der (ehrenamtliche) stellvertretende Vorsitzende und ein Beisitzer der Bundesprüfstelle, ferner der Leiter der Kulturabteilung im Bundesinnenministerium, der Münchner Verleger Klaus Piper und Bernt Engelmann miteinander sprachen, lautete, die Arbeitsweise der Bundesprüfstelle schließe jeden Missbrauch aus.[181] »Panorama« hatte sich zu weit vorgewagt; Schilling war nun rehabilitiert. Es ließ sich in diesem Fall nicht erhärten, wofür der Blick der Medien mittlerweile geschärft war: eine skandalöse (personelle) Kontinuität zum Dritten Reich.[182]

Der Volkswartbund verschwand fortan jedoch nicht mehr aus den Schlagzeilen; auf ihn schoss sich die Presse regelrecht ein. Im Zentrum stand dabei die für politisch gefährlich erachtete Rückwärtsgewandtheit des Verbands. In der Interaktion zwischen Öffentlichkeit und Massenmedien erhielt Sexualität einmal mehr eine wichtige Funktion. Neue Gültigkeitsansprüche wurden erhoben, neue Gefahren ausgemacht und Dramatisierungen entworfen, deren Promotoren die Medien waren. Vor dem

Hintergrund emanzipatorischen Anspruchs und im Zuge der medialen Selbstmobilisierung gegen staatlich-autoritäre Einflussnahme ließ sich befreite, unreglementierte Sexualität ohne Weiteres als Ausweis von Liberalität und als Weg in die demokratische Zukunft deuten. Das Paradigma von Fortschritt und Liberalisierung, das damit bedient wurde, schloss befreite Sexualität unmittelbar ein, anders gesagt: Die Enttabuisierung der Sexualität wurde in den sechziger Jahren ein wesentlicher Bestandteil der Selbsterfindung einer kritischen Öffentlichkeit. Hier spiegelte sich die sich wandelnde Selbstwahrnehmung der westdeutschen Gesellschaft wider, die auf ihr demokratiepolitisches Potenzial setzte. Dass Sexualität zentralen Stellenwert für das soziale Selbstverständnis besaß, war indes keine Neuerfindung der nach Reform und Veränderung drängenden Gesellschaft. Vielmehr waren die Dynamik und der Veränderungswille in diesem Bereich auf die massive normative Aufladung zurückzuführen, die Sexualität als Feld bürgerlich-nationalen Denkens in den Anfangsjahren der Bundesrepublik (neuerlich) erhalten hatte. Im Zeitalter von Planung, Rationalität und Pragmatismus brach sich die Fortschrittsüberzeugung und damit verbunden die Gewissheit, befreite Sexualität sei ein Ausweis von Modernität, nun vollends Bahn.

Dass kulturkonservative Kräfte zwar keine Chance hatten, den Verlust ihrer Deutungsmacht über die Sittlichkeit noch aufzuhalten, dies aber weiterhin hartnäckig versuchten, zeigte die zur selben Zeit stattfindende Diskussion über die Große Strafrechtsreform. Der Textentwurf, der unter dem Kürzel »E 1962« firmierte und das Ergebnis von bereits Mitte der fünfziger Jahre aufgenommenen parlamentarischen Kommissionsverhandlungen war, sah in vielen einschlägigen Bereichen Verschärfungen vor. Einschränkungen der Kunstfreiheit waren beispielsweise geplant, und das Strafmaß für die Verbreitung unzüchtiger Publikationen sollte sich von einem auf zwei Jahre Haft verdoppeln. Auch war vorgesehen, mehr als ein Dutzend Varianten von Homosexualität und Unzucht mit Minderjährigen strafbewehrt zu differenzieren.[183] Obwohl das Bemühen um Befestigung bildungsbürgerlicher Kulturvorstellungen mit Hilfe der Rechtsauslegung scheiterte, machte es doch deutlich, dass Krisendebatten als Medium der Selbstverständigung ein integrales Element der bürgerlichen Welt blieben – und dies auch in Zeiten zunehmender ökonomischer Stabilität. Der Ruf nach Sittlichkeit war keineswegs (nur) eine Reaktion auf reale Umstände. Zugrunde lag der Forderung vielmehr eine selbstgemachte Weltwahrnehmung. Sittlichkeit war sozusagen der bürgerliche Reflex auf den allgemeinen Wandlungsdruck. Die konstruierte Wirklichkeit setzte den Maßstab und diente als Erklärung für die sich rasch verändernde Realität. Für diesen (Wahrnehmungs-)Prozess, der in gesellschaftspolitischer Hinsicht direkte Folgen zeitigte, waren Emotionen entscheidend. Vor allem Ängste spielten eine Rolle: vor sozialem Machtverlust, vor der »Liberalisierung« und ihren kulturellen Folgen, vor realen und imaginierten Veränderungen sozialer Ordnung, vor allen Neuerungen und Ungewissheiten schlechthin.

Anlass zu Irritation gab nun einmal mehr eine Moral-Bedrohung aus den USA: die Pille. In Amerika wurde die chemische Kontrazeption bereits 1960 freigegeben. Die Bundesrepublik war das erste europäische Land, das sie im Jahr darauf, genauer: im Juni 1961, unter strenger Reglementierung zunächst ausschließlich für verheiratete Mütter erlaubte. Dagegen formierte sich gerade in Medizinerkreisen Protest: Rund zweihundert Ärzte und Universitätsprofessoren unterzeichneten im Dezember 1964, als sich der Pille allmählich ein Massenmarkt zu eröffnen begann, die Ulmer Denkschrift, einen Appell an die Bundesregierung »für die geistig-moralische Gesundheit unseres Volkes« und gegen »die zunehmende Sexualisierung unseres öffentlichen Lebens«.[184] Hier lebte die Empörung unmittelbar fort, die Naturwissenschaftler entfesselt hatten, als es galt, Kinseys Lehren abzuwehren. Zu den neuerlichen volkspädagogischen Aktionen im Kampf gegen die öffentliche Unsittlichkeit gehörte außerdem der von den Gesundheitsbehörden der Länder ausgehende Versuch, 1963 eine Novellierung des Gesetzes zur Bekämpfung der Geschlechtskrankheiten auf den Weg zu bringen. Beabsichtigt war, das Grundrecht auf die Unverletzlichkeit der Wohnung einzuschränken, um es Medizinalbeamten zu ermöglichen, der »hwG« verdächtige Personen zu kontrollieren. Die Gesetzesnovelle wurde intensiv diskutiert. Aber mit dem Amtsantritt der Großen Koalition verschwand sie 1966 von der Tagesordnung, und kurz vor der Bundestagswahl 1969 trat schließlich ein erheblich entschärftes Gesetz in Kraft, das die Grundrechte unangetastet ließ.

Es war kein Zufall, dass sich die Aktionen im Dienste der Sittlichkeit genau dann entfalteten, als sich die nationale und internationale Aufmerksamkeit auf den Auschwitz-Prozess in Frankfurt am Main richteten, der im Dezember 1963 eröffnet wurde und bis August 1965 dauerte. Gerade jetzt diente die NS-Zeit einmal mehr als Projektionsfläche, um Parallelen zwischen dem sogenannten Diktat der Unmoral und dem Dritten Reich zu ziehen. Das laute Getöse der Sittenschützer hielt an, die Einfluss auf die Politik zu nehmen suchten, da ihrer Auffassung nach der Staat die Moral seiner Bürger zu reglementieren habe, um die öffentliche Ordnung aufrechtzuerhalten. Die publizistische Reaktion von Opponenten des Sittlichkeitskonzepts ließ denn auch nicht lange auf sich warten. Aber nun wurden die Akzente anders gesetzt. Das 1963 erschienene Kompendium »Sexualität und Verbrechen« versammelte kritische Aufsätze zur projektierten Reform des Sexualstrafrechts von Juristen, Theologen, Sozialpsychologen, Medizinern und Soziologen. Das Buch verstand sich als Nachweis des Anachronismus und der autoritären, politisch gefährlichen Absichten des Sittlichkeitspostulats. Ein Ziel war es, so das Vorwort, auf die »Gegensätze zwischen den sich dynamisch fortentwickelnden sexualmoralischen Verhaltensgrundlagen und der statisch in der Überlieferung beharrenden Rechtsordnung« aufmerksam zu machen. Dabei sollte gezeigt werden, in welchem Maße die geplante Reform auf Vorurteilen, weltanschaulichen Bekenntnissen und »ungenügend geprüften wissenschaftlichen Prämissen« basierte.[185] Der Band erschien schon nach wenigen Monaten in zweiter Auflage mit rund 50 000 Exemplaren. Die Tatsache, dass sich das Herausgebergremium aus dem im Dritten Reich verfolgten Hessischen Generalstaatsanwalt Fritz Bauer, dem Kriminologen Herbert Jäger – einem Experten für die nationalsozialistische Vernichtungspolitik, der als einer der ersten Rechtswissenschaftler in Zweifel gezogen hatte, dass Sittlichkeit ein Rechtsgut war[186] –, ferner dem ehemaligen NS-Arzt Hans Bürger-Prinz und dessen Schüler, dem Sexualwissenschaftler Hans Giese, zusammensetzte, führt die komplexe und überaus widersprüchliche Gemengelage im Konfliktfeld Sexualität trefflich vor Augen.

»Sexualstrafrecht heute« nannte Fritz Bauer sein im Buch prominent an erster Stelle platziertes Plädoyer für eine Reform, die Sittlichkeit nicht länger an ein obrigkeitsfromme Moral- und Staatsverständnis knüpfte. Für den Aufbau und die Förderung der demokratischen Rechtsordnung maß er den einschlägigen Bestimmungen grundlegende Bedeutung zu. Denn der Staat dürfe sich nicht anmaßen, in die von den Grundrechten gesicherte Privatsphäre seiner Bürger einzugreifen. Unverhohlen argumentierte er gegen die Annahme eines zeitlosen, universal gültigen Sittengesetzes und betonte, wie wichtig der Blick auf die Strafgesetze anderer Länder sei, um in Bezug auf die Sexualmoral die »Vielfalt der Sitten der Völker in Vergangenheit und Gegenwart« zu erschließen. Es gelte, Toleranz zum Leitgedanken zu erheben und die harte Linie der deutschen Rechtsordnung und deren im Entwurf »E 1962« zusätzlich geplante Verschärfung kritisch zu hinterfragen.[187] Im *Rheinischen Merkur* veröffentlichte er ein flammendes Plädoyer für die Freiheit der Kunst. Bauer konstatierte einen gesellschaftspolitisch prägenden »antiliberalen Affekt« und sagte über die Verteidigung des sogenannten Sittengesetzes: »In Wahrheit handelt es sich bei diesen Auslegungsbemühungen um ein Erschleichnis, das Wortlaut und Geist der Grundrechte schnöde Gewalt antut.« Die Rechtsdeutungen der Sittenschützer hielt er für »auch staatspolitisch ziemlich traurig«.[188]

Noch deutlicher betonte Bauer die Fragwürdigkeit des Reformvorhabens in einem ganzseitigen Artikel in der *Zeit*. »Unsere naiv-offene Gleichstellung von Ethik und Sexualethik ist und bleibt ein erstaunliches Faktum«, schrieb er, zumal andere Länder weitaus weniger Delikte kriminalisierten und sich auch nicht auf das »angeblich gesunde Volksempfinden« beriefen. Bauer forderte, die bestehenden Bestimmungen des Sexualstrafrechts einzuschränken, statt sie zu verschärfen, denn: »Deutschland ist keine moralische Provinz.« Staat und Gesellschaft hätten es jedem Einzelnen zu überlassen, »welchen Sinn er seinem Eros und Sexus beilegen will«. Der zur Schau gestellte Moralismus der Sittlichkeitspropagandisten sei als Rechtsbegründung gänzlich ungeeignet. Es sei überdies weltfremd, die Strafrechtsreform ohne Einbindung der neuesten natur- und sozialwissenschaftlichen Erkenntnisse auf den Weg bringen zu wollen. »Die Paradoxie, das Pharisäertum der zitierten Öffentlichkeit, ergibt sich mit einem kurzen Blick auf Kinsey und andere«, konstatierte er. Verstößen gegen das Sexualstrafrecht sei aber nicht mit Sanktionen, sondern mit sexualtherapeutischen und sozialpolitischen Maßnahmen zu begegnen. Eine pluralistische Gesellschaft, so Bauers zentrales Argument, »gebietet eine Beschränkung der Normen auf das ›ethische Minimum‹«.[189]

Lesern der *Zeit* sprach der Generalstaatsanwalt aus dem Herzen. Ein Herr aus Lüdenscheid meinte in einem Leserbrief: »Es ist ermutigend, daß Juristen wie Dr. Bauer bereit sind, mit längst hinfälligen Tabus aufzuräumen und die heutige Gesellschaft auf ihre psycho-sozialen Unzulänglichkeiten hinzuweisen. Immer noch verwehren restaurative Kräfte den verschiedenen Wissenschaften den Zugang zur Jurisprudenz.« Ein Professor der Universitäts-Frauenklinik Göttingen hatte zwar Einwände gegen künstliche Befruchtung und freiwillige Sterilisierung, pflichtete jedoch Bauers Forderung nach Toleranz und Humanität im Umgang mit Verstößen gegen die Sittlichkeit bei. Und aus Bochum schrieb ein Mann: »Wenn man daran denkt, daß Frankfurt einmal seinen Generalstaatsanwalt Bauer durch Pensionierung verlieren wird, kann einem im Gedanken an die deutsche Justiz nicht wohler werden. Hoffentlich findet sich wenigstens eine deutsche Universität, die den Bekenner Fritz Bauer für eine rechtspolitische Professur zu gewinnen versucht.«[190] Unter den Verantwortlichen für die Rechtsreform mehrten sich Mitte der sechziger Jahre tatsächlich die Zweifel, dass der Staat berechtigt war, sexuelles Verhalten zu reglementieren und Abweichungen von der Norm zu bestrafen. Der rigide Entwurf »E 1962« geriet auch in konservativen Kreisen immer mehr in die Kritik, und ein Kreis von Strafrechtslehrern, der einen Alternativentwurf dazu verfasst hatte, verschaffte sich Gehör; der 47. Deutsche Juristentag befasste sich ebenfalls mit dem Thema. Die Überzeugung, dass das Verhältnis von Strafrecht und Sexualität neu überdacht werden müsse, setzte sich unter der Großen Koalition allmählich durch, allerdings nicht mehr zu Lebzeiten von Fritz Bauer, der im Juli 1968 kurz vor seinem 65. Geburtstag überraschend starb.[191]

Die Termini »Sexualität und Verbrechen« waren in der Sittlichkeitsdebatte traditionell eng miteinander verwoben. Vor dem Hintergrund der sich verstärkenden medialen Vergegenwärtigung der NS-Vergangenheit, die der Frankfurter Prozess gegen das Lagerpersonal von Auschwitz auslöste, trieb nun die von Sittlichkeitsverfechtern stark betonte Konnotation die Vorstellung voran, Unsittlichkeit und Massenmord, Unzucht und Auschwitz seien gleichzusetzen. Dies kam mit aller Wucht zum Ausdruck, als der Skandal um Ingmar Bergmans Film »Das Schweigen« losbrach und die öffentliche Diskussion über die Freiheit der Kunst vehement befeuerte.[192] Glaubt man den vielen Briefen, die im Frühjahr 1964, wenige Wochen nach dem Filmstart im Januar, bei Bonner Ministerien eingingen, dann stand das Ende der Kultur kurz bevor. Von der »Verseuchung der Gedanken- und Gefühlswelt« und vom »geistigen Gift«, dem die Jugend schutzlos ausgesetzt sei, war allenthalben die Rede. Eine Frau aus Stuttgart, die im Namen von 150 Müttern sprach, war überzeugt von der nahenden »Diktatur des Schmutzes und des Lasters«.[193] Zu den Absendern zählten aufgebrachte Lehrer, Geistliche, Angehörige von Jugendwohl-fahrtsausschüssen und Frauenorganisationen, Mitglieder ganzer Stadt- und Gemeinderäte und auffallend viele Akademiker.[194] »Wenn unser Volk nicht denselben Weg gehen soll wie szt. (seinerzeit) das Römische Welt-reich, nämlich des Untergangs durch zügellose Sittenverderbnis, dann ist es allerhöchste Zeit«, warnte ein Amtsgerichtsrat aus Neustadt an der Weinstraße.[195] Ein junger Mann schrieb vom »totalen Zusammenbruch der bisher gültigen sittlichen Wertmaßstäbe«.[196] Ein Familienvater aus Bad Wörishofen war sich sicher: »Deutschland droht der Schweinestall Europas zu werden.«[197] Zorn und Empörung griffen um sich, und aus Sicht mancher Zeitgenossen war eine Volksbewegung gegen die grassie-rende Unsittlichkeit das Gebot der Stunde.

Bergmans Streifen lief zwar auch in anderen Ländern, aber ungekürzt zeigten ihn nur die Lichtspieltheater in Schweden, der Heimat des Regis-seurs, in der Bundesrepublik und in Dänemark.[198] Der Film ist düster und schwermütig, und nicht einmal Bergman glaubte, dass er damit Erfolg ha-ben würde, sondern befürchtete ein ökonomisches Fiasko.[199] Der Inhalt ist rasch erzählt: Ester, ihre jüngere Schwester Anna und deren kleiner Sohn Johan sind mit dem Zug unterwegs und beziehen in einer fremden Stadt in einem fremden Land ein Hotelzimmer. Ester verlässt es nicht, sie ist todkrank und von Fieberanfällen geplagt. Anna hingegen besucht ein Café und ein Varieté und amüsiert sich mit einem jungen Mann. Als Esters Zustand sich am nächsten Tag verschlimmert hat, reist Anna ab und lässt sie allein zurück, nur ein alter Etagenkellner kümmert sich um sie. Johan sträubt sich zu gehen, muss aber seiner Mutter folgen. Im Zug will er Es-ters Brief lesen, versteht aber ihre Worte nicht, da sie in der Sprache des fremden Landes geschrieben sind.

Der anderthalbstündige Film, der mit kargen Dialogen und ohne Mu-sik auskommt, handelt von Einsamkeit, Kälte, der Unfähigkeit zur Kom-munikation, von Verlassenheit, selbstquälerischer Leere, Verzweiflung und Tod. Psychische Abgründe und wechselseitige Abhängigkeiten, existen-zielle Fragen schlechthin sind sein Thema. Eine laute Geräuschkulisse und die unverständliche Sprache des fremden Landes, die Bergman eigens er-funden hat, verschärfen die verstörende Wirkung noch. Der Titel »Das Schweigen« steht für beides: die Unfähigkeit, zueinander zu finden, und die stille Unausweichlichkeit des Schicksals. Doch nicht wegen der Hand-lung (sofern von einer solchen die Rede sein kann) regte sich Wut. Vielmehr gaben dafür drei Szenen von insgesamt nicht mehr als knapp zwei Minuten Länge den Ausschlag: Zu sehen sind die auf dem Hotelbett masturbierende Ester, ein in Annas Nebenloge im Varieté kopulierendes Paar und Szenen aus Annas Liebesnacht im Hotelzimmer. Dass das bundesdeutsche Kinopublikum dies überhaupt zu sehen bekam, lag an der theologischen Deutung des Films durch die zuständigen Gremien. In einem Vorspann, der im schwedischen Original fehlt, wies der deutsche Filmverleih auf den (angeblich) religiösen Zusammenhang hin, den der Regisseur herausstellen wolle. Die Freiwillige Selbstkontrolle der Filmwirtschaft in Wiesbaden bewertete »Das Schweigen« denn auch als eindringliche Darstellung des Schweigens Gottes, was allerdings eine Erfindung (und wohl Zeichen der Überforderung) der Prüfer war, denn darum ging es dem Pastorensohn Bergman nicht. Die Beziehungsgeschichte der beiden Schwestern galt den deutschen Filmbewertern als Metapher für Versagen und Verirrung, ja für die Hölle. Das Gremium hielt den Steifen für ein Kunstwerk und gab ihn für junge Leute ab 18 Jahren frei.[200] Die kirchliche Filmpublizistik war von Bergmans Werk ebenfalls angetan,[201] und die Filmbewertungsstelle, ein von den Ländern getragener Gutachterkreis, dessen positives Votum Filmbetreiber von der Pflicht zur Vergnügungssteuer befreite, versah »Das Schweigen« mit dem Prädikat »besonders wertvoll«, dem höchsten, das sie zu vergeben hatte.[202]

Während die Fachgremien in Lobeshymnen schwelgten, brach in der Öffentlichkeit Protest los. Der Film galt als menschenverachtend, schamlos, schockierend, entwürdigend, kurz: als unzumutbar. Politiker, Juristen, Kirchenvertreter, Pädagogen und die kirchliche Presse forderten ein sofortiges Verbot. Bei den Justizbehörden gingen Strafanzeigen in Hülle und Fülle ein, gegen den Filmverleih ebenso wie gegen mehrere Kinobetreiber. Das Werk galt als »Kulturschande«, und viele Beschwerdeführer waren davon überzeugt, dass es das deutsche »Volk moralisch zu vergiften« drohe.[203] Die Bundesrepublik hatte einen veritablen Kulturskandal, der die Öffentlichkeit mehr als ein Jahr lang beschäftigte. Die Darstellung der skandalösen Inhalte auf der Leinwand führte zu kollektiver moralischer Entrüstung. Dass Bergman sexuelle Normverstöße unverhohlen in der Öffentlichkeit präsentierte und erstmals auf Zelluloid mit dem tradierten, für sozial verbindlich ausgegebenen Wertesystem brach, war neu und unerhört.

Der Skandal um »Das Schweigen« gibt über das politische und kulturelle Selbstverständnis der Bundesrepublik in verdichteter Weise Auskunft; das Ereignis war ein Kristallisationspunkt im dynamisch voranschreitenden sozialen Wandlungsprozess der sechziger Jahre und entstand (wie jeder Skandal) aus einer spontanen Aufwallung der Gefühle.[204] Der Streit um »Das Schweigen«, bei dem es um Freiheitsbegehren versus Zensurforderungen ging, war Teil des Prozesses sozialer Selbstbeobachtung und spiegelte grundlegende Konflikte um die Deutungshoheit über die gesellschaftliche Ordnung wider, die die Herausbildung der kritischen Öffentlichkeit begleiteten. Wucht und Lautstärke des öffentlichen Aufschreis waren gewaltig, und die emotionalen Reaktionen gilt es ernst zu nehmen. Denn die Verlaufsgeschichte der Auseinandersetzung erschöpfte sich nicht in rationalem Entscheidungshandeln. Die starken Gefühlsregungen reichten von Scham bis hin zu Wut und Entrüstung; mit Spott reagierte wiederum, wer die Gefühlsaufwallungen kritisierte. Kalt ließ der Filmskandal vermutlich niemanden. Empörungsbedarf bestand, weil die für unveränderlich erachteten sexualmoralischen Werte verletzt und kollektive Erwartungsmuster durchbrochen worden waren. Mit Verve kämpften die Verfechter der Sittlichkeit einmal mehr dafür, dass die Normen in die Tiefenschichten sozialer Emotionalität eindrangen. Breitenwirkung entfaltete die Auseinandersetzung über die Medien, die (wie schon im Streit um »Die Sünderin« und bei der Auseinandersetzung um Kinsey) keineswegs nur Mittler waren, sondern als Akteure hervortraten.[205] Die *Zeit* fand, das Kinopublikum bekomme »einen geradezu viehischen Geschlechtsakt« zu sehen, war aber gleichwohl der Meinung, Bergmans Werk verdiene »das kritische Interesse aller, die auch dem Kino das Recht einräumen, unbequem zu sein«.[206] Literaturkritiker Marcel Reich-Ranicki sah eine »deutsche Bergmanie« heraufziehen und warnte vor der Überschätzung des Künstlers: »Nicht ihn muß man bekämpfen – nicht den Heiligen, sondern seine Narren.«[207]

Von der Durchschlagskraft des wütenden Protests zeugte der Umstand, dass sich im März 1964 in einer aktuellen Fragestunde der Deutsche Bundestag mit dem Film befasste.[208] Nicht allen Abgeordneten war wohl bei diesem Thema. Über ihre grundsätzliche Haltung bestand indes kein Zweifel: Bundesjustizminister Ewald Bucher (FDP/DVP) erklärte, die Bundesregierung sei nicht befugt, »als Kunstrichter aufzutreten«. Zwar seien strafrechtliche Ermittlungen wegen des Films im Gange, aber er könne und wolle den Justizministern der Länder keine Weisungen erteilen. Bundesinnenminister Hermann Höcherl (CSU) betonte nicht minder entschieden, dass er von staatlichen Eingriffen nichts halte. Er nannte die öffentlich nun massiv kritisierte Freiwillige Selbstkontrolle eine »sehr wertvolle Einrichtung«, die schon »sehr viel Gutes gestiftet hat«. Sie sei demokratisch organisiert und handle nach den Grundsätzen des Rechtsstaates. Zwar verhehlte er seine Privatmeinung nicht, wonach der künstlerische Wert des Films nicht gelitten hätte, wären die drei umstrittenen Szenen gestrichen worden. Aber er betonte mit allem Nachdruck, dass der Staat keine Zensur ausübe. Eines war damit klar: Bonn sah sich nicht zum Handeln veranlasst.

Unterdessen ergriff ein entrüsteter Kommunalpolitiker die Initiative. Hermann Krämer, Landrat im rheinland-pfälzischen Bernkastel-Kues, ließ Anfang Mai 1964 die Vorführung der inkriminierten Bergman-Szenen in den Kinos seiner Region kurzerhand polizeilich verbieten und kündigte an, notfalls bis zum Bundesverwaltungsgericht gehen zu wollen, um seine Entscheidung durchzusetzen. Sowohl der Rechtsausschuss des Kreistages als auch die Vertreter der Kirchen unterstützten den CDU-Politiker. Der Bischof von Trier schaltete sich ein und meinte, Krämer handle ganz auf der Basis des Rechts, denn er wende Gefahr für die öffentliche Ordnung ab.[209] Für seinen Vorstoß erfuhr der Landrat zudem Lob von Peter Altmeier, dem Ministerpräsidenten von Rheinland-Pfalz.[210] Dass der Filmskandal in die Zeit des Auschwitz-Prozesses fiel, lieferte Krämer und vielen anderen Protestierenden zusätzliche Munition. Die *Frankfurter Rundschau* zitierte ihn mit den Worten: »Die Entwürdigung des Menschlichen wird im Augenblick nirgends so deutlich wie in diesem Prozess. Diese Entwürdigung des Menschlichen findet ihre Fortsetzung in der Sexualakrobatik des schwedischen Regisseurs. Im Grunde haben wir es hier mit der gleichen Geisteshaltung zu tun.«[211] Der Vergleich mit den Verbrechen des Dritten Reiches verweist einmal mehr auf die vergangenheitspolitische Aufladung des Themas Sexualität. Es ging nicht zuletzt darum, Distanz zum Nationalsozialismus zu schaffen. Jemand schrieb an das Bundesfamilienministerium, später solle niemand sagen können, man habe von der Gefahr durch die öffentliche Unsittlichkeit »nichts gewusst«.[212] Hitler sei nur möglich gewesen, hieß es in einem weiteren Brief, weil die Christen sich nicht genügend um die »öffentliche Moral« gekümmert hatten. Der Staat sei daher nun in der Pflicht einzugreifen.[213]

Die Logik eines Denkens, das Parallelen zwischen Unzucht und Auschwitz zog, brachte eine Gruppe von Frauen aus Württemberg und

Baden aus Empörung über »Das Schweigen« in einem langen Telegramm an den Bundeskanzler und den Bundesjustizminister zum Ausdruck: »Die ständige Steigerung der Sexualverbrechen ist mit eine Auswirkung derartiger Filme durch die seelische Abstumpfung und Pervertierung des natürlichen Empfindens. Es ist derselbe seelische Vorgang, der zur völligen Verrohung der Auschwitzverbrecher führte. Der erste Schock bei der Liquidierung von Frauen und Kindern brachte viele noch zum Erbrechen, der zweite zur Gewöhnung und der dritte Schock zum Sadismus und zur Freude am Morden«. Der Bezug zur NS-Zeit verweist bei aller Relativierung, die damit betrieben wurde, auch auf ein gewisses Bewusstsein über Schwere und Verwerflichkeit der Verbrechen. Nicht weniger dringlich als die Abgrenzung zum Dritten Reich war den Frauen der demonstrative antikommunistische Gestus: »Die Verkennung dieser tatsächlichen Wirkung dieses Films durch die Filmselbstkontrolle zeigt, daß ihre Mitglieder entweder unfähig sind zur Beurteilung geistig-seelischer Wirkungen oder solche zersetzende Wirkung absichtlich herbeiführen wollen im Sinne von Lenins Strategie der Zerschlagung der bürgerlichen Moral als Voraussetzung zur kommunistischen Machtergreifung.«[214] Bundeskanzler Erhard ließ den Frauen in einem freundlich-lapidaren Schreiben mitteilen, dass er ihre Empörung zwar zur Kenntnis nehme, die Bundesregierung auf die Entscheidungen der Freiwilligen Selbstkontrolle aber keinen Einfluss habe.

So laut die Protestrufe gegen »Das Schweigen« auch ausfielen, es nahte bereits der nächste Sex-Schocker: »491«, der Film eines Bergman-Schülers, der in Schweden zunächst verboten worden war, dort aber gekürzt schließlich doch erscheinen durfte.[215] Die evangelischen Bischöfe in der Bundesrepublik erklärten, alles daransetzen zu wollen, um den Film zu verhindern; dem schlossen sich ihre katholischen Kollegen umgehend an.[216] Nach einer Ermahnung durch Bundesfamilienminister Bruno Heck (CDU)[217] ordnete die mittlerweile stark verunsicherte Filmselbstkontrolle am Ende Dutzende von Filmschnitten an.[218] Dies bremste die Eigendynamik der öffentlichen Empörung jedoch nicht, im Gegenteil: In einigen Gemeinden erhielten Kinobetreiber nun Drohanrufe; Pfarrer ließen aus Protest gegen »491« die Kirchenglocken nicht mehr läuten; Aktionskomitees formierten sich und plakatierten Aufrufe.[219] Von der Systematik der Aktionen zeugt der Umstand, dass in Bonner Ministerien eine Fülle gleichlautender Schreiben aus dem gesamten Bundesgebiet einging, in denen es hieß: »Ich will nicht, daß mit der Unmoral Geschäfte gemacht werden können. Ich will, daß Kinder und Jugendliche vor pornographischen Filmen geschützt werden. Ich fordere die ›Freiwillige Selbstkontrolle des deutschen Films‹ auf, sich an die Verantwortung zu erinnern, die sie übernommen hat. Wenn die Mitglieder der Selbstkontrolle nicht mehr wissen, wovor sie uns schützen sollen, dann sind sie fehl am Platze. Dann sollten sie durch Persönlichkeiten ersetzt werden, die zwischen Kunst und Pornographie zu unterscheiden verstehen.«[220]

In Schweinfurt entstand im September 1964 eine ganz besondere Einrichtung im Dienste der Sexualmoral: die Aktion Saubere Leinwand unter der Führung des örtlichen sozialdemokratischen Oberbürgermeisters. Die Anhänger sahen sich als Selbsthilfeeinrichtung und Bürgeraktion oder, anders, als Kampfgemeinschaft gegen die öffentliche Unsittlichkeit.[221] Vielerorts taten sich nun Bürger zusammen und gründeten Ortsgruppen; die Leitung lag überall in der Hand politischer Honoratioren; Geistliche und Schuldirektoren wirkten ebenfalls mit, und bisweilen betätigte sich auch der Kreisjugendring.[222] Zur Gruppe der Unterstützer, die schwer zu klassifizieren ist, zählten ältere, aber auch eine große Zahl junger Leute. Viele kamen aus der Mittelschicht, Handwerker waren genauso darunter wie Akademiker. Es ging ihnen um große Begriffe: um die Freiheit und ihre Grenzen; um das Gute und das Böse; um die angeblich drohende kommunistische Unterwanderung und die »Zeitkrankheit Dekadenz«, kurz: um Verfall und Niedergang der Kultur. Was sie alle verband, war ihr Einsatz für Bürgerlichkeit als soziale und kulturelle Norm, mit der Sittlichkeit als Handlungsanweisung und Orientierungsvorgabe. Resolutionen wurden verfasst, die (wie im Falle von Memmingen) nicht selten 95 Prozent der Bewohner von Stadt und Landkreis unterzeichneten. Ein klares Programm gab es indes nicht. Die Aktion Saubere Leinwand war keine kirchliche Einrichtung, wurde aber von der Katholischen Kirche unterstützt; Listen und Unterschriftenaufrufe lagen in den Gotteshäusern aus.[223]

Wie umtriebig die Ortsgruppen waren, die sich vor allem in der süddeutschen Provinz formierten (nicht wenige gab es aber auch im Norden),[224] erwies sich, als es ihnen gelang, Unterstützung von höchster politischer Stelle zu gewinnen. Bundespräsident Heinrich Lübke, kurz zuvor als Staatsoberhaupt wiedergewählt, empfing das Schweinfurter Aktionskomitee im Oktober 1964 auf seiner Fahrt ins unterfränkische Zonengrenzgebiet. Lübke war sich sicher, dass die Unterschriftensammlung mit fast 23 500 Namen, die ihm überreicht wurde, auf alle Bonner Parteien »Eindruck machen« würde.[225] Im obrigkeitlich geprägten Selbstverständnis der Sittenschützer verlieh Lübke ihnen Legitimation und zugleich Bedeutsamkeit. Auf der Generalversammlung des Katholischen Deutschen Frauenbundes in Aachen begrüßte wenige Monate später auch seine Gattin den Kampf gegen die Unmoral. Wilhelmine Lübke wünschte sich ein »entschlossenes Bekenntnis zur Durchsetzung der inneren Ordnung, in der destruktive Elemente keine Chance mehr haben«.[226] Im Bundespräsidialamt trafen nun von überall dort, wo die Aktion Saubere Leinwand Ortsgruppen unterhielt, Sammelpetitionen ein – mit Hunderttausenden von Unterschriften. Voller Stolz präsentierten die Komitees ihre Erfolge.[227] Das nicht minder aktive evangelische Pendant zur Aktion Saubere Leinwand nannte sich »Aktion Sorge um Deutschland« und vertrat dasselbe Anliegen. »Eine Flut dämonischer Kräfte überschwemmt unser Volk. Unzählige werden zum hemmungslosen Lebensgenuß und Ausleben ihrer Triebe verlockt«, hieß es in einem Aufruf. Auch historische Bezüge fehlten nicht: »Gott hat dem Ungehorsam, der Ihn verhöhnt, Sein Gericht angedroht. Wir aber haben die Katastrophe von 1945 praktisch schon vergessen. Auch damals waren Gottes Gebote mißachtet worden.«[228] Solche Analogien wurden zwar nicht weiter erläutert, aber allem Anschein nach umstandslos verstanden. An Deutlichkeit ließ es die weit rechts angesiedelte, rassistische Töne spuckende *Deutsche Tagespost* indes nicht fehlen, die fragte: »Worin liegt der Wert einer bis ins Pathologische gehenden Freiheit des einzelnen, wenn seine Gesellschaft darüber kaputtgeht und reif zur Ablösung durch die Völker Asiens und Afrikas wird?«[229] Den Förderern der Sittlichkeit gelang es binnen kurzem bundesweit etwa 1,2 Millionen Unterschriften zu sammeln.

Im Landtag von Baden-Württemberg erklärte Innenminister Hans Filbinger (CDU), einst Marinerichter im Dritten Reich, auf eine Große Anfrage seiner Fraktion im März 1965 hin, die Landesregierung sei fest entschlossen, der weit um sich greifenden »Sexualisierung« mit aller Kraft entgegenzutreten. Ein Fraktionskollege sekundierte, die Öffentlichkeit verlange, »daß wir die Unruhe, die in unserem Volke ist, politisch ausnützen«. Ein Abgeordneter sprach vom »Amüsierpöbel« und meinte, »Ferkeleien sind zu einem modernen Stilmittel des darstellenden Gewerbes avanciert«.[230] Sämtliche Landtagsfraktionen, auch die Sozialdemokraten, unterstützten den Antrag der CDU, der darauf hinauslief, ein Appellationsrecht der Länder gegen die Filmfreigabe der Freiwilligen Selbstkontrolle zu schaffen. Im bayerischen Länderparlament erging ein ähnliches Votum. Konsequenzen stellten sich rasch ein: In den Ausschüssen der Filmselbstkontrolle erhielten die Ländervertreter fortan mehr Einfluss.

Bundesinnenminister Höcherl ließ seit der Formierung der Protestaktionen rechtliche Möglichkeiten prüfen, um die Verbreitung »sittenverderbender Schrift- und Bildwerke« einzudämmen.[231] Beim neuen Bundesjustizminister rannten Sittlichkeitsschützer sogar offene Türen ein: Karl Weber (CDU) kündigte im Mai 1965 an, sich für die »Reinhaltung der öffentlichen Atmosphäre« stark machen zu wollen.[232] Hinsichtlich der Rechtsprechung lagen die Dinge indes recht kompliziert: Der Oberstaatsanwalt in Duisburg stellte die Ermittlungsverfahren gegen den in der Stadt ansässigen Filmverleih ein, was der Generalstaatsanwalt in Düsseldorf auch bestätigte.[233] Aber das Düsseldorfer Oberlandesgericht erklärte Bergmans Film im März 1965 letztinstanzlich für »objektiv unzüchtig«, denn nach Auffassung der Richter rechtfertigte die Freiheit der Kunst nicht die Verbreitung schamloser Darstellungen. Die Kunst habe sich vielmehr im Dienst der öffentlichen Ordnung an sexualmoralische Normen zu halten.[234] Wie unklar sich die Rechtslage de facto erwies, zeigte der Umstand, dass zur selben Zeit gegenteilige Urteile ergingen: Das Verwaltungsgericht Koblenz hielt »Das Schweigen« für ein Kunstwerk und erachtete Eingriffe (»jedenfalls aufgrund rein polizeilicher Normen«) für nicht zulässig. Das Oberlandesgericht Nürnberg weigerte sich, die Verbreitung von Nacktdarstellungen strafrechtlich zu ahnden: »Das objektive Begriffsmerkmal der Unzucht müßte sonst der herrschenden Lebensanschauung entgegen zu weit ausgedehnt, die Empfindsamkeit einer geringen und immer geringer werdenden Minderheit zum Maßstab genommen werden.« Das für Bernkastel-Kues zuständige Verwaltungsgericht Trier erklärte das polizeiliche Verbot des Landrats schließlich für unrechtmäßig und gab den Film ungekürzt frei, denn, so die Begründung, die Freiheit der Kunst sei in der Verfassung garantiert.[235]

Der Höhepunkt der Auseinandersetzung war erreicht, als im Kontext des Bundestagswahlkampfs Adolf Süsterhenn (CDU) gemeinsam mit einigen Fraktionskollegen eine Kampagne initiierte. Die Union stellte auch nach dem Ende der Regierungszeit Adenauers noch immer die mit Abstand stärkste Fraktion. Süsterhenn und seinen Mitstreitern ging es um die rechtliche Etablierung eines bürgerlichen Normensystems. Mit dem

Ziel, die Kunst an das »Sittengesetz« zu binden, forderten sie die unverzügliche Änderung des Grundgesetzes. Dass Süsterhenn, ehemals Justiz- und Kultusminister von Rheinland-Pfalz und Professor für Staatslehre und Politik an der Hochschule für Verwaltungswissenschaften in Speyer, sich auf das Vorhaben einließ, ist nicht leicht zu erklären, denn als Mitglied des Parlamentarischen Rates war er einst führend an der Schaffung des Grundgesetzes beteiligt gewesen; in den Nachkriegsjahren hatte er überdies bei der Konzipierung der Verfassung von Rheinland-Pfalz eine wichtige Rolle gespielt.[236] Gemeinsam mit Maria Probst (CSU) und Ernst Benda (CDU) und unterstützt von mehr als 160 Fraktionsabgeordneten stellte er im Mai 1965 schließlich Antrag auf Änderung des Grundgesetzes.[237] Der Wortlaut von Artikel 5 Absatz 3 Satz 1 sollte fortan lauten: »Kunst und Wissenschaft, Forschung und Lehre sind frei. Diese Freiheit entbindet nicht von der Treue zur Verfassung und gilt im Rahmen der allgemeinen sittlichen Ordnung.«[238]

In einem großen Artikel im katholischen *Rheinischen Merkur* bekräftigte Süsterhenn, was zuvor schon der Rat der Evangelischen Kirche gesagt hatte: dass nämlich eine »Diktatur der Unanständigkeit« drohe und »moralische Entartung« sich breitmache. Süsterhenn hatte gut zehn Jahre zuvor als Präsident des Landesverwaltungsgerichts Koblenz in seinem Rayon für das polizeiliche Verbot von Willi Forsts Film »Die Sünderin« gesorgt. Nun schrieb er von »der steigenden Flut unsittlicher Darstellungen, die die menschliche Würde und das Schamgefühl der überwiegenden Mehrheit des deutschen Volkes verletzen«.[239] Auf einer CDU-Versammlung in Bad Kreuznach kündigte er an, die namentliche Abstimmung der Parlamentarier über seinen Antrag verlangen zu wollen, denn erst dann würden die Wähler erfahren, wer sich für die »Sauberkeit im Kulturleben« einsetzt.

Die überregionale Tagespresse verhehlte ihre Verwunderung nicht: Die *Frankfurter Allgemeine*, die sich schon in klaren Worten über die Aktion Saubere Leinwand mokiert hatte (»Was unserem Kino fehlt, ist die saubere Sexbombe«),[240] reagierte reserviert und warnte vor Simplifizierung.[241] Die *Rheinische Post* hoffte, der Antrag möge erfolglos bleiben.[242] Die *Frankfurter Rundschau* überschrieb ihren Kommentar aufgebracht mit: »Zurück ins Mittelalter«.[243] Die *Zeit* fragte auf Seite eins: »Diktatur der Mucker?«[244] Im *Rheinischen Merkur*, der das Forum für eine intensive, recht kontroverse Diskussion bot, betonte Staatsanwalt Joachim Hartnack, es sei notwendig und rechtens, der Kunst Schranken zu setzen, denn das Grundgesetz intendiere keine Anarchie. Peter Berglar, ein weiterer Experte, hielt die Justiz mit dem Thema jedoch für überfordert und riet: »Es gibt gegen die Überflutung mit Schmutz, Perversion, Sadismus im Gewand der ›Kunst‹ oder genauer: gegen die zerstörerische Wirkung dieser Flut nur eine *einzige* Abwehr: in uns selbst und in unseren Kindern sittlich-religiöse Maßstäbe kräftig auszubilden, die uns fähig machen, Kunst von Ferkelei und Freiheit von asozialer Enthemmung zu unterscheiden.«[245] Die veröffentlichte Meinung war sich mit Ausnahme kirchlicher Zeitungen[246] so gut wie einig: Es sei in höchstem Maße bedenklich, mittels Gesetzen und unter Androhung von Polizeieinsatz einen Feldzug für die Sexualmoral führen und die Kunst kontrollieren zu wollen. »Meinungsterror«, »moralisches Korsett«, »Erwachsenenbevormundung«, »Geschmacksdiktatur« lauteten die Schlagworte in Leserbriefen und Schreiben aus der Bevölkerung an die Politiker. Vor allem war von der »Rückkehr des Polizeistaats« die Rede, und viele Verfasser fanden, der Staat gebe sich mit seiner Aktion der Lächerlichkeit preis.[247] Spott machte sich breit, und Süsterhenn avancierte zu einem Lieblingsobjekt der Karikaturisten.

Der CDU-Abgeordnete gab tatsächlich keine gute Figur ab, als er in einem Interview im *Spiegel*, der ihm dafür nicht weniger als sieben Seiten gab, ausführte, was ihn antrieb.[248] Er musste zugeben, dass er weder »Das Schweigen« noch »491« gesehen hatte und dass er auch die Gemälde von Georg Baselitz, die er ebenfalls für unsittlich hielt, gar nicht kannte. Ob er denn vor allem Filme für gefährlich halte oder vielleicht überdies die Literatur, wurde er gefragt und antwortete ungeschickt: »Ich habe mich mit den Einzelheiten nicht beschäftigt. Ich bin deshalb also nicht in der Lage, Ihnen da eine konkrete Antwort zu geben.«[249] Warum er das denkbar schwere Geschütz der Grundgesetzänderung auffuhr und nicht die längst bestehenden einschlägigen Paragraphen des Strafgesetzbuchs für hinreichend hielt, konnte Süsterhenn nicht erklären. Auch blamierte er sich,[250] als er sich zwar von der Kunstpolitik des Dritten Reiches distanzierte, aber sagte: »Ich muß doch für das gesunde Volksempfinden plädieren.« Um die Blöße zu kaschieren, die er sich gegeben hatte, wandte er sich alsbald hilfesuchend an den Volkswartbund und forderte von dort »aufbereitetes Material in möglichst straffer Zusammenfassung mit knalligen Beispielen«, um Argumente in die Hand zu bekommen, denn: »Ich bin in die Aktion zur Grundgesetzänderung lediglich als Verfassungsjurist eingestiegen. Auf diesem Gebiete fühle ich mich natürlich völlig sicher. Aber zur Begründung der Notwendigkeit der Verfassungsänderung und überhaupt zur Veränderung des augenblicklichen Rechtszustandes fehlt mir eine ausreichende Kenntnis der Tatsachen.«[251]

Das Blatt wendete sich nun rasch, und die Empörung richtete sich fortan gegen die allzu forsch agierenden Sittenschützer. Die CDU/CSU-Fraktion fürchtete im Sommer 1965 Stimmeneinbußen bei der Bundestagswahl, und bald stand fest, dass die geplante Grundgesetzänderung allenfalls als Gruppenantrag auf den Weg zu bringen sein würde,[252] denn die Fraktion stand keineswegs geschlossen dahinter.[253] Manche Unionsabgeordnete hielten den Eingriff für geeignet, »Kulturkampfstimmung« zu erzeugen und den Verdacht zu schüren, die christlichen Parteien forcierten den »geistigen Rückschritt«.[254] Die Vertreter der Kirchen, die der Grundgesetzänderung zunächst zugestimmt hatten, distanzierten sich nun davon. Für den Koalitionspartner FDP erklärte Thomas Dehler, die Liberalen ließen an den Freiheitsgrundsätzen der Verfassung nicht rütteln.[255] Süsterhenn hoffte in dieser Lage sogar noch auf die Unterstützung der Sozialdemokraten, in deren Reihen es einige Stimmen für seinen Antrag gab. Die überwiegende Mehrheit in der SPD hielt sein Vorhaben jedoch für völlig indiskutabel. Die für eine Grundgesetzänderung erforderliche Zweidrittelmehrheit war im Bundestag jedenfalls nicht zu erreichen. Süsterhenn und seine Mitstreiter ernteten am Ende Hohn und Spott, auch in ihren eigenen Reihen. Der Ältestenrat der Fraktion erklärte zerknirscht, das Vorhaben werde nun zurückgestellt, was de facto hieß, dass es aus der parlamentarischen Diskussion verschwand.[256]

Komitees der Aktion Saubere Leinwand sammelten nach der Bundestagswahl, in der mühsam ein christdemokratisch-liberaler Sieg zustande gekommen war, zwar weiterhin Unterschriften, doch in Bonn kam die Sprache nur noch einmal auf die Änderung des Grundgesetzes im Dienst der Sittlichkeit: als Bundesfamilienminister Heck im Herbst 1966 ein für alle Mal erklärte, dafür bestehe keine Chance mehr.[257] Das Vorhaben ging nun sang- und klanglos unter. Wenn es noch eines Beweises bedurft hatte: Im Streit um »Das Schweigen« zeigte sich, dass die an die Sittlichkeit geknüpften Interessen politisch nicht anschluss-, geschweige denn durchsetzungsfähig waren. Sittlichkeit als gesellschaftliche Norm hatte ihre Relevanz verloren und war auch nicht mehr zu reaktivieren. Bergmans Tabubruch hatte trotz, vielleicht auch wegen der starken politischen Leidenschaften, die er entfacht hatte, keine Sanktionen zur Folge. Nach vielen Monaten hitziger Empörung verpuffte die Aufregung erstaunlich rasch, und die Empörungsgemeinschaft der Sittlichkeitsverfechter brach bald wieder auseinander. Mobilisierungskampagnen, in deren Zentrum die Sexualmoral stand, war unverkennbar keine anhaltende (Integrations-)Kraft mehr beschieden. Die gesellschaftliche Funktion des Filmskandals lag letztlich in seinem Scheitern, denn Wichtigkeit und Richtigkeit der verteidigten sexualmoralischen Normen erwiesen sich gerade nicht. Vielmehr war aus der ins Leere gelaufenen Moralisierungswelle eines zu lernen: Soziale Handlungsrichtlinien galten fortan maßgeblich der Wahrung der Freiheitsrechte. Dass der Staat Mitte der sechziger Jahre auf den bürgerlichen Moralprotest nicht einging und einschränkende Gesetze ablehnte, gab eindrücklich zu erkennen, wie stark sich sein Selbstverständnis mittlerweile bereits verändert hatte. Politisch wirksame Emotionen ließen sich im Zusammenhang mit unzüchtigen Darstellungen in der Kunst (über die es auch fortan noch Aufregung gab) kaum mehr schüren.

Dass »Das Schweigen« in der Bundesrepublik Zuschauerrekorde einspielte, zum Kassenschlager und zum erfolgreichsten Film der Nachkriegszeit avancierte, spricht Bände über die Neugier und die sexuellen Bedürfnisse der Zeitgenossen. Etwa elf Millionen, also knapp ein Fünftel aller Bundesbürger, sahen den Film innerhalb kürzester Zeit. In Hamm und anderswo war der Andrang so groß, dass die Spielzeit gleich mehrmals verlängert werden musste. In Bad Harzburg, das sich einst als »schundfrei« gefeiert hatte, wurden Karten auf Tage hinaus vorbestellt. Das Kino war stets ausverkauft, und zu jeder Vorstellung kamen so viele Zuschauer, dass zusätzlich Stühle herbeigeschafft werden mussten.[258] Der bundesweite Ansturm war Ausdruck des anhaltenden Sex-Booms; die Hochphase der Sexwelle stand allerdings erst noch bevor.

Die Sexwelle

Nicht nur der Film des Gegenwartskünstlers Bergman beschäftigte die Nation, sondern auch der im achtzehnten Jahrhundert verfasste Roman »Fanny Hill«. Es ist die in Ich-Form erzählte Lebensgeschichte der Titelheldin, die als 15-jähriges Waisenkind aus einem Dorf bei Liverpool nach London gebracht wird, in zwielichtige Kreise gerät und schließlich im

Bordell landet. Dort verliebt sie sich in Charles, einen Kunden, der sie herausholt, sich aber wegen eines Überseeaufenthalts nicht länger um sie kümmern kann. Fortan träumt sie von seiner Rückkehr und wird einstweilen die Mätresse eines reichen Mannes, der sie schließlich fortjagt, weil er sie mit einem anderen ertappt hat. Wieder im Freudenhaus, gibt sie sich mit einer Reihe wohlhabender Männer ab, bis schließlich Charles nach vier Jahren endlich zurückkehrt und sie heiratet. Autor John Cleland verband die Erotik seiner detail- und bildreich erzählten, teils lustigen, teils absonderlichen Schilderungen ganz im Geiste der Aufklärung mit dem Plädoyer, dass sexuelles Erleben, in seiner Darstellung ein edles und natürliches Bedürfnis, an geistige Liebe zu knüpfen sei und die vollkommene Glückseligkeit das höchste Gut bedeute, nach dem der Mensch streben solle. Sexualität ist Cleland zufolge eine große Leben spendende Kraft von geradezu göttlicher Bedeutung. Prostitution, im achtzehnten Jahrhundert ein Synonym für Krankheit und Verfall, stand aus seiner Sicht für Freude und Lebensgenuss. Damit hatte er die Sittenordnung missachtet und reichlich Anstoß erregt. Dass sein Roman in England sofort nach Erscheinen verboten worden war und der gerade aus dem Gefängnis entlassene Cleland, der wegen Schulden hatte einsitzen müssen, unverzüglich wieder in Arrest kam, lag auch daran, dass zu seiner Zeit die bildliche Darstellung von Sexualität überwog und es als besonders unerhört galt, geschlechtliche Vorgänge in literarischer Form zu präsentieren.[259] Die deutsche Übersetzung des Romans war 1906 unter dem Titel »Die Memoiren der Fanny Hill« in zwei Bänden erschienen und gleich auf so reges Interesse gestoßen, dass schnell weitere Ausgaben folgten. Im Kaiserreich war das Buch noch erlaubt; am Ende der Weimarer Republik stand es aber auf der Verbotsliste. In den frühen fünfziger Jahren wurden nach Paragraph 184 des Strafgesetzbuches Strafverfahren gegen einige Buchhändler eingeleitet, die es verkauften.

Der Münchner Verleger Kurt Desch legte das Buch Ende April 1964 wieder auf. Von der alsbald überaus begehrten Luxusausgabe des etwa 200 Seiten starken Romans ließ Desch sogleich 3500 nummerierte Exemplare im roten Seideneinband herstellen und verkaufte sie für teure 58 Mark pro Stück. Die in Leder gekleidete »Fanny Hill« kostete sogar 88 Mark, in Halbleder kam sie immerhin noch auf 44 Mark. Beate Uhse gehörte zu Deschs Hauptabnehmern. Der Verlag belieferte sie mit der teuren Sonderversion, aber auch mit rund 12 000 einfach ausgestatteten, billigeren Ausgaben. Besonders günstig gab es den Roman bald auch im Reichelt-Verlag in Wiesbaden und im Hamburger Gala-Verlag zu kaufen. Uhse vertrieb sämtliche Varianten, darunter zusätzlich aufwendig illustrierte Exemplare; bei Gala, wo der Titel »Memoiren eines Freudenmädchens« lautete, ließ sie 600 Bücher der einfachen Ausstattung als Lizenzausgabe für ihr Buchkabinett Bibliotheca Erotica drucken, die ihre Kunden mit Abgabe einer Beitrittserklärung für nur 25 Mark erwerben konnten.

Die Aufregung um den indizierten Roman war eine so gut wie ausschließlich deutsche Angelegenheit, denn in fast allen anderen europäischen Ländern (mit Ausnahme Italiens) war »Fanny Hill« im Buchhandel frei erhältlich. In Dänemark hatte kurz zuvor ein Prozess mit der Freigabe geendet. In England durften die Memoiren der Konkubine zwar nicht als Taschenbuch, aber als teure, bibliophile Luxusausgabe erscheinen; das Buch wurde zur selben Zeit in London verfilmt. In den USA war die 1963 erschienene Taschenbuchausgabe umgehend zum Bestseller geworden; im gleichen Jahr war dort vor Gericht in zweiter Instanz entschieden worden, dass es keine unzüchtigen Interessen wecke.[260] Justiz und Polizei in der Bundesrepublik statuierten mit der Indizierung indes ein Exempel. In München, Hamburg und Flensburg begannen umgehend Gerichtsverfahren: In Flensburg richtete sich die Anklage gegen Beate Uhse, in Hamburg gegen Wilhelm Krohn vom Gala-Verlag und in München gegen Kurt Desch; dass der Reichelt-Verlag unbeanstandet und von Durchsuchungen verschont blieb, lag an der Weigerung der hessischen Justiz unter der Ägide von Generalstaatsanwalt Fritz Bauer, sich an der Jagd auf »Fanny Hill« zu beteiligen.[261] Während die Prozesse gegen Uhse und Krohn wegen Rechtsunklarheit rasch wieder ausgesetzt wurden, kam das Münchner Verfahren gegen Desch in Gang. Der Verleger, im Dritten Reich wegen Verteilens illegaler Flugblätter eine Zeit lang in Gefängnishaft, hatte noch 1945 von den Alliierten als Erster in der amerikanischen Zone eine Lizenz erhalten und war seither in München, Wien und Basel tätig. Der 62-Jährige brachte Werke über Kunst und Wissenschaft heraus, verlegte Lyrik und hatte sich auf belletristische Sexualliteratur spezialisiert, vor allem auf erotische Klassiker, die er in seiner Reihe »Welt des Eros« publizierte.[262]

Desch berief sich auf das im Zusammenhang mit der »Sünderin« zehn Jahre zuvor ergangene Grundsatzurteil des Bundesverwaltungsgerichts in Berlin und erklärte, »Fanny Hill« sei ein Kunstwerk und nach den Bestimmungen des Grundgesetzes deshalb strafrechtlich nicht zu sanktionieren. Das Landgericht München folgte seiner Argumentation und lehnte es zunächst ab, das Hauptverfahren zu eröffnen. Aber das dortige Oberlandesgericht entschied im Dezember 1966, dass dem Verleger doch der Prozess zu machen sei. Der Strafsenat erklärte »Fanny Hill« für unzüchtig und sprach dem Buch den Status eines künstlerischen Werkes rundweg ab: »An dem Auge des Lesers ziehen in ununterbrochener Reihenfolge grob-geschlechtliche Vorgänge vorüber. Die ausführliche, aufreizende Schilderung des Geschlechtsverkehrs mit seinen Abirrungen bildet den Hauptgegenstand des Buches. (…) Beschreibungen der Landschaft, Charakterporträts, historische und kulturelle Erörterungen werden vermieden, ersichtlich, um den Leser von dem Hauptthema der Schilderung geschlechtlicher Vorgänge nicht abzulenken.« Für besonders gefährlich erachtete es das Gericht, dass das Buch das Dirnenleben verherrliche, zu Lasterhaftigkeit, Ausschweifung und zügellosem Geschlechtsleben animiere und zur Nachahmung anreize. »Das Werk«, heißt es im Urteil, »belehrt nicht und heitert nicht auf. Es führt irre und wirkt abstoßend. Einen Gewinn zieht man daraus nicht.«[263]

Nachdem in München die Eröffnung des Hauptverfahrens gegen Desch beschlossen worden war, leitete die Staatsanwaltschaft beim Landgericht Flensburg auch gegen Beate Uhse einen Prozess wegen »Fanny Hill« ein und erhob Ende März 1967 Anklage.[264] Die Behörden hatten gegen sie wegen einer Reihe weiterer Publikationen ermittelt, unter anderem wegen des Buches »Sexuelle Technik in Wort und Bild« des Japaners Dr. Sha Kokken, in dem anhand einer Holzpuppe Stellungen der Liebeskunst demonstriert wurden. Das Buch war ein Dauerbrenner und eine von Uhses meistverkauften Publikationen; fast drei Millionen Stück gingen 1966/67 weltweit an die Kunden.[265] Der Frankfurter Allgemeinen Zeitung war die Anklageerhebung eine Meldung wert, ebenso der Süddeutschen Zeitung, die »Beate in Nöten« darüberschrieb. Auch die Zeit berichtete darüber und bezog sich unter der Überschrift »Immer diese Klassiker« voller Ironie auf den Umstand, dass das von Uhse vertriebene »Erotische Lesebuch« mit Texten von Goethe und Friedrich Schlegel beschlagnahmt worden war und ihr nun Probleme mit der Justiz bereitete: »So geht es einem: Solange man unverhohlene, unsublimierte Sex-Materialien versendet, bleibt man unbehelligt; begibt man sich aber auf die höhere Ebene der

Kultur, so kriegt man prompt Scherereien.«[266] Der *Spiegel*, die *Zeit* und die großen Tageszeitungen, die das Pressereferat der Firma Beate Uhse eingeschaltet hatte,[267] berichteten ausführlich und voller Unverständnis über das für anachronistisch befundene Vorgehen der Behörden. Nach Meinung der *Frankfurter Allgemeinen Zeitung* war »Fanny Hill« nichts weniger als »ein kleines Meisterwerk der erotischen Weltliteratur«.[268] Die *Süddeutsche* meinte: »Im Vertrauen auf die (vergleichsweise) harmlos-heitere Fanny Hill ersparen wir uns einen Kommentar und erhoffen für dieses Werk einen ruhigen Platz im deutschen Sortimentbuchhandel.«[269] Ein Buchhändler äußerte nach einer Polizeirazzia zur Beschlagnahme des Romans gegenüber der Presse aufgebracht: »Nächstens verkaufen wir nur noch Gebetbücher und die Häschenschule.«[270]

Dass der über zweihundert Jahre alte Dirnenroman zur selben Zeit indiziert wurde, als die (schon zeitgenössisch so genannte) Sexwelle die Medien erfasste, war tatsächlich skurril. An den Plakatwänden prangte freizügige Werbung, und zahlreiche Illustrierte setzten Woche für Woche spärlich bekleidete Frauen auf ihr (mittlerweile farbiges) Titelbild. Nach dem Heftchen-Boom, den die Währungsreform ausgelöst hatte, und dem Wirbel um Kinsey war dies de facto bereits die dritte mediale Welle in Sachen Erotik. Im harten Konkurrenzkampf, den die Illustrierten gegeneinander und gegen das Fernsehen führten, war Sex fortan ein wichtiges Zugpferd – und verschwand gänzlich aus der Schmuddelecke.[271] Berichte über die »Strände der Welt« und andere Themen zu Freizeit und neuer Prosperität boten allemal Anlass, nackte Haut zu zeigen, wenngleich »oben ohne« noch eine Zeit lang tabu, also von schwarzen Balken verdeckt, blieb. Der *Stern* gab sich (noch) züchtig und setzte 1963 auf Liebe und Ehe, wofür das Blatt auf die Allensbacher Umfrage über die Intimsphäre von 1949 zurückgriff, die seinerzeit *Wochenend* hohes Leserinteresse beschert hatte. Die Befragung wurde im Auftrag des *Sterns* wiederholt, was nicht ausgesprochen originell war, ebenso wenig wie der Titel, der zuvor »Umfrage im Bereich der Intimsphäre« gelautet hatte und jetzt »Umfrage in die Intimsphäre« hieß. Im Rahmen der Fortsetzungsfolge »Alles über die Deutschen« entstand daraus eine sechsteilige Serie ausschließlich zum Thema Sex. »Diese Analyse hat das Ziel, die Beziehungen der Deutschen zur Liebe, zur Ehe und zu den vielschichtigen sexuellen Problemen zu klären«, hob die Illustrierte zum Auftakt im November 1963 an.[272] Allensbach stellte einem repräsentativen Querschnitt der Bevölkerung erneut über hundert Fragen, und die erste lautete wie 15 Jahre zuvor: »Fühlen Sie sich manchmal einsam?« Die Ergebnisse unterschieden sich nicht signifikant von den Werten von damals.[273] Der *Stern* sicherte sich die Aufmerksamkeit seiner Leser keineswegs durch die sorgfältige Analyse der Daten, sondern durch deren grafische Aufbereitung: Groß abgebildete Balkendiagramme und eine wahre Bilderflut ganzseitiger Fotos von glücklichen Paaren umgaben den Text. Nach drei Folgen richtete sich der Fokus auf die »Intimsphäre der Unverheirateten«, und gefragt wurde neugierig: »Erst die Liebe, dann die Moral?« Dass es um die Sexualmoral besser bestellt sei denn je, wies das Blatt unter der Überschrift »Wilde Ehe mit zahmen Mädchen« am Ende als wichtigstes Ergebnis seiner Untersuchung aus, denn zum Zeitpunkt der Umfrage im Gründungsjahr der Bundesrepublik habe es so ausgesehen, als gingen wir sittenlosen Zeiten entgegen«.[274]

Die *Quick* nahm es mit dem Konkurrenzblatt auf und veröffentlichte 1964 eine Fortsetzungsfolge, in der es ebenfalls um die Frage nach der Ehefreudigkeit junger Leute ging. Die Serie trug (ausgerechnet) den Titel »Revolution des Sex«. Die Verbindung von Sexualität und umstürzlerischen Ideen hatte im Kontext der russischen Revolution in den zwanziger Jahren schon die politische Linke in Deutschland fasziniert.[275] Konsumideologisch vereinnahmt, diente das schillernde Begriffspaar »Sexualität und Revolution« nun den Absatzinteressen der Illustrierten. Als »sexuelle Revolution« avancierte es in sozialemanzipatorischer Stoßrichtung indes auch zu einer der Wortikonen des Jugendprotests der sechziger Jahre. »Die sexuelle Revolution. Zur charakterlichen Selbststeuerung des Menschen« lautete der Titel der 1966 in Frankfurt am Main neu aufgelegten, bald in Raubkopien verteilten Schrift des Psychoanalytikers und Sexualforschers Wilhelm Reich (1897-1957), der damit postum zu einer der zentralen Figuren der bundesdeutschen Studentenbewegung aufstieg. Reich hatte 1931 den Deutschen Reichsverband für proletarische Sexualpolitik (Sexpol) gegründet, eine Unterorganisation der KPD. Er verknüpfte mit Sexualität die Vorstellung einer nicht repressiven Kultur und erachtete das Ausleben libidinöser Bedürfnisse und den Einsatz für eine repressionsfreie Sexualität dezidiert als gesellschaftliche Befreiung. Die 1936 in Kopenhagen veröffentliche Erstversion seines an Freud und Marx orientierten Buches hieß ursprünglich »Die Sexualität im Kulturkampf. Zur sozialistischen Umstrukturierung des Menschen«; das Kapitel über die Abschaffung von Ehe und Familie in der Sowjetunion und die Einführung der Kommune war mit »Sexuelle Revolution« überschrieben. In der New Yorker Übersetzung von 1945 bekam die gesamte Publikation schließlich den Titel »The Sexual Revolution. Toward a Self-Governing Character Structure«.[276] Hinter dem Begriff »Self Governing«, der eine neue Weise des sich selbst Führens und Ordnens, also der Selbststeuerung mit und durch Sexualität, meinte, stand bereits die Annahme historisch veränderlicher Formen menschlichen Sexualverhaltens, und die Reich-Ausgabe der sechziger Jahre orientierte sich bei der Titelgebung am amerikanischen Entwurf.

Die protestierende Jugend forderte unter Berufung auf die »sexuelle Revolution die Befreiung aus überkommenen Moralvorstellungen sowie die Befreiung von Autoritäten schlechthin. Freie Liebe und entbürgerlichte Geschlechterbeziehungen gehörten zu ihrem Traum vom Sozialismus. Unter den Bedingungen des Kapitalismus schien ihnen befreite, nicht repressive Sexualität nicht möglich zu sein; die Kleinfamilie galt als Hort lustfeindlicher Zwangsmoral. Reichs Lehre stand im Ruf einer Oppositionswissenschaft, mehr noch: einer Befreiungsideologie. Alles über Sex sagen, lautete gewissermaßen der Imperativ. Die Umwälzung bestand darin, die (scheinbar) zementierte Idee einer zeitlosen Sittlichkeit der Gegenwart anzupassen. Eine offene beziehungsweise sich öffnende Gesellschaft bedürfe keiner repressiven Sexualmoral, so formulierte die Protestbewegung auch unter dem Einfluss der Schriften des Soziologen und Philosophen Herbert Marcuse (»Triebstruktur und Gesellschaft«) mit politischer – und nicht konsumistischer – Stoßrichtung.[277] Sittenstreng, obrigkeitshörig, sexualfeindlich – diese Trias bildete aus ihrer Sicht eine Einheit und formte den »autoritären Charakter«, das Gegenteil des freien und autonomen Menschen. Die Loslösung aus sexueller Repression sorgte nach dieser Auffassung für die Abkehr von jeder Autoritätsfixiertheit, denn eine von Manipulation befreite Sexualität setze revolutionäre Energien frei. Die Geschlechterrollen wurden vom Jugendprotest indes nicht als Herrschaftsverhältnis problematisiert. Die Geschlechterhierarchie blieb vielmehr unangetastet und wurde letztlich konsolidiert. Das Provokationspotenzial des studentischen Rufes nach befreiter Sexualität lag im marxistischen Zuschnitt und der dezidiert konsumkritischen Botschaft der Theorien: Triebunterdrückung galt als Produkt der kapitalistischen Wirtschafts- und Gesellschaftsordnung und zudem als Ursache für den Aufstieg des Nationalsozialismus. Da dieser Deutung zufolge sexuelle Verdrängung für das Dritte Reich verantwortlich zu machen war, ließ sich der

Kampf gegen die Reglementierung der Sexualität zugleich auch als Kampf gegen den »Faschismus« ausgeben.[278]

Mit Herbert Marcuse stammte zwar einer der wichtigsten Förderer der sexualmoralischen Enttabuisierung aus dem Kreis der Frankfurter Schule, doch deren Protagonisten dachten in dieser Frage recht unterschiedlich. Für Marcuse, der Freuds These vom unversöhnlichen Konflikt zwischen Eros und Kultur ablehnte, besaß der Eros gesellschaftlich befreiende Kraft, eine These, die er in das Schlagwort von der »nichtrepressiven Entsublimierung der Sexualität« kleidete. Theodor W. Adorno und Max Horkheimer hingegen räumten dem Thema Sexualität bei ihrem Nachdenken über Gesellschaft keinen wesentlichen Stellenwert ein, erst recht nicht im Zusammenhang mit der »Aufarbeitung« der nationalsozialistischen Vergangenheit. Sittlichkeit spielte in ihrer Auffassung von Kritischer Theorie keine Rolle. Dass ihnen, anders als Marcuse, die Erfahrung des amerikanischen Diskurses fehlte, mag dafür eine Rolle gespielt haben. Während Marcuse in den USA eine steile akademische Karriere gemacht hatte – auch »Triebstruktur und Gesellschaft« war im Original zunächst 1955 auf Englisch in den Vereinigten Staaten erschienen[279] – und erst Mitte der sechziger Jahre in die Bundesrepublik zurückkam, waren Adorno und Horkheimer bereits kurz nach Kriegsende remigriert. Wie unterschiedlich die Auffassungen in Bezug auf die sexualmoralische Enttabuisierung waren, stellte zumal Adorno unter Beweis. Als im April 1969 barbusige Studentinnen seine Vorlesung störten, brach er umgehend ab und verließ den Hörsaal. Der Aktionismus des Jugendprotests blieb ihm stets fremd, was zusammen mit dem Dissens in der Frage der Legitimität von Gewalt letztlich zu seinem Bruch mit der Studentenbewegung führte.[280]

In der Auseinandersetzung mit dem technischen und ökonomischen Fortschritt waren allen Vertretern der Kritischen Theorie die Diagnosen des Gemeinschafts- und Sinnverlustes ebenso wenig fremd wie düstere Zukunftsszenarien. In der Terminologie ähnelten ihre Befunde oftmals stark der traditionellen konservativen Kulturkritik. Die prägende und nachhaltige Wirkung konservativen kulturkritischen Denkens auf viele Intellektuelle wurde unter anderem an Sebastian Haffners Äußerungen über die Umwälzungen in Sachen Sexualität deutlich. Der Publizist und einstige Emigrant, der mit »Germany. Jekyll and Hyde« bereits im Krieg eine kritische Studie über die Gesellschaft des Dritten Reiches geschrieben hatte (weitere folgten in den späten sechziger und in den siebziger Jahren), ergriff in der von Gert von Paczensky, dem Gründer des Fernsehmagazins »Panorama« und ehemaligen stellvertretenden Chefredakteur des *Sterns,* geleiteten, neuen Monatsschrift *Deutsches Panorama* das Wort. In seinem Beitrag mokierte sich der knapp 60-Jährige darüber, wie merkwürdig gefühlskalt und nuancenlos in der zunehmend von der Werbe-Industrie geprägten Konsumgesellschaft über jene Sache gesprochen werde, um die zu früherer Zeit nur herumgeredet worden sei. »Sex«, schrieb er 1966, sei kalt und sachlich, ein Begriff zumal, der sich ausgezeichnet »als Name eines Waschmittels, einer Zigarette, eines Gesellschaftsspiels, einer Sportart oder einer Boulevardzeitung« eigne. Das »Drei-Buchstaben-Wort«, bar alles Neckischen und Scherzhaften, vermittle nicht die Größe der Gefühle, nicht Mysterium, Komödie und Tragödie. Sex bezeichne, wozu die Liebe im Zeichen der »Sex-Pflicht« der Gegenwart geworden sei: einen »Markenartikel, standardisiert, jederzeit produzierbar und konsumierbar«. Die Sexwelle kam nach dem Dafürhalten Haffners »aus dem erzpuritanischen Amerika«. In Anlehnung an Argumente aus der Debatte um Kinsey konstatierte er: »Der einzige Unterschied – und vielleicht ist er gar nicht so groß, wie er auf den ersten Blick scheint – besteht darin, daß die alten Puritaner sich *vom* Sex reinigen wollten und die neuen, umgedrehten *durch* Sex.« Er sprach von der Doppelmoral der Gegenwart und meinte das Nebeneinander einer staatlich propagierten Moral, »die ›Unzucht‹ verpönt«, und einer gesellschaftlichen, »die ›Sex‹ anpreist«. Haffner provozierte, als er schrieb, der »Sex-Rummel« sei eine »Erfindung von Männern für Männer« und laufe auf eine Gegenrevolution zur Gleichberechtigung der Frauen hinaus. Deutschland, so seine Schlussfolgerung, sei jedenfalls »immer nur sehr teilweise und sehr vorübergehend« ein Land erotischer Kultur gewesen, »aber selten […] ein so barbarisches wie heute, zwischen ›Sex‹ und ›Unzucht‹«.[281]

Über Revolution sprach im Zusammenhang mit Sexualität zur selben Zeit auch die Bundesprüfstelle für jugendgefährdende Schriften. Wenn dort von »sexualrevolutionären Romanen« die Rede war, die auf den Index gehörten, dann meinte die Behörde indes Bücher, die im Verlagsprogramm der Erotikversandhäuser erschienen und beispielsweise »Wie der nackte Wind des Meeres« hießen; einschlägige Fortsetzungsromane zählten ebenfalls dazu, die zur selben Zeit zuhauf in den Illustrierten erschienen.[282]

Stern und *Quick* waren noch immer die Marktführer unter den Blättern; der *Stern* hatte 1965 eine Auflage von 1,6 Millionen Exemplaren, *Quick* kam auf knapp 1,5 Millionen. Mittlerweile war auch der *Bunten* ein bemerkenswerter Aufstieg gelungen: Sie verdreifachte ihre Auflage zwischen 1957 und 1962 auf 900 000; drei Jahre später lag sie schon bei 1,3 Millionen. Anders als in den fünfziger Jahren kennzeichnete nun nicht mehr Titelvielfalt die Illustriertenlandschaft, sondern vielmehr ein starker Konzentrationsprozess, im Zuge dessen es zu vielen Einstellungen und Fusionen kam. Gruner + Jahr, Burda und der Heinrich Bauer Verlag teilten den Markt nun ganz unter sich auf.[283] Ehe die *Neue Illustrierte* von der *Revue* vereinnahmt wurde (die wie die *Quick* zum Bauer Verlag gehörte) und als *Neue Revue* fortexistierte, brachte das Blatt im Herbst 1964 die Artikelfolge »Sex im Büro« heraus. Um mit der Konkurrenz mithalten zu könnten, erteilte die *Neue Illustrierte* (ihre Auflage lag bei etwa einer Million) Sekretärinnen eindeutige Ratschläge, wie sie sich am Arbeitsplatz einen Verehrer angeln konnten; dass die Verfasserin den Namen »Helen Brown« trug und als Amerikanerin firmierte, bildete eine wohl nicht ganz ungewollte Parallele zum medialen Kinsey-Boom der Fünfziger.[284] Zwar hatten sich einige Blätter getäuscht, als sie nach dem Tod des Sexualforschers den »dritten Kinsey-Bericht« ankündigten, denn ein Buch, in dem, wie es hieß, 5000 Amerikanerinnen Auskunft über Schwangerschaft, Geburt und Abtreibung erteilten, gab es nicht.[285] Aber die beiden ins Deutsche übersetzten Kinsey-Bände fanden im Kontext der medialen Sexwelle nun reißenden Absatz. Sie erschienen bei S. Fischer als Taschenbuchausgabe: Der Band über die Frau kam 1963 heraus, zunächst mit einer Auflage von 20 000 Exemplaren, noch im selben Jahr ging das 65. Tausend in Druck; im Jahr darauf waren schon mehr als 100 000 erschienen. Die Nachfrage hielt an, und weitere Auflagen folgten. Bis 1968 wurden insgesamt 170 000 Exemplare gedruckt. Der Band über den Mann, der sich etwas weniger gut verkaufte, erschien 1964 ebenfalls in der Reihe Fischer Paperbacks, zunächst mit einer Auflage von 25 000 Exemplaren; bis 1967 publizierte der Verlag das 80. Tausend.[286]

Der USA-Bezug spielte beim Thema Sexualität in den Illustrierten nach wie vor eine Rolle, und der kulturkritisch-abwertende Grundton war nicht verklungen, wie die Reaktion auf einen Bericht des *Playboy* zeigt. *Neue Illustrierte*, *Quick* und *Revue* verbreiteten 1965, was das amerikanische Erotikmagazin, dessen Import nach dem Schmutz- und Schund-

Gesetz verboten war, über Mädchen in Deutschland zu berichten hatte – und heuchelten Entrüstung. Die *Neue Illustrierte* schrieb: »Deutschlands Mädchen sind kein Freiwild«. Keines der Blätter ließ es sich aber nehmen, zu ihren empörten Texten die aufreizenden Fotos abzubilden, die im *Playboy* erschienen waren. Der Umstand, dass die Illustrierten im Dienst der Auflagensteigerung auf sexuelle Freizügigkeit setzten, hatte schon im Kontext der parlamentarischen Debatte über das Schmutz- und Schund-Gesetz (noch vor der Kinsey-Welle) zur Illustriertenschelte geführt und den Publikationen den Ruf des Unseriösen eingebracht. Das Bundespresseamt versuchte ihnen im Zuge von Adenauers Mediensteuerungspolitik durch Vorgaben und Einflussnahmeversuche zwar ein besseres Renommee zu verschaffen.[287] Als sich aber abzeichnete, dass die Blätter weiterhin auf nackte Haut setzten und damit Erfolge beim Lesepublikum erzielten, brach 1964 die Selbstkontrolle der Illustrierten (SdI) nach nur sieben Jahren wieder auseinander; der *Stern* hatte die Organisation schon 1960 verlassen.[288] Das Ende des seinerzeit (auf Drängen der Politik) nach mehreren Anläufen gegründeten Gremiums, das sich zum Schutz vor Indizierung verpflichtet hatte, auf sittlich anstößige Bilder und Texte zu verzichten,[289] demonstrierte in aller Anschaulichkeit, dass Sittlichkeitsgebote und kommerzielle Interessen in der sich herausbildenden Konsumgesellschaft gänzlich unvereinbar waren.[290] *Quick* und *Revue* präsentierten Mitte der sechziger Jahre im Schnitt auf jedem zweiten Titelbild eine mehr oder weniger nackte Frau. Als sogenanntes Bond-Girl trat Ursula Andress im Bikini 1962 in »James Bond jagt Dr. No« auf, der Auftaktfolge der britischen Geheimdienst-Filmreihe, die rasch populär wurde. Der Bikini war zwar schon Mitte der vierziger Jahre (nach Vorbildern aus der Antike) kreiert worden, und seine Trägerinnen, darunter Marylin Monroe und Brigitte Bardot, hatten bereits international für Furore gesorgt. Dass Andress jedoch einen Filmauftritt im knappen Bade-Zweiteiler hinlegte, war neu und setzte Maßstäbe in Sachen öffentliche Hüllenlosigkeit. Über die ökonomischen Entscheidungsprozesse der Illustriertenverlage, die dazu führten, dass sie auf Freizügigkeit setzten, ist kaum etwas bekannt, aber es ist evident, dass sie in einem zunehmend von Freizeit geprägten Alltag dem Sex den ersten Rang unter den Unterhaltungsstoffen einräumten. Sex diente als Antriebsmotor des (Massen-)Konsums. Nicht nur die Blätter gingen auf Kundenfang damit, und zwar mit Erfolg.

Die Bundesprüfstelle für jugendgefährdende Schriften wartete lange,

ehe sie es wagte, deswegen gegen die großen Verlagskonzerne vorzugehen.[291] Die erste Illustrierte, die sie (auf Antrag gleich dreier Bundesländer) beschlagnahmen ließ, kam aus dem Hause Gruner + Jahr: Im August
1963 geriet der *Stern* auf den Index, nachdem der Spitzenreiter unter den
auflagenstarken Illustrierten detailreich über den schlüpfrigen Politskan-
dal berichtet hatte, der Großbritannien gerade erschütterte. Die Tatsache,
dass die 21-jährige Christine Keeler ein Verhältnis mit dem britischen
Kriegsminister John Profumo hatte und gleichzeitig auch mit einem sowjetischen Geheimdienstagenten und Marineattaché liiert war, führte in
London zur Krise und schließlich zum Rücktritt der amtierenden Tory-
Regierung. Der verheiratete Familienvater Profumo gab sein Amt schon
im Juni 1963 auf, nachdem offenkundig geworden war, dass er das Unter-
haus, das wegen Spionagegefahr höchst alarmiert war, über seine Liebes-
affäre belogen hatte; auch Premierminister Harold Macmillan konnte sich
nicht mehr halten und trat vier Monate später ab. Der *Stern* griff die Geschichte auf, druckte Aussagen von Keeler und anderen jungen Frauen
und gab Einblicke in die Ermittlungen der britischen Behörden, was wegen der offenbaren intimen Details zur Indizierung führte. Weitere Beschlagnahmen von Illustrierten folgten bald: Von der *Neuen Illustrierten*
wurden 1964 wegen ihrer Serie »Sex im Büro« und der Veröffentlichung
von Werbeanzeigen für Erotikversandhäuser auf Antrag des Bundesinnenministeriums gleich zwei Hefte hintereinander beschlagnahmt, was
brenzlig war, ruinöse Folgen haben konnte und die Fusion mit der *Revue*
vermutlich beschleunigte, denn nach dem Gesetz drohte der Zeitschrift
nun Verkaufs- und Werbeverbot von bis zu einem Jahr. Bundesprüfstel-
lenchef Robert Schilling nannte die sich ausbreitende mediale Sexwelle in
einem Zeitungsinterview das Resultat einer »Sucht«. Resigniert meinte er
darin den Ausdruck eines »Millionenbedürfnisses« zu erkennen.[292]

Eine der ersten publizistischen Lawinen löste schon 1959 die Nitribitt-
Affäre aus. Die *Quick* brachte über die ermordete Frankfurter Edel-
Prostituierte eine mehrteilige Serie und landete damit einen Erfolgscoup.
Unter dem Titel »Erfahrungen und Erlebnisse mit Rosemarie« durfte
Heinz-Christian Pohlmann erzählen, was er über den undurchsichtigen
Fall wusste, der die Sensationslust beförderte und die gesamte Nation in
Atmen hielt. Der eben aus der Untersuchungshaft entlassene Handelsver-
treter war in den Verdacht geraten, die 24-jährige Rosemarie Nitribitt um-
gebracht zu haben, mit der er befreundet gewesen war und von der es

hieß, sie habe höchst einflussreiche Männer gekannt. Da sich Zweifel an seinem Alibi aber nicht erhärten ließen, wurde er nach fast zehn Monaten wieder aus dem Gefängnis entlassen. Nun half er umgehend *Quick*, die eine Prämie von 50 000 Mark aussetzte, den Mörder zu suchen. Die Öffentlichkeit war aufgerufen mitzumachen: »Um der Gerechtigkeit willen – helfen Sie mit!«[293]

Die junge Frau war im November 1957 in ihrem Apartment tot aufgefunden worden, erwürgt und mit einer großen Wunde am Kopf.[294] In Frankfurt war Rosalia Annemarie Nitribitt, wie sie mit vollem Namen hieß, stadtbekannt gewesen, schon wegen ihres eleganten schwarzen Mercedes-Coupé mit roten Ledersitzen. Das Radio laut aufgedreht und ihren weißen Pudel Joe neben sich, fuhr sie damit in der Innenstadt spazieren und ließ Kunden einsteigen, die sie in eines der großen Hotels oder nach Hause begleiteten. Dass eine Prostituierte sich so nonchalant anbot, war vermutlich nicht in vielen Städten gang und gäbe. Aber in Frankfurt, wo sich Banken, Versicherungen und internationale Unternehmen angesiedelt hatten, wo Börse und Buchmesse viele Fremde anlockten, wo große US-Kasernen standen und es an Bars, Nachtlokalen und anderen Vergnügungsstätten nicht mangelte, störte sich kaum jemand an ihr. Anzeigen wegen Belästigung gab es jedenfalls nicht. Dabei erfüllte die »blonde Rosi«, wie die Illustrierten sie nannten, nahezu jedes Klischee eines »verwahrlosten« Mädchens: Sie kam 1933 unehelich zur Welt, wuchs in einem Kinderheim und bei Pflegeeltern auf, wurde als Elfjährige vergewaltigt und ließ sich nach Kriegsende in der Eifel, woher sie stammte, zuerst mit amerikanischen, später mit französischen Besatzungssoldaten ein. Die Fürsorge wurde auf sie aufmerksam, brachte sie in Heime und Besserungsanstalten, von wo sie viele Male floh. Wegen Landstreicherei wurde sie 1951 in Frankfurt festgenommen und nach Abbuße von drei Wochen Haft in das Frauenheim der Arbeitsanstalt Brauweiler eingewiesen. Später blieb sie in Frankfurt, fand Arbeit als Kellnerin und Barfräulein, nannte sich »Mannequin« und lebte alsbald ausschließlich von der Prostitution. Als »motorisierte Dame«, wie es zeitgenössisch hieß, gehörte sie zum kleinen Kreis der Edelhuren, die nicht darauf angewiesen waren, sich an Ausfallstraßen zu postieren oder in Hauseingängen zu warten, um Freier zu finden. Ihr Wagen, Symbol für Luxus und Erfolg, machte sie unabhängig; einen Zuhälter hatte sie nicht. Wer sie ermordet hat, wurde nie herausgefunden.

Gleich nach ihrem Tod kam die Sprache darauf, wie reich sie gewesen war. Denn Rosemarie Nitribitt hinterließ außer ihrem Auto, ihren Pelzen und viel Schmuck auch ein Vermögen von 120 000 Mark. Illustrierte und Boulevardblätter stürzten sich begierig auf ihre Geschichte. Sie füllten ihre Spalten wochenlang mit Einzelheiten über ihr luxuriöses Leben, zu dem Chippendalemöbel, Brillanten, eine Hausbar und ein weißes Telefon gehört haben sollen. »Rosemarie Nitribitt – die große Sünderin« nannte *Wochenend* in Anspielung auf Hildegard Knefs einstige Filmrolle einen Fortsetzungsroman, den es Anfang 1958 brachte; mit dem »Luderleben ihres Busenfreundes Heinz Pohlmann« ging es später weiter.[295] Der Publizist Erich Kuby, der für die *Süddeutsche Zeitung*, den *Spiegel*, den *Stern* und die *Frankfurter Hefte* arbeitete und sich auch als Hörspielautor schon einen Namen gemacht hatte, beteiligte sich umgehend an einem Filmdrehbuch über das Leben der Nitribitt. Nur zwei Wochen nach dem Mord meldete er das Vorhaben bei der Freiwilligen Selbstkontrolle an. Der Streifen »Das Mädchen Rosemarie«, unter der Regie von Rolf Thiele und mit Nadja Tiller in der Titelrolle gedreht, kam im August 1958 in die Kinos und wurde (auch international) ein großer Erfolg.[296] In Deutschland, wo die Zahl der Kinobesucher zu dieser Zeit einen Höhepunkt erreichte, sahen ihn mehr als acht Millionen Zuschauer. Dabei hatte das Auswärtige Amt, das ein eigenes Filmreferat unterhielt, höchste Bedenken geäußert, ihn auf der Biennale in Venedig zu zeigen, denn dem Ausland könnte ein negatives Bild der Bundesrepublik vermittelt werden – dergestalt, dass ihr ökonomischer Erfolg mit moralischem Verfall einhergehe. Als die Presse vom versuchten Vorführverbot erfuhr, waren Spott und Empörung groß. Die *Bild* freute sich am Ende, denn der Film war schließlich doch auf der Biennale zu sehen, noch vor dem Kinostart in Deutschland. »Venedig gewann den Filmkrieg gegen Bonn«, lautete die Schlagzeile.[297]

Im Jahr des großen Filmerfolgs veröffentlichte Kuby außerdem seinen Roman »Rosemarie, des deutschen Wunders liebstes Kind«, der rasch in die zweite Auflage ging; die Übersetzung in fremde Sprachen und weitere Auflagen folgten. Kuby lieferte seine eigene Interpretation des Mordfalls, den er gesellschaftskritisch deutete und zum Anlass einer satirischen Abrechnung mit dem Kapitalismus nahm. Er prangerte Doppelmoral und Heuchelei der im Wirtschaftswunderland reich gewordenen Freier der jungen Frau an und dichtete vieles hinzu. Dass Rosemarie Nitribitt mit Industrie- und Militärspionage zu tun hatte und das Opfer korrupter

Wirtschaftsmagnaten geworden war, stimmte nicht. Der Umstand, dass ihr Tagebuch gefunden worden war, de facto ein Terminkalender mit verschlüsselten Eintragungen, bot in der Öffentlichkeit, wo die *Quick* zur Mörderjagd gerufen hatte, Anlass zu vielerlei Spekulationen. Von Geheimdienstaktivitäten, Abhöranlagen und Erpressungsversuchen wurde gemunkelt, worauf sich auch Kuby einließ, der zeigen wollte, wie ein Mädchen aus einfachsten Verhältnissen seinen Traum vom Luxus mit dem Leben bezahlen musste. Er verstand Buch und Film als »satirisch-kritischen Kommentar auf die Moral von Huren und die Unmoral in Chefetagen«; ihm ging es um die »Erschütterung des Ansehens, welches die Rosemarie-Kunden als Leitbilder unserer Gesellschaft skandalöserweise genießen«.[298] Aber die Gerüchte, wonach Männer aus höchsten Kreisen von Politik und Wirtschaft sie aufgesucht hätten, ließen sich (mit einer Ausnahme) nicht erhärten. Es stellte sich lediglich heraus, dass der 1955 gerade erst aus sowjetischer Kriegsgefangenschaft zurückgekehrte Harald Krupp von Bohlen und Halbach, der jüngere Bruder von Alfried Krupp, dem Leiter des Rüstungskonzerns, einer von Nitribitts Freiern gewesen war. Weitere Kontakte zur Hautevolee der bundesdeutschen Wirtschaft besaß die Ermordete wohl nicht.

Die Nitribitt lieferte reichlich Stoff für die bunten Blätter. Schnell entstanden weitere Kinofilme, etwa »Madeleine Tel. 13 62 11« und »Die Wahrheit über Rosemarie«. Bei Franz Decker, dem Verlag für Sexualliteratur, der seit Jahren ein gutes Geschäft mit der Erotik machte, erschien unter dem Titel »Prostitution und Öffentlichkeit. Soziologische Betrachtungen zur Affäre Nitribitt« 1959 eine wissenschaftlich anmutende Studie über den Mordfall.[299] Gegenstand war die publizistische Reaktion darauf, und der Tenor lautete: Die Zeitgenossen hingen überkommenen moralischen Grundsätzen an. Dies war kein nüchterner Befund, sondern vielmehr eine Behauptung, mit der sich trefflich Werbung für die Erotikbranche machen ließ. Von dieser Absicht zeugen überdies die Werbeanzeigen im Buch: Decker bot zwei Schriften aus seinem Programm über das abenteuerliche Leben von Huren an – »Anruf genügt!« und »Verkaufte Nächte«. Als im Sommer 1960 vor dem Frankfurter Schwurgericht der Mordprozess im Fall Nitribitt begann, berichteten die Illustrierten erneut in allen Einzelheiten; viele Neugierige saßen nun Tag für Tag im Gerichtssaal. Das große publizistische Interesse am Schicksal der jungen Frau zeigte eines: Sex war längst ein Konsumgut geworden.

Die Werbebranche wusste diesbezügliche Fantasien trefflich anzuregen, orientiert am Vorbild USA, wo mittlerweile so gut wie jedes Produkt mit Erotik in Verbindung gebracht wurde. Das neu auf den Markt gekommene Marketing-Fachmagazin *werben und verkaufen (w&v)* konstatierte im Oktober 1963: »Sex überall« und bildete zum Beleg einschlägige amerikanische Zigarettenwerbung ab.[300] Sex im Dienst von Produktreklame gefiel dem Blatt gut. Als es schrieb, es sei aber wohl eher Sache ausländischer Firmen, werbliche Gestaltung mit nackter Haut zu verbinden, erhielt es in großer Anzahl Gegenbeweise, die zeigten, dass Sex längst in der deutschen Werbeästhetik angekommen war und sich als Vermarktungsstrategie bestens etabliert hatte: Deutsche Unternehmen schickten *w&v* zum Beweis erotische Werbeaufnahmen für Sportuhren, Strümpfe, Intimspray, Puder, Stiefel, Krawatten, Klarsichtfolie und sogar für Kohle. Freundlich kommentiert, veröffentlichte das Blatt die Bilder unter dem Aktionstitel »Sex in Anzeigen« sogleich auf Seite eins. Die Fotos dienten (in so gut wie jedem der alle zwei Wochen erscheinenden Hefte) fortan als Blickfang für das eigene Produkt.[301] *Werben und verkaufen* präsentierte außerdem »Die Sexanzeige der Woche«.[302] Als ein Modeheft erstmals auf das Thema setzte, hieß es dazu unter der Überschrift »Kur mit Sex«, es wolle künftig nicht mehr altbacken daherkommen und beginne nun eine »Verjüngungs-, Verschönerungs- und Modernisierungskur«.[303] Die Werbung setzte ganz auf die Gleichung: Sex gleich Fortschritt. Erotik in der Werbepsychologie war ebenfalls ein viel behandeltes Thema des Magazins. Als 1966 das Buch des Münchner Werbeberaters Jörg Nimmergut »Werben mit Sex« erschien, stellte *w&v* es unter dem Titel »Vom Umgang mit Sex« auf einer ganzen Seite vor. Der Rezensent hielt den jungen Buchautor für fleißig, vermisste aber Ideen und meinte am Ende: »Der Sex in der Werbung ist nicht verwerflich, aber man sollte charmanter, liebenswürdiger und kunstvoller mit ihm umgehen als bisher.«[304] Nimmergut erhielt Gelegenheit, im Blatt ausführlich über sein Thema zu schreiben.[305] Als sein Buch 1968 nach einer Gerichtsentscheidung auf den Index der Bundesprüfstelle landete, war *w&v* empört: »Man fragt sich unwillkürlich, ist ein Staat, der Bücher beschlagnahmen läßt, (…) noch demokratisch zu nennen?«[306]

Dass Ermittlungen und Konfiszierungen dem Verkaufserfolg von Waren, die als »sexy« galten, aber nicht das Geringste anhaben konnten, erfuhr zu seiner Freude der ins Visier der Justiz geratene Desch-Verlag. Das Unternehmen verkaufte Mitte der sechziger Jahre viele Titel seiner erotischen Belletristik in Auflagen, die nach Hunderttausenden zählten. Die Indizierung der »Fanny Hill« war die beste Werbung für das Unternehmen. Ein wahrer Kaufrausch setzte ein: Der Münchner Lichtenberg-Verlag und der Kindler-Verlag in Hamburg machten ein großes Geschäft mit »Fanny Hill«, genauer gesagt: mit der »gesäuberten«, um die besonders anzüglichen Passagen gekürzten Taschenbuchversion des Dirnenromans, die juristisch unbeanstandet blieb und nun reißenden Absatz fand. Der Leiter des Lichtenberg-Verlags sagte im Dezember 1965 gegenüber dem *Spiegel*, sein Haus habe schon über 400 000 Exemplare verkauft.[307] Da fremdsprachige Publikationen nicht unter die Indizierung fielen, war im Buchhandel auch die (ungekürzte) englische Originalausgabe des Romans zu haben – in der günstigen Taschenbuchausgabe für 4,50 Mark. Ein Fachmann, der im Prozess gegen Desch ein literaturwissenschaftliches Gutachten abgab, konstatierte angesichts des Verkaufserfolgs schelmisch: »Man ist manchmal aus der Distanz versucht zu sagen, daß ein Verlag nichts Besseres tun könne als den Volkswartbund zu veranlassen, ein Buch anzuklagen.«[308]

Ende Januar 1968 begann in München der Prozess gegen Kurt Desch. Ein paar Tage lang war der Justizpalast nun das Ziel von Besucherströmen, denn die drei Richter der Großen Strafkammer des Landgerichts lasen den inkriminierten Roman abwechselnd öffentlich vor, was aus rechtlichen Gründen zu geschehen hatte. Zwar sprachen sie mit monotoner Stimme, wie jemand enttäuscht gegenüber der Boulevardpresse sagte, doch der Umstand, dass es den verbotenen Roman wenn schon nicht zu lesen, so doch wenigstens zu hören gab, war eine große Attraktion und Anlass zu Gespött; die Zahl der Besucher sank wieder, nachdem die letzte Zeile vorgetragen worden war.[309] Die Staatsanwaltschaft forderte für Desch eine Geldstrafe von 120 000 Mark. Aber die Richter entschieden im Februar 1968, dass der Verleger freizusprechen sei, denn es war ihm nicht nachzuweisen, dass er sich über den Charakter des Romans im Klaren gewesen war. Allerdings bestimmte das Gericht, dass »Fanny Hill« unzüchtig im Sinne von Paragraph 184 sei. Die Münchner Kammer bestätigte damit die bestehende Rechtspraxis und verfügte, dass sämtliche in Umlauf befindlichen Exemplare des Buches sowie alle Druckplatten unbrauchbar zu machen seien, denn: Der Roman sei kein Kunstwerk höchsten Ranges, sondern Pornografie und gehöre auch nicht zum Kanon der Weltliteratur. Dass es in Literaturgeschichten und literarischen Lexika

nicht genannt werde, zeige, wie wenig das Buch im allgemeinen Kulturbe-
wusstsein etabliert sei. Das Gericht dekretierte: »Kunst ist am Sittengesetz
zu messen.«[310] Im Urteil stand zudem, »Fanny Hill« verletze »das Scham-
und Sittlichkeitsgefühl des literarisch aufgeschlossenen, literar-historisch
interessierten, aber fachlich nicht vorgebildeten Durchschnittslesers in
geschlechtlicher Hinsicht«.[311] Vom sittlich anstößigen Charakter des Romans war das Gericht nicht zuletzt deshalb überzeugt, weil der Text eine
Vielzahl von Begriffen, Umschreibungen und Metaphern für die männlichen und weiblichen Geschlechtsorgane enthielt. In der Urteilsschrift
waren sie alle (einschließlich der Seitenangabe) akribisch zusammengetragen worden.[312] Die Richter kritisierten auch, dass das Buch »fast ausschließlich natürliche (cum grano salis ›natürliche‹), unnatürliche und
widernatürliche Möglichkeiten geschlechtlicher Befriedigung vorführt,
ohne sachlich zu unterrichten, wissenschaftlich zu erklären, zeitgeschicht-
lich zu informieren oder historisch zu dokumentieren«.[313] Dies waren
recht hochgesteckte Erwartungen an einen Dirnenroman, sie zeigen jedoch trefflich, welch zentrale Rolle Kulturemphase im Zusammenhang
mit Sexualität spielte.

Dass im Prozess eine ganze Reihe von namhaften Wissenschaftlern
bestellt wurde, um Expertisen über »Fanny Hill« abzugeben, war eine
noch junge Praxis im justiziellen Umgang mit sittlich anstößigen Publikationen. Es war bis in die frühen sechziger Jahre nicht üblich gewesen,
Sachverständigengutachten einzuholen, um zu bestimmen, was unzüchtig war, denn diese Entscheidung war stets der richterlichen Kompetenz
vorbehalten geblieben. Im Zuge der sich weiter ausbreitenden Verwissenschaftlichung der Sexualität, die nun nicht mehr nur in Händen von
Naturwissenschaftlern, sondern zunehmend auch bei Soziologen, Psychologen und Geisteswissenschaftlern lag, wuchs die Aufgabe nun den Fach-
experten zu. Der Germanist Wilhelm Emrich, der an der Freien Universität Berlin lehrte, nannte »Fanny Hill« vor Gericht einen künstlerisch
geglückten und hervorragend geschriebenen »Roman von bedeutendem
geistes- und kulturgeschichtlichem Interesse«. Nach seinem Dafürhalten
handelte es sich um ein geistreiches »moralphilosophisches Kunstwerk«
und keinesfalls um Pornografie. Seine Expertise war im Kern ein Plädoyer
für eine moderne Sexualmoral, namentlich für die Sexualaufklärung der
Jugend. Laut Emrich hatte die Sexualpsychologie gezeigt, »daß gerade die
Unkenntnis sexueller Vorgänge und der sexuellen Organe zu schweren

neurotischen Störungen und zu entsprechend katastrophalen Liebes- und Ehebeziehungen führt und damit die sittliche Persönlichkeitsbildung überhaupt ganz verhindern kann. Wenn daher beim modernen Leser die Lektüre dieser Szenen ›Ärgernis‹ hervorruft, so fällt dies auf den Leser selbst zurück.« Das Mädchen Fanny Hill sei zum »hörigen, ahnungslosen Objekt einer völlig pervertierten bürgerlichen Moral geworden«, betonte er und verhehlte mit einem Seitenhieb auf die bildungsbürgerlichen Gegenwartsansprüche nicht, dass er den Roman für einen zeitlosen Schlüsseltext hielt, der lehre, die wahre von der falschen Moral zu unterscheiden. Denn immerhin sei es der Titelheldin geglückt, »das gesamte pervertierte Moralsystem der bürgerlichen Gesellschaft zu sprengen«.[314] Auch der Sexualwissenschaftler und promovierte Germanist Hans Giese, der in vielen einschlägigen Verfahren als Sachverständiger auftrat, wurde gehört. Ein neutraler Fachmann war er nicht. Uhse hatte seine Expertise schon zu Beginn ihres Konflikts mit der Justiz zu nutzen versucht, sein Privatinstitut hatte sie dazu als staatliche Stelle ausgegeben; aber die Gerichte gingen Anfang der fünfziger Jahre auf ihren Wunsch nicht einmal ein.[315] In seinem Gutachten zu »Fanny Hill« betonte Giese, der Uhse seit Längerem als sexualwissenschaftlicher Ratgeber zur Seite stand,[316] dass Autor Cleland vulgäre und obszöne Ausdrucksweisen gerade vermeide. Er hob den ästhetischen Wert des Romans hervor und kam zu dem Schluss, dass feinsinnige Ironie und Humor dem Text jeden unzüchtigen Charakter nähmen und gewissermaßen entsexualisierende Wirkung hätten. Das Buch war für Giese ein »Kunstwerk von Rang«.[317]

Der Publizist und Journalist Willy Haas, der Philologe und Professor für Rhetorik in Tübingen Walter Jens, der Baseler Sprach- und Literaturwissenschaftler Heinz Rupp sowie der Philosoph und Schriftsteller Ludwig Marcuse äußerten sich im Verfahren ebenfalls zustimmend zum Buch. Sie alle unterstrichen die literarische Bedeutung von »Fanny Hill« und bekundeten ihr Unverständnis für die Indizierung. Rupp erklärte mit Blick auf den Volkswartbund unumwunden, der Roman könne nicht einfach »von irgendeiner obskuren Anstalt aus der Weltliteratur verbannt werden«.[318] Die Richter am Münchner Landgericht hielten die gutachterlichen Ausführungen in Bezug auf Sprache und Stil zwar für überzeugend, waren sich jedoch ebenso sicher, dass dem Buch trotz der anderslautenden Expertisen ein unzüchtiger und schamverletzender Charakter anhaftete.

Die Staatsanwaltschaft präsentierte ebenfalls einen Gutachter: den emeritierten Professor für Germanistik Hermann Pongs aus Stuttgart. Recherchen der Presse und von Deschs Verteidigern förderten zutage, dass Pongs, der auf Vorschlag des Volkswartbunds eingeladen worden war, sich schon in den zwanziger Jahren zum Rassismus bekannt hatte und ein glühender Anhänger des NS-Regimes gewesen war. Mit dem »Kleinen Lexikon der Weltliteratur«, das er 1954 herausbrachte, hatte er sich auch nach Kriegsende für eine rechte literarische Avantgarde stark gemacht. Die Enthüllungen veranlassten die Staatsanwaltschaft schließlich, auf das Gutachten des 79-Jährigen zu verzichten.[319] Einmal mehr erwies sich die Auseinandersetzung über die Sittlichkeit damit als Schauplatz des schwierigen Umgangs mit der NS-Zeit. Die *Kieler Nachrichten* kommentierten: »Ein Staatsanwalt, der seinen wegen nationalsozialistischer Vergangenheit heftig umstrittenen ›Sachverständigen‹ im Gerichtssaal plötzlich zurückpfeift, das ist ohne Zweifel ein weiteres Novum in der Geschichte unserer Justiz.«[320] Die Presse stand ganz auf der Seite des Angeklagten Kurt Desch. Die *Welt* schrieb von einer anachronistischen »Treibjagd« auf den von ihm verlegten Roman und warf dem Gericht vor, Recht und Gesetz zu unterlaufen. »Wer so beharrlich vom ›Dirnenleben‹, von der ›Verherrlichung des zügellosen Geschlechtstriebes‹ und von der ›Schilderung unzüchtiger Einzelheiten‹ spricht, dem ist die Freude an der Liebe selbst suspekt, und er überrascht nicht mehr, wenn er schließlich die ›Anschauung verdorbener Volkskreise‹ ins Treffen führt. Er würde nicht einmal verblüffen, wenn er über ›Entartung‹ fabulierte.«[321] Der Schriftsteller und Journalist Jost Nolten schrieb in der *Welt*: »Hier wird der Kunstvorbehalt der Verfassung mit Hilfe des Strafgesetzbuches ironisiert.« Die Justiz hüte eine »Moral, die keine ist«, und fördere »mittelständische Illusionen von der ›sauberen Liebe‹, die geradewegs in die Massenneurose führen«.[322] Die *Frankfurter Rundschau* nannte das »Fanny-Hill«-Verfahren eine »Justizkomödie«; die *Süddeutsche* meinte, einem »auffallend zeitfern, weltfremd anmutenden Prozeß« beizuwohnen.[323]

Der Volkswartbund stand ganz in der Aufmerksamkeit der Presse. Anlass dazu war Anfang 1968 eine Beleidigungsklage gegen Generalsekretär Weyer, der in einem Zeitungsinterview zwei Gutachter im »Fanny-Hill«-Prozess der Käuflichkeit bezichtigt hatte. Die Betroffenen, Wilhelm Emrich und Hans Giese, erstatteten umgehend Strafanzeige.[324] Das Verfahren wurde zwar eingestellt, weil Weyer sich darauf berufen konnte, von der Presse missverstanden worden zu sein. Dennoch schadete der miserable Ruf des Verbands nun zunehmend der katholischen Kirche, die schon seit den späten fünfziger Jahren einen vielgestaltigen Richtungswechsel vornehmen wollte: hin zu Offenheit, Dialogbereitschaft und Anpassung an die sich pluralisierende Gesellschaft. Zu diesem Zweck griff sie zu sozialwissenschaftlichen Mitteln, beispielsweise zu Umfragen, um neue – moderne – Formen der Seelsorge anzuregen und Anhänger zurückzugewinnen, die sie bereits in hoher Zahl verloren hatte.[325] Die Kirche wollte sich als soziale Institution öffnen und rückte im Zuge des Zweiten Vatikanischen Konzils, das von Oktober 1962 bis Dezember 1965 stattfand, von ihrer Fundamentalopposition gegen die Moderne ab. Sie bekannte sich zu Individualisierung, Dialog und Kommunikation und begann einen von größter Wandlungsdynamik und hohem Erwartungsdruck bestimmten Prozess des Aufbruchs mit dem Ziel, sich als geistig-moralisch prägende Kraft zu reetablieren. Aber die angekündigte Erneuerung blieb am Ende weitgehend aus. Im katholischen Kirchenvolk machten sich Verunsicherung, Enttäuschung und Krisenstimmung breit. Zwischen kirchlichen Werten und gesellschaftlichen Interessen bestand nur mehr wenig Übereinstimmung, und kirchlich-religiöse Deutungsmuster büßten an Plausibilität ein. Die fortschreitende Entkirchlichung, im Zuge derer die Kirche ihre Funktion als überzeitliche Institution sozialer Heilsvermittlung verlor, hatte gerade im Umgang mit Sexualität ihre Ursache. Dass Papst Paul VI. in der Enzyklika »Humanae Vitae« vom Juli 1968 die chemische Empfängnisverhütung verbot und kirchlichen Autoritätsanspruch in Fragen der Sexualmoral erhob, bedeutete in den Augen vieler Katholiken erheblichen Glaubwürdigkeitsverlust und beförderte kirchenkritische Einstellungen. Durch das Verbot künstlicher Empfängnisverhütung büßte die katholische Kirche letztlich ihre Autorität in Fragen der Lebensführung und im Bereich der Familienpolitik, ihren ureigenen Feldern also, allmählich ein.[326]

Der Volkswartbund erhielt die Abwehr gegen die moderne Welt indes beharrlich aufrecht. Den kirchlichen Reformansätzen zum Trotz misstraute der Verband weiterhin der Meinungs- und Pressefreiheit, verstand sich noch immer als Speerspitze der Hochkultur und galt in den Augen der Öffentlichkeit damit als prototypisch für den gescheiterten kirchlichen Reformanspruch auf Autoritätsabbau und Veränderung der Wertprioritäten. Für die katholische Kirche, die um ihre Gläubigen bangen musste, wurde der weit über Köln hinaus bekannt gewordene und viel bespöttelte Verband zur Belastung. In der Regierung besaß der Volkswartbund keinen Fürsprecher mehr, seit Wuermeling im Zuge der Regierungsneubildung, die die Spiegel-Affäre ausgelöst hatte, im Dezember 1962 aus dem Kabinett ausgeschieden war. Als der 82-jährige Kölner Kardinal Joseph Frings im Februar 1969 aus Altersgründen von seinem Amt zurücktrat, verlor der Volkswartbund auch noch seinen einflussreichsten geistlichen Förderer. Selbst im Erzbischöflichen Generalvikariat Köln hieß es über den Verband schon seit Längerem recht skeptisch, er »erntet viel Spott und erzielt wenig Erfolg«.[327] Es war dann nur noch eine Frage der Zeit, bis die Kirche ihn aufgab. Im August 1969, ein halbes Jahr nach Frings' Rücktritt, war es so weit: »Der Volkswartbund macht besser Schluß«, lautete im Generalvikariat der Kommentar, der handschriftlich unter ein von Generalsekretär Weyer verfasstes Schreiben gesetzt wurde.[328] Dessen fünfseitiger Brief an die Verbandsmitglieder war ein (später) Ausdruck von Krisenbewusstsein und der unbeholfene Versuch, den Verband neu zu strukturieren: »Mit Ihrer Hilfe – und nur so – wird der Volkswartbund in der Lage sein, sich zu einer Institution fortzuentwickeln, die nicht als ein Relikt einer verklemmten Zeit angesehen werden kann, die vielmehr über ein Instrumentarium und über die geistig-sittliche Potenz verfügt, in einer gewandelten Gesellschaft dem eigentlichen Wohl des Nächsten zu dienen, indem neue Chancen zu seiner persönlichen Selbstentfaltung gegeben werden.« Weyers (vergeblicher) Hilferuf verriet viel darüber, wie isoliert der Volkswartbund, der nur noch am sektiererischen Rand der Gesellschaft agierte, dastand.[329] Es bestätigte sich, was in manchen Kreisen schon gemunkelt worden war: Die Deutsche Bischofskonferenz ging auf Distanz zu ihrem Sittlichkeitsverein. Als Erstes büßte der Verband im April 1971 seinen Namen ein. Umbenannt in »Zentralstelle für Sexualethik und Sozialhygiene« und mit der Bundesarbeitsstelle Aktion Jugendschutz verschmolzen, bestand die bischöfliche Arbeitsstelle zwar unbemerkt von der Öffentlichkeit noch einige Zeit fort. Im Mai 1975 verschwand sie aber sang- und klanglos ganz und ging in der für die Jugendhilfe zuständigen Katholischen Sozialethischen Arbeitsstelle Hamm auf.[330]

Die Sittlichkeitswächter hatten dem Aufstieg der Erotikindustrie ihrer Rhetorik zum Trotz nie etwas anhaben können. Wie einflusslos sie auch künftig bleiben sollten, stellte Beate Uhse vollends unter Beweis, als sie

1965 ihre Konzerngründung in Angriff nahm. Ihrem Laden in Flensburg fügte sie nach und nach Geschäfte hinzu, die sich über die gesamte Bundesrepublik und schließlich auch weit darüber hinaus verteilten: Zunächst eröffnete sie in Hamburg ein Selbstbedienungsgeschäft – mit »Lese- und Informationszentrum«. Schon 1966 folgten Läden in Frankfurt und West-Berlin.[331] Überall ließ sie sich mitten in der Innenstadt nieder. Ihr Standort war die Fußgängerzone, der Ort des pulsierenden Massenkonsums und prosperierenden Wirtschaftslebens im Herzen der Großstädte und Schauplatz der Wohlstandsexplosion, die das Land seit Jahren prägte. Uhses Schaufenster, Werbeplakate und ihr weithin bekannter Name brachten Sexualität buchstäblich in die Mitte der (bürgerlichen) Gesellschaft. In Berlin residierte sie gegenüber der Gedächtniskirche – auf zwei Stockwerken hinter einem Schaufenster von 18 Metern Länge. Der katholische *Rheinische Merkur* war nicht auf dem Laufenden, als er im Juli 1966 unter der Überschrift »Die Halbseidenen« über den Boom des Erotikversandhandels berichtete und angesichts von dessen branchenspezifischer Diskretion meinte, Sex sei eine Ware, »die man nicht zu Markte trägt«.[332]

Der Einstieg in die Konsumgesellschaft begann für die Haushalte mit mittlerem Einkommen bereits Ende der fünfziger Jahre; Arbeiterhaushalte und Haushalte mit geringem Einkommen schafften es Mitte beziehungsweise Ende der Sechziger ebenfalls, an der Konsumversorgung teilzuhaben. Zu Beginn der Großen Koalition lagen die Löhne und Gehälter fast doppelt so hoch wie Anfang der fünfziger Jahre. Die ökonomischen Umwälzungen waren Ausweis von Wohlstand und Wirtschaftskraft. Die bundesdeutsche, überhaupt die westeuropäische Wirtschaft hatte historisch beispiellose Wachstumsraten vorzuweisen. Uhses Erfolg spiegelte die sozioökonomische Entwicklung wider; die gestiegene Kaufkraft floss auch und gerade in den Erotikmarkt. Im Jahr 1967 eröffnete sie ein Geschäft in Nürnberg; zwei Jahre später besaß sie auch Läden in Düsseldorf, Hannover, Ludwigshafen, Saarbrücken, Stuttgart und in Westerland auf Sylt. Auf der Insel war der Andrang im Sommer 1968 so groß, dass ein Schild an die Ladentür kam: »Wegen Überfüllung geschlossen«.[333] Auf einem Werbezettel, der wegen seines leuchtenden Orange alles andere als unauffällig war und auf dessen Rückseite für »happy-Zäpfchen«, »Sex-Spiel. Hingabe und Ekstase« und andere viel gekaufte Produkte angepriesen wurden, listete Uhse alle ihre Läden auf, jeweils mit genauer Adresse und der Angabe »3 Minuten vom Bahnhof Zoo«, »3 Minuten von der Hauptwache« und

»inmitten der City«. Ganz unten stand, sozusagen als Vorsichtsmaßnahme zu lesen: »Diese Informationen sind nur für interessierte Erwachsene bestimmt. Bitte nicht auf die Straße werfen!«[334] Uhses Umsatz war schon Ende der fünfziger Jahre in die Millionen gegangen.[335] In den Sechzigern stiegen die Zahlen nochmals rasant: von rund zehn Millionen 1965 auf 18,5 Millionen im Jahr darauf und auf 20,8 Millionen ein weiteres Jahr später. Im Herbst 1969 machte die 50-Jährige mit ihrem Großbetrieb einen Umsatz von sage und schreibe 35 Millionen Mark. Sie besaß nun bundesweit 17 Läden. Im Jahr 1971, als es bereits 26 waren, eröffnete sie in Amsterdam ihr erstes Auslandsunternehmen, in Wien ging eine Alleinvertretung für Österreich in Betrieb, und in Kew Gardens bei London gründete sie im selben Jahr eine Versandfirma.[336] Das Auslandsgeschäft hatte sich binnen kurzem enorm entwickelt; dass in Frankreich ein Prozess wegen Verletzung der guten Sitten und Verstoßes gegen die Zollvorschriften gegen sie im Gange war, störte nicht weiter.[337] Uhse belieferte Erotikversandhäuser in der ganzen (westlichen) Welt.[338]

Gestaltungsoptimismus, Fortschrittsglaube und Zukunftssicherheit waren ihr Credo – und die Stützen der Reform- und Machbarkeitseuphorie der sechziger Jahre. Uhses Produkte zu kaufen bedeutete ihren Werbebotschaften zufolge, ein weltanschauliches Bekenntnis abzulegen, genauer: die Moderne in das Privatleben zu holen und jede Rückwärtsgewandtheit abzulegen. Aufbruchsstimmung war der kulturelle Antrieb der Zeit, und Sexualität bot dafür ein großes Entfaltungsfeld. Modernisierung und Reform wurden als Herausforderung an die Gesellschaft und als wichtige Aufgabe der Politik verstanden. Als modern galten wirtschaftliches Wachstum und Industrialisierung, Individualisierung und Demokratisierung, Wissenschaft und Konsum. Dass der Erotikmarkt boomte, war denn auch ein gesellschaftliches Symptom: Die Vorstellung von der Befreiung von überkommenen Wertvorstellungen und staatlicher Vormundschaft waren daran ebenso geknüpft wie die Gewissheit von Fortschrittlichkeit und die Begeisterung am Selbstgenuss. Eine neue Sexualordnung stand demnach für Aufklärung, Rationalität und für die liberalen Prinzipien der Selbstbestimmung und freien Entscheidung. Sexualität war mithin in der Selbstwahrnehmung vieler Zeitgenossen eine Triebkraft gesellschaftlichen Fortschritts, der Sex-Boom stand im Zeichen des emanzipatorischen Ethos. In den neuen Möglichkeiten des Konsums spiegelten sich Aufbruchstimmung, Gestaltungszuversicht und Sinnsuche wider. Eine konsumorientierte moderne Gesellschaft, so die Annahme, habe althergebrachte Normvorstellungen zu überwinden. Nicht die Sittlichkeit diente mehr als sozialer Leitwert, sondern die (nicht weniger konstruierte und deutungsoffene) Fortschrittlichkeit. »Glücklich – ein Leben lang« verhieß 1967 Beate Uhses Warenkatalog.

Die Firmenchefin war so gewieft, ihre Publikationen gleich selbst auch dorthin zu vermitteln, woher Bestellungen sicher nicht eintrafen: an Universitäten. Auf eine Pressemeldung hin, dass die Freie Universität Berlin nur ein einziges sexualkundliches Werk in ihren Beständen habe, nämlich Theodoor Hendrik van de Veldes »Die vollkommene Ehe« aus dem Jahr 1926, ergriff sie die Initiative und spendete der Universitätsbibliothek 17 Werke zur Sexualkunde, allesamt wissenschaftliche Fachbücher, wie sie betonte.[339] Der »Fanny Hill«-Prozess sicherte Uhse nun die anhaltende Aufmerksamkeit der Presse. Damit der willkommene Werbeeffekt anhielt, stattete sie Journalisten mit reichlich Informationen aus. In ihrem Pressereferat entstand die »Beate Uhse-Story«, ein fünfseitiges, eng beschriebenes Manuskript über die Biografie der Chefin und die Geschichte des Unternehmens sowie seines Umsatzes seit den bescheidenen Anfängen im Dörfchen Braderup. »Ihr Lebensstil ist nicht an äußerem Glanz orientiert«, hieß es darin.[340] Dass ihr Büro schlicht sei, sie ohne »repräsentativen Aufwand« auskomme und auch privat die »einfache Lebensform« bevorzuge, wurde ebenso mitgeteilt wie die Tatsache, dass sie eine Frau von »frischer Natürlichkeit« sei. Engagiert, zielstrebig, umsichtig, sparsam, bodenständig – dies waren die Attribute ihrer Selbstbeschreibung. Kurz: Beate Uhse war eine sympathische, patente Person. Die erste Version der »Beate Uhse-Story« datierte von 1968 und wurde (wie auch später folgende Texte) an Zeitungen, Presseagenturen und Fernsehsender verteilt. Auf der (Selbst-)Darstellung beruhten und beruhen seither sämtliche Veröffentlichungen über die Unternehmerin. Die *Hamburger Morgenpost* behielt den Titel gleich bei, als sie im Februar 1969 – das Flensburger Schöffengericht hatte gerade ein (bald wieder aufgehobenes) Urteil gegen Uhse verhängt – eine Serie herausbrachte. »Die Beate Uhse-Story« erschien in dem Boulevardblatt nun für eine Weile täglich. »Gemeinsam zum Gipfel des Glücks«, lautete der Auftakt, und am nächsten Tag war zu erfahren, dass die Firmenchefin gleich mehrfache Millionärin war.[341] Dass sie mit der deutschen Bevölkerung die Erfahrung des Krieges und der Notjahre teilte und aus dem Nichts einen großen, florierenden Betrieb aufgebaut hatte – gegen alle Widerstände vonseiten der Justiz, die ebenfalls nicht unerwähnt blieben[342] –, dürfte ihr in der Öffentlichkeit weithin Respekt (und viele Käufer) eingebracht haben.

Die Zahl von Uhses Kunden belief sich 1968/69 auf über zwei Millionen. Annähernd drei Viertel davon waren zwischen zwanzig und vierzig Jahre alt. Eine geschickt formulierte, im Kern aber wirre Statistik im Firmenkatalog, in der es hieß, die Käufer stammten aus allen Berufsgruppen, suggerierte, das Gros komme aus akademischen Kreisen: »20 % aller Akademiker (jeder 5.), 6,7 % aller Angestellten (jeder 15.), 3,4 % aller Angestellten, Lehrer und Soldaten (jeder 29.), 3,3 % aller Arbeiter (jeder 30.), 2,3 % aller Selbständigen bzw. Angehörigen freier Berufe (jeder 44.), 10,9 % der landwirtschaftlich tätigen Bevölkerung (jeder 11.) sind hier Kunden.«[343] Uhse warb neue Besteller Mitte der sechziger Jahre mit Hilfe von Gutscheinheften gezielt unter den frisch Vermählten und den jungen Müttern, von denen sie annahm, sie seien an Verhütung besonders interessiert; ihre mittlerweile 265 Mitarbeiterinnen und Mitarbeiter machten die Adressen bei den Standesämtern ausfindig. Zwar untersagte die Postordnung seit Längerem den Versand anstößiger Werbeschriften (sowohl als Drucksache als auch als Postwurfsendung),[344] aber kaum ein Postamt beachtete die Vorschrift. Als das Bundesministerium für Familien- und Jugendfragen gemeinsam mit dem Bundesinnenministerium, dem Bundesjustizministerium und dem Ministerium für das Gesundheitswesen den Werbeversand »aus der Sexualsphäre« künftig systematisch von der Post überprüfen lassen wollte, machte der Bundespostminister den Initiatoren einen Strich durch die Rechnung. Er erklärte das Vorhaben schlichtweg für undurchführbar.[345]

Modernisierung und Rationalisierung lauteten die Prinzipien von Uhses Unternehmensführung. Den Fotos in ihren Katalogen war regelmäßig zu entnehmen, wie hochtechnisiert ihr Betrieb ausgestattet und wie perfekt organisiert er war: Seriöse ältere Damen im weißen Kittel nahmen an großen, modernen Telefonanlagen Anrufe entgegen; in einem hellen, bis unter die Decke mit sehr aufgeräumten Regalen gefüllten Raum verpackten junge Frauen im Arbeitskittel Päckchen für die Kunden; in den vielen Schubladen eines riesigen, wohlsortierten Schranks lagerten die Kundenakten. »Mehr als eine Million Karteikarten sind hier versammelt. Täglich werden tausende ergänzt, berichtigt, ein-, aus- und umsortiert«, informierte sie 1961.[346] Dasselbe ließ sich über jeden anderen Großbetrieb sagen und zeigen. Die Unternehmerin schickte ihre Mitarbeiter regelmäßig auf betriebswirtschaftliche Fortbildungen. Das »Beate Uhse Versorgungswerk«, zu Weihnachten 1960 gegründet, bot der Belegschaft eine zusätzliche betriebliche Alters- und Invalidenrente. Deren Höhe lag bei 80 Prozent des letzten Gehalts, was einer Informationsbroschüre zufolge bedeutete, »daß der Betriebsangehörige in seiner Altersversorgung praktisch einem Beamten gleichgestellt ist«.[347] Die Chefin war immer auf dem neuesten Stand der Technik. Auf einem automatischen Anrufbeantworter konnten Kunden auch nachts und an Sonn- und Feiertagen ihre Bestellungen aufgeben.[348] Sie führte die in Deutschland noch kaum verbreitete elektronische Datenverarbeitung ein.[349] Mit »Bull Gamma 30« hatte im Sommer 1966 der große, alte Karteikasten der Firma ausgedient. Der Großrechner verwaltete fortan Kundenkartei, Auftragsbearbeitung, Lagerhaltung und Rechnungswesen. »Der Computer schreibt die Kunden-Versandpapiere, kontrolliert den Preis der Waren, addiert die Positionen, schreibt Rechnungen, Packzettel und Aufklebeadressen sowie Nachnahmezahlkarten, erledigt die Einkaufsdisposition, führt Lager- und Bestandskontrolle, Verkaufskontrolle der Fachgeschäfte, Umsatz- und Artikel-Statistiken, übernimmt Auswahl und Adressierung von Käufergruppen und die Werbeerfolgskontrolle«, so fasste Uhse auf einer Pressekonferenz zusammen, was die Maschine alles leistete.[350] Ihre Kunden ließ sie in einer Werbebroschüre wissen, dass sie nicht zögere, das »›elektronische Zeitalter‹ zu betreten«, und eine Rechneranlage in Betrieb nehme, die »an Schnelligkeit, Genauigkeit und Vielseitigkeit alle menschlichen Möglichkeiten weit überbietet«.[351]

In einem neu errichteten Erweiterungsbau, von dem die *Frankfurter Allgemeine Zeitung* unter der Überschrift »Ehehygiene in Erfolg umgemünzt« schrieb, er habe rund 3,5 Millionen Mark gekostet,[352] vereinigte Beate Uhse Ende der sechziger Jahre sämtliche Abteilungen ihres Unternehmens: Verlag, Wäschekonfektion und pharmazeutische Produktion. Der hochmodern ausgestattete Neubau in der Flensburger Gutenbergstraße, dem ersten Bau und Kern des späteren Industrieviertels der Stadt, ging nach neun Jahren Konzipierungs-, Planungs- und Bauzeit in Betrieb. Zur Einweihung im August 1969 sagte die stolze Chefin in ihrer Ansprache: »Im Zeitalter erfolgreicher Mondflüge muß die modernste Bürotechnik selbstverständlich sein.«[353] Avantgardistisch sei das neue Gebäude, schrieb sie in der Hauszeitung und versprach ihren Mitarbeitern, sie würden künftig »in einer Arbeitsatmosphäre leben, die dem Jahre 1975 entspricht«.[354] Am Firmenbau verdiente die örtliche Bauwirtschaft gut.[355] Zur großen Feier, über die der Norddeutsche Rundfunk im Fernsehen berichtete und für die eine siebenseitige Gästeliste mit mehreren hundert Namen zusammengestellt worden war, erschienen viele örtliche Honoratioren, was zeigte, wie anerkannt Uhse angesichts ihres geschäftlichen Erfolgs mittlerweile war. Stadträte kamen, der Oberpostrat war dabei, auch der Vizepräsident der Industrie- und Handelskammer fehlte nicht, und Oberbürgermeister Heinz Adler (SPD) hielt vor den rund 350 Gästen eine Rede: »Flensburg hat zwei Unternehmen von weitreichender Bedeutung: das Kraftfahrtbundesamt und Beate Uhse. Beide führen große Karteien. In die eine kommt man unfreiwillig und ungern, das ist die Verkehrssünderkartei. In Beate Uhses Kundenkartei kommt man freiwillig und gern. Man könnte sie Anti-Verkehrssünderkartei nennen.«[356] Eingeladen waren auch ein Regierungsdirektor vom Finanzamt, alle Bankdirektoren der Stadt, viele Journalisten, außerdem Hans Giese sowie der dänische Generalkonsul. Ob sie alle teilnahmen, ist nicht überliefert, auch nicht, ob Werner Jungeblodt dabei war, der Leiter der Bundesprüfstelle für jugendgefährdende Schriften, der ebenfalls auf der Einladungsliste stand.

Die wabenförmig angelegten Großraumbüros im neuen Haus galten in der Öffentlichkeit als Muster effizienter Arbeitsorganisation. Ihre Ausgestaltung mit gelbem Teppichboden, blauen Möbeln, orangefarbenen Stellwänden, Plastiksesseln in weiß und lila, Papierkörben in rot und gelb und einer Raumdekoration aus großen weißen Papierblumen (die Arrangements aus bunten Luftballons verschwanden nach dem Eröffnungsfest wieder) wurden von der Presse als Inbegriff eines hochmodernen Betriebs gelobt. Um das Wohlbefinden der Belegschaft zu steigern, drang aus der schallschluckenden Wabendecke leise Hintergrundmusik, und eine automatisch gesteuerte Klimaanlage sorgte in der »Bürolandschaft« für eine angenehme Raumtemperatur. »Pausenzonen« mit Kaffeeküchen und Sesseln aus Schaumgummi gab es auch. »Fortschrittlichste Büromöbel« waren angeschafft worden. Eine freitragende breite Treppe zwischen den Stockwerken kam, wie es hieß, der Kommunikation zugute. Im Obergeschoss arbeiteten »Chef«, so die betriebsinterne Bezeichnung für Uhse, ferner die Werbeabteilung, das Zentralsekretariat, der Führungsstab, das Lektorat und die Referate für Organisation, Presse und Recht, während unten die Telefonzentrale, die Poststelle und die Abteilungen für Auftrags-

Ein mustergültiger Betrieb: Beate Uhse konnte sich mit ihrem Sohn Ulrich (links) und Stellvertreter Melzer vor dem neu eröffneten Versandhaus über allseitige Anerkennung freuen.

bearbeitung und Rechnungswesen untergebracht waren. Trennwände gab es nicht. Die *Zeit* war begeistert und sprach vom »Bürogarten Eden«.[357]

Im traditionell von Männern dominierten Unternehmertum stand Beate Uhse für neue Akzente des Managements und eine von Kreativität, Mitbestimmung und Humanität getragene Mitarbeiterführung. Sexualität hatte sich in der öffentlichen Wahrnehmung auch in dieser Hinsicht zum Exerzierfeld des Fortschrittsparadigmas entwickelt. Die Firmenchefin versäumte es nicht, in Werbebroschüren die Arbeitsabläufe ihres Betriebs in Wort und Bild festzuhalten und das rundum zufriedene Personal zu Wort kommen zu lassen. Sie zeigte darin ausgiebig das neue, moderne Haus, das in der Flensburger Öffentlichkeit seiner (eigentlich achteckigen) Form wegen »Sex-Eck« hieß.[358] Besonders betonte sie die Arbeitseffizienz und die heitere, gelöste Atmosphäre im Großraumgebäude: »Die Vorgesetzten sitzen nicht isoliert, sondern inmitten ihrer Arbeitsgruppen«, hieß es in einem Prospekt, und in der Hauszeitung stand über die Chefin: »Jeder kann sie sehen.«[359] Uhses Betrieb war nun auch ein Thema für das Fach-magazin *werben und verkaufen,* das von der hochtechnisierten Ausstat-tung beeindruckt war, vor allem von der Datenverarbeitungsanlage und dem elektrischen Brieföffner, durch den, wie es hieß, täglich 13 000 Briefe flitzten. »Alle sechs Sekunden«, so das Blatt, wandte sich jemand an Beate Uhse.[360] Die staatlichen Behörden konstatierten Anfang 1969, sie besitze das größte Erotikunternehmen im Land.[361] Wahrscheinlich noch im sel-ben Jahr (das Datum lässt sich nicht genau feststellen) kaufte sie ihre stärkste Konkurrenz auf, die Stuttgarter »Gisela«.[362] Die *Bild-Zeitung* nannte sie eine »Sex-Millionärin«. Viele Tageszeitungen berichteten aus-führlich über sie und dies nicht selten, wie beispielsweise die *Münchner Abendzeitung,* auf einer ganzen Seite. In den Illustrierten erschienen schon seit Längerem große Reportagen.[363] Presseagenturen im In- und Ausland verbreiteten ebenfalls Berichte. Staunen erregte in anderen Ländern, dass sie ihre frivole Ware ganz ungeniert bewarb und genauso anbot wie jedes andere Großunternehmen auch. Das *Time Magazine* informierte seine Le-ser über ihren »Supermarket for Eros«, in dem es beispielsweise Bonbons zu kaufen gebe, »that are supposed to make reluctant fräuleins more ko-operative«, die zögerliche Fräuleins also sozusagen zur Zusammenarbeit bewegen sollten.[364] Beate Uhse war weit über die deutschen Grenzen hin-aus eine berühmte Persönlichkeit.

Von der Unsittlichkeit zur Pornografie

Im Sommer 1969 fiel das aufsehenerregende Gerichtsurteil in der Causa »Fanny Hill«. Der Spruch des Bundesgerichtshofs stellte im justiziellen Umgang mit unzüchtigen Schriften einen epochalen Wendepunkt dar. Kurt Desch hatte in Karlsruhe gegen die Entscheidung des Münchner Landgerichts Revision eingelegt, wonach »Fanny Hill« ein unzüchtiges Buch sei. Rund 2500 Exemplare hatte er ebenso wie die Druckplatten un-brauchbar machen müssen. Die Richter am Bundesgerichtshof befanden am 22. Juli 1969 aber, »Fanny Hill« sei ein Werk der erotischen Literatur und ausdrücklich kein unzüchtiges Buch. Damit fiel in dem Verfahren, das die *Süddeutsche Zeitung* zu Recht »zeitfern« und »weltfremd« genannt hatte,[365] ein sozusagen zeitgemäßes Urteil. Der Roman präsentierte nach Meinung des Gerichts zwar eine Vielzahl von Schilderungen sexueller

Erlebnisse und Empfindungen. Doch er verherrliche sexuelle Ausschweifungen nicht, sondern zeige vielmehr, wie eine junge Frau, von der Liebe angeleitet, aus der Prostitution herausfindet und ein »bürgerliches Leben« aufnimmt. Clelands Roman durfte fortan wieder verkauft werden – und lag alsbald in acht verschiedenen Ausgaben vor.

Mit dem »Fanny-Hill«-Urteil änderten sich die Maßstäbe im rechtlichen Umgang mit sittlich anstößigen Publikationen, und der Terminus »Schmutz und Schund« verschwand. Der Justiz, nicht der Exekutive und Legislative kam die Rolle zu, Normen zu setzen – und aufzuheben. Die Politik blieb (jedenfalls auf Bundesebene) auffallend abstinent. Karlsruhe entschied, dass es nicht Aufgabe des Gesetzes sei, Erwachsenen sexualmoralische Vorschriften zu machen. Über Sexualität zu bestimmen müsse fortan jedem Individuum vorbehalten bleiben. Der Staat habe sich aus der Festlegung und Kontrolle der Sexualmoral zurückzuziehen. Die Sittlichkeit als Seins- und Sollensprinzip war damit demontiert. Im Zuge der politisch-kulturellen Werteverschiebung, die nun endgültig zum Durchbruch kam, avancierten Schutz und Entfaltung des Individuums zum zentralen gesellschaftlichen Ziel. Die staatliche Ordnungsfunktion richtete sich nun nicht mehr auf die Regulierung der Sexualmoral der Bevölkerung, sondern vielmehr in hohem Maße auf die Organisation des sich formierenden Sozialstaates. Der Erste Strafsenat des Bundesgerichtshofs war sich der Bedeutungsschwere und Tragweite seiner Entscheidung bewusst. Eine Presseerklärung wurde veröffentlicht, um das Urteil in der Strafsache 1 StR 456/68 zu begründen: »Den Zweck der Gesetzesvorschrift, welche die Verbreitung unzüchtiger Schriften unter Strafe stellt, sieht der Bundesgerichtshof darin, daß die Allgemeinheit vor Äußerungen der Geschlechtlichkeit geschützt wird, die den Grundbestand gemeinsamer Anschauungen der Gesellschaft auf geschlechtlichem Gebiete antasten und dadurch zu Störungen oder Belästigungen des Gemeinschaftslebens führen. Die Anschauungen darüber, was in diesem Sinne gemeinschaftsschädlich wirkt und wo demnach die Toleranzgrenze gegenüber geschlechtsbezogenenen Darstellungen zu ziehen ist (...), sind zeitbedingt und damit dem Wandel unterworfen; zwar hat sich die Rechtsprechung nicht nach den Auffassungen besonders weitherziger oder prüder Kreise zu richten, doch kann sie an einem tiefgreifenden und nachhaltigen Wandel der allgemeinen Auffassungen nicht vorrübergehen, wie er sich in der jüngeren Vergangenheit abgezeichnet hat. Dieser Wandel hat dazu geführt, daß die Sexualität als ein Grundproblem des menschlichen Lebens offen betrachtet und sachlich erörtert wird, so daß die Schilderung geschlechtsbezogener Vorgänge als solche nicht mehr schlechthin unzüchtig im Sinne des § 184 ist, wenn sie nicht aufdringlich vergröbernd oder anreißerisch ist und dadurch Belange der Gemeinschaft stört oder ernsthaft gefährdet.«[366]

Die Bundesprüfstelle für jugendgefährdende Schriften musste »Fanny Hill« nun vom Index streichen und zugeben, dass der Roman doch ein literarisches Kunstwerk sei. Die Behörde sprach von einem »Grenzfall« und zum Amüsement der Presse vom »privilegierten Ausnahmetatbestand des Kunstvorbehalts«.[367] Die Zeitungen machten sich über die Prüfstelle schon seit Längerem lustig: Die *Süddeutsche Zeitung* schrieb von der Bad Godesberger »Reizschrifttumskammer«,[368] und für besonderes Vergnügen sorgte die neue Telefonnummer der Behörde: 6 66 66.[369] Die Presse begrüßte die Entscheidung der Karlsruher Richter im »Fanny-Hill«-Verfahren einhellig. Der *Spiegel* lobte ihre Aufgeschlossenheit.[370] Die *Lübecker Nachrichten* empfahlen, die Bundesprüfstelle nach dem »überflüssigsten Prozeß dieses Dezenniums« unverzüglich aufzulösen: »Ist nun der Zeitpunkt gekommen, daß die Moral einer mündigen Welt endlich nicht mehr von den Behörden verwaltet und gelenkt wird, daß sie selbst ihre Maßstäbe anlegen darf, was ihr frommt und was nicht?«[371] Wie sehr die Justiz im Umgang mit der Sittlichkeit jahrelang agiert habe, brachte Bundesanwalt Max Kohlhaas, der Jahre zuvor schon das gerichtliche Verbot von Kondomautomaten kritisiert hatte, gegenüber dem *Spiegel* zum Ausdruck, als er sagte, »Fanny Hill« sei verglichen mit den seit Langem überall zu kaufenden Illustrierten beinahe ein »pensionatsreifes Buch«.[372] Als Vertreter des Generalbundesanwalts war Kohlhaas im »Fanny-Hill«-Prozess der Repräsentant der Anklagebehörde; umso bemerkenswerter war seine Stellungnahme. Er ließ keinen Zweifel daran, dass das Gericht an seine Auffassung von Sexualität auch ein neues Staatsverständnis knüpfte, denn: »Der Staat darf nicht kontrollieren, was ein Erwachsener lesen darf.«[373] Kohlhaas erklärte in der Presse zudem, die Konfrontation zwischen dem Volkswartbund und der Freiheit sei im Zweifel zugunsten der Letzteren zu entscheiden.

Flensburg stellte nach dem Urteilsspruch des Bundesgerichtshofs das Verfahren gegen Beate Uhse Mitte Oktober 1969 ein.[374] Mit der Verurteilung der Unternehmerin sei angesichts der Rechtslage nicht zu rechnen, hieß es resigniert. Die Staatsanwaltschaft war sich der Peinlichkeit der Lage bewusst und schrieb überaus gewunden, dass »aus verfahrenspsychologischen Erwägungen« Ansehenseinbußen der Strafverfolgungsbehörden zu vermeiden seien.[375] Mittlerweile war in Karlsruhe auch das Verfahren vor dem Bundesverfassungsgericht in Bewegung gekommen. Im November 1967 hatte das Gericht auf Nachfrage angekündigt, im Laufe eines Jahres eine Entscheidung treffen zu wollen. Aber im März 1969, als es wegen ausstehender Beweismittel immer noch nicht so weit war, hieß es, dringende Fragen seien noch offen. Das seit dem Spätherbst 1961 anhängige Verfahren war das mit Abstand älteste, mit dem sich das Bundesverfassungsgericht beschäftigte.[376] Noch immer wurde vor allem im Zusammenhang mit der Alterskontrolle und auch wegen des Vertriebs von FKK-Schriften gegen Uhse ermittelt. Erst am 23. März 1971 traf der Erste Senat des Bundesverfassungsgerichts eine Entscheidung, die sich an zwei Leitsätzen orientierte.[377] Der eine besagte, dass das mit dem Schmutz- und Schund-Gesetz 1953 erlassene Verbot von Publikationen der Nacktkultur mit dem Grundgesetz unvereinbar sei. Denn der Schutz der Meinungs- und Informationsfreiheit beziehe auch FKK-Anhänger ein.[378] Der zweite Leitsatz wies in eine andere Richtung: Die in der Gesetzesnovelle von 1961 verankerte Bestimmung, wonach es dem Versandhandel untersagt war, jugendgefährdende Schriften zu vertreiben und vorrätig zu halten, sei nicht verfassungswidrig. Zur Begründung hieß es, der Jugendschutz genieße im Grundgesetz herausragende Bedeutung.[379] Da Erwachsene nicht auf den Erotikversandhandel angewiesen seien, um die Produkte zu erwerben, liege auch keine staatliche Bevormundung vor.

Beate Uhse konnte am Ende rundum zufrieden sein: Das Landgericht Flensburg stellte das Verfahren im Dezember 1971 ein. Die Staatskasse trug ihre Gerichtskosten, und von den 37 000 Mark, die sie für zwei Anwälte und mehrere Gutachter ausgegeben hatte, übernahm die Kasse außerdem noch knapp die Hälfte.[380] Anzeigen und Gerichtsverfahren gegen Uhse blieben aber auch Anfang der siebziger Jahre nicht aus: Im Jahr 1970 begannen Ermittlungen wegen des Verkaufs von Pralinen mit aphrodisierender Wirkung. Die Leckereien mit dem Namen »Nous deux-Spezial« enthielten zugesetzte »Lebenselexiere«; die Dutzend-Packung gab es zu 10,80 Mark. Da Uhse deshalb wegen Verstoßes gegen das Lebensmittelgesetz angeklagt wurde, bot sie die Pralinen schließlich ohne Johimbehe und Muria Puama an, Substanzen, die wissenschaftlichen Erkenntnissen zufolge tatsächlich sexuell anregend wirken. Sie ersetzte sie durch Koffein, Teein und Cola-Stoffe, warb aber weiterhin damit, dass ihre Pralinen die Liebeskraft erhöhten, was sie auch von ihrem Amatella-Likör und ihrem Cythera-Cocktail behauptete. Die nächste Anklage lautete deshalb auf irreführende Werbung.

Das Pralinen-Verfahren ging durch insgesamt fünf Instanzen – und endete im August 1973 mit Freispruch.[381] Ermittlungen gegen Uhse im Zusammenhang mit dem Versand an Minderjährige wurden zur selben Zeit eingestellt, nachdem ans Licht gekommen war, dass die Adressverlage, mit denen sie kooperiert hatte, für die Fehler verantwortlich gewesen waren. Ihr Geschäft blühte. Der Fotoband »Helga und Bernd« (für den Uhse 1969 auch bei Jugendlichen warb), in dem, vorgeführt von einem in Ganzkörpertrikots steckenden Paar, Liebesstellungen demonstriert wurden, war einer ihrer erfolgreichsten Titel und verkaufte sich für 19,80 Mark das Stück binnen kurzem über 300 000 Mal.[382] Das Verwaltungsgericht Köln erklärte 1971, der in Uhses Stephenson-Verlag erschienene Roman »Einer zuviel im Bett« sei nicht jugendgefährdend, sondern vielmehr eine Parodie auf die Sexwelle; das Buch wurde daraufhin vom Index gestrichen.[383] Als ein Münchner Verlag 1970 »Josefine Mutzenbacher« herausbrachte, einen Dirnenroman in zwei Bänden, der im Wien der Jahrhundertwende spielte, hatte die Geschäftsfrau schon mit der Indizierung gerechnet. Sie warb für das von einem unbekannten österreichischen Autor 1906 verfasste Buch mit den Worten: »Wenn ich Ihnen einen Rat geben darf, bestellen Sie Ihr Exemplar möglichst schnell. Wegen seiner harten Erotik ist zu erwarten, daß es nicht lange lieferbar sein wird.« Tatsächlich gelangte »die Mutzenbacher« umgehend auf die Liste der Bundesprüfstelle. Uhse und eine Reihe weiterer Erotikunternehmer, zu deren Sortiment der Roman gehörte, wurden angeklagt, und Beschlagnahmen wurden in Gang gesetzt. Aber schon im April 1971 endeten die Ermittlungen wieder.[384] Es war nach Einschätzung der Behörden sinnlos geworden, den Roman aus der Öffentlichkeit zu verbannen. Noch im Erscheinungsjahr war »Josefine Mutzenbacher« nämlich in die Kinos gekommen. Der Film (mitsamt seinen Fortsetzungen) wurde ein großer Kassenerfolg – genauso wie die ebenfalls verfilmte »Fanny Hill«. Arthur Brauner initiierte schon 1964 in West-Berlin eine deutsch-amerikanische Filmkömodie über das Leben der Dirne aus John Clelands Roman und engagierte dafür Russ Meyer, der sich in den USA bereits als Sexfilm-Regisseur einen Namen gemacht hatte.

Sexualität, besser: Sex, schon seit den fünfziger Jahren ein Feld der Konsumorientierung, war mittlerweile längst zum (konsumierbaren) Freizeitvergnügen geworden. Zu den unmittelbaren Folgen gehörte unter anderem der Massenzulauf zu den Kinofilmen von Oswalt Kolle. Der Absolvent einer Landwirtschaftslehre hatte für die *Frankfurter Neue Presse*, die *Bild-Zeitung* in Hamburg und einige andere Boulevardzeitungen gearbeitet; seit 1957 war er als freier Autor tätig. In der *Quick* veröffentlichte Kolle 1960 die Serie »Alle Liebe dieser Welt«. Dort erschien im selben Jahr auch seine erfolgreiche Fortsetzungsfolge »Dein Kind, das unbekannte Wesen«. Die *Neue Revue* veröffentlichte die Folgen »Deutscher Mann, das ist deine Frau« und »Deutsche Frau, das ist dein Mann«. Der 36-Jährige brachte es zudem als Buchautor zu Bestsellererfolgen: Im Jahr 1964 erschien »Dein Kind, das unbekannte Wesen« als Auftaktband seiner Sexualaufklärungstrilogie; drei Jahre später folgten »Dein Mann, das unbekannte Wesen« und »Deine Frau, das unbekannte Wesen«, hervorgegangen aus Kolles Illustriertenserien. Im Sommer 1969 brachten die drei Bücher es auf eine Auflage von 300 000 Exemplaren,[385] 17 fremdsprachige Übersetzungen folgten. Kolles erster Film »Das Wunder der Liebe. Sexualität in der Ehe« kam im Januar 1968 (nach einer Artikelserie in der *Neuen Revue*) in die Kinos und wurde in fast zwei Dutzend Länder verkauft; im Herbst folgte der zweite Teil »Sexualität in der Partnerschaft«. »Zum Beispiel Ehebruch« und »Liebe als Gesellschaftsspiel« lauteten weitere Titel. Bis 1973 drehte Kolle acht Filme, die in der Bundesrepublik rund 26 Millionen Zuschauer in die Kinos lockten; weltweit sollen es insgesamt 140 Millionen gewesen sein.

Oswalt Kolle stand ganz in der Tradition Kinseys, den er als Propheten des Fortschritts feierte. Gerade einmal zwanzig Jahre alt, übersetzte er Teile aus Kinseys soeben erschienenem ersten Band ins Deutsche.[386] Wie der Amerikaner, den er sich zum Vorbild nahm, erhob auch er gesellschaftsverändernden Anspruch. Kolle, empört über die rechtlichen Repressionen gegen Homosexuelle, über Doppelmoral und Kuppelei-Paragraph, wollte Sexualität aus den Zwängen der Moral befreien, einen Bewusstseinsprozess in Gang setzen und Kinseys wissenschaftliche Erkenntnisse nicht nur popularisieren, sondern auch bereichern: Es ging ihm um Romantik und um die Botschaft, dass Sexualtät gewissermaßen erlernbar sei, wobei er wie Kinsey den Orgasmus zum Zentrum und Maßstab der Sexualität erklärte. Ziel des Ehelebens sei es, »so oft wie möglich gemeinsam und gleichzeitig den Orgasmus zu erleben«.[387] Auch Kolle stellte die Ehe nicht in Frage, sondern verstand seine Arbeit im Gegenteil als Beitrag zu ihrer institutionellen Förderung. Er wollte sie gewissermaßen erotisch-sexualtechnisch reformieren, von Einfallslosigkeit befreien und als Säule der modernen Wohlstandsgesellschaft etablieren. Dies zu betonen, war durchaus geboten, um Schnittauflagen der Filmselbstkontrolle zu entgehen. Die recht betuliche Gestaltung von Kolles Filmen, die schon die Zeitgenossen für alles andere als gewagt hielten, war der gängigen Kontrollpraxis geschuldet. Um das Placet zu erhalten, musste Kolle in Sprache und Bildsprache vorsichtig agieren, um am Ende zu vermitteln, was er sagen wollte: Wer prüde ist, verpasst das Leben. Liebesszenen erschienen in einem seiner Filme in blau unterlegten, schematischen Schwarz-Weiß-Bildern, waren unterbrochen von sachlich-wissenschaftlichen Kommentaren, und es fielen Sätze wie dieser: »Männer sind wie Musikanten, Frauen wie Musikinstrumente«.

Seine Streifen bedurften außerdem gutachterlicher Absicherung; der Hinweis »wissenschaftliche Beratung: Prof. Dr. Dr. Hans Giese« fehlte so gut wie nie. Kolle, der einen steten Kampf gegen die Prüforgane (vor allem ihre kirchlichen Repräsentanten) führte,[388] kooperierte eng mit Hans Giese, mit dem er befreundet war. Viele seiner Filme beginnen mit einem Fachgespräch, das er mit dem Sexualwissenschafter führte; der Psychologe und Kinsey-Anhänger Wolfgang Hochheimer, nun Direktor des Instituts für Pädagogische Psychologie an der Pädagogischen Hochschule Berlin, nahm ebenfalls an einer solchen Gesprächsrunde teil. Überhaupt kooperierte Kolle intensiv mit Medizinern, Psychologen und Sozialwissenschaftlern, ganz der Wissenschaftsorientierung der sechziger Jahre verpflichtet. Er bezog überdies die Ergebnisse ein, die der Gynäkologe William H. Masters und die Psychologin Virginia E. Johnson 1967 in den USA präsentierten. Als Masters & Johnson wurden sie mit ihrem Buch »Human Sexual Response« bekannt, das rasch einen Spitzenplatz in den amerikanischen Bestsellerlisten einnahm und ein Jahr später unter dem Titel »Die sexuelle Reaktion« auch auf Deutsch vorlag. Wie Kinsey rückten sie den Orgasmus ins Zentrum, nahmen aber anders als dieser keine gesellschaftspolitischen Zusammenhänge in den Blick. Ihre Studie beruhte auch nicht auf Befragungen, sondern auf Labormessungen an Probandinnen und Probanden, die sich dafür zur Verfügung gestellt hatten. Was Masters und Johnson über Herz-, Hirnstrom-, Puls- und Atemmessfrequenzen beim Geschlechtsakt herausfanden, präsentierte Kolle sogleich seinem Publikum.[389] Mit Hans

Giese teilte er die Gemeinsamkeit, einen berühmten und gesellschaftlich einflussreichen Vater zu haben, der ihn nach Kräften unterstützte: Kurt Kolle, Psychiatrieprofessor und Direktor der Nervenklinik der Universität München, steuerte zum Buch »Dein Mann, das unbekannte Wesen« einen Beitrag über Homosexualität bei, für deren Tolerierung er sich stark machte.

Es lässt sich nur darüber spekulieren, welchen Anteil Kolles Serien über Sexualaufklärung am Erfolg der (*Neuen*) *Revue* hatten. Die Illustrierte steigerte ihre Auflage von einer Million Exemplare im März 1963 auf 1,7 Millionen zwei Jahre später. Das Blatt überflügelte sogar den *Stern*, der 1965 bei 1,6 Millionen lag, und ebenso die *Quick*, die es auf 1,4 Millionen brachte. Bis 1968, als sie von der *Bunten* übertroffen wurde, die programmatisch nicht auf Sex setzte, was mittlerweile auch ein Garant für Verkaufserfolg war, gab die *Neue Revue* auf dem Illustriertenmarkt den Ton an.[390] Oswalt Kolle avancierte rasch zum Medienstar; sein Name stand wie der seines Kompagnons Giese (der im Sommer 1970 überraschend starb) für den gesellschaftlichen Aufbruch in eine neue Sexualmoral.[391] Kolles (Selbst-)Vermarktung als Volksaufklärer – in der Öffentlichkeit fimierte er als »Sex-Papst« – war durchaus mit dem Wirbel zu vergleichen, den einst Kinsey in den USA ausgelöst hatte. Seine Bücher fanden reißenden Absatz, seine Filme hatten Kult-Status, und ein Modefabrikant plante bereits, mit Kolle Werbung für Damenwäsche zu machen. Die Fachpresse zitierte den Mode-Unternehmer mit den Worten: »Wenn Oswalt Kolle zur Standard-Lektüre der deutschen Haushalte zählt und er eine neue Einstellung zum Sex und dem Leben zu zweit propagiert, dann wird das seine Auswirkungen auf Mieder- und Wäschemoden haben.«[392] Die Zeitschrift *Jasmin* brachte die erste »Homestory« über Kolle, seine Frau Marlies und die drei Kinder des Paares.[393] Das im März 1968 von Axel Springer gegründete Blatt nannte sich »Zeitschrift für das Leben zu zweit« und kam jede Woche mit einer neuen Folge des Lexikons der Erotik auf den Markt, die diskret – und aufreizend – im ungeschnittenen Beiheft erschien. Mit vielen farbigen Fotos berichtete *Jasmin* auch über Beate Uhses modernen Neubau.[394] Der *Spiegel* widmete dem Sex nun eine Titelgeschichte – unter der Überschrift »Schau-Lust oder neue Moral?«[395] Angesichts des Kolle-Booms fragte das Magazin nicht ohne freundliche Ironie: »Wer kann schon von sich behaupten, vom Manne wie von der Frau auf der Straße für die Inkarnation des sexuellen Fortschritts erachtet zu werden?«[396]

Kolle erhielt eine Fülle von Zuschriften, denn er hatte die Leserinnen und Leser der *Neuen Revue* angeregt, sich zu ihren sexuellen Erfahrungen zu äußern, also von ihrer Ehe zu berichten und darüber, wie sie sexuell aufgeklärt worden waren. Dass vor allem Frauen ihm schrieben, lag an seinen Geschlechterbildern: Kolle wies Männer in seinen Serien als unsensibel, brutal und hart aus, Frauen hingegen als zärtlich, gefühlig und verständnisbedürftig. Er war kein Fürsprecher der Emanzipation; vielmehr hielt er an den tradierten Stereotypen fest und war vermutlich gerade deswegen vertrauenerweckend.[397] Sosehr Kolle gegen die Reglementierung der Sexualmoral vorging und seine Orientierung am Fortschritt betonte, so wenig stellte er das hierarchische Geschlechterverhältnis in Frage. Er folgte hier durchaus alten (bürgerlichen) Mustern, was zeigt, wie vieldeutig und wenig konturiert der »Aufbruch« in eine neue Sexualmoral letztlich war. Kolle blieb den Befunden und Wertungen Kinseys verhaftet; die Entwicklung, die seit den fünfziger Jahren im Zusammenhang mit der sozialen Stellung der Frauen stattgefunden hatte, hielt er offensichtlich für unbedeutend. Dass er am herkömmlichen Geschlechtermodell festhielt, lief am Ende auf die Botschaft hinaus, der Wandel der Sexualmoral sei sozial verträglich, die Furcht davor demnach überflüssig und unbegründet.

Die Briefe seines Lesepublikums brachten zum Ausdruck, welch enorme Bedeutung Kolle als öffentlicher Ratgeber in Sexualfragen besaß.[398] Sein Name war das Markenzeichen für sexuelle Aufklärung. Er fungierte als Arzt, Ehe- und Lebensberater in einer Person; nicht selten titulierten ihn seine Leser mit »Dr. Kolle«. Sie vertrauten ihm intimste Geheimnisse an, erzählten ihm ihre Lebensgeschichte und dankten ihm überschwenglich. Nur sehr selten wurden kritische Stimmen wie diese laut, als ein Mann aufgebracht schrieb: »Machen Sie Schluß, Herr Kolle!«[399] Manche Schreiben wurden in der *Neuen Revue* veröffentlicht, bisweilen mit einem Ratschlag versehen. Aber anders als Kinsey, der keine Anfrage und keine Bitte um Auskunft unbeantwortet gelassen hatte, reagierte Kolle auf die vielen Zuschriften nicht. Wer Hoffnung auf seinen persönlichen Rat gesetzt hatte, wurde enttäuscht. Die meisten Frauen, von denen er Briefe erhielt, waren Hausfrauen, Lehrlinge, Arbeiterinnen und Studentinnen, sie lebten auf dem Land, waren verlobt oder verheiratet, einige auch bereits geschieden; im Durchschnitt waren sie zwischen zwanzig und dreißig Jahre alt. Sie schilderten in bemerkenswerter Offenheit und von einem erstaunlichen Mitteilungsbedürfnis getrieben häusliche Sexualkonflikte. Viele erzählten freimütig, sie würden Ehebruch begehen, weil sie sich von ihrem Mann kritisiert und unverstanden fühlten: »Was mir verweigert wurde in der Ehe, finde ich außerhalb: Zärtlichkeit, Verständnis, Anerkennung, sexuelle Befriedigung.« Männer wiederum beklagten sich über Selbstmitleid und Gefühlskälte ihrer Ehefrauen.

Die vielen Briefe zeigen nicht nur, wie groß der Ratgeberbedarf in Sexualfragen war, sie machen auch deutlich, in welchem Maße die enorme Selbstoffenbarung letztlich eine Folge der Sexualaufklärungsserien war. Sexualität wurde in den Illustrierten als beratungsbedürftig konzipiert. Auf der Basis genauer Angaben über Symptome und Ursachen von Krisen im Geschlechterverhältnis stellten die Leser Selbstdiagnosen und formulierten Therapiewünsche. Äußerungen über Sexualität wurden als eine Möglichkeit betrachtet, sich selbst (expertengestützt) zu verhandeln. Die Blätter boten das Forum zur Problematisierung des sexuellen Selbstverständnisses und erzeugten einen stetig wachsenden Bedarf an neuen Informationen. Die Ausweitung der Kommunikation über Sexualität war ebenso kennzeichnend für die sechziger Jahre wie der Umstand, dass auf dem Wege des medialisierten Beratungswesens Regeln zur Definierung der Lebensführung und der eigenen (Geschlechts-)Identität aufgestellt wurden, damit das Individuum letztlich werden konnte, was die Serien propagierten: Teil einer für modern erklärten (Sexual-)Partnerschaft. Die Illustrierten waren der Schauplatz, auf dem Privates öffentlich ausgebreitet und Informationsbedarf in durchaus auch gesundheitlichen Fragen mit (schlüpfriger) Unterhaltung verknüpft wurde, um Leser zu binden. Die Selbstbespiegelung ehelichen Unglücks, die in den Briefen an Oswalt Kolle facettenreich dokumentiert ist, sagt viel aus über die enorme Wirkung dieser medialen Strategie. Reflexionen über die epochalen Veränderungen und Neuerungen im Umgang mit Sexualität finden sich in den Zuschriften hingegen nicht. Die Pille wurde vereinzelt gelobt, da sie die Angst vor ungewollter Schwangerschaft nehme und Selbstbestimmung ermögliche, aber als einschneidendes Ereignis, etwa als Inbegriff sogenannter sexueller Befreiung dank medizinischen Fortschritts nahmen weder männliche noch weibliche Zeitgenossen ihre Einführung wahr. Dass die Pille die »sexuelle Revolution« ausgelöst habe, wie spätere Deutungen lauteten (und lauten), ist eine Fehlannahme. Als sich ihr Mitte der sechziger Jahre ein Massenmarkt eröffnete und sie alsbald zum *Lifestyle*-Medikament aufstieg, waren die Schlachten um die sexualmoralische Enttabuisierung schon geschlagen. Die Umwälzungen in Sachen Sexualität hätten auch ohne die Freigabe der chemischen Kontrazeption stattgefunden. Zwar beschleunigte die Pille die Entwicklung, wofür Wissenschaftsgläubigkeit und Innovationsbegeisterung sorgten, aber sie führte auch zu Unsicherheiten. Die Briefschreiberinnen, die sich an Kolle wandten, klagten über Gewichtszunahme und andere Nebenwirkungen der hohen Hormondosierung und stellten Fragen wie diese: »Wie liebt man mit der Pille?«

Mit Sexualaufklärung und Ratgeberrubriken erzielte das Jugendmagazin *Bravo* zur selben Zeit ebenfalls große Erfolge. Das Blatt brachte es binnen kurzem auf eine Auflage von einer halben Million Exemplare. Es war über Umwege aus der ersten kommerziellen Jugendzeitschrift in der Bundesrepublik, der 1953 gegründeten *Rasselbande*, entstanden, 1956 unter dem Namen *Bravo* als Programmheft für Film und Fernsehen im Münchner Verlag Kindler und Schiermeyer begründet worden und nannte sich schon bald die »Zeitschrift mit dem jungen Herzen«. Sexualität war (neben Musik und Filmstars) schon früh ihr Thema. Auf kommentierten Leserbriefseiten wurde seit Anfang der sechziger Jahre schließlich auch Sexualaufklärung betrieben, die mittlerweile zur medialen Marktstrategie gehörte. Als der Heinrich Bauer Verlag *Bravo* 1968 kaufte, rückten die einschlägigen Berichte ins Zentrum. Nun hießen die Serien nicht mehr (wie noch in den Fünfzigern) »Knigge für Verliebte« oder »Eine Reise ins Wunderland der Liebe«. Jetzt stand Sexaufklärung im Mittelpunkt jeder Ausgabe, ganz nach dem Motto »Jugend und Sex 68«, wie der Titel einer 15-teiligen Serie lautete. *Bravo* sprach indes nicht von Serien, sondern in Reminiszenz an Kinsey von »Reports« – etwa »Entdecke deinen Körper« oder »Die Geständnisse eines Neunzehnjährigen«. *Bravo*, ohnehin das Medium der Jugendkultur, avancierte nunmehr zur Instanz in Sachen Sexualaufklärung für junge Leute. In Leserbriefecken boten als Experten deklarierte und mit Doktortitel versehene Autoren Rat und Auskunft über die körperliche Liebe. 7000 Anfragen sollen die Redaktion jede Woche erreicht haben; vor allem Mädchen baten um Hilfe. Die Auflagenzahl der *Bravo* lag Anfang der siebziger Jahre bereits bei über einer Million Exemplaren; das Blatt war – so sein Slogan – »Deutschlands größte Zeitschrift für junge Leute« und in der Selbsteinschätzung Anwalt aller Jugendlichen.[400]

334

Dass der Kolle-Boom, die Blüte des Erotikmarktes und die Sexwelle in den Illustrierten und Magazinen zeitlich mit Vorstellungen von sexueller Befreiung der jugendlichen Protestgeneration zusammentrafen, hatte keinen Kausalzusammenhang, sondern war eher ein atmosphärisches Phänomen. Bei allen Unterschieden und betonten Abgrenzungen – Kolle und Uhse galten der Studentenbewegung als von Kommerz getriebene »Scheinliberale« ohne revolutionäre Interessen[401] – gab es im Ergebnis indes eine Gemeinsamkeit. Sie lag in der Überzeugung vom therapeutischen Zweck der Sexualität, der Ansicht also, Sexualität stehe im Mittelpunkt jeder Selbsterkenntnis und sei von zentraler Bedeutung sowohl für die Konstituierung der Persönlichkeit als auch für die Schaffung der modernen Gesellschaft. Sexuelle Befreiung, ob konsumistisch oder antikonsumistisch, war im Kontext des zeitgenössisch zunehmenden Psycho-Booms demzufolge ein Weg selbsttherapeutischer individueller wie gesellschaftlicher Identitätsfindung.[402] Dies und der daran geknüpfte Fortschrittsglauben bildeten den gemeinsamen Nenner. Im Vergleich zur Hoch-Zeit der Sittlichkeitsverfechter hatten sich nun zwar die Zuschreibungen grundlegend verändert. Aber die beispiellose Überhöhung der Sexualität als Kern sozialen Selbstverständnisses war weitgehend gleich geblieben.

Sex war Mitte der sechziger Jahre in der Öffentlichkeit so populär, dass sich selbst damit Werbung machen ließ, dezidiert nicht darauf zu setzen. »Gemüt vor Sex«, schrieb ostentativ die Rundfunk- und Fernsehzeitung *Hör zu!*, um sich von den Illustrierten abzugrenzen und Inserenten zu gewinnen. Das Blatt war mit 4,2 Millionen Exemplaren (im Jahr 1962) nicht nur die auflagenstärkste Publikation auf dem bundesdeutschen Pressemarkt, sondern übertraf alle bunten Blätter auch an Leser-Reichweite; elf Millionen lasen die *Hör zu!*.[403] Wenngleich die programmatische Distanzierung auf eine gewisse Übersättigung am Sex schließen lässt, brauchte sich die Erotikbranche um ihr Auskommen keine Sorgen zu machen. Nach Einschätzung eines Staatsanwalts war der Markt »zum Geschäft des Jahrhunderts geworden«.[404] Ladenketten, Verlage und Versandhäuser hatten sich in großer Zahl in der Bundesrepublik Deutschland etabliert. Doch auch europaweit entstand ein gigantischer Markt, auf dem fortan die skandinavischen Länder immer stärker wurden. In Dänemark war nach dem Romanerfolg von »Fanny Hill« das Verbot unzüchtiger Schriften 1967 mit großer Parlamentsmehrheit aufgehoben worden, zwei

Jahre später fielen die Schranken für bildliche Darstellungen ebenfalls. Seither stieg nicht nur die Zahl der Erotikversandgeschäfte, sondern auch der Export in die Bundesrepublik.[405] Branchenführerin Beate Uhse sah sich im grenznahen Flensburg harter Konkurrenz ausgesetzt. Magazine und Filmstreifen wurden in Dänemark eigens für das deutsche Publikum aufbereitet. In Kopenhagen fand »Sex 69« statt, die erste Sexmesse der Welt. Auch aus den USA und Frankreich kamen vielerlei Bilder, Filme und Magazine ins Land, darunter der *Playboy*, der (noch) auf dem Index der Bundesprüfstelle stand. Der *Spiegel* widmete der Explosion des Pornohandels eine Titelgeschichte. »Porno« ist vermutlich skandinavischen Ursprungs, dasselbe gilt für entsprechende Wortverbindungen. »Pornometer« nannte beispielsweise ein dänisches Boulevardblatt seine Rezensionsrubrik über Schriften, Schallplatten und andere einschlägige Neuerscheinungen. In den deutschen Sprachgebrauch ging »Porno« rasch ein. Die *Stuttgarter Zeitung* sprach 1967 von einer »Pornowoge«, von »Pornoverlegern« und »Pornobüchern«.[406] Der *Spiegel* schilderte 1969 den Verkauf von »Porno-Ware«, die »unter den Schanktischen der Kaschemmen des Frankfurter Bahnhofsviertels ebenso bereitgehalten« werde »wie in den Kneipen der Stuttgarter Altstadt; sie ist bei St-Pauli-Portiers zu haben und stapelt sich in deutschen Bürgerwohnungen«.[407] Selbst *Kirche und Leben*, die Bistumszeitung für Münster, schrieb über den Erotik-Boom, und zwar ganz im Zeichen des neuen kirchlichen Reformeifers: »Sex wird gekauft und gelebt.«[408]

Der *New York Times* war die Versessenheit der Westdeutschen auf Erotik einen ausführlichen Zweispalter wert.[409] Dass Oswalt Kolle Millionen Kinogänger anlockte und seine Illustriertenserien ein Dauerbrenner waren, wurde ebenso berichtet wie die Tatsachen, dass der »sexual pope« zwei Villen besaß und doch in einem Berliner Luxushotel lebte und dass Beate Uhse mit dem Sex Millionen verdiente und einen ganzen Versandhandel nur für Erotika betrieb. »›For us it's a business‹«, wurde sie zitiert. »The Sexwelle« galt der *New York Times* als ausgemacht deutsches Phänomen, den skandinavischen Einflüssen zum Trotz. Das Blatt zitierte Wolfgang Hochheimer, dessen These plausibel erschien, wonach die deutsche Kauflust in Sachen Sex auf »Frustration« beruhe: Sie sei eine Art (Über-) Reaktion auf die einschlägigen Tabus der NS-Zeit, als Sigmund Freud verboten gewesen war. Zudem sei sie eine Sublimierung des seit der Kriegsniederlage verbotenen Militarismus in Deutschland, denn zwischen

Aggression und sexueller Aktivität bestehe ein Zusammenhang. Das abrupte Ende der langen militärischen Tradition im Land habe in der Bevölkerung eine Leere hinterlassen, die es zu füllen gelte, so der Psychologe und Psychoanalytiker. Studien, die den Zusammenhang nachweisen, stünden aber noch aus.

Die Bundesprüfstelle, nach reichlich öffentlicher Kritik Mitte der sechziger Jahre verunsichert und in eine tiefe »innere Krise« gestürzt, wie Robert Schilling an Bundesinnenminister Höcherl schrieb,[410] sprach nun kaum noch Indizierungen aus. Je höher die Sexwelle schwappte, desto mutloser agierten die Zensoren. Vermutlich um Reformwillen zu demonstrieren, verfügte Bundeskanzler Ludwig Erhard kurz vor dem Ende seiner Amtszeit noch, dem Bundesinnenministerium die Zuständigkeit für die Bundesprüfstelle zu entziehen und sie stattdessen dem Familienministerium unter Bruno Heck (CDU) zuzuordnen; weitere strukturelle Veränderungen erfolgten aber nicht. Auf den 62-jährigen Schilling, der bei seiner Verabschiedung in den Ruhestand im Oktober 1966 das Bundesverdienstkreuz erster Klasse erhielt, folgte nun Werner Jungeblodt, zuvor Amtsgerichtsrat in Dortmund.[411] Um den ehrenamtlichen Mitgliedern des Gremiums Selbstbewusstsein und Arbeitsfreude einzuflößen, wurde für sie Anfang Oktober 1967 ein Empfang beim Bundespräsidenten organisiert. Heinrich Lübke nahm die Bundesprüfstelle in seiner Ansprache demonstrativ vor Anschuldigungen in Schutz und ließ darüber auch eine Presseerklärung verbreiten. Allerdings blieb das Medienecho gleich null, kaum eine Zeitung druckte die Notiz.[412] Jungeblodt gab sein Amt schließlich nach nur drei Jahren wieder ab; Kritik an der Bundesprüfstelle wurde nach wie vor laut, da sie, wie es hieß, unter dem Vorwand des Jugendschutzes Erwachsene bevormunde.[413] Unter Rudolf Stefen, der bis Anfang der neunziger Jahre amtierte, rückte die Indizierung von Gewaltdarstellungen und (sehr) allmählich auch die von politisch rechtslastigen Publikationen in den Vordergrund. Unzüchtige Schriften, Filme und Schallplatten, die noch auf den Index gerieten, stammten so gut wie ausschließlich aus dem Ausland; die Sankt-Pauli-Presse stand aber einige Male darauf.

»Söhne der Sonne«, ein von Beate Uhse publizierter farbiger Bildband mit Männerakten, war 1968 der Verkaufsschlager auf der Frankfurter Buchmesse.[414] In der Stadthalle Offenbach fand Ende August 1970 fünf Tage lang die »Intim 70« statt, die erste Sexmesse in der Bundesrepublik.[415] Kurz zuvor hatte das Fernsehen in einem Werbespot für die Seife

»Fa« erstmals eine nackte Frau gezeigt; etwa drei Viertel aller Haushalte besaßen bereits ein TV-Gerät.[416] »Sex im Volksmund« nannte Ernest Borneman sein Wörterbuch zur »sexuellen Umgangssprache des deutschen Volkes«, ein fast 650 Seiten starkes Buch, das 1971 bei Rowohlt herauskam und drei Jahre später in zwei Bänden als rororo-Taschenbuch erschien, versehen mit dem Untertitel »Der obszöne Wortschatz der Deutschen«. Anlass zu seiner Sammlung des »Volksvokabulars der Liebe und ihrer Abarten«, die von der Reformation bis zur Gegenwart reichte, war die Einschätzung des Remigranten, das Schriftdeutsch sei steril und kraftlos. Von der »Entmannung« der Sprache schrieb Borneman, der erfolgreicher Krimiautor war und autodidaktische Studien als Anthropologe und Sexualkundler betrieb, und gerade den Erotik-Versandhäusern und Illustrierten attestierte er eine »Kastratensprache«.[417]

Das Motto »sex sells« galt auch für linke Publikationen. Sexuelle Freiheit war nach ihrer Deutung Bestandteil politisch-gesellschaftlicher Freiheit, und die Forderung danach bündelte die Kritik an gesellschaftlichen Zwängen und Repressionen. Die Avantgarde der studentischen Protestbewegung der sechziger Jahre setzte unverhohlen auf nackte weibliche Haut: *Konkret*, *Spontan*, *Pardon*, *Twen* – kaum ein Blatt verzichtete darauf, und alle steigerten durch die Doppelstrategie »Porno und Politik« ihre Auflagenzahlen in sechsstellige Höhen.[418] Eine Reporterin von *Twen* verkaufte eine Woche lang bei Beate Uhse – »eifrig«, wie es in der Hauszeitung des Konzerns für Ehehygiene hieß.[419] Auch *Konkret* schrieb über Uhse: »Liebe zu kleinen Preisen« stand über einem Artikel, ein anderer handelte von einem Verkaufsgespräch und war »An der Sex-Front« überschrieben.[420] Die Zweifel der protestierenden Jugend an Materialismus und Konsum schlossen den Erotik-Boom zwar ein. Aber das geforderte politisch-gesellschaftlich emanzipatorische Projekt freier Triebbefriedigung, wonach Sexualität der Motor einer neuen Zivilisation war, rechtfertigte im Rahmen eines ebenso widersprüchlichen wie wirkungsvollen Wechselverhältnisses zwischen Populärkultur und Gegenkultur nach eigener Überzeugung die Übernahme der konsumistischen Sexwelle. *Konkret* landete aufgrund anstößiger Bilder und Texte im September 1968 auf dem Index.[421] Dass spätere Apologeten des Jugendprotests, darunter Henryk M. Broder und Stefan Aust, für die *Sankt Pauli Nachrichten* arbeiteten, war ein demonstrativer Ausdruck der Forderung nach freier sexueller Entfaltung und gehörte zur kulturellen Selbstinszenierung der Jugendbewegung. Die im

April 1968 als Spaßblatt gegründete Porno-Postille, die sich als links und progressiv verstand, startete mit einer Auflage von täglich 10 000 Exemplaren. Nach drei Monaten waren es schon doppelt so viele, und Ende 1969 erschien das Blatt mit 250 000 Stück; es war nun nicht mehr nur in Hamburg, sondern in der gesamten Bundesrepublik zu erwerben. Die Nachfrage stieg stetig, und im Februar 1970 wurden 1,1 Million Exemplare verkauft. Mit Rubriken für intime Kontaktanzeigen sorgte die Redaktion für eine besondere Attraktion.[422] Die Sankt-Pauli-Presse, die noch weitere Titel umfasste, warf Woche für Woche insgesamt drei Millionen pornografische Blätter auf den Markt. Ähnlich hoch lagen die Auflagenzahlen von *Stern* und *Bunte* zusammen. Der *Spiegel* fand Anfang der siebziger Jahre heraus, dass die Deutschen jährlich 385 Millionen Mark für Erotikartikel und schlüpfrige Schriften ausgaben.[423]

In der Studentenbewegung galt Beate Uhse als kommerziell und spießig, ein Image, das sie loswerden wollte, zumal die für den Sex aufgeschlossene Jugend ein potenzielles Käuferpublikum war. Woodstock lieferte der Firmenchefin das Vorbild, um die Jugend zu begeistern: Das Musikfestival vom Spätsommer 1969, das mehr als 400 000 junge Leute für fast eine Woche in den kleinen Ort im amerikanischen Bundesstaat New York gelockt hatte und seither nicht nur unter Anhängern der Hippie- und Flowerpower-Bewegung Kultstatus besaß, erhielt fast auf den Tag genau im Jahr darauf ein deutsches Pendant. Auf der Ostseeinsel Fehmarn fand Anfang September 1970 über drei Tage hinweg das »open air festival love and peace« statt – mit seiner sechsstelligen (lies: sexstelligen) Summe maßgeblich finanziert vom Beate-Uhse-Konzern, der 210 000 Mark beisteuerte.[424] Die Topstars der internationalen Musikszene wurden geholt, darunter Jimi Hendrix mit seiner Band und weitere Gruppen, die schon in Woodstock gespielt hatten. Die Veranstalter erwarteten bis zu 70 000 Musikfans aus ganz Europa. Sonderzüge aus Dänemark wurden organisiert, die *Bild-Zeitung* startete einen Werbefeldzug, und in sämtlichen Beate-Uhse-Läden gab es Eintrittskarten zu kaufen.[425] Dass das Inselfestival am Ende ein Reinfall war, lag zum einen an Stum und Dauerregen und zum anderen daran, dass der Ordnungsdienst einer Gruppe von Rockern aus Hamburg übergeben worden war, die, weil sie ihren Lohn vorab gefordert und nicht erhalten hatten, Feuer legten und einen Wohnwagen und das Pressezentrum in Flammen aufgehen ließen. Nur rund 12 000 Musikfans nahmen insgesamt teil, wie einige Zeitungen berichteten, andere schrieben von 20 000 bis 40 000; Stimmung kam jedenfalls nicht auf, denn die Organisatoren waren überfordert, und die Rocker zogen prügelnd und mit Schlagketten aus Eisen, Knüppeln und Messern ausgerüstet über das Gelände. Dort hatte Beate Uhse einen Verkaufsstand aufgestellt, und unter den jungen Leuten ließ sie Kondome und Streichholzschachteln mit ihrem Firmennamen verteilen, was reichlich Anklang fand, wie es hieß.[426] War das Woodstock-Festival ein Fanal des Jugendprotests gewesen, stand Fehmarn für etwas anderes: für die Tatsache, dass die ursprünglich demonstrativ gegen jede Kulturtradtion gerichteten Musikfestivals bereits fester Bestandteil der Konsumgüterindustrie waren. Beate Uhse hatte das Ihre dafür getan.

Sie behielt unangefochten ihren Platz an der Marktspitze der Erotikunternehmen. Nicht nur die Boulevardpresse, auch die seriösen Blätter berichteten nun in großen Artikeln über sie, und immer stand eines im Vordergrund: ihre beispiellose Erfolgsgeschichte.[427] Ökonomischer Erfolg hatte als Gradmesser persönlicher Integrität die Sittlichkeit abgelöst – dies war evident. Die *Zeit* schrieb über Uhses Lebensweg von der »mittellosen Kriegerwitwe zur erfolgreichsten Sexversenderin der Welt«. Das Blatt nannte sie »die kleine Klare aus dem Norden« und die »deutsche Nachtaufklärerin«.[428] Dass – ganz entsprechend Uhses Selbstinszenierung – auch vor Mythisierung keine Scheu bestand, zeigte besonders die *Süddeutsche Zeitung*, die 1971 fand, Uhse habe große Bedeutung für den Wiederaufbau des Landes: »Als nämlich die Familien wieder Heim und Herd hatten, an eine Pille jedoch nicht im entferntesten zu denken war, zerbrachen sich viele Ehepaare den Kopf über eine sinnvolle Familienplanung. Da griff Beate Uhse helfend ein, indem sie das Mittel des Versandhandels ersann.«[429] Uhse wandelte zum Januar 1973 (frisch geschieden) ihr Unternehmen, deren Alleininhaberin sie bis dahin gewesen war, in eine Gesellschaft mit beschränkter Haftung um und übernahm die Funktion der Geschäftsführerin. Ihre Söhne wurden Mitinhaber und Kommanditisten.[430] Kurz zuvor hatte sie den nunmehr für verstaubt erachteten Begriff »Ehehygiene« aus ihrem Firmennamen gestrichen. Sie besaß jetzt 26 Sex-Shops; auch in Köln und München war sie präsent, den einstigen Hochburgen des Sittlichkeitskampfes. München, wo sie im Februar 1971 einen Laden eröffnete, war ein besonders attraktives Pflaster, denn im Jahr darauf begann die Olympiade und zog Besucher aus aller Welt an.[431] Uhse aktualisierte ihren Firmenkatalog nun alle sechs Wochen und verschickte davon im Jahr etwa eine Million Exemplare. Seit Ende der Sechziger verließen ihr Haus täglich rund 12 000 Pakete; die Zahl ihrer Werbebriefe rangierte in zweistelliger Millionenhöhe. Neue Umsatzrekorde stellten sich ein.[432]

Dass Sexualität und Freiheit zusammengehörten und im Dienste des Fortschritts ein Festhalten an der hergebrachten Rechtspraxis nicht länger zu rechtfertigen sei, etablierte sich fortan als neuer Leitgedanke gesellschaftlicher Ordnung. Bei rororo erschien 1971 in der von Hans Giese begründeten Reihe »Sexologie« (in der auch Fritz Bauer, Theodor Adorno und Max Horkheimer schrieben) der »Pornographie-Report«, ein schmales Bändchen, das die Untersuchungen der amerikanischen staatlichen Kommission für Obszönität und Pornografie dokumentierte, die der US-Kongress auf Initiative von Präsident Lyndon B. Johnson 1968 eingesetzt hatte. Das Gremium kam zu dem Schluss, die rechtliche Sanktionierung von unzüchtigen Publikationen sei abzuschaffen.[433] Der Bericht war in den USA höchst umstritten, und Johnsons Nachfolger Richard Nixon wies die Ergebnisse brüsk zurück. In der Bundesrepublik orientierte sich indes manches Gericht durchaus an den dortigen Kommissionsbefunden. Das Amtsgericht Düsseldorf stellte 1973 ein Verfahren gegen die Geschäftsführer eines Erotik-Fachgeschäfts mit der noch recht ungewöhnlichen Begründung ein:»Für die sexualmoralischen Vorstellungen ist die Einstellung der jetzt lebenden Generation von Bedeutung. Die Liberalisierung der Sexualmoral hat sich gerade in jüngster Zeit ziemlich stürmisch vollzogen und ist noch nicht abgeschlossen. (…) Es bleibt dem mündigen Bürger überlassen, ob er sich aufgefordert fühlt, mit der Pornographie konfrontiert zu werden. Der mündige Bürger – ob prüde oder verdorben – wird sich jeweils an dem Zeitgeist orientieren. Dieser ist dem Wandel der Zeiten unterworfen.«[434]

Ähnlich argumentierte das Amtsgericht Flensburg, als es Beate Uhse 1973 im Zusammenhang mit der Verbreitung des Bildbandes »Lesbische Liebe im Lustschloß« freisprach:»Allein die fortschreitenden ernsthaften Erörterungen im erzieherischen, künstlerisch-literarischen, medizinischen und rechtlichen Bereich, die insgesamt eine breite Darstellung und Wiedergabe in öffentlichen Vorträgen und Veranstaltungen wie insbesondere in den Massenmedien gefunden haben, haben zu einem offeneren, versachlichten Verhältnis des Einzelnen zur Sexualität in ihrer Darstellung geführt. Diese Versachlichung bedingt eine größere Freiheit des einzelnen Menschen, die seine eigene Urteilsfähigkeit und seine Wertmaßstäbe stärkt, so dass der Grundbestand der eigenen wie auch der gemeinsamen Anschauungen auf geschlechtlichem Gebiet weniger leicht anstastbar oder gefährdet ist, als es noch vor Jahren der Fall war.«[435] Der Fall »Lesbische Liebe im Lustschloß« war bis zur Entscheidung des Amtsgerichts durch viele Instanzen gegangen. Das Landgericht Flensburg erhob gegen dessen Spruch schließlich Beschwerde, und die Bundesprüfstelle setzte das Buch im September 1973 dann doch auf den Index.[436] Noch immer bestand das rechtliche Dilemma, dass klare Bewertungsmaßstäbe darüber, was unzüchtig war, fehlten. Die Grenze zwischen Pornografie und Kunst verschwamm zwar längst, aber es blieb unbestimmt, wie weit die Eingriffsrechte des Staates reichen durften.

Vom Recht auf sexuelle Selbstbestimmung war nun allenthalben die Rede. Die Reform des Sexualstrafrechts entwickelte sich Anfang der siebziger Jahre im Zuge der Fokussierung auf die gesamtgesellschaftliche Modernisierung zu einem Kernthema der Innenpolitik der sozial-liberalen Koalition. Der Rechtsausschuss des Bundestags veranstaltete im November 1970 eine dreitägige, seinerzeit »Hearing« genannte Expertenanhörung mit Sozialpädagogen, Psychologen und sozialwissenschaftlich orientierten Sexualwissenschaftlern, denen mittlerweile die Deutungsmacht über Sexualität unzweifelhaft zufiel.[437] Die *Bild-Zeitung* initiierte eine Meinungsumfrage zum Thema und wollte wissen: »Ist die Porno-Freigabe richtig oder falsch? Fortschrittlich oder gefährlich?«[438] *Für Sie* tat dies auch und brachte eine Auswahl der gesammelten Antworten ihrer Leserinnen (und einiger Leser) in einer Sonderbeilage heraus; 72 Prozent waren gegen die Freigabe, 21 Prozent dafür.[439] Die *Quick* nahm die Rechtsdebatte zum Anlass, die »Pornoprüfer von Bonn« zu besuchen und deren Arbeit vorzustellen. In ihrer bilderreichen Reportage hieß es, die Beamten der Bundesprüfstelle für jugendgefährdende Schriften seien »keine sturen Sexmuffel«. Unter Rudolf Stefen, der gut ein halbes Jahr amtierte, habe sich die Behörde verändert, die zuvor im Ruf gestanden habe, »ein Hort lebensfremder Mucker zu sein, die jedes Fleckchen nackter Haut für die Sünde selbst hielten, die Unsittlichkeit nach Quadratmillimetern sichtbarer Brustfläche maßen und mit der Lupe nach Schamhaaren suchten – und wehe, es war eines zu sehen!« Stefen, der Richter gewesen war, ehe er zunächst ins Bundesarbeitsministerium gewechselt war und schließlich die Leitung der Bundesprüfstelle übernommen hatte, wurde mit den Worten zitiert: »Die Pornowelle können wir nicht mehr aufhalten« und »die Brutal-Literatur ist für Kinder sicher weit gefährlicher als der Sex«.[440] Das Fernsehen strahlte nun Sendungen aus zum Thema »Pro und contra Pornographieverbot«. In den Kinos lief Oswalt Kolles »Was ist eigentlich Pornographie?«, in dem der Filmautor sagt: »Über Geschmack sollten wir nicht streiten, mir ist die Frage wichtiger, ob Pornographie in irgendeiner Weise zur Befreiung des Menschen aus den Zwängen der Moral der Gesellschaft beitragen kann.«[441]

Unsittlichkeit hieß nun Pornografie, und im Zentrum stand die Frage nach deren Sozialschädlichkeit. Was darunter zu verstehen war und welche Kriterien dafür ausschlaggebend waren, wurde ähnlich intensiv – und ergebnislos – debattiert wie einst das (aus der Diskussion nunmehr verschwundene) Wörtchen »unzüchtig«. Proteste gegen die geplante Strafrechtsreform der sozial-liberalen Koalition blieben nicht aus: Mitglieder der CDU/CSU-Fraktion im Bundestag und auch die Kirchen empörten sich darüber; die evangelische Kirche verfasste 1971 eine »Denkschrift zu Fragen der Sozialethik«, die katholische Kirche nannte die ihre »Das Gesetz des Staates und der sittlichen Ordnung«. Bei allen Meinungsverschiedenheiten stand im Kern fest: Der moderne Staat dürfe weder Vormund noch Zensor sein und habe die sexuelle Selbstbestimmung des mündigen Bürgers zu wahren. Horst Ehmke (SPD), Bundesjustizminister der Großen Koalition, sagte im Bundestag: »Der Staat hat in den Schlafzimmern seiner Bürger nichts zu suchen.«[442] Gerhard Jahn (SPD), Bundesjustizminister nach dem Regierungsantritt der sozial-liberalen Koalition, war ebenfalls ein entschiedener Befürworter der Reform des Sexualstrafrechts, dem eine »eigene sittenbildende Kraft nicht gegeben« sei, wie er im Zuge der parlamentarischen Gesetzesberatungen betonte. Anders als im Ausland, wo ähnliche Vorhaben im Gange waren, habe es in Deutschland angesichts der massiven Reaktionen den Anschein, dass mit der Reform »die Axt an die Wurzel der Gesellschaftsordnung gelegt werde«. Dabei habe das Strafrecht »weder zur Disziplinierung der Sexualität noch zu ihrer Befreiung einen Beitrag zu leisten«. Seine Aufgabe sei es vielmehr, den Einzelnen zu schützen.[443]

Viele Topoi der langen Auseinandersetzung um die Sittlichkeit kehrten in der Debatte über die Strafrechtsreform wieder. Es drohe der »Substanzverlust an humaner Gesinnung«, hieß es, außerdem wurde vorhergesagt, dass die »Hypertrophie des Sexuellen« zu Psychosen führen und die

Deutschen im Falle einer Rechtsänderung nicht länger ein Kulturvolk bleiben würden. Es drohten »Supersexualisierung« und »sexuelle Anarchie«. Auch wurde wieder als Bezugspunkt das Dritte Reich herangezogen; die Freigabe der Pornografie sei so barbarisch wie der Nationalsozialismus. Und einmal mehr sorgte ein Film für Protest. Als Ende 1972, zur Hoch-Zeit der »Report-Filme«, der »Krankenschwesternreport« mit Ingrid Steeger und Elisabeth Volkmann in die Kinos kam, fühlte sich in Bayern, Baden-Württemberg und anderswo der Berufsstand der Krankenschwestern mit Dirnen gleichgestellt und diffamiert; Ärzte und Pfleger empörten sich ebenfalls. Von »Rufmord« und »Kulturschande« war die Rede. »Aktion weiße Haube« nannten die Schwestern ihren Protest, und wie seinerzeit die Streiter der »Aktion saubere Leinwand« gingen sie demonstrierend auf die Straße und schickten Eingaben mit langen Unterschriftenlisten nach Bonn, um die Sexklamotte verbieten zu lassen; die CSU im Bayerischen Landtag unterstützte ihre Kampagne.[444] Die Bundesregierung ging allerdings nicht darauf ein. Jede öffentliche Reaktion, so hieß es, verschaffe dem Film nur zusätzlich Publizität. Folgen blieben denn auch aus, der Protest verhallte, und die Neuregelung von Paragraph 184 trat, wie geplant, in Kraft: Pornografie war ab November 1973 kein Strafdelikt mehr; der Staat nahm allmählich Abstand davon, sexualmoralische Unwerturteile zu fällen und sittliche Normen zu setzen. Mit der Lockerung des Gesetzesartikels ging die Entkriminalisierung von unzüchtigen Schriften einher; Einschränkungen bestanden (und bestehen) nur mehr im Verbot von Sadismus, Pädophilie und Sodomie. Eine Reihe von seit dem Kaiserreich gültigen Vorschriften entfiel nun, darunter der Kuppelei-Paragraph, der noch immer zu Verurteilungen geführt hatte. Auch mit Blick auf Paragraph 175 bewegte sich etwas. Die Strafverfolgung von Homosexuellen war 1969 einer ersten Reform unterzogen worden, 1973 folgte die zweite; homosexuelle Handlungen unter Männern waren fortan nur dann strafbar, wenn Jugendliche unter 18 Jahren daran beteiligt waren.[445]

Von einem Ende des Sittlichkeitskampfes lässt sich indes nicht sprechen. Die neu entstehende Frauenbewegung gab Anfang der siebziger Jahre neuen Anlass zur Empörung, da sie die Geschlechterordnung in Frage stellte. Wie der sozialistischen Frauenbewegung der zwanziger Jahre ging es den Frauen um das Recht auf Abtreibung. Für die Formierung der Frauenbewegung war wiederum die Abgrenzung von der sogenannten sexuellen Revolution in den Medien konstitutiv, die als Stärkung männlicher Dominanz, als Herabwürdigung der Frauen und als Förderung der Pornografie verstanden wurde. Eine Entdramatisierung der Sexualität fand nicht statt.[446]

Ganz in diesem Sinne argumentierten auch die Leiter der Zentralstellen zur Bekämpfung unzüchtiger Schriften, Abbildungen und Darstellungen, die sich im März 1972 in Stuttgart trafen. Dass es ihre letzte Zusammenkunft sein sollte, wussten sie zu diesem Zeitpunkt noch nicht, Resignation breitete sich jedoch schon aus. Sie nannten ihre Tätigkeit »ein aussichtsloses Unterfangen«, das dennoch dringend weitergeführt werden müsse, »um zu verhindern, daß die Flut unzüchtiger Publikationen ins Uferlose ansteigt«.[447] Da Indizierungen aber nahezu ausblieben, sah der *Rheinische Merkur* im Januar 1975 Anlass zur Frage: »Lebt die Bundesprüfstelle noch?«[448] Die Behörde war mittlerweile kaum noch wahrzunehmen. Dass sie überhaupt noch bestand, war darauf zurückzuführen, dass sie ihre Ermittlungen auf Gewaltdarstellungen und NS-verherrlichende Publikationen richtete, die in ihrer Prüfpraxis bislang so gut wie keine Rolle gespielt hatten. Die Zahl der indizierten »Kriegshefte nazistischer Tendenz«, wie der Fachterminus dafür lautete, war stets verschwindend gering geblieben: 1960, als sie zum ersten Mal auf die Liste kamen, waren es acht; 1961 belief sich ihre Zahl (genauso wie 1963 und 1965) auf jeweils ein Heft. Insgesamt blieb es bis Anfang der siebziger Jahre bei der dürftigen Zahl von elf verbotenen rechtslastigen Publikationen.[449]

Im August 1972 kam das amerikanische Männermagazin *Playboy* – das nun vom Index des Bundesprüfstelle verschwand – in der deutschen Ausgabe auf den Markt; es rückte die Trias aus Luxus, Erfolg und schönen Frauen ins Zentrum männlicher Träume. Gunter Sachs, Industriellenerbe und Jetset-Held, gehörte ebenso zu den Interviewpartnern des Blatts wie der Erfolgsautor Johannes Mario Simmel und der Boxweltmeister Muhammad Ali, der gerade sein Comeback feierte. Mit Politikern sprach der *Playboy* ebenfalls, etwa mit Hermann Höcherl, in den sechziger Jahren CSU-Bundesminister des Innern, später in Bonn Minister für Ernährung, Landwirtschaft und Forsten. Im Gespräch, das im Juni 1975 auf nicht weniger als neun Seiten erschien,[450] erzählte Höcherl, der noch Bundestagsabgeordneter war und als Vorsitzender des Vermittlungsausschusses amtierte, dem *Playboy* allerlei Schnurren aus dem Alltag im Parlament (»Erinnern Sie sich an Ihre Jungfernrede?«). Auch um die Spiegel-Affäre ging es, außerdem um seine bayrische Heimat und um die CSU, über

Abtreibung wurde kurz geredet und über Mitbestimmung im Betrieb, von der Baader-Meinhof-Gruppe war die Rede, ferner von Frauen in der Politik (»Wir haben eine sehr, sehr starke Frau gehabt, die Frau Dr. Probst«) und von Helmut Kohl, über den Höcherl sagte: »Der würde als Kanzler die Sache schon voll in der Hand behalten.« Kurz: Es wurde ein Sammelsurium von Themen angerissen, was eines zeigte: Das Männermagazin mit den nackten Frauen, den monatlich prämierten Playmates und dem Häschenlogo (das auch unter Höcherls Interview prangte) bot Vertretern des Staates, selbst den konservativen unter ihnen, und anderen Inhabern öffentlicher Ämter ein Forum zur umfassenden Selbstpräsentation. Dem *Playboy* gaben 1975 der Bundesvorsitzende des Deutschen Beamtenbundes Alfred Krause, der ehemalige Gewerkschaftsführer Georg Leber und Österreichs Bundeskanzler Bruno Kreisky ebenfalls ein Interview. Dass sie (recht gern) im *Playboy* auftraten, war dann auch keineswegs anrüchig, sondern ein Zeichen von *Lifestyle*, denn der Sex gehörte zum Mann von Welt.

Pornokinos schossen nun wie Pilze aus dem Boden, und Beate Uhse gehörte Mitte der siebziger Jahre zu den Ersten in der Branche, die auf Hardcore-Filme setzten. Mit den Blue-Movie-Kinos setzte im Erotikgeschäft rasch ein beispielloser neuer Boom ein.[451] Uhses Name war einer Umfrage zufolge 87 Prozent aller Westdeutschen bekannt. Am Ende des Jahrzehnts, als Dr. Müllers Sex-Boutiquen den Uhse-Konzern vergrößerten und das Geschäft mit Videos noch hinzukam, überstieg der Umsatz der Marktführerin erstmals die Grenze von 100 Millionen Mark; das Personal war auf 450 Mitarbeiterinnen und Mitarbeiter angewachsen und die Zahl der Kunden auf 4,5 Millionen.[452] Die »Veralltäglichung« des Sex, die mit der Kinsey-Welle begonnen hatte, war längst fester Bestandteil des (neuen) Lebensstils geworden. Am wachsenden Erotikmarkt zu partizipieren, ließ sich als Ausweis von Wohlstand wahrnehmen und als Bekenntnis zur modernen Zeit auslegen. Dass Sexualität zentralen Stellenwert für das soziale Selbstverständnis besaß, stand so wenig in Frage wie zu Zeiten, als noch die Sittlichkeit einen Leitwert gesellschaftlicher Ordnung dargestellt hatte. Nun galt Sexualität als Zeichen des Fortschritts und der gesellschaftlichen Emanzipation. Eine lineare Fortschrittsgeschichte war dies jedoch nicht, denn mit dem Postulat von der »befreiten Sexualität« brachen sich neue sozialutopische Vorstellungen Bahn. Und neue Zwänge entstanden.

Schluss

Ein mehrfaches Erkenntnisinteresse steht im Zentrum dieses Buches: die Analyse eines empirisch unterbelichteten Kapitels in der Geschichte der Bundesrepublik; die Zusammenschau der bislang unverbundenen Bereiche Politik, Medien, (Sexual-)Wissenschaft, Rechtsentwicklung und Konsum; die Verknüpfung der von der Historiografie zur Geschichte der Bundesrepublik noch unentdeckten Sexualitätsgeschichte mit der Zeitgeschichte und die Auseinandersetzung mit dem klassischen Paradigma von den sexualmoralisch repressiven fünfziger und den hedonistischen sechziger Jahren. Mit Blick auf die Periodisierung der westdeutschen Nachkriegsgeschichte wird hier eine alternative Sichtweise vorgeschlagen, da die bisher vermittelte Annahme einer in zwei Phasen zerfallenden Nachkriegszeit revisionsbedürftig erscheint. Eine lineare Entwicklung gab es ebenso wenig wie eine Zäsur »um 1968«. Die Umwälzungen im gesellschaftlichen Umgang mit Sexualität waren kein Ereignis dieser Jahre. Kennzeichnend war für die gesamte Zeit seit Kriegsende vielmehr die Gleichzeitigkeit des Ungleichzeitigen: das Nebeneinander von Sittlichkeitskampf und Erotik-Boom, von rechtlicher Repression und liberalisierter Rechtspraxis, von Fortschrittskritik und Fortschrittsdenken, von Modernitätsängsten und Modernisierungshoffnungen. Das Neben- und Gegeneinander machte die Wucht und Dynamik der Entwicklung aus; alle Stränge bezogen sich aufeinander und verstärkten einander. Mit der Übernahme normativer Termini wie »Modernisierung« und »Fortschritt«, »Restauration« und »Rückständigkeit«, derer sich die Zeitgenossen selbstreflexiv bedienten, lässt sich der Prozess des Umbruchs im Umgang mit Sexualität nicht erklären. Ziel dieser Arbeit war vielmehr ihre Historisierung, die Frage also nach Interessen, normativen Zuschreibungen, kulturellen Wirkungszusammenhängen und zeitgenössischen Spannungslagen.

Sexualität war (und ist) das Feld und der Bezugspunkt unterschiedlichster Akteure, die allesamt um ihr Verhältnis zur Moderne rangen. Der differenzierte Blick auf die Zusammenhänge führt weg von einfachen Dichotomisierungen und erfasst die Vielschichtigkeit der gesellschaftlichen Auseinandersetzung. Die Zeitgeschichtsforschung kann aus dieser Perspektive mit den Konflikten über Bereiche, die – wie Sexualität – im Zentrum gesellschaftlichen Orientierungsbedarfs standen, sowohl die impliziten Strategien im Umgang mit den Folgelasten des Dritten Reiches als auch mit neu geschaffenen Problemlagen erschließen, die auch die Gegenwart noch prägen.

Ein erster zentraler Befund dieser Studie ist die für den Diskurs über Sexualität kennzeichnende Ambivalenz. Gleichzeitig mit dem Sittlichkeitskampf – und in Abgrenzung dazu – ging die Hinwendung zu den kulturellen Neuerungen der Moderne vonstatten, zumal zur Populärkultur, zu der auch der wachsende Erotikmarkt zählte. Die zeitliche Parallelität war ein entscheidender Grund für den raschen Bedeutungsverlust des Sittlichkeitsparadigmas, deren Vertreter schon Anfang der fünfziger Jahre erheblich an Einfluss verloren. Dass bereits das Nachkriegsjahrzehnt die Hoch-Zeit des Konflikts um Sexualität war, ist eines der überraschenden Ergebnisse dieser Untersuchung. Sittlichkeit versus Freiheitsrechte lautete früh die Kernkonstellation, um die es in der massiven Auseinandersetzung fortan ging.

Kennzeichnend für den Umgang mit Sexualität war ein widersprüchliches Nebeneinander von Bemühungen, das im Kaiserreich und in der Weimarer Republik (unter rassistischen Vorzeichen auch im Dritten Reich) wirkmächtig entfaltete Sittlichkeitspostulat von Neuem zu etablieren beziehungsweise seine Wiederbelebung entschieden zu verhindern. Vor allem die Kirchen rangen um die Deutungsmacht über die Sexualmoral. Als »Siegerin in Trümmern« tat sich die katholische Kirche dabei besonders hervor. Mit dem Volkswartbund unterhielt sie bereits seit der Jahrhundertwende eine eigene Organisation zur Bekämpfung der »öffentlichen Unsittlichkeit«. In der evangelischen Kirche war die Innere Mission dafür zuständig. Die Repräsentanten dieser Einrichtungen nahmen schon längst eine Wertekrise wahr und bereiteten sich vor, um nach Kriegsende zu Einfluss in Politik und Gesellschaft zu kommen, was ihnen – für eine gewisse Zeit – auch gelang. Der Generalsekretär des Volkswartbunds Michael Calmes, der in gleicher Angelegenheit schon mit den Behörden des NS-Staates zusammengearbeitet hatte, konnte Anfang der fünfziger Jahre als Berater der Politik auftreten. Sowohl die Landesregierungen in Nordrhein-Westfalen und Rheinland-Pfalz als auch mehrere Bonner Bundestagsabgeordnete der CDU erbaten im Zusammenhang mit dem Schmutz- und Schund-Gesetz seine Expertise. Calmes' Krisenbeschwörung und seine Klage vom defizitären Zustand der Gesellschaft bargen gleichzeitig ein großes Versprechen: auf eine verlässliche Weltdeutung und auf Bewahrung vor Traditionsverlust, sozialer Disharmonie und fortschreitendem Kulturverfall. Die Botschaft lautete, nur eine sittliche, Staat und Gesellschaft durchdringende Ordnung garantiere den Bestand der Nation. Sexualität fungierte in diesem Denken als Rückgrat der hergebrachten, paternalistisch geprägten sozialen Ordnung und diente der Bewältigung der von der kulturellen Moderne verursachten Desorientierungen. Diese Sinnbildung war mit dem Anspruch auf Welterklärung verbunden. Ihre Verfechter sind in sozialstruktureller Hinsicht nur schwer zu klassifizieren; ihre Gemeinsamkeit lag im Streben nach etwas, was sie als »bürgerlich« und »abendländisch« deuteten – ein Hinweis zugleich auf die Schwierigkeit, (wieder-)zufinden, was einst den Kern des Bildungsbürgertums ausgemacht hatte.

Dass der Sittlichkeitskampf neu belebt wurde, war Ausdruck des verbreiteten Bedürfnisses nach Sicherheit und Sinn. Das Wertesystem des Kaiserreiches blieb dabei der Bezugsrahmen. Es galt (wie damals), der wuchernden Populärkultur und dem medialen Massenmarkt, der sie hervorgebracht hatte, durch Gesetze Grenzen zu setzen. Die Vorstellung, dass Sittlichkeit eine zeitlos gültige Ethik und eine stabile, keinerlei sozialen Wandlungen ausgesetzte Konstante sei, diente in diesem Zusammenhang als mentaler Stabilitätsanker; anhand der Sittlichkeit hoffte man lebensweltliche Orientierung, auch im Umgang mit den Hinterlassenschaften des Dritten Reiches zu vermitteln. Das Bedürfnis nach einem Ausweg aus der so leidenschaftlich thematisierten Krise der Werteordnung kam in Westdeutschland zumal deshalb auf, weil stabilisierende Weltbilder und Deutungsmuster mit der Kriegsniederlage abrupt zerfallen waren. Sittlichkeit spielte nach Meinung ihrer Verfechter als Basis für die (Re-)Christianisierung und den (geistigen) Wiederaufbau des Landes daher eine zentrale Rolle. Der Verinnerlichung sexualmoralischen Anstands, »Sittengesetz« genannt, wurde sozial heilende Kraft zugeschrieben. Ein kulturpessimistisches Gefühlsvakuum galt es zu füllen, und hier bot sich ein Lösungsansatz, um die politischen, sozialen und psychologischen Spannungslagen der Umbruchgesellschaft miteinander zu versöhnen. Dabei kam nicht selten Unverständnis für die neuen demokratischen Freiheitsrechte auf, die oftmals abgewehrt wurden.

Die Gegner des Sittlichkeitskampfes waren die Alliierten, die von ihnen lizenzierten Zeitungen und die Intellektuellen. Auch in der Politik formierte sich Abwehr, allen voran in den SPD-regierten Bundesländern, aber auch innerhalb des konservativ-liberalen Lagers. Der viele Jahre währende parlamentarische Streit über das (an seinem gleichnamigen Pendant aus der Weimarer Republik orientierte) Gesetz gegen Schmutz und Schund gibt deutlich Aufschluss darüber, wie rasch der anfangs parteienübergreifende Konsens in Fragen der Sittlichkeit zerbrach. Selbst die Mitglieder der konservativen Parteien, die das Gesetz befürworteten, zogen keineswegs alle am selben Strang.

In der breiten Bevölkerung war der soziale Rückhalt für das Sittlichkeitspostulat ohnehin gering. Der Umstand, dass die Verbreitung sogenannter unzüchtiger Publikationen in den Nachkriegsjahren ein einziges Mal auf einem Katholikentag zur Sprache kam, zeigt, wie wenig relevant und wie wirklichkeitsfern der Kampf im Grunde war. Spott und Unverständnis zogen sich durch die Reaktionen, und besonderen Zuspruch fanden Kinofilme, die von Politikern und kirchlichen Würdenträgern öffentlich für schamlos erklärt worden waren. Die rückwärtsgewandte Orientierung an Wertvorstellungen des neunzehnten Jahrhunderts ließ sich nur schwer vermitteln, wenngleich damit (auch) die Absicht verbunden war, dem anomischen Zustand nach Kriegsende abzuhelfen, Traditionsbildung voranzutreiben und die sozialen Erschütterungen des Zweiten Weltkrieges abzufedern. Die Überzeichnung und Verzerrung der Gegenwartsverhältnisse, überhaupt der fehlende Realitätsbezug waren im Wesentlichen dafür verantwortlich, dass die kulturkritische Diagnostik sich gesellschaftlich nicht durchsetzen konnte. Die intendierte Gemeinschaftsformung im Sinne einer kulturellen Gegenmoderne – mit Religion und Nation als Wertegeneratoren – traf schon früh auf nur wenig Resonanz.

Dass die Rekonstruktion des Sittlichkeitsdenkens Anfang der fünfziger Jahre scheiterte, erklärt sich zudem daraus, dass die Verfalls- und Niedergangsszenarien ausblieben, welche die Kritiker der Kultur der Moderne prognostiziert hatten, dass die Realität also ihre schrillen Warnungen nicht rechtfertigte und ihr negativer Weltbezug mit den Erfahrungen der Zeitgenossen nicht in Einklang zu bringen war. Ein wirtschaftlich besseres Leben kündigte sich – schichtenübergreifend – schon zu Beginn der

Fünfziger an. Und diese Überwindung von Not und Mangel markierte eine tiefe lebensweltliche Zäsur. Mit zunehmender Prosperität, die in nie gekannten Einkommenssteigerungen, sozialstaatlichen Absicherungen und neuen Konsummöglichkeiten Ausdruck fand, bestand Grund genug, die kulturelle Moderne, die zudem von politischer und ökonomischer Stabilität begleitet war, als beglückend zu empfinden. Es zeichnete sich ab, dass ihre Herausforderungen keineswegs vor allem Verlustängste heraufbeschworen, sondern im Gegenteil Fortschrittsoptimismus zu erzeugen begannen.

Eine zweite zentrale These dieser Arbeit lautet: Im Sittlichkeitskampf ließ sich moralischer Reflexionsbedarf in Bezug auf die NS-Vergangenheit abarbeiten. Dies war wohl ein Grund dafür, warum die Debatte mit solcher Leidenschaft geführt wurde. Das Dritte Reich und der Krieg wurden in die gegenwartsdiagnostische Krisensemantik unmittelbar integriert, was gewissermaßen die moralische Lücke füllte, die der Nationalsozialismus hinterlassen hatte. Die Jugend stand dabei als Chiffre für Reinheit und Schuldlosigkeit. Ihr Schutz wurde (wie schon im Ersten Weltkrieg) zur Schicksalsfrage stilisiert, an der sich die Zukunft der (Kultur-)Nation entscheide. Ganz im Sinne staatlich-paternalistischer Sorge und autoritärer Führung mussten die jungen Leute vor schwächenden Einflüssen bewahrt werden. Die Kontrolle ihrer Sexualmoral war nach dieser Auffassung ein Weg zur Schaffung heiler sozialer Verhältnisse.

Der »literarische Jugendschutz«entwickelte sich zu einem bedeutenden politischen Programm, das zudem von der Intention zeugte, auf kulturellem Gebiet schaffen zu wollen, was politisch nach Kriegsende kaum herzustellen war: moralische Unbescholtenheit. Der Nationalsozialismus ließ sich aus kulturkonservativer Sicht als Teil der verabscheuten Moderne erklären. Die Überzeugung, die Abwehr der öffentlichen Unsittlichkeit beuge einer »neuen Diktatur« vor, war denn auch weit verbreitet. Dies zeigte zwar, dass Vorwürfe der Alliierten im Zusammenhang mit Versäumnissen im Umgang mit dem Dritten Reich ernst genommen wurden, machte aber auch deutlich, dass beliebiger Deutung Tür und Tor geöffnet war. Die Gleichsetzung von sexualmoralischer Rückständigkeit mit nationalsozialistischer Gesinnung kam bereits früh auf, nicht erst im Kontext des Jugendprotests von 1968. Die Gegner des Gesetzes gegen Schmutz und Schund formulierten diesen Zusammenhang schon Anfang der fünfziger Jahre. Dem Diskurs über Sexualität war zudem eine zweite antitotalitäre

Richtung eigen, denn sie war dezidiert gegen den Sozialismus konzipiert, gewissermaßen im Sinne einer kulturkonservativen Opposition gegen jede Gefahr politischer Diktatur. Dies verwischte die Konturen nationalsozialistischer Besonderheiten, unterstreicht indes auch, dass die Geschichte der Sexualität Teil der deutsch-deutschen Beziehungs- und Konfliktgeschichte war.

Die Dysfunktionalität des Sittlichkeitspostulats – bei noch lange anhaltender Kampfrhetorik – erwies sich schon gleich nach der Währungsreform, als ein Massenmarkt für erotische Heftchen entstand und florierte. Den (Print-)Medien kam dabei eine tragende Rolle zu. Sexualität blieb nicht länger der Deutungsmacht der Theologie und der Naturwissenschaften vorbehalten, sondern wurde flugs zum Thema der Freizeitunterhaltung. Die Medialisierung der Sexualität wirkte sich ganz entscheidend auf den kulturellen Wandel aus. Dies ist denn auch die dritte zentrale These: Mit der Publikation der Studien des amerikanischen Sexualforschers Alfred C. Kinsey über das sexuelle Verhalten von Mann und Frau, die in den USA in den Erscheinungsjahren 1948 und 1953 gleichermaßen Enthusiasmus und Empörung hervorriefen, breitete sich auch in Westdeutschland das öffentliche Gespräch über Sexualität aus. Kinsey initiierte im Kontext der etwa seit Mitte des neunzehnten Jahrhunderts vorangetriebenen Verwissenschaftlichung der Sexualität ein gänzlich neues Paradigma. Bis dahin stellten Experten, zu denen vor allem Mediziner zählten, in normativer Deutung die sogenannten pathologischen Formen sexuellen Verhaltens ins Zentrum. Kinsey erklärte hingegen sämtliche Varianten für »normal« und »natürlich«; er sprach sich gegen jedes Kontrollbegehren und gegen jede administrative Regelung vonseiten des Staates und der Kirchen aus. Seine Forschungen wurden in Westdeutschland zur selben Zeit bekannt, als Sittlichkeitsverfechter mit Verve dafür kämpften, Schmutz und Schund per Gesetz aus der Öffentlichkeit zu verbannen. Der moralische Rigorismus der Akteure war eine Reaktion auf die mediale Woge, die der amerikanische Sexualforscher ausgelöst hatte. Illustrierte popularisierten (und verkürzten) seine Befunde; Umfragen zum Sexualverhalten wurden veranstaltet, reich bebilderte Artikelserien mit recht freizügigen Fotos erschienen, und Taschenbücher brachten Kinseys Befunde allgemeinverständlich auf den Punkt. Mit anderen Worten: Nach dem (wieder abgeflauten) Boom der Heftchenliteratur erfasste 1953 eine zweite Sexwelle das Land.

Die Presseberichterstattung über Kinsey steht für die fortschreitende mediale Durchdringung des Alltags und spiegelt die Entstehung der Medien- und Konsumgesellschaft trefflich wider. Auch zeigt sie die Dynamik der Wechselwirkung zwischen Wissenschaft, Öffentlichkeit und Presse. Die Sexualwissenschaft avancierte im Zuge der Popularisierung und populären Psychologisierung von Kinseys Forschungen schon seit der ersten einschlägigen Umfrage im Gründungsjahr der Bundesrepublik zur neuen Sinngebungsinstanz. Seine Studien galten als objektiv beziehungsweise objektivierbar, also als wertfrei und somit »wahr«. Zeitungen und Illustrierte waren dabei nicht frei von kulturkritischem Ressentiment, ja, sie boten der Kulturkritik, die auf Publizität angewiesen war, um sich zu entfalten, ein breites Forum. Die Vorbehalte entluden sich in Kritik an der sogenannten Amerikanisierung und ließen bildungsbürgerlicher Furcht vor der Bedrohung der Kultur freien Lauf. Die Verbreitung der Kinsey-Berichte nährte die gegenwartsdiagnostische Vorstellung von der zunehmenden kulturellen Amerikanisierung. Die Amerikadebatte basierte auf lange etablierten Deutungsmustern, deren Anfänge ebenfalls ins neunzehnte Jahrhundert zurückreichten. Die aktuelle Abwehr richtete sich gegen die als Überbringer der Kultur der Moderne und als Verursacher grassierenden Werteverfalls geltenden USA. In der Debatte um Kinsey flossen Amerikakritik und Antimoderne-Diskurs unmittelbar zusammen. Kinseys Befunde speisten die Vorbehalte und erzeugten neue.

Es ging dabei um die kulturelle Selbstverortung der Bundesrepublik in der westlichen Welt. Vor allem die Geschlechter- und Familienordnung schien in Gefahr zu sein, weshalb die Debatte dazu diente, die Emanzipation der Frauen, als deren Hort die USA schon seit Jahrzehnten galten, als soziale Auflösungserscheinung zu konturieren. Im Kontext der politischen Diskussion über die rechtliche und gesellschaftliche Gleichstellung der Frauen in der Bundesrepublik sollte das Geschlechterverhältnis nach tradiertem hierarchischen Muster normativ, rechtlich und organisatorisch festgeschrieben werden – was soziale Wunschvorstellungen und die gelebte Doppelmoral zum Ausdruck brachte. Die Abgrenzung zur militärischen Siegermacht USA spielte bei der Amerikakritik ebenfalls eine Rolle. Die Empörung über Kinsey schlug hohe Wellen, weil sich damit ostentativ moralische Überlegenheit zum Ausdruck bringen ließ, anders gesagt: Deutschland hatte zwar den Krieg verloren, aber im Kern durfte sich das deutsche Volk als das moralisch bessere wähnen.

Während einige Naturwissenschaftler die von Kinsey geforderte Aufhebung rechtlicher und moralischer Sexualnormen im Dienst des wissenschaftlichen Fortschritts unterstützten, sah Helmut Schelsky in der Verbreitung der Forschungen eine massive gesellschaftliche Gefahr. Dem Soziologen war vor allem an der Bewahrung des Kulturanspruchs im Sinne bürgerlicher Ordnungsideen gelegen. De facto trieb er jedoch die von ihm kritisierte Verwissenschaftlichung und Rationalisierung der Sexualität auf eigene Weise voran. Schelsky kooperierte eng mit dem Psychiater Hans Bürger-Prinz, der maßgeblichen Einfluss auf die zur selben Zeit neu entstehende Sexualwissenschaft nahm. Die Forschungsdisziplin, die Hans Giese in Kooperation mit einer Reihe schwerst belasteter NS-Mediziner aufbaute, grenzte sich programmatisch von Kinsey ab, um Anerkennung in akademischen Kreisen zu finden – was auch gelang. Gerade Mediziner nahmen Kinseys wachsende Popularität zum Anlass, ihren amerikakritischen Kulturdünkeln Ausdruck zu verleihen; die Plattform, die sie dazu nutzten, waren die jungen Kulturzeitschriften.

Kinsey hatte sozusagen die Schleusen geöffnet und sorgte vor allem deshalb für eine Zäsur, weil er Sexualität semantisch neu besetzte und ein Deutungsmuster schuf, das eine Alternative zum kulturpessimistischen Sittlichkeitsdiskurs anbot: Nicht Verfall und Verlust waren seine Begriffe, sondern Fortschritt und Aufklärung. Damit ging zu Ende, was seit dem ausgehenden neunzehnten Jahrhundert konstitutiv für die Debatte über Sexualmoral gewesen war: die Deutungshoheit von Theologen und Medizinern, die fortan für ihre kulturelle Hegemonie fochten. Neu war auch, dass Kinsey Sexualität aus ihrer Funktion als Säule der sozialen Ordnung herauslöste und das Individuum in den Mittelpunkt rückte: Sexualität war ihm zufolge allein Sache des privaten Glücks und des Lebensgenusses. Die Popularisierung seiner Befunde hatte eine enorme Entwicklungsdynamik zur Folge. Kollektivsubjekte wie »Gemeinschaft« und »Volk« rückten in der Sittlichkeitsdebatte zunehmend in den Hintergrund, an ihre Stelle trat die freie Entfaltung des Individuums als sozialer Leitwert. Die Annahme, »befreite Sexualität« zeuge von einer fortschrittlichen und liberalen Gesellschaft, machte sich zur selben Zeit breit, als sittlich anstößige Publikationen per Sondergesetz aus der Öffentlichkeit verbannt wurden und Schelsky eindrücklich das Schreckensbild von »Sex als Konsum« zeichnete.

Das Fortschrittsparadigma stand auch im Mittelpunkt der vielen Werbefeldzüge von Beate Uhse, deren Versandhandel für Ehehygiene bereits seit 1947 florierte. Dass die Konzernchefin den von Kinsey verkündeten Fortschritt einer »befreiten Sexualität« in der sich ausbreitenden Konsumgesellschaft mit ihrer konsequenten Vermarktung verbinden konnte und so den Siegeszug der Erotikindustrie einleitete, deren europaweite Marktführerin sie wurde, ist ein vierter zentraler Befund dieser Studie. Uhse stand jahrzehntelang im Kampf mit der Justiz; die ersten Anzeigen gegen sie lauteten noch auf Betrug und Wucher, bald ermittelten die Behörden aber auch wegen Verstoßes gegen die Sittlichkeit. Ein ganzes Netzwerk neuer Ämter entstand: Jedes Bundesland besaß eine Zentralstelle zur Bekämpfung unzüchtiger Schriften, Abbildungen und Darstellungen. Die Justiz, die zur selben Zeit belastete NS-Täter großzügig amnestierte und rehabilitierte, schuf einen eigenen Amtsapparat, der – zusätzlich zur neu eingerichteten Bundesprüfstelle für jugendgefährdende Schriften – Verstöße gegen das Verbot der Verbreitung unzüchtiger Publikationen verfolgte. Ausschließlich dafür waren die Beamten zuständig. Das Bundeskriminalamt schaltete sich ebenfalls ein und erhielt diesbezüglich eine Sonderfunktion. Ein Tätigkeitsfeld entstand, auf dem gerade NS-Täter, die mit Hilfe des 131er-Gesetzes in den Staatsdienst hatten zurückkehren können und insbesondere im Bundeskriminalamt Auskommen und soziale Sicherheit fanden, Wirkung entfalteten. Die polizeiliche Verfolgung von »Schmutzverlegern« sorgte so denn auch für willkommene Arbeitsbeschaffung. Dass zwischen rigider Sexualmoral und nationalsozialistischen Tätern als deren Exekutoren handfeste Zusammenhänge bestanden, war daher eine Tatsache, keine Einbildung der protestierenden Jugend der späten sechziger Jahre. Der Justizapparat scheiterte in Sachen Schmutz und Schund allerdings schnell. Die bald in die Millionen gehenden Kundenzahlen der Erotikindustrie – Beate Uhses Firma war nur eines von vielen Unternehmen und zunächst noch keineswegs das größte – wurden alarmiert, schon bald jedoch resigniert zur Kenntnis genommen. Im Selbstrückzug der Justiz aus der Normierung der Sexualmoral bestand denn auch der entscheidende Einschnitt.

Uhses Unternehmen wuchs, und die zahllosen Anklagen und Gerichtsverfahren gegen sie konnten ihren Aufstieg nicht bremsen, im Gegenteil. Die Überzeugung von Modernisierung und Fortschritt machte den Kern ihrer Werbebotschaften aus. Fortschritt war die kulturelle Orientierungsnorm der Zeit, und Erotikkonsum entwickelte sich zum Symbol gestiegenen Lebensstandards. Sex und alles, was dazu gehörte, wurden zum konsumierbaren Freizeitvergnügen und zum Ausweis eines guten, sozusagen modernen Lebens. Die (dritte) Sexwelle, die im Zuge des harten Konkurrenzkampfes der Illustrierten 1963/64 einsetzte, war Symptom und Therapie in einem. Erotikkonsum schuf einem als Mangel wahrgenommenen Bedürfnis Abhilfe. In den Medien und in der Werbung spielte Sex eine zuvor nicht gekannte Rolle; in den USA war schon länger evident, dass sich Absatzzwecke höchst erfolgreich damit verfolgen ließen. In dem Maße, in dem sich die westdeutsche Konsumgesellschaft herausbildete, löste die Orientierung am Fortschritts- und Modernisierungsmodell die Sittlichkeit als Sinnstiftungsquelle und sozialen Leitwert ab.

Die Wohlstandsexplosion in der Bundesrepublik war nicht die Ursache der Entwicklung, lieferte aber die Rahmenbedingungen dafür. Der Aufstieg der Erotikindustrie war ein gesellschaftliches Phänomen, das allmählich auch andere westliche Industrieländer erfasste. Der Umstand, dass das sexuelle Fortschrittsparadigma den Diskurs anleitete, gab dafür den entscheidenden Ausschlag. In der sich herausbildenden Konsumgesellschaft erwiesen sich strenge sexualmoralische Vorstellungen, die stets als Hilfskonstrukt gegen die Moderne fungiert hatten, de facto als überflüssig. Massenkonsum bedeutete Individualismus und lief auf die kulturelle Selbstanerkennung der Gegenwart hinaus. Eine Entdramatisierung der Sexualität war damit aber nicht verbunden. Befreite Sexualität ging vielmehr in die Selbsterfindung der kritischen Öffentlichkeit ein und stand für die Ablehnung autoritärer staatlicher Bevormundung. Zur diskursiven Konstruktion – und normativen Aufladung – von Sex als Fortschritt trug die Beratungskommunikation der Illustrierten und Filme das Ihre bei, ja, sie war konstitutiv dafür. Die kulturelle Hegemonie in Sachen Sexualität verschob sich gänzlich auf Experten, die sich auf Kinsey beriefen und seine Befunde weitertrugen; Oswalt Kolle war sein deutsches Pendant. Die Kommerzialisierung des Sex nahm ihren Lauf; Sex war eine Ware und endgültig ein massenkulturelles Phänomen. Die Deutungsmacht über die Sexualmoral lag alsbald bei Sozialpädagogen, Psychologen und sozialwissenschaftlich orientierten Sexualwissenschaftlern.

Dass die Sexwelle zeitlich mit dem Jugendprotest der sechziger Jahre zusammentraf, hatte vor allem atmosphärische Bedeutung. Kommerzialisierung und konsumistische Besetzung der Sexualität forderten die linke Kulturkritik heraus. Nicht mit dem (längst bekannten) Ruf nach befreiter Sexualität konnten die jungen Leute provozieren. Empörungspotenzial bot vielmehr der Umstand, dass sie ganz in der Tradition der politischen Linken der zwanziger und frühen dreißiger Jahre marxistische Ideen daran knüpften und Konsumkritik in den Mittelpunkt ihres sozialrevolutionären Vorhabens zur Schaffung einer neuen, nicht-repressiven, (sexuell) »befreiten« Gesellschaft rückten.

Die Verzweiflung an der sich modernisierenden Welt schwand unter Sittlichkeitspropagandisten denn auch nicht. Nach wie vor gab es Kräfte, die einen sexualmoralischen Ordnungsimperativ einforderten und entschlossen gegen die Ausbreitung der Unmoral protestierten. Dies zeigt, dass die Deutung der Gegenwart als Krise auch in Zeiten wirtschaftlicher und politischer Stabilität Plausibilität besaß und ein integraler Bestandteil eines an Bürgerlichkeit orientierten Denkens war. Die Forderung nach Sittlichkeit spiegelte dabei den Wandlungsdruck wider, den der soziale Umbruchprozess freisetzte. Die mediale Sexwelle schwappte gerade hoch, als in Frankfurt am Main der große Auschwitz-Prozess stattfand. Sexualität behielt vergangenheitspolitische Bedeutung, denn gerade jetzt, da die Aufmerksamkeit der Weltöffentlichkeit auf die Bundesrepublik gerichtet war, erschien es geboten, moralischen Anstand unter Beweis zu stellen. Wer den Kulturstaat wollte, konnte sozusagen in der Sittlichkeitsfrage nicht gleichgültig bleiben. Allerdings entfalteten die Invektiven nicht die Wirkungsmacht, das Meinungsklima zu bestimmen, im Gegenteil.

Dass der Staat sich zunehmend aus der sittlichen Lenkung der Bevölkerung zurückzog, war eine fundamentale Veränderung, die im Juli 1969 mit dem Urteil des Bundesgerichtshofs im »Fanny-Hill«-Prozess besiegelt wurde. Mit Inkrafttreten der Strafrechtsreform vier Jahre später war die Verbreitung unzüchtiger Schriften kein Strafdelikt mehr, auch andere Verstöße gegen die Sittlichkeit wurden nicht länger kriminalisiert. Die neu geschaffenen Sexualgesetze markieren einen tiefen sozialkulturellen Einschnitt. Sexualität als Wesenselement des sogenannten modernen Lebens war gewissermaßen im Zentrum der Bundesrepublik angekommen. Sexualmoral wurde nicht mehr als Angelegenheit staatlicher Regulierung betrachtet, und die Sittlichkeit büßte ihre Funktion als Denk- und Deutungsmuster endgültig ein. Dass der Staat seinen im Kaiserreich etablierten Fürsorge- und Vormundschaftsanspruch in Fragen der Sexualmoral aufgab, hatte seinen Grund in der Herausbildung der kritischen Öffentlichkeit. Autoritäre Bevormundung und Verbotsorientierung als Mittel gesellschaftlicher Ordnung waren nun nicht mehr durchsetzungsfähig.

Außerdem hatte sich das staatliche Selbstverständnis tiefgreifend gewandelt, was unmittelbar mit der Etablierung des Sozialstaats Ende der fünfziger Jahre zusammenhing. Anstatt auf volkspädagogische Erziehung konzentrierte sich der Staat zunehmend auf Beschäftigungspolitik und soziale Wohlfahrt und garantierte die Selbstbestimmung seiner Bürger. Sexualität wurde endgültig nicht mehr als soziale Gefahr gedeutet und geahndet; die Auflösung einer moralisierenden Politik hatte sich bereits lange angekündigt. Doch trotz aller Umwälzungen änderte sich eines nicht: Auch unter dem Paradigma des Konsums und des Fortschritts war (und ist) Sexualität weiterhin ein Medium gesellschaftlicher Identitätsstiftung, um die gestritten werden kann.

ANHANG

Dank

Dieses Buch basiert auf meiner Habilitationsschrift, die ich im Februar 2009 an der Philosophischen Fakultät der Friedrich-Schiller-Universität Jena eingereicht habe. Die erste Gelegenheit, mein Vorhaben vorzustellen, hatte ich im Sommer 2004 im Oberseminar von Norbert Frei, damals noch an der Ruhr-Universität Bochum. Als Feodor-Lynen-Stipendiatin der Alexander von Humboldt-Stiftung verbrachte ich von Herbst 2004 bis Herbst 2005 ein wunderbares Jahr am Center for European Studies der Harvard University in Cambridge, Massachusetts. Dort nahm das Projekt Kontur an. »Wie der Sex nach Deutschland kam« konnte ich dann an der Friedrich-Schiller-Universität Jena sowohl mit den Teilnehmerinnen und Teilnehmern des Zeitgeschichtlichen Kolloquiums als auch mit denjenigen der Wissenschaftlichen Halbjahresgespräche am Lehrstuhl von Norbert Frei intensiv diskutieren. Dazu boten mir in ihren Forschungskolloquien zudem Bernd Weisbrod (Göttingen), Ulrich Herbert (Freiburg im Breisgau) und Patrick Wagner (Halle) die Gelegenheit; ihnen, ihren Studierenden, Mitarbeiterinnen und Mitarbeitern danke ich dafür ebenfalls.

Norbert Frei hat diese Studie von Beginn an begleitet. Ihm gilt mein besonderer Dank – für seine Kritik, seine Geduld und viele Gespräche. Charles S. Maier war mein Gastgeber am Center for European Studies der Harvard University, auch ihm habe ich wertvolle Anregungen zu verdanken. Der Alexander von Humboldt-Stiftung danke ich für die Förderung. Neben Norbert Frei waren Lutz Niethammer (Jena) und Carola Sachse (Wien) Gutachter meiner Habilitationsschrift. Allen dreien danke ich herzlich für ihre Expertise und für ihre Bereitschaft, das Gutachten zu übernehmen.

Dagmar Herzog (New York), Elizabeth Heineman (Iowa) und Franz Xaver Eder (Wien) haben mir in unseren Gesprächen vermittelt, was an der Sexualitätsgeschichte im zwanzigsten Jahrhundert so interessant ist. Dafür danke ich ihnen sehr. Die Studierenden meiner einschlägigen Seminare an der Ruhr-Universität Bochum und der Friedrich-Schiller-Universität Jena waren mir interessante Gesprächspartner, und ich verdanke ihnen wertvolle Anregungen. Ein Erlebnis war es jedes Mal, mit Protagonistinnen und Protagonisten jener Jahre zu sprechen, die recht treffend als die »Pubertät der Republik« gelten: Irmgard Hill gab mir Auskunft über ihre Erfahrungen als enge Mitarbeiterin der Erotikunternehmerin Beate Uhse; Ludwig von Friedeburg erzählte mir von seiner Zeit als junger Soziologe am Allensbacher Institut für Demoskopieforschung, das sich schon früh mit dem Liebesleben der Deutschen befasste; Oswalt Kolle schilderte mir die Auseinandersetzungen über seine Bücher und Filme zur Sexualaufklärung während der sechziger Jahre. Dass ich weder ihm noch Ludwig von Friedeburg mein Buch geben kann, bedaure ich sehr; beide sind 2010 verstorben.

Mit vielen Kolleginnen und Kollegen in Jena, Cambridge, Bochum, München, Wien und anderswo konnte ich mich über die Politik mit der Sittlichkeit in der frühen Bundesrepublik Deutschland austauschen. Von Herzen danke ich dafür Dietmar Süß, der das Manuskript meines Buches gelesen und kommentiert hat und der nicht müde wurde, mir zuzuhören. Auf die gleiche Weise unterstützte mich auch meine Schwester Ulrike, der ich ebenfalls herzlich dafür danke. Benjamin Ziemann, Matthias Weiß, Kristina Meyer, Dirk van Laak, Jeannette van Laak, Winfried Süß, Christiane Kuller, Frank Bösch, Petra Bopp, Toni Heigl, Gabriele Lingelbach und meinen anderen Mit-Fellows am Center for European Studies sowie Abby Collins, Laura L. Frader und Margaret Higonnet haben meine Studie in unterschiedlichen Phasen mit ihren Anregungen begleitet; ihnen allen danke ich dafür sehr. Susan E. Pories und Chris Kyle, Walter J. Pories und Mary Ann Rose waren während meines Aufenthalts in den USA wunderbare Gesprächspartner und ebensolche Gastgeber; auch ihnen gilt mein herzlicher Dank. Henryk M. Broder war so freundlich, mir die Arbeit mit seinen Unterlagen im Zentralarchiv zur Erforschung der Geschichte der Juden in Deutschland zu genehmigen. Den Mitarbeiterinnen und Mitarbeitern der Archive, die ich besucht habe, gilt mein Dank für ihre Auskünfte und für ihr Engagement. Sowohl in Bochum als auch in Jena konnte ich zudem dankenswerterweise auf die Unterstützung der »Hiwis« am Lehrstuhl von Norbert Frei zählen.

Besonders danke ich dem Siedler Verlag: Karen Guddas und Dr. Tobias Winstel für die Aufnahme meiner Studie ins Verlagsprogramm, für ihr großes Interesse am Thema und für ihre hervorragende Betreuung.

Mit Andrea Böltken als Lektorin zu arbeiten, ist außerdem einfach eine Freude. Ihr danke ich ganz herzlich.

Mein Vater erlebt die Veröffentlichung nicht mehr, er ist im Juni 2009 überraschend gestorben. Der Schmerz darüber hält an. Ihm und meiner Mutter ist dieses Buch gewidmet.

Wien, im Januar 2011
Sybille Steinbacher

Anmerkungen

Einleitung

1 Das erste Buch, das »Sexualität« im Titel trug, war die 1820 in Breslau erschienene Studie des Botanikers August Henschel, *Von der Sexualität der Pflanzen.* Der Terminus war zunächst auf die Pflanzenwelt beschränkt und wurde erst später auf die Fortpflanzung von Tieren und Menschen ausgedehnt. Zum Forschungsbegriff vgl. Eder, »›Sexualunterdrückung‹«; ders./ Frühstück, »Vorwort«; Sarasin, »›Erfindung‹«; Bruns/Walter, »Einleitung«, S. 18f.; Hull, »›Sexualität‹«, vor allem S. 50 und S. 64 Anm. 5; dies., »Bourgeoisie«; Weeks, *Sexuality*, S. 1–10; ders., *Sexuality and its Discontents*, S. 3–14; Dannecker, »Sexualität«; Lautmann, *Soziologie der Sexualität*, S. 19–25; ders., »Sexualität«; ders., *Zwang*, S. 15–34; Sigusch, »Kritische Sexualwissenschaft«; Simon, *Postmodernisierung.*

2 Mit Diskurs ist im weitesten Sinne die soziale Kommunikation über Sexualität gemeint: Argumentationsweise, kommunikative Reichweite und die in routinisierte Handlungsformen, überhaupt in soziale Praktiken mündende Wirkung. Der vieldeutige Terminus »Diskurs«, der stark von Michel Foucaults sprachtheoretisch geprägter Machtanalyse bestimmt ist und bei ihm eine übersubjektive institutionalisierte Redeweise meint, wird in der Historiographie oftmals formelhaft und wenig klar konturiert lediglich als Synonym für »Debatte« und »Diskussion« verwendet, und zwar so inflationär, dass man von einem Modebegriff sprechen kann. Seine spezifische Bedeutung in der Geschichtswissenschaft, zumal in der Zeitgeschichte, ist nicht recht klar, vgl. dazu die Beiträge bei Eder (Hg.), *Gerede*; zum Begriff vgl. ferner Graf, *Zukunft*, S. 33ff., vor allem Anm. 88; auch Schildt, *Abendland*, S. 12, Anm. 41.

3 So beispielsweise Glaser, *Kulturgeschichte*, Bd. 2, S. 98ff.; ders., *Kultur*, S. 277–283; Nuys-Henkelmann, »›Sonne‹«; Salewski, »Vorwort«; Delille/ Grohn, *Blick zurück aufs Glück*, S. 116–128; Kuhnert/Ackermann, »Lust«; Schenk, »Revolution«; Gillen, »Wunder«. In ähnlicher Dichotomisierung zur »sexuellen Revolution« in den USA und zur historiographischen Auseinandersetzung damit vgl. Garton, *Histories*, S. 210–228; ferner Bailey, »Sexual Revolution(s)«; dies., *Sex*; McLaren, *Twentieth-century Sexuality*, S. 166–192. Einen anderen Blick wirft hingegen Pascal Eitler auf die sogenannte sexuelle Revolution in der Bundesrepublik. Unter körpergeschichtlicher Perspektive beleuchtet er den Sexualitätsdiskurs des Jugendprotests

1968 und stellt Fragen zum zeitgenössischen Pornografie-Boom, vgl. Eitler, »›Revolution‹«; ders., »Produktivität«.

4 So ein zeitgenössischer Buchtitel, vgl. Droth, *Kultur*. Mit »Amerika« sind die USA gemeint; zu den Verbindungen und Konkurrenzen zwischen den USA und Deutschland in Politik, Wirtschaft, Gesellschaft und Kultur seit 1890 vgl. zuletzt Mauch/Patel (Hg.), *Wettlauf*.

5 Zur Deutung des Begriffs »Öffentlichkeit« als durch Kommunikation konstituierter, Relevanz verleihender, allgemein zugänglicher Raum vgl. Hodenberg, »Konzepte«; Schildt, »Jahrhundert der Massenmedien«, S. 181f. und S. 188; Gerhards/Neidhardt, »Strukturen«; Weisbrod, »Öffentlichkeit als politischer Prozeß«, S. 19; Führer/Hickethier/Schildt, »Öffentlichkeit«; Neidhardt (Hg.), *Öffentlichkeit*, S. 8; Zimmermann, »Politischer Journalismus«, S. 18; Requate, »Öffentlichkeit«.

6 Der Umgang mit Sexualität nach 1945 ist für andere Staaten historiographisch noch kaum untersucht. Kurze Ausführungen dazu finden sich zu Großbritannien bei Weeks, *Sex*; Judt, *Geschichte Europas*, S. 264f.; Mergel, *Großbritannien*, S. 139ff.; zur Schweiz (bezogen auf Frauen) vgl. Künzler, *Sexualmoral*; zu Österreich vgl. Eder »›Sinnlichkeit‹«, Absatz 34f.; zu Frankreich mit Blick auf das Geschlechterverhältnis in den Kriegsjahren vgl. Fishman, *We will wait*; dies., »Waiting«. Als grundlegend zu Frankreich vgl. Middendorf, *Massenkultur*. Mit Blick auf das Ende des neunzehnten Jahrhunderts stellt Mosse Bezüge zwischen der Entwicklung in Deutschland, England und Frankreich her, vgl. Mosse, *Nationalismus*. Die rechtswissenschaftliche Dissertation von Zeising, *Bekämpfung*, befasst sich mit dem juristischen Umgang mit »unzüchtigen« Gedankenäußerungen von der Aufklärung bis ins zwanzigste Jahrhundert in Deutschland, Frankreich, Großbritannien und den USA.

7 Rüdiger Lautmann, der seit den achtziger Jahren darüber publiziert, war lange Zeit der einzige Soziologe, der sich damit befasst hat, vgl. Lautmann, *Soziologie*; ders., »Thematisierung«; ders., »Sexualität«, ders., *Zwang*, S. 181ff.; ders., »›Ich schreibe einen Anti-Schelsky‹«. Einen Überblick über die wissenschaftliche Auseinandersetzung der Soziologie und der Sozialwissenschaften überhaupt mit Sexualität bietet König, »Sexualität«. Aus sozialwissenschaftlicher Sicht vgl. Pethes/Schicktanz (Hg.), *Sexualität*; Lewandowski, »Die Soziologie und das Sexuelle«.

8 Das im historischen Zusammenhang thematisch wichtigste wissenschaftliche Publikationsorgan in der Bundesrepublik Deutschland ist die 1988 gegründete, interdisziplinär angelegte *Zeitschrift für Sexualforschung*. Sie erscheint vierteljährlich und enthält Beiträge von Kultur- und Sozialwissenschaftlern, von Ärzten und Psychotherapeuten. Ein international zentrales geschichtswissenschaftliches Fachorgan zur Sexualitätsgeschichte ist das *Journal of the History of Sexuality*, das seit 1991 erscheint.

9 Vgl. Foucault, *Wille*; ders., *Gebrauch*. Foucaults 1976 erschienener erster Band zur Geschichte der Sexualität gilt in der sexualitätsgeschichtlichen

Forschung als Quantensprung. Denn der Autor zog bis dahin nicht hinterfragte Grundannahmen der empirischen Sexualforschung und der Psychoanalyse in Zweifel. Er bezieht sich in seinem ersten Band auf die Geschichte vom siebzehnten bis ins neunzehnte Jahrhundert; in den beiden folgenden Bänden behandelt er die griechische und die römische Antike. Das zwanzigste Jahrhundert ist nicht Gegenstand seiner Überlegungen; zur Bedeutung von Foucault für die Sexualitätsgeschichtsschreibung und zur Kritik an seinen Thesen vgl. Eder, »›Sexualunterdrückung‹«; Garton, *Histories*, S. 1–29, Grossmann, »Continuities«; allgemein zur methodischen Anwendbarkeit von Foucaults Ansatz nicht nur im sprachtheoretischen, sondern auch im sozial- und kulturgeschichtlichen Zusammenhang vgl. Graf, »Diskursanalyse«.

10 Vgl. die Forschungsübersichten zu Deutschland und Österreich vom achtzehnten bis ins zwanzigste Jahrhundert bei Eder, »Sexuelle Kulturen«; zu Deutschland ferner Dickinson/Wetzell, »Historiography«; Wetzell, »Sexuality«; Grossmann, »Continuities«; zu den Ansätzen der Sexualitätsgeschichte vgl. Eder, »›Sexualunterdrückung‹«; ders., »Historisierung«; zum Umgang mit Sexualität in Deutschland vom achtzehnten bis ins frühe neunzehnte Jahrhundert vgl. Hull, *Sexuality*; dies., »›Sexualität‹«; Mosse, *Nationalismus*; zur Sexualitätsgeschichte aus amerikanischer Perspektive vgl. Garton, *Histories*, S. 1–29. Nipperdey widmete in seinem großen Werk zur Deutschen Geschichte der Sexualität im neunzehnten Jahrhundert ein eigenes Kapitel, vgl. Nipperdey, *Deutsche Geschichte*, Bd. 1, S. 95–112. Das Online-Journal *zeitenblicke* befasst sich in seiner Ausgabe 2008 Nr. 3 mit dem Thema »Sexualität und Fortpflanzung in den Medien des 20. Jahrhunderts« und gibt einen Überblick über die an Foucault orientierten sexualitätsgeschichtlichen Forschungen, vgl. Orland (Hg.), *zeitenblicke*.

11 Eine eindrucksvolle Umsetzung von Foucaults Ansatz und zugleich eine fundamentale Kritik an dessen Schwächen und hermeneutischen Zirkelschlüssen gelang Philipp Sarasin mit seiner Studie über den Hygiene-Diskurs zwischen 1765 und 1914, vgl. Sarasin, *Maschinen*. Weitere wichtige konstruktivistisch angeleitete Forschungen stammen von Thomas Laqueur, der den Diskurs über Masturbation vom achtzehnten bis ins zwanzigste Jahrhundert untersucht, vgl. Laqueur, *Lust*. Judith Walkowitz legte eine grundlegende Untersuchung über die Sexualmoral im viktorianischen Großbritannien Ende des neunzehnten und Anfang des zwanzigsten Jahrhunderts vor, vgl. Walkowitz, *City*; dies., »Formen«. Der Diskurs über Homosexualität in Deutschland ist für das Kaiserreich, die Weimarer Republik und den Nationalsozialismus gut erforscht; einen bibliographischen Überblick dazu bieten (bis Mitte der neunziger Jahre) Moeller, »›The Homosexual Man is a ›Man‹‹« und (bis 2000) Eder, »Sexuelle Kulturen«, S. 53–56. Den Ergebnissen einer Fachtagung in Zürich im Mai 2010 zufolge ist die Hochphase der Diskursanalyse in der Wissenschaftsgeschichtsschreibung mittlerweile zu Ende, vgl. http://www.h-net.org/reviews/showpdf.php?id=30959.

12 Zum Forschungsstreit vgl. Eder, *Kultur der Begierde*, S. 228 – 243; Garton, *Histories*, S. 19 – 28; Bruns/Walter, »Einleitung«. Wie sehr in der Sexualitäts-geschichte das neunzehnte Jahrhundert im Vordergrund steht, zeigen die jüngsten Forschungsüberblicke bei Dickinson/Wetzell, »Historiography«, und Wetzell, »Sexuality«. Die wenigen geschichtswissenschaftlichen Sammelbände über Sexualität in Deutschland setzen den Schwerpunkt ebenfalls auf das neunzehnte und frühe zwanzigste Jahrhundert, vgl. Bösch, *Geheimnisse*; Bruns/Walter (Hg.), *Lust*; Bagel-Bohan/Salewski (Hg.), *Sexualmoral*. Auch die internationale Forschung folgt diesem Trend, wie der Blick in das *Journal of the History of Sexuality* der letzten Jahre zeigt.

13 Vgl. Eder, *Kultur der Begierde*. Zum Überblick über die (mehr als 25 000) Einzeltitel zur Sexualitätsgeschichte in der westlichen Welt seit dem achtzehnten Jahrhundert vgl. die »Bibliography of the History of Western Sexuality«, genannt »Sex-Biblio«: http://wirtges.univie.ac.at/Sexbibl/.

14 Vgl. Eder, »Sexuelle Revolution‹«; ders., »Das Sexuelle beschreiben«; ders., »Sinnlichkeit‹«; ders., »Sexuelle Kulturen«, S. 59 – 62; ders., *Kultur der Begierde*, S. 211 – 225. Zur methodischen Kritik vgl. Eder/Frühstück (Hg.), *Neue Geschichten*, und ihr »Vorwort« zum genannten Band; Walter, *Unkeuschheit*; ders., »Geschlecht«; ders., »Begrenzung«; ders., »Befreiung‹«; Bruns/Walter, »Einleitung«.

15 Vgl. Herzog, *Politisierung*, S. 91f. und S. 127 – 151; dies., »Revolution«; dies., »Körper«; dies., »Sexual Revolution«; dies., »Ideologies«; dies., »Sexy Sixties‹«; dies., »Memory«; ähnlich Dannecker, »Empirie«, S. 173f.; Schissler, »Normalization‹«; dazu auch das Interview mit Dagmar Herzog in der Zeitschrift für Sexualforschung, vgl. Herzog, »Quellen‹«.

16 So Kleßmann, »Schiff«, S. 485.

17 Vgl. Herbert (Hg.), *Wandlungsprozesse*; darin mit Bezügen zu Sexualität Ubbelohde, »Umgang«; Buske, »Debatte‹«; Kandora, »Homosexualität«; ferner Herbert, »Liberalisierung« Vgl. außerdem Ulrich Herbert, »Legt die Plakate nieder, ihr Streiter für die Gerechtigkeit«, in: *Frankfurter Allgemeine Zeitung* vom 29.1.2001.

18 Vgl. Frese/Paulus/Teppe (Hg.), *Demokratisierung*; Herbert (Hg.), *Wandlungsprozesse*; Doering-Manteuffel, »Westernisierung«; Bauerkämper/Jarausch/Payk (Hg.), *Demokratiewunder*.

19 Vgl. Doering-Manteuffel/Raphael, *Nach dem Boom*.

20 Jürgen Habermas, »Der Marsch durch die Institutionen hat auch die CDU erreicht«, in: *Frankfurter Rundschau* vom 11.3.1988.

21 Vgl. Frei, *1968*; zu den sechziger Jahren als Phase des Umbruchs in vielen Bereichen vgl. zusammenfassend Schildt, »Wohlstand«. Schildt erachtet es als »übertrieben«, die sechziger Jahre als Zeit der »sexuellen Revolution« zu bezeichnen. Ihm zufolge war das Jahrzehnt eine Phase »sexueller Informalisierung und Verunsicherung«, vgl. ebenda, S. 33.

22 Zu den USA vgl. Inglehart, *Umbruch*; ders., *Silent Revolution*; ders., *Modernisierung*; zur Bundesrepublik Deutschland vgl. Klages, *Wertorientierungen*;

ders., »Verlaufsanalyse«; ders., *Traditionsbruch*; ders./Hippler/Herbert, *Werte und Wandel*; ders./Kmieciak (Hg.), *Wertwandel*; Köcher/Schild (Hg.), *Wertewandel*. Zum Deutungsmuster des Wertewandels vgl. Doering-Manteuffel/Raphael, *Nach dem Boom*, S. 61–66; Wolfrum, *Bundesrepublik Deutschland*, S. 319ff.; aus politikwissenschaftlicher Sicht vgl. Hammes, *Wertewandel*. Über die transnationalen Verflechtungen des Prozesses wurde noch kaum geforscht, vgl. aber Kaelble, *Sozialgeschichte Europas*, S. 119–149. Zu Inglehart vgl. Rödder, »Materialismus«. Rödder hält die sozialwissenschaftliche Wertewandeltheorie befremdlicherweise für einen vielversprechenden Ansatz der Zeitgeschichtsforschung; er fragt weder nach ihrer Konkretisierung noch nach ihrer Historizität. Vgl. ähnlich ders., *Werte*.

23 Christof Dipper unternimmt es gegenwärtig, die »Geschichte der Moderne« zu schreiben. *Dimensionen der Moderne* lautet der Titel der Festschrift zu seinem 65. Geburtstag. Im Mittelpunkt steht darin die Frage, welchen Erklärungswert der Terminus »Moderne« besitzt, vgl. Schneider/Raphael (Hg.), *Dimensionen*. Zur Bedeutung der Moderne als Kern gesellschaftlicher Selbstreflexion im zwanzigsten Jahrhundert vgl. kurz Mauch/Patel, *Wettlauf*, S. 17f. Ulrich Herbert geht vom Begriff der »Hochmoderne« aus, die in etwa die Zeit von 1890 bis 1970 umfasste und gekennzeichnet war von technischen Neuerungen, veränderten Kommunikationsstrukturen, kulturellen Umwälzungen und beschleunigten Zeit- und Raumverhältnissen, vgl. Herbert, »Europe«; ders., »Liberalisierung«. Zum Begriff und seiner semantischen Entwicklung vgl. Gumbrecht, »Modern, Modernität, Moderne«; zum Deutungskonzept vgl. Nolte, »Abschied«; Sywottek, »Wege«; Raithel, »Konzepte‹«; zur Begriffsgeschichte vgl. auch Bollenbeck, *Tradition*, S. 34f. Im Grunde müssten die Begriffe Moderne, Modernisierung und modern in dieser Studie in Anführungszeichen stehen, was aus Gründen der besseren Lesbarkeit aber unterbleibt.

24 Als grundlegend zur Auseinandersetzung mit der Moderne in den fünfziger Jahren vgl. Schildt, *Moderne Zeiten*; ders., »›Abendland‹«; Sywottek, »Wege«; zur zeitgenössischen Wahrnehmung von »Restauration« vgl. Schildt, *Ankunft*, S. 20 und S. 164f.; ders., *Moderne Zeiten*, S. 19f.; zur Kritik an der wissenschaftlichen Verwendung der Begriffe vgl. Niethammer, »›Normalisierung‹«, S. 176; Bollenbeck, »Jahre«; Jarausch/Geyer, *Spiegel*, S. 101–124; Wehler, *Gesellschaftsgeschichte*, Bd. 4, S. 973–977; zusammenfassend vgl. Schildt, *Sozialgeschichte*, S. 77f.; für den Gebrauch des Terminus »Restauration« plädiert hingegen Fröhlich, »Restauration«.

Kapitel 1

1 Vgl. Maase, »Einleitung: Schund und Schönheit«; ders., »Krisenbewußtsein«; ders., *Grenzenloses Vergnügen*, S. 20–78; Bausinger, »Populäre Kultur«; Gebhardt, »›Halb kriminalistisch, halb erotisch‹«; ferner die Beiträge in Maase/Kaschuba (Hg.), *Schund und Schönheit*; zu Schmutz und Schund

vgl. Bollenbeck, *Tradition*, S. 159–179; zu Skandalisierungen vor dem Ersten Weltkrieg im Zusammenhang mit Sexualität vgl. Bösch, *Geheimnisse*; ders., »Das Private«; ders., »Geheimnisse«.

2 Zum Denkmuster der antithetischen Gegenüberstellung von Kultur und Zivilisation vgl. Bollenbeck, *Geschichte der Kulturkritik*, S. 14f. und S. 199f.; ders., *Tradition*, S. 20 und S. 29; Böhler, »High and Low«. Zur kulturgeschichtlich erweiterten Bürgertumsforschung vgl. Mergel, »Bürgertumsforschung«, S. 515–538; Schulz, *Lebenswelt*, S. 55ff.; Lundgreen (Hg.), *Sozial- und Kulturgeschichte des Bürgertums;* Hein, »Bürger, Bürgertum«, S. 172; zur bürgerlichen Wahrnehmung der kulturellen Moderne in den fünfziger Jahren vgl. Bollenbeck/Kaiser (Hg.), *Jahre*, darin vor allem Maase, »›Gemeinkultur‹«, und Bollenbeck, *Jahre*; zum »Kulturmuster Bürgerlichkeit« vgl. Wehler, *Gesellschaftsgeschichte*, Bd. 5, S. 139ff.; Conze, »Republik«; Hettling, »Bürgerlichkeit«; Schulz, *Lebenswelt*, S. 76–103; zum Bürgertum des 19. Jahrhunderts, zu dem ständisches Bürgertum, höheres Besitz- bzw. Wirtschaftsbürgertum, akademisches Bildungsbürgertum, sozial diffuses Kleinbürgertum und der neue Mittelstand der Angestellten zählten, vgl. Hettling/Hoffmann (Hg.), *Wertehimmel.*

3 Vgl. Maase, »Krisenbewußtsein«, S. 294–308, S. 323ff. und S. 341; Dickinson, »Morality Movement«, S. 75f.; Hilpert-Fröhlich, »Auf zum Kampfe wider die Unzucht« am Beispiel der Stadt Essen zwischen 1890 und 1914; zur Arbeiterbewegung als bürgerlichem Feindbild vgl. Tenfelde, »Arbeit«.

4 Vgl. Wehler, *Bürgertum*, S. 621 und S. 624f.; zur sozialen Lage des Bildungsbürgertums in der Weimarer Republik vgl. ders., *Gesellschaftsgeschichte*, Bd. 4, S. 289–309, zum publizistischen Markt und zur Bedeutung der Massenmedien ebenda, S. 472–482; zum Bildungsbürgertum als Sozialformation, die sich im neunzehnten Jahrhundert über die schulische Ausbildung an einem humanistischen Gymnasium und das Universitätsstudium definierte, vgl. Schäfer, *Geschichte*, S. 92–105; Budde, *Blütezeit*, S. 8–11; Engelhardt, Bildungsbürgertum; Conze/Kocka (Hg.), *Bildungsbürgertum*; Kocka/Frevert (Hg.), *Bürgertum*. Zwar ist die Frage, ob das Bildungsbürgertum eine eigenständige soziale Formation war, in der Forschung umstritten, dass es über lange Zeit kulturelle Prägekraft besaß, ist hingegen Konsens.

5 Vgl. Weeks, *Sex*, S. 20 und S. 92; Mosse, »Nationalism and Respectability«, S. 222f.; zur Herausbildung des bürgerlichen Interesses an der Sexualität im siebzehnten Jahrhundert vgl. Hull, *Sexuality*; dies., »Bourgeoisie«, S. 251ff.; dies., »›Sexualität‹«; Gay, *Erziehung*; ders., *Leidenschaft*; Mosse, *Nationalismus*, S. 10. Als grundlegend zu Sexualität und »Bürgergeist« im ausgehenden neunzehnten und frühen zwanzigsten Jahrhundert vgl. Nipperdey, *Deutsche Geschichte*, Bd. 1, S. 95–112. Die neuere Forschung, die sich mit dem Bürgertum nach 1945 befasst, behandelt Sexualität nicht. Zum Ressentiment gegen die Moderne im Kaiserreich allgemein vgl. Stern, *Kulturpessimismus*, zu Sexualität vgl. die Anmerkung auf S. 181f.; Bollenbeck, *Bildung*

und Kultur, S. 15, S. 27 und S. 278 – 288. Zu den bildungsbürgerlichen Sitten-vorstellungen im Kaiserreich vgl. Flemming, »Erotische Kultur«; zum Sitt-lichkeitskampf vgl. Jäger, »Kampf«; Maurer, »Schundkonsum«; Eßbach, »Kampf«; Peukert, »Schund- und Schmutzkampf«, S. 51f. Als wichtige Un-tersuchungen zum Aufstieg der Populärkultur und deren Gegnern zwi-schen Reichsgründung und Erstem Weltkrieg vgl. Maase, »Bewegung«; ders., »Krisenbewußtsein«; ders., »›Schmutz und Schund‹«; ders., »Schund-kampf und Demokratie«; ders., »Schundkampf-Ritus«; ders., »Happy Endings«; ders., »Amerikanisierung der Gesellschaft‹«; ders., »Amerikani-sierung von unten«; ders., »Konstruktion«; ders., »Establishing Cultural Democracy«; ders., *Grenzenloses Vergnügen*, mit einem Vergleich zu Frank-reich und England; zu Frankreich und zu vergleichenden Fragen mit Deutschland vgl. außerdem Middendorf, *Massenkultur*.

6 Zum nicht definierten Terminus »Kulturkritik«, der (grob gesagt) Kritik an den emanzipatorischen Verheißungen der Aufklärung meint, vgl. Bollen-beck, *Geschichte der Kulturkritik*, S. 7 – 21; zur Begrifflichkeit von »Verfall« und »Dekadenz« vgl. ders., *Tradition*, S. 24, zur internationalen Dimension S. 34 – 43. Bollenbeck bezeichnet die kulturelle Moderne als »Produkt der kulturellen Hegemonie des Bürgertums« (ebenda, S. 37). Zur Kulturkritik vgl. auch Mosse, »Nationalism«; Konersmann, *Kulturkritik*; Schäfer, *Ge-schichte*, S. 171 – 178; zur Gemeinschaftsidee als Kern einer gegen die Mo-derne gerichteten Ideologie vgl. Thamer, »Volksgemeinschaft«.

7 Zur Begriffsgeschichte vgl. Ilting, »Sitte, Sittlichkeit, Moral«; zur juristischen Begriffsverwendung und zur Bedeutung im Rechtswesen des neunzehnten Jahrhunderts vgl. Schwab, »Sittlichkeit«.

8 Eine wegweisende Studie über die Praxis der Jugendfürsorge im Kaiser-reich und in der Weimarer Republik unter der Perspektive der Sozialdiszi-plinierung legte Detlev Peukert mit *Grenzen* vor; zum Begriff »Jugendli-cher« vgl. ebenda, S. 310, außerdem Roth, *Erfindung*, S. 114 – 133 und S. 137; zur Kontrollpraxis von Lehrern, Eltern und Polizisten im Kaiserreich vgl. Nipperdey, *Deutsche Geschichte*, Bd. 1, S. 112 – 124; Maase, »Konstruktion«; ders., *Grenzenloses Vergnügen*, S. 162. Nicht allein in Deutschland, auch in mehreren europäischen Ländern und in Übersee war seit Ende des neun-zehnten Jahrhunderts eine Diskussion über die Jugend im Gange; vgl. Sa-vage, *Teenage*.

9 Vgl. Lisberg-Haag, »*Unzucht*«, S. 148 – 161; Baacke, *Jugend*, S. 237 und S. 239f.; Maase, *Grenzenloses Vergnügen*, S. 162.

10 RGBl. 1871, S. 162. Der Paragraph wurde 1870 im Strafgesetzbuch des Nord-deutschen Bundes verankert und im Jahr darauf in das Reichsstrafgesetz-buch übernommen. Zur Rechtsdiskussion etwa zur selben Zeit in Frank-reich im Zusammenhang mit sittlichen Normverstößen vgl. Middendorf, *Massenkultur*, S. 109 – 126.

11 RGBl. 1900, S. 301; zur »Lex Heinze« vgl. Mast, *Freiheit*, vor allem S. 139 – 190, hier auch zum sozial- und geistesgeschichtlichen Kontext; ferner Lenman,

»Art«, S. 101f.; ders., *Kunst*, S. 36 – 58; Jäger, »Kampf«, S. 176; Lisberg-Haag, »Unzucht«, S. 96ff.; zur Rechtsentwicklung vgl. Walter, »Begrenzung«; Stark, »Pornography«; auch Zeising, *Bekämpfung*, S. 68 – 86; zur Presseberichterstattung über den Prozess gegen das Ehepaar Heinze vgl. Bösch, *Geheimnisse*, S. 169f.; Müller, *Suche*; aus zeitgenössischer Sicht vgl. Falckenberg (Hg.), »Buch«; zur Rechtsdebatte vgl. Evans, *Szenen*, S. 290.

12 Zum Begriffspaar vgl. Middendorf, *Massenkultur*, S. 88f. und S. 166f.; Jäger, »Kampf«, S. 173; Bollenbeck, *Tradition*, S. 159; Jäschke, »Produktionsbedingungen«, S. 316 und S. 380, Anm. 2.

13 Schultze, *Schundliteratur*, Vorwort.

14 BayHStA, MInn 92082, unpag., Polizeipräsidium München an Bayerisches Ministerium des Innern, 29.8.1949, sowie Oberfinanzpräsidium München an Bayerisches Ministerium des Innern, 29.10.1949; BayHStA, MInn 92084, unpag., Stellungnahme des Bayerischen Staatsministeriums des Innern zur Bewahrung der Jugend vor Schund und Schmutz, 8.11.1949; BayHStA, MInn 92082, unpag., der Ministerialbeauftragte für das höhere Schulwesen im Regierungsbezirk Oberbayern an den bayerischen Staatsminister für Unterricht und Kultus, 17.4.1951.

15 BAK, B 141/26578, S. 8 – 11, hier S. 10, Protokoll über die Konferenz des Volkswartbundes mit Richtern und Staatsanwälten im Restaurant Burggraf in Düsseldorf, 10.5.1951. Die Angaben beruhen auf Recherchen des Kölner Staatsanwalts Robert Schilling, dem späteren Leiter der Bundesprüfstelle für jugendgefährdende Schriften.

16 »Gegen Schmutz und Schund«, in: *Kölnische Rundschau* vom 14.11.1949; »An der Grenze des sittlichen Anstands …«, in: *Süddeutsche Zeitung* vom 2.12.1949; »Schmutz und Schund«, in: *Nürnberger Nachrichten* vom 30.12.1949; »Schutz vor Schund«, in: *Die Zeit* vom 26.1.1950.

17 »Schundliteratur«, in: *Abendzeitung* vom 24.6.1949; »Millionengeschäft in Schundliteratur«, in: *Abendzeitung* vom 24.6.1949; »Schutz vor Schmutz«, in: *Die Zeit* vom 26.1.1950; »Beim Staatsanwalt gegen Schmutz und Schund«, in: *Münchner Merkur* vom 8.3.1950. In den Akten der bayerischen Behörden war hingegen von 35 Tonnen die Rede: BayHStA, MInn 92082, unpag., Oberfinanzpräsidium München an Bayerisches Ministerium des Innern, 29.10.1949.

18 BayHStA, MInn 92082, unpag., Regierung von Oberbayern an Bayerisches Landesjugendamt, 1.8.1949, sowie Bayerisches Staatsministerium für Wirtschaft an Bayerisches Staatsministerium des Innern, 13.10.1949.

18 Huebner, »Illustrierte Presse«, S. 418. Dass die Hefte auch Leserinnen hatten, berichtete die *Abendzeitung* vom 25.4.1950, »Frauen kaufen Magazine«.

20 BayHStA, MInn 92025, unpag., Vermerk über die Bekämpfung von Schund- und Schmutzschriften, 8.12.1949; »Polizei wacht über gute Sitten«, in: *Süddeutsche Zeitung* vom 13.12.1949.

21 »Öffentliche Moral, Polizei und Staatskanzleien« in: *Frankfurter Rundschau* vom 15.12.1949; »Der Herr Staatsanwalt als Kunde«, in: *Münchner Merkur*

vom 13.1.1950, teilt mit, dass die Auflagen von insgesamt 13 Romanen und Zeitschriften beschlagnahmt worden seien.

22 »Paragraph 184«, in: *Abendzeitung* vom 14.4.1950.

23 »›Hollywood‹ beschlagnahmt«, in: *Abendzeitung* vom 12.1.1950 über Polizeiaktionen in Frankfurt a.M.

24 »Streiflicht«, in: *Süddeutsche Zeitung* vom 12.12.1949; »Unsittliche Schriften«, in: *Münchner Merkur* vom 12.12.1949; »Dr. Faust beschlagnahmt«, in: *Abendzeitung* vom 16.12.1949; »Schmutz und Schund«, in: *Nürnberger Nachrichten* vom 30.12.1949; »Dr. Faust verhaftet«, in: *Abendzeitung* vom 12.1.1950; »Paris–Hollywood beschlagnahmt«, in: *Abendzeitung* vom 24.1.1950; »Neuer Prozeß gegen das ›Magazin‹«, in: *Abendzeitung* vom 24.2.1950.

25 »Konjunktur in Schmutz und Schund«, in: *Abendzeitung* vom 20.12.1949; »Was für Aktphotos wollen Sie sehen?«, in: *Neue Zeitung* (München) vom 23.12.1949.

26 »Richtlinien für die Unmoral«, in: *Süddeutsche Zeitung* vom 20.12.1949; »Sie rügen sich selbst«, in: *Abendzeitung* vom 20.12.1949; »Magazin-Selbstkontrolle arbeitet nicht mehr«, in: *Neue Zeitung* vom 17.4.1950; »Magazin geht zum Staatsanwalt«, in: *Abendzeitung* vom 21.4.1950.

27 »Massensterben der Magazine. ›Schmutz und Schund‹ nicht mehr gefragt?«, in: *Abendzeitung* vom 23.8.1950; »Englische Buchhandlungen verleihen ›wissenschaftliche Literatur‹«, in: *Abendzeitung* vom 23.9.1950.

28 BayHStA, MInn 92082, unpag., darin eine Reihe von Resolutionen an das Bayerische Ministerium des Innern vom Januar 1950; BayHStA, MInn 92025, unpag., Innenministerium Württemberg-Baden an den Bundesinnenminister, 17.12.1949; »Paragraph 184«, in: *Abendzeitung* vom 14.4.1950.

29 Zum schillernden Begriff »Bürgerlichkeit« und zur Bürgerlichkeit »als kulturelle Praxis« vgl. Schäfer, *Geschichte*, S. 114–130; Budde, *Blütezeit*.

30 BayHStA, MInn 92084, unpag., Schreiben an den bayerischen Landtag, das Kultusministerium, das Innenministerium und das Ministerium für Verkehrsangelegenheiten, 1.12.1949.

31 Vgl. Bollenbeck, *Bildung und Kultur*, S. 27f., S. 225–229 und S. 280–285; ders., *Tradition*, S. 169ff.; Maase, »Krisenbewußtsein«, S. 328–336; zur bürgerlichen Kapitalismuskritik im neunzehnten Jahrhundert vgl. Mergel, *Klasse*, S. 131; zu den kulturkritischen Debatten der Nachkriegszeit vgl. Schildt, *Moderne Zeiten*, S. 324–350.

32 Zum Terminus als Leitbegriff zeitgenössischer Selbstverständigung vgl. Niethammer, »›Normalisierung‹«.

33 Zur Auseinandersetzung über Schmutz und Schund in der Bundesrepublik liegt keine Studie vor. Wichtig sind in diesem Zusammenhang die Ausführungen von Petra Jäschke im Rahmen ihrer germanistischen Arbeit zu Jugendliteratur und Jugendbuchverlagen nach dem Zweiten Weltkrieg, »Produktionsbedingungen«, S. 314–380; auf den publizistischen Erotikmarkt geht sie allerdings nicht ein. Über die Gesetzesdiskussion verfasste Adelheid von Saldern mit »Kulturdebatte« einen Aufsatz. Stephan Buchloh beschäf-

tigte sich damit (allerdings sehr oberflächlich) in einem Kapitel seiner kommunikationswissenschaftlichen Dissertation über »Zensur in der Ära Adenauer«, vgl. Buchloh, »*Pervers, jugendgefährdend, staatsfeindlich*«, S. 81–140;
stellenweise identisch mit ders., »Wider die Schmutzflut«; von einem Zensurwesen in der Bundesrepublik sprechen auch Kienzle/Mende, *Zensur*.
Der Jugendschutz in der Bundesrepublik wurde noch kaum untersucht, vgl.
aber die pädagogische Studie von Dickfeldt, *Jugendschutz*; ferner Herzog,
Politisierung, S. 134–142; Dickinson, *Politics*, S. 264–276 und S. 286–299;
zum Diskurs über die Jugend in den fünfziger Jahren vgl. Schildt, *Moderne
Zeiten*, S. 152–155 und S. 492, Anm. 10.

34 Mehrere Wortbedeutungen von »warten« beziehungsweise »Wart« trafen
auf den Volkswartbund zu: Gemeint war pflegen, auf etwas achten und auf-
passen, aber auch die »Wart« oder »Warte«, ein Ort, um Ausschau zu halten
und etwas vor einem Feind zu schützen. Der »Wart« war auch ein Amtsträ-
ger. Der Begriff »Volkswart« kam in einem maßgeblich von der DNVP getragenen Gesetzesentwurf vom April 1933 über die gesellschaftliche Stellung
der Juden vor. Vorgesehen war darin, einen »Volkswart« zur Behandlung
jüdischer Angelegenheiten zu benennen, der als Verhandlungspartner eines
zu gründenden Judenrats mit staatlichen Instanzen fungieren sollte. Die
Semantik des (nicht durchgesetzten) Gesetzesvorhabens verweist auf die
Gebräuchlichkeit des Terminus in konservativen, nationalen Kreisen und
auch auf seine antisemitische Stoßrichtung; zum Gesetzesentwurf vgl.
Friedländer, *Das Dritte Reich und die Juden*, Bd. 1, S. 47f.; zum Begriff
»Wart«, »Warte«, »warten« vgl. *Deutsches Wörterbuch von Jacob Grimm und
Wilhelm Grimm*, Bd. 27, S. 2111–2121 und S. 2126–2167.

35 AEK, Gen. II 23.30 b, unpag., Festschrift »Auf der Wacht! 50 Jahre Volks-
wartbund«, September/Oktober 1948. In einigen Studien zur christlichen
Sittlichkeitsbewegung wird die Gründung erwähnt, vgl. Dickinson, »Mora-
lity Movement«, S. 64; Petersen, *Zensur*, S. 20; Lisberg-Haag, »*Unzucht*«,
S. 98, Anm. 34. Die Rolle des Verbands in der Bundesrepublik wurde noch
nicht untersucht; im Zusammenhang mit Homosexualität erwähnt ihn eine
Kölner Lokalstudie, vgl. Gotzmann, »Volkswartbund«; Balser u.a. (Hg.),
»*Himmel und Kölle*« Einleitung.

36 Vgl. Mast, *Freiheit*, S. 146–150 und S. 155f.; Lenman, »Art«, S. 91; Blaschke,
Katholizismus, S. 247; ders., »Krise«, S. 262ff.

37 Zum katholischen Vereinswesen, in dem während des Kaiserreiches rund
ein Drittel bis die Hälfte aller Katholiken organisiert war, vgl. Mooser, »Milieu«, S. 69f.; zum katholischen Bürgertum im Rheinland vgl. Mergel,
Klasse; zum Ultramontanismus vgl. Wehler, *Gesellschaftsgeschichte*, Bd. 3,
S. 384–396 und S. 1181ff.; zum Zusammenhang zwischen Katholizismus und
Antisemitismus vgl. Blaschke, »Anatomie«; ders., *Katholizismus*; zusammenfassend zur katholischen Milieuforschung vgl. Fellner, *Kirche*, S. 23ff.

38 Vgl. Dickinson, »Morality Movement«; Lisberg-Haag, »*Unzucht*«, insbesondere S. 88–137; Hilpert-Fröhlich, »*Auf zum Kampfe wider die Unzucht*«,

S. 56 – 63; Fout, »Sexual Politics«; ders., »Moral Purity Movement«; Dick-feldt, *Jugendschutz*, S. 72 – 84. Sittlichkeitsvereinigungen gab es um die Jahr-hundertwende auch in anderen Ländern; zu Frankreich vgl. Middendorf, *Massenkultur*, S. 86 – 108.

39 AEK, Gen. I 23.30 b, S. 27f., hier S. 27, Volkswartbund Rundschreiben Nr. 1 vom 17.1.1934, darin der Hinweis, dass dem Volkswartbund schließlich doch auch Frauen beitraten, die ersten vermutlich Anfang der zwanziger Jahre; zum Geschlechterverhältnis im Kaiserreich vgl. Planert, *Antifeminis-mus*, konzise zu den Formen der Abwehr gegen die Moderne S. 260 und S. 274 – 281; dies., »Kulturkritik«; dies., »Körper«; Mosse, *Image of Man*; Schmersahl, *Medizin und Geschlecht*; zur Krise als Ordnungsdiskurs vgl. Blaschke, »Krise«; Scholten, *Wahrnehmung*, S. 25.

40 Kleinere katholische Sittlichkeitsorganisationen waren der Bund für sittli-che Volkswacht in München, der Diözesanausschuss zur Förderung der öffentlichen Sittlichkeit in Freiburg im Breisgau und die Katholische Ar-beitsgemeinschaft zum Kampfe gegen Schund und Schmutz in Stuttgart. Die Volkswacht in Bayern kooperierte mit dem Volkswartbund, wollte aber organisatorisch eigenständig bleiben. Der bayerische Episkopat begrüßte die Kooperation zwar, stellte aber keine finanziellen Mittel zur Verfügung; vgl. *Akten Kardinal Michael von Faulhabers*, Bd. 1, S. 479 – 480; *Akten deut-scher Bischöfe*, Bd. 1, Dok. Nr. 449, S. 920f.

41 Die Angaben beziehen sich auf das Jahr 1929; vgl. AEK, Gen. I 23.30/1, S. 694 – 723, hier S. 700, Bericht über die Tagung des Zentralarbeitsaus-schusses der deutschen Katholiken zur Förderung der öffentlichen Sittlich-keit am 13.3.1929 in Berlin.

42 Kraus, *Schriften. Sittlichkeit und Kriminalität* (1908). Der *Simplicissimus* schrieb insbesondere vor dem Ersten Weltkrieg über den Verband. Der Volkswartbund nahm in seinem Verbandsblatt Stellung zu den Verspottun-gen: »Eine Simplizissimus-Entdeckung«, in: *Volkswart* 4 (1911), S. 43; AEK, Gen. I 23.30 b, S. 289f., »Zehn Jahre Generalsekretariat des Volkswartbun-des«, verfasst von Calmes, in: *Mitteilungen des Volkswartbundes* (Oktober 1937), Nr. 10.

43 Vgl. Beßlich, *Wege in den »Kulturkrieg«*; Maase, »Krisenbewußtsein«, S. 308 – 311 und S. 336 – 342.

44 Hofprediger Adolf Stoecker, der Gründer und Vorsitzende der zutiefst anti-semitischen Christlich-Sozialen Partei, nahm als Initiator des 1887 ins Leben gerufenen Berliner Männervereins zur Bekämpfung der Unsittlichkeit eine führende Rolle in der protestantischen Sittlichkeitsbewegung ein; die Orga-nisation hieß später Allgemeiner Deutscher Verein zur Hebung der Sittlich-keit, dann Deutsch-Evangelischer Verein zur Förderung der Sittlichkeit und Rettungsarbeit und schließlich Deutscher Sittlichkeitsverein. Zu Stoecker vgl. Lenman, »Art«, S. 12; Lisberg-Haag, »*Unzucht*«, S. 76f. und S. 91; zur Ana-lyse des antisemitischen Stereotyps vom »Mädchenhändler« vgl. Blaschke, *Katholizismus*, S. 84f. und S. 222f.; Piper, *Rosenberg*, S. 120; zur medialen In-

szenierung von Sexualität um die Jahrhundertwende am Beispiel des Kino-films und zu antisemitischen Stereotypen vgl. Sabelus, *Sklavin*.

45 Der Reichstag verbot 1910 Herstellung und Verkauf von Kontrazeptiva; das Reichsstrafgesetzbuch untersagte die Werbung dafür schon seit 1900; vgl. Woycke, *Birth Control*, S. 140–143; Usborne, *Frauenkörper*, S. 11 und S. 14; Lisberg-Haag, »Unzucht«, S. 164f.; Flemming, »Kultur«. Zum Zusammen-hang zwischen nationalistisch idealisierter Männlichkeit und dem Kampf gegen Homosexualität im neunzehnten Jahrhundert vgl. Mosse, *Nationalis-mus*, S. 34–62; zur nationalistischen Idealisierung des Körpers vgl. Golter-mann, *Körper der Nation*, S. 292–300; McLaren, *Trials*, S. 1f. und S. 13–36; zur Prostitution im Kaiserreich vgl. Schulte, *Sperrbezirke*; Evans, »Prostitu-tion«.

46 Vgl. Maase, »›Schundliteratur‹ und Jugendschutz«; ders., »Schundkampf und Demokratie«, S. 10ff.; Dickfeldt, *Jugendschutz*, S. 31ff. und S. 126–128; Jäger, »Kampf«, S. 180; Schenda, »Schundliteratur«, S. 84; vgl. Lisberg-Haag, »Unzucht«, S. 189–199 und S. 237–243; Wehler, *Gesellschaftsgeschichte*, Bd. 4, S. 21–26 und S. 40; zur Sprache vgl. Springman, »Hearts«; Gebhardt, »›Halb kriminalistisch, halb erotisch‹«, S. 212.

47 Zum Zensur-Begriff in der Weimarer Verfassung vgl. Petersen, *Zensur*, S. 31–40.

48 AEK, Gen. I 23.30/1, S. 86ff., Lennartz an das Erzbischöfliche Generalvika-riat Köln, 23.12.1921, mit Denkschrift an Reichskanzler Wirth zum »Nieder-gang der Volkssittlichkeit«.

49 AEK, Gen. I 23.30/2, S. 87–92, Die Arbeiten und Erfolge des Volkswartbun-des seit 1927, im Dezember 1930 verfasst von Michael Calmes; AEK, Gen. I 23.30 b, S. 289f., »Zehn Jahre Generalsekretariat des Volkswartbundes«, in: *Mitteilungen des Volkswartbundes* 10 (Oktober 1937); AEK, Gen. II 23.30 b, unpag., *Volkswartbund an alle Mitglieder* (März 1946), sowie Festschrift »Auf der Wacht! 50 Jahre Volkswartbund«, September/Oktober 1948.

50 AEK, Gen. I 23.30/1, S. 537, Lennartz an das Erzbischöfliche Generalvikariat Köln, 10.12.1927; AEK, Gen. I 23.30 b, S. 289f., »Zehn Jahre Generalsekreta-riat des Volkswartbundes«, in: *Mitteilungen des Volkswartbundes* 10 (Okto-ber 1937). Kurz erwähnt wird Calmes außerdem in Gotzmann, »Volkswart-bund«, S. 171f.; Dolle-Weinkauff, *Comics*, S. 98; Dickfeldt, *Jugendschutz*, S. 123, S. 154 und S. 181; Ubbelohde, »Umgang«, S. 410.

51 AEK, Gen. I 23.30/1, S. 634, Calmes für den Zentralen Arbeitsausschuss an den Erzbischof von Köln, Karl Joseph Kardinal Schulte, 6.12.1928; zum Aus-schuss vgl. kurz Petersen, *Zensur*, S. 163.

52 Nach dem Tod von Hermann Roeren Ende 1920 übernahm Justizrat Ernst Lennartz, ein Kölner Rechtsanwalt, den Vorsitz. Sein Nachfolger wurde 1932 der Mittelschullehrer Jakob Schaefer, ein Gründungsmitglied des Verbands. Auf Schaefer folgte 1937 Heinrich Claes, der Bürgermeister von Leverkusen, der auch nach dem Zweiten Weltkrieg im Amt blieb und als Stadtdirektor in Leverkusen fortwirkte. Vgl. AEK, Gen. I 23.30/2, S. 416f., Bericht über die

19. Vertreterversammlung des Volkswartbundes am 5.4.1932; AEK, Gen. I 23.30 b, S. 207–214, hier S. 212f., Niederschrift über die Sitzung des erweiterten Ausschusses des Volkswartbundes, 13.10.1936; AEK, Gen. I 23.30/3, S. 196–202, hier S. 201f., »Aus der Tätigkeit des Volkswartbundes in den letzten Jahren nach dem Umbruch«, o.D. (1937).

53 Zum Zitat vgl. UA Münster, Bestand 33, Nr. 774, Promotionsunterlagen, einschließlich Gutachten und handgeschriebenem Lebenslauf vom 12.3.1926, 13.7.1926. Ein Foto von Calmes liegt (auch aus späterer Zeit) nicht vor. Vgl. außerdem AEK, Gen. II 23.30 b, unpag., Calmes an Frings, 4.6.1956, Gesuch um Bewilligung einer Pensionsbeihilfe mit Hinweisen auf seinen Lebenslauf. Vgl. auch Calmes, *Soziologie*, S. 59; nach einjähriger Überarbeitungszeit erschien die Dissertation im Sommer 1927.

54 Eine zentrale Rolle spielte Reinhard Mumm, der sich als »Vater« des Gesetzes bezeichnete. Der DNVP-Reichstagsabgeordnete und Schwiegersohn des antisemitischen Hofpredigers Adolf Stoecker war auch der Leiter der Evangelischen Hauptstelle gegen Schund und Schmutz; vgl. Mühl-Benninghaus, »Reinhard Mumm«; ferner zu Mumm die wenig distanzierte Biografie von Friedrich, »*Fahne*«, S. 224–230.

55 Weitz spricht aus gutem Grund von einer »sexuellen Revolution« in den zwanziger Jahren. In seinem Kapitel »Bodies and Sex« präsentiert er eine hervorragende Analyse der Bedeutung von Sexualität in der Kultur der Weimarer Republik, vgl. Weitz, *Weimar Germany*, S. 297–330; zum Umgang mit Sexualität in der Weimarer Republik und zur Diskussion über Geburtenkontrolle und Abtreibung vgl. Grossmann, *Reforming Sex*; dies., »Continuities«; Peukert, *Weimarer Republik*, S. 106–109; Moeller, »›The Homosexual Man is a ‚Man‘‹«; zur weiblichen Sexualmoral vgl. Usborne, *Frauenkörper*; zu familienpolitischen Debatten vgl. Heinemann, *Familie*; zur kulturellen Moderne in der Weimarer Republik vgl. Bollenbeck, *Tradition*, S. 12ff. und S. 94–289.

56 RGBl. 1926 I, S. 505f., Gesetz zur Bewahrung der Jugend vor Schund- und Schmutzschriften vom 18.12.1926; zum Gesetz vgl. Peukert, »Schund- und Schmutzkampf«, S. 51–57 und S. 61; Stieg, »Law«; Bollenbeck, *Tradition*, S. 236–252; Weitz, *Weimar Germany*, S. 107f.; Steinacker, *Staat*, S. 183–187, der auch auf die Praxis der Landesjugendämter bei der Umsetzung der Vorschriften eingeht; Dickfeldt, *Jugendschutz*, S. 36–44; Petersen, »Publications«; ders., *Zensur*, S. 56–67 und S. 155–205, zum Protest vgl. ebenda, S. 295f.; Schulz, »Auseinandersetzungen«; zu konsumpolitischen Zusammenhängen vgl. Speitkamp, »Jugendschutz«.

57 BayHStA, MInn 92086, unpag., Kurzprotokoll der 30. Sitzung des Ausschusses für Fragen der Jugendfürsorge, 30.11.1950, mit Calmes' Ausführungen; BT/PA, NWDR, Politisches Forum. Schützt ein Gesetz vor Schmutz und Schund?, Diskussionsrunde u.a. mit Michael Calmes, 7.12.1952.

58 AEK, Gen. I 23.30/1, S. 637–649, *Schund und Schmutz*, darin: Michael Calmes, »Schund und Schmutz in ihren vielfachen Erscheinungen«, S. 3–9.

59 AEK, Gen. I 23.30/1, S. 576 – 579, Rechenschaftsbericht des Verbandsvor-
    standes für das Geschäftsjahr 1927; AEK, Gen. I 23.30/1, S. 252, Verband zur
    Bekämpfung der öffentlichen Unsittlichkeit an den Reichstag, 8.2.1926.
60 AEK, Gen. I 23.30/1, S. 574f., Protokoll der 16. Vertreterversammlung des
    Volkswartbundes am 16.6.1928, verfasst von Calmes; AEK, Gen. I 23.30 b,
    S. 133 – 138, hier S. 138, Schaefer, Vorsitzender des Volkswartbundes, an das
    Erzbischöfliche Generalvikariat, 4.1.1935; zur Mitgliederentwicklung vgl.
    Akten deutscher Bischöfe, Bd. 1, Dok. Nr. 587, S. 1235f.
61 AEK Gen. I 23.30/2, S. 483 – 490, Umschau, »Städtische Zentrale zur Be-
    kämpfung von Schund und Schmutz«, in: *Volkswart. Monatsschrift zur Be-
    kämpfung der öffentlichen Unsittlichkeit* 25 (1932), Nr. 11, S. 170.
62 Im Westen und Südwesten existierten Gruppen in Aachen, Bochum, Düs-
    seldorf, Essen, Frankfurt a. M., Freiburg im Breisgau, Hagen, Koblenz, Köln,
    Landau, Mainz, Mönchengladbach, Münster, Pirmasens, Recklinghausen,
    Steele und Witten, in Norddeutschland in Altona, Bremen, Hamburg, Har-
    burg, Kiel und Lübeck, in Sachsen in Chemnitz, Dresden, Leipzig, Meißen
    und Plauen.
63 AEK Gen. I 23.30/2, S. 487, Umschau; zum Wortlaut der Verordnung, die
    zum 1.11.1932 wirksam wurde, vgl. »Der Badeanzug 1933«, in: *Volkswart.
    Monatsschrift zur Bekämpfung der öffentlichen Unsittlichkeit* 25 (1932) Nr. 11,
    S. 168; zur Kooperation mit Bracht vgl. AEK, Gen. I 23.30/2, S. 587 – 594,
    Volkswartbund an den Erzbischof von Köln Karl Joseph Kardinal Schulte,
    16.5.1933; zum Inhalt und zu Reaktionen vgl. Saldern, »Zwickel-Erlaß«.
64 Zum Runderlass gegen Sexualausstellungen vom 13.1.1933 vgl. AEK, Gen. I
    23.30/2, S. 595 – 598, »Der Kampf gegen die öffentliche Unsittlichkeit nach
    den Sittlichkeitserlassen des preußischen Innenministeriums«, Volkswart-
    bund Rundschreiben Nr. 5 vom 13.6.1933.
65 Nach Bollenbeck war der Kulturbolschewismus »die selbstgebaute seman-
    tische Brücke, auf der ein desorientiertes Bildungsbürgertum ins ›Dritte
    Reich‹ gelangt« ist, vgl. Bollenbeck, *Tradition*, S. 289, auch S. 15, S. 25, S. 209f.
    und S. 194 – 346; Maase, *Grenzenloses Vergnügen*, S. 115, S. 152 – 155, S. 165ff.
    und S. 173 – 178; ders., »Establishing Cultural Democracy«, S. 432; Laser,
    »Kulturbolschewismus«; Petersen, *Zensur*, S. 29; aus zeitgenössischer Sicht,
    vor allem mit Blick auf Architektur und bildende Kunst, vgl. Renner, *Kul-
    turbolschewismus?*
66 Zum Wortlaut des Runderlasses des Preußischen Ministeriums des In-
    nern zur Bekämpfung anstößiger Auslagen vom 24.2.1933 vgl. AEK, Gen. I
    23.30/2, S. 553f., Volkswartbund Rundschreiben Nr. 3 vom 4.3.1933, abge-
    druckt in: Grau (Hg.), *Homosexualität in der NS-Zeit*, S. 58ff., hier S. 60;
    Runderlass des Preußischen Ministeriums des Innern zur Bekämpfung der
    Absteigequartiere und homosexuellen Lokale (sic) vom 23.2.1933, abgedr.
    in: ebenda, S. 56ff.
67 Die Nacktkultur, eine Hauptströmung der Lebensreformbewegung, die ab
    Mitte der zwanziger Jahre »Freikörperkultur« hieß, betrachtete den nackten

Körper als frei von Sinnlichkeit und Sexualität. Ihre Anhänger propagierten Körperbilder, die ganz auf Reinheit fixiert waren, und huldigten einem Sonnen- und Lichtkult. Nacktheit war nicht mit Schamgefühlen und sexuellen Bedürfnissen besetzt, sondern stand für Natürlichkeit und Unschuld – und galt im Kaiserreich als Plädoyer für die Bekämpfung der öffentlichen Unsittlichkeit. Die Bewegung war ein Produkt der Kulturkritik und brachte deren Ablehnung für die Erscheinungsformen der Moderne zum Ausdruck. Im Streben nach dem sogenannten Unverfälschten widmeten sich ihre Anhänger der Neuentdeckung von Natur und Körper, traten für Maßhaltung und gegen jede Form von Ausschweifung und Übermaß ein. Ihre Schriften, die von asexueller Gesinnung – und der Verherrlichung der germanischen Rasse – zeugten, wurden aber sowohl von Zeitgenossen als auch in späterer Zeit für Erotikdarstellungen gehalten. Untersuchungen zur Publizistik der Bewegung in der Bundesrepublik fehlen; zur Medialisierung im Kaiserreich vgl. Schneider, »Nacktkultur«; zur Lebensreformbewegung vgl. Buchholz u.a. (Hg.), *Lebensreform*; Nipperdey, *Deutsche Geschichte*, Bd. 1, S. 110f.; zur Nacktkultur in Kaiserreich und Weimarer Republik und ihren Bezügen zur Rassenhygiene vgl. Möhring, *Marmorleiber*.

68 Vgl. Gebhardt, »Sex-and-crime-Journalismus«.

69 Vgl. Saurer, »Verbotene Vermischungen«; Przyrembel, *Rassenschande*.

70 AEK, Gen. I 23.30/2, S. 620, Calmes an Kardinal Schulte, 11.8.1933, mit der Bitte um Aufnahme in die Liste. In der von der Bischofskonferenz besorgten Zusammenstellung firmierte der Verband unter der Rubrik »Vereinigungen zur Förderung katholischer kirchlicher Kultur«. Die Liste ist abgedr. in: *Akten deutscher Bischöfe*, Bd. 2, Dok. Nr. 242 und 242a, S. 32 – 48, hier S. 40.

71 Die regelmäßige Finanzierung geht aus den *Akten deutscher Bischöfe* hervor, vgl. Bd. 1, Dok. Nr. 436, Nr. 440 und Nr. 587; Bd. 2, Dok. Nr. 206; Bd. 3, Dok. Nr. 315/IIj; Bd. 4, Dok. Nr. 399/III, Nr. 473/II, Nr. 473/III und Nr. 510/ IIk; Bd. 5, Dok. Nr. 578/II, Nr. 667/II und Nr. 786; Bd. 6, Dok. Nr. 868/II. Zu Akten zur Finanzierung vgl. auch AEK, Gen. II 23.30 b.

72 AEK, Gen. I 23.30 b, S. 11ff., hier S. 13, Tätigkeitsbericht des Volkswartbundes für 1933, o.D. (Sommer 1933), veröffentlicht im Kölner Lokalanzeiger *Der Neue Tag* vom 29.3.1934.

73 Die Akten des Volkswartbunds aus der NS-Zeit enthalten eine nicht zu quantifizierende Fülle von Schreiben, die die intensive Zusammenarbeit mit den staatlichen Behörden dokumentieren. Vgl. AEK, Gen. I 23.30/2, S. 614ff., Volkswartbund Rundschreiben Nr. 8 vom 11.7.1933, mit einem Aufruf an die Mitarbeiter, weiterhin Schriften »erotischer Art« einzusenden; AEK, Gen. I 23.30/2, S. 641 – 646, Volkswartbund Rundschreiben Nr. 11 vom 31.10.1933; AEK, Gen. I 23/30 b, S. 102f., Liste der »Schmutztitel«, die der Volkswartbund zwischen 1.7. und 20.11.1934 bei den NS-Behörden anzeigte; AEK, Gen. I 23.30/3, S. 196 – 202, hier S. 196 und S. 201, Aus der Tätigkeit des Volkswartbundes in den letzten Jahren nach dem Umbruch, o.D. (1937); AEK, Gen. I 23.30 b, S. 301 – 304, hier S. 301f., Michael Calmes, »Über

die Tätigkeit des Volkswartbundes im Jahre 1937«, in: *Mitteilungen des Volkswartbundes* (Januar 1938), Nr. 1.

74 Zu Fromm vgl. Aly/Sontheimer, *Fromms*; zur Geschichte des Kondoms vgl. Jütte, *Lust ohne Last*, S. 149–160 und S. 182–204.

75 »Auf zum Kampf! Im Dienste der Volkssittlichkeit«, in: *Kölner Lokalanzeiger* vom 21.4.1932; AEK, Gen. I 23.30 b, S. 79f., »Eine ungeklärte Frage. Immer noch Reklame für empfängnisverhütende Mittel in deutschen Zeitschriften«, Volkswartbund Rundschreiben Nr. 10 vom 3.9.1934; AEK, Gen. I 23.30 b, S. 81–84, hier S. 84, Calmes, »Wölfe in Schafskleidern! Sabotage am sittlichen Aufbauwerk des deutschen Volkes«, in: *Jugendwohl* vom 22.3.1934; AEK, Gen. I 23.30 b, S. 156ff., hier S. 157, »Unser Kampf gegen die Propaganda für empfängnisverhütende Mittel«, in: *Mitteilungen des Volkswartbundes* (März 1935), Nr. 3; AEK, Gen. I 23.30 b, S. 254ff., hier S. 255, »Tätigkeitsbericht des Volkswartbundes für 1936«, in: *Mitteilungen des Volkswartbundes* (Januar 1937), Nr. 1.

76 AEK, Gen. I 23.30/2, S. 612f., Volkswartbund Rundschreiben Nr. 7 vom 11.7.1933, wonach die Firma ihre Kunden in einem »geheimen Rundschreiben« über die Namensänderung informiert habe. Calmes hatte seine Forderung in einem Artikel unter dem Titel »Gegen die öffentliche Unsittlichkeit« in der *Kölnischen Volkszeitung* vom 8.6.1933 erhoben. Vgl. auch AEK, Gen. I 23.30/2, S. 619f., Volkswartbund Rundschreiben Nr. 9 vom 18.8.1933, in dem die Namensänderung mitgeteilt wird.

77 Joseph Goebbels, »Moral oder Moralin«, in: *Oberlausitzer Frühpost* vom 27.1.1934 sowie in: *Hamburger Fremdenblatt* vom 27.1.1934, überliefert in: AEK, Gen. I 23.30/3, S. 58–62, hier S. 60ff., Arbeitsgemeinschaft für Volksgesundung, Mitteilungen Nr. 2 vom 27.1.1934; RGBl. 1935 I, S. 541, Gesetz über die Aufhebung des Gesetzes zur Bewahrung der Jugend vor Schund- und Schmutzschriften, 10.4.1935.

78 Vgl. Nolzen, »NSDAP«, S. 124ff.; Buddrus, *Erziehung*, S. 418ff.; Dickfeldt, *Jugendschutz*, S. 129f.; Kenkmann, *Jugend*, S. 149–153.

79 Vgl. Peukert, *Grenzen*, S. 274–291; Buddrus, *Erziehung*, S. 488–494; Kater, »Attraktion«, S. 188f.; Kenkmann, *Jugend*, S. 330; zu Moringen vgl. Neugebauer, *Weg*; zum Lager Uckermark vgl. Limbächer/Merten/Pfefferle (Hg.), *Mädchenkonzentrationslager*.

80 AEK, Gen. II 23.30 b, unpag., *Volkswartbund an alle Mitglieder* (Juni 1944).

81 AEK, Gen. II 23.30 b, unpag., *Mitteilungen des Volkswartbundes*, (Juni/Juli/August 1943), Nr. 6/7/8. Die monatlichen Mitteilungen von jeweils etwa drei bis vier Seiten sind von Januar 1935 bis einschließlich Januar 1938 geschlossen erhalten. Danach bricht die Überlieferung zwar ab, allerdings geht aus den Tätigkeitsberichten ab 1940/41 und aus der Festschrift, die aus Anlass des 50-jährigen Bestehens veröffentlicht wurde, hervor, dass sie auch im Krieg regelmäßig erschienen; überliefert ist noch die Ausgabe vom Sommer 1943, der letzte erhaltene Rundbrief datiert vom September 1944.

82 Zur Bedeutung von Sexualität im Nationalsozialismus vgl. grundlegend

Herzog, *Politisierung*, S. 15–82; dies., »Sexual Morality«; dies., »How ›Jewish‹ is German Sexuality«?; dies., »Hubris«; dies. (Hg.) *Sexuality and German Fascism*; ferner Becker, »Funktion«; Evans, »Periphery«; Heineman, »Sexuality and Nazism«; Eder, »Sinnlichkeit«, Absatz 4–10.

83 AEK, Gen. I 23.30/3, S. 186–195, Strafrechtliche Bestimmungen zum Schutze der öffentlichen Sittlichkeit. Als Manuskript für die Zwecke der Seelsorge zusammengestellt vom Volkswartbund, Köln 1937; AEK, Gen. I 23.30 b, S. 173ff., »Neue Strafbestimmungen über Abtreibung und Schwangerschaftsunterbrechung«, in: *Mitteilungen des Volkswartbundes* (September 1935), Nr. 9; AEK, Gen. I 23.30 b, S. 187ff., »Änderung des Gesetzes zur Verhütung erbkranken Nachwuchses, in: *Mitteilungen des Volkswartbundes* (Mai 1936), Nr. 5; AEK, Gen. I 23.30 b, S. 187ff., »Aus der Rechtsprechung der Erbgesundheitsgerichte«, in: *Mitteilungen des Volkswartbundes* (Mai 1936), Nr. 5; AEK, Gen. I 23.30 b, S. 191ff., »Richtlinien zur Schwangerschaftsunterbrechung und Unfruchtbarmachung aus gesundheitlichen Gründen«, in: *Mitteilungen des Volkswartbundes* (September 1936), Nr. 9; AEK, Gen. I 23.30 b, S. 256ff., hier S. 256, Calmes, »Fortpflanzungspflicht – die andere Seite des Gesetzes zur Verhütung erbkranken Nachwuchses«, in: *Mitteilungen des Volkswartbundes* (Februar 1937), Nr. 2. Allgemein zur Rolle kirchlicher Organisationen in der NS-Gesundheitspolitik vgl. Süß, »Kooperationen«.

84 AEK, Gen. II 23.30 b, unpag.: *Mitteilungen des Volkswartbundes* (Juni/Juli/August 1943), Nr. 6/7/8; Calmes an das Erzbischöfliche Generalvikariat Köln, 14.7.1944; Tätigkeitsbericht des Volkswartbunds 1943/44, 14.7.1944.

85 AEK, Dienstakten Lenné 330, unpag., Tätigkeitsbericht des Volkswartbunds vom Juli 1945 bis 15. April 1946; AEK, Gen. II 23.30/2, S. 97, Calmes an Frings, 30.8.1945, darin die Mitteilung, dass der Verband bereits wieder tätig sei.

86 AEK, Dienstakten Lenné 330, unpag., Gesundheitsamt Köln an die britische Militärregierung/Public Health, 14.8.1945; AEK, Gen. II 23.30 b, unpag., Festschrift »Auf der Wacht! 50 Jahre Volkswartbund«, September/Oktober 1948.

87 AEK, Gen. II 23.30 b, unpag., *Volkswartbund an alle Mitglieder* (März 1946). Aus dem Rundschreiben geht hervor, dass es bereits eine Februar-Ausgabe gab. Vgl. auch AEK, Gen. II 23.30 b, unpag., *Volkswartbund an alle Mitglieder* (Juni 1947) mit der Mitteilung über die behördliche Zulassung des Volkswartbundes am 21.5.1947.

88 AEK, Gen. II 23.30 b, unpag., *Volkswartbund an alle Mitglieder* (April 1947), mit dem Vermerk, dass es gelungen sei, die Arbeit in vielen Städten wieder aufzunehmen, namentlich in Aachen, Bochum, Bonn, Düsseldorf, Frankfurt am Main, Hagen, Hamm, Köln, Mainz, Mönchengladbach, Rheydt, Saarbrücken, Wiesbaden und in mehreren Orten in Südbaden; AEK, Gen. II 23.30 b, unpag., Calmes an Frings, 18.1.1950, mit der Mitteilung, der Verband sei auch im Süden der Bundesrepublik wieder aktiv. Zur Finanzierung vgl. *Akten deutscher Bischöfe*, Bd. 6, Dok. Nr. 1030/II; AEK, Gen. II 23.30 b, unpag.: Calmes an Frings, 31.12.1947, dem zufolge die Fuldaer Bischofskon-

ferenz dem Verband für das Jahr 1948 insgesamt 15 000 Mark zugesprochen hatte; Calmes an Frings, 1.7.1948, mit dem Hinweis, dass die Bischofskonferenz bereits »seit mehreren Jahren« dem Verband jährlich eine Beihilfe von 15 000 Mark gewährte; Calmes an Frings, 30.1.1951, Dank für die Bewilligung von 10 000 Mark; AEK, Gen. II 23.30/4, unpag., Calmes an Frings, 23.6.1952, Dank für 15 000 Mark.

89 AEK, Dienstakten Lenné 330, unpag., Gesundheitsamt Köln an die britische Militärregierung/Public Health, 14.8.1945.

90 AEK, Gen. II 23.30/2, S. 97, Calmes an Frings, 30.8.1945, darin der Entwurf der Verordnung; AEK, Dienstakten Lenné 330, unpag., Tätigkeitsbericht des Volkswartbunds vom Juli 1945 bis 15. April 1946.

91 RGBl. 1940 I, S. 499f., Polizeiverordnung zum Schutz der Jugend, 9.3.1940, und RGBl. 1943 I, S. 349f., Polizeiverordnung zum Schutz der Jugend, 10.6.1943; vgl. Nolzen, »NSDAP«, S. 124f.; Buddrus, *Erziehung*, S. 418ff.; Kenkmann, *Jugend*, S. 149–153; Dickfeldt, *Jugendschutz*, S. 129f. Vgl. auch AEK, Gen. II 23.30 b, Calmes an Frings, 22.10.1946, Aus der Arbeit des Volkswartbundes.

92 AEK, Gen. II 23.30 b, unpag., *Volkswartbund an alle Mitglieder* (März 1946). Auch in Bayern drängten die Behörden insbesondere auf Kreisebene auf Wiedereinführung von Himmlers Polizeiverordnung.

93 AEK, Gen. II 23.30 b, unpag., *Volkswartbund an alle Mitglieder* (März 1946).

94 Vgl. zu den Kooperationsplänen AEK, Gen. II 23.30/2, S. 14–17, hier S. 14f., Calmes an die Fuldaer Bischofskonferenz, 1.7.1948, Aus dem Arbeitsgebiet des Volkswartbundes 1947/48; AEK, Gen. II 23.30/3, S. 244–251, hier S. 249, Volkswartbund (vermutlich an die Fuldaer Bischofskonferenz), Im Kampf um die Volkssittlichkeit, verfasst von Calmes, 21.1.1949, mit Hinweis auf Besprechungen mit einem Vertreter aus Bethel. Die Innere Mission löste sich 1957 als selbstständige Organisation auf und vereinigte sich mit dem Hilfswerk der evangelischen Kirche. Über ihre Rolle in Sachen Schmutz und Schund nach 1945 liegen drei kurze Aufsätze vor, vgl. Kaiser, »Schundkampf«; Pöhlmann, »›Angriffskrieg‹«; Baum/Nikles, »Jugendschutz«, S. 108f.; zur Inneren Mission im Sittlichkeitskampf des neunzehnten Jahrhunderts vgl. umfassend Lisberg-Haag, »*Unzucht*«; mit Blick auf Prostitution ferner Hilpert-Fröhlich, »*Auf zum Kampfe wider die Unzucht*«, vor allem S. 40–45.

95 So der Titel des Sammelbandes von Köhler/Melis (Hg.). Zur katholischen Kirche und zum Katholizismus nach dem Zweiten Weltkrieg vgl. Ziemann, *Kirche*, S. 76–109; ders., »Codierung«; ders., »Bewegung«; ders., »Suche«; Gabriel, »Katholiken«; Schmidtmann, »›Fragestellungen‹«; Hollenstein, »Kirche«; Schildt, *Moderne Zeiten*, S, 147–148; ders., *Zwischen Abendland und Amerika*, S. 114; Ruff, »Elites«; Forschungsüberblick bei Fellner, *Kirche*, S. 13–16. Zum Verhältnis zwischen der US-Militärverwaltung und den beiden Kirchen vgl. ders., »Gespenst«. Zur Rolle der katholischen Kirche vgl. Judt, *Geschichte Europas*, S. 262–265. Zum Konservatismus der Nachkriegszeit vgl. Schildt, *Konservatismus*, S. 211–252.

96 Über Frings liegen drei biografische Studien vor. Eine starke Tendenz zur Hagiografie verraten die beiden Bände von Trippen, *Josef Kardinal Frings*, sowie Froitzheim, *Kardinal Frings*; abwägend hingegen der Ausstellungskatalog von Elten, *Pro hominibus constitutus*. Zur Rechristianisierungsideologie der katholischen Kirche vgl. Löhr, »Rechristianisierungsvorstellungen«. Calmes' Schreiben sind in der Empfängerüberlieferung des Erzbischöflichen Generalvikariats erhalten. Anwortbriefe von Frings sind hingegen nicht dokumentiert; vgl. AEK, Gen. II 23.30/2, S. 40 – 44, Calmes an die Fuldaer Bischofskonferenz, 17.7.1947, Über den Stand der öffentlichen geschlechtlichen Sittlichkeit in Deutschland; AEK, Gen. II 23.30/2, S. 14 – 17, Calmes an die Fuldaer Bischofskonferenz, 1.7.1948, Aus dem Arbeitsgebiet des Volkswartbundes 1947/48; AEK, Gen. II 23.30/3, S. 172ff., Calmes an die Fuldaer Bischofskonferenz, 15.7.1949, Übersicht über den Stand der öffentlichen geschlechtlichen Sittlichkeit im heutigen Deutschland; AEK, Gen. II 23.30 b, unpag., Calmes an Frings, 14.7.1949, sowie Über die Aufgaben und Arbeiten des Volkswartbundes im Jahre 1949/50, 15.7.1950.

97 AEK, Gen. II 23.30/2, S. 34, Frings an den britischen Militärgouverneur Sir Sholto Douglas, 25.7.1947. In der reichlich holprigen englischen Übersetzung lautet der Passus: »In this case it will be a matter of course and of great regret to the Church to undertake the obligation to place statutes of the Christian moral doctrine in the forerank of the public teaching and this even more frequently and emphatically as the method of propagation is getting more authoritative and grasping for the immoral preventives.«

98 AEK, Gen. II 23.30/2, S. 27, Office of the Deputy Military Governor, Zonal Executive Office an Frings, 12.9.1947, mit der Bitte um Informationen über die Quelle, auf die sich der Erzbischof bezog; Frings setzte den Briefwechsel nicht fort.

99 Das Kontrollratsgesetz Nr. 60 vom 19.12.1947 setzte die Reichsgesetze über die Einrichtung der Filmkammer vom 14.7.1933 (RGBl. 1933 I, S. 483) und vom 16.2.1934 (RGBl. 1934 I, S. 95) außer Kraft.

100 AEK, Gen. II 23.30 b, unpag., *Volkswartbund an alle Mitglieder* (Juni 1947).

101 AEK, Gen. II 23.30 b, unpag.: Calmes an Frings, 22.10.1946, Aus der Arbeit des Volkswartbundes; Festschrift »Auf der Wacht! 50 Jahre Volkswartbund«, September/Oktober 1948, darin der Aufsatz »Sittlichkeitsgesetzgebung in den letzten 50 Jahren« von Heinrich Oestereich; *Volkswartbund an alle Mitglieder* (August 1947). Zu weiteren Texten Oesterreichs vgl. Nuys-Henkelmann, »›Sonne‹«, S. 135f.

102 AEK, Gen. II 23.30 b, unpag., *Volkswartbund an alle Mitglieder* (Dezember 1946).

103 AEK, Gen. II 23.30/2, S. 12, Calmes an Frings, 23.8.1948, zu Frings' öffentlicher Empörung über Illustrierte; AEK, Gen. II 23.30/3, S. 252, Volkswartbund, Einladung zur Schundkampftagung am 27.1.1949 in Köln, 4.1.1949, verfasst von Calmes, mit Bezugnahme auf Frings' Predigt.

104 AEK, Gen. II 23.30/2, S. 4–6, hier S. 6, Volkswartbund an den Erzbischof von Köln, Joseph Frings, 10.12.1948.

105 AEK, Gen. II 23.30/5, unpag., Niederschrift über die Jahresversammlung der katholischen Arbeitsgemeinschaft für Volksgesundung, 8.11.1954 in Köln, verfasst von Calmes. Das Dokument enthält das Protokoll von Calmes' Vortrag »Der Stand unseres Arbeitskampfes gegen sittliche Missstände« mit Angaben über den Fachausschuss II, der sich endgültig am 9.11.1953 konstituierte.

106 AEK, Gen. II 23.30 b, unpag., *Volkswartbund an alle Mitglieder* (Januar 1948). Mit der Formel »Keine Experimente« warb die CDU im sogenannten Zeitgeist-Bundestagswahlkampf 1957 um Stimmen. Sie distanzierte sich damit entschieden von der SPD, die den Austritt der Bundesrepublik aus der NATO plante, um die rasche Wiedervereinigung Deutschlands zu ermöglichen. Adenauer hielt dies für ein Desaster. Die CDU gewann bei den Wahlen die absolute Mehrheit.

107 AEK, Gen. II 23.30 b, unpag., *Volkswartbund an alle Mitglieder* (Januar 1949).

108 AEK Gen. I 23.30/2, S. 467–472, Der Stand der Schund- und Schmutzbekämpfung in Deutschland und Österreich, 4.10.1932, hier S. 470.

109 AEK, Gen. I 23.30/1, S. 637–649, *Schund und Schmutz*, darin: Michael Calmes, »Schund und Schmutz in ihren vielfachen Erscheinungen«, S. 3–9, hier S. 7; AEK, Gen. II 23.30 b, unpag., Über die Aufgaben und Arbeiten des Volkswartbundes im Jahre 1949/50, 15.7.1950, sowie »Zum Geleit!«, in: *Volkswartbund an alle Mitglieder* (Januar 1951), über Pin-up und Bikini.

110 AEK, Gen. 23.30/4, unpag., Calmes, *Jugendnot – Jugendhilfe.*

111 AEK, Gen. II 23.30/3, S. 114, Calmes an Regierungsrat R. in Braunschweig, 1.12.1949, mit Dank für die Beschwerde über die Anzeige in *Hör zu!* und Erläuterung des weiteren Vorgehens; AEK, Gen. II 23.30/3, S. 111ff., Calmes an Prälat Domkapitular Lenné, 2.12.1949, mit Abschrift des Schreibens an R.

112 AEK, Gen. II 23.30 b, unpag., »Erscheinungen des sittlichen Verfalls«, in: *Volkswartbund an alle Mitglieder* (Mai/Juni 1951); AEK, Gen. 23.30/4, unpag., Calmes, *Jugendnot – Jugendhilfe.*

113 AEK, Gen. II 23.30/3, S. 152ff., Calmes an Frings, 21.9.1949. Beanstandet wurden folgende Illustrierte: *Herz Dame, Heim und Welt, Das Wochenend, Die Straße, Das grüne Blatt, Sonntagspost, Das neue Zeitalter* und *Revue-Weltillustrierte.* Vgl. auch AEK, Gen. II 23.30 b, unpag., »Wo liegt die Schuld?«, in: *Volkswartbund an alle Mitglieder* (August/September 1950); AEK, Gen. 23.30/4, unpag., Calmes, *Jugendnot – Jugendhilfe.*

114 AEK, Gen. II 23.30/2, S. 14–17, hier S. 15, Calmes an die Fuldaer Bischofskonferenz, 1.7.1948, Aus dem Arbeitsgebiet des Volkswartbundes 1947/48.

115 AEK, Gen. II 23.30/3, S. 244–251, hier S. 244, Volkswartbund (vermutlich an die Fuldaer Bischofskonferenz), Im Kampf um die Volkssittlichkeit, verfasst von Calmes, 21.1.1949; AEK, Gen. II 23.30/3, S. 242f., Volkswartbund (vermutlich an die Fuldaer Bischofskonferenz), Im Kampf um Sitte und Sittlichkeit, verfasst von Calmes, undatiert (Februar 1949).

116 AEK, Gen. II 23.30/3, S. 172ff., hier S. 173, Calmes an die Fuldaer Bischofs-konferenz, 15.7.1949, Übersicht über den Stand der öffentlichen geschlecht-lichen Sittlichkeit im heutigen Deutschland.

117 Ebenda; AEK, Gen. II 23.30/3, S. 111ff., Calmes an Lenné, 2.12.1949; BayHStA, MInn 92082, unpag., Stadtkomitee Regensburg zur Bekämpfung von Schmutz und Schund an den bayerischen Innenminister, 10.1.1950, über eine Bürgerversammlung, die zu einer Resolution führte, nachdem Calmes dort über »Mittel und Wege zur Bekämpfung von Schmutz und Schund« referiert hatte.

118 AEK, Gen. II 23.30/3, S. 114, Calmes an Regierungsrat R. in Braunschweig, 1.12.1949, über den Erfolg der vorangegangenen Monate; AEK, Gen. II 23.30/3, S. 111ff., Calmes an Lenné, 2.12.1949, Abschrift des Schreibens an R. und Mitteilung über Beschlagnahmeverfügungen der Staatsanwaltschaften und über eingeleitete Gerichtsverfahren, außerdem Verweis auf Händler und ihre Kunden.

119 Zur Erfahrungsgeschichte der Währungsreform vgl. Niethammer, »›Nor-malisierung‹«, S. 187; Schildt, *Moderne Zeiten*, S. 31; Schenk, »Werbung«; ferner die Berichte bei Kahnt/Schöne/Walz, *50 Jahre Deutsche Mark*, S. 57 – 66. Zur »erwartungsgeschichtlichen« Bedeutung realer und konstru-ierter Wendezeiten (ohne Beitrag zur Währungsreform) vgl. Bünz/Gries/Möller (Hg.), *Tag X*.

120 AEK, Gen. II 23.30 b, unpag., Calmes an Frings, 1.7.1948. Die Bezeichnung »Tag X« für die Währungsreform war weit verbreitet, mit Blick auf die Fol-gen für die Presse spricht davon zeitgenössisch Huebner, *Illustrierte Presse*, S. 422.

121 AEK, Gen. II 23.30/3, S. 244 – 251, hier S. 244, Im Kampf um die Volkssitt-lichkeit (vermutlich an die Fuldaer Bischofskonferenz), 21.1.1949; AEK, Gen. II 23.30/3, S. 237f., Calmes an den Oberstaatsanwalt in Köln, 17.2.1949; AEK, II 23.30/3, S. 195, auch S. 190, Begründung des Entwurfs zu einem Ge-setz zum Schutz der Jugend vor Schund- und Schmutzwerken, 22.4.1949, gerichtet auch an das Erzbischöfliche Generalvikariat Köln und zahlreiche Behörden in Nordrhein-Westfalen und Rheinland-Pfalz; AEK, Gen. II 23.30/3, S. 172ff., Calmes an die Fuldaer Bischofskonferenz, 15.7.1949, Über-sicht über den Stand der öffentlichen geschlechtlichen Sittlichkeit im heutigen Deutschland; AEK, Gen. II 23.30/3, S. 128, Calmes an Pfarrer S. in Bielefeld, 18.11.1949; AEK, Gen. II 23.30/3, S. 62f., »Schleichendes Gift«, in: *Volkswartbund an alle Mitglieder* (März 1950); AEK, Gen. II 23.30 b, unpag., »Erscheinungen des sittlichen Verfalls«, in: *Volkswartbund an alle Mitglie-der* (Mai/Juni 1951).

122 AEK, Gen. II 23.30 b, unpag.: »50 Jahre Volkswartbund«, in: *Volkswartbund an alle Mitglieder* (Juli 1948); Festschrift, September/Oktober 1948; Einla-dung zum Festakt am 25.10.1948.

123 AEK, Gen. II 23.30 b, unpag., Bericht über die Feierstunde des Volkswart-bunds, verfasst von Calmes, undatiert (vermutlich Ende Oktober 1948),

sowie *Volkswartbund an alle Mitglieder* (November/Dezember 1948), hier auch zum Folgenden.

124   AEK, Gen. II 23.30 b, unpag., »Zum Geleit!«, in: *Volkswartbund an alle Mitglieder* (Januar 1951).

125   Zur Auslegung in der Rechtspraxis vgl. Erbel, *Sittengesetz*; Schwab, »Sittlichkeit«, zum Grundgesetz S. 521; zur Bedeutung des Sittengesetzes im Strafrecht vgl. Kandora, »Homosexualität«; aus den sechziger Jahren vgl. Schepper, »Gesetz«.

126   *Der Parlamentarische Rat 1948–1949*, Bd. 2, Dok. 14, S. 581.

127   *Der Parlamentarische Rat 1948–1949*, Bd. 5/1, Dok. 6, S. 112.

128   Ebenda, Dok. 32, S. 671f.; *Der Parlamentarische Rat 1948–1949*, Bd. 7, Dok. 5, S. 208, Dok. 8, S. 398, Dok. 14, S. 572, und Dok. 16, S. 613.

129   Ebenda., Dok. 16, S. 336, Dok. 18, S. 367 und S. 376.

130   Ebenda, Dok. 28, S. 580, Dok. 40, S. 879.

131   Die Gründung machte das zunächst noch geplante Lichtspielgesetz hinfällig.

132   *Kabinettsprotokolle der Landesregierung von Nordrhein-Westfalen*, S. 684 bis 687, hier S. 687.

133   »Es geht um die sittliche Volkskraft«, in: *Fränkischer Tag* (Bamberg) vom 21.3.1950, zum Aufruf der Bischöfe auf einer Konferenz in Freising an die bayerische Staatsregierung, eine gesetzliche Regelung zu schaffen. »Bayerische Stimmen gegen Schmutz- und Schundgesetz«, in: *Neue Zeitung* vom 30.1.1950. In der Dokumentenedition zu Knoeringen ist der Vorgang nicht enthalten, vgl. Grebing/Süß (Hg.), *Waldemar von Knoeringen*.

134   BayHStA, MInn 92084, unpag., Bayerische Staatskanzlei an Staatsministerium des Innern, 8.2.1950.

135   BayHStA, MInn 92084, unpag., Bayerisches Staatsministerium des Innern an das Bayerische Ministerium für Unterricht und Kultus, betreffs Bekämpfung von Schund- und Schmutzschriften, 6.5.1949, sowie Ministerium für Unterricht und Kultus an das Innenministerium, 1.7.1949. Der erste Referentenentwurf datierte vom 25.10.1949, bis Mitte Februar 1950 folgte eine Reihe weiterer Vorlagen. Vgl. auch BayHStA, MInn 92085, unpag., Unterlagen zum Gesetz gegen Schmutz und Schund 1950; BayHStA, MInn 92086, unpag., Unterlagen 1950 bis 1952; BayHStA, MInn 92083, Presseausschnittsammlung 1950 bis 1954; »Ein bayerisches Gesetz gegen Schmutz und Schund«, in: *Abendzeitung* vom 31.10.1949. »Gesetz gegen ›Schmutz und Schund‹«, in: *Süddeutsche Zeitung* vom 31.10.1949; »Sittenromane – ›haarsträubend‹«, in: *Münchner Merkur* vom 6.12.1949; zur Frage der Zuständigkeit des Bundes vgl. BayHStA, MInn 92082, unpag., Bayerisches Staatsministerium des Innern an das Bayerische Ministerium für Unterricht und Kultus, 23.11.1950, sowie BayHStA, MInn 92085, unpag., Rechtsprobleme eines Gesetzes gegen Schund und Schmutz, 1.3.1950.

136   Der Landtag verabschiedete das Gesetz am 12.10.1949, vgl. GVBl. der Landesregierung Rheinland-Pfalz, Teil I, 19.10.1949, S. 505. Der Wortlaut des Landesgesetzes zum Schutz der Jugend vor Schmutz und Schund ist doku-

mentiert in: BR-Drucksachen, 1. WP, Nr. 323/50, 9.5.1950, Anlage 2; vgl. auch BT-Drucksachen 1. WP, Nr. 1101, 28.6.1950, Anlage 1b. Vgl. außerdem »›Schmutz und Schund‹ – ein gutes Geschäft«, in: *Frankfurter Rundschau* vom 16.11.1950.

137 AEK, Gen. II 23.30/3, S. 252, Volkswartbund, Einladung zur »Schundkampftagung« am 27.1.1949 im Kolpinghaus Köln, 4.1.1949; AEK, Gen. II 23.30/3, S. 220–223, Niederschrift über die Tagung. Die erwähnte Anwesenheitsliste ist nicht überliefert. Vgl. auch AEK, Gen. II 23.30/3, S. 240, Calmes an Frings, 9.2.1949, mit einer Tabelle seiner Berechnungen; *Süddeutsche Zeitung* vom 12.12.1949.

138 AEK, Gen. II 23.30/3, S. 220–223, Niederschrift über die Schundkampftagung des Volkswartbundes am 27.1.1949; AEK, Gen. II 23.30/3, S. 240, Calmes an Frings, 9.2.1949; AEK, Gen. II 23.30 b, unpag., Protokoll über die Schulungstagung des Volkwartbundes am 26.10.1948, in dem die Einrichtung eines Gremiums erstmals erwähnt wird.

139 Bis zum Frühsommer 1929 setzten die Prüfstellen reichsweit insgesamt 63 Titel auf die Liste, bis Ende 1932 kamen etwa weitere 100 hinzu. In Zweifelsfällen wurde eine Schrift nicht indiziert; vgl. Speitkamp, »Jugendschutz«, S. 62; Dickfeldt, *Jugendschutz*, S. 43f.; Petersen, *Zensur*, S. 167–174; Jäger, »Kampf«, S. 173, Anm. 74; vgl. außerdem BR-Drucksachen 1. WP, Nr. 323/50, 9.5.1950, sowie BT-Drucksachen 1. WP, Nr. 1101, 28.6.1950, darin die Angabe, dass zwischen 1927 und 1932 insgesamt 170 Schriften auf den Index gekommen seien.

140 AEK, Gen. II 23.30/3, S. 242f., Volkswartbund (vermutlich an die Fuldaer Bischofskonferenz), Im Kampf um Sitte und Sittlichkeit, undatiert (Februar 1949), mit dem kurzen Vermerk, dass der Gesetzentwurf bei den »zuständigen Stellen« eingereicht worden sei; AEK, Gen. II 23.30/3, S. 231, Calmes an den Generalvikar des Erzbistums Köln, Prälat Josef Teusch, 21.2.1949, mit Hinweis auf den »vorläufigen Entwurf«; AEK, Gen. II 23.30/3, S. 111ff., Calmes an Lenné, 2.12.1949; AEK, Gen. II 23.30/3, S. 104f., »Baut Dämme!«, in: *Volkswartbund an alle Mitglieder* (Januar 1950), dem zufolge die erste Version am 27.1., die zweite am 7.4.1949 entstand.

141 AEK, Gen. II 23.30/3, S. 224–228, Erster Entwurf zu einem Gesetz zum Schutz der Jugend vor Schund- und Schmutzwerken, undatiert (Februar 1949); AEK, II 23.30/3, S. 213ff., Entwurf zu einem Gesetz zum Schutz der Jugend vor Schund- und Schmutzwerken, undatiert (vermutlich März 1949), der bereits nahezu wörtlich dem zweiten endgültigen Entwurf entsprach. Er ging am 26.3.1949 mit einem Schreiben des Volkswartbunds Kardinal Frings zu. Vgl. außerdem AEK, Gen. II 23.30/3, S. 193f., auch S. 186–189, Entwurf zu einem Gesetz zum Schutz der Jugend vor Schund- und Schmutzwerken, undatiert.

142 AEK, Gen. II 23.30/4, unpag., »›Schund- und Schmutzgesetz‹ im Bundestag verabschiedet«, in: *Volkswartbund an alle Mitglieder*, undatiert (vermutlich Oktober 1952), mit Rückblick auf die Gesetzesentstehung.

143 BT-Drucksachen 1. WP, Nr. 103, 14.10.1949. Dass der unverheiratete Brentano homosexuell war, was nach Ansicht der Sittenwächter per se als jugendgefährdend galt, wurde erst bekannt, nachdem er 1955 Außenminister im Kabinett Adenauer geworden war; er übte das Amt bis 1961 aus.

144 Die CDU/CSU stellte einen Frauenanteil von 7,7 Prozent am ersten Deutschen Bundestag, die SPD (mit 13 Vertreterinnen) 9,6 Prozent, die FDP hatte keine weiblichen Abgeordneten, vgl. Feldkamp/Sommer, *Parlaments- und Wahlstatistik*.

145 BT-Drucksachen 1. WP, Nr. 259, 30.11.1949; BT-Berichte 1. WP, 16.12.1949, S. 747f.

146 Das Folgende nach: BT-Berichte 1. WP, 16.12.1949, S. 747f.

147 So der Protokollvermerk in: BT-Berichte 1. WP, 16.12.1949, S. 748.

148 BT-Drucksachen 1. WP, Nr. 104, 14.10.1949.

149 BT-Drucksachen 1. WP, Nr. 529, 2.2.1950; BAK, B 136/5278, unpag., Bundestagspräsident an Bundeskanzler, 1.3.1950, Zustimmung des Bundestags zum Gesetzesantrag der CDU/CSU-Fraktion.

150 AEK, Gen. II 23.30/3, S. 104 f., »Baut Dämme!«, in: *Volkswartbund an alle Mitglieder* (Januar 1950); AEK, Gen. II 23.30 b, unpag., Calmes an Frings, 18.1.1950.

151 AEK, Gen. II 23.30/3, S. 240, Calmes an Frings, 9.2.1949; AEK, Gen. II 23.30/3, S. 216, Calmes an Frings, 26.3.1949; AEK, Gen. II 23.30/2, S. 4ff., hier S. 6, Calmes an Frings, 10.12.1948; AEK, Gen. II 23.30/3, S. 244–251, hier S. 249, Volkswartbund (vermutlich an die Fuldaer Bischofskonferenz), Im Kampf um die Volkssittlichkeit, verfasst von Calmes, 21.1.1949; AEK, Gen. II 23.30/3, S. 216, Calmes an Frings, 26.3.1949.

152 AEK, Gen. II 23.30/3, S. 137, Calmes an den Erzbischöflichen Geheimsekretär in Köln, 3.11.1949, mit Bericht über das Gespräch mit den Abgeordneten am Vortag.

153 BayHStA, MInn 92086, unpag., Kurzprotokoll der 30. Sitzung des Ausschusses für Fragen der Jugendfürsorge, 30.11.1950, mit Calmes' sechsseitigen Ausführungen.

154 AEK, Gen. II 23.30 b, unpag., Über die Aufgaben und Arbeiten des Volkswartbundes im Jahre 1949/50, 15.7.1950.

155 AEK, Gen. II 23.30/3, S. 137, Calmes an Heinemann, 7.11.1949; AEK, Gen. II 23.30/3, S. 134, Calmes an Frings, 7.11.1949, mit Abschrift des Schreibens an den Minister und Hinweis, dass die Beschwerde auch beim Justiz- und Sozialministerium Nordrhein-Westfalens eingereicht worden sei. Zu Heinemann vgl. die politische Biografie von Treffke, *Gustav Heinemann*, in der dessen Einsatz für die Sittlichkeit allerdings keine Rolle spielt.

156 BAK, B 141/26574, S. 1f., Calmes an Dehler, 19.11.1949, sowie Bundesjustizministerium an den Volkswartbund, 25.11.1949, abschriftlich an das Bundesministerium des Innern; AEK, Gen. II 23.30/3, S. 128, Calmes an Pfarrer S. in Bielefeld, der den Verband über die Gründung einer Dachorganisation der FKK-Verbände informiert hatte, 18.11.1949; AEK, Gen. II 23.30/3, S. 137,

Calmes an Heinemann, 19.11.1949; ein Durchschlag ging an das Erzbischöfliche Generalvikariat Köln, handschriftlich wurde darauf vermerkt: »Soll nicht ein ähnlicher Schritt direkt durch den Erzbischof erfolgen?«

157 AEK, Gen. II 23.30/3, S. 172ff., hier S. 174, Calmes an die Fuldaer Bischofskonferenz, 15.7.1949, Übersicht über den Stand der öffentlichen geschlechtlichen Sittlichkeit im heutigen Deutschland; AEK, Gen. II 23.30 b, unpag., Calmes an das Erzbischöfliche Generalvikariat Köln 29.7.1949, Abrechnung über das erste Halbjahr 1949, sowie Calmes an das Erzbischöfliche Generalvikariat Köln, 29.7.1949, Voranschlag für das Jahr 1950. Das Gesamtbudget betrug demnach 27 500 Mark: Calmes rechnete für 1950 mit den auch in den Vorjahren erhaltenen Teilsummen von 15 000 Mark vonseiten der Katholischen Bischofskonferenz, mit 6000 Mark aus den Mitgliederbeiträgen, mit 4500 Mark aus der Abteilung Gesundheitsfürsorge im Sozialministerium, mit 1000 Mark von der dortigen Behörde für Jugendpflege und mit weiteren 1000 Mark aus dem Kultusministerium.

158 AEK, Gen. II 23.30 b, unpag., Calmes an Frings, 1.8.1951; AEK, Gen. II 23.30/4, unpag., Calmes an Frings, 23.6.1952.

159 AEK, Gen II 23.30/7, unpag., Calmes an Frings, 9.7.1955; AEK, Gen. II 23.30 b, unpag., Calmes an Frings, 27.4.1956, sowie Bericht über die Revision der Kasse des Volkswartbundes, 13.5.1959. Im Jahr 1957 ging die Zuständigkeit für den Bundesjugendplan vom Bundesministerium des Innern auf das Bundesministerium für Familien- und Jugendfragen über, was an der Bezuschussung des Verbands aber nichts änderte.

160 »Gesetz gegen Schmutz und Schund«, in: *Süddeutsche Zeitung* vom 7./ 8.1.1950; W. E. Süskind, »Schmutz und Schund …«, in: ebenda; »Amerikanischer Landeskommissar für Bayern gegen Schundgesetz«, in: *Frankfurter Rundschau* vom 6.1.1950.

161 »Schmutz und Schund«, in: *Nürnberger Nachrichten* vom 30.12.1949; »Spekulanten mit Schund«, in: *Neue Zeitung* vom 5.1.1950; »Schmutz und Schund …« von W. E. Süskind, in: *Süddeutsche Zeitung* vom 7./8.1.1950; »Gefahren der Freiheit«, in: *Neue Zeitung* vom 1.2.1950. Zu Bedenken amerikanischer Besatzungsfunktionäre in Bezug auf die Demokratiefähigkeit der Deutschen vgl. Lammersdorf, »›Volk‹«.

162 »Wohnungen und Arbeit wichtiger als Schmutz- und Schundgesetz«, in: *Süddeutsche Zeitung* vom 4.1.1950; »Spekulanten mit Schund«, in: *Neue Zeitung* vom 5.1.1950.

163 BayHStA, MInn 92084, unpag., Neuhäusler an Bolds, 9.1.1950, vertraulich auch an den bayerischen Innenminister Willi Ankermüller.

164 »Was ist mit dem Schund- und Schmutzgesetz?«, in: *Kölnische Rundschau* vom 19.1.1953.

165 »Gegen die Schundliteratur«, in: *Passauer Neue Presse* vom 23.2.1950.

166 Rowohlt änderte bald seine Meinung und trat für das Gesetz ein, um das Sortiment der Kioske zu verändern, vgl. »Rowohlt tritt für Schund- und Schmutzgesetz ein«, in: *Neue Zeitung* vom 1.6.1950.

167 BAK, B 141/4679-4683, 4687 Protestschreiben von Verlegern und Autorenverbänden; BayHStA, MInn 92082, unpag., Protestnote einer Versammlung
von Verlegern, Journalisten, Schriftstellern, Schauspielern, Filmleuten und
weiteren Vertretern künstlerischer Berufe, o.D. (Januar 1950); BT-Berichte
1. WP, 13.7.1950, S. 2670; »Hamburger Künstler protestieren gegen Schmutz-
und Schundgesetz«, in: *Neue Zeitung* vom 12.1.1950; »Verleger und Autoren
gegen ein Schund- und Schmutzgesetz«, in: *Frankfurter Rundschau* vom
14.1.1950; »Gegen das Schmutz- und Schundgesetz«, in: *Süddeutsche Zeitung* vom 19.1.1950.

168 »Was steckt hinter ›Schmutz und Schund?‹«, in: *Frankfurter Rundschau*
vom 10.1.1950.

169 »Gegen ›Schmutz- und Schundgesetz‹«, in: *Neue Zeitung* vom 7.2.1950; vgl.
auch »Schutz vor Schmutz«, in: *Die Zeit* vom 26.1.1950; »Weitere Proteste
gegen ›Schmutz- und Schundgesetz‹«, in: *Neue Zeitung* vom 7.3.1950; »Kulturkämpferische Diskussion«, in: *Neue Zeitung* vom 20.3.1950; »Schutz der
Jugend«, in: *Süddeutsche Zeitung* vom 20.3.1950.

170 Kästner, *Gesammelte Schriften für Erwachsene*, Bd. 7, S. 184 – 187, hier S. 184ff.;
der Text stammt von 1951.

171 Zur Medienpolitik der Alliierten vgl. Hodenberg, *Konsens*; dies., »Journalisten«.

172 »Kulturpolizei?«, in: *Frankfurter Rundschau* vom 1.12.1949.

173 »Öffentliche Moral, Polizei und Staatskanzleien«, in: *Frankfurter Rundschau*
vom 15.12.1949.

174 »Freie Aussprache: Kulturpolizei?«, in: *Frankfurter Rundschau* vom 8.12.
1949.

175 »Freie Aussprache: Pressefreiheit«, in: *Frankfurter Rundschau* vom 9.12.
1949.

176 »Briefe an die SZ, Schmutz und Schund«, in: *Süddeutsche Zeitung* vom
13.1.1950.

177 »Echo von beiden Seiten. Stimmen zu unserer Rundfrage über das geplante
Sondergesetz«, in: *Neue Zeitung* vom 16.2.1950.

178 »Zum Schund- und Schmutz-Gesetz«, in: *Neue Zeitung* vom 1.12.1949.

179 »Achtung, Zensur!«, in: *Deutsche Zeitung und Wirtschaftszeitung* vom
28.1.1950; »Kein Schund, aber ein wenig Schmutz«, in: *Deutsche Zeitung
und Wirtschaftszeitung* vom 15.2.1950; »Was ist unzüchtig?«, in: *Rheinische
Zeitung* vom 21.1.1950; »Schmutz und Schund«, in: *Nürnberger Nachrichten*
vom 30.12.1949; »Gefahren der Freiheit«, in: *Neue Zeitung* vom 1.2.1950;
»Man solle sich entschließen ...«, in: *Süddeutsche Zeitung* vom 9./10.4.1950;
»Am Rande von Schmutz und Schund«, in: *Süddeutsche Zeitung* vom
17.4.1950.

180 »Schmutz und Schund ...«, in: *Süddeutsche Zeitung* vom 7./8.1.1950.

181 »Schutz für den Geist«, in: *Münchner Merkur* vom 8.3.1950.

182 »Achtung, Zensur!«, in: *Deutsche Zeitung und Wirtschaftszeitung* vom 28.1.
1950.

183 »Der Kadi und die ›Vogelschreie der Liebe‹«, in: *Die Zeit* vom 23.2.1950.
184 »Schmutz und Schund«, in: *Nürnberger Nachrichten* vom 30.12.1949.
185 »Nackt im Briefkasten«, in: *Der Spiegel* vom 11.5.1950.
186 Schröder, »Schundliteratur«, S. 737.
187 »Feinere Schamlosigkeit«, in: *Frankfurter Rundschau* vom 3.5.1950; »Verfassungsstreit um ›Schmutz und Schund‹«, in: *Süddeutsche Zeitung* vom 20.12.1949; »Bayerns Schmutz- und Schundgesetz«, in: *Süddeutsche Zeitung* vom 13.2.1950; BayHStA, MInn 92084, unpag., Bayerisches Staatsministerium des Innern an das Bundesministerium des Innern, 23.1.1950.
188 »Zu diesem Schund und Schmutz«, in: *Neue Zeitung* vom 2.3.1950; »Pressefreiheit und Jugendschutz«, in: *Neue Zeitung* vom 16.3.1950.
189 »Achtung, Zensur!«, in: *Deutsche Zeitung und Wirtschaftszeitung* vom 28.1.1950.
190 AEK, Gen. II 23.30/3, S. 109f., Direktor des Caritas-Verbands Essen an Grimme, 2.12.1949, das Datum geht aus dem am selben Tag versandten Begleitschreiben zur Abschrift an das Kölner Generalvikariat hervor; der Tag der Sendung war der 29.11.1949.
191 »Schutz vor Schmutz«, in: *Die Zeit* vom 26.1.1950.
192 BayHStA, MInn 92085, unpag., Kundgebung im Kampf gegen Schmutz und Schund, Entschließung, 12.2.1950.
193 AEK, Gen. II 23.30/3, S. 104f., »Baut Dämme!«, in: *Volkswartbund an alle Mitglieder* (Januar 1950).
194 Zahlen nach den Angaben des Bundesinnenministeriums auf einer Pressekonferenz zum Thema Jugendschutz im März 1952, vgl. »Aktion Jugendschutz wird aktiv«, in: *Neue Zeitung* vom 25.3.1952. Zur sozialen Lage der Jugend in den Nachkriegsjahren vgl. Schildt, »Not«; Chaussy, »Jugend«; Preuß-Lausitz, *Kriegskinder*; Schildt, »Not«; zur Wohnungsnot in der Nachkriegszeit vgl. Niehuss, »Familie«, S. 42–60; Rölli-Alkemper, *Familie*; Biess, *Homecomings*, S. 19–93; Gestrich, *Geschichte der Familie*; Moeller, *Mütter*; Schissler, »Häuslichkeit«; zum Ländervergleich vgl. Kaelble, *Sozialgeschichte Europas*, S. 28–35.
195 Zur wissenschaftlichen Stützung des Konzepts durch Pädagogen und Mediziner schon im Kaiserreich vgl. Peukert, *Grenzen*, S. 151–162; zur Diskussion in der Bundesrepublik vgl. Ubbelohde, »Umgang«. Der Arzt und Psychoanalytiker Alexander Mitscherlich bewertete den Begriff indes als Zustandsbeschreibung der anomischen deutschen Nachkriegsgesellschaft und als Ausdruck der »Sozialkatastrophen der Gegenwart«, eine Deutung, mit der er recht allein stand, vgl. Mitscherlich, »Aktuelles«.
196 BayHStA, MInn 92082, unpag., Resolution der Ärzteschaft der St. Lukas-Gilde Regensburg an Bayerisches Staatsministerium des Innern, 20.1.1950.
197 BayHStA, MInn 92082, unpag.: Stadtkomitee Regensburg zur Bekämpfung von Schmutz und Schund an den bayerischen Innenminister, 10.1.1950; Diözesan-Geschäftsstelle der Katholischen Aktion an den bayerischen Innenminister, 10.1.1950; Kreisjugendring Regensburg-Stadt an den bayeri-

schen Innenminister, 25.1.1950. Vgl. auch den Zeitungsartikel »Sind die ›Schundheftl‹ schuld?«, veröffentlicht im Mai 1954 (ohne Quellenangabe), abgedr. in: Stankiewitz, *Nachkriegsjahre*, S. 82.

198 BayHStA, MInn 92082, unpag., darin zahlreiche Eingaben an die bayerischen Behörden von Elternverbänden der Mittel- und Oberschulen vieler Städte vom Januar und Februar 1950, ferner Schreiben von Kreisjugendringen und Jugendämtern von 1949; BayHStA, MInn 92084, unpag., darin Stellungnahmen von Schulleitern und Eltern aus mehreren Städten, Dezember 1949; BayHStA, MInn 92085, unpag., darin Einwendungen von Stadtverwaltungen, Elternvereinigungen und Erzieherverbänden vom Februar und März 1950.

199 AEK, Gen. II 23.30 b, unpag., »Zum Geleit!«, in: *Volkswartbund an alle Mitglieder* (Januar 1951), sowie ähnlich »Erscheinungen des sittlichen Verfalls«, in: *Volkswartbund an alle Mitglieder* (Mai/Juni 1951).

200 AEK, Gen. II 23.30 b, unpag., Protokoll über die Tagung am 13.2.1951; hier auch zum Folgenden.

201 AEK, Gen. II 23.30/4, unpag., *Die Gefahren des Sexualismus*.

202 AEK, Gen. II 23.30 b, unpag., Protokoll über die Tagung des Volkswartbundes am 13.2.1951; AEK, Gen. II 23.30/4, unpag., Calmes an Frings, 15.2.1951, mit Abschrift der »Entschließung«; vgl. »Strauß: Der einzelne ist verantwortlich«, in: *Kölnische Rundschau* vom 20.2.1952.

203 AEK, Gen. II 23.30/4, unpag., *Die Gefahren des Sexualismus*.

204 Im Rückblick strich Strauß sein Amt als Vorsitzender des Jugendfürsorgeausschusses nahezu aus seiner politischen Karriere. In seinen Erinnerungen hatte er dafür nur einen einzigen Satz übrig: »Jugendwohlfahrtsgesetz und Jugendschutzgesetz waren meine spezifischen Aufgaben.« Vgl. Strauß, *Erinnerungen*, S. 144 zum Zitat sowie S. 210f.

205 *Berliner Zeitung* vom 12.6.1957; »Sittenroman aus Ostberlin«, in: *Berliner Kurier* vom 13.6.1957; »Zuviel verlangt?«, in: *Der Spiegel* vom 10.7.1957. Zu Hundhammer vgl. Groß, *Hanns Seidel*, S. 134ff.

206 BAK, B 141/26578, S. 7, Frings an Adenauer, 8.8.1950; AEK, Gen. II 23.30/3, S. 49, Frings als Vorsitzender der Fuldaer Bischofskonferenz an Bundeskanzler Konrad Adenauer, Bundestagspräsident Erich Köhler und Bundesratspräsident Karl Arnold, 8.5.1950.

207 BAK, B 141/26578, S. 6, Adenauer an Dehler und Heinemann, 22.8.1950.

208 Adenauer geht in den vier Bänden seiner Erinnerungen kein einziges Mal auf die »Sittlichkeit« ein, vgl. Adenauer, *Erinnerungen*. Eine Anekdote, die Helmut Thielicke notierte und die Hans-Peter Schwarz in seiner Kanzler-Biografie zum Besten gibt, wirft ein Licht auf sein Desinteresse am Thema. Der protestantische Theologe und Universitätsprofessor Thielicke, dessen Spezialgebiet die Ethik war und der insbesondere über die Sexualethik dozierte und publizierte, erfuhr von Adenauer in einer privaten Unterhaltung, dass dieser die Sexualaufklärung der (längst erwachsenen) Kinder seiner Ehefrau überlassen hatte. Auf die Frage nach dem Grund sagte Adenauer:

»Ich hatt' Angst, ich ging zu weit«. Vgl. Schwarz, *Adenauer. Der Aufstieg*, S. 340.

209 AEK, Gen. II 23.30/4, unpag., Frings an die Bundesregierung, 26.5.1951, unterzeichnet auch von den Erzbischöfen von Bamberg, Freiburg, München-Freising und Paderborn; identische Schreiben gingen am selben Tag (nach einer Notiz vom 28.6.1951) an weitere Adressaten.

210 AEK, Gen. II 23.30/4, unpag., Wessel an Frings, 21.6.1951.

211 Das Folgende nach: BT-Berichte 1. WP, 23.3.1950, S. 1774 – 1784, hier S. 1774f.

212 *Kabinettsprotokolle der Bundesregierung*, Bd. 2, 2. Mai 1950, S. 360; »Kein Schund, aber ein wenig Schmutz«, in: *Deutsche Zeitung und Wirtschaftszeitung* vom 15.2.1950; »Regierung verabschiedet ›Schmutz- und Schundgesetz‹«, in: *Neue Zeitung* vom 3.5.1950; »›Schmutz- und Schund-Gesetz‹ nur gegen ›Schmutz‹ gerichtet«, in: *Frankfurter Rundschau* vom 5.5.1950.

213 Kritik an der Bezeichnung »Schmutz und Schund« war im Ausschuss für Presse, Rundfunk und Film laut geworden, vgl. BT-Berichte 1. WP, 16.12. 1949, S. 748; »Schmutz- und Schundgesetz verhältnismäßig liberal«, in: *Neue Zeitung* vom 5.5.1950; »Aktphotos sind jugendgefährdend«, in: *Süddeutsche Zeitung* vom 5.5.1950.

214 BayHStA, MInn 92085, unpag., Hundhammer an das Bayerische Staatsministerium des Innern, 20.4.1950, mit wörtlichen Zitaten aus dem Schreiben Heinemanns vom 21.3.1950, sowie Hundhammer an Heinemann, 20.4.1950.

215 Das Folgende nach: BR-Drucksachen 1. WP, Nr. 323/50, 9.5.1950; vgl. auch BT-Drucksachen 1. WP, Nr. 1101, 28.6.1950.

216 Vgl. Frei, »Was ist Wahrheit?«; Hodenberg, *Konsens und Krise*, S. 145 – 149; Buchloh, »*Pervers, jugendgefährdend, staatsfeindlich*«, S. 47 – 80. Der Entwurf des Bundespressegesetzes wurde im März 1952 öffentlich bekannt.

217 Eine Abschrift des Gesetzes vom 18.12.1926 war Bestandteil aller Unterlagen im Gesetzgebungsverfahren. Vgl. BR-Drucksachen 1. WP, Nr. 323/50, 9.5.1950, Anlage 1; BT-Drucksachen 1. WP, Nr. 1101, 28.6.1950, Anlage 1a, darin fälschlich »Küls«.

218 BR-Drucksachen 1. WP, Nr. 323/50, 9.5.1950; auch BT-Drucksachen 1. WP, Nr. 1101, 28.6.1950.

219 BT-Berichte 1. WP, 13.7.1950, S. 2664; BR-Berichte 1. WP, 10.10.1952, S. 456 – 461, hier S. 456, Entwurf eines Gesetzes über jugendgefährdende Schriften; vgl. Saldern, »Kulturdebatte«, S. 104f.; »Sittenromane – ›haarsträubend‹«, darin mit Blick auf die Abschaffung der Reichskulturkammer: »So haben wir heute nur § 184, 184a«, in: *Münchner Merkur* vom 6.12.1949.

220 BayHStA, MInn 92084, unpag., Stellungnahme des Bayerischen Staatsministeriums des Innern zur Bewahrung der Jugend vor Schund und Schmutz, 8.11.1949, sowie Begründung zum Gesetzesentwurf zur Bewahrung der Jugend vor Schmutz und Schund, 6.12.1949.

221 Calmes legte im Dezember 1949 in Bonn eine leicht überarbeitete Version des Gesetzesentwurfs vor, die gedruckt und an alle Mitglieder der beratenden Ausschüsse verteilt wurde, vgl. AEK, Gen. II 23.30/3, S. 108, Entwurf des

Volkswartbundes zu einem Gesetz zum Schutze der Jugend vor Schund- und Schmutzwerken, 7.12.1949.

222 Der Text der Inneren Mission liegt nicht vor, ein Hinweis darauf findet sich in: BayHStA, MInn 92084, unpag., Sozialministerium Nordrhein-Westfalen an den Länderrat des amerikanischen Besatzungsgebietes in Stuttgart, 23.6.1949. Vgl. außerdem AEK, Gen. II 23.30/5, unpag., Walter Dittmann, *Das neue »Schund- und Schmutzgesetz«*, Sonderdruck aus dem Informationsblatt für die Gemeinden in den niederdeutschen lutherischen Landeskirchen, 3.12.1952, Nr. 23. Die Tages- und die Kirchenpresse veröffentlichte kurze Meldungen: »Gesetzesentwurf der EKD gegen Schund- und Schmutzliteratur«, in: *Frankfurter Rundschau* vom 13.12.1949.

223 BT-Berichte 1. WP, 13.7.1950, S. 2664f. und S. 2668.

224 Das Folgende nach: BR-Berichte 1. WP, 9.6.1950, S. 386 – 390, hier S. 389. Aus BR-Drucksachen 1. WP, Nr. 323/50, 9.5.1950, geht hervor, dass die Regierung den Gesetzesentwurf am 13. Mai 1950 an den Bundesrat übermittelte.

225 Hundhammer drängte das Bayerische Innenministerium, alle Bedenken fallen zu lassen, vgl. BayHStA, MInn 92086, unpag., Vermerke vom 12.7.1950 und 29.8.1950. Oliver Braun, der das Gesetz zum Schutz vor jugendgefährdenden Schriften mit dem Gesetz zum Schutz der Jugend in der Öffentlichkeit verwechselt, macht verwirrende Angaben; vgl. ders., *Konservative Existenz*, S. 377, Anm. 1394.

226 BR-Berichte 1. WP, 9.6.1950, S. 388 und S. 390. Zustimmung kam aus Baden, Bayern, Nordrhein-Westfalen, Rheinland-Pfalz, Württemberg-Baden und Württemberg-Hohenzollern, mit »Nein« stimmten Bremen, Hamburg, Hessen, Niedersachsen und Schleswig-Holstein, Berlin enthielt sich der Stimme. »Bundesrat billigt Gesetz über jugendgefährdende Schriften«, in: *Süddeutsche Zeitung* vom 3./4.6.1950; »Regierungsentwurf gegen Schund und Schmutz vom Bundesrat angenommen«, in: *Neue Zeitung* vom 3.6. 1950; »Bundesrat billigt Entwurf gegen Schund und Schmutz«, in: *Neue Zeitung* vom 5.6.1950.

227 BR-Drucksachen 1. WP, Nr. 323/50, 22.5.1950.

228 Er erklärte in seiner Stellungnahme zu den Änderungsvorschlägen in Bezug auf die Nacktkultur: »Wenn diese Verbände und Zeitschriften sich insoweit mit den Anschauungen der überwiegenden Mehrheit des deutschen Volkes in Widerspruch setzen, müssen sie auch in Kauf nehmen, daß ihnen zum Schutz der heranwachsenden Jugend gewisse Vertriebsbeschränkungen gegenüber Jugendlichen auferlegt werden.« Vgl. BT-Drucksachen 1. WP, Nr. 1101, 28.6.1950, Anlage 2.

229 *Kabinettsprotokolle der Bundesregierung*, Bd. 2, 23.6.1950, S. 481. Im Bundestag sprachen sich Abgeordnete der CDU/CSU-Fraktion ausdrücklich für die Version des Innenministers aus, da insbesondere der Änderungsvorschlag, den Zusatz »erheblich« einzufügen, »das ganze Gesetz verwässert«, vgl. BT-Berichte 1. WP, 13.7.1950, S. 2666.

230 BT-Drucksachen 1. WP, Nr. 1101, 28.6.1950.

231 Das Folgende nach: BT-Berichte 1. WP, 13.7.1950, S. 2664 – 2674; vgl. Saldern, »Kulturdebatte«, S. 100; Jäschke, »Produktionsbedingungen«, S. 351ff.

232 BT-Berichte 1. WP, 17.9.1952, S. 10545.

233 Zu Sexualität als Schauplatz ideologischer Auseinandersetzungen in der Sowjetunion der zwanziger Jahre vgl. Carleton, *Revolution*; ders., »Writing«; Naiman, *Sex*; Bernstein, *Dictatorship*; Kon, *Revolution*; ders., »Frage«.

234 BT-Berichte 1. WP, 17.9.1952, S. 10543.

235 BT-Berichte 1. WP, 13.7.1950, S. 2674.

236 BT-Berichte 1. WP, 17.9.1952, S. 10536, S. 10541 und S. 10533.

237 Ebenda, S. 10533; vgl. auch BT/PA, NWDR, Politisches Forum, 7.12.1952, S. 3f.; »Ein wichtiger Schritt der Mainzer Akademie«, in: *Rhein-Neckar-Zeitung* vom 2.8.1950.

238 BR-Drucksachen 1. WP, Nr. 323/50, 9.5.1950; zu Maßnahmen im Ausland vgl. auch BT-Drucksachen 1. WP, Nr. 1101, 28.6.1950; BayHStA, MInn 92084, unpag., Aktenvermerk des Jugendamts, 7.10.1949. Die Vorschriften Österreichs, der Schweiz und Frankreichs sind abgedruckt im Gesetzeskommentar von Potrykus, *Bundesgesetze*, S. 282 – 292. Zeitgenössisch zum Vergleich: AEK, Gen. II 23.30/8, Thomsen, *Schmutz*; »Nacktphotos für die Schweiz«, in: *Die Tat (Zürich)* vom 26.3.1950; »Englische Buchhandlungen verleihen ›wissenschaftliche Literatur‹«, in: *Abendzeitung* (München) vom 23.9.1950. Monografische Studien über die Situation im Ausland fehlen, vgl. aber Baum/Nikles, »Jugendschutz«, S. 114; zu Frankreich mit Blick auf das Geschlechterverhältnis vgl. Fishman, *We will wait*; dies., »Waiting«; kurz zu England vgl. Judt, *Geschichte Europas*, S. 264f.; zur Schweiz (bezogen auf Frauen) vgl. Künzler, *Sexualmoral*; zu Österreich vgl. Eder, »›Sinnlichkeit‹«, Absatz 34f.

239 BT-Berichte 1. WP, 13.7.1950, S. 2673; vgl. auch AEK, Gen. II 23.30/3, S. 90, Calmes an den Hauptschriftleiter der Neuen Illustrierten, 20.1.1950, zu den Bestimmungen im Ausland; AEK, Gen. II 23.30 b, unpag., »Erscheinungen des sittlichen Verfalls«, in: *Volkswartbund an alle Mitglieder* (Mai/Juni 1951), mit Hinweisen auf die Gesetzeslage in Frankreich; BAK, B 141/26578, S. 8 – 11, Protokoll über die Konferenz des Volkswartbundes mit Richtern und Staatsanwälten im Restaurant Burggraf in Düsseldorf, 10.5.1951, verfasst von Calmes.

240 Das Folgende nach: BT-Berichte 1. WP, 17.9.1952, S. 10532 – 10551, hier S. 10533 und S. 10536. Vgl. auch »Schmutz- und Schundgesetz umstritten«, in: *Süddeutsche Zeitung* vom 9.9.1952.

241 Nur wenige Zeitungen gingen auf kriegsverherrlichende Schriften ein; beiläufig und ohne Kommentar: »Gesetz über Vertrieb jugendgefährdender Schriften dem Bundestag zugeleitet«, in: *Neue Zeitung* vom 15.9.1952; vgl. auch »Die Schundliteratur«, in: *Bremer Nachrichten* vom 23.9.1952; »Freie Aussprache«, in: *Frankfurter Rundschau* vom 12.11.1952, darin monierte ein Leserbriefschreiber, das Gesetz sei unvollständig, und die Gefahren des Militarismus seien »gewissenlos verniedlicht« worden.

242 BT-Berichte 1. WP, 17.9.1952, S. 10548f.

243 Vgl. Großbölting, »Bürgertum«.

244 Kleinschmidt, *Jugend*, S. 31–52.

245 *Kinder*; *Gift*. Ob Broschüren aus der DDR ihre Adressaten immer erreichten, ist angesichts der intensiven Postzensur in der frühen Bundesrepublik fraglich; der Verfassungsschutz fing bis 1968 rund 100 Millionen Postsendungen ab, davon allein 17 Millionen im Jahr 1960, vgl. dazu als erste Untersuchung Foschepoth, »Postzensur«.

246 BT-Berichte 1. WP, 17.9.1952, S. 10547; hier auch zum Folgenden. Zur DDR vgl. Grau, »Sexualwissenschaft«, S. 493ff.

247 BT-Berichte 1. WP, 17.9.1952, S. 10545.

248 Ebenda, S. 10546, Zitat S. 10550.

249 Das Folgende nach: BT-Berichte 1. WP, 17.9.1952, S. 10532–10551 und S. 10535f. Im Titel des Gesetzes wurde 1953 »Vertrieb« durch »Verbreitung« ersetzt. Zum Abstimmungsergebnis vgl. ebenda, S. 10551 und S. 10553–10556. Bei der CDU stimmten 123 Abgeordnete mit Ja, 24 fehlten. Siebzehn Abgeordnete der FU stimmten dafür, einer war dagegen, vier waren nicht anwesend. In der FDP waren 15 Bundestagsmitglieder gegen das Gesetz, 13 dafür, sechs enthielten sich, 15 fehlten. Die DP war ähnlich gespalten: Neun Abgeordnete waren dagegen, ebenso viele dafür, sechs waren nicht anwesend. Die SPD votierte mit 102 Stimmen dagegen, 27 Abgeordnete fehlten. Die sechs anwesenden KPD-Vertreter stimmten geschlossen dagegen. Von den fraktionslosen Bundestagsabgeordneten waren drei für das Gesetz, einer dagegen, neun fehlten. Die Nein-Stimmen der Berliner Abgeordneten entfielen auf die acht anwesenden SPD-Vertreter und auf drei von fünf FDP-Abgeordneten. Gesetze der Bundesrepublik erlangten in West-Berlin vorläufig nur durch einen besonderen Beschluss des Abgeordnetenhauses Geltung. Vgl. auch »Bundestag verabschiedet ›Schmutz- und Schundgesetz‹«, in: *Frankfurter Rundschau* vom 18.9.1952. »Schmutz- und Schundgesetz gebilligt«, mit dem Wortlaut des Gesetzes, in: *Süddeutsche Zeitung* vom 19.9.1952; »Die Säuberung der Kioske«, in: *Frankfurter Rundschau* vom 19.9.1952.

250 BT/PA, »›Jugendgefährdend‹ – genügt zum Verbot«, in: *Die Feder* vom September 1952, verfasst von Vertretern des Verbands deutscher Buch-, Zeitungs- und Zeitschriften-Grossisten, des Verbands des werbenden Buch- und Zeitschriftenhandels, des Verbands deutscher Bahnhofsbuchhändler und des Verbands deutscher Lesezirkel; zu Reaktionen von Medienvertretern vgl. Buchloh, »*Pervers, jugendgefährdend, staatsfeindlich*«, S. 121ff.; Dickfeldt, *Jugendschutz*, S. 155–160.

251 BAK, B 145/5427, Entschließung des Gesamtverbands der Deutschen Zeitungsverleger und des Vereins Deutscher Zeitungsverleger an die Bundesregierung, 17.10.1952; »Bedenken gegen ›Schund‹-Gesetz«, in: *Westdeutsche Neue Presse* vom 4.10.1952; »Gesetz gegen Schmutz und Schund«, in: *General-Anzeiger* (Bonn) vom 22.10.1952.

252 BT/PA, dpa, Bedenken gegen das Gesetz über jugendgefährdende Schriften, 19.9.1952.

253 BT/PA, »Ist das eine Bundesbehörde?«, in: *Deutsche Zeitung und Wirtschaftszeitung* vom 13.5.1953.

254 BT/PA, NWDR, Schon wieder Schwarze Listen?, 12.9.1952, S. 5.

255 BT/PA, NWDR, Politisches Forum, 7.12.1952, S. 2 und S. 10.

256 »Echo von beiden Seiten. Stimmen zu unserer Rundfrage über das geplante Sondergesetz«, in: *Neue Zeitung* vom 16.2.1950; Carl F.W. Behl, »Unwirksam und überflüssig«, in: *Neue Zeitung* vom 18.2.1950. Auch im Politischen Forum des NWDR kam die Rede auf Behl. Calmes bezeichnete ihn fälschlich als ehemaligen Leiter der Oberprüfstelle Leipzig; im Manuskript irrtümlich »Behe«. Vgl. BT/PA, NWDR, Politisches Forum, 7.12.1952, S. 4f.

257 »Reizt ›Schmutz und Schund‹ zum Verbrechen an?«, in: *Frankfurter Rundschau* vom 13./14., 18. und 20.9.1952. Zur Debatte über Jugendkriminalität in den fünfziger Jahren vgl. Baumann, »Interpretation«.

258 »Freie Aussprache«, in: *Frankfurter Rundschau* vom 23.9.1952.

259 »Nochmals: Das Schund- und Schmutzgesetz«, in: *Frankfurter Allgemeine Zeitung* vom 25.11.1952.

260 Heinz Neudeck, »Der lange Kampf gegen Schmutz und Schund«, Teil I, in: *Neue Zeitung* vom 11./12.10.1952.

261 »Die Säuberung der Kioske«, in: *Frankfurter Rundschau* vom 19.9.1952.

262 »Zuviel Zensur und zu wenig Rechtssicherheit«, in: *Die Zeit* vom 30.10.1952.

263 »Schmutz und Schund«, in: *Die Zeit* vom 25.9.1952; Faksimile abgedruckt bei Jäschke, »Produktionsbedingungen«, S. 318.

264 BR-Berichte 1. WP, 10.10.1952, S. 456–461, hier auch zum Folgenden; BR-Drucksachen Nr. 384/1, Empfehlungen der Ausschüsse des Bundesrats zum Entwurf.

265 »Unsere Jugend ist in Not«, in: *Stuttgarter Nachrichten* vom 22.3.1952.

266 BR-Berichte 1. WP, 10.10.1952, S. 458f., hier auch zum Folgenden.

267 Ebenda, S. 456.

268 BR-Berichte 1. WP, 10.10.1952, S. 459; BT/PA, Bulletin des Presse- und Informationsamtes der Bundesregierung, 28.5.1953, S. 836f., darin der Artikel »Das Gesetz über die Verbreitung jugendgefährdender Schriften« von Fritz Rothe, dem für das Gesetzesvorhaben zuständigen Ministerialrat im Bundesinnenministerium; BT/PA, »Ist das eine Bundesbehörde?«, in: *Deutsche Zeitung und Wirtschaftszeitung* vom 13.5.1953.

269 BR-Berichte 1. WP, 10.10.1952, S. 459.

270 »Was ist mit dem Schund- und Schmutzgesetz?«, in: *Bonner Rundschau* vom 10.1.1953 sowie in: *Kölnische Rundschau* vom 19.1.1953.

271 Dass die Abschaffung des ursprünglich geplanten Beschwerdeverfahrens nachhaltige Folgen haben werde, sagte Staatsanwalt Robert Schilling bereits im Herbst 1952 voraus. Sollte die Bundesprüfstelle nicht die Entscheidungen der Landesprüfstellen kontrollieren und für deren bundeseinheitliche Anwendung sorgen, sondern die Anwendung des Gesetzes ausschließlich

der Landeshoheit unterstehen, sei die Folge ein kaum zu bewältigendes
Durcheinander.« Vgl. »Gesetz gegen Schmutz und Schund«, in: *General-Anzeiger* (Bonn) vom 22.10.1952.

272 BR-Berichte 1. WP, 20.3.1953, S. 133f., hier S. 134.

273 »Vermittlungsvorschlag zum Gesetz über jugendgefährdende Schriften«, in: *Neue Zeitung* vom 14./15.3.1953.

274 BT/PA, epd, 20.3.1953, sowie Sozialdemokratischer Pressedienst, »Schmutz- und Schund-Gesetz gefallen«, 20.3.1953; »Kein Schmutz- und Schundgesetz«, in: *General-Anzeiger* (Bonn) vom 21./22.3.1953, hier hieß es irrtümlich, Bremen habe mit Nein votiert; »Eine Bundesprüfstelle«, in: *General-Anzeiger* (Bonn) vom 19.3.1953.

275 »Kardinal Frings zu Schmutz und Schund«, in: *General-Anzeiger (Bonn)* vom 5.11.1952. Der Hirtenbrief wurde am 9. November 1952 verlesen.

276 »Zu Tode geschunden …«, in: *Bonner Rundschau* vom 21.3.1953; »Das Schundgesetz kommt doch«, in: *General-Anzeiger* (Bonn) vom 24.3.1953.

277 »Nordrhein-Westfalen zum Schmutz- und Schundgesetz«, in: *Neue Zeitung* vom 23.3.1953.

278 »Das Schundgesetz kommt doch«, in: *General-Anzeiger* (Bonn) vom 24.3. 1953.

279 »Bedenken wurden ausgeräumt«, in: *Rheinische Post* vom 14.4.1953.

280 BT-Berichte 1. WP, 12.5.1953, S. 12991f.

281 BR-Berichte 1. WP, 22.5.1953, S. 239–240, hier S. 240.

282 BGBl. I, S. 377ff., Gesetz über die Verbreitung jugendgefährdender Schriften. Veröffentlicht wurde es am 16.6.1953, Geltungskraft erlangte es am 14.7.1953.

283 BR-Drucksachen 1. WP, Nr. 408/53, 22.7.1953.

284 AEK, Gen. II 23.30/5, unpag., Bekanntmachung des Erzbischöflichen Generalvikariats Köln, 15.7.1953; die Bekanntmachung wurde im *Kirchlichen Anzeiger*, Nr. 326, vom 1.8.1953 veröffentlicht.

285 BR-Berichte 2. WP, 18.12.1953, S. 489, darin der Hinweis, dass die Besprechung des Entwurfs schon auf der Tagesordnung der letzten Plenarsitzung vor der Sommerpause gestanden habe, aber aufgrund der Einwände wieder gestrichen worden sei.

286 BGBl. I, S. 31, Verordnung zur Durchführung des Gesetzes über die Verbreitung jugendgefährdender Schriften, 4.3.1954; BT/PA, Bulletin des Presse- und Informationsamtes der Bundesregierung, 16.3.1954, S. 405, zur Bundesprüfstelle Bonn.

287 BT-Berichte 2. WP, 25.10.1956, S. 9175–9176 und S. 9193–9197, hier S. 9175; *CDU/CSU-Fraktion im Deutschen Bundestag, Sitzungsprotokolle 1953–1957*, 5.6.1956, S. 1099; 6.6.1956, S. 1105f.; 18.6.1956, S. 1107f., 19.6.1956, S. 1113; 24.9.1956, S. 1200; 25.2.1957, S. 1429; 13.3.1957, S. 1450.

288 BGBl. I, S. 497f., Novelle zum Gesetz über die Verbreitung jugendgefährdender Schriften, 29.4.1961; *CDU/CSU-Fraktion im Deutschen Bundestag, Sitzungsprotokolle 1957–1961*, 17.1.1961, S. 743f., zur Abstimmungsvorbereitung; vgl. auch BT-Berichte 3. WP, 18.1.1961, S. 7876–7883. Die Novelle

wurde am 21.3.1961 vom Bundestag verabschiedet, vgl. BT-Drucksachen 3. WP, Nr. 2373, o.D. (1961). Vgl. dazu zeitgenössisch Potrykus, »Novelle«; »Jugendschutz in der Leihbücherei«, in: *Frankfurter Rundschau* vom 28.7.1959; »Schutz vor Schmutz«, in: *Deutsche Zeitung* (Köln) vom 21./22.1. 1960; »Heldentum im Groschenheft«, in: *Frankfurter Allgemeine Zeitung* vom 2.2.1960; »Mit Paragraphen gegen Schmutz und Schund«, in: *Stuttgarter Zeitung* vom 18.1.1961; »Mehr Schutz der Jugend«, in: *Die Allgemeine Sonntagszeitung* vom 4.2.1961; AEK, Gen II 23.30/6, unpag., Calmes an Hochwürden Geheimsekretär Hubert L., Köln, 9.9.1957, auf dessen Anzeige gegen die Firma Beate Uhse; AEK, Gen 23.30 Zugang 759, Nr. 12, unpag., darin: Dietz, *Grundsätzliches zum Schmutz- und Schundgesetz*, hg. vom Volkswartbund, Köln 1959.

289 Vgl. Niethammer, »War die bürgerliche Gesellschaft«. Wehler geht von der Fortexistenz des Bildungsbürgertums nach 1945 aus und schätzt seinen Anteil (wie im Kaiserreich und in der Weimarer Republik) auf unter ein Prozent; vgl. Wehler, *Bürgertum*, S. 621 und S. 625 – 627; ders., *Gesellschaftsgeschichte*, Bd. 5, S. 137. Zur Forschungsdiskussion über die Frage des Fortbestehens des Bürgertums vgl. zusammenfassend, auch mit Blick auf England und Frankreich, Vogel, »Bürgertum«; zum Ländervergleich vgl. ferner Kaelble, *Sozialgeschichte Europas*, S. 176 – 186; zur Bundesrepublik vgl. Schäfer, *Geschichte*, S. 219 – 250; Budde, *Blütezeit*, S. 135 – 139; Schulz, *Lebenswelt*, S. 78 bis 103; zum bürgerlichen Werte-Ensemble vgl. ders., »›Bürgerliche Werte‹«; Hettling/Hoffmann (Hg.), *Wertehimmel*; Mergel, »Bürgertumsforschung«; Lenk, »Konservatismus«; zu den Traditionen von Bürgerlichkeit in der Bundesrepublik und ihrer Prägekraft vgl. Hettling/Ulrich (Hg.), *Bürgertum*; Hettling, »Bürgerlichkeit«; Linnemann, »Sammlung«; Wehler, »Bürgertum«; ders., *Gesellschaftsgeschichte*, Bd. 5, S. 135 – 153; Conze, »Republik«; Tenfelde, »Stadt«; Siegrist, »Ende«; ders., »Wandel«; Hein, »Bürger«; nach Schildt besaßen Anfang der fünfziger Jahre etwa vier bis fünf Prozent der Bevölkerung das Abitur, vgl. Schildt, »Massenmedien im Umbruch«, S. 643.

290 Vgl. Hettling, »Bürgerlichkeit«, S. 13.

291 Vgl. Bajohr/Wildt (Hg.), *Volksgemeinschaft*.

292 AEK, Gen. II 23.30/3, S. 83 – 86, Bayernpartei Würzburg, Bezirksverbände Würzburg-Stadt, Würzburg-Land und Ochsenfurt, an den bayerischen Ministerpräsidenten, 7.2.1950, Abschrift an Frings, 8.2.1950.

293 BayHStA, MInn 92082, unpag., Kreisjugendring Brückenau an den Präsidenten des bayerischen Landtags, 21.6.1949; »Jugend protestiert gegen Schmutzliteratur«, in: *Mainpost* vom 24.5.1949.

294 BayHStA, MInn 92085, unpag., Katholische Schulorganisation in Bayern an das Bayerische Kultus- und das Innenministerium, 21.3.1950. Der erste Satz lautet: »Mit brennender Sorge und Empörung erfüllt alle verantwortungsbewußten Erzieher die immer weiter um sich greifende sittliche Gefährdung der Jugend durch Schund und Schmutz.«

295 Vgl. Frei, »Vergangenheitspolitik«.

296 Zur demografischen Situation vgl. Niehuss, »Familie«, S. 34 – 42.

297 »Volksgesundheit in Gefahr«, S. 77. Zur Doppelmoral im neunzehnten und frühen zwanzigsten Jahrhundert vgl. Nipperdey, *Deutsche Geschichte*, Bd. 1, S. 99ff.

298 Zu den unterschiedlichen Definitionen von »Verwahrlosung« im zwanzigsten Jahrhundert vgl. Gehltomholt/Hering, *Mädchen*, S. 52 – 63, zur geschlechtsspezifischen Verwendung des Konzepts vgl. ebenda, S. 61ff. und S. 73 – 81; zur strafenden und moralisierenden Praxis in den Erziehungsheimen der Jugendfürsorge vgl. ebenda S. 85 – 102 und S. 123 – 128. Über die Tätigkeit der Fürsorgeverbände liegen kaum Untersuchungen vor, vgl. aber die Studie von Osten, *Jugend- und Gefährdetenfürsorge*, die es allerdings versäumt, die Geschichte des Katholischen Fürsorgevereins für Mädchen, Frauen und Kinder in die gesellschaftliche Debatte über Prostitution einzubetten. Zur Erfahrungsgeschichte männlicher und weiblicher Jugendlicher nach dem Zweiten Weltkrieg in Hamburg vgl. Foitzik, *Jugend*, vor allem S. 86 – 93 und S. 227 – 239.

299 Zur Politisierung der Prostitution im Kaiserreich vgl. Schulte, *Sperrbezirke*; Hitzer, *Netz*; Lisberg-Haag, »Unzucht«, S. 27 – 47, S. 66 – 110, S. 138 – 143 und S. 245 – 253; Schaser, *Frauenbewegung*, S. 69 – 76; Dickinson, »Morality«, S. 61f. und S. 68; Hull, *Sexuality*, S. 61ff.; am Beispiel von Frankfurt am Main vgl. Koch, *Verwaltete Lust*, S. 15 – 114; allgemein zur rechtlichen Lage vgl. Meyer-Renschhausen, »Rechtsgeschichte«; vergleichend zu Deutschland und Großbritannien vgl. Bösch, *Geheimnisse*, S. 159 – 173; zum Umgang mit Prostitution zur Jahrhundertwende am Beispiel Münchens vgl. Krafft, *Zucht*, sowie dies., »Bordelle«; zum Abolitionismus vgl. Lindner, *Gesundheitspolitik*, S. 286f.; dazu ferner die von der Stiftung Archiv der deutschen Frauenbewegung herausgegebene Zeitschrift *Ariadne*, die sich in Heft 55 vom Frühjahr 2009 der gesellschaftlichen Debatte über Sittlichkeit und Prostitution um 1900 widmet; weitere Literatur erweise bei Eder, »Sexuelle Kulturen«, S. 51ff. Auch während des Ersten Weltkrieges und danach war Prostitution ein öffentlich intensiv diskutiertes Problem, vgl. Kundrus, *Kriegerfrauen*, S. 212 – 220 und S. 486ff.; Lisberg-Haag, »Unzucht«, S. 214 – 220. Die Bezeichnung »hwg« bestand auch in der DDR fort, vgl. Falck, *VEB Bordell*, S. 44 – 50.

300 Vgl. Hesse, »Sitzungsbericht«, S. 80.

301 Zum Umgang mit Prostitution und Geschlechtskrankheiten vgl. Roos, »Backlash«; Ayaß, »Asoziale«, S. 184 – 195; Paul, *Zwangsprostitution*; Timm, »Sex with a Purpose«; Kater, *Hitler-Jugend*, S. 179; ferner die juristische Dissertation von Gleß, *Reglementierung*, S. 91 – 96.

302 Vgl. Süß, »Volkskörper«, S. 395ff.; Steinacker, *Staat*, S. 486ff.; Kundrus, *Kriegerfrauen*, S. 374 – 393 und S. 534 – 538; dies., »Unmoral«; dies., »Company«; vgl. ferner am Beispiel Hamburgs Foitzik, *Jugend*, S. 227f., sowie Freund-Widder, *Frauen*, S. 106 – 180.

303 Luftschutzverordnung, 2.1.1943, in: Kempowski, *Echolot*, Bd. 1, S. 104. Kempowskis »kollektive Tagebücher« enthalten eine Reihe von Berichten, die

Aufschluss über die Sexualmoral während des Krieges und die behördliche Dramatisierung ihrer sogenannten Auswüchse geben.

304 Die einschlägigen Berichte setzten kurz nach Kriegsbeginn ein: *Meldungen aus dem Reich*, Bericht zur innenpolitischen Lage, 3.11.1939, Bd. 2, S. 416; Bericht zur innenpolitischen Lage, 20.11.1939, Bd. 3, S. 476ff.; Bericht vom 4.12.1939, Bd. 3, S. 526 und S. 530; besonders detailliert der Bericht vom 13.4.1944, Bd. 16, S. 6481–6488, zum Zitat von der »Nachkriegsaufgabe« vgl. S. 6485.

305 Zur Entwicklung der Krankheitszahlen in den Westzonen vgl. die Tabellen bei Lindner, *Gesundheitspolitik*, S. 301 und S. 331; zum internationalen Vergleich vgl. Goedde, *GIs and Germans*, S. 92ff.; zur US-Zone vgl. Henke, *Besetzung*, S. 201f.

306 Zur geschichtlichen Entwicklung des Umgangs mit Geschlechtskrankheiten vom Kaiserreich bis zum Ende der Weimarer Republik vgl. Sauerteig, *Krankheit*; ders., »Moralismus«; ders., »Die Zauberkugel«, in: *Frankfurter Allgemeine Zeitung* vom 1.12.2004 zu Salvarsan, einer Arsenverbindung, die als erstes chemisches Therapeutikum im Kaiserreich und in der Weimarer Republik zur Behandlung von Syphilis eingesetzt wurde; ferner Lisberg-Haag, »Unzucht«, S. 48–65 und S. 110–118; diesbezüglich zu Zürich vor und nach der Jahrhundertwende vgl. Puenzieux/Ruckstuhl, *Medizin*.

307 In der Historiographie zur Besatzungszeit spielte das Thema trotz seiner gesellschaftspolitischen Bedeutung erstaunlicherweise lange Zeit keine Rolle; an jüngeren Veröffentlichungen vgl. Foitzik, »Sittlich verwahrlost«; Linder, *Gesundheitspolitik*, S. 283–397; Ellerbrock, »Modernisierer«; Willoughby, »Sexual Behavior«; Goedde, *GIs and Germans*, S. 92ff.; dies., »Villains«; zum Umgang mit Geschlechtskrankheiten in der US-Zone vgl. Ellerbrock, »*Healing Democracy*«, S. 291–391; zu Berlin vgl. Timm, »Legacy«.

308 Vgl. Heineman, *Difference*, S. 98, Anm. 283; zum Fraternisierungsverbot und zu sexuellen Beziehungen vgl. Henke, *Besetzung*, S. 185–204; Goedde, *GIs and Germans*, S. 42–79; dies., »Villains«; Kleinschmidt, »Do not fraternize«; Kral, *Brennpunkt Familie*, S. 34–43.

309 Zahlen sind nicht bekannt. Viele dieser Frauen, sogenannte »Grenzgängerinnen«, stammten nach Ansicht der Zeitgenossen aus der sowjetisch besetzten Zone; zu belegen ist dies nicht. Vgl. Falck, *VEB Bordell*, S. 69ff. und S. 21–36 zum dortigen Umgang mit Geschlechtskrankheiten .

310 StA Bamberg, Rep. K 50/647, Jahresgesundheitsberichte des Gesundheitsamts Bamberg für das Stadtgebiet mit Angaben bis 1940; StdA Bamberg, C2 HR/879-1, Staatliches Gesundheitsamt an Regierung von Ober- und Mittelfranken Ansbach, Medizinalreferat, 24.3.1948; vgl. die dreiseitige Skizze von Zorn, »›Ami-Liebchen‹«; zu Bamberg als Garnisonsstadt vgl. Mayershofer, *Bevölkerung*.

311 StdA Bamberg, C2 HR/879-1, Städtisches Krankenhaus Bamberg an Oberbürgermeister, 7.9.1945, sowie Military Government to Oberbürgermeister, 11.9.1945.

312 StdA Bamberg, C2 HR/879-1, Stadtrat an städtisches Krankenhaus, Klinik für Haut- und Geschlechtskrankheiten, Stadthauptkasse und Rechnungsprüfungsamt, 14.10.1946; »Beratungsstelle im Gesundheitsamt«, in: *Fränkischer Tag* vom 2.2.1952.

313 *Mitteilungsblatt für den Stadt- und Landkreis Bamberg* vom 4.4.1946.

314 Erfahrungsberichte betroffener Frauen liegen weder aus Bamberg noch aus anderen Orten vor. Die Diskriminierung von Frauen im Kontext der Gesundheitspolitik nach Kriegsende wurde noch kaum erforscht, vgl. aber Ellerbrock, »Modernisierer«; zu Karlsruhe dies., »*Healing Democracy*«, S. 295 – 298; zu Hamburg Freund-Widder, *Frauen*, S. 181 – 259, sowie Foitzik, »›Sittlich verwahrlost‹«. In Bamberg wurde zunächst auch die Festnahme von Männern erwogen, wovon die Behörden aber bald wieder Abstand nahmen, vgl. StdA Bamberg, C2 HR/879-1, Niederschrift über die Sitzung des Komitees zur Bekämpfung der Geschlechtskrankheiten, 23.5.1947, sowie Stadtrat Bamberg, Sitzungsniederschrift, 25.10.1946. In Großstädten wurden homosexuelle Männer in die Razzien einbezogen, wie sich Aussagen auf einem Fachkongress von Dermatologen entnehmen lässt; vgl. »Bericht über die gemeinsame Tagung«, S. 43. Der Volkswartbund drängte ebenfalls auf die Einbeziehung von Männern, vor allem der Freier von Prostituierten; vgl. AEK, Gen. II 23.30/7, unpag., Oesterreich, *Gegenwartsaspekte* S. 11ff.

315 StdA Bamberg, C2 HR/879-1, Stadtrat, Sitzungsniederschrift, 25.10.1946. Die Sittenpolizei war mit Gründung des Kaiserreichs eingerichtet worden, als mit dem Kuppeleiparagraphen im Strafgesetzbuch die Prostitution offiziell verboten, de facto aber unter massiven Kontrollauflagen, an die sich die Frauen halten mussten, geduldet wurde. Die Praxis der Zwangsuntersuchung von Prostiuierten blieb weiterhin üblich. Im Zuge der Novellierung des Gesetzes zur Bekämpfung der Geschlechtskrankheiten im Oktober 1927, als die Kontrollaufgaben auf die Gesundheitsbehörden übergingen, wurde die Sittenpolizei zwar offiziell abgeschafft, blieb in der Praxis jedoch bestehen, da es Aufgabe der Polizei war, die Ermittlungen der Gesundheitsämter zu unterstützen und die institutionelle Trennung ohnehin nicht streng eingehalten wurde; vgl. Meyer-Renschhausen, »Rechtsgeschichte«.

316 StdA Bamberg, C2 HR/879-1, Kriminalabteilung an Stadtpolizeiamt, 20.5. 1950, sowie Bericht der Klinik für Haut- und Geschlechtskrankheiten, 23.12.1946, Auszug aus dem Jahresbericht der Klinik für Haut- und Geschlechtskrankheiten 1946, undatiert.

317 StdA Bamberg, C2 HR/879-1, Bericht der Klinik für Haut- und Geschlechtskrankheiten, 23.12.1946; die Angaben beziehen sich auf den Zeitraum seit Dezember 1945.

318 StdA Bamberg, C2 HR/879-1, Bericht der Klinik für Haut- und Geschlechtskrankheiten, 23.12.1946, Auszug aus dem Jahresbericht der Klinik für Haut- und Geschlechtskrankheiten 1946, undatiert. In der amerikanischen Zone erhielt die Zivilbevölkerung Penicillin seit Kriegsende, in der britischen

Zone ab 1947, in der französischen ab 1948. Nach der Währungsreform begannen deutsche Pharmaunternehmen wie Schering, Hoechst und Bayer das Medikament in Kooperation mit amerikanischen Firmen herzustellen, vgl. Ellerbrock, »Modernisierer«, S. 247; Lindner, *Gesundheitspolitik*, S. 289; dies., »›Milchpfennig‹«.

319 StdA Bamberg, C2 HR/879-1: Beschluss des Stadtrats vom 10.10.1946; Niederschrift über die Sitzung des Komitees zur Bekämpfung der Geschlechtskrankheiten, 23.5.1947; Staatliches Gesundheitsamt an Regierung von Ober- und Mittelfranken Ansbach, Medizinalreferat, 24.3.1948.

320 StdA Bamberg, C2 HR/879-1: Beschluss des Stadtrats vom 10.10.1946; Erzbischöfliches Ordinariat Bamberg an Stadtrat Bamberg, 17.10.1946; Direktorat des Neuen Gymnasiums Bamberg an Bürgermeister, 19.10.1946; Evangelisch-lutherisches Dekanat Bamberg an Stadtrat und Bürgermeister, 21.10.1946.

321 StdA Bamberg, C2 HR/879-1, Niederschrift über die Sitzung des Komitees zur Bekämpfung der Geschlechtskrankheiten, 13.5.1947.

322 So ein Bericht des Leiters des Geschlechtskrankenhauses: StdA Bamberg, C2 HR/879-1, Klinik für Haut- und Geschlechtskrankheiten an Stadtverwaltung/Personalamt Bamberg, 13.4.1951.

323 Zu Hamburg vgl. Freund-Widder, *Frauen*, S. 202–217; dort bestanden Ende der vierziger Jahre erste Überlegungen, Sexualaufklärung in die Schulen zu holen, vgl. Foitzik, *Jugend*, S. 233–239.

324 *Fränkischer Tag* vom 16.11.1946.

325 StdA Bamberg, C2 HR/879-1, Niederschrift über die Sitzung des Komitees zur Bekämpfung der Geschlechtskrankheiten, 13.3.1947.

326 StdA Bamberg, C2 HR/879-1, Niederschrift über die Sitzung des Komitees zur Bekämpfung der Geschlechtskrankheiten, 13.5.1947.

327 StdA Bamberg, C2 HR/879-1, Niederschrift über die Sitzung des Komitees zur Bekämpfung der Geschlechtskrankheiten, 13.3.1947.; Niederschrift über die Sitzung des Komitees zur Bekämpfung der Geschlechtskrankheiten, 6.5.1947.

328 Vgl. Steinacker, *Staat*, S. 488; Vossen, »Gesundheitsamt«; ders., *Gesundheitsämter*.

329 Zur Gesundheitsverwaltung in der amerikanischen Besatzungszone vgl. Ellerbrock, »*Healing Democracy*«, S. 118–134 und S. 168–171, sowie dies., »Gesundheit«. Das Komitee hatte seinen am 16.5.1947 eingereichten Vorschlag für die (wenige Tage später von der Militärverwaltung erlassene) Anordnung zur behördlichen Registrierung aller Geschlechtskranken damit begründet, dass »nach den getroffenen Feststellungen« die Zahl der Erkrankten wieder »ersichtlich« zunehme. Nur zehn Tage zuvor hatte das Gremium in einer internen Sitzung allerdings einen Rückgang festgestellt: StdA Bamberg, C2 HR/879-1, Stadtrat Bamberg an Militärregierung Bamberg, 16.5.1947, in deutscher und englischer Version; Niederschrift über die Sitzung des Komitees zur Bekämpfung der Geschlechtskrankheiten, 6.5.1947.

330 StdA Bamberg, C2 HR/879-1, Urteil des Landgerichts Bamberg, 19.3.1951, S. 6f., sowie Klinik für Haut- und Geschlechtskrankheiten an Stadtverwaltung/Personalamt Bamberg, 13.4.1951.

331 StdA Bamberg, C2 HR/879-1: Niederschrift über die Sitzung des Komitees zur Bekämpfung der Geschlechtskrankheiten, 13.3.1947; Niederschrift über die Sitzung des Komitees zur Bekämpfung der Geschlechtskrankheiten, 6.5.1947; Niederschrift über die Sitzung des Komitees zur Bekämpfung der Geschlechtskrankheiten, 13.5.1947.

332 »Bericht über die gemeinsame Tagung«, S. 43.

333 StdA Bamberg, C2 HR/879-1:Stadtrat Bamberg an Militärregierung Bamberg, 16.5.1947, in deutscher und englischer Version; Niederschrift über die Sitzung des Komitees zur Bekämpfung der Geschlechtskrankheiten, 23.5.1947, mit Bekanntgabe des Wortlauts der amerikanischen Verordnung; Stadtrat Bamberg an Militärregierung Bamberg, 30.5.1947. Am 9.5.1947 hatte eine gemeinsame Sitzung von Vertretern der amerikanischen Militärbehörden und des Komitees stattgefunden.

334 »Bekanntmachung«, in: *Fränkischer Tag* vom 24.5.1947; vgl. auch StdA Bamberg, C2 HR/879-1, Niederschrift über die Sitzung des Komitees zur Bekämpfung der Geschlechtskrankheiten, 23.5.1947.

335 StdA Bamberg, C2 HR/879-1, Urteil des Landgerichts Bamberg, 19.3.1951, S. 6, sowie Stadtrat Bamberg an Militärregierung Bamberg, 30.5.1947.

336 AEK, Gen. II 23.30/3, S. 244 – 251, hier S. 244, Volkswartbund (vermutlich an die Fuldaer Bischofskonferenz), Im Kampf um die Volkssittlichkeit, verfasst von Calmes, 21.1.1949.

337 StdA Bamberg, C2 HR/879-1, Klinik für Haut- und Geschlechtskrankheiten/Städtisches Krankenhaus an Stadtverwaltung Bamberg, 15.1.1950.

338 StdA Bamberg, C2 HR/879-1, Klinik für Haut- und Geschlechtskrankheiten/Städtisches Krankenhaus an Personalamt der Stadtverwaltung Bamberg, 11.5.1950, mit Erwähnung der amerikanischen Anordnung, wonach Razzien »undemokratisch« seien. Zur Lage in der britischen Zone, wo es, etwa in Hamburg, öffentlichen Protest gegen die Zwangsmaßnahmen gegeben hatte, vgl. Freund-Widder, *Frauen*, S. 207ff.

339 StdA Bamberg, C2 HR/879-1, Klinik für Haut- und Geschlechtskrankheiten/Städtisches Krankenhaus an Personalamt der Stadtverwaltung Bamberg, 11.5.1950, mit einer Beschwerde des Klinikleiters über eine unangekündigte Razzia.

340 StdA Bamberg, C2 HR/879-1, Urteil des Landgerichts Bamberg, 19.3.1951; »Beratungsstelle im Gesundheitsamt«, in: *Fränkischer Tag* vom 2.2.1952.

341 StdA Bamberg, C2 HR/879-1, Urteil des Landgerichts Bamberg, 19.3.1951; hier auch zum Folgenden.

342 StdA Bamberg, C2 HR/879-1, Klinik für Haut- und Geschlechtskrankheiten an Stadtverwaltung/Personalamt Bamberg, 13.4.1951; »Was ging in der Hautklinik vor?«, in: *Fränkischer Tag* vom 15.3.1951; »Weil gerade so schönes Wetter war«, in: *Neues Volksblatt* vom 21.3.1951; »Eine Gefahr für die

Öffentlichkeit«, in: *Neues Volksblatt* vom 21.3.1951; »Nachklang zum Haut-klinik-Prozeß«, in: *Fränkischer Tag* vom 22.3.1951.

343 StdA Bamberg, C2 HR/879-1, Stadtrat Bamberg, Beschluss des Personalse-nates, 18.5.1951; »Leitung der Hautklinik anscheinend ungeeignet«, in: *Frän-kischer Tag* vom 20.3.1951; »Hautklinikprozeß hat Folgen«, in: *Neues Volks-blatt* vom 21.3.1951; StdA Bamberg, C2 HR/879-1, Gesprächsprotokoll mit dem ehemaligen Leiter der Klinik, 20.4.1951. Die Belegschaft des Kranken-hauses richtete ein (erfolgloses) Gesuch an den Stadtrat, die Beurlaubung des Arztes rückgängig zu machen, vgl. StdA Bamberg, C2 HR/879-1, Klinik für Haut- und Geschlechtskrankheiten an Stadtrat/Personalamt Bamberg, 19.4.1951.

344 »Konsequenzen des Amizonenurlaubs«, in: *Fränkischer Tag* vom 5.1.1951.

345 »Urlaub eingelieferter Amizonen«, in: *Fränkischer Tag* vom 23.11.1950; »Der Nachturlaub aus der Hautklinik«, in: *Fränkischer Tag* vom 5.1.1951; »Also doch Amizonenurlaub!«, in: *Fränkischer Tag* vom 3.3.1951; »Was ging in der Hautklinik vor?«, in: *Fränkischer Tag* vom 15.3.1951; »Leitung der Hautkli-nik anscheinend ungeeignet«, in: *Fränkischer Tag* vom 20.3.1951.

346 »Die Hautklinik wird zugemacht«, in: *Neues Volksblatt* vom 13.12.1951.

347 StdA Bamberg, C2 HR/879-1: Stadtrat Bamberg, 14.12.1951; Bürgermeister an US-Resident Officer Bamberg, 14.12.1951; Stadtrat Bamberg, 21.12.1951. Vgl. auch »Die Hautklinik wird aufgelöst«, in: *Fränkischer Tag* vom 13.12. 1951.

348 StdA Bamberg, C2 HR/879-1, Stadtrat Bamberg an Regierung von Ober-franken, 12.1.1952.

349 Zum Kaiserreich vgl. Schulte, *Sperrbezirke.*

350 Dazu aus der Sicht eines Zeitgenossen eindrucksvoll Klaus Harpprecht (ge-boren 1927), »Nylons und Revolte«, in: *Die Zeit* vom 8.8.2002; vgl. auch die von 1937 bis 1954 reichenden autobiografischen Aufzeichnungen von Man-fred Krug, *Leben;* am Beispiel von Frankfurt am Main vgl. Koch, *Verwaltete Lust,* S. 250ff. Zu persönlichen Eindrücken vgl. auch BAK, N 1151/177, un-pag., Marie Elisabeth Lüders, Manuskript einer Rede vor dem Frauenring, 4.1.1960.

351 In den letzten Jahren untersuchten mehrere amerikanische Historikerin-nen das Verhältnis zwischen GIs und deutschen Frauen unter kultur- und sozialgeschichtlicher Perspektive. Maria Höhn legte eine Studie über die deutsch-amerikanische Interaktion und die Lage afroamerikanischer Soldaten an den Truppenstandorten Baumholder und Kaiserslautern vor; Rheinland-Pfalz galt wegen der vielen (ab 1950) im Land stationierten ame-rikanischen Soldaten zeitweise als »sittliches Notstandsgebiet«, vgl. Höhn *GIs and Fräuleins;* dies., »Atemzug«. Zu Liebesverhältnissen zwischen deut-schen Frauen und GIs vgl. ferner Boyer/Woller »›Hat die deutsche Frau versagt?‹«; Nieden, »Fraternisierung«; die journalistische Arbeit von Hillel, *Invasion,* zeigt wenig Distanz zum zeitgenössischen Sittlichkeitskampf; Goedde, *GIs and Germans,* vor allem S. 80–126; dies., »Macht«; Fehrenbach,

Cinema; dies., »›Ami-Liebchen‹«; am Beispiel von Frankfurt am Main vgl. Koch, *Verwaltete Lust*, S. 229–247; zur Deutung der »Fräuleins« anhand von Spielfilmen und anderen medialen Quellen zwischen Kriegsende und den frühen sechziger Jahren vgl. die filmwissenschaftliche Studie von Brauerhoch, *Fräuleins und GIs*; dies., »›Spurensuche‹«; Domentat, *»Hallo Fräulein«*; Delille/Grohn, »Von leichten Mädchen«; Iu, »Making Good-Time Girls«; zum Sexualverhalten von GIs vgl. Willoughby, »Sexual Behavior«.

352 Zum konstruierten Konnex zwischen Sexualverhalten und Vorstellungen von der Nation vgl. Sachse/Wolfrum, »Stürzende Denkmäler«, S. 29.

353 Zur Bedeutung der Familie als Fluchtraum vor den sozialen und psychischen Belastungen nach Kriegsende und als Ort vielfältiger Sehnsüchte vgl. Niethammer (Hg.), *»Hinterher merkt man«*, S. 10; ders., »Privat-Wirtschaft«; zur Lebenssituation von Frauen nach Kriegsende und zur Diskussion über die weibliche Rolle in der Wiederaufbau-Gesellschaft vgl. Niehuss, »Familie«; dies., »Kontinuität«; Heineman, *Difference*; Höhn, »Frau«; Willenbacher, »Zerrüttung«; Moeller, *Mütter*; zum Eherecht vgl. Duncker, *Gleichheit*; demografische Übersicht bei Plato/Leh, *Frühling*, S. 24f.; generell zur Bedeutung der Religion für die Herstellung der Geschlechterrollen vgl. Ziemann, *Sozialgeschichte*, S. 128f.

354 Vgl. Noelle-Neumann/Neumann (Hg.), *Jahrbuch der öffentlichen Meinung 1947–1955*, S. 207.

355 Vgl. Buske, *Fräulein Mutter und ihr Bastard*; dies., »Debatte«; dies., »›Fräulein Mutter‹ vor dem Richterstuhl«; dies., »Veröffentlichung«; zu Schwangerschaft als Heiratsanlass in den fünfziger Jahren vgl. Niehuss, »Familie«, S. 302–337; zur rechtlichen und sozialen Lage der Soldatenwitwen bis 1960, ihrem Verhalten und ihrer Wahrnehmung in der Öffentlichkeit vgl. Schnädelbach, *Kriegerwitwen*, zur sogenannten Onkelehe und zur gesellschaftlichen Diskussion darüber insb. S. 168–252.

356 Eine geschlechtergeschichtliche Analyse der Nachkriegszeit fehlt noch; wichtig hierzu Hagemann/Schüler-Springorum (Hg.), *Heimat-Front*, darin vor allem die Beiträge von Hagemann, »Heimat«, Kühne, »Weiblichkeit«, Nieden, »Fraternisierung«, sowie Stoehr, »Kriegsbewältigung«. Wichtig ferner Heineman, *Difference*; dies., »Stunde«; Schissler, »›Normalization‹«; dies., »Antwort«; Poiger, »Krise«; Sachse, »Family«; noch immer Frevert, »Frauen«; Nuys-Henkelmann, »›Sonne‹«; zu den europäischen Verhältnissen, aber ohne Bezug zu Deutschland vgl. Brandhauer-Schöffmann/Duchen (Hg.), *Nach dem Krieg*.

357 »Hat die deutsche Frau versagt?«, in: *Stern* vom 1.8.1948, H. 1, S. 14; hier auch zum Folgenden.

358 »Unter uns Sternkindern«, in: *Stern* vom 8.8.1948, H. 2, S. 7.

359 »Hat die deutsche Frau versagt? Schluß der Debatte«, in: *Stern* vom 29.8.1948, H. 5, S. 13. Zur Bagatellisierung sexueller Gewalt durch Militärgerichte der Wehrmacht vgl. Beck, *Wehrmacht*; dies., »Vergewaltigungen«; Snyder, *Sex Crimes*; Brownmiller, *Gegen unseren Willen*.

360 Vgl. Mühlhäuser, *Eroberungen*.

361 BT-Drucksachen 1. WP, Nr. 104, 14.10.1949; BAK, B 136/5278, unpag.: Bundestagspräsident an Bundeskanzler, 1.3.1950, Zustimmung des Bundestags zum Gesetzesantrag der CDU/CSU-Fraktion; Bundesministerium des Inneren an die Bundesminister, 28.9.1950, Gesetzesentwurf; Bundesminister für Arbeit an Staatssekretär im Bundeskanzleramt, 1.6.1951; Bundeskanzleramt, Vermerk für die Kabinettssitzung, 17.12.1951. Vgl. auch BR-Berichte 1. WP, 18.1.1952, S. 5; BR-Berichte 1. WP, 5.4.1952, S. 140; BAK, N 1151/172, unpag., Wilhelm Hagen, Ministerialrat im Bundesinnenministerium, an Marie Elisabeth Lüders (damals noch Stadträtin in Berlin, zuständig für das dortige Sozialwesen, ab 1953 Bundestagsabgeordnete der FDP), 12.1.1951. Zu den teilweise rigorosen Forderungen aus ärztlichen Kreisen in Bezug auf das Gesetz vgl. Lindner, *Gesundheitspolitik*, S. 316 – 322; zum Gesetzesentwurf vgl. ebenda, S. 324 – 327; dies., »Traditionen«, S. 227 – 234.

362 Vgl. Lindner, »Traditionen«, S. 227; Kreuzer, *Prostitution*; zur Situation in Frankfurt am Main vgl. Koch, *Verwaltete Lust*, S. 248 – 267; zeitgenössisch vgl. »Bericht über die gemeinsame Tagung«; Hopf/Toepfer, »Bordellwesen«; Roeschmann, »Kampf«; ders., »Prostitutionsfrage«; Schaller, »Prostitution«; ders., »Polizei«; Bauer, *Prostitution*; Bartsch, *Prostitution*; Bernsdorf, »Soziologie«.

363 BT-Berichte 1. WP, 23.4.1952, S. 8859 – 8869, hier S. 8867f.

364 RGBl. 1927 I, S. 61, Gesetz zur Bekämpfung der Geschlechtskrankheiten vom 18.10.1927. Zur Vorgeschichte des Gesetzes vgl. Sauerteig, *Krankheit*, S. 280 – 361; Usborne, *Frauenkörper*, S. 36 – 44; Meyer-Renschhausen, »Rechtsgeschichte«; Dienel, *Kinderzahl*, S. 83 – 89 und S. 92 – 101; Heinz-Trossen, *Prostitution*, S. 47; am Beispiel von Frankfurt am Main vgl. Koch, *Verwaltete Lust*, S. 115 – 164, zum Dritten Reich ebd., S. 165 – 227. Die Nationalsozialisten waren umgehend wieder zur alten Vorgehensweise zurückgekehrt und hatten per Gesetzeserlass die polizeilichen Zugriffsmöglichkeiten auf Frauen 1933 noch verstärkt, vgl. RGBl. 1933 I, S. 295, Gesetz zur Abänderung strafrechtlicher Vorschriften vom 26.5.1933, Neufassung von Paragraph 361, Nr. 6. Zur Novelle des Reichsgesetzes zur Bekämpfung von Geschlechtskrankheiten vom Dezember 1933 vgl. AEK, Gen. I 23.30/2, S. 650 – 653, Arbeitsgemeinschaft für Volksgesundung, »Bekämpfung der Prostitution durch Kasernierung?«, in: *Mitteilungen* Nr. 34 vom 1.12.1933.

365 Der Bundestag verabschiedete das Gesetz am 12. Juni, der Bundesrat am 26. Juni; am 23. Juli 1953 wurde es rechtskräftig. Vgl. BGBl. I, S. 700ff., Gesetz zur Bekämpfung der Geschlechtskrankheiten. Vgl. auch BAK, B 136/5278, unpag.: Bundestagspräsident an Bundeskanzler, 12.6.1953 sowie Bundesratspräsident an Bundeskanzler, 26.6.1953; zur Gesetzespraxis vgl. Lindner, *Gesundheitspolitik*, S. 335 – 341 und S. 395f.

366 Vgl. Noelle-Neumann/Neumann (Hg.), *Jahrbuch der öffentlichen Meinung 1947 – 1955*, S. 124, beide Umfragen, die Überschrift dazu lautet »Zensur«. Unterlagen dazu sind im Archiv des Instituts für Demoskopie in Allens-

bach nicht erhalten.

367 Eine Abbildung findet sich bei Siepmann (Hg.), *Bikini*, S. 305, ferner bei Kahnt/Schöne/Walz, *50 Jahre Deutsche Mark*, S. 85, dort auch S. 78ff. »Fünf-Mark-Schein erregt Unwillen in Bonn«, in: *Münchner Merkur* vom 1.6.1950; vgl. kurz Borngräber, »Nierentisch«, S. 225f.

368 »Schmutz und Schund im Geldbeutel«, in: *Abendzeitung (München)* vom 6.4.1950.

369 »Des Volkes Stimme zur Europa«, in: *Süddeutsche Zeitung* vom 11.5.1950. Zu Hundhammers Kulturpolitik vgl. Braun, *Konservative Existenz*, S. 375, der die Auseinandersetzung um den Geldschein aber nicht erwähnt. Zum Skandal um »Abraxas« vgl. ebenda, S. 375, Anm. 1185, und S. 378, Anm. 1399; Wilke, *Theater*, S. 111–127.

370 Vgl. Generalsekretariat des Zentralkomitees der Deutschen Katholikentage, *Gerechtigkeit*, S. 118f., S. 319 und S. 337–341.

371 Vgl. die vom Generalsekretariat des Zentralkomitees der Deutschen Katholikentage bzw. vom Zentralkomitee der Deutschen Katholiken herausgegebenen Dokumentationsbände.

372 AEK, Dienstakten Lenné/363, unpag., »Die Sünderin«, in: *Film-Dienst. Organ der Katholischen Filmkommission für Deutschland*, 2.2.1951, Nr. 1047, sowie »Die Presse und die ›Sünderin‹«, in: *Film-Dienst. Organ der Katholischen Filmkommission für Deutschland*, 23.2.1951. Zu weiteren Rezensionen vgl. Kniep, »*Keine Jugendfreigabe*«, S. 58–68; ders., »Von den ›unblutigen Märtyrern unserer Zeit‹«; Kammann, *Carl Klinkhammer*, S. 195f.; Berger/Reichmann/Worschech (Hg.), *Zwischen Gestern und Morgen*, S. 354ff.; zur katholischen Filmarbeit und ihren Einrichtungen vgl. ausführlich Kuchler, *Kirche und Kino*; zur Kinopolitik in Frankreich seit den zwanziger Jahren und zu vergleichenden Fragen mit Deutschland vgl. Middendorf, *Massenkultur*, S. 41 und S. 239–282.

373 Zur Geschichte der FSK vgl. Kniep, »*Keine Jugendfreigabe*«; ders., »Von den ›unblutigen Märtyrern unserer Zeit‹«; Dickfeldt, *Jugendschutz*, S. 137–144; Uka, »Modernisierung«; Baum/Nikles, »Jugendschutz«, S. 108. Vgl. außerdem aus Anlass des 100 000. geprüften Films dazu »Für stille Feiertage«, in: *Süddeutsche Zeitung* vom 9.12.2004.

374 Der Konflikt führte zur Krise und Reform der Selbstkontrolle; aus deren Neuorganisation gingen die Kirchen letztlich gestärkt hervor, und die Vertreter der Filmwirtschaft verloren an Einfluss, vgl. Kniep, »*Keine Jugendfreigabe*«, S. 53–68; Kuchler, *Kirche und Kino*, S. 147–174; ders., »Rechristianisierung«; ders., »›Sünderin‹«; Fehrenbach, *Cinema*, S. 129–135; Giesen, »›Nackteste Nacktheit‹«; allgemein zum kommerziellen Erfolg des Kinos in der Adenauerzeit vgl. Segeberg (Hg.), *Mobilmachung*.

375 »Die ›Sünderin‹ sät Zwietracht«, in: *Süddeutsche Zeitung* vom 29.1.1951. Die Uraufführung fand am 10.1.1951 in Frankfurt am Main statt, acht Tage später folgte die Premiere vor der Presse; zur zeitgenössischen Berichterstattung in der *Frankfurter Allgemeinen Zeitung* vgl. Payk, »›Amerikakomplex‹«, S. 202f.

Ein Skandal bedarf dreier Voraussetzungen: Ein Normbruch muss vorliegen, in die Öffentlichkeit getragen werden und Anlass zu weit verbreiteter Empörung geben. Vgl. allgemein zu Medienskandalen als sozialem Ereignis vgl. Bösch, *Geheimnisse*, S. 1–11; zur gesellschaftlichen Funktion von (politischen) Skandalen vgl. Ebbighaus/Neckel, »Einleitung«; Markovits/Silverstein, »Macht«; zum Begriff »Skandal« vgl. Neckel, »Stellhölzchen«, S. 56ff.; zum Begriff »politischer Skandal« vgl. Kaesler, »Skandal«, S. 309; Hondrich, *Enthüllung und Entrüstung*; Imhof, »Öffentlichkeit und Skandal«.

376 Zur Situation des Nachkriegsfilms vgl. Weiß, »Öffentlichkeit«; Fehrenbach, *Cinema*; Uka, »Modernisierung«; Kahlenberg, »Film«; Buchloh, »Demokratisierungsbemühungen«; zu den frühen Filmbürgschaften der Bundesregierung vgl. Berger, »Bürgen heißt zahlen«.

377 AEK, Dienstakten Lenné/363, unpag., »Kampf dem Schund- und Schmutzfilm!«, sowie unter derselben Überschrift auch ein Flugblatt des Katholikenausschusses der Stadt Köln.

378 AEK, Dienstakten Lenné/362, unpag., Hirtenbrief von Kardinal Frings, 28.2.1951, verlesen in den meisten Kirchen am 4.3.1951; »Kardinal Frings: Öffentliches Ärgernis«, in: *Kölnische Rundschau* vom 1.3.1951; »Kampf dem Schund- und Schmutzfilm!« in: *Kölnische Rundschau* vom 4.3.1951, darin der Hirtenbrief in voller Länge, ebenso ein Aufruf des städtischen Katholikenausschusses gegen den Film. Im *Kirchlichen Anzeiger* vom 5.3.1951 wurde Frings' Text ebenfalls ungekürzt abgedruckt, ebenso im *Film-Dienst*; »Kardinal Frings zur ›Sünderin‹«, in: *Organ der Katholischen Filmkommission für Deutschland* vom 9.3.1951, abgedr. in: Burghardt, »›Die Sünderin‹«, S. 24; vgl. auch dies., *Werk*.

379 »Sünderin im Eimer«, im vollen Wortlaut in: *Rheinische Zeitung* vom 12.3.1951. Die Predigt fand am 11. März 1951 statt. Vgl. auch AEK, Dienstakten Lenné/362, unpag., Urteilsschrift gegen Klinkhammer u.a., 29.10.1952, in der das Zitat in leicht abweichender Formulierung auftaucht.

380 Die Vorgänge sind dokumentiert bei Burghardt, »›Die Sünderin‹«; zu Bayern vgl. auch Kuchler, »›Sünderin‹«; aus kirchlicher Sicht vgl. Bühler, *Kirchen*, S. 37–47.

381 LA KO, 860/348, S. 3–13, Erklärung Altmeiers im Landtag am 14.2.1951, Zitat S. 7; »Altmeier protestiert gegen ›Sünderin‹«, in: *Rhein-Zeitung* vom 13.2.1951.

382 LA KO, 860/349, S. 11–17, Katholikenausschuss des Dekanats Koblenz an insgesamt 14 Persönlichkeiten aus Politik und Kirchen, 10.2.1951, Zitat S. 17.

383 LA KO, 860/349, S. 1, Polizeiverordnung und Begründung o.D. (vermutlich Februar 1951).

384 LA KO, 860/348, S. 25–57, Urteil des Landesverwaltungsgerichts Koblenz, 29.5.1952; zu den Stationen des Konflikts und Süsterhenns Rolle vgl. LA KO, 860/349, S. 205–211, Süsterhenn an den rheinland-pfälzischen Landtagsabgeordneten Paul Wingendorf (CDU), 28.6.1951.

385 LA KO, 860/349, S. 133, Erklärung der SPD-Fraktion des Landtags in Rhein-

land-Pfalz, 14.2.1951, darin: »Peinlicher ist der Schaden, den der Ruf unseres Landes erleiden muß, wenn seine Behörden die im Grundgesetz gewährleisteten Freiheiten antasten.«

386 Vgl. Kuchler, »›Sünderin‹«, S. 306.

387 So der Kölner SPD-Abgeordnete Heinz Kühn im Bundestag, vgl. BT-Berichte 2. WP, 2.4.1954, S. 762.

388 LA KO, 860/349, S. 213 – 217, Mahnwort des Bischofs von Mainz, 10.8.1951.

389 AEK, Dienstakten Lenné/362, unpag., Aktennotiz in der Strafsache Dr. Klinkhammer, o.D. (vermutlich Oktober 1952), sowie Urteilsschrift gegen Klinkhammer u.a., 29.10.1952, mit Auszug aus dem Kabinettsbeschluss; AEK, Dienstakten Lenné/363, unpag., Frings an Innenminister Adolf Flecken, 5.3.1951, mit dem Appell, ein Verbot zu erwirken.

390 »Boykott ›à tout prix‹«, in: *Rheinische Zeitung* vom 7.3.1951.

391 »Sünder und ›Sünderin‹«, in: *Rheinische Zeitung* vom 14.3.1951.

392 Zu seiner Biografie vgl. Kammann, *Carl Klinkhammer*, hier S. 158 – 193.

393 AEK, Dienstakten Lenné/362, unpag., Anklageschrift, 15.11.1951, sowie Beschluss zur Eröffnung des Hauptverfahrens, 27.5.1952, darin Zeugenaussagen und Korrespondenz zwischen Klinkhammer und dem Erzbischöflichen Generalvikariat Köln; hier auch zum Folgenden.

394 AEK, Dienstakten Lenné/362, unpag., Justizminister Nordrhein-Westfalens an den Vorsitzenden der Katholischen Filmkommission für Deutschland, 9.1.1952.

395 AEK, Dienstakten Lenné/362, unpag., Plädoyers der Verteidigung, 21.10.1952. Zum Hergang des Prozesses vgl. Kammann, *Carl Klinkhammer*, S. 193 – 225.

396 »Die ›Sünderin‹ als Prozeßgegenstand«, in: *Düsseldorfer Nachrichten* vom 15.10.1952; »Prozeß gegen Pfarrer Klinkhammer«, in: *Kölner Stadt-Anzeiger* vom 15.10.1952; »Klinkhammer-Prozeß mit Spannung geladen«, in: *Westdeutsche Neue Presse* vom 15.10.1952; »›Ich fühlte mich verpflichtet‹«, in: *Der Mittag* vom 15.10.1952; »Düsseldorfer Demonstranten vor Gericht«, in: *Rheinische Post* vom 15.10.1952.

397 AEK, Dienstakten Lenné/362, unpag., Zeugenaussage Gockeln, o.D. (Oktober 1952); »Prominente Zeugen im Sünderin-Prozeß«, in: *Düsseldorfer Nachrichten* vom 16.10.1952; »Zeugenvernehmung im Klinkhammer-Prozeß«, in: *Kölnische Rundschau* vom 16.10.1952; »Gockeln: Ich wäre im Geiste mitmarschiert«, in: *Westdeutsche Neue Presse* vom 16.10.1952; »Die Polizei, ›der moralische Angeklagte‹«, in: *Der Mittag* vom 16.10.1952; »Gockeln erhoffte Demonstration«, in: *Rheinische Post* vom 16.10.1952.

398 Hildegard Knef erwähnte die Krawalle um die »Sünderin« in ihrer 1970 erschienenen Autobiografie *Der geschenkte Gaul* nur kurz. Die Passagen wurden offensichtlich lange nach den Geschehnissen geschrieben, denn die Autorin hielt ihre Nacktszene für das auslösende Moment, die zeitgenössisch aber kaum thematisiert worden war. Dass diese erst sehr viel später in den Vordergrund rückte, zeigt, wie rasch die eigentlichen Beweggründe für den Skandal schon unverständlich geworden waren. Knefs eindringlich

und hochemotional geschriebene Autobiografie zeugt insbesondere mit Blick auf den bundesdeutschen Umgang mit der NS-Vergangenheit von Fremdheitsgefühlen und Unverständnis: »Ich begriff nichts, hatte die Jahre der sittlichen Aufrichtung, der ersten wetterleuchtenden Zeichen eines Wirtschaftswunders und seiner nach Instandsetzung von Ordnung und Moral strebenden Gesellschaft verpaßt, verstand nicht, daß mit Währungsreform, regelmäßiger Nahrung, geheiztem Schlafzimmer eine auf Keuschheit bedachte Betulichkeit Einzug gehalten und das Unfaßliche des Vorhergegangenen ignoriert, abgeschrieben und verdrängt hatte. Die Reaktion auf ein nacktes Mädchen, auf der Leinwand kurzfristig gezeigt, ließ mich glauben, daß an einem Großteil der Empörten eine Lobotomie vorgenommen worden sei, die sie von der Erinnerung an eine diabolische Vergangenheit befreit hätte.« Vgl. Knef, *Gaul*, S. 280–283, hier S. 281f.; vgl. auch Nuys-Henkelmann, »›Sonne‹«, S. 131f.

399 AEK, Dienstakten Lenné/362, unpag., Plädoyers der Verteidigung, 21.10. 1952, sowie Prälat Böhler, Erzbischöfliches Generalvikariat Köln, an Domkapitular Lenné, 2.10.1952, mit der Mitteilung, dass Gritschneder Klinkhammers Verteidigung übernehmen werde. Der Anwalt war im Herbst 1952 kurzfristig für einen Kollegen aus Essen eingesprungen, der wegen eines längeren USA-Aufenhalts ausschied.

400 AEK, Dienstakten Lenné/362, unpag., Aktennotiz in der Strafsache Dr. Klinkhammer, o.D.(vermutlich Oktober 1952). Zu den Äußerungen des Pfarrers in der NS-Zeit und zu den Folgen vgl. Kammann, *Carl Klinkhammer*, S. 59–103.

401 AEK, Dienstakten Lenné/362, unpag., Plädoyers der Verteidigung, 21.10. 1952; hier auch die folgenden Zitate.

402 AEK, Dienstakten Lenné/362, unpag., Prälat Böhler, Erzbischöfliches Generalvikariat Köln, an Domkapitular Lenné, 10.10.1952: »Ich muß schon sagen, diese Art, wie Gritschneder arbeitet, gefällt mir schlecht. (…) Ich fürchte, daß wir da noch manche unangenehme Überraschung erleben.«

403 »Polizei streitet Übergriffe ab«, in: *Rheinische Post* vom 18.10.1952; »›Selbsthilfe‹ gegen die ›Sünderin‹«, in: *Der Mittag* vo 18./19.10.1952; »Die Plädoyers im Sünderin-Prozeß«, in: *Düsseldorfer Nachrichten* vom 22.10.1952; »Gefängnis für Dr. Klinkhammer beantragt«, in: *Rheinische Post* vom 22.10.1952.

404 AEK, Dienstakten Lenné/362, unpag., Plädoyers der Verteidigung, 21.10. 1952; hier auch die folgenden Zitate.

405 AEK, Dienstakten Lenné/362, unpag., Plädoyer des Oberstaatsanwalts, 21.10.1952; »Gefängnis für Dr. Klinkhammer beantragt«, in: *Kölnische Rundschau* vom 22.10.1952; »6-Monate-Antrag für ›Ruhrkaplan‹«, in: *Westdeutsche Neue Presse* vom 22.10.1952; »Gefängnis für Dr. Klinkhammer beantragt«, in: *Rheinische Post* vom 22.10.1952.

406 AEK, Dienstakten Lenné/362, unpag., Schlusswort Klinkhammer, 29.10. 1952; hier auch das folgende Zitat. Sämtliche Schlussworte der Angeklagten wurden in einer eigens herausgegebenen Broschüre der Katholischen

Filmkommission für Deutschland veröffentlicht. Vgl. außerdem »Pfarrer Dr. Klinkhammer freigesprochen«, in: *Rheinische Post* vom 30.10.1952.

407 AEK, Dienstakten Lenné/362, unpag., »Pfarrer Klinkhammer verwahrt sich gegen Erklärungen der Landesregierung von NRW«, in: *Kirchlicher Nachrichtendienst*, Nr. 257 vom 8.11.1952, sowie Erzbischöfliches Generalvikariat Köln an Stadtdechant in Düsseldorf, 31.12.1952, mit der Bitte um Bekanntgabe in der Klerus-Konferenz: »So sehr wir uns gefreut haben, daß die Angeklagten freigesprochen wurden, umso mehr bedauern wir, daß der Freispruch Gelegenheit gegeben hat, in unverantwortlicher Weise das Kabinett von Nordrhein-Westfalen anzugreifen. Wir halten es für eine Pflicht mitzuhelfen, daß jetzt endlich die Atmosphäre bereinigt wird.« In der kirchlichen Presse wurde in Leserbriefen für Klinkhammer Partei ergriffen, vgl. AEK, Dienstakten Lenné/362, unpag., *Kirchlicher Nachrichtendienst* vom 15.11. 1952 sowie *Echo der Zeit* zur Regierungserklärung im Fall Klinkhammer.

408 AEK, Dienstakten Lenné/362, unpag., Urteilsschrift gegen Klinkhammer u.a., 29.10.1952.

409 *Düsseldorfer Stadt-Anzeiger* vom 30.10.1952 und *Rheinische Post* vom 30.10. 1952, jeweils mit einem Foto Klinkhammers mit Blumenstrauß; »Freispruch und Chrysanthemen für Pfarrer Klinkhammer«, in: *Düsseldorfer Nachrichten* vom 30.10.1952; »Ruhrkaplan freigesprochen«, in: *Westdeutsche Neue Presse* vom 30.10.1952; »Freispruch für Dr. Klinkhammer«, in: *Kölner Stadt-Anzeiger* vom 30.10.1952; »Sünderin erneut geschlagen«, in: *Echo der Zeit* vom 9.11.1952.

410 »Der Sünderin-Prozeß – eine Lehre«, in: *Rheinische Post* vom 1.11.1952.

410 »Sieg des Gewissens und des Rechtes«, in: *Rheinischer Merkur* vom 7.11.1952.

412 »Freispruch für ›Ruhrkaplan‹«, in: *Der Mittag* vom 30.10.1952.

413 Vgl. Broszat, *Machtergreifung*, S. 60 – 64; Paul, *Aufstand*.

414 »Die ›Sünderin‹ und ein Freispruch«, in: *Frankfurter Rundschau* vom 1.11. 1952.

415 AEK, Dienstakten Lenné/362, unpag., Bundesgerichtshof an Rechtsanwalt Roesen, 13.10.1953, sowie Gritschneder an Erzbischöfliches Generalvikariat Köln, 28.9.1953. Gritschneder und Roesen vertraten Klinkhammer auch in Karlsruhe. Vgl. außerdem »Revision im Fall Klinkhammer«, in: *Kölnische Rundschau* vom 25.9.1953; »Freispruch Dr. Klinkhammers aufgehoben«, in: *Kölner Stadt-Anzeiger* vom 3.10.1953; »Klinkhammer-Freispruch aufgehoben«, in: *Kölnische Rundschau* vom 3.10.1953.

416 »Nochmals Klinkhammer-Prozeß«, in: *Rheinischer Merkur* vom 16.7.1954. »Kein Klinkhammer-Prozeß mehr«, in: *Kölner Stadt-Anzeiger* vom 10.8. 1954; »Amnestie für Ruhr-Kaplan«, in: *Kölnische Rundschau* vom 10.8.1954. Der Einstellungsbeschluss datiert vom 5.8.1954.

417 Vgl. Frei, »Vergangenheitspolitik«, S. 100 – 131.

418 BT-Berichte 2. WP, 2.4.1954, S. 748 – 792, Zitat S. 751; hier auch zum Folgenden. Vgl. außerdem BT-Berichte 2. WP, 5.2.1954, S. 397. Wuermeling hielt seine Rede am 30.1.1954. Die SPD stellte die Große Anfrage am 5.2.1954.

419 BT-Berichte 2. WP, 2.4.1954, S. 761.

420 Ebenda, S. 762f.

421 Ebenda, S. 765 und S. 767.

422 Ebenda, S. 778, mit Beispielen für ausgeübte kirchliche Zensurmaßnahmen im Umgang mit Filmen.

423 BAK, B 139/110, S. 116–121, Zitat S. 121, Urteil des Bundesverwaltungsgerichts, 21.12.1954, einschließlich der Korrespondenz- und Verfahrensunterlagen sowie der Urteile der unteren Instanzen; zu den rechtlichen Zusammenhängen vgl. Erbel, *Sittengesetz*, S. 66–81.

424 Vgl. Lisberg-Haag, »*Unzucht*«, S. 33f. und S. 248; Hilpert-Fröhlich, »*Auf zum Kampfe wider die Unzucht*«, S. 15f. Seit der Novellierung 1927 galt auch die Unterhaltung eines Bordells oder eines bordellartigen Betriebs als Kuppelei.

425 BAK, B 117/45, Der Bundesgerichtshof über die Normen der Sittlichkeit auf dem Gebiete der geschlechtlichen Beziehungen. Grundlegender Beschluss des Großen Senats für Strafsachen über die sittliche Bewertung des Geschlechtsverkehrs Verlobter, 17.2.1954. Kandora, »Homosexualität«, S. 387f., beachtet die Neuerung des Grundsatzentscheids nicht. Die rechtshistorische Studie von Godau-Schüttke, *Bundesgerichtshof*, endet im Sommer 1953 und geht auf das Urteil nicht ein.

426 BT-Drucksachen, 2. WP, Nr. 173/56, 27.4.1956; BT-Drucksachen 2. WP, Nr. 2681/56, Ergänzung der Gewerbeordnung, 13.9.1956.

427 BayHStA, MInn 92020, unpag., Rechtsanwalt H.G. an das Bayerische Staatsministerium der Justiz, 1.6.1959, mit einer Übersicht der Urteile zwischen 1950 und 1958.

428 BayHStA, MInn 92020, unpag., Notiz an den Bayerischen Staatsminister des Innern, 27.2.1959, zum Verkauf von Schutzmitteln aus Automaten an öffentlichen Straßen; das Stuttgarter Urteil erging am 27.3.1958.

429 BAK, N 1151/220, unpag., Automatenverkauf von Schutzmitteln. Eine Stellungnahme der Bundesarbeitsstelle Aktion Jugendschutz, undatiert (Anfang 1959).

430 BayHStA, MInn 92020, unpag., auch: AEK, Gen. II 23.30/8, unpag., Urteil des Ersten Senats des Bundesgerichtshofs, 17.3.1959; hier auch die folgenden Zitate.

431 BayHStA, MInn 92020, unpag., »Öffentliche Sicherheit und Ordnung«, in: *Ministerialamtsblatt der bayerischen inneren Verwaltung* vom 25.6.1959, S. 25, mit Anweisung an die Polizeidienststellen vom 10.6.1959, sowie Bayerisches Ministerium des Inneren an Bayerisches Justizministerium, 3.8.1959, zur Rechtspraxis.

432 AEK, Gen. II 23.30/8, unpag., Gatzweiler, *Urteil*. Michael Calmes saß im Vorstand der Landesarbeitsgemeinschaft zur Bekämpfung der Geschlechtskrankheiten in Nordrhein-Westfalen und gab dessen Broschüren heraus.

433 BayHStA, MInn 92020, unpag., Zur Problematik des Verkaufs von Gummischutzmitteln aus Straßenautomaten, von Bundesanwalt Max Kohlhaas, Karlsruhe, undatiert (Sommer 1959).

434 Potrykus' Mitgliedschaft im Volkswartbund wurde bekannt, als der Verband Mitte der sechziger Jahre darauf drängte, ihn zu Schillings Nachfolger als Leiter der Bundesprüfstelle für jugendgefährdende Schriften zu ernennen, was allerdings fehlschlug. Im Jahr 1963 veröffentlichte Potrykus die vom Verband herausgegebene Broschüre 2. *Novelle zum GjS?*, in der er für eine weitere Novellierung des Gesetzes über jugendgefährdende Schriften plädierte und sich (vergeblich) dafür einsetzte, dem Verband das Antragsrecht bei der Bundesprüfstelle zu verschaffen. Vgl. AEK, Gen 23.30 Zugang 759, Nr. 14, unpag., Potrykus, *Novelle.*

435 Potrykus, »Zur Frage des Schutzmittelverkaufs«; »Behinderung« (ohne Nennung als Autor).

436 BayHStA, MInn 92020, unpag., Stellungnahme zum Entwurf des vierten Bundesgesetzes zur Änderung der Gewerbeordnung, von R. Bohnstedt (Gießen), 17.9.1958; ACDP, NL Wuermeling, 01-221-23 (CIII5), unpag., internes Schreiben des Bundesministers für Familien- und Jugendfragen, 28.1.1959, darin zum Gutachten des ehemaligen Obermedizinaldirektors der Stadt Köln.

437 BT-Drucksachen 3. WP, Nr. 433 (zu Nr. 318 und 1304), 1.12.1959, zu Paragraph 41a der Gewerbeordnung.

438 BAK, N 1151/220, unpag., Lüders an G.G. aus Merkstein-Rimburg, 20.12.1959, zur Entscheidung des Wirtschaftsausschusses, dessen Mitglied Lüders war.

439 BT-Berichte 3. WP, 3.12.1959, S. 5023 und S. 5032–5036; BR-Drucksachen 3. WP, Nr. 412/59, 18.12.1959.

440 BGBl. I, S. 61, 5.2.1960; die Neufassung trat am 1.10.1960 in Kraft; BayHStA, MInn 92021, unpag., »Öffentliche Sicherheit und Ordnung«, in: *Ministerialamtsblatt der bayerischen inneren Verwaltung* vom 18.11.1960, S. 898, mit Kontrollanweisung des Bayerischen Innenministeriums an die Polizei vom 2.11.1960.

441 Zur Urteilspraxis vgl. BayHStA, MInn 92021, unpag.

442 Zur öffentlichen Debatte über die Gleichberechtigung vgl. Moeller, *Mütter*, S. 126–175.

443 BAK, B 153/317, 153/318, 153/319, Einladungen, Gesetzesentwürfe und Rundbriefe des Volkswartbunds an das Bundesfamilienministerium; AEK, Gen. II 23.30 b, unpag., Tagungsprogramm des Volkswartbunds; BAK, B 153/319, S. 10ff., Deutscher Verband für Freikörperkultur an Wuermeling, 26.11.1959; AEK, Gen 23.30 Zugang 759, Nr. 12, unpag., Wuermeling, *Demokratie und Jugendschutz*, S. 5, hier das Zitat. Zur Gründung des Bundesfamilienministeriums vgl. Kuller, *Familienpolitik*, S. 83–124, darin zu Wuermeling S. 89ff.; Niehuss, »Familie«, S. 172–182; zu Wuermeling auch Nuys-Henkelmann, »Sonne«.

444 BT-Berichte 3. WP, 3.12.1959, S. 5023 und S. 5032–5036, Zitat S. 5034; die folgenden Zitate S. 5033; ACDP, NL Wuermeling, 01-221-23 (CIII5), unpag., achtseitiges Schreiben der Warenaufsteller im Zentralverband der Organisationen des Automaten-Aufstell-Gewerbes im Gebiet der Bundesrepublik

Deutschland und Berlin an alle Abgeordneten des Bundestags, undatiert (November 1959).

445 BT-Berichte 3. WP, 3.12.1959, S. 5034.

446 BT-Berichte 3. WP, 3.12.1959, S. 5035; BAK, N 1151/220, unpag., Lüders an Bundesarbeitsstelle der Aktion Jugendschutz, 2.2.1960, zu Lüders' Position in der Automatenfrage. Zu Lüders' politischer Karriere vgl. Zepp, *Redefining Germany*, S. 133–145.

447 Lüders nahm Anfang der fünfziger Jahre in Reden und Korrespondenzen oftmals Bezug auf das Gesetz von 1927 und seine Entstehung. Vgl. BAK, N 1151/172, unpag., Redemanuskript, o.D. (vermutlich September 1953); ferner BAK, N 1151/169-171, 184–186. Zum Abolitionismus in der deutschen Frauenbewegung um die Jahrhundertwende vgl. Schmackpfeffer, *Frauenbewegung*, S. 31–84. Über Lüders liegt noch immer keine politische Biografie vor, zu ihrem Engagement für Frauenrechte vgl. Schaser, *Frauenbewegung*, passim, Kurzbiografie S. 135f.

448 »Wie ein gewisses Tier im Porzellanladen«, in: *Frankfurter Nachtausgabe* vom 4.2.1959; »Wuermeling erregte Unmut«, in: *Tagesspiegel* (Berlin) vom 4.12.1959; »Wuermelings delikates Thema im Bundestag«, in: *Deutsche Zeitung* (Stuttgart) vom 4.12.1959; »Bonn stoppt ambulanten Bruchband-Handel«, in: *Kölner Stadtanzeiger* vom 4.12.1959.

449 *CDU/CSU-Fraktion im Deutschen Bundestag. Sitzungsprotokolle 1957–1961*, 8.12.1959, S. 515.

450 *Kabinettsprotokolle der Bundesregierung*, Bd. 7, 31.3.1954, S. 139f. und S. 140, Anm. 57.

451 Adenauers Rüge fand am 8.12.1959 statt. Vgl. ACDP, NL Wuermeling, 01-221-23 (CIII5), unpag., Wuermeling an Pressestelle des Bundestags, 9.12.1959; »Wuermeling setzt sich zur Wehr«, in: *Frankfurter Allgemeine Zeitung* vom 10.12.1959; »Die Rüge«, in: *Westfälische Nachrichten* vom 12.12.1959; »Hut ab vor Minister Wuermeling«, in: *Allgemeine Sonntagszeitung* vom 20.12.1959; BAK, N 1151/220, unpag., Lüders an G.G. aus Merkstein-Rimburg, 20.12.1959, zur Empörung des Parlaments, vor allem der CDU/CSU über Wuermeling.

452 ACDP, NL Wuermeling, 01-221-23 (CIII5), unpag.: Wuermeling an den Bischof von Mainz, Albert Stohr, 4.12.1959; Wuermeling an den Bischof von Münster, Heinrich Tenhumberg, 4.12.1959; Wuermeling an den Domkapitular von Trier, 4.12.1959; Wuermeling an *Westfälische Nachrichten*, 9.12. 1959; Wuermeling an *Trierer Landeszeitung*, 11.12.1959; Wuermeling an *Allgemeine Sonntagszeitung*, 11.12.1959; Wuermeling an *Echo der Zeit*, 11.12. 1959; Wuermeling an *Deutsche Tagespost*, 14.12.1959; Wuermeling an *Mann in der Zeit. Katholische Monatszeitung für Deutschland*, 14.12.1959; Wuermeling an Süsterhenn, 16.12.1959.

453 ACDP, NL Wuermeling, 01-221-23 (CIII5), unpag., Wuermeling an Krone und die CDU-Abgeordnete Elisabeth Pitz-Savelsberg, die wie Wuermeling Mitglied des Volkswartbunds war, 7.1.1959.

454 ACDP, NL Wuermeling, 01-221-23 (CIII5), unpag., Wuermeling an Pfarrer
O.J. in Eichenau bei München, 7.1.1959.

455 ACDP, NL Wuermeling, 01-221-23 (CIII5), unpag., Ruf an Wuermeling,
7.12.1959. Der *Spiegel* brachte darüber am 23.12.1959 eine Notiz.

456 *Neue Bildpost* (Januar 1960), Nr. 1.

457 *Allgemeine Sonntagszeitung* vom 12.12.1959; vgl. auch *Allgemeine Sonntagszeitung* vom 20.12.1959 mit einem ausführlichen Bericht unter demselben
Titel.

458 ACDP, NL Wuermeling, 01-221-23 (CIII5) und ACDP, NL Wuermeling. Die
Zuschriften datieren von Dezember 1959 bis Februar 1960 und sind in
Wuermelings Nachlass erhalten. Vgl. ACDP, NL Wuermeling, unpag. H.S.
aus Merbeck an Wuermeling, 14.12.1959. Hier auch die folgenden Zitate:
O.O. aus Merkstein-Herbach an Wuermeling, 17.12.1959; H.H. aus Aachen
an Wuermeling, 21.12.1959; T. S. aus Krefeld an Wuermeling, 31.12.1959.

459 »Ohne C«, in: *Mann in der Zeit*, (Februar 1960); ähnlich: *Neue Bildpost* (Januar 1960), Nr. 1.

460 ACDP, NL Wuermeling, 01-221-23 (CIII5), unpag., Pfarrer H.W. aus Übach-
Palenberg an Wuermeling, 2.1.1960; Zu Protestschreiben vgl. auch AEK,
Gen. II 23.30/8, unpag.

461 Leserbriefe in: *Allgemeine Sonntagszeitung* vom 26.12.1959 und 10.1.1960;
ähnlich:»Bundestag und Automatenfrage«, in: *Die Stimme der Familie* vom
22.12.1959.

462 BayHStA, MInn 92020, unpag., Merkblatt der Hanseatischen Gummiwarenfabrik in Bremen vom 15.3.1960, verschickt am 18.5.1960.

463 Dazu siehe unten.

Kapitel 2

1 »Schüchtern«, *Frankfurter Rundschau* vom 23.11.1955; »Dr. Kinsey macht
Untersuchungen«, in: *Main Echo* (Aschaffenburg) vom 23.11.1955; »Nicht
leicht zu schockieren: Dr. Kinsey«, in: *Frankfurter Rundschau* vom 24.11.
1955; »Nichts Neues für Kinsey«, in: *Neue Ruhr Zeitung* vom 24.11.1955.
KI, Binder 55, Nr. 58, Sender Freies Berlin, Literarisches Wort. Am Büchertisch, 16.12.1955.

2 *Süddeutsche Zeitung* vom 24.11.1955.

3 Für den »Columbus der Sexualität« hielten ihn Morris L. Ernst und David
Loth, *American Sexual Behavior*, S. VII und S. 11. Während Kinseys Rezeption und Bedeutung in der Bundesrepublik noch nicht systematisch untersucht wurden, liegen für die USA einige Studien vor, vgl. Morantz, »Scientist«; Gilbert, *Men*; Reumann, *American Sexual Character*; Bailey, »Sexual
Revolution(s)«; aus der Sicht eines Mitarbeiters vgl. Pomeroy, *Dr. Kinsey*; zu
Kinseys wissenschaftlicher Bedeutung vgl. Bullough, »Sex Will Never Be
the Same«; ders., »Alfred Kinsey and the Kinsey Report«; Garton, *Histories
of Sexuality*, S. 203–208; Minton, »Making«; Bancroft, »Alfred C. Kinsey«;

D'Emilio/Freedman, *Intimate Matters*, S. 286; Palmore, »Published Reactions«; Schall, »Reception«; Muchembled, *Verwandlung*, S. 279–297; die Beiträge zum fünfzigsten Jahrestag des ersten Kinsey-Berichts in: *Sexualities. Studies in Culture and Society* 1 (Februar 1998). Zuletzt vgl. das Sonderheft von *Sexuality and Culture. An Interdisciplinary Quarterly* 10.1 (März 2006).

4 Vgl. Gilbert, *Men*, S. 238, Anm. 21; zur Auflagenzahl vgl. Hochheimer, »Lärm«, S. 846 Anm. 1.

5 Vgl. Garton, *Histories of Sexuality*, S. 196–202.

6 Der Leiter der medizinischen Abteilung der Stiftung, Alan Gregg, verfasste später das Geleitwort zu Kinseys erstem Band. Der amtierende und der ehemalige Vorsitzende des Sonderausschusses zum Studium von Sexualproblemen, George W. Corner und Robert M. Yerkes, schrieben das Vorwort zu Band zwei, worin es ebenso programmatisch wie polemisch heißt: »Wir als Wissenschaftler setzen größeres Vertrauen in den Wert des Wissens als in den der Ignoranz.« Vgl. Kinsey u.a., *Das sexuelle Verhalten der Frau*, S. IX.

7 Vgl. Kinsey/Pomeroy/Martin, *Das sexuelle Verhalten des Mannes*, S. 12f.

8 Später trug das Institut den Namen seines Gründers: Kinsey Institute for Research in Sex, Gender and Reproduction. Ende der neunziger Jahre machten Enthüllungen über Kinseys Privatleben Furore. James H. Jones, einer seiner Biografen, fand Unterlagen und Filme, die belegen, dass Kinsey sexuelle Kontakte sowohl zu seinen Mitarbeitern als auch zu deren Ehefrauen hatte. Allem Anschein nach experimentierte man in Bloomington an einem sexuellen Utopia. An der gesellschaftlichen Bedeutung von Kinseys Forschungen und ihrer Wirkungsgeschichte ändern die Befunde über sein Privatleben allerdings nichts. Jones, dessen Buch 1997 erschien, wie auch Jonathan Gathorne-Hardy, der Verfasser einer weiteren, im Jahr darauf erschienenen Biografie, sind sich sicher, dass die Forschungsarbeit des Instituts umgehend in Verruf geraten und eingestellt worden wäre, hätten Zeitgenossen von den Vorgängen gewusst. Während Jones davon ausgeht, dass Kinseys bisexuelle Orientierung seine Studien über das Sexualverhalten des Mannes und der Frau bestimmte und verfälschte, sieht Gathorne-Hardy deren wissenschaftlichen Wert nicht beeinträchtigt. Insgesamt liegen vier Biografien über Kinsey vor, dazu zählen auch die beiden älteren Studien von Christenson, *Kinsey*, und Pomeroy, *Dr. Kinsey*; zu den Biografien im Überblick vgl. Bullough, »The Kinsey Biographies«, ferner Capshew u.a., »Kinsey's Biographers«; auch Reiche, »Über Kinsey«. Darüber hinaus erschienen über Kinsey der Roman von T.C. Boyle, *The Inner Circle* (deutsch unter dem platten Titel *Dr. Sex*), der 2004 veröffentlicht wurde, und der Film aus dem selben Jahr von Bill Condon, *Kinsey*.

9 Zur Programmatik wissenschaftlicher Objektivität der Forschergruppe und zur Beteiligung weiterer Fachwissenschaftler, darunter Mediziner, Psychologen, Neurologen, Statistiker und Juristen, vgl. Kinsey/Pomeroy/Martin,

Das sexuelle Verhalten des Mannes, S. 3, S. 5 und S. 14, zu den weiteren Arbeitsvorhaben S. 7.

10 Vgl. Neuhaus, »Importance«.

11 Vgl. Reese (Hg.), *Rationale Beziehungen?*; Grossmann, *New Woman*; dies., »New Woman and the Rationalization«; Stölken, »›Geburtenrückgang‹«. Zur Popularität des Buches, das 1930 unter dem Titel *Ideal Marriage* in den USA auf den Markt kam, vgl. Melody/Peterson, *Teaching America about Sex*, S. 93 – 97. In Deutschland, wo es schon im Erscheinungsjahr der Originalausgabe 1926 publiziert wurde, erfuhr es trotz Indizierung innerhalb von sechs Jahren 42 Auflagen. Es blieb bis in die sechziger Jahre ein Bestseller; vgl. van de Velde, *Ehe*; ders., *Gattin*.

12 Van de Velde veröffentlichte sein zweites Buch 1931 zunächst unter dem Titel »Die vollkommene Gattin«. Zum Autor vgl. Weitz, *Weimar Germany*, S. 297 – 302; Siegel, »Essay«, S. 368 – 371; Frevert, *Frauen-Geschichte*, S. 185. Eheratgeber waren in den zwanziger und dreißiger Jahren weit verbreitet. Marie Stopes wurde in Großbritannien damit bekannt; in den USA erzielten Margaret Sanger, Emanuel Haldeman-Julius und Max Exner Erfolge mit ihren Büchern. Stopes und Sanger waren Verfechterinnen der Geburtenkontrolle; vgl. McLaren, *Twentieth-Century Sexuality*, S. 110 – 123; Weeks, *Sex, Politics and Society*, S. 141 – 198; Bullough, *Science in the Bedroom*, S. 136 – 147. Zur Konstruktion gesellschaftlicher »Normalität« in den Eheratgebern der zwanziger und dreißiger Jahre in den USA vgl. Carter, *Heart*, S. 75 – 117.

13 Vgl. Sigusch, *Geschichte der Sexualwissenschaft*, S. 50f.

14 Vgl. Weeks, *Sexuality and its Discontents*, S. 89ff. und S. 185 – 210; ders., *Sexuality*, S. 30f.; Rosario (Hg.), *Science and Homosexualities*; Simon, *Postmodernisierung*, S. 101f.; Schmersahl, *Medizin*, S. 270 – 277; Nipperdey, *Deutsche Geschichte*, Bd. 1, S. 106f.

15 Zu Hirschfeld vgl. Kotowski/Schoeps (Hg.), *Hirschfeld*; Herzer, *Hirschfeld*; Sigusch, *Geschichte der Sexualwissenschaft*, S. 64f., S. 345 – 364 und S. 574f., dort auch zu den Anfängen der Sexualwissenschaft. Zum jüdischen Hintergrund auffallend vieler Fachvertreter vgl. von Braun, »Sexualwissenschaft«; Sigusch, *Geschichte der Sexualwissenschaft*, S. 373 – 376.

16 Zur Entwicklung der Sexualwissenschaft vgl. Sigusch, *Geschichte der Sexualwissenschaft*, S. 52 – 76, S. 121 – 193, S. 549 und S. 552; zu Organisationen und Publikationen vgl. ebenda, S. 81 – 117, zur wissenschaftlichen Positionierung des Fachs außerhalb der Universitäten S. 117 – 120; zu den Vertretern der Sexualforschung vgl. Sigusch/Grau (Hg.), *Personenlexikon*. Wichtige ältere Studien zu den Anfängen der Sexualwissenschaft sind Robinson, *Modernization of Sex*; ferner Garton, *Histories of Sexuality*, S. 189 – 209. Zu den Anfängen der Sexualwissenschaft aus medizinhistorischer Perspektive vgl. Jütte, »Einleitung«; Walter, »Begrenzung«; ferner Haeberle, *Anfänge*; ders., »Sexualwissenschaft als Kulturwissenschaft«; kritisch zu Haeberle vgl. Sigusch, *Geschichte der Sexualwissenschaft*, S. 451; zum Beginn der Sexualwissenschaft vgl. ferner Hohmann, *Geschichte*; ders., *Sexualforschung*; zur Rolle

der Sexualreformbewegung, zur Ehe- und Sexualberatung in der Weimarer Republik und zu den Bezügen zur Eugenik vgl. Soden, *Sexualberatungsstellen*; Klautke, »Rassenhygiene«; Weeks, *Sex, Politics and Society*, S. 141–198; McLaren, *Twentieth-Century Sexuality*, S. 64–142; zu Hirschfelds Rolle im Zusammenhang mit der Eugenik vgl. Sigusch, *Geschichte der Sexualwissenschaft*, S. 378–387 und S. 448–451.

17 Vgl. Robinson, *Modernization of Sex*, zu Kinsey S. 42–119; zur Rezeption Freuds in den USA vgl. Brown, *Setting a Course*, S. 18 und S. 39; zu Kinsey vgl. McLaren, *Twentieth-Century Sexuality*, S. 143–149; instruktiv ferner Gebhard, »Brief«.

18 Vgl. Kinsey/Pomeroy/Martin, *Das sexuelle Verhalten des Mannes*, S. 180–183; Kinsey, »Begriff des Normalen und Abnormen im Geschlechtsverhalten«.

19 Kinsey/Pomeroy/Martin, *Das sexuelle Verhalten des Mannes*, S. 8.

20 Ebenda, S. 5.

21 Der Begriff wurde in der deutschen Version der Kinsey-Berichte mit »Gesamttriebbefriedigung« übersetzt. Von »sexueller Gesamtaktivität« sprach treffender Hermann Frühauf, »Der Kinsey-Report über das Sexualleben des Menschen« in: *Frankfurter Allgemeine Zeitung* vom 26.2.1955.

22 Vgl. Canaday, *The Straigt State*; D'Emilio, *Sexual Politics, Sexual Communities*, S. 33–37.

23 Reiche meinte dazu, Kinsey lasse sich von der Illusion blenden, dass die sexuelle Orientierung frei wählbar sei, de facto bestimmten darüber jedoch sowohl individuelle Prägungen (»Triebschicksal«) als auch gesellschaftliche Zwänge. Reiches in *Meyers Lexikon* 1974 veröffentlichter Aufsatz thematisiert deutlich unter dem Einfluss der Frauenemanzipation auch das »Herrschaftsverhältnis« der Geschlechter; vgl. Reiche, »Homosexualität und Homosexuelle«.

24 Vgl. Weinrich, »Kinsey Scale«; Haeberle, »Alfred C. Kinsey«; Terry, *American Obession*, S. 297–314 und S. 334–351; zur Kritik an der Skala vgl. auch Simon, *Postmodernisierung*, S. 102.

25 Kinsey/Pomeroy/Martin, *Das sexuelle Verhalten des Mannes*, S. 181.

26 Ebenda, S. 182.

27 Vgl. Gilbert, *Men*, S. 85; Jones, *Alfred C. Kinsey*, S. 569f.

28 Vgl. Sarasin, *Maschinen*.

29 »Sex« als Begriff für Geschlechtsverkehr war zu der Zeit im Amerikanischen bereits üblich; der Terminus stand für das eher ungehobelt anmutende »lust«, schuf aber auch eine Unterscheidung zum gefühlsbetonten »love«.

30 Vgl. Trilling, »Kinsey Report«, S. 52; zu Trillings Einwänden siehe weiter unten. Allgemein zur Markenbildung und Entstehung der Produktwerbung in den vierziger und fünfziger Jahren in den USA, ohne Bezug zu Kinsey, vgl. Gries, »Produktimages«.

31 »Personality«, in: *Time. The Weekly Newsmagazine* vom 15.12.1952, S. 43.

32 Vgl. Ernst/Loth, *American Sexual Behavior*.

33 Bereits im Juli 1948 sprach Interpress, ein in Hamburg erscheinender internationaler Pressedienst, der über »Amerikas Bestseller 1948« berichtete, von Band zwei. Vgl. Interpress. Internationaler biographischer Pressedient, »Alfred Kinsey«, 19.7.1948. Der *Spiegel* kündigte das Erscheinen von Band zwei in einer Notiz ebenfalls an, »Personalien«, in: *Der Spiegel* vom 13.4.1950. Zu den Terminverschiebungen vgl. Jones, *Alfred C. Kinsey*, S. 666 und S. 677.

34 Vgl. Jones, *Alfred C. Kinsey*, S. 697–700, hier auch zum Folgenden; zur Kritik von Schelsky an Kinseys Methoden vgl. Schelsky, »Verdunkelung oder Gegenaufklärung«, S. 840.

35 »K-Day«, in: *Time. The Weekly Newsmagazine* vom 31.8.1953, S. 50.

36 Vgl. Jones, *Alfred C. Kinsey*, S. 568–574 und S. 701ff.; Reiche, »Aufnahme«, S. 15ff.; Reumann, *American Sexual Character*, S. 14.

37 Zur zeitgenössischen Kritik am Band über den Mann vgl. Gilbert, *Men*, S. 89–92; Reumann, *American Sexual Character*, S. 25–29.

38 Lariar, *A Photographic Reaction to the Kinsey Report*, hielt Empörung im Bild fest. Zur Reaktion vgl. Reumann, *American Sexual Character*, S. 22ff. und S. 101ff.; Jones, *Alfred C. Kinsey*, S. 708–712; zum Folgenden vgl. ferner Morantz, »Scientist«, S. 575–579; Bullough, *Science in the Bedroom*, S. 180–183; Robinson, *Modernization of Sex*, S. 42f.

39 Vgl. Sorokin, *American Sex Revolution*, S. 5.

40 »Kinsey-Institut hat Sorgen«, in: *Neue Ruhr Zeitung* (Duisburg) vom 12.10. 1956; »Dr. Kinseys Nachfolger in Nöten«, in: *Der Kurier* (Berlin) vom 11.10. 1956.

41 Über die Reaktion auf Kinsey in der Bundesrepublik liegen mit Ausnahme einiger Texte aus den sechziger Jahren und kurzer Abrisse aus jüngerer Zeit kaum Forschungsarbeiten vor. Weder die wissenschaftliche noch die publizistische Rezeption wurden systematisch im gesellschaftsgeschichtlichen Kontext der bundesrepublikanischen Frühgeschichte untersucht. Aus den sechziger Jahren vgl. die soziologische Skizze von Schwarzenauer, »Erotische Ideale«, S. 32–35; ferner den zweiseitigen Text des Sexualwissenschaftlers und Psychotherapeuten Gunter Schmidt, »Kinsey's Unspoken Truths«; ebenfalls aus sexualwissenschaftlicher Sicht vgl. Sigusch, *Geschichte der Sexualwissenschaft*, S. 397ff.; Clement, *Sexualität im sozialen Wandel*, S. 5 und S. 17f. Dagmar Herzog geht aus historischer Perspektive in einem Aufsatz kurz auf die Wahrnehmung der Studien in Frankreich, der Schweiz und der Bundesrepublik ein, vgl. Herzog, »Reception«; außerdem dies., *Politisierung*, S. 91; zu Österreich vgl. Eder, »›Sinnlichkeit‹«, Absatz 36f.; knapp ferner Sigusch, *Geschichte der Sexualwissenschaft*, S. 76–79, S. 118 und S. 568, dort die irrtümliche Bemerkung, Kinsey habe bis 1963 Interviews geführt; Gillen, »Wunder«, S. 113f.; Dannecker, »Sexualforschung«; Eder, »›Sexuelle Revolution‹«, S. 407; aus sprachwissenschaftlicher Sicht vgl. Link, *Versuch*, S. 73–80; oberflächlich die Ausführungen von Lau, *Sexfronten*, S. 9–39; nur knapp Roach, *Bonk*, S. 30–39; ohne Bezug zur Bundesrepublik vgl. Buchloh,

»Pervers, jugendgefährdend, staatsfeindlich«, S. 127f. Als instruktiv mit Blick auf die gesellschaftliche Rezeption, wenngleich polemisch, vgl. Reiche, »Aufnahme«, sowie später ders., »Über Kinsey«. »Aufnahme« erschien 1965 in *Das Argument* und war die erste wissenschaftliche Veröffentlichung des damaligen Soziologiestudenten und späteren Vorsitzenden des Sozialistischen Deutschen Studentenbundes (SDS) Reimut Reiche. Sein Beitrag steht ganz im Zeichen kapitalismuskritischer marxistischer Überzeugungen und ist ein charakteristisches Zeitdokument des sich formierenden Jugendprotests. Reiche geht von der Repression der Sexualität aus und rückt Herrschaftskritik in den Mittelpunkt seiner Ausführungen. Er nennt es sein Ziel darzulegen, »wo sexuelle Aufklärung von gesamtgesellschaftlicher Tragweite auf den Widerstand der gesellschaftlichen Herrschaft trifft«; ebenda, S. 18. Seine Interpretationslinie setzte er 1968 in seiner Gegenwartsanalyse *Sexualität und Klassenkampf* fort.

42 In der Presse ist bereits 1948 vom Amerikahaus die Rede. Offiziell wurde es aber erst 1950 gegründet; die Hamburger Einrichtung und eine ähnliche in Hannover stellten die ersten Amerikahäuser außerhalb der ehemaligen US-Zone dar, vgl. Schildt, *Zwischen Abendland und Amerika*, S. 170; ders., »USA als ›Kulturnation‹«, S. 260. Dass auch andere Amerikahäuser Kinsey ins Programm aufnahmen, ist nicht zu belegen.

43 Zur Bedeutung der Amerikahäuser und zur Programmanalyse der Einrichtungen in München, Frankfurt und Heidelberg vgl. Schildt, *Zwischen Abendland und Amerika*, S. 167 – 195, zum Bildungshintergrund der Besucher S. 171f.; vgl. auch ders., »USA als ›Kulturnation‹«, S. 261; Hein-Kremer, *Kulturoffensive*; Doering-Manteuffel, »Dimensionen«, S. 16.

44 Er publizierte 1953 eine erweiterte und umgearbeitete Ausgabe seines Buches unter dem Titel »Die Krise der Ehe und ihre Überwindung«; 1955 und 1969 kamen unter dem ursprünglichen Titel zusätzliche Auflagen heraus.

45 Vgl. Kayser, *Walther von Hollander*; Lott, *Frauenzeitschriften*, S. 421 – 425; zu Hollanders Frauenbild und seiner Auffassung von der Ehe vgl. Seegers, *»Hör zu!«*, S. 369 – 374; zur Geschichte der Eheratgeber seit dem ausgehenden neunzehnten Jahrhundert vgl. Helmstetter, »Der ›stumme‹ Doctor«.

46 Aus zeitgenössischer Sicht zu den Frauenzeitschriften vgl. Huebner, »Die illustrierte Presse in Deutschland«, S. 422f.

47 Zu Geschichte, Verlag, Inhalten und Rezeption vgl. Lott, *Frauenzeitschriften*, darin zur Berichterstattung über die Situation der Frauen während der Besatzungszeit S. 340 – 346, S. 461 – 466 und S. 477 – 484; als Überblick über die Palette an Frauenzeitschriften nach der Währungsreform vgl. ebenda., S. 354f.; ferner Nuys-Henkelmann, »»Sonne««; Hoffmann, »»Darüber spricht man nicht?««; ferner Wischermann, »Frauenöffentlichkeiten«; Grum, »»Sie leben froher‹«. Zum Erfolg der *Constanze*, deren Verlag 1954 die Zeitschrift *Brigitte* übernahm, in der die *Constanze* schließlich 1969 aufging, vgl. Schildt, »Massenmedien im Umbruch«, S. 639; ders., *Moderne*

Zeiten, S. 131; Hodenberg, *Konsens und Krise*, S. 185 und S. 187. Zur Reichweitenanalyse der Zeitschriften in den fünfziger Jahren (die erste bundesweite Leseranalyse fand 1954 statt) vgl. Schulz, »Nutzung«, S. 419, abgedr.
in vereinfachter Form auch bei Steininger, »Freie Presse«, S. 245; zur Rezeption von Frauenzeitschriften vgl. Dussel, »Medienkonsum«. *Constanze*
sowie *Liebe und Ehe* führten kleine Umfragen durch, vgl. Herzog, *Politisierung*, S. 88f. und S. 122.

48 Zur Analyse der Ausgaben 1949 bis 1960 vgl. Seegers, »›Fragen Sie Frau
Irene‹«; ferner Lott, *Frauenzeitschriften*, S. 225f.; zur Ratgeberliteratur der
Nachkriegszeit vgl. auch Kral, *Brennpunkt Familie*, S. 28 – 32. Zur Entwicklung der Zeitschrift vgl. Seegers, »*Hör zu!*«, S. 363 – 410; ferner Schildt, *Moderne Zeiten*, S. 132f.; ders., »Massenmedien im Umbruch«, S. 639; Hodenberg, *Konsens und Krise*, S. 185ff.; Frei, »Presse«, S. 296; Steininger, »Freie
Presse«, S. 245.

49 Vgl. Hollander, *Leben*, S. 123 (Zitat) und S. 125.

50 »Der Mensch ist anders!«, in: *Die Welt* vom 18. 2. 1948. Die Veranstaltung
fand am 12. 2. 1948 statt.

51 »5940 Women«, in: *Time. The Weekly Newsmagazine* vom 24. 8. 1953, hier
S. 51. Vgl. Gathorne-Hardy, *Alfred C. Kinsey*, S. 269ff.

52 Dies geht aus dem Briefwechsel hervor, den der in Frankfurt a. M. tätige
Sexualforscher Hans Giese mit Kinsey führte, vgl. BAK, N 1134/6, unpag.,
Korrespondenz zwischen 26. 1. 1950 und 23. 8. 1953.

53 FZH, 18-9.1., unpag., *Liebe und Ehe. Eine aktuelle Zeitschrift für Mann und
Frau* 1 (1950), darin: Kallwitz, »Geschlechsleben des Mannes«. Das Blatt
erschien von 1949 bis 1952. Biederich veröffentlichte darin 1951 einen Mehr-
teiler mit dem Titel »Der Kinsey-Bericht über die männliche Sexualität«.

54 Dembicki/Feyerabend, *Sexualität der Frau*; Zitate daraus bei Reiche, »Aufnahme«, S. 25.

55 Biederich/Dembicki, *Sexualität des Mannes*; wegen des Buches kam es zum
Plagiatsstreit mit Kinsey.

56 Bolen, *Kinsey und die Frau*.

57 IfD, Ergebnisse GA 22, *Wochenend. Bilderzeitung zur Erholung vom Alltag*
vom 10. 11. 1949, 17. 11. 1949, 24. 11. 1949, 1. 12. 1949, 8. 12. 1949, 15. 12. 1949, Weihnachten 1949, Silvester 1949, 5. 1. 1950, 12. 1. 1950, 19. 1. 1950, 26. 1. 1950, 2. 2. 1950,
9. 2. 1950 und 16. 2. 1950. Der Olympia-Verlag war nicht identisch mit der
Olympia-Presse, die in den siebziger Jahren Pornografie verlegte.

58 IfD, Ergebnisse GA 22, *Wochenend. Bilderzeitung zur Erholung vom Alltag*
vom 10. 11. 1949, S. 1, sowie »Urmacht Liebe in unserer Zeit«, S. 6; hier auch
das folgende Zitat. Krakauer war später Chefredakteurin der Jugendzeitschrift *Bravo*.

59 Ausführlich zu »›Little Kinsey‹« vgl. Stanley, *Sex Surveyed*, darin zur Serie
in Sunday Pictorial S. 22; ferner dies., »Mass Observation's ›Little Kinsey‹«.
Zeitgenössisch vgl. England, »Little Kinsey«; Gorer, »English Ideas about
Sex«. Gorer unternahm eine an »›Little Kinsey‹« orientierte Umfrage, die

1953 veröffentlicht wurde; vgl. dazu Schelsky, »Moral der Kinsey-Reporte«, S. 427; ders., *Soziologie der Sexualität*, S. 55.

60 Zu den Anfängen der Demoskopie in der Bundesrepublik vgl. Kruke, *Demoskopie*, S. 31 – 57 und S. 438 – 449, zur Gründung von Allensbach vor allem S. 45 – 48; zur Demoskopie vgl. ferner Conrad, »Ja, nein, ich weiß nicht«. Allensbach war von Beginn an auch im Auftrag der Medien tätig; Rundfunksender, Zeitungen und Zeitschriften initiierten Erhebungen über Hörer- und Lesergewohnheiten, vgl. Schulz,»Nutzung«, S. 401f.

61 IfD, 22/IV, Sonderumfrage 16, Goethe 1949. Eine Umfrage in den drei Westzonen, 3.8.1949, Tabellenband, Frage 18a. 17 Prozent waren unentschieden, 14 Prozent meinten, Goethe dürfe nicht so beurteilt werden; 20 Prozent hielten ihn für moralisch, genauso viele für unmoralisch, und weitere 3 Prozent meinten, er habe zwar ein unmoralisches Leben geführt, sei aber wegen seiner Genialität dazu berechtigt gewesen.

62 So der Titel einer ausführlichen Ergebnisdarlegung des Projekts, die auch Erfahrungsberichte der Interviewer einbezieht. Aus welchem Grund die Nummer 22 vergeben wurde, ist unklar. Vgl. IfD, 83/IV, Gesellschaftsanalyse im Bereich der Intimsphäre, ohne Autor, o.D. (vermutlich 1953); IfD, Ordner Ergebnisse GA 22, Elisabeth Noelle-Neumann an die Mitarbeiter, 29.8.1949. Die Mitarbeiter des Allensbacher Instituts wurden am 29.8.1949 über die Umfrage informiert, bis spätestens 11.9.1949 hatten sie die ausgefüllten Fragebogen abzugeben. Die Zeitvorgabe setzte allem Anschein nach *Wochenend*.

63 IfD, Ordner Ergebnisse GA 22, Fragebogen »Gesellschafts-Analyse Nr. 22«. Die Ergebnisse wurden in der zeitgenössischen, 1953 publizierten Studie von Friedeburg, *Umfrage in der Intimsphäre*, analysiert, in der auch die Fragen abgedruckt sind.

64 *Wochenend* schrieb in der Serie später allerdings fälschlich, die Recherchen hätten viele Monate in Anspruch genommen.

65 IfD, Ordner Ergebnisse GA 22, Elisabeth Noelle-Neumann an die Mitarbeiter, 29.8.1949, einschließlich »Einsatzliste« der Mitarbeiter; das darin erwähnte, am 20.8.1949 an die Mitarbeiter verschickte Schreiben blieb nicht erhalten.

66 So der Hinweis an die Interviewer auf dem Fragebogen, vgl. IfD, Ordner Ergebnisse GA 22, Fragebogen »Gesellschafts-Analyse Nr. 22«.

67 Zu den Ergebnissen der Probe-Interviews vor der Umfrage vgl. ebenda: »Die Bereitschaft zur Antwort war so erstaunlich, daß wir ein hohes Interesse der Öffentlichkeit an solchen Ermittlungen vermuten möchten.« Die Interviewer hatten auf dem Fragebogen ein Feld auszufüllen, aus dem zusätzliche statistische Einzelheiten hervorgingen, beispielsweise ob es leicht oder eher schwer gewesen war, Antworten zu erhalten. Vgl. IfD, Ordner Ergebnisse GA 22, Ergebnisse der Statistik; in 28 Prozent der Fälle fiel den Interviewern der Kontakt »leicht«, in 46 Prozent war er »normal«, in zwanzig Prozent »schwer« und nur in sechs Prozent »sehr schwer«.

68 Über die Reaktion der Befragten geben außerdem die schriftlichen Erfah-

rungsberichte Auskunft, die über jedes Gespräch angefertigt wurden. Sie blieben anders als die Auswertungsunterlagen nicht im Original erhalten, sind aber in einer über hundert Seiten langen Ergebniszusammenfassung des Allensbacher Instituts wiedergegeben. Zum Teil wurden sie in die *Wochenend*-Serie aufgenommen. Vgl. IfD, 83/IV, Gesellschafts-Analyse im Bereich der Intimsphäre, ohne Autor, o.D. (vermutlich 1953); zu den Erfahrungsberichten vgl. kurz Friedeburg, *Umfrage in der Intimsphäre*, S. 10.

69 Zu statistischen Angaben vgl. Heineman, *Difference*, S. 122 und Anhang A 3; zu Ehekrisen und Scheidungen in der Nachkriegszeit Niehuss, »Familie«, S. 98 – 106 und S. 339; Schneider, »›Einigkeit‹«; Herzog, *Politisierung*, S. 146 bis 151 und S. 155f.; Willenbacher, »Zerrüttung«; zu den Familienmodellen der Nachkriegszeit vgl. Heineman, »Families«; dies., »Gender«; dies., »Stunde«.

70 Ähnlich hoch lagen die Werte auch in einigen anderen Ländern; vgl. Kaelble, *Sozialgeschichte Europas*, S. 29f.

71 IfD, Ordner Ergebnisse GA 22, Fragebogen »Gesellschafts-Analyse Nr. 22«. Das Institut für Demoskopie veröffentlichte die Ergebnisse im ersten Band seiner Jahrbücher, vgl. Noelle-Neumann/Neumann (Hg.), *Jahrbuch der öffentlichen Meinung 1947 – 1955*, S. 16 – 20.

72 Der Titel einer internen Zusammenfassung der Umfrageergebnisse des Instituts für Demoskopie, die an die interviewenden Mitarbeiter verteilt wurde, lautete: »Ehefragen: Meinung und Verhalten. Rohergebnisse einer Bevölkerungsumfrage«, vgl. IfD, 83/III, o.D.; hier auch die Bezeichnung »Gesellschafts-Analyse 222«.

73 Vgl. Friedeburg, *Umfrage in der Intimsphäre*, hier S. 19f., S. 81 und S. 91.

74 »Siebenundneunzig geben Antwort«, in: *Der Spiegel* vom 27.10.1949.

75 In Hollanders Ratgeberliteratur war Polygamie ein zentrales Thema; er veröffentlichte »Leitsätze zur Monogamie und Polygamie«, vgl. Hollander, *Leben*, S. 161f.

76 IfD, Ergebnisse GA 22: »Urmacht Liebe in unserer Zeit. Umstrittenes Problem: Aufklärung!«, in: *Wochenend. Bilderzeitung zur Erholung vom Alltag* vom 17.11.1949, S. 1, S. 6 und S. 8; »80 % aller Eltern sagen Ja zur Aufklärung. Die drei Stufen der Aufklärung«, in: *Wochenend. Bilderzeitung zur Erholung vom Alltag* vom 24.11.1949, S. 4f.; »Unverheiratete Mütter«, in: *Wochenend. Bilderzeitung zur Erholung vom Alltag* vom 26.1.1950, S. 6; »Der Wille zum Kinde«, in: *Wochenend. Bilderzeitung zur Erholung vom Alltag* vom 2.2.1950, »Millionen Frauen zuviel«, in: *Wochenend. Bilderzeitung zur Erholung vom Alltag* vom 5.1.1950, S. 6; »Der umstrittene Paragraph«, in: *Wochenend. Bilderzeitung zur Erholung vom Alltag* vom 9.2.1950, S. 14. Vgl. auch Friedeburg, *Umfrage in der Intimsphäre*, S. 27 – 31, S. 34ff. und S. 84f.

77 Vgl. ebenda, S. 88.

78 IfD, Ergebnisse GA 22: »Urmacht Liebe in unserer Zeit. Die Ehe – notwendig oder überlebt?«, in: *Wochenend. Bilderzeitung zur Erholung vom Alltag* vom 1.12.1949, S. 1 und S. 6; »Der Weg in die Ehe. Bergeweis (sic) fallen die Masken«, in: *Wochenend. Bilderzeitung zur Erholung vom Alltag* vom

8.12.1949, S. 4f.; »Gattentreue – Ehekrise. ›Meine Ehe ist langweilig!‹«, in: *Wochenend. Bilderzeitung zur Erholung vom Alltag* vom 15.12.1949, S. 4f.; »Der Sprung aus der Ehe. Soll ich mich scheiden lassen?«, in: *Wochenend. Bilderzeitung zur Erholung vom Alltag*, Weihnachten 1949, S. 4f.; »Das Wagnis der Wahl«, in: *Wochenend. Bilderzeitung zur Erholung vom Alltag*, Silvester 1949, S. 4 und S. 6.

79 IfD, Ergebnisse GA 22, »Urmacht Liebe in unserer Zeit. ›Meine Ehe ist langweilig!‹«, in: *Wochenend. Bilderzeitung zur Erholung vom Alltag* vom 15.12.1949, S. 4.

80 Vgl. Lersch, *Wesen*; zu Lersch im Kontext des kulturpessimistischen Diskurses der Nachkriegszeit vgl. Schildt, *Moderne Zeiten*, S. 330.

81 IfD, Ergebnisse GA 22. »Urmacht Liebe in unserer Zeit. Liebe vor der Ehe?«, in: *Wochenend. Bilderzeitung zur Erholung vom Alltag* vom 12.1.1950 sowie »Urmacht Liebe in unserer Zeit. Fragezeichen über dem Glück«, in: *Wochenend. Bilderzeitung zur Erholung vom Alltag* vom 19.1.1950.

82 Differenziert aufgeschlüsselt bei Friedeburg, *Umfrage in der Intimsphäre*, S. 24 und S. 81. Vgl. auch IfD, Ergebnisse GA 22, »Urmacht Liebe in unserer Zeit. Liebe vor der Ehe?«, in: *Wochenend. Bilderzeitung zur Erholung vom Alltag* vom 12.1.1950.

83 Vgl. Undeutsch, »Sexualität im Jugendalter«, S. 435, Anm. 1.

84 Vgl. Friedeburg, *Umfrage in der Intimsphäre*, S. 24, S. 89 und S. 92; IfD, Ergebnisse GA 22, »Urmacht Liebe in unserer Zeit. Fragezeichen über dem Glück. Eine Frage mit Hintergrund«, in: *Wochenend. Bilderzeitung zur Erholung vom Alltag* vom 19.1.1950.

85 Vgl. Friedeburg, *Umfrage in der Intimsphäre*, S. 24 und S. 81.

86 Vgl. ebenda, S. 26 und S. 88.

87 Vgl. ebenda, S. 82; IfD, 83/III, Ehefragen: Meinung und Verhalten. Rohergebnisse einer Bevölkerungsumfrage, o.D.; IfD, Ergebnisse GA 22, »Urmacht Liebe in unserer Zeit. Gattentreue – Ehekrise«, in: *Wochenend. Bilderzeitung zur Erholung vom Alltag* vom 15.12.1949, S. 4f.

88 Vgl. Friedeburg, *Umfrage in der Intimsphäre*, S. 39 und S. 92.

89 Vgl. ebenda, S. 45 – 54.

90 Friedeburg ging in seiner sozialwissenschaftlichen Auswertung der Umfrage ebenfalls nicht näher darauf ein. Vermutlich meinte er die genannten Fragen, wenn er vorsichtig schrieb, dass in der Umfrage auch »tastend spezielle Probleme der Sexualforschung« behandelt worden seien, vgl. Friedeburg, *Umfrage in der Intimsphäre*, S. 18.

91 Vgl. ebenda, S. 87f., hier lediglich die Zahlenwerte.

92 IfD, Ergebnisse GA 22, »Urmacht Liebe in unserer Zeit. Der Mensch im Spiegel der Zahlen. Das bleibende Ziel: der Mensch« (Schluss), in: *Wochenend. Bilderzeitung zur Erholung vom Alltag* vom 16.2.1950 sowie »Urmacht Liebe in unserer Zeit. Bergeweis (sic!) fallen die Masken«, in: *Wochenend. Bilderzeitung zur Erholung vom Alltag* vom 8.12.1949, S. 4f.

93 Vgl. Friedeburg, *Umfrage in der Intimsphäre*, S. 26f., Zitat S. 39.

94 Sie erschien in der Reihe »Beiträge zur Sexualforschung«, die Hans Giese und Hans Bürger-Prinz herausgaben. Vgl. BAK, N 1134/3, unpag., Bürger-Prinz an Giese, 9.9.1952. Bürger-Prinz befürwortete nach Rücksprache mit Schelsky, wie er betonte, gegenüber Giese ausdrücklich die Aufnahme der Studie in die Reihe: »Ich bin sehr dafür, daß sie so gedruckt wird, weil ich eine Darstellung dieser Umfragemethode für Mediziner für sehr wesentlich halte.« Der Vorschlag, Friedeburgs Studie in der Reihe zu publizieren, stammte von dessen Lehrer, dem Freiburger Ordinarius für Philosophie und Psychologie, Robert Heiss.

95 Vgl. Friedeburg, *Umfrage in der Intimsphäre*; IfD, 83/I, Friedeburgs unveröffentlichte Vorstudie »Ein Versuch über Meinung und Verhalten im Bereich der zwischengeschlechtlichen Beziehungen in Deutschland, dargestellt nach den Ergebnissen einer Umfrage des Instituts für Demoskopie in Allensbach am Bodensee«, o.D. (vermutlich 1951 oder 1952); Gespräch mit Ludwig von Friedeburg, 6.10.2003.

96 Allensbach wiederholte 1952 und 1957 Umfragen zum Thema Ehe. Die Zustimmung fiel zum Teil noch nachhaltiger aus als 1949, vgl. IfD, Pressedienste/Allensbacher Berichte, 23.7.1952: »Ist es wirklich so schlimm? Meinungen zur Ehe-Situation in Deutschland«; IfD, 608/I, 9. bis 15.11.1957, Umfrage über die Ehe.

97 Verlagskorrespondenz zu Kinseys Studien ist im Archiv des S. Fischer-Verlags nicht vorhanden. Der Nachlass von Gottfried Bermann Fischer und ein kleiner Aktenbestand des G.B.-Fischer-Verlags im Deutschen Literaturarchiv Marbach sind gesperrt, weil die Bestände sortiert und katalogisiert werden. Nach dem gegenwärtigen Stand der Erschließungsarbeiten befinden sich darin jedoch keine Unterlagen über die Kinsey-Berichte; für die freundliche Auskunft danke ich Corinna Fiedler vom S. Fischer-Verlag. Verlagschef Gottfried Bermann Fischer geht in seiner Autobiografie zwar auf Freud, nicht aber auf Kinsey ein und auch nicht auf seine Entscheidung, dessen Bände in Übersetzung herauszubringen, vgl. Bermann Fischer, *Bedroht – Bewahrt*; ders., *Wanderer*. Der Psychoanalytiker und Psychologe Wolfgang Hochheimer schrieb, der Band über die Frau sei in Deutschland auf so großes Interesse gestoßen, dass Berman Fischer sich deswegen entschlossen habe, auch den anderen Band herauszubringen. Ob die Entscheidung, beide Bücher zu veröffentlichen, tatsächlich nicht von vornherein feststand, ist nicht zu verifizieren; vgl. Hochheimer, »Aufklärung und Gegenaufklärung«, S. 763. Zu Bermann Fischer vgl. Stach, *100 Jahre*, S. 183 und S. 193f., hier auch zu Freuds Werken; ferner Wittmann, *Geschichte*, S. 364 und S. 382f.

98 Der Bermann-Fischer-Verlag wurde nach der Flucht des Verlegers 1936 in Wien gegründet, Verlagssitz waren während des Krieges und in den ersten Nachkriegsjahren außerdem Stockholm und Amsterdam. Im Jahr 1952 wechselte der Name in »G. B. Fischer & Co. Verlags- und Vertriebsgesellschaft«. G. B. Fischer-Verlag und S. Fischer-Verlag bestanden bis 1971 parallel.

99 Die Übersetzung des Bandes über das Sexualverhalten der Frau besorgten M. Baacke, W. Hasenclever, K. Hügel, W. Seemann und W. Wiedemann. Die Gesamtredaktion für beide Bände lag bei Marianne von Eckhardt-Jaffé, die beim Band über den Mann neben Baacke und Seemann auch als Übersetzerin fungierte.

100 Vgl. Beck, *100 Jahre S. Fischer Verlag*, S. 452 und S. 461.

101 Eine Broschüre des Volkswartbundes erwähnt den Vertrieb durch den Versandhandel: AEK, Gen. II, 23.30/7, *Irrwege*, S. 12.

102 Der Roman kam 1958 heraus und verkaufte sich innerhalb von zwei Jahren über 480 000 Mal.

103 Der schillernde Begriff »Popularisierung« hat viele, zum Teil widersprüchliche Bedeutungen, eine Definition existiert nicht. Gemeint sind Allgemeinverständlichkeit und sprachliche wie sachliche Vereinfachung, wobei dem Begriff seit jeher der Beiklang des Seichten anhaftet. Im Zusammenhang mit der Vermittlung bürgerlicher Bildungsideale wurde der Terminus von der soziologischen Forschung insbesondere auf das neunzehnte Jahrhundert angewendet; inwiefern er sich als Analysebegriff auch für das zwanzigste Jahrhundert eignet, ist umstritten. Die ältere Forschung nahm Popularisierung als einseitigen, hierarchisch angelegten Vorgang des Wissenstransfers aus der (Natur-)Wissenschaft auf ein Laienpublikum wahr. Seit einiger Zeit wird der Fokus verstärkt auf die Interaktion und wechselseitige Kommunikation zwischen Wissenschaft und Öffentlichkeit gerichtet; vgl. Kretschmann, »Wissenspopularisierung«; Schwarz, »Wissenschaftspopularisierung«; Schirrmacher, »Nach der Popularisierung«; aus medientheoretischer Sicht vgl. Blaseio/Pompe/Ruchatz (Hg.), *Popularisierung*.

104 Die Geschichte der bundesdeutschen Illustrierten und ihre soziale und kulturelle Bedeutung in den fünfziger Jahren ist erst wenig erforscht, vgl. Schildt, »Massenmedien im Umbruch«, S. 635ff. und S. 644; Meyen, *Hauptsache Unterhaltung*, S. 131–134; Führer/Hickethier/Schildt, »Öffentlichkeit«, S. 33f.; Glasenapp, »Titelschwund«; Steininger, »Freie Presse«.

105 Überblick über die Geschichte der Zeitschriften bei Stöber, *Deutsche Pressegeschichte*, S. 266–274; zu den deutschen Illustrierten Ende des neunzehnten. Jahrhunderts vgl. zusammenfassend Schildt, »Jahrhundert der Massenmedien«, S. 192–196. Die Geschichte der Illustrierten im Kaiserreich und in der Weimarer Republik ist noch kaum untersucht, was vor allem an der dürftigen Quellenlage liegt; vgl. aber zu den zwanziger und dreißiger Jahren Fulda, »Politik des ›Unpolitischen‹«; zur Forschungssituation Führer/Hickethier/Schildt, »Öffentlichkeit«, S. 32.

106 Vgl. Schildt, *Moderne Zeiten*, S. 130; zur Bedeutung des Fortsetzungsromans in der Publizistik der zwanziger und dreißiger Jahre vgl. Führer, »›Aufmerksamkeit‹«, S. 154ff.

107 Vgl. Schildt, *Moderne Zeiten*, S. 129f.; ders., »Massenmedien im Umbruch«, S. 638; aus zeitgenössischer Sicht vgl. Huebner, »Die illustrierte Presse in Deutschland«. Zur »Kontinuität des Volkes« vgl. Niethammer, »*Die Jahre*

weiß man nicht«, S. 9; ders., »War die bürgerliche Gesellschaft«, S. 28ff.; zur politischen Erfahrungsgeschichte zwischen den zwanziger und fünfziger Jahren vgl. Herbert, »Entwicklung«.

108 Zu einer Aufstellung von 1954 über die zehn größten Publikumszeitschriften nach Auflagenzahlen vgl. Frei, »Presse«, S. 297; vgl. ferner Vogel, *Die populäre Presse*; ferner Koszyk, »Presse unter alliierter Besatzung«, S. 55; Bohrmann, »Entwicklung der Zeitschriftenpresse«; Steininger, »Freie Presse« S. 243 – 247. Zur Überwachung der Illustrierten durch das Bundespresseamt in den fünfziger Jahren und zur Einflussnahme aus Bonn im Sinne einer regierungskonformen Berichterstattung vgl. Hodenberg, *Konsens und Krise*, S. 171ff.

109 Das Institut für Demoskopie nahm 1949 eine Reichweitenanalye unter 25 Illustrierten vor. Im Jahr 1954 lag eine erste, darauf basierende Auswertung der Arbeitsgemeinschaft Leseanalyse e.V. unter dem Titel »Der Zeitschriftenleser« vor; vgl. Schulz, »Nutzung«, S. 402 und S. 418f., dort auch die Aufstellung der Reichweitenanalyse 1954, in vereinfachter Form abgedr. bei Steininger, »Freie Presse«, S. 245; ferner Meyen, *Hauptsache Unterhaltung*, S. 65f.; Führer, »›Aufmerksamkeit‹«, S. 158 – 162. *Hör zu!* erzielte eine Reichweite von 23 Prozent, der *Stern* erreichte 22 Prozent, ohne Lesemappen-Leser aber nur neun Prozent.

110 Zum System der Lesezirkel und Lesemappen vgl. Führer, »›Aufmerksamkeit‹«, S. 172f., zu Zahlenangaben über den Bezieherkreis S. 172, Anm. 57; ferner Schildt, *Moderne Zeiten*, S. 130f.; ders., »Massenmedien im Umbruch«, S. 639; hier auch zum Folgenden.

111 Zur Sozialgeschichte der Freizeit vgl. Schildt, *Moderne Zeiten*, S. 110 – 151; Maase, *Grenzenloses Vergnügen*, S. 38 – 46. Zur Bedeutung des Rundfunks als Leitmedium der Wiederaufbaugesellschaft vgl. Schildt, »Hegemon«; ferner ders., *Moderne Zeiten*, S. 206 und S. 209 – 261; ders., »Jahrhundert der Massenmedien«, S. 201; Führer/Hickethier/Schildt, »Öffentlichkeit«, S. 37. Zum Stellenwert der Unterhaltung in der Mediennutzung der fünfziger Jahre aus kommunikationswissenschaftlicher Sicht vgl. Meyen, *Hauptsache Unterhaltung*, darin zum Rundfunk S. 111 – 124.

112 Zum Leseverhalten vgl. Schildt, *Moderne Zeiten*, S. 121 – 135; aus zeitgenössischer Sicht zu den Illustrierten vgl. Huebner, »Die illustrierte Presse in Deutschland«, S. 418; zu den Umfragen des Instituts für Demoskopie vgl. Noelle-Neumann/Neumann (Hg.), *Jahrbuch der öffentlichen Meinung 1957*, S. 31 und S. 52f.

113 Zu den Phasen der massenmedial geprägten Öffentlichkeit vgl. Schildt, »Jahrhundert der Massenmedien«; ders., »Massenmedien und Öffentlichkeit im 20. Jahrhundert«.

114 Vgl. Hodenberg, *Konsens und Krise*, S. 184f. Viele Illustrierte boten außerdem ein Forum für NS-Apologie, beispielsweise für Erlebnisberichte einstiger Aktivisten des Dritten Reiches, die als besonders authentisch angepriesen und in ganzen Serien präsentiert wurden. Die *Quick* veröffentlichte im September 1953 eine Serie von Jürgen Thorwald mit dem Titel »Die

große Mörder GmbH« über die »Ausschweifungen des Reinhard Heydrich«. Zur Darstellung des Dritten Reiches in den Illustrierten der fünfziger Jahre vgl. Schornstheimer, *Die leuchtenden Augen der Frontsoldaten*, zuerst unter dem Titel »Bombenstimmung und Katzenjammer«; Hodenberg, *Konsens und Krise*, S. 191f.; Meyen, *Hauptsache Unterhaltung*, S. 131f.

115 Der Beginn der »Sexwelle« in den Medien wird im Allgemeinen auf die Jahre 1964/65 datiert, so Eder, *Kultur der Begierde*, S. 211–226; Herzog, *Politisierung*, S. 141–146.

116 Die Einbeziehung der medialen Entwicklung ist erst seit kurzem eine wichtige Erweiterung gesellschaftsgeschichtlicher Analysen der Zeitgeschichtsforschung; im Vordergrund steht die Interaktion von Rezipienten und Medien beziehungsweise Medienmachern. Zur Diskussion über Mediengeschichte als Gesellschaftsgeschichte und zur Funktion der Medien als Kennzeichen moderner Gesellschaften vgl. Bösch/Frei (Hg.), *Medialisierung und Demokratie*; dies., »Ambivalenz«; Schildt, »Jahrhundert der Massenmedien«; Führer/Hickethier/Schildt, »Öffentlichkeit«; Weisbrod, »Öffentlichkeit als politischer Prozeß«; ders., »Medien als symbolische Form der Massengesellschaft«; Knoch/Morat (Hg.), *Kommunikation*; dies., »Medienwandel«; Hickethier, »Gutenberg-Galaxis«.

117 Zur Amerikadebatte der zwanziger Jahre in Deutschland und Frankreich grundlegend vgl. Klautke, *Unbegrenzte Möglichkeiten*, zur »Massenkultur« insbesondere S. 239–268; zu Frankreich von den Zwanzigern bis in die fünfziger Jahre vgl. Middendorf, *Massenkultur*, S. 179–320; allgemein wichtig ferner Peukert, *Weimarer Republik*, S. 175–190; Doering-Manteuffel, »Dimensionen«, S. 2–10; Lüdtke/Marßolek/Saldern, »Einleitung«, S. 11–14 und S. 28–29; Saldern, »Überfremdungsängste«; zur amerikanischen Reaktion auf die Vorbehalte aus Europa in den zwanziger Jahren vgl. dies., »Selbstbild«.

118 Die Begriffsgeschichte wurde noch nicht systematisch untersucht; vgl. aber Gassert, »Amerikanismus«, S. 532–535; Lüdtke/Marßolek/Saldern, »Einleitung«, S. 8f. Zum Terminus, zur Entwicklung der Debatte und zu ihrem Stellenwert in den fünfziger Jahren vgl. Schildt, *Moderne Zeiten*, S. 398–423; ders., *Konservatismus*, S. 233; ders., »Sind die Westdeutschen amerikanisiert worden?«, S. 3f.; Mauch/Patel, *Wettlauf*; Grazia, *Imperium*.

119 Vgl. Gassert, *Amerika im Dritten Reich*; Marszolek, »Amerikabild«.

120 Vgl. Diner, *Verkehrte Welten*.

121 Dem technischen Standard der USA galt schon im Kaiserreich mit seinem charakteristischen Nebeneinander von Kulturpessimismus und Fortschrittsgläubigkeit alle Bewunderung. In der Weimarer Republik bestand über die tief zerklüfteten politischen und gesellschaftlichen Lager hinweg Konsens darüber, dass die USA das Vorbild technischer Modernisierung seien; vgl. Peukert, *Weimarer Republik*, S. 111–132; Schildt, *Zwischen Abendland und Amerika*, S. 4f.; Bollenbeck, *Tradition*, S. 252–262; ders., »Jahre«, S. 206f.

122 Zu Frankreich vgl. Kuisel, *Seducing the French*; zur Bundesrepublik vgl. Maase, *Bravo Amerika*, S. 186–197 und passim; Krakau, »Stereotypen«. Als

wichtigen Beitrag aus multiperspektivischer Sicht auf den Zusammenhang von Austausch und Rückkopplung amerikanischer Einflüsse auf die Alltagskultur verschiedener europäischer Länder vgl. Linke/Tanner (Hg.), *Attraktion*; Tanner/Linke, »›Einleitung. Amerika‹«, insbesondere S. 12–16. Tanner und Linke nennen die Amerikanisierung treffend die »Signatur der Moderne«; sie verstehen darunter einen »widersprüchlichen und vielschichtigen kulturellen Austausch- und Wechselwirkungsprozeß«, vgl. ebenda, S. 16; zur Amerikanisierungsdebatte in der Nachkriegszeit vgl. ferner Stephan/Vogt (Hg.), *America*; Kelleter/Knöbl (Hg.), *Amerika*; Koch (Hg.), *Modernisierung*. Judt ist der Ansicht, anti-amerikanische Strömungen seien nach dem Zweiten Weltkrieg vor allem in Großbritannien und Frankreich, nicht aber in der Bundesrepublik verbreitet gewesen, was angesichts der deutschen Debatte um Kinsey nicht haltbar ist, vgl. Judt, *Geschichte Europas*, S. 391.

123 Vgl. Schildt, *Moderne Zeiten*, S. 404f.; ders., *Zwischen Abendland und Amerika*, S. 194; ders., »Programm«, S. 959; ders., »Sind die Westdeutschen amerikanisiert worden?«, S. 7; Maase, *Bravo Amerika*, S. 83. Über die Amerikanisierung und die Amerikabilder der frühen Bundesrepublik liegt eine Fülle an Forschungsliteratur vor, vgl. die Sammelbände Becker/Reinhard-Becker (Hg.), *Mythos USA*; Lüdtke/Marßolek/Saldern (Hg.), *Amerikanisierung*; Jarausch/Siegrist (Hg.), *Amerikanisierung und Sowjetisierung*; ferner Nolan, »Americanization«; Doering-Manteuffel, »Dimensionen«; Gassert, »Gegen Ost und West«; Berghahn, »Amerika«; Krakau, »Stereotypen«. Umfassende Literaturübersichten bis Mitte/Ende der neunziger Jahre bieten Greiner, »›Test the West‹«, und Gassert, »Amerikanismus«.

124 Zum bildungsbürgerlichen Kulturbegriff in der frühen Bundesrepublik vgl. Boll, »Kulturradio«, S. 135.

125 Zu den kommunikationswissenschaftlichen Zusammenhängen vgl. Meyen, *Hauptsache Unterhaltung*, S. 25f.; grundlegend ferner Schildt, »Jahrhundert der Massenmedien«, S. 184ff.; Führer/Hickethier/Schildt, »Öffentlichkeit«, S. 16ff.

126 Titel in: *Neue Illustrierte* vom 22.8.1953, S. 11f., sowie in: *Neue Illustrierte* vom 5.9.1953, S. 11f. und S. 14.

127 Vgl. Frei, »Presse«, S. 297.

128 Titel in: *Neue Illustrierte* vom 5.9.1953, S. 11–12 und S. 14, hier auch die folgenden Zitate; die Autorin war Anne G. Freedgood.

129 »Liebe – statistisch erfasst«, von Tillmann Beer, in: *Illustrierte Berliner Zeitung* vom 16.9.1953, S. 38; hier auch die folgenden Zitate.

130 »Dr. Kinsey und die Frauen«, in: *Hamburger Abendblatt* vom 9.5.1953 und vom 7.9.1953.

131 *Bild* vom 9.9.1953.

132 Ähnlich: »Eva, Adam und Mr. Kinsey« (Auftakt einer mehrteiligen Folge), in: *Hamburger Abendblatt* vom 25.8.1953; »Amerika einmal ganz altmodisch«, in: *Der Mittag* vom 26.9.1953. »Der Mann, von dem man spricht. Mr. Kinsey ganz privat«, in: *7 Tage* vom 9.10.1953.

133 Von 300 000 Exemplaren im März 1953 stieg die Auflage auf 1,2 Millionen
im Dezember desselben Jahres; 1955 waren es bereits zwei, 1962 schließlich
vier Millionen; vgl. Schildt, *Moderne Zeiten*, S. 135; ders., »Massenmedien im
Umbruch«, S. 638; Frei, »Presse«, S. 296; Führer/Hickethier/Schildt, »Öffentlichkeit«, S. 34. Eine Studie über die gesellschafts- und politikgeschichtliche
Bedeutung der *Bild-Zeitung* steht noch aus.

134 Jean Pernod, New York, »Die Frau – kein Rätsel mehr«, in: *Münchner Illustrierte* vom 12.9.1953, 19.9.1953 und 26.9.1953; ders., »An allem sind die Männer schuld!«, in: *Münchner Illustrierte* vom 3.10.1953 und 10.10.1953. »Kinsey
und Deutschland«, in: *Münchner Illustrierte* vom 17.10.1953 und 24.10.1953.

135 »Die Frau – kein Rätsel mehr«, in: *Münchner Illustrierte* vom 19.9.1953,
S. 18; hier auch die folgenden Zitate.

136 »Kinsey und Deutschland. Woran scheitern so viele Ehen? Ein Anwalt hat
das Wort«, in: *Münchner Illustrierte* vom 24.10.1953, S. 17 und S. 20. Autor
ist ein Münchner Rechtsanwalt.

137 »An allem sind die Männer schuld!«, in: *Münchner Illustrierte* vom 3.10.
953, S. 20.

138 »Die Frau – kein Rätsel mehr«, in: *Münchner Illustrierte* vom 12.9.1953, S. 17.

139 Ebenda, S. 17f.

140 »Kinsey und Deutschland«. Ein offenes Wort unseres medizinischen Mitarbeiters, in: *Münchner Illustrierte* vom 17.10.1953, S. 19; »Würden Sie Kinsey
die Wahrheit sagen?«, in: *Münchner Illustrierte* vom 24.10.1953, S. 20.

141 So zeitgenössisch Huebner, *Die illustrierte Presse in Deutschland*, S. 423 mit
dem Hinweis, dass die erfolgreichen Illustrierten diese »billige Mode« eher
selten mitmachten.

142 Die Deutung visueller Quellen und die Analyse sogenannter Bilddiskurse
beginnt in der Zeitgeschichtsforschung erst, vgl. Sarasin, »Bilder und Texte«;
ferner das Themenheft »Bilder von Körpern«, *WerkstattGeschichte* 47 (2007).

143 »Bücher«, in: *Der Spiegel* vom 20.7.1955; »Personalien«, in: *Der Spiegel* vom
29.2.1956; ähnlich bereits »Kinsey. Wie die Frauen sind«, in: *Der Spiegel*
vom 3.8.1950; IfD, Ergebnisse GA 22, »Millionen aus Intimitäten«, in: *Wochenend. Bilderzeitung zur Erholung vom Alltag* vom 22.8.1955. Vgl. auch
Jameson/Schwill, *So macht man Millionen.*

144 »An allem sind die Männer schuld!«, in: *Münchner Illustrierte* vom 10.10.1953.

145 »Leserbriefe«, in: *Der Spiegel* vom 19.9.1956.

146 »Die Mörder der einsamen Herzen«, in: *Stern* vom 13.9.1953, S. 13.

147 »Der Kinsey-Rummel«, in: *Quick* vom 8.11.1953, S. 28–32, Zitate S. 28 und
S. 32.

148 »An allem sind die Männer schuld!«, in: *Münchner Illustrierte* vom 10.10.
1953, S. 17; ähnlich: Tillmann Beer, »Liebe – statistisch erfaßt«, in: *Illustrierte
Berliner Zeitung* vom September 1953, S. 38.

149 »An allem sind die Männer schuld!«, in: *Münchner Illustrierte* vom 10.10.
1953, S. 17.

150 »Die Frau – kein Rätsel mehr«, in: *Münchner Illustrierte* vom 26.9.1953, S. 18.

151 Vgl. Klautke, *Unbegrenzte Möglichkeiten*, S. 300 – 306; Saldern, »Überfremdungsängste«, S. 221 – 227; Maase, *Grenzenloses Vergnügen*, S. 145 – 151; ders.,
»›Establishing Cultural Democracy‹«, S. 432.

152 So auch der Titel eines Buchkapitels bei Halfeld, *Amerika und der Amerikanismus*, S. 209 – 227.

153 »Gutenachtkuß in Grenzen«, in: *Der Spiegel* vom 27.11.1948.

154 »Kinsey. Wie die Frauen sind«, in: *Der Spiegel* vom 3.8.1950.

155 »Kinsey. A Professor in Search of Sex«, in: *People* vom 19.7.1950, S. 29 – 32.

156 »Kinsey. Wie die Frauen sind«, in: *Der Spiegel* vom 3.8.1950.

157 Ebenda. Die *Abendzeitung* (München) präsentierte die Details ebenfalls,
vgl. »Das Liebesleben der Frau«, in: *Abendzeitung* vom 17.5.1952, S. 3. Der
Spiegel veröffentlichte über Kinsey später zwar keine Titelgeschichte mehr,
brachte aber wiederholt Notizen über ihn, zum Beispiel darüber, dass US-
Zollbehörden ihm Pakete aus Europa nicht zustellten, weil sie deren Inhalt
für unsittlich hielten; vgl. »Personalien«, in: *Der Spiegel* vom 29.11.1950, sowie »Personalien«, in: *Der Spiegel* vom 15.8.1956.

158 »Kinsey. Wie die Frauen sind«, in: *Der Spiegel* vom 3.8.1950; hier auch das
folgende Zitat.

159 »Doktor Kinsey hat nichts mehr zu lachen«, in: *Süddeutsche Zeitung* vom
29./30.8.1953, S. 3; hier auch zum Folgenden.

160 Vgl. Gilbert, *Men*, S. 189 – 214; Reumann, *American Sexual Character*, S. 78;
McLaren, *Twentieth-Century Sexuality*, S. 156; Bailey, »Sexual Revolution(s)«,
S. 247ff. Gründer Hugh Hefner, geboren 1926 in Chicago, legte 2009 eine
sechsbändige, reich bebilderte, mehrsprachige Autobiografie von 3500 Sei-
ten Umfang vor, die vom Taschen Verlag in Köln publiziert wurde, einem
Verlag für Bildbände, insbesondere Erotika. Hefners Memoiren reichen bis
1979, als der Erfolg seines Magazins zu bröckeln begann; vgl. Hefner, *Hugh
Hefner's Playboy*.

161 »Für und Wider. Kinseys Spatzen«, in: *Süddeutsche Zeitung* vom 29./30.8.
1953. Im Duden findet sich das Wörtchen »Sex« erstmals in der Ausgabe von
1960; es wird erläutert als Bezeichnung für Geschlecht und Erotik. Der Umstand, dass es aufgenommen wurde, verweist auf seinen häufigen Gebrauch
oder, wie die Dudenredaktion im Vorwort schrieb, darauf, dass es Teil des
»lebenden Fremdwortgutes unserer Gegenwartsprache« geworden war; vgl.
Der Große Duden. Fremdwörterbuch, S. 590, Zitat Vorwort S. 6; vgl. auch
Steinbacher, »›Sex‹«. Sprachliche Amerikanismen verbreitete vor allem *Der
Spiegel*, vgl. Schildt, *Moderne Zeiten*, S. 419; ders., »Programm«, S. 962.

162 Zur Gesetzesdiskussion vgl. Moeller, *Mütter*, S. 126 – 175 und S. 288 – 334;
Heineman, *Difference*, S. 145 – 162; Rahden, »Demokratie«; zur europäischen
Situation vgl. Kaelble, *Sozialgeschichte Europas*, S. 27 – 56.

163 Vgl. Oertzen, *Teilzeitarbeit und die Lust am Zuverdienen*; Niehuss, *Familie*,
S. 214 – 288; dies., »Familie und Geschlechterbeziehungen«; Kuller, »Stief-
kind‹«, S. 290 – 300; Rölli-Alkemper, *Familie*, S. 78 – 83 und S. 106 – 117;
Borsi/Eifert, »Geschlecht«;- zur sozialen Lage aus weiblicher Sicht vgl. De-

lille/Grohn (Hg.), *Perlonzeit*; dies. (Hg.), *Blick*; zum Vergleich deutscher und amerikanischer Frauen vgl. Schissler, »Häuslichkeit«.

164 Vgl. Schelsky, *Generation*, S. 123; mit eigenen Erhebungen zur Situation der Familien ferner Wurzbacher, *Leitbilder*, darin zur Auffassung von der Ehe S. 151. Hinweise auf die partnerschaftliche Ehe finden sich auch bei Hollander, *Leben*, vor allem S. 9. Vgl. als umfassend zur Familie im Nachkriegsdeutschland Niehuss, »Familie«; dies., »Kontinuität«. Zu Umfrageergebnissen über das Verständnis von »Gleichberechtigung« vgl. Schildt, *Moderne Zeiten*, S. 99.

165 Kinsey u.a., *Das sexuelle Verhalten der Frau*, S. 186.

166 Ebenda, S. 228.

167 Vgl. Neuhaus, »Importance«, S. 453; Robinson, *Modernization of Sex*, S. 63.

168 Kinsey u.a., *Das sexuelle Verhalten der Frau*, S. 186.

169 »Gutenachtkuß in Grenzen«, in: *Der Spiegel* vom 27.11.1948.

170 Hochheimer »Kinsey-Berichte«, S. 10.

171 *Der Nervenarzt. Monatsschrift für alle Gebiete nervenärztlicher Tätigkeit mit besonderer Berücksichtigung der psychosomatischen Beziehungen* 20,6 (Juni 1949), S. 276–282, hier S. 279f., verfasst von R. Meyer-Mickeleit.

172 Rezension über Kinsey/Pomeroy/Martin, *Das sexuelle Verhalten des Mannes*, in: *Pro Medico, Auslese aus dem medizinischen Schrifttum für den praktischen Arzt und Facharzt* 25,5 (Mai 1956).

173 »Für und Wider. Kinseys Spatzen«, in: *Süddeutsche Zeitung* vom 29./30.8.1953.

174 Lawrence, »Kinsey-Report«, S. 496.

175 »Die Frau – kein Rätsel mehr«, in: *Münchner Illustrierte* vom 19.9.1953, S. 17.

176 Knudsen, »Der Kinsey-Report«, S. 388.

177 »Kinsey-Report: Ja, so ein Kuß ist ein Genuß!«, in: *Bild* vom 26.11.1954; IfD, Ergebnisse GA 22, »Millionen aus Intimitäten«, in: *Wochenend. Bilderzeitung zur Erholung vom Alltag* vom 22.8.1955.

178 Ähnlich später Schelsky, *Soziologie der Sexualität*, S. 121f.

179 W. Fredericia, »Kinsey und die amerikanische Frau«, in: *Die Zeit* vom 19.11.1953.

180 IfD, Ergebnisse GA 22, *Wochenend. Bilderzeitung zur Erholung vom Alltag* vom 16.9.1953, S. 2.

181 Ebenda, S. 1, hier auch die folgenden Zitate. Dem Bericht ging ein Kommentar mit ähnlichem Tenor des Schriftstellers Werner von der Schulenburg zu Kinseys zweitem Band in der Ausgabe vom 9.9.1953 voraus.

182 »5940 Women«, in: *Time. The Weekly Newsmagazine* vom 24.8.1953, Titel und S. 51–58. *Time* berichtete von Kinseys Befund, wonach Amerika seit den vergangenen drei Jahrzehnten eine »sexuelle Revolution« erlebe; vgl. ebenda, S. 51.

183 »Für und Wider. Kinseys Spatzen«, in: *Süddeutsche Zeitung* vom 29./30.8. 1953, hier auch die folgenden Zitate.

184 »Zerstörer der Moral?«, in: *Die Welt* vom 3.6.1953; »Personality«, in: *Time. The Weekly Newsmagazine* vom 15.12.1952, S. 43.

185 *Die Welt* vom 5.9.1953.

186 Salomon, *Fragebogen*. Zum Autor vgl. Graml, »Helfer«; Klein, *Ernst von Salomon*; zur Rezeption vgl. Schildt, *Ankunft*, S. 126f.; zu den Rechtsintellektuellen in der frühen Bundesrepublik vgl. Goschler, »Radikalkonservative Intellektuelle«; Laak, »Trotz und Nachurteil«.

187 *Die Welt* vom 5.9.1953, hier auch die folgenden Zitate.

188 Dass Kinseys Ergebnisse zu »pornographischen Zwecken« ausgebeutet würden, meinte zeitgenössisch explizit Stöckle, »Mißbrauchte Wissenschaft«, S. 211. Den Vergleich mit Pornografie zog auch Böhm, »Zeitalter der Indiskretion«, S. 188f.

189 Schückler, »Angriffe«; ähnlich auch AEK, Gen. II 23.30/7, Michael Calmes, »Wider die Ehrfurchtslosigkeit«, in: ders. (Hg.), *Volkswartbund*, S. 8ff., hier S. 8.

190 AEK, Gen. II, 23.30/7, Schückler, *Kinsey-Report*; Trapp, »Menschenbild eines Zoologen«; ferner »Der Kinsey-Bericht«, in: *Herder-Korrespondenz* 8 (1953/54), S. 475 – 482.

191 Zur Meinungsforschung als »amerikanische Wissenschaft« vgl. Kruke, *Demoskopie*, S. 33, S. 55 und S. 438, zur allgemeinen Kritik an der Demoskopie zwischen Mitte der fünfziger und Mitte der sechziger Jahre S. 450 – 474; dies., »›Responsivität‹«.

192 AEK, Gen. II, 23.30/7, Schückler, *Irrwege*, Zitate S. 6 und S. 8.

193 AEK, Gen. II, 23.30/7, Schückler, *Kinsey-Report*, S. 3 und S. 5. Begriffe wie »Indiskretionsmanie« und »personales Geheimnis« übernahm Schückler (ohne Nachweis) von Böhm, »Zeitalter der Indiskretion«, vor allem S. 188.

194 AEK, Gen. II 23.30/5, unpag., Georg Schückler, »Das Schund- und Schmutzgesetz und seine Verwirklichung«, in: *Das Schund- und Schmutzgesetz und unsere Verantwortung*.

195 Vgl. Krüger, »Grenzen«; ferner ders., »Meinungsforschung hat ihre Grenzen«, in: *Die Rheinpfalz* vom 12.1.1957, zitiert bei Schückler in: AEK, Gen. II, 23.30/7, *Irrwege*, S. 12.

196 Stöckle, »Mißbrauchte Wissenschaft«, S. 211f., hier auch die Zitate.

197 Geschäftsführer Michael Calmes verfasste 1929 eine an den Deutschen Reichstag gerichtete Denkschrift mit dem Titel »175 muß bleiben!«, vgl. AEK, Gen. I 23.30/1, S. 694 – 723, Bericht über die Tagung des Zentralarbeitsausschusses der deutschen Katholiken zur Förderung der öffentlichen Sittlichkeit am 13.3.1929 in Berlin, S. 701; zur Agitation gegen Homosexuelle vgl. Gotzmann, »Volkswartbund«.

198 AEK, Gen. II 23.30/3, S. 104f., hier S. 105, »Baut Dämme!«, in: *Volkswartbund an alle Mitglieder*, Januar 1950; hier auch zum Folgenden.

199 AEK, Seelsorgeamt Heinen, Nr. 94, Gatzweiler, *Das Dritte Geschlecht*, S. 30; Zitate aus den Broschüren bei Gotzmann, »Volkswartbund«, S. 175 – 178. In der Fachsprache der Mediziner und Psychoanalytiker hießen Homosexuelle seit den Anfängen der Sexualwissenschaft »Invertierte«, im Volksmund übersetzt mit »verkehrt herum«. Gatzweilers weitere Schriften trugen die

Titel *Gleichberechtigung der Homosexuellen. Neue Angriffe wegen des § 175 StGB* (1953), *Die Homosexualität des Mannes und das Strafgesetz* (1954), *Der Kampf um den § 175 StGB geht weiter. Ein Situationsbericht* (1957) und *Homosexualität und Strafrechtsreform* (1961).

200 AEK, Gen. 23.30/4, unpag., Calmes, *Jugendnot – Jugendhilfe*.

201 Zur Kritik katholischer Geistlicher und Laien an der Demoskopie und zur Bedeutung der Kinsey-Debatte in diesem Zusammenhang vgl. Ziemann, *Katholische Kirche und Sozialwissenschaften*, S. 138–146; in antikapitalistischer Stoßrichtung vgl. Reiche, »Aufnahme«, S. 24–28. Vom »Dogma« der Statistik sprach zeitgenössisch Krüger, »Grenzen«; ders., »Meinungsforschung hat ihre Grenzen«, in: *Die Rheinpfalz* vom 12.1.1957, zitiert in: AEK, Gen. II, 23.30/7, Schückler, *Irrwege*, S. 12f.

202 Böhm, »Zeitalter der Indiskretion«, S. 189 und S. 191. Vgl. auch AEK, Gen. II 23.30 b, unpag., Einladung und Programm zur Jahrestagung des Volkswartbunds am 5.11.1956. Böhm referierte dort zum Thema »Der bloßgestellte Mensch. Sexualimus- und Indiskretions-Manie«. Er wurde 1963 Chefredakteur des *Rheinischen Merkur* und avancierte zu einem der führenden katholischen Publizisten in der Bundesrepublik.

203 Hermann Frühauf, »Der Kinsey-Report über das Sexualleben des Menschen«, in: *Frankfurter Allgemeine Zeitung* vom 26.2.1955. Verweise darauf finden sich in Günther, »Falsch gefesselte Sexualität?«, S. 77.

204 Hans Blumenberg, »Ein zu kompliziertes Säugetier. Anmerkungen zum Kinsey-Report«, in: *Süddeutsche Zeitung* vom 12.6.1955.

205 Günther, »Falsch gefesselte Sexualität?«.

206 W. Fredericia, »Kinsey und die amerikanische Frau«, in: *Die Zeit* vom 19.11. 1953, S. 3.

207 Vilma Sturm, »Zum neuen Kinsey-Report«, in: *Schwäbische Landeszeitung* vom 17.12.1955, abgedr. in der *Mindelheimer Zeitung* vom 18.12.1955.

208 »Warum so genau?«, in: *Heidelberger Tageblatt* vom 16.11.1954; »Liebe – durch die Brille des Statistikers«, in: *Bremer Volksstimme* vom 30.4.1955; »Viel diskutiert und gelesen«, in: *Braunschweiger Presse* vom 12.5.1955; »Kinsey und die Frauen«, in: *Bücherschiff* vom 6.11.1955; »Der ›Kinsey-Report‹ wird übersetzt«, in: *Westdeutsche Allgemeine* vom 11.2.1956.

209 *Neue Ruhr Zeitung* vom 13.12.1955.

210 Rezension über *Das sexuelle Verhalten der Frau*, in: *Medizinischer Literaturanzeiger* (März 1955); Rezension über *Das sexuelle Verhalten des Mannes*, in: *Medizinischer Literaturanzeiger* (Mai 1956).

211 »Die gesunden Seiten des Lebens«, in: *Medizin heute* 4 (Januar 1955).

212 Redaktionsbericht mit Zusammenfassung der Diskussion der Britischen Gesellschaft für Sozialhygiene am 27.10.1948 in London in: *Zeitschrift für Haut- und Geschlechtskrankheiten* 6,8 vom 15.4.1949, S. 371.

213 *Ärztliche Forschung. Zeitschrift über die Forschungsergebnisse der gesamten Medizin* 9,5 (1955); *Pro Medico. Auslese aus dem medizinischen Schrifttum für den praktischen Arzt und Facharzt*, 24,3 (1955). Autor der beiden Rezen-

sionen war W. von Weidenbach. Von ihm stammte auch die Rezension von Band eins in *Ärztliche Forschung. Zeitschrift über die Forschungsergebnisse der gesamten Medizin* 10,1 (1956), in der es hieß, die Studien gehörten nicht in die Hand von Laien.

214 Stauder, »Psychotherapeutisches Schrifttum«.

215 Die Kulturzeitschriften wurden bislang vor allem für die Besatzungszeit untersucht, vgl. Laurien, *Zeitschriften*; dies., »Verarbeitung«; Rabinbach, »Debatte«; Koszyk, »Presse unter alliierter Besatzung«, S. 54; Stöber, *Deutsche Pressegeschichte*, S. 288f.; weitere Hinweise auf christliche Publikationen bei Schildt, *Zwischen Abendland und Amerika*, S. 10, Anm. 33; zu den Blättern in der Frühzeit der Bundesrepublik vgl. Reitmayer, »Kulturzeitschriften«.

216 Vgl. Schildt, *Moderne Zeiten*, S. 332 – 337; ders., *Ankunft*, S. 160; ders., *Zwischen Abendland und Amerika*, S. 15 und S. 21 – 82; ders., *Konservatismus*, S. 231ff.; Kämper, *Opfer*, S. 3ff.; Hürten, »Topos«.

217 Vgl. Knudsen, »Kinsey-Report«.

218 Das Blatt wurde 1946 unter dem Titel *Nordwestdeutsche Hefte* gegründet; es erschien mit einer Auflage von rund einer halben Million Exemplaren im Axel-Springer-Verlag. Zu den Anfängen der Zeitschrift vgl. Schüddekopf, *Türen*.

219 *Kristall. Die außergewöhnliche Illustrierte für Wissen und Unterhaltung* (1949), Nr. 16.

220 Vgl. Lawrence, »Kinsey-Report«. Dies war die früheste Verwendung des Begriffs »Kinsey-Report« in der Bundesrepublik. Der *Spiegel* erwähnte ihn im August 1950, vgl. »Kinsey. Wie die Frauen sind«, in: *Der Spiegel* vom 3.8.1950. Das Kinsey Institute for Research in Sex, Gender and Reproduction an der University of Bloomington, Indiana, hat rund 220 Originalausschnitte aus deutschsprachigen Publikationen über die Kinsey-Berichte gesammelt. Dies zeigt, welchen Wert die Forschergruppe um Kinsey auf die internationale Rezeption ihrer Arbeit legte. Die Artikelsammlung ist mit Blick auf die deutsche Berichterstattung zwar nicht vollständig, aber von eindrucksvoller Dichte. Nahezu alle gesammelten Beiträge beziehen sich auf den Band über das Sexualverhalten der Frau, nur rund zwanzig auf das Buch über den Mann. Jedem Artikel ist eine kurze Bemerkung beigefügt, die Auskunft darüber gibt, ob die Arbeit des Instituts darin positiv oder negativ bewertet wird, manchem steht auch eine kurze englische Inhaltsangabe voran. Unter den deutschsprachigen Reaktionen ist der Bericht des *Merkurs* der einzige, der von Kinseys Mitarbeitern zur Gänze ins Englische übersetzt wurde.

221 Über den als Verfasser genannten L.M. Lawrence ist nichts weiter bekannt. Die in den Beständen des Kinsey Institute verwahrte Ausgabe des Textes trägt in der Autorenzeile den handschriftlichen Zusatz »= H. M. Lehfeldt«, der offensichtlich von einem von Kinseys Mitarbeitern stammt. Ob es sich bei dem Verfasser des Artikels tatsächlich um Hans M. Lehfeldt, einen Ber-

liner Gynäkologen, Autor von Eheratgebern und Leiter einer Sexualberatungseinrichtung während der Weimarer Republik in Berlin-Mitte handelt, ist jedoch nicht auszumachen. Lehfeldt, der Jude war, emigrierte 1935 in die USA, wo er zu einem der führenden Sexualforscher aufstieg und in den fünfziger Jahren Institute und Organisationen gründete. Dass er unter Pseudonym arbeitete, ist nicht bekannt, aber auch nicht ausgeschlossen. Der deutlich um Distanz zu den USA bemühte Text lässt allerdings an Lehfeldts Autorenschaft stark zweifeln. Zu Lehfeldt in der Weimarer Republik vgl. kurz Klautke, »Rassenhygiene«, S. 297; ferner Stölken, »›Geburtenrückgang‹«, S. 101.

222 Vgl. Lawrence, »Kinsey-Report«, S. 497.

223 Ebenda, S. 499.

224 Ebenda, S. 498.

225 Der rechtskonservative Publizist William S. Schlamm meinte später (allerdings ohne direkte Bezugnahme auf Kinsey), die amerikanische Literatur erscheine ihm »wie ein endloses Lehrbuch der medizinischen Pathologie«, vgl. Schlamm, *Grenzen*, S. 148.

226 Bergler/Kroger, *Kinsey's Myth*.

227 Rudolf, »Die Schlagzeile. Drei gegen Kinsey«. »Drei gegen Kinsey« bezieht den Psychiater John R. Kavanaugh ein, einen weiteren Kritiker aus dem Kreis amerikanischer Mediziner; er hatte in einer Rede in Washington, D.C., gefordert, Kinseys Werke auf den Index zu setzen.

228 »Kein Rechenexempel«, in: *Der Tag* vom 30.10.1954; »Deutsche Ärzte gegen Dr. Kinsey«, in: *Westfälische Rundschau* vom 5.11.1954; Eine wissenschaftliche Rezension des Buches von Bergler und Kroger findet sich in *Psyche* 10,12 (März 1957).

229 Pross, »Sexuelles und intellektuelles Verhalten«, Zitate S. 936, S. 938 und S. 940.

230 Vgl. Riebeling, »Kinsey-Report über die Frau«, S. 727. Zur *Universitas* vgl. Schildt, *Zwischen Abendland und Amerika*, S. 31; das Blatt erschien mit einer Auflage von rund 15 000 Exemplaren.

231 Vgl. Riebeling, »Kinsey-Report über die Frau«, S. 736.

232 Ebenda, S. 729 und S. 735f.

233 Redaktionsbericht über die Tagung vom 27.10.1948, in: *Zeitschrift für Haut- und Geschlechtskrankheiten* 6,8 vom 15.4.1949, S. 371.

234 Zur Westernisierung und ihren transatlantischen Mittlern vgl. Doering-Manteuffel, *Wie westlich sind die Deutschen?*; ders., »Westernisierung«; ders. u.a., »Wie westlich sind die Deutschen?«; ders., »Dimensionen«; Bude/Greiner (Hg.), *Westbindungen*; Bauerkämper/Jarausch/Payk, »Einleitung«; Jarausch, »Einflüsse«, allerdings nicht überzeugend mit Blick auf den Umgang mit Populärkultur, S. 76f. Schildt ist zuzustimmen, wenn er dafür plädiert, die Termini analytisch zu differenzieren und »Westernisierung« auf den Ideenaustausch zwischen den USA und Europa, »Amerikanisierung« hingegen auf die einlinig verlaufenden kulturellen und sozialen

Einflüsse aus den USA zu beziehen, vgl. Schildt, »Sind die Westdeutschen amerikanisiert worden?«, S. 4. Zur kulturellen Westernisierung vgl. Maase, *Bravo Amerika*; zur Kritik am Westernisierungskonzept vgl. Nolan, »Americanization«, S. 203. In Umfragen erzielten Amerikaner bis weit in die fünfziger Jahre hinein äußerst dürftige Sympathiewerte, vgl. Krakau, »Stereotypen«; Gassert, »Gegen Ost und West«.

235 »Der Kinsey-Report«, in: *Allgemeine* (Düsseldorf) vom 4.3.1955; »Der Kinsey-Bericht«, in: *Allgemeine* (Düsseldorf) vom 2.3.1956.

236 »Der originale Kinsey-Report«, in: *Norddeutsche Zeitung* vom 12.12.1954; »Norm der Anormalität«, in: *Schleswig-Holsteinische Volkszeitung* vom 21.12.1954; Rezension zu *Das sexuelle Verhalten der Frau*, in: *Das Leihbuch* vom Mai 1955; KI, Binder 55, Nr. 58, Sender Freies Berlin, Literarisches Wort. Am Büchertisch, von Thilo Koch, 4.11.1955; »Pfade im Dschungel der Seele«, in: *Norddeutsche Nachrichten* vom 10.3.1956; »Das sexuelle Verhalten des Mannes«, in: *Der Leihbuchhändler* vom April 1956; »Der originale Kinsey-Report«, in: *Hannoversche Allgemeine* vom 29.7.1956.

237 »Der zweite Kinsey«, in: *Der Tagesspiegel* vom 11.1.1956.

238 Zum Kulturprogramm des Hörfunks in der frühen Bundesrepublik vgl. Boll, *Nachtprogramm*; dies., »Kulturradio«; zu den »Zeitgeist«-Diskussionen im Nachtprogramm der Rundfunkanstalten vgl. Schildt, *Zwischen Abendland und Amerika*, S. 83 – 110, zu »Amerika«-Bildern im Radioprogramm S. 99ff.

239 KI, Binder 55, Nr. 60/61, Rias Berlin, 30.3.1955, 22.30 Uhr – 22.45 Uhr (Rias I), 22.00 Uhr – 22.45 Uhr (Rias II), A. Berndt, Aus Kultur und Wissenschaft. Besprechung über wissenschaftliche Neuerscheinungen mit Prof. Dr. Otto Walter Haselhoff und Herbert Stachowiak, Manuskript S. 3f. Vorgestellt wurden ferner Bücher von Margret Mead, Erich Fromm, Ernst Zimmer, Heinrich Lange und Oskar Becker.

240 KI, Binder 55, Nr. 149/150, Bayerischer Rundfunk, 31.3.1955, 23.10 Uhr bis 23.25 Uhr, Die Buchbesprechung: Natur, Geschlecht und Gesellschaft, Manuskript S. 1, S. 3 und S. 6 – 8, Zitat S. 8; neben den Kinsey-Berichten stellte Szczesny Bücher von Norman J. Berrill, Margret Mead, Peter Hofstätter und Simone de Beauvoir vor.

241 »Alfred Charles Kinsey, 23.6.1894 – 25.8.1956«, in: *Der Spiegel* vom 5.9.1956; hier auch zum Folgenden.

242 In der DDR fanden Mitte der sechziger Jahre erstmals empirische Untersuchungen zum Sexualverhalten statt, vgl. Grau, »Sexualwissenschaft«, S. 499f.

243 E.C., »Man hetzte ihn zu Tode«, in: *Die Weltbühne* vom 31.10.1956, Nr. 44, S. 1421f.; hier auch zum Folgenden. Der (nicht bekannte) Autor beruft sich auf einen Artikel der *Basler Nationalzeitung* vom 2.9.1956, »Erinnerungen an Dr. Kinsey«.

244 BT/PA, Mitteilung an die Presse, 9.7.1954, Erste Sitzung der Bundesprüfstelle für jugendgefährdende Schriften, veröffentlicht vom Presse- und Informationsamt der Bundesregierung.

245 »Düsseldorf oder Bonn?«, in: *Rheinische Post* vom 24.7.1953; Fritz Rothe, »Gesetze für die Jugend«, in: *Das Parlament* vom 26.8.1953.

246 Dass Schilling den Vorsitz erhalten würde, stand noch im April 1954 nicht fest; dies und die Tatsache, dass ein anderer (namentlich nicht bekannter) Kandidat beste Aussichten auf das Amt hatte, geht aus dem Briefwechsel zwischen Edmund Speidel, dem Münchner Generalstaatsanwalt, und Schilling hervor, vgl. BAK, B 117/8, unpag., Speidel an Schilling, 2.4.1954.

247 BAK, B 141/26578, S. 8–11, hier S. 10, Protokoll über die Konferenz des Volkswartbundes mit Richtern und Staatsanwälten im Restaurant Burggraf in Düsseldorf, 10.5.1951, verfasst von Calmes. Das Verfahren war schon in den zwanziger Jahren (vom Volkswartbund) initiiert worden.

248 Schilling war der Hauptredner auf der Jahrestagung des Verbands im November 1954; vgl. »Jugendschutzgesetz in der Bewährung, in: *Bonner Rundschau* vom 10.11.1954. AEK, Gen. II 23.30/5, unpag., Calmes, »Aus der Arbeit des Volkswartbundes 1953« in: *Das Schund- und Schmutzgesetz und unsere Verantwortung*; AEK, Seelsorgeamt Heinen 94, Schilling, *Geschäft*; ferner Schilling, *Gesetz*.

249 Schilling, »Entscheidungspraxis«, S. 40.

250 BAK, B 189/18434, unpag., Sitzungsniederschrift, 18.5.1954; BT/PA, Mitteilung an die Presse, 18.5.1954, veröffentlicht vom Presse- und Informationsamt der Bundesregierung.

251 BT/PA, Bulletin des Presse- und Informationsamtes der Bundesregierung, 19.5.1954, S. 821, Gefährdung der Jugend muß verhütet werden, mit Abdruck von Schröders Rede.

252 Schückler, »Angriffe«.

253 BAK, B 189/18434, Bundesprüfstelle für jugendgefährdende Schriften, 23.11. 954, Aktennotiz von Schilling über eine Besprechung mit Vertretern des Bundesinnenministeriums am 3.11.1954, sowie interner Vermerk im Bundesinnenminsterium betreff Tätigkeit des Vorsitzenden der Bundesprüfstelle, 29.11.1954.

254 AEK, Gen. II 23.30/5, unpag., Calmes »Aus der Arbeit des Volkswartbundes 1953«, in: *Das Schund- und Schmutzgesetz und unsere Verantwortung*; AEK, Gen. II 23.30 b, unpag., Calmes an Frings, 27.4.1956, mit Hinweis auf die »leider notwendige Diskretion«.

255 BAK, B 189/18444, unpag., auch B 189/18434, unpag., Bundesministerium des Innern, 11.3.1954, Mitteilung betreffs Zusammensetzung der Bundesprüfstelle. Schückler verfasste für den Volkswartbund zahlreiche Broschüren, vgl. Schückler, *Kampf*; ders., *Kinsey-Report*; ders., *Irrwege*; ders., *Jugend*; ders., »Angriffe«; ders., *Probleme*.

256 Der Titel brachte die direkte Zuordnung zur Deutschen Bischofskonferenz zum Ausdruck. Vgl. AEK, Seelsorgeamt Heinen 94, Schilling, *Geschäft*, mit Vorwort von Calmes; AEK, Gen. II 23.30 b, unpag., »Wir alle tragen die Verantwortung!«, in: *Volkswartbund an alle Mitglieder* (Januar 1952), mit

Verweis auf die Gewährung des Titels durch die Fuldaer Bischofskonferenz am 23.8.1951.

257 BAK, B 141/26582, S. 8, Bundesjustizministerium an Calmes, 5.11.1953, sowie S. 16, Bundesjustizministerium an Calmes, 3.11.1954.

258 AEK, Gen. II 23.30/7, unpag., Calmes (Hg.), *Sitte und Sittlichkeit*, S. 7; vgl. Schütz, *Verbotene Bücher*, S. 187; Ferchl, »Zensurinstitutionen«, S. 265.

259 Bis zum Januar 1958 kamen aus Niedersachsen insgesamt vier, aus Bremen drei und aus Schleswig-Holstein zwei Anträge. Das Bundesinnenministerium stellte bis dahin jedoch 169, Nordrhein-Westfalen 150 Indizierungsgesuche; aus Bayern gingen 49 und aus Hamburg 19 ein. Vgl. BAK, B 117/18, unpag., Schilling, Der Kampf gegen jugendgefährdendes Schrifttum, Anfang 1956, Bilanz über 20 Monate Bundesprüfstelle, Tabelle 4, sowie »Buchhandel und Bundesprüfstelle«, in: *Börsenblatt für den Deutschen Buchhandel* vom 21.3.1958, S. 346; BAK, B 189/18434, Vermerk, 17.1.1958; BAK, B 141/4685, S. 57–65, Statistik der Tätigkeit der Bundesprüfstelle für jugendgefährdende Schriften bis 31.12.1959; »Die Sittenrichter der Bundesrepublik«, in: *Deutsche Zeitung* vom 3.3.1964, zu den Zahlen für 1962: Von 394 Anträgen stellten das Bundesinnenministerium 87, Rheinland-Pfalz 93, Baden-Württemberg 81, das Saarland 65, Bayern dreißig, Nordrhein-Westfalen 14, Hessen neun, Hamburg sechs, Berlin fünf, Niedersachsen drei, Bremen einen und Schleswig-Holstein keinen; 1963 gab es insgesamt 229 Anträge, Niedersachsen, Bremen und Schleswig-Holstein stellte keine.

260 AEK, Gen. II 23.30 b, unpag., Calmes an Frings, 28.4.1958. Der Index wurde regelmäßig in juristischen Fachpublikationen veröffentlicht, Jugend- und Wohlfahrtsorganisationen druckten ihn nach. Anfang der sechziger Jahre erschien das Gesamtverzeichnis regelmäßig in einer von der Bundesprüfstelle herausgegebenen Broschüre; vgl. BayHStA, MInn, 92081, Gesamtverzeichnis in den Ausgaben von 1961 bis 1964.

261 BAK, B 189/18434, unpag., Bilanz über die Arbeit der Bundesprüfstelle bis Ende Oktober 1954, abgedr. in: AEK, Gen. II 23.30/7, unpag., Robert Schilling, »Das Jugendschriftenschutzgesetz in der Bewährung«, in: Calmes (Hg.), *Sitte und Sittlichkeit*, S. 11–28; Michael Calmes, »Gesetze sind das, was wir aus ihnen machen«, in: *Kölner Kirchen-Zeitung* vom 19.7.1953; AEK, Gen. II 23.30/7, unpag., Michael Calmes, »›Custos, quid de nocte?‹ Der Volkswartbund an der Jahreswende«, in: ders. (Hg.), *Volkswartbund*, S. 3–7, hier S. 4.

262 AEK, Gen. II 23.30/5, unpag., Robert Schilling, »Gedanken zur Durchführung des Gesetzes über die Verbreitung jugendgefährdender Schriften«, 8.12.1953, auch abgedr. in: *Mitteilungen der Arbeitsgemeinschaft für Jugendpflege und Jugendfürsorge* 8 (Juni 1954), S. 5–8.

263 Potrykus, *Bundesgesetze*, S. VII.

264 BT/PA, Südwestfunk, 18.10.1954; Fritz Rothe, »Die gesamte Öffentlichkeit muß wachen«, in: *Echo der Zeit* vom 19.7.1953; ders., »Unsere Jugend ist in Not«, in: *Stuttgarter Nachrichten* vom 22.3.1952.

265 BAK, B 189/18434, unpag., Vermerk, 17.1.1958, sowie Schilling vor dem Bun-

destagsausschuss für Familien- und Jugendfragen, 21.1.1960; Schilling bekräftigte 1960 seinen Befund von der ausbleibenden Publikumsresonanz
vor dem Bundestagsausschuss für Familien- und Jugendfragen. Vgl. auch
BT-Berichte 3. WP, 18.1.1961, S. 7876–7883, hier S. 7883.

266 BAK, B 189/18429, unpag., Niederschrift über die Tagung der Leiter der
     Zentralstellen zur Bekämpfung unzüchtiger Schriften und Abbildungen in
     Stuttgart, 10.–11.1.1958; BAK, B 189/18434, unpag., Schilling vor dem Bun-
     destagsausschuss für Familien- und Jugendfragen, 21.1.1960; BT-Berichte
     3. WP, 18.1.1961, S. 7876–7883, hier S. 7882.

267 BAK, B 141/4676, S. 192–217, hier S. 214, Tagesordnung und Protokoll der
     Zusammenkunft der Leiter der Zentralstellen in Sankelmark bei Flensburg
     21.–23.5.1959.

268 AEK, Gen. II 23.30/8, unpag., Schilling, *Hat sich das Gesetz*, S. 13ff; BAK,
     B 141/4685, S. 15–24, hier S. 22, Schilling vor dem Bundestagsausschuss für
     Familien- und Jugendfragen, 21.1.1960: »Jedenfalls fühlte sich die breite
     Masse zur Mitwirkung nicht berufen.« Ferner Schilling, »Die Bundesprüf-
     stelle im Jahre 1965«: »Sie [die Antragspraxis] läßt nach wie vor zu wün-
     schen übrig.«

269 AEK, Gen. II 23.30/5, unpag., Robert Schilling, »Gedanken zur Durchfüh-
     rung des Gesetzes über die Verbreitung jugendgefährdender Schriften«,
     8.12.1953, S. 2 und S. 5, auch abgedr. In: *Mitteilungen der Arbeitsgemeinschaft
     für Jugendpflege und Jugendfürsorge* 8 (Juni 1954), S. 5–8; BAK, B 189/19429,
     Niederschrift über die Tagung der Leiter der Zentralstellen zur Bekämpfung
     unzüchtiger Schriften und Abbildungen auf Norderney, 7.–9.6.1961, sowie
     Niederschrift über die Tagung der Leiter der Zentralstellen zur Bekämpfung
     unzüchtiger Schriften und Abbildungen in Berlin, 23.–25.10.1962. Aus juris-
     tischer Sicht zur Praxis der Bundesprüfstelle vgl. Erbel, *Sittengesetz*, S. 45f.

270 BAK, B 189/18396, unpag., Bundesminister für Familie und Jugend an Bun-
     desverfassungsgericht, 14.1.1969.

271 »Die Bundesprüfstelle und der Buchhandel«, in: *Börsenblatt für den Deut-
     schen Buchhandel* vom 16.9.1955, S. 586–588, unter anderem zum Leih-
     buchhandel; »Buchhandel und Bundesprüfstelle«, in: *Börsenblatt für den
     Deutschen Buchhandel* vom 21.3.1958, S. 346.

272 Zur Geschichte der Comics in Deutschland und zur Debatte im Kontext
     von Schmutz und Schund vgl. Dolle-Weinkauff, *Comics*, insbesondere
     S. 85–115; Jovanovic/Koch, »Comics Debate«; Laser, »Heftchenflut«; Faul-
     stich, »Groschenromane«; Jäschke, »Produktionsbedingungen«, S. 324 und
     S. 346–349; zur Auseinandersetzung über Comics in Frankreich vgl. Mid-
     dendorf, *Massenkultur*, S. 219–227.

273 AEK, Gen. II 23.30/5, unpag., Georg Schückler, »Das Schund- und Schmutz-
     gesetz und seine Verwirklichung«, in: *Das Schund- und Schmutzgesetz und
     unsere Verantwortung*.

274 »Jugendschutzgesetz in der Bewährung«, in: *Bonner Rundschau* vom 10.11.
     1954, mit Bericht über Schillings Rede auf der Jahrestagung des Volkswart-

bunds; AEK, Gen. II 23.30/7, unpag., Robert Schilling, »Das Jugendschriftenschutzgesetz in der Bewährung«, in: Calmes (Hg.), *Sitte und Sittlichkeit*, S. 11 – 28, hier S. 18.

275 AEK, Gen. II 23.30/5, unpag., Robert Schilling, »Gedanken zur Durchführung des Gesetzes über die Verbreitung jugendgefährdender Schriften«, 8.12.1953, S. 2 und S. 4, auch abgedr. In: *Mitteilungen der Arbeitsgemeinschaft für Jugendpflege und Jugendfürsorge* 8 (Juni 1954), S. 5 – 8.

276 BAK, B 189/18434, unpag., Bilanz über die Arbeit der Bundesprüfstelle bis Ende Oktober 1954, abgedr. in: AEK, Gen. II 23.30/7, unpag., Robert Schilling, »Das Jugendschriftenschutzgesetz in der Bewährung«, in: Calmes (Hg.), *Sitte und Sittlichkeit*, S. 11 – 28, hier S. 12 und S. 17f. *Micky Maus* erschien ab 1956 zweiwöchentlich, zwei Jahre später wöchentlich und überstieg die Auflagenhöhe von einer Million.

277 AEK, Gen. II 23.30/8, unpag., Schilling, *Hat sich das Gesetz*, S. 10.

278 »Die Bundesprüfstelle und der Buchhandel«, in: *Börsenblatt für den Deutschen Buchhandel* vom 16.9.1955, S. 586 – 588, hier S. 588.

279 BAK, B 117/18, unpag., Robert Schilling, Der Kampf gegen jugendgefährdendes Schrifttum, Anfang 1956, mit Bilanz über 20 Monate Bundesprüfstelle, Tabellen 1 – 3.

280 Zu den Anträgen vgl. »Beispiel«, in: *Hannoversche Presse* vom 18.3.1960; BAK, B 189/19429, Niederschrift über die Tagung der Leiter der Zentralstellen zur Bekämpfung unzüchtiger Schriften und Abbildungen auf Norderney, 7.– 9.6.1961; dazu auch der Aufsatz »Kriegsliteratur« in den *Frankfurter Heften*.

281 »Groschenhefte, die den Krieg verherrlichen«, in: *Süddeutsche Zeitung* vom 27./28.6.1963; im Jahr 1960 kamen außerdem eine Reihe von »Landser«-Heften und Heinz Günther Konsaliks Weltkriegs-Roman *Sie fielen vom Himmel* wegen Kriegsverherrlichung auf dem Index.

282 BGBl. I, 4.12.1951, S. 936f. Das Gesetz trat am 4.1.1952 in Kraft; zur parlamentarischen Debatte darüber vgl. Dickfeldt, *Jugendschutz*, S. 118 – 137. Die Novelle des Gesetzes wurde am 27.7.1957 gültig, vgl. BGBl. I, 27.7.1957, S. 1058. Kniep deutet das Gesetz als »Paradigmenwechsel« des Jugendschutzes, weil damit die »inhaltliche Engführung allein auf sittliche Gefahren« durch Ausweitung der »Problembereiche« beendet worden sei. Seine Bewertung ist nicht recht plausibel. Wenn damit gemeint sein soll, dass der Stellenwert der Sexualmoral als zentraler Gedanke des Jugendschutzes an Bedeutung verlor, ist die Annahme irrig. Die Ideologisierung des Jugendschutzes begann auch nicht erst 1951, sondern in gesetzgeberischer Hinsicht (wie gezeigt) noch vor der Gründung der Bundesrepublik, wobei die Bezüge zur Diskussion um die Jahrhundertwende nie abrissen. Das Gesetz zum Schutz der Jugend in der Öffentlichkeit ist unbedingt im Kontext der anderen, bereits seit 1949 verhandelten einschlägigen Gesetze zu sehen, insbesondere des Gesetzes gegen Schmutz und Schund; vgl. Kniep, *»Keine Jugendfreigabe«*, S. 69 – 79, Zitat S. 71.

283 Die Altersgrenze lag bei manchen Bestimmungen bei 16, bei anderen bei 18 Jahren. Strafen richteten sich nur gegen Erwachsene, denen bis zu einem Jahr Haft drohte, wenn sie ihre Aufsichtspflicht verletzten. Verstießen Jugendliche gegen das Gesetz, drohten ihnen, anders als im Dritten Reich, weder Arrest noch Geldbuße, sondern Erziehungsmaßnahmen, also die Einweisung in ein Heim. Einige Zeitungen veröffentlichten großformatige Tabellen, die, gegliedert nach Sachverhalt, Altersgrenzen und Verboten, die Regelungen veranschaulichten. Vgl. »Was will das neue Jugendschutz-Gesetz?«, in: *Süddeutsche Zeitung* vom 5.1.1952; »Der Schutz der Jugend – eine Aufgabe für alle«, in: *Stuttgarter Nachrichten* vom 8.1.1952.

284 BAK, B 153/318, S. 321 – 324, »Was will das neue Jugendschutzgesetz?«, in: Sonderdruck aus *Ruf ins Volk. Monatsschrift für Volksgesundung und Jugendschutz* vom Dezember 1951; BT-Drucksachen 1. WP, Nr. 1430 (neu), 16.4.1951, Anlage 2. Zum »erzieherischen Charakter« vgl. auch den Leserbrief eines Bediensteten der Jugendbehörde Hamburg, »Gedanken zum Jugendschutzgesetz«, in: *Frankfurter Rundschau* vom 16.11.1950; »Wichtig für Jugendliche und Erwachsene«, in: *Westdeutsche Nachrichten* (Dortmund) vom 30.4.1951; BT/PA, epd, 5.11.1951, »Vorbeugen statt strafen«; vgl. auch *Süddeutsche Zeitung* vom 5.1.1952.

285 Quellen über die Jugendschutzwochen liegen mit Ausnahme von Presseveröffentlichungen kaum vor, vgl. knapp dazu Kramp/Sölle, »§ 175«; Kramp, »Homosexuelle«; Baum/Nikles, »Jugendschutz«. Fellner geht in seiner Studie über die katholische Kirche in Bayern auf die Jugendschutzwochen 1951 im Landkreis Ebersberg bei München ein, vgl. Fellner, *Kirche*, S. 147 – 154.

286 BAK, B 153/313, S. 83 – 90, hier S. 86, Erfahrungen mit dem Gesetz zum Schutze der Jugend in der Öffentlichkeit vom 4.12.1951 in der Zeit vom 2. Januar 1952 bis 1. Oktober 1953; »Bester Jugendschutz ist die gute Familie«, in: *General-Anzeiger* (Bonn) vom 21.2.1956; »Schutzdämme gegen die Jugendgefährdung«, in: *Bonner Rundschau* vom 19.5.1956; »Unsere Jugend ist in Not«, in: *Stuttgarter Nachrichten* vom 22.3.1952; »Jugend moralisch gefährdet«, in: *Frankfurter Neue Presse* vom 22.3.1952.

287 BAK, B 153/318, S. 22f., »Gesetz zum Schutze der Jugend in der Öffentlichkeit und Durchführungsverordnungen der Länder«, in: *Volkswartbund an alle Mitglieder* (August 1952).

288 »Jugendschutz ist moderne Jugendhilfe«, in: *Bonner Rundschau* vom 20.11.1956. Im Jahr 1955 löste sich die Bundesarbeitsgemeinschaft Aktion Jugendschutz aus der Verbindung mit der Deutschen Hauptstelle gegen die Suchtgefahren und wurde selbstständig; vgl. dazu und zu Becker Kaiser, »Schundkampf«, S.31 – 34; Dickfeldt, *Jugendschutz*, S. 121ff., S. 160 – 166 und S. 194 – 198; Bienemann/Hasebrink/Nikles (Hg.), *Handbuch*, S. 80 – 83; Ubbelohde, »Umgang«.

289 »Jugendschutz ist vordringlich«, in: *Rhein-Zeitung* (Koblenz) vom 20.4.1955; BayHStA, MInn 92025, unpag., Ministerialamtsblatt der bayerischen inneren Verwaltung, 23.10.1952, darin: Entschließung des Bayerischen Innen-

ministeriums zur Bekämpfung des Straßenhandels mit Schmutz- und Schundschriften, 11.10.1952.

290 So der Bericht eines Amtsgerichtsrats aus Mülheim, vgl. BAK, B 141/26578, S. 8–11, hier S. 10, Protokoll über die Konferenz des Volkswartbundes mit Richtern und Staatsanwälten im Restaurant Burggraf in Düsseldorf, 10.5. 1951, verfasst von Calmes. Zum »Arbeitskreis« in Dortmund vgl. Jäschke, »Produktionsbedingungen«, S. 331.

291 »Seid nicht zu brav im Leben«, in: *Frankfurter Allgemeine Zeitung* vom 14.2. 1956.

292 Gerhard Potrykus, »Jugendschutzgesetz muß sich erst bewähren«, in: *Neue Zeitung* vom 28.2.1952.

293 »Jugendschutzstätten Tag und Nacht«, in: *Westdeutsche Neue Presse* vom 26.2.1952; »Ein Gesetz dient der Jugend«, in: *Ruhr-Nachrichten* (Dortmund) vom 11.1.1952; BAK, 153/313, S. 76–82, hier S. 76, Das Bundesgesetz mit den Ausführungsbestimmungen für das Land Hessen, 1.4.1954. Eine Sammlung eindrucksvoller fotografischer Zeugnisse ist das Buch *Sündiges München* mit den Aufnahmen von Al Herb vom Münchner Nachtleben zwischen 1953 und den frühen siebziger Jahren. Der studierte Jurist, 1931 als Sohn eines Lehrerehepaars in München geboren, veröffentlichte seine Bilder schon als Student in der *Abendzeitung*; sie zeigen Nachtclubs, Bars und Vergnügungslokale. Von 1954 an arbeitete er für die Fotoagentur Keystone, vgl. Herb, *Sündiges München*.

294 »Feldzug gegen den Jugendschutz«, in: *Deutsche Tagespost* (Augsburg) vom 3.3.1954.

295 »Wenn schon Zehnjährige verrufene Gassen zeichnen …«, in: *Münchner Merkur* vom 11.5.1954.

296 BayHStA, MInn 92035, unpag.: Bischöfliches Ordinariat Passau an das Bayerische Staatsministerium des Innern, 13.1.1950, mit Antrag auf staatliches Verbot der Tänze; Regierung von Niederbayern an das Bayerische Staatsministerium des Innern, 27.1.1950, mit Berichten über Verbotsmaßnahmen; Regierung der Oberpfalz an das Bayerische Staatsministerium des Innern, 27.1.1950; Regierung von Oberbayern an das Bayerische Staatsministerium des Innern, 25.2.1950; Regierung von Oberfranken an das Bayerische Staatsministerium des Innern, 9.3.1950; Landesverband des bayerischen Hotel- und Gaststättengewerbes an das Bayerische Staatsministerium des Innern, 2.1.1950, mit Beschwerde über die Verbotsmaßnahmen.

297 »Feldzug gegen den Jugendschutz«, in: *Deutsche Tagespost* (Augsburg) vom 3.3.1954.

298 »Sind Jugendschutzwochen zeitgemäß?«, in: *Frankfurter Allgemeine Zeitung* vom 27.2.1954.

299 Vgl. Jäschke, »Produktionsbedingungen«, S. 330f., S. 342, S. 378 und S. 386; Saldern, »Kulturdebatte«, S. 102.

300 »Schwarzer Terror«, in: *Rheinische Zeitung* vom 25.1.1951.

301 Über »Schmökergrab-Umtauschaktionen« in Hagen und Regensburg be-

richtete die *Bonner Rundschau* vom 17.11.1956, »Der Jugendschutz ist keine Sache ›mit Bart‹«. Zu den Maßnahmen vgl. Dolle-Weinkauff, *Comics*, S. 99–115; Jäschke, »Produktionsbedingungen«, S. 328ff.; Laser, Heftchenflut, S. 79f.

302 Zur Rolle der amerikanischen Populärkultur und ihrer subversiven und anti-autoritären Wirkung auf Jugendliche vgl. Maase, *Bravo Amerika*, S. 73–229; ders., »Amerikanisierung von unten«; ders., »Brust«; ders., »Rock«; ders., »Democracy«, S. 429. Zu den »Halbstarkenkrawallen« vgl. Lindner, *Jugendprotest*; Grotum, *Die Halbstarken*; Poiger, *Jazz, Rock, and Rebels*; dies., »Ideologie«; dies., »Rebels«; dies., »Rock'n'Roll«; dies., »American Music«; Fehrenbach, »Cinema«; Fehrenbach/Poiger (Hg.), *Transactions*; Schildt, *Moderne Zeiten*, S. 173–179, S. 421 und S. 445–446; Siepmann (Hg.), *Bikini*, S. 233–275; Eisfeld, *Teenager*, S. 43–70; Briesen/Weinhauer, »Jugenddelinquenz«, S. 14; Faulstich, »Jugendkultur«; zu Jugendkultur und Amerikanisierung vgl. Schildt, »Programm«, S. 962f.; ders., *Abendland*, S. 195; Doering-Manteuffel, »Dimensionen«, S. 21ff.; polemisch hingegen Wehler, *Gesellschaftsgeschichte*, Bd. 5, S. 189f.

303 »Der deutsche Kinsey«, in: *Der Spiegel* vom 27.2.1957. Nach Beanstandungen der Freiwilligen Selbstkontrolle der Filmwirtschaft kam der Film 1957 mit Schnittauflagen in die Kinos.

304 Günther Dahl, »Reeperbahn-Erotik«, in: *Die Zeit* vom 6.6.1957.

305 »Der deutsche Kinsey«, in: *Der Spiegel* vom 27.2.1957. Die erste Ankündigung des Films brachte das Blatt in einer kleinen Notiz in derselben Ausgabe, in der es den Nachruf auf Kinsey veröffentlichte, vgl. »Kinsey«, in: *Der Spiegel* vom 5.9.1956. Hartwig hatte mit seiner Münchner Rapid-Filmgesellschaft 1953 auch den zeitgenössisch umstrittenen, halbdokumentarischen Streifen »Bis fünf nach zwölf« mit privaten Bildern von Hitler und Eva Braun produziert, vgl. dazu Kniep, »*Keine Jugendfreigabe*«, S. 104–107.

306 Die Vorlage lieferte das 1970 erschienene gleichnamige Buch von Günther Hunold, vgl. Miersch, *Schulmädchen-Report*; zur medienpädagogischen Analyse vgl. Kümmel, »Kinder«, S. 352ff. Insgesamt entstanden (auch von anderen Produzenten) mehr als drei Dutzend jeweils mehrteilige »Report-Filme«.

307 Zu Fallstudien im Umgang mit amerikanischer Populärkultur und zu medial vermittelten Effekten der Amerikanisierung in den fünfziger Jahren vgl. Maase, *Bravo Amerika*; ders., »Amerikanisierung von unten«; ders., »›Establishing Cultural Democracy‹«; Poiger, »Rock'n'Roll«; dies., »Rebels«; Fehrenbach, *Cinema in Democratizing Germany*; dies., »Cinema«; zur Aneignung als Austauschprozess vgl. Pells, *Not Like Us*; zum Begriff »Jugendkultur« vgl. Maase, *Bravo Amerika*, passim; Judt, *Geschichte Europas*, S. 441f.; Mergel, *Großbritannien*, S. 132–148.

308 Zur Amerikanisierung der Sprache und zum Diskurs darüber vgl. Jung, »›Amerikanisierung‹«.

309 Vgl. Droth, *USA frei Haus*, S. 21ff.

310 Ebenda, S. 24f., Zitat S. 24, das folgende Zitat S. 25.

311 Zu Gieses Biografie vgl. die (unveröffentlichte) soziologische Dissertation von Zeh, »Sexualforscher Hans Giese«, und deren Aufsatz, »Hans Giese und die Sexualforschung der 50er Jahre«. Über Giese veröffentlichte zuletzt dessen ehemaliger Mitarbeiter Volkmar Sigusch, *Geschichte der Sexualwissenschaft*, S. 336, S. 391 – 394 und S. 409 – 416; ferner ders., »Hans Giese«; ders., »50 Jahre Deutsche Gesellschaft für Sexualforschung«; zu Gieses Verständnis von Homosexualität vgl. Rönn, »Homosexualitätsentwürfe«.

312 BAK, N 1134/3, unpag., Giese an Bürger-Prinz, 18.6.1949, mit Mitteilung über die Institutsgründung und Verweis auf (geringe) Forschungszuschüsse vonseiten der Chemie-Industrie.

313 Die Fachzeitschrift *Psyche* brachte nur eine viereinhalbzeilige Meldung, vgl. *Psyche. Eine Zeitschrift für Tiefenpsychologie und Menschenkunde in Forschung und Praxis* 3,5 (August 1949), S. 400. Vgl. auch *Zeitschrift für Haut- und Geschlechtskrankheiten* 11,2 (15. Juli 1951), S. 77 – 85, hier S. 84.

314 BAK, N 1134, unpag., Bürger-Prinz an Giese, 31.1.1950, mit der Aufforderung, ihn über das Komitee zu informieren, und dem Hinweis, er »möchte aber keinen Zweifel daran lassen, daß ich mit irgendwelchen anderen Zielen als rein und streng wissenschaftlichen auf einem bestimmten Spezialgebiet nicht einverstanden sein kann«. Zu Gieses Aktivitäten vgl. Sigusch, *Geschichte der Sexualwissenschaft*, S. 81f., S. 108, S. 350, S. 392 und S. 559; ders., »50 Jahre«, S. 40f. und S. 60f.; Dannecker, »Wunsch«, S. 27ff.; Zeh, »Hans Giese und die Sexualforschung«, S. 364f.; Jütte, »Einleitung«, S. XII; Steakley, *Homosexual Emancipation Movement*; zum Komitee auch Moeller, »›The Homosexual Man is a ‚Man‘‹«, S. 398f.

315 Die Eingabe und die Namen der Unterzeichner sind dokumentiert in: *Zeitschrift für Sexualforschung* 1,3/4 (1950), S. 311f., hier auch Gieses Kommentar zur Eingabe, S. 313; ferner Pommering, »Ergebnis«, zit. bei Herzog, *Politisierung*, S. 114, dort auch zu weiteren Stellungnahmen; ferner Sigusch, »50 Jahre«, S. 46; Zeh, »Hans Giese und die Sexualforschung«, S. 366; Kramp/Sölle, »§ 175«, S. 134; zur Eingabe aus zeitgenössischer Sicht ferner »Eine Million Delikte«, in: *Der Spiegel* vom 29.11.1950.

316 Vgl. Wasmuth, »Strafrechtliche Verfolgung«, S. 175; Kramp/Sölle, »§ 175«, S. 129 – 134; Kandora, »Homosexualität«; Lautmann, *Zwang*, S. 181 – 184; Baumann, *Paragraph 175*, S. 66, dort auch Verweis auf die Polizeistatistik; Moeller, »›The Homosexual Man is a ‚Man‘‹«, vor allem S. 404; Stümke, *Homosexuelle in Deutschland*; ders., »Wiedergutmachung«, hier vor allem S. 334; Dose, »§ 175«; Stümke/Finkler, *Rosa Winkel*, S. 453 – 459; Herzog, *Politisierung*, S. 111 – 119; zur strengen Urteilspraxis in Frankfurt am Main vgl. Kraushaar, »Unzucht«; Schiefelbein, »Wiederbeginn«; »Eine Million Delikte«, in: *Der Spiegel* vom 29.11.1950; »Briefe«, in: *Der Spiegel* vom 13.12.1950. Homosexuelle zählten in der Bundesrepublik jahrzehntelang nicht zu den Opfern des Nationalsozialismus, vgl. Stümke, »Wiedergutmachung«; Schoppmann, *Sexualpolitik*, S. 257f.; zum Umgang mit Homosexualität in

anderen europäischen Ländern nach dem Zweiten Weltkrieg vgl. James, *Geschichte*, S. 350–353.

317 Eine ausführliche Bibliografie von Gieses Werken findet sich bei Zeh, »Sexualforscher Hans Giese«, S. 182–195.

318 Vgl. Rönn, »Homosexualitätsentwürfe«, S. 287; Sigusch, »Hans Giese«, S. 247f.; ders., *Geschichte der Sexualwissenschaft*, S. 412.

319 So Giese auf dem Zweiten Kongress der Deutschen Gesellschaft für Sexualforschung im Juli 1952, vgl. S. Engert, »Der Abbau des Erotischen in der Sexualität«, in: *Frankfurter Rundschau* vom 29.7.1952, S. 3.

320 Vgl. Dannecker, »Wunsch«, S. 29; zu Giese als Gutachter vgl. auch Kröber, »Hans Giese«.

321 Vgl. Grau, »Liberalisierung und Repression«, S. 324; ders., »Moral«, S. 87ff.; Wasmuth, »Strafrechtliche Verfolgung«, S. 178f.; Steakley, »Gays under Socialism«, S. 15–18; Kowalski, *Homosexualität in der DDR*, S. 26f.; Stedefeldt, *Schwule Macht*, S. 111ff.

322 Vgl. Moeller, »›The Homosexual Man is a ‚Man‘‹«, vor allem S. 404, S. 411ff. und S. 422; ferner Wasmuth, »Strafrechtliche Verfolgung«, S. 181; Stümke, »Wiedergutmachung«, S. 334f.; Kramp/Sölle, »§ 175«, S. 129–133; Reich-Hilweg, *Männer und Frauen sind gleichberechtigt*, S. 109–112; aus juristischer Sicht vgl. Erbel, *Sittengesetz*, S. 51ff. Urteil und Urteilsbegründung sind abgedr. in: Stümke/Finkler, *Rosa Winkel*, S. 460–477.

323 Giese, *Wörterbuch*, Vorwort, S. 5; vgl. dazu Sigusch, *Geschichte des Sexualwissenschaft*, S. 338 und S. 393. Giese verfasste eine Fülle von Gerichtsgutachten zum Thema Sexualität, unter anderem im Streit um die »Sünderin«. Hier unterstützte er die Filmproduktionsfirma, die gegen das Filmverbot protestierte. In seiner Expertise unter dem Titel »Grenzen ortspolizeilicher Zuständigkeit gegenüber freigegebenen Filmen« sprach er der Polizei die Kompetenz für den Schutz »innerer Ordnungswerte« ab, vgl. BAK, B 139/110, S. 54–72, hier S. 60, Votum des Bundesverwaltungsgerichts, 14.12. 1953, mit Zitat aus dem Gutachten.

324 Giese (Hg.), *Sexualität des Menschen*, Vorwort, S. V.

325 Herbert Hohenemser, »Der Mensch als Versuchsobjekt«, in: *Münchner Merkur* vom 13.4.1955. Der Sammelband enthält Beiträge von mehr als fünf Dutzend internationalen Wissenschaftlern, darunter einen ins Deutsche übersetzten Aufsatz von Kinsey und seinen Assistenten über den »Begriff des Normalen und Abnormen im Geschlechtsverhalten«, vgl. Kinsey u.a., »Begriff«.

326 BAK, N 1134/6, unpag.: Kinsey an Giese, 26.1.1950, mit Ablehnung der Bitte um ein Vorwort für eine (nicht genannte) Publikation und der Mitteilung, dass gegenwärtig Vereinbarungen über eine deutsche Übersetzung von Band eins getroffen würden; Verweise auf (nicht erhaltene) Schreiben von Giese an Kinsey vom 22.12.1949 und 18.1.1950; Giese an Kinsey, 11.3.1953; Giese an Kinsey, 12.5.1953; Kinsey an Giese, 11.5.1953; Giese an Kinsey, 23.8.1953.

327 Giese betonte gegenüber vielen Korrespondenzpartnern seine Distanz zu Hirschfeld, beispielsweise gegenüber dem zu Beginn der NS-Zeit nach Palästina emigrierten jüdischen Arzt und Sexualwissenschaftler Max Marcuse (1877–1963), der einst zu den Wichtigsten und Einflussreichsten der Disziplin gezählt hatte. Marcuse gehörte zu den Begründern des Bundes für Mutterschutz; von seinen vielen Veröffentlichungen avancierte das 1923 erschienene (drei Jahre später erweiterte) *Handwörterbuch der Sexualwissenschaft* rasch zum Standardwerk. Giese wollte Marcuse, von dem weithin bekannt war, dass er nicht zu Hirschfelds Anhängern zählte, für den Beirat der *Zeitschrift für Sexualforschung* gewinnen und versicherte ihm in Bezug auf sein Institut: »Dieses ist nicht an die Tradition von Hirschfeld gebunden und arbeitet auch mit anderen Methoden«. Dennoch ließ Marcuse sich nicht für eine Zusammenarbeit gewinnen, vgl. BAK, N 1134/6, unpag., Giese an Max Marcuse, 17.10.1950. Gegenüber Generalstaatsanwalt Karl Bader in Mainz erklärte Giese ebenfalls in deutlicher Abgrenzung von Hirschfeld: »Das Gespräch bezweckt, die Sexualforschung als Wissenschaftsgebiet zwischen den Fakultäten aus dem alten Gleis – wie es früher betrieben wurde – herauszuholen.« Vgl. BAK, N 1134/2, unpag. Giese an Bader, 5.10.1951. Zu Marcuse vgl. Sigusch, *Geschichte der Sexualwissenschaft*, S. 72 und S. 117, vor allem 308–344; ders., »Sexualforscher«. Anfang der sechziger Jahre vertrieb Beate Uhse Marcuses Schriften – populärwissenschaftlich aufbereitet – in ihrem Versandhaus; eine trug den Titel »ABC Führer durch Sexualität und Erotik«. Zu Uhse siehe unten.

328 Bis Ende der achtziger Jahre galt die Sexualwissenschaft aufgrund der Tatsache, dass die meisten ihrer Exponenten im Kaiserreich und der Weimarer Republik jüdisch und homosexuell gewesen waren, irrtümlich als gefeit gegenüber dem Nationalsozialismus. Die Geschichte der Sexualwissenschaft im Dritten Reich wurde noch nicht umfassend untersucht; aus medizinhistorischer Sicht liegt die Studie von Dupont, *Sexualwissenschaft*, zur Analyse medizinischer Fachzeitschriften vor. Siguschs Ausführungen zur NS-Zeit in seinem Standardwerk zur Sexualwissenschaft bleiben recht blass, vgl. Sigusch, *Geschichte der Sexualwissenschaft*, S. 371–387. Über die NS-Vergangenheit des Fachs führten Sexualwissenschaftler erstmals auf einem internen Kolloquium im Mai 1987 eine intensive Debatte; vgl. Sigusch, »50 Jahre«, S. 48f.; ders., *Geschichte der Sexualwissenschaft*, S. 427ff.; Pfäfflin/Schorsch (Hg.), *Sexualpolitische Kontroversen*; Pfäfflin, »Kapitel«; Becker, »Bemerkungen«.

329 Vgl. Hesse, »Sitzungsbericht«. Zu Verschuer vgl. Sachse (Hg.), *Verbindung*; dies., »Adolf Butenandt und Otmar von Verschuer«; zu Bürger-Prinz vgl. Roth, »Großhungern«; Becker, »Bemerkungen«; Rönn, »Homosexualitätskonzept«; ders., »Homosexualitätsentwürfe«; Dupont, »›Konzepte‹«; Pfäfflin, »Kapitel«; Bürger-Prinz' apologetische Autobiografie *Ein Psychiater berichtet* erschien 1971, vgl. dazu Roth, »Großhungern«, S. 135.

330 Vgl. Hesse, Sitzungsbericht. »Der Wandel in unserer sexuellen Lebens-

form«, von Evemarie Siebecke, in: *Frankfurter Rundschau* vom 21.4.1950, S. 4. Zur Dokumentation der Ansprache vgl. Bürger-Prinz, »Sexualität«. Evemarie Siebecke war Hans Gieses Schwester.

331 HStA Wiesbaden, Abt. 520 F (A-Z), Spruchkammerakte Hans Giese. Die Entscheidung auf Jugendamnestie datierte vom 27.3.1947, der Einspruch erfolgte am 30.6.1947, der endgültige Urteilsspruch erging am 20.10.1947. Die Akte enthält eine Reihe von Stellungnahmen von Gieses Vater gegenüber den Behörden.

332 Vgl. Sigusch, »50 Jahre«, S. 41; dort auch Faksimile der Satzung, S. 55f.; Zeh, »Hans Giese und die Sexualforschung«, S. 367.

333 BAK, N 1134/3, unpag., Bürger-Prinz an Giese, 21.6.1949; Giese an Bürger-Prinz, 18.6.1949, mit Mitteilung über die Gründung des Instituts.

334 Vgl. Rönn, »Homosexualitätsentwürfe«, S. 289–307, insbesondere S. 294 bis 297.

335 »Petten und betten«, in *Der Spiegel* vom 1.12.1969; vgl. Zeh, »Sexualforscher Hans Giese«, S. 80.

336 Giese nahm im Herbst 1950 erstmals Kontakt zur Landesarbeitsgemeinschaft auf und bat sie im Gegenzug um Beitritt zur Gesellschaft für Sexualforschung, vgl. BAK, N 1134/7, unpag., Olivier, Vorsitzender der Landesarbeitsgemeinschaft zur Bekämpfung der Geschlechtskrankheiten in Nordrhein-Westfalen, an Giese, 20.3.1951, mit Beitrittsaufforderung, sowie Giese an Landesarbeitsgemeinschaft, 26.4.1951, mit Beitrittserklärung. Ob es zur korporativen Mitgliedschaft der Landesarbeitsgemeinschaft in der Deutschen Gesellschaft für Sexualforschung kam, ist unklar.

337 BAK, N 1134/1, unpag.: Calmes an Giese, 28.3.1956; Calmes an Giese, 9.2. 1956, mit Antwort auf dessen Anfrage zum Volkswartbund vom 3.2.1956; Giese an Calmes, 14.2.1956, mit Dank für die zugesandten Schriften, ferner: »Ich wäre an einer Mitgliedschaft in Ihrem Bund interessiert.«

338 BAK, N 1134/3, unpag., Giese an Bürger-Prinz, 12.1.1950, mit der Bitte, dem Beirat der Zeitschrift beizutreten; BAK, N 1134/2, unpag.: Giese an Generalstaatsanwalt Karl Bader in Mainz, 13.3.1951, zu den Finanzproblemen des Verlags, die die Einstellung der Zeitschrift erforderlich machten und auch den Versand von Sonderdrucken an die Autoren nicht mehr erlaubten; Giese an Bader, 6.2.1952, mit der Bitte um Eintritt in den Beirat der Schriftenreihe; Bader an Giese, 10.2.1952.

339 Von 1970 an gaben Gunter Schmidt, Eberhard Schorsch und Volkmar Sigusch die Reihe heraus, nachdem es zum Konflikt mit Giese und Bürger-Prinz gekommen war. Im Jahr 1991 beschloss der Vorstand der Deutschen Gesellschaft für Sexualforschung, Bürger-Prinz, der 1976 gestorben war, aufgrund seiner NS-Vergangenheit nicht mehr ehrend als Begründer der Schriftenreihe zu erwähnen; vgl. Sigusch, »50 Jahre«, S. 49; Becker, »Bemerkungen«; vgl. auch die Bemerkung »In eigener Sache« in der *Zeitschrift für Sexualforschung* 20,4 (2007), S. 364f. Die Schriftenreihe besteht ebenso wie die Deutsche Gesellschaft für Sexualforschung bis heute. Als Überblick

über die Geschichte der Gesellschaft vgl. Sigusch, Geschichte der *Sexual-wissenschaft*, S. 393f. und S. 414–429; ders., »50 Jahre«, S. 54–58 und S. 68–78; ders., »Hans Giese«.

340 Vgl. Lutz, *Menschenbild*; lobend rezensiert von Volkswartbund-Autor Schückler, vgl. AEK, Gen. II, 23.30/7, Schückler, *Irrwege*, S. 18ff.

341 Walter Becker, »Kinsey und das Bild des Menschen. Die materialistische Fehldeutung der menschlichen Sexualität«, in: *Rheinischer Merkur* (Köln) vom 15.8.198; weitere Besprechungen in: *Der Pfälzer* (Landau), 22.11.1957. Vgl. auch BAK, N 1134/1, unpag., Calmes an Giese, 16.4.1957, sowie Giese an Calmes, 20.4.1957.

342 Vgl. Giese/Schmidt, *Studentensexualität*. Kinseys Mitarbeiter und Nachfolger als Institutsdirektor an der Universität Bloomington Paul H. Gebhard kam in den sechziger Jahren auf Gieses Einladung sogar für einige Wochen auf Vortragsreise nach Deutschland.

343 BAK, N 1134/3, unpag., Giese an Bürger-Prinz, 6.12.1951, sowie Bürger-Prinz an Giese, 4.3.1952. Gieses Brief liegt der Entwurf eines Schreibens an Horkheimer bei, den sein Vater verfasst hatte, um die Eingliederung des Instituts für Sexualforschung in die Universität auf den Weg zu bringen. Bürger-Prinz reagierte darauf aber nicht. Eine Liste der Gründungsmitglieder für die Gremien von Zeitschrift und Schriftenreihe bei Sigusch, »50 Jahre«, S. 43.

344 Schelsky, »Soziologie – wie ich sie verstand«, S. 85; vgl. Rönn, »Homosexualitätsentwürfe«, S. 295f., zu Bürger-Prinz S. 66, auch Anm. 1. Dörner konstatiert eine »nachgerade männerbündlerische Freundschaft« zwischen Schelsky, Gehlen – von dem noch die Rede sein wird – und Bürger-Prinz, vgl. Dörner, »Anmerkungen«, S. 141; vgl. auch Sigusch, *Geschichte der Sexualwissenschaft*, S. 397f.

345 Schelsky/Bürger-Prinz, »Sexualität«, S. 236f.

346 Es erschien zwei Jahre später in dritter Auflage. Zu Schelskys Forschungen vgl. Tyrell, »Helmut Schelskys Familiensoziologie«; Hildebrandt, »Helmut Schelsky im Zenit«; Nolte, *Ordnung*, S. 237ff. und S. 330–335; Schildt, *Moderne Zeiten*, S. 25. Zur Biografie vgl. Rehberg, »Helmut Schelsky«, S. 85ff.; zu Geschichte und Selbstverständnis der Soziologie in der Bundesrepublik vgl. Ziemann, »Soziologie«.

347 So Schelsky im Rückblick des Jahres 1981, vgl. Schelsky, »Soziologie – wie ich sie verstand«, S. 85.

348 Zu methodischen Überlegungen der »Verwissenschaftlichung des Sozialen« vgl. Raphael, »Verwissenschaftlichung«, der die Kinsey-Berichte aber nicht behandelt.

349 Schelsky, »Moral der Kinsey-Reporte«, S. 421; dem Aufsatz sind Nachbemerkungen von Albert Mitterer beigefügt, einem katholischen Moraltheologen.

350 Ebenda, S. 423, Schelsky dazu in *Soziologie der Sexualität*, S. 48ff.

351 Vgl. Schelsky, »Moral der Kinsey-Reporte«, S. 421 und S. 424f.

352 Ebenda, S. 425: Schelsky dazu in *Soziologie der Sexualität*, S. 51f.; ähnlich in ders. »Formen«, S. 146.

353 Ders., »Moral der Kinsey-Reporte«, S. 425.

354 Vgl. Trilling, »Kinsey Report«, Zitate S. 48 und S. 51; ähnlich ders., »Sex and Science«. Die deutsche Übersetzung von Trillings Aufsatz »Kinsey Report« erschien 1952 in der ersten Ausgabe der von der Ford-Foundation finanzierten Zeitschrift *Perspektiven*. Das im S. Fischer-Verlag vierteljährlich publizierte Blatt, das auch auf Französisch und Italienisch erschien, machte es sich zur Aufgabe, Kunst, Literatur und Wissenschaft der USA im Dienst der Förderung internationaler Verständigung in Europa zu präsentieren.

355 Schelsky verwies in seinem Aufsatz in *Wort und Wahrheit* nicht auf Trillings Veröffentlichung. In *Soziologie der Sexualität*, S. 51, und in »Die sozialen Formen der sexuellen Beziehungen«, S. 147, finden sich aber Fußnoten dazu. Schelsky rezipierte nach Kriegsende eine Fülle an amerikanischer wissenschaftlicher Literatur, zu der allem Anschein nach auch Trillings Schriften gehörten. Zum transatlantischen Wissenschaftstransfer, der nach Kriegsende eine deutliche Neuerung in der Soziologie darstellte, vgl. Gerhardt, *Denken*; zu Schelsky vgl. Rehberg, »Helmut Schelsky«, S. 82, auch Tyrell, »Helmut Schelskys Familiensoziologie«, S. 50f.; vgl. außerdem Kral, *Brennpunkt Familie*, S. 22; Schäfer, »Mittelstandsgesellschaft«.

356 Kleinere Publikationen in Fachbüchern gingen voran, die auf dem Aufsatz in *Wort und Wahrheit* beruhten, darunter Schelsky, »Formen«.

357 Ebenfalls *Soziologie der Sexualität* nannte Rüdiger Lautmann sein 2002 publiziertes Überblickswerk über den Zusammenhang von Sexualität und Gesellschaft. Lautmann, ehemals Assistent von Schelsky, ist der einzige bundesdeutsche Ordinarius für Soziologie, der sich mit Sexualität befasst. Er würdigte Schelskys Buch zwar, lehnt aber dessen auf Moral fokussierte Deutung ab; vgl. Lautmann, *Soziologie der Sexualität*; dazu auch das Interview mit Lautmann in der *Zeitschrift für Sexualforschung*, das den programmatischen Titel trägt: »›Ich schreibe einen Anti-Schelsky‹«.

358 Schelsky, *Soziologie der Sexualität*, S. 57; der Begriff »Gegenaufklärung« ebd., S. 8 und S. 66. Die Ausführungen zu Kinsey, ebd., S. 51 – 59, sind über weite Passagen mit dem Aufsatz in *Wort und Wahrheit* identisch, zum Teil ergänzte Schelsky sie noch. Ähnlich ders., »Verdunkelung oder Gegenaufklärung«, S. 840.

359 Schelsky, *Soziologie der Sexualität*, S. 9. In eine ähnliche Richtung ging zuvor der französische Soziologe und Theologe Jacques Ellul. Der in Bordeaux lehrende Wissenschaftler veröffentliche 1950 in der Kulturzeitschrift *Universitas* einen vermutlich ebenfalls von Lionel Trilling beeinflussten Aufsatz über Kinsey. Diesem warf er vor, sich »von einem materialistischen Vorurteil« leiten zu lassen und »vollständig antiwissenschaftlich« vorzugehen. Ellul nannte Kinseys Forschungen ein »wissenschaftliches Scheingebilde«; dieser selbst sei nichts anderes als ein »Techniker«, der lediglich Verhaltensformen messe und zähle. Indem er die »Moral der Zahl« propagiere, leugne er jede christliche, überhaupt jede geistige Idee. Er verwechsle »das, was ist, mit dem, was sein soll«. Ellul hielt Kinseys Breitenwirkung

(»blinde Unterwerfung unter die Technik«) für zerstörerisch und sagte den »Zusammenbruch der sexuellen Sitten in den USA« voraus, vgl. Ellul, »Kinsey-Bericht«, Zitate S. 1414f., S. 1418 und S. 1421.

360 Schelsky, *Soziologie der Sexualität*, S. 7.

361 Vgl. Ziemann, »Soziologie«.

362 Schelsky, »Moral der Kinsey-Reporte«, S. 429, hier auch das folgende Zitat; Schelsky dazu in *Soziologie der Sexualität*, S. 56; vgl. Schildt, *Moderne Zeiten*, S. 562, Anm. 57.

363 Schelsky, *Soziologie der Sexualtiät*, S. 87 und S. 75.

364 Ebenda, S. 59–87.

365 Vor Hirschfeld benutzte schon Karl Heinrich Ulrichs den Begriff »drittes Geschlecht«, vgl. Sigusch, *Geschichte der Sexualwissenschaft*, S. 159.

366 Zur Verfolgung Hirschfelds, der 1935 in der Emigration starb, vgl. Herzer, *Magnus Hirschfeld*, Kotowski/Schoeps (Hg.), *Magnus Hirschfeld*; Wiesner, »Sturm«; Sigusch, *Geschichte der Sexualwissenschaft*, S. 232 und S. 365–370.

367 Schelsky, *Soziologie der Sexualität*, S. 52, hier auch das folgende Zitat.

368 Ebenda, S. 109.

369 Schelsky, »Verdunkelung oder Gegenaufklärung«, S. 840.

370 Ebenda; ders., *Soziologie der Sexualität*, S. 112.

371 Schelsky, *Soziologie der Sexualität*, S. 118. Vgl. dazu Schildt, *Moderne Zeiten*, S. 358. »Sexualität als Konsum« lautet bei Schelsky auch eine Kapitelüberschrift. Zur Konsumkritik in den fünfziger Jahren vgl. Schildt, *Moderne Zeiten*, S. 352–363.

372 Schelsky, »Moral der Kinsey-Reporte«, S. 430, hier auch das folgende Zitat; ders. dazu in *Soziologie der Sexualität*, S. 57.

373 Schelsky, »Moral der Kinsey-Reporte«, S. 431, hier auch das folgende Zitat; ders. dazu in *Soziologie der Sexualität*, S. 37ff. und S. 58. Über die gestiegenen Ansprüche an den solidarischen sozialen Zusammenhalt schrieb er in *Wandlungen der deutschen Familie*, S. 259ff.

374 Schelsky, *Soziologie der Sexualität*, S. 58; ähnlich Schelsky/Bürger-Prinz, »Sexualität«, S. 235. Als wollte er gleich selbst die beste Bestätigung seiner Prognose liefern, ignorierte Schelsky Sexualität in seiner 1957 erschienenen jugendsoziologischen Studie über *Die skeptische Generation*, die ihm erneut größte Aufmerksamkeit sicherte; zum Buch vgl. Kersting, »Helmut Schelskys ›Skeptische Generation‹«; vgl. auch Hacke, *Philosophie der Bürgerlichkeit*, S. 31–35.

375 Die Auflagenentwicklung der Rowohlt-Taschenbuchreihen ist in Hintermeier/Raddatz (Hg.), *Rowohlt Almanach*, nicht festgehalten, aber den Büchern zu entnehmen. Im Jahr 1967 kam die Schrift in der 17. Auflage und 1971 in der 21. Auflage heraus, bis 1982 erschien sie in 192 000 Exemplaren. Zum Leseverhalten in der frühen Bundesrepublik und zur Bedeutung des Taschenbuchs vgl. Schildt, *Moderne Zeiten*, S. 126f.; Maase, *Grenzenloses Vergnügen*, S. 248; zum Rowohlt-Verlag vgl. Gieselbusch u.a., *100 Jahre Rowohlt*, S. 173f.; Wittmann, *Geschichte*, S. 410f. und S. 420.

376 »Lektüre«, in: *Der Spiegel* vom 19.10.1955: »In drei gleich großen Stapeln lagen die ersten Bände der neuen Rowohlt-Enzyklopädie in der Bundestags-Buchhandlung aus. Als erster Stapel schwand die ›Soziologie der Sexualität‹ rapide dahin, etwas langsamer folgten ›Konjunkturen und Krisen‹. Mit Abstand kam am Schluß ›Die Revolution der modernen Kunst‹.« Zur Taschenbuchreihe vgl. Gieselbusch u.a., *100 Jahre Rowohlt*, S. 200f.

377 »Hier irrt Herr Kinsey …«, in: *Münchner Merkur* vom 1.2.1955, zu einem Vortrag von Schelsky in der von Ernesto Grassi veranstalteten Reihe »Mensch und Tier« im Prinz-Carl-Palais in München; »Starke Kritik an Kinseys ›Enthüllungen‹«, in: *Schleswig-Holsteinische Volkszeitung* vom 3.12.1955; »Der Mensch ist mehr als ein Säugetier«, in: *Generalanzeiger* (Bonn) vom 20.2.1957, mit Bericht über eine Veranstaltung des Katholischen Bildungswerks zur Frage »Hat Kinsey recht?«; »Die Moral der Kinsey-Berichte«, in: *Tagebuch. Zeitschrift für Kultur und Politik* (Wien) vom 17.12.1955; weitere Folgen am 8.10.1955 und am 14.1.1956, mit langen Auszügen aus Schelskys Buch. Vgl. auch KI, Binder 55, Nr. 180, Süddeutscher Rundfunk (Stuttgart), Wissenschaft und Literatur: Notwendige Nachlese zum Kinsey-Report, von Hans Daiber, 26.4.1955, mit Nachwort zum Kinsey-Report von Helmut Schelsky.

378 Sontheimer, »Sexualität und Gesellschaft«, hier auch zum Folgenden.

379 Schelsky, »Verdunkelung und Gegenaufklärung«, S. 843f.

380 Schelsky, *Soziologie der Sexualität*, S. 58.

381 Hochheimer, »Kinsey-Berichte«. Zur Gründung der *Psyche* und zum wissenschaftlichen Profil der Zeitschrift bis Ende der sechziger Jahre vgl. Freimüller, *Mitscherlich*, S. 177–189 und S. 410; Dehli, *Leben*, S. 187ff.

382 Vgl. Hochheimer, »Kinsey-Berichte«, S. 36. Die *Psyche* hatte 1953 eine überaus kritische Rezension des Schweizer Psychoanalytikers Jacques Berna über Kinsey veröffentlicht, der sich empört über die Lieblosigkeit der amerikanischen Kultur äußerte, vgl. Berna, »Verhalten«.

383 Vgl. Hochheimer, »Kinsey-Berichte«, S. 34.

384 Vgl. Undeutsch, »Sexualität im Jugendalter«, hier S. 433f. Undeutsch korrespondierte wegen der festgestellten Mängel mit Kinsey, der die Fehler auch einräumte; vgl. ebenda, S. 436, Anm. 1.

385 Ebenda, S. 449ff.

386 Ebenda, S. 435. Ihm lagen Forschungsdaten über das Sexualverhalten in Schweden vor, die in den vierziger Jahren erhoben, aber nicht veröffentlicht worden waren. Undeutsch publizierte wenige Jahre später eine Vergleichsstudie über das Sexualverhalten in Schweden, Norwegen, Westdeutschland und den USA, vgl. Undeutsch, »Comparative Incidence«; dazu auch Hesse, »Sitzungsbericht«, S. 78f.

387 Lenz, »Sexualität« S. 452ff., Auf S. 452 heißt es in der Anmerkung: »Hier sind in exakter und unangreifbarer Form Fakten zusammengetragen und auch ausgewertet worden, die man bisher nicht für möglich oder besser nicht für glaublich gehalten hat. Man kann das Resultat der amerikanischen

Arbeit in dem Satz zusammenfassen: Er hat die Bedeutung der Sexualität in unserem Leben neu bewiesen und die Verlogenheit unserer heutigen offiziellen Moral in ein deutliches Licht gestellt.«

388 *Der Nervenarzt. Monatsschrift für alle Gebiete nervenärztlicher Tätigkeit mit besonderer Berücksichtigung der psychosomatischen Beziehungen* 20,6 (Juni 1949), S. 276–282, hier S. 276, verfasst von R. Meyer-Mickeleit.

389 Vgl. Hochheimer, »Kinsey-Berichte«, S. 4.

390 Hochheimer, »Aufklärung und Gegenaufklärung«.

391 Ebenda, S. 781. Hochheimer schrieb: »Eine Terrorwelle ›weltanschaulicher Zucht‹, die ihn [den ›Prozeß der Aufklärung‹] verbot und aufhielt, liegt hinter uns.«

392 Ebenda, hier auch das folgende Zitat. Schelsky, *Soziologie der Sexualität*, S. 12, nannte »die soziale Regelung der Geschlechtsbeziehungen eine Kontrolle und Zucht zur biologischen Zweckmäßigkeit«.

393 Hochheimer, »Aufklärung und Gegenaufklärung«, S. 765, S. 776 und S. 780.

394 Schelsky, »Verdunkelung oder Gegenaufklärung«, S. 837f., S. 843, S. 846, S. 851 und S. 854f.

395 Er schrieb, er habe Kinseys Methode in einer öffentlichen Diskussion verteidigt, an der auch Hochheimer teilnahm; Veranstalter, Ort und Zeitpunkt des Gesprächs sind allerdings nicht zu eruieren.

396 Schelsky, »Verdunkelung oder Gegenaufklärung«, S. 839 und S. 842.

397 Ebenda, S. 841.

398 Ebenda, S. 844: »Auch die Atomwissenschaftler z.B. haben erkennen müssen, daß mit der optimistischen Hoffnung allein, ihre Forschungen würden ›letzten Endes früher oder später der Menschheit zum Vorteil gereichen‹, die Dinge wohl nicht mehr abgetan sind, und haben sich den moralischen sozialen und politischen Problemen, die in der Anwendung ihrer Forschungsergebnisse zutage getreten sind, gestellt – weshalb ich z.B. Robert Oppenheimer als einen ›Gegenaufklärer‹ in meinem Sinne betrachten würde«; vgl. ferner ebenda, S. 847.

399 Ebenda, S. 851.

400 Ebenda, S. 853. Auf S. 854 wiederholte Schelsky die Formulierung: »daß aus mir nun der klischeehafte Popanz des die Wahrheit ›verschleiernden‹ und die Forschung ›beschränkenden‹ Finsterlings geworden ist, den die ›Aufklärung‹ offensichtlich braucht, um ihr Licht strahlen zu lassen«.

401 Ebenda, S. 851ff., Zitat S. 853.

402 Ebenda, S. 854.

403 Hochheimer, »Viel Lärm um Normen der Sexualität«, S. 859.

404 Ebenda, S. 864f.

405 Ebenda, S. 867.

Kapitel 3

1 Über die Unternehmerin, die 1999, zwei Jahre vor ihrem Tod, an die Börse ging, liegen die Biografie von Steen, *Liebesperlen*, und einige Aufsätze vor: Heineman, »Economic Miracle«; Lau, *Sexfronten*, S. 11 und S. 43–50; Bastian, *Niemandszeit*, S. 38–58; Delille/Grohn, »Hauptmann«; Gillen, »Wunder«, S. 127–132, Kral, *Brennpunkt Familie*, S. 55–59. Elizabeth Heineman arbeitet an einer Biografie über Uhse im Kontext der bundesdeutschen Konsumkultur. Zum Tod von Beate Uhse vgl. Herbert Riehl-Heyse, »Mutter der Erotik-Heimwerker«, in: *Süddeutsche Zeitung* vom 19.7.2001.

2 Zu Uhses Erinnerungen an die NS-Zeit und die ersten Nachkriegswochen vgl. Bastian, *Niemandszeit*, S. 43f. und S. 47ff.; Uhse/Pramann, *Ich will Freiheit für die Liebe*, S. 100–103. Dokumente über ihren Wehrmachteinsatz und ihre britische Haft (deren Dauer unbekannt ist) blieben nicht erhalten. Über Frauen in alliiertem Gewahrsam ist wenig bekannt; zu ihnen soll auch Hildegard Knef gehört haben, die ihrer Autobiografie zufolge mehrere Wochen in sowjetischer Kriegsgefangenschaft war, was allerdings nicht belegt ist. Allgemein zu Fliegerinnen in der Weimarer Republik und im Dritten Reich vgl. Zegenhagen, »*Schneidige deutsche Mädels*«. Der *Spiegel* thematisierte in den sechziger Jahren Uhses Karriere als Fliegerin in einigen Porträts und betrieb verbale Spielereien wie: »Nach dem Krieg half sie dem deutschen Volk, den siebenten Himmel anzusteuern«, Zit. nach »Dieses und jenes«, in: *Der Spiegel* vom 26.5.1965.

3 FZH, 18-9.1.2, Bd. 1, unpag., Anklageschrift des Schöffengerichts Flensburg, 30.3.1951; FZH, 18-9.2.3, -vs, 41, unpag., Beate-Uhse-Story, 1990.

4 Vgl. Grossmann, *Reforming Sex*; Soden, »§ 218«; Usborne, *Cultures*; dies., *Frauenkörper*; Werle, *Abtreibung im Strafgesetz*, S. 77 und S. 421f.

5 RGBl. 1941 I, S. 63, Polizeiverordnung, 21.1.1941; vgl. dazu den Rechtskommentar von Hans Pfundtner und Reinhard Neubert, *Das neue deutsche Reichsrecht*, Loseblattsammlung Nr. 64.

6 RGBl. 1943 I, S. 140f., Polizeiverordnung, 9.3.1943; vgl. Kundrus, *Kriegerfrauen*, S. 387.

7 Vgl. Waite, »Sonderstellung«; Czarnowski, »Frauen«; Jerouschek, »Geschichte«; Poutrus, »Staat«; Dienel, »20. Jahrhundert«; Jütte, *Lust*, S. 239–279; zur antinatalistischen Politik des NS-Regimes vgl. Bock, *Zwangssterilisation*.

8 BAK, B 189/6320, Landesärztekammer Schleswig-Holstein an Bundesfamilienministerium, 25.6.1954: »Hier haben wir eine der Quellen der Abtreibungsseuche, der Jahr für Jahr unzählige Mütter und ungeborene Kinder zum Opfer fallen.«

9 Vgl. Poutrus, »Von den Massenvergewaltigungen zum Mutterschutzgesetz«; Tröger, »Rape«; Grossmann, »Question«; dies., »Continuities«; zur Auseinandersetzung über die Rechtsfragen vgl. Gante, *§ 218*; Nuys-Henkelmann, »Sonne«; zu den Vergewaltigungen in der SBZ vgl. Naimark, *Russen*, S. 158 und S. 169f.; Mühlhäuser, »Vergewaltigungen«; Münch, »*Frau komm!*«; zu Berlin vgl. als eindrucksvolle Aufzeichnungen einer Betroffenen Anonyma,

Frau; zeitgenössische Schilderungen aus den letzten Kriegsmonaten versammelt ferner Kempowski, *Echolot. Abgesang 1945*, passim; zu sexueller Gewalt in den Westzonen vgl. Henke, *Besetzung*, S. 100f.; einen kurzen Forschungsüberblick bietet Heineman, »Gender, Sexuality«; zu Krieg und sexueller Gewalt im zwanzigsten Jahrhundert in internationaler Perspektive vgl. Herzog (Hg.), *Brutality*.

10 BAK, B 142/4116, darin Abschriften der Gesetze über Schwangerschaftsverhütungsmittel in den einzelnen Bundesländern 1949/50; BAK, B 141/63801, S. 20f., Überblick über die Handhabung der Polizeiverordnung vom 21.1.1941 in den Bundesländern, 3.8.1951.

11 BAK, B 142/4116, unpag.: »Schwangerschaftsunterbrechung und Geburtenregelung. Eine Arbeitstagung der Ärztekammer Schleswig-Holstein in der Grenzakademie Sankelmark, 1.–2.9.1956«, in: *Schleswig-Holsteinisches Ärzteblatt* vom September 1956, S. 195f.; Friedrich von Rohden, »Die Entwicklung der legalen Schwangerschaftsunterbrechung im Bundesgebiet im ersten Nachkriegsjahrzehnt«, in: *Schleswig-Holsteinisches Ärzteblatt* vom September 1956, S. 196–208; interner Vermerk des Bundesgesundheitsministeriums, 10.2.1955, mit Vergleichszahlen der Bundesländer.

12 BAK, B 189/6320, »Legale Schwangerschaftsunterbrechung und Mütterhilfe«, in: *Schleswig-Holsteinisches Ärzteblatt* vom Mai 1954, Sonderdruck, sowie »Jahresbericht über die Tätigkeit der Gutachter- und Mütterhilfsstellen der Ärztekammer Schleswig-Holstein«, in: *Schleswig-Holsteinisches Ärzteblatt* vom April 1955, Sonderdruck, beide von Friedrich von Rohden. Die Zahl der zwischen 1950 und 1957 vorgenommenen Schwangerschaftsabbrüche wird auf eine halbe bis eine Million geschätzt.

13 BAK, B 142/4117, ausführlicher Vermerk des Bundesgesundheitsministeriums über die Gesetzesplanungen, 21.11.1950, sowie Bundesinnenministerium an Senator für das Gesundheitswesen in Berlin, 27.1.1953, mit der Mitteilung, dass eine Neufassung der Verordnung in der geplanten Form eines bundeseinheitlichen Gesetzes nicht mehr zu erwarten sei. Vgl. auch BT-Berichte 4. WP, 21.2.1964, S. 5395–5399.

14 Zu Sanger vgl. Gordon, *Property*; McCann, *Birth Control Politics*; Jütte, *Lust*, S. 247–261.

15 LA SH, Abt. 355 Flensburg, Nr. 502, unpag., Ermittlungsakten gegen Beate Rotermund (Uhse) 1949, darin Originale der »Schrift X« und der Werbezettel. Als Faksimile ist die »Schrift X« abgedr. in Bastian, *Niemandszeit*, S. 55f., vgl. hier auch Uhses Selbstdarstellung über die Anfänge ihres Unternehmens; vgl. außerdem Uhse/Pramann, *Ich will Freiheit für die Liebe*, S. 100–121.

16 Sie spricht in ihrer Autobiografie von rund 30 000 Stück. In der polizeilichen Vernehmung hatte sie 1950 angegeben, sie habe 100 000 Werbezettel verteilt, wovon aber nur zwei Prozent zu Bestellungen geführt hätten, vgl. LA SH, Abt. 355 Flensburg, unpag., Nr. 502, Vernehmung Uhse bei der Oberstaatsanwaltschaft Flensburg, 17.3.1950; BAK, B 141/4676, S. 177–191, hier

S. 179, Ausführungen von Staatsanwalt Janzen über das Versandhaus Beate Uhse, Anlage zur Tagungsniederschrift der Zentralstellenleitertagung, 21.–25.5.1959. Uhses Autobiografie erschien 1989, seither kamen mehrere Auflagen heraus, vgl. Uhse/Pramann, *Ich will Freiheit für die Liebe*. Unter dem Titel *Sex sells* publizierte Uhse 2000 eine als »Erfolgsstory« etikettierte Firmengeschichte, in der sie sich indes auf ihre Unternehmensstrategien seit den frühen siebziger Jahren konzentriert.

17 FZH, 18-9.1.1, Bd. 1, unpag., Gewerbeschein der Stadt Flensburg für den Vertrieb chemisch-pharmazeutischer Präparate, 18.8.1949, sowie Urkunde der britischen Militärregierung über die Registrierung von »Distribution and Sale of Books and Pamphlets«, 3.9.1949.

18 Vgl. Sauerteig, *Krankheit*, S. 281f.

19 Vgl. Heineman, »Economic Miracle«, S. 855f. und S. 864f.

20 Dazu ausführlich weiter oben.

21 LA SH, Abt. 355 Flensburg, Nr. 502, unpag., Stimmt in unserer Ehe alles?, 1957, S. 3 und S. 32.

22 LA SH, Abt. 786, Nr. 2421, S. 2–24, hier S. 8f., Oberstaatsanwalt in Flensburg an Landgericht Flensburg, 17.3.1959, Anklageschrift gegen Beate Rotermund (Uhse).

23 LA SH, Abt. 355 Flensburg, Nr. 502, unpag., Ermittlungsakten gegen Beate Rotermund (Uhse), Vernehmung Uhse bei der Oberstaatsanwaltschaft Flensburg, 28.1.1949. Uhse datierte ihre erste polizeiliche Vernehmung in ihrer Autobiografie fälschlich auf das Jahr 1950, vgl. Uhse/Pramann, *Ich will Freiheit für die Liebe*, S. 128f.

24 LA SH, Abt. 355 Flensburg, Nr. 502, unpag., R.V. an Staatsanwaltschaft Braunschweig, 16.1.1949, von dort zuständigkeitshalber an die Flensburger Behörden weitergeleitet.

25 LA SH, Abt. 355 Flensburg, Nr. 502, unpag., Gesundheitsamt Flensburg an Kriminalpolizeistelle Flensburg, 4.2.1949.

26 BAK, B 141/4676, S. 177–191, hier S. 179, Ausführungen von Staatsanwalt Janzen über das Versandhaus Beate Uhse, Anlage zur Tagungsniederschrift der Zentralstellenleitertagung, 21.–25.5.1959. In Uhses Selbstdarstellungen kommt ihr Geschäft mit der Traumdeutung nicht vor.

27 LA SH, Abt. 355 Flensburg, Nr. 502, unpag., Uhse handschriftlich an Kriminalpolizeistelle Flensburg, 3.3.1949.

28 LA SH, Abt. 355 Flensburg, Nr. 502, unpag., Schreiben aus Worms an die Polizeidirektion Flensburg, 24.9.1949.

29 LA SH, Abt. 355 Flensburg, Nr. 502, unpag., Central-Ausschuss für die Innere Mission der Deutschen Evangelischen Kirche an Oberstaatsanwaltschaft beim Landgericht Flensburg, 24.3.1949.

30 LA SH, Abt. 355 Flensburg, Nr. 502, unpag., Deutsche Zentralstelle zur Bekämpfung der Schwindelfirmen an Gewerbepolizei Flensburg, 8.6.1949.

31 LA SH, Abt. 355 Flensburg, Nr. 502, unpag., darin die Anzeigen; Zu den Zitaten vgl. Schreiben aus Worms an die Polizeidirektion Flensburg, 24.9.1949,

und Schreiben eines Oberstudienrats aus Münster an die Staatsanwaltschaft beim dortigen Landgericht, 16.9.1949.

32 LA SH, Abt. 355 Flensburg, Nr. 502, unpag., Peters an Oberstaatsanwaltschaft Flensburg, 15.9.1949.

33 LA SH, Abt. 355 Flensburg, Nr. 502, unpag., Vermerk der Oberstaatsanwaltschaft Flensburg, 21.2.1950.

34 FZH, 18-9.1.2, Bd. 1, unpag., Landgericht Flensburg, Urteil im Verfahren gegen Beate Rotermund (Uhse), 29.9.1953; BAK, B 141/4676, S. 177 – 191, hier S. 179, Ausführungen von Staatsanwalt Janzen über das Versandhaus Beate Uhse, Anlage zur Tagungsniederschrift der Zentralstellenleitertagung, 21.– 25.5.1959, mit Hinweis auf das Urteil des Landesgerichts; LA SH, Abt. 786, Nr. 2421, S. 2 – 24, hier S. 5, Oberstaatsanwalt in Flensburg an Landgericht Flensburg, 17.3.1959, Anklageschrift gegen Beate Rotermund (Uhse), ebenfalls mit Hinweis auf das Urteil vom September 1953. Ein Urteil des Amtsgerichts Flensburg von 1971, wonach Uhse eine Geldstrafe von 6000 Mark bezahlen sollte, wurde vom dortigen Landgericht nach wenigen Monaten wieder aufgehoben. Zahlreiche Rechtsgutachten, die Uhse in den Jahren 1961 bis 1982 einholen ließ, zeugen von den vielen gerichtlichen Auseinandersetzungen, vgl. FZH, 18-9.1.3, Bd. 1 – 4, unpag. In der Hauszeitung war von den Prozessen selten die Rede. Vgl. aber FZH, 18-9.2.3, Bd. 39, unpag.: *Absender: Beate*. Hauszeitung der Firma Beate Uhse, März 1969, 6000 DM Geldstrafe brachten Schlagzeilen!, mit Abbildungen; *absender: Beate*. Hauszeitung der Firma Beate Uhse, Dezember 1969, Freispruch für Beate Uhse, sowie Letzte Meldung. Noch ein Freispruch. In Zeitungsberichten nach Uhses Tod hieß es, gegen sie seien 700 Gerichtsprozesse und 2000 Ermittlungsverfahren geführt worden, in einigen Blättern ist auch von 3000 Ermittlungsverfahren die Rede. Diese Zahlen sind bloße Schätzungen und lassen sich nicht erhärten. Vgl. »Keine Angst vorm Fliegen«, in: *Frankfurter Allgemeine Zeitung* vom 15.6.2001; »Diskrete Post aus Flensburg«, in: *Frankfurter Allgemeine Zeitung* vom 19.7.2001; »Verhüterin des ewigen Feuers«, in: *Süddeutsche Zeitung* vom 11./12.1.2003; »Die Lust-Macherin«, in: *Die Zeit* vom 20.3.2003.

35 LA SH, Abt. 355 Flensburg, Nr. 502, unpag., Peters an Generalstaatsanwalt in Schleswig, 17.3.1950.

36 AEK, Gen. II 23.30/2, S. 14 – 17, hier S. 14, Calmes an die Fuldaer Bischofskonferenz, 1.7.1948, Aus dem Arbeitsgebiet des Volkswartbundes 1947/48; S. 4ff., hier S. 6, Calmes an Frings, 10.12.1948. Vgl. auch AEK, Gen. II 23.30 b, unpag., *Volkswartbund an alle Mitglieder* (Januar 1949); AEK, Gen. 23.30/4, unpag., »Schamlose Geschäfte! Der erotische Versandhandel«, in: *Volkswartbund an alle Mitglieder* (Herbst 1952) AEK, Gen. II 23.30 /5, unpag., Georg Schückler, »Das Schund- und Schmutzgesetz und seine Verwirklichung«, in: *Das Schund- und Schmutzgesetz und unsere Verantwortung*.

37 AEK, Gen. II 23.30 b, unpag., Volkswartbund. Tätigkeitsbericht für das Jahr

1956, verfasst von Calmes, hg. im Januar 1957. AEK, Gen. II 23.30 b, unpag. Calmes an Frings, 13.7.1954.

38 AEK, Gen. 23.30/4, unpag., *Jugendnot – Jugendhilfe.*

39 LA SH, Abt. 355 Flensburg, Nr. 502, unpag.: Sitzungsprotokoll des Amtsgerichts Flensburg, 4.7.1950; Vermerk der Oberstaatsanwaltschaft Flensburg, 2.6.1950; Stellungnahme Uhse zur Anklageschrift an das Amtsgericht Flensburg, 28.3.1950.

40 LA SH, Abt. 355 Flensburg, Nr. 502, unpag., Sitzungsprotokoll des Amtsgerichts Flensburg, 4.7.1950.

41 Vorausgegangen war 1895 die vom preußischen Staat initiierte Einrichtung staatsanwaltschaftlicher Kontrollstellen in Frankfurt am Main, Köln und Potsdam zur Überwachung des Auslandshandels mit anstößigen Publikationen. Die Polunbi führte das »Verzeichnis der auf Grund des § 184 des Reichstrafgesetzbuches eingezogenen und unbrauchbar zu machenden sowie der als unzüchtig verdächtigen Schriften«. Zu Polizeimaßnahmen wegen Schmutz und Schund im Kaiserreich vgl. Fullerton, »Commercial Popular Culture«, S. 502; Jäger, »Kampf«, S. 178f.; Stark, »Pornography«, S. 202f.; Weeks, *Sex,* S. 20; Dickinson, »Morality«, S. 101; Zeising, *Bekämpfung,* S. 121f.

42 Die genaue Bezeichnung lautete seither »Deutsche Zentralpolizeistelle zur Bekämpfung unzüchtiger Schriften, Abbildungen und Inserate«. Vgl. AEK, Gen. I 23.30/1, S. 637–649, *Schund und Schmutz,* darin: »Die Polizei im Kampfe gegen die Schmutz- und Schundliteratur. Vortrag von Kriminalkommissar Filschau (Köln) im Verein für polizeiwissenschaftliche Fortbildung«, S. 13–21, hier S. 16. Bei der Staatsanwaltschaft des Landgerichts Berlin war 1921 zur Verstärkung der Polunbi ein Sonderdezernat entstanden, das für die gleichen Delikte zuständig war.

43 1926 erschienen mehrere Auflagen des Katalogs; Nachträge folgten 1929 und 1936. Vgl. auch BayHStA, MInn 92025, unpag., Bayerisches Justizministerium an Bayerisches Innenministerium, 7.6.1951; AEK, Gen. I 23.30/2, S. 563–567, Arbeitsgemeinschaft für Volksgesundung, Mitteilungen Nr. 11, 20.3.1933, mit Wortlaut des Erlasses des Preußischen Justizministeriums zur Bekämpfung unzüchtiger Schriften, Abbildungen, Darstellungen usw. vom 7.3.1933, sowie S. 569–572, Bekanntmachung des Volkswartbunds, 24.3.1933.

44 AEK, Gen. II 23.30/3, S. 172–174, hier S. 173, Volkswartbund an die Fuldaer Bischofskonferenz, 15.7.1949, Übersicht über den Stand der öffentlichen geschlechtlichen Sittlichkeit im heutigen Deutschland, mit der vollmundigen Meldung, der Verband habe die Einrichtung der Zentralstelle »beantragt und durchgesetzt«. Vgl. auch AEK, Gen. II 23.30/3, S. 104f., »Baut Dämme!«, in: *Volkswartbund an alle Mitglieder* (Januar 1950); BAK, B 141/26578, S. 8–11, Protokoll über die Konferenz des Volkswartbundes mit Richtern und Staatsanwälten aus Nordrhein-Westfalen im Restaurant Burggraf in Düsseldorf, 10.5.1951, verfasst von Calmes, sowie S. 18ff., Auszug aus der Niederschrift über die Arbeitstagung der Generalstaatsanwälte aus Nord-

rhein-Westfalen, Rheinland-Pfalz und Bayern während der Jahrestagung des Volkswartbunds in Schleswig, 19.–21.3.1952.

45 AEK, Gen. II 23.30/3, S. 183, Justizminister Nordrhein-Westfalens an die Generalstaatsanwälte in Düsseldorf, Hamm und Köln, 25.5.1949, sowie S. 184, Calmes an Frings, 2.6.1949, mit Abschrift des Schreibens des Justizministers.

46 BAK, B 117/8, S. 23, auch BayHStA, MInn 92025, unpag., Bayerisches Staatsministerium der Justiz an die Generalstaatsanwälte in München, Nürnberg und Bamberg, 12.4.1950, sowie Ministerialamtsblatt der bayerischen inneren Verwaltung, 1.6.1950. Vgl. auch »Sonderdezernat gegen Schmutz und Schund«, in: *Süddeutsche Zeitung* vom 30.3.1950; »Dezernat für ›Schmutz und Schund‹«, in: *Münchner Merkur* vom 30.3.1950; BT-Berichte 1. WP, 13.7.1950, S. 2672; BAK, 141/4675, S. 113f., Richtlinien über die Tätigkeit der Zentralstelle zur Bekämpfung unzüchtiger Schriften, Abbildungen und Darstellungen beim Generalstaatsanwalt in München, 20.4.1954; BayHStA, MInn 92025, unpag., Polizeipräsidium München an Bayerisches Innenministerium, 8.11.1950, sowie Bayerisches Innenministerium an Stadtrat München, 19.12.1950.

47 BAK, B 141/4675, S. 9, Ausschnitt aus der Niederschrift über die Sitzung des Justizkollegiums in Rothenburg ob der Tauber, 31.3.–2.4.1950, sowie S. 11, Dehler an die Landesjustizverwaltungen (mit Ausnahme von Württemberg-Hohenzollern, deren Beauftragte dem Bundesjustizministerium bereits bekannt waren), 23.6.1950; BayHStA, MInn 92025, unpag., Bayerisches Innenministerium an die Generalstaatsanwälte in München, Nürnberg und Bamberg, 27.11.1950. In Niedersachsen wurde das Dezernat zur Bekämpfung von Schmutz und Schund schon im Herbst 1949 bei der Landeskriminalpolizei gegründet; es war keine Sonderstaatsanwaltschaft, sondern nur eine Koordinationsstelle. Vgl. »Kulturpolizei?«, in: *Frankfurter Rundschau* vom 1.12.1949.

48 BAK, B 141/4675, S. 13–33, Justizverwaltungen der Länder an das Bundesjustizministerium, mit Reaktionen auf die Aufforderung des Bundesjustizministers, 3.7.1950, sowie S. 29, Verzeichnis über Sonderdezernate bei den Staatsanwaltschaften für die Bekämpfung jugendgefährdenden Schrifttums, Oktober 1950; nur die Reaktionen Hessens und Niedersachsens standen im Herbst 1950 noch aus.

49 Nach kurzer, intensiver Ermittlungstätigkeit endeten die diesbezüglichen Bemühungen der bundesdeutschen Justiz spätestens mit der Gründung der Bundesrepublik. Amnestiegesetze sorgten dafür, dass die strafrechtliche Verfolgung von NS-Verbrechern fortan ausblieb; vgl. Frei, »Vergangenheitspolitik«, S. 25–131; zu den deutschen Justizermittlungen während der Besatzungszeit vgl. Raim, »Wiederaufbau«, vor allem S. 162–173; zur Zentralen Stelle der Landesjustizverwaltungen in Ludwigsburg, die im Dezember 1958 nach Absprachen der Justizminister der Länder als zentrale Vorermittlungsbehörde für NS-Verbrechen eingerichtet wurde, aber, anders als die

Sonderbehörden für Schmutz und Schund, keine Exekutivbefugnisse besaß, vgl. Weinke, *Gesellschaft*.

50 BAK, B 117/8, Korrespondenz zwischen Schilling und Generalstaatsanwalt Speidel über Maßnahmen gegen FKK-Hefte, aus der hervorgeht, dass Vorbereitungen für regelmäßige Besprechungen seit Februar 1952 im Gang waren. Dokumente über die Zusammenkünfte liegen bis 1972 vor; ab 1965 fanden die Treffen alle zwei beziehungsweise drei Jahre statt, vgl. BAK, B 189/18429, unpag., Niederschrift über die Dienstbesprechung der Sonderstaatsanwälte zur Bekämpfung unzüchtiger Schriften und Abbildungen in München, 19.–20.12.1952, sowie Niederschrift über die Tagung der Leiter der Zentralstellen zur Bekämpfung unzüchtiger Schriften und Abbildungen in Bad Kissingen, 11.12.1953. Hamburg, Bremen, Niedersachsen, Berlin und Schleswig-Holstein waren 1952 und 1953 noch nicht vertreten. Protokolle liegen vor über die Tagungen der Leiter der Zentralstellen zur Bekämpfung unzüchtiger Schriften und Abbildungen in Hamburg, 23./24.10.1956, in Stuttgart, 10./11.1.1958, in Sankelmark bei Flensburg, 21.–23.5.1959, auf Norderney, 7.–9.6.1961, in Berlin, 23.–25.10.1962, in München, 26.–28.9.1963, in Bad Lippspringe, 27.–30.10.1964 (auch zusätzliches Kurzprotokoll), alle BAK, B189/18429, unpag.; BAK, B 141/4676, S. 18–38, Protokoll der Tagung der Leiter der Zentralstellen zur Bekämpfung unzüchtiger Schriften und Abbildungen in Düsseldorf, 11.2.1955, sowie S. 71–91, Niederschrift der Tagung der Leiter der Zentralstellen zur Bekämpfung unzüchtiger Schriften und Abbildungen in Wiesbaden, 6.–7.12.1955; BAK, B 189/18430, unpag., Niederschrift über die Tagung der Leiter der Zentralstellen zur Bekämpfung unzüchtiger und jugendgefährdender Schriften, Abbildungen und Darstellungen in Saarbrücken, 22.–24.9.1965, in Hamburg 10.–12.10.1967, in Kassel 3.–4.6.1969, in Stuttgart, 14.–15.3.1972; BAK, B 141/26579, B 141/26580, Tagungsunterlagen des Bundesjustizministeriums ab 1961.

51 An das Bundesjustizministerium hatte sich 1951 ein Kölner Rechtsanwalt gewandt, um Maßnahmen gegen Uhse in Gang zu setzen, vgl. BAK, B 141/26574, S. 41f., Dr. C. an Bundesjustizministerium, 4.12.1951.

52 BAK, B 117/8, S. 23 und S. 49, Edmund Speidel, Generalstaatsanwalt in München, an Schilling, 12.2.1952.

53 BAK, B 141/4675, S. 32, Niedersächsisches Justizministerium an Dehler, 17.11.1950.

54 BAK, B 141/26573, S. 4f., Bundesministerium des Innern an Kriminalpolizeiamt für die britische Zone, 11.1.1951, sowie S. 12, Bundesministerium des Innern an Bundesministerium der Justiz, 5.3.1951; BAK, B 141/26573, unpag., Niederschrift über die Tagung der Leiter der Zentralstellen zur Bekämpfung unzüchtiger und jugendgefährdender Schriften und Abbildungen in Hamburg, 23./24.10.1956, mit dem Hinweis, dass das Bundeskriminalamt innerhalb von fünf Jahren etwa 2550 Schriften im Katalog erfasst habe.

55 Dies zur Präzisierung und Verdeutlichung eines klaren Zusammenhangs und zur Differenzierung der vor allem ideologisch begründeten Annahme

von Herzog, die »68er« hätten die NS-Bezüge irrtümlich interpretiert, vgl. Herzog, *Politisierung*.

56 Zum Bundeskriminalamt vgl. Wagner, *Hitlers Kriminalisten*, S. 149–186; ders., »Resozialisierung«; Schenk, *Wurzeln*; Maegerle, »Vergangenheit«. Das Bundeskriminalamt beauftragte im Herbst 2007 eine Historikerkommission mit der Erforschung des NS-Hintergrunds seiner Beamten. Unter Leitung von Patrick Wagner, Professor für Zeitgeschichte in Halle-Wittenberg, wird die Frage untersucht, inwiefern und wie lange die NS-Vergangenheit die Organisation der Behörde und die Organisationskultur der Gründungsgeneration prägte; Ergebnisse sind für Dezember 2010 angekündigt. Zum 131er-Gesetz vgl. Frei, »Vergangenheitspolitik«, S. 69–100.

57 Vgl. Linck, »Stammtisch-Geschichte«; Maegerle, »Vergangenheit«, Schenk, *Wurzeln*, S. 67f.

58 AEK, Gen. II 23.30 b, unpag., Volkswartbund. Tätigkeitsbericht für das Jahr 1956, verfasst von Calmes, hg. im Januar 1957, sowie Volkswartbund. Einladung und Programm der Jubiläums- und Jahrestagung am 3.3.1958; »Lockere Urlaubspraxis«, in: *Rheinische Post* vom 4.3.1958, mit Bericht über die Tagung; »Sechzig Jahre Volkswartbund«, in: *Aachener Volkszeitung* vom 6.3.1958; AEK, Gen. II 23.30 b, unpag., Volkswartbund. Tätigkeitsbericht für das Jahr 1958; AEK, Gen. II 23.30/8, Thomsen, *Schmutz*, zu seinen Erfahrungsberichten. Thomsens Teilnahme an den Zentralstellenleitertagungen lässt sich anhand der Protokolle seit 1955 nachweisen.

59 AEK, Gen. II 23.30/8, Thomsen, *Schmutz*, S. 23.

60 BAK, B 141/4675, S. 46–49, Vermerk der Justizministerkonferenz über die Richtlinien für die einheitliche Ausgestaltung und Aufgabenstellung der Zentralstellen zur Bekämpfung unzüchtiger Schriften und Abbildungen, 26.6.1953. Die Regelung über die bundesweite Zusammenarbeit der Staatsanwaltschaften wurde auf der Justizministerkonferenz vom 3. bis 4.12.1952 in Trier und in einer Ausschusssitzung der Justizministerkonferenz vom 12. bis 13.3.1953 beraten.

61 BT/PA, NWDR, 4.1.1952, Wolfgang Jaeger über das neue Jugendschutzgesetz.

62 »Dichtung in der Paragraphen-Mühle«, in: *Frankfurter Rundschau* vom 10.12.1954; »Schund und Schmutz in der Rechtsprechung«, in: *Frankfurter Rundschau* vom 15.9.1952.

63 BAK, B 153/318, S. 410–410a, Zentralstelle zur Bekämpfung unzüchtiger Schriften und Abbildungen in München an den Gesamtverband der deutschen Zeitungsverleger, den Verein Deutscher Zeitungsverleger, den Verband Deutscher Zeitschriftenverleger und den Verband deutscher Buch-, Zeitungs- und Zeitschriften-Grossisten, 15.10.1952; »Vielseitiger Briefwechsel«, in: *Der Spiegel* vom 13.8.1952.

64 LA SH, Abt. 351, Nr. 1178, unpag., Verfahren gegen Beate Rotermund (Uhse) vor dem Schöffengericht Flensburg, 28.6.1951, hier auch zum Folgenden; BAK, B 141/4676, S. 177–191, hier S. 179, Ausführungen von Staatsanwalt Janzen über das Versandhaus Beate Uhse, Anlage zur Tagungsniederschrift

der Zentralstellenleitertagung, 21.–25.5.1959; FZH, 18-9.1.1, Bd. 1, unpag., Gewerbeschein der Stadt Flensburg für Uhses Buch- und Broschürenversandgeschäft und für den Vertrieb kosmetischer, hygienischer und pharmazeutischer Präparate, mit Ausnahme apothekenpflichtiger Waren, 22.2.1951.

65 Deswegen erhob die Justiz erneut Anklage gegen Uhse, und das Verfahren ging durch mehrere Instanzen; vgl. FZH, 18-9.1.2, Bd. 1, unpag., Anklage- und Urteilsschriften der Gerichte sowie Anwaltskorrespondenz, insbesondere Verfahren des Landgerichts Flensburg gegen Beate Rotermund (Uhse), Urteil am 29.9.1953.

66 BAK, B 141/4676, S. 177–191, hier S. 181, Ausführungen von Staatsanwalt Janzen über das Versandhaus Beate Uhse, Anlage zur Tagungsniederschrift der Zentralstellenleitertagung, 21.–25.5.1959.

67 LA SH, Abt. 351, Nr. 1178, unpag., Verfahren gegen Beate Rotermund (Uhse) vor dem Schöffengericht Flensburg, 28.6.1951, auch in: FZH, 18-9.1.2, Bd. 1, unpag., dort zudem Anklageschrift des Schöffengerichts Flensburg, 30.3.1951.

68 LA SH, Abt. 351, Nr. 1178, unpag., Berufungsverfahren gegen Beate Rotermund (Uhse) vor dem Landgericht Flensburg. 25.9.1951.

69 FZH, 18-9.1.2, Bd. 1, unpag., Berufungsrechtfertigung des Oberstaatsanwalts Flensburg, 3.8.1951.

70 LA SH, Abt. 351, Nr. 1178, unpag., Revisionsverfahren gegen Beate Rotermund (Uhse) vor dem Oberlandesgericht Schleswig-Holstein, 9.4.1952. Damit war noch nicht das letzte Wort gesprochen. Die Verhandlung wurde wieder aufgenommen, ein weiteres Revisionsurteil fiel, und die Sache zog sich bis in den Herbst 1953; vgl. FZH, 18-9.1.2, Bd. 1, unpag., Landgericht Flensburg, Urteil im Verfahren gegen Beate Rotermund (Uhse), 29.9.1953.

71 FZH, 18-9.1.2, Bd. 1, unpag., Urteilsschrift des Schöffengerichts Flensburg im Verfahren gegen Beate Rotermund (Uhse), 17.6.1952.

72 FZH, 18-9.1.2, Bd. 1, unpag., Uhse an Generalstaatsanwalt in Schleswig, 28.1.1952. Die Beschwerde wurde abgewiesen, vgl. FZH, 18-9.1.2, Bd. 1, unpag., Oberstaatsanwalt Flensburg (zuständigkeitshalber vom Generalstaatsanwalt eingeschaltet) an Uhse, 29.2.1952.

73 LA SH, Abt. 355 Flensburg, Nr. 502, unpag., Abschrift des Urteils des Schöffengerichts Münster, 22.11.1952.

74 RGBl. 1941 I, S. 587, Polizeiverordnung über die Werbung auf dem Gebiete des Heilwesens, 29.9.1941; BAK, B 141/63801, S. 71f., »Die Polizeiverordnung vom 29. September 1941 über die Werbung auf dem Gebiete des Heilwesens, insbesondere ihre Bedeutung für die Apotheker«, in: *Der Deutsche Apotheker in Hessen. Nachrichtenblatt der Landesapothekenkammer*, o.D. (Sommer 1951); BT-Berichte 4. WP, 21.2.1964, S. 5395–5399.

75 FZH, 18-9.1.2, Bd. 1, unpag., Bundesgerichtshof, Urteil im Verfahren gegen Beate Rotermund (Uhse), 19.7.1955; LA SH, Abt. 351, Nr. 1178, unpag., Vermerke der Oberstaatsanwaltschaft Flensburg über das Urteil des Bundesgerichtshofs; LA SH, Abt. 355 Flensburg, Nr. 502, unpag., Ausführungen zum

Urteil, 30.10.1957; BAK, B 141/4676, S. 177–191, hier S. 179, Ausführungen von Staatsanwalt Janzen über das Versandhaus Beate Uhse, Anlage zur Tagungsniederschrift der Zentralstellenleitertagung, 21.–25.5.1959, mit Zitaten aus dem Urteil.

76 BAK, B 141/4676, S. 177–191, hier S. 179, Ausführungen von Staatsanwalt Janzen über das Versandhaus Beate Uhse, Anlage zur Tagungsniederschrift der Zentralstellenleitertagung, 21.–25.5.1959.

77 LA SH, Abt. 351, Nr. 1178, unpag., Vermerk der Oberstaatsanwaltschaft Flensburg über den Freispruch in Aachen am 14.9.1956.

78 FZH, 18-9.2.3, Bd. 1, unpag., Geschäftsentwicklungsbericht, o.D., Stempel vom 10.7.1965.

79 Zum »Eigen-Sinn« als Handlungsgrundlage vgl. Lüdtke, *Eigen-Sinn*; vgl. auch Davis/Lindenberger/Wildt (Hg.), *Alltag*; dies., »Einleitung«.

80 Zur sozialen Lage vgl. zusammenfassend Kleinschmidt, *Konsumgesellschaft*, S. 136–152; Schildt, *Moderne Zeiten*, S. 43–47 und S. 351; ders., »Modernisierung«; ders., »Wohlstand«; zum Ländervergleich vgl. Kaelble, *Sozialgeschichte Europas*, S. 93–98.

81 Literaturverweise zu »Lebensstil« als Ausdruck gesellschaftlicher Schichtenzugehörigkeit bei Schildt, »Jahrhundert der Massenmedien«, S. 177, Anm. 5.

82 Allgemein zur Lage der Kriegsheimkehrer und zu ihrer gesellschaftlichen Integration vgl. Biess, *Homecomings*; ders., »Survivors«; ders., »Männer«; Goltermann, *Gesellschaft*; dies., »Beherrschung«; Schwelling, *Heimkehr*; Echternkamp, *Nach dem Krieg*, S. 176–192.

83 LA SH, Abt. 351, Nr. 1178, unpag., Durch einen glücklichen Zufall, 1953, S. 14. Gegenüber Journalisten und in Selbstdarstellungen betonte Beate Uhse stets die vielen Dankschreiben, die sie erhalte. Faksimilierte Auszüge aus den Briefen wurden in manchen Firmenkatalogen abgedruckt, aber die Originale sind in den Firmenakten und dem Nachlass der Unternehmerin im Beate-Uhse-Archiv an der Forschungsstelle für Zeitgeschichte in Hamburg nicht überliefert. Nach Auskunft ihrer persönlichen Referentin und engen Vertrauten Irmgard Hill, einer ehemaligen Amtsrichterin in Flensburg, legte sie keinen Wert darauf, sie aufzubewahren. Frau Hill arbeitete seit Anfang der achtziger Jahre für Beate Uhse und war vor allem für die Pressearbeit zuständig; Gespräch mit Irmgard Hill am 12.8.2002. Vgl. auch FZH, 18-9.2.3, Bd. 46, unpag., »… das mußte ich Ihnen einmal schreiben …« 1963, Sammlung von Auszügen aus anonymisierten Kundenbriefen, auf dem Titel versehen mit der Beglaubigung und dem Siegel eines Notars; die Sammlung enthält auffallend viele Briefzitate von Absendern mit akademischem Titel.

84 LA SH, Abt. 351, Nr. 1178, unpag., Durch einen glücklichen Zufall, 1953, S. 4f.

85 Ebenda, S. 6f., hier auch das folgende Zitat; vgl. außerdem FZH 18-9.2.3, Bd. 45, unpag., Prospekt »Ein ernstes Problem gelöst«, o.D. (etwa 1960).

86 LA SH, Abt. 351, Nr. 1178, unpag., Durch einen glücklichen Zufall, 1953, S. 3 und S. 9.

87 BAK, B 189/18434, unpag., Bilanz über die Arbeit der Bundesprüfstelle bis Ende Oktober 1954, abgedr. in: AEK, Gen. II 23.30/7, unpag., Im Kampf um Sitte und Sittlichkeit. Ein Jahr Volkswartbundarbeit, Köln 1955, S. 11 – 28, hier S. 22, Robert Schilling, »Das Jugendschriftenschutzgesetz in der Bewährung«. Auf der Zentralstellenleiterkonferenz 1956 schätzte Schilling die Zahl hingegen nur auf rund 800 000, vgl. BAK, B 189/18429, unpag., Niederschrift über die Tagung der Leiter der Zentralstellen zur Bekämpfung unzüchtiger Schriften und Abbildungen in Hamburg, 23. – 24.10. 1956.

88 FZH 18-9.2.3, Band 45, unpag., Prospekt »Ein ernstes Problem gelöst«, o.D. (etwa 1960).

89 AEK, Gen. 23.30/4, unpag., *Schamlose Geschäfte! Der erotische Versandhandel. Volkswartbund an alle Mitglieder* (Herbst 1952).

90 Ebenda; AEK, Gen II 23.30/7, unpag., Calmes an Generalvikar Teusch, 13.9.1955; AEK, Gen. II 23.30 b, unpag., Calmes an Frings, 6.5.1957.

91 AEK, Gen. 23.30/4, unpag., *Schamlose Geschäfte! Der erotische Versandhandel. Volkswartbund an alle Mitglieder* (Herbst 1952), mit Angaben zu den Recherchen von Staatsanwalt Robert Schilling, wonach es bundesweit 104 Firmen gab.

92 »Schund und Schmutz in der Rechtsprechung«, in: *Frankfurter Rundschau* vom 15.9.1952. Der Volkswartbund veröffentlichte das Zitat in einer Broschüre, die sich ausgiebig mit dem Versandhandel befasste, vgl. AEK, Gen. 23.30/4, unpag., *Schamlose Geschäfte! Der erotische Versandhandel. Volkswartbund an alle Mitglieder* (Herbst 1952).

93 AEK, Gen. 23.30/4, unpag., *Schamlose Geschäfte! Der erotische Versandhandel. Volkswartbund an alle Mitglieder* (Herbst 1952), mit Zitaten aus Schillings Broschüre.

94 BAK, B 141/4676, S. 177 – 191, hier S. 178, Anlage zur Tagungsniederschrift der Zentralstellenleitertagung, 21. – 25.5.1959.

95 LA SH, Abt. 351, Nr. 1178, unpag., Durch einen glücklichen Zufall, 1953, S. 12f., Bestellschein. Die Absenderangabe lautete später auch »B.R.U. Flensburg, Fach 291«; die Initialen standen für Beate Rotermund-Uhse.

96 LA SH, Abt. 355 Flensburg, Nr. 502, unpag., Stimmt in unserer Ehe alles?, 1957; hier auch die folgenden Zitate. Eine erste Version hatte Uhse schon zwischen Oktober 1950 und Juni 1952 verschickt, insgesamt mehr als 420 000 Exemplare. Die gerichtlichen Auseinandersetzungen darüber sind dokumentiert in: FZH, 18-9.1.2, Bd. 1, unpag., Landgericht Flensburg, Urteil im Verfahren gegen Beate Rotermund (Uhse), 12.10.1954. Uhse legte den Prospekt bis 1958 noch mehrere Male auf. Ein Faksimile des Umschlags abgedr. in: Steen, *Liebesperlen*, nach S. 150, und Uhse, *Sex sells*, nach S. 112.

97 LA SH, Abt. 351, Nr. 1178, unpag.: Oberstaatsanwalt beim Landgericht Flensburg an den Generalstaatsanwalt Schleswig, 15.5.1956; Vermerk des Generalstaatsanwalts Schleswig, 23.5.1956; Oberstaatsanwalt beim Landgericht

Flensburg an den Generalstaatsanwalt Schleswig, 4.8.1956; Vermerk des Generalstaatsanwalts Schleswig, 31.8.1956.

98 AEK, Gen II 23.30/6, unpag., Calmes an Hochwürden Geheimsekretär Hubert L., Köln, 9.9.1957, auf dessen Anzeige gegen die Firma Uhse.

99 AEK, Gen II 23.30/6, unpag., Calmes an Hochwürden Geheimsekretär Hubert L., Köln, 9.9.1957: »Die berüchtigte Firma Beate Uhse Flensburg, wohl die größte dieser Art im Bundesgebiet, hat sich augenblicklich die Stadt Köln als Wirkungsstätte ausersehen.« Zur Zahl der Kunden vgl. Heineman, »Mythos«, S. 71; dies., »Economic Miracle«, S. 858.

100 LA SH, Abt. 355 Flensburg, Nr. 502, unpag., Protokoll der Vernehmung von Beate Rotermund, 6.2.1968.

101 LA SH, Abt. 355 Flensburg, Nr. 502, unpag., Oberkreisdirektor Landkreis Meppen an Oberstaatanwalt beim Landgericht Osnabrück, 3.2.1958.

102 LA SH, Abt. 355 Flensburg, Nr. 502, unpag.: Berichte der Kripo Cuxhaven, 11. und 12.12.1957; Namenliste der minderjährigen Broschürenempfänger, 28.12.1957; Jugendring Kreis Dinslaken an Oberstaatsanwalt in Flensburg, 18.12.1957; Protokoll der Zeugenaussage des Vorsitzenden des Kreisjugendrings und Leiters des Lehrlingsheims Dinslaken, 2.1.1958; Kreisjugendpfleger im Kreis Meschede an dortige Kripo, 3.2.1958; Kripovermerk, 10.3.1958; Leiter des Wohnheims Sankt Michael in Ahlen an Staatsanwaltschaft Münster, 15.10.1957.

103 LA SH, Abt. 355 Flensburg, Nr. 502, unpag.: Jugendamtsleiter im Kreis Meschede an Bundesfamilienminister Wuermeling, 15.2.1958; Anzeige von G.M. gegen Beate Rotermund (Uhse) bei der Kripo Meschede, 24.3.1958; Aussage von G.M. bei der Kripo Meschede, 10.5.1958; H.J. an Kripo Cuxhaven, 11.12.1957, Strafanzeige gegen Beate Rotermund (Uhse).

104 LA SH, Abt. 351, Nr. 1178, unpag., Zentralstelle Schleswig-Holstein an Zentralstelle Hessen zur Strafanzeige des Superiors des Claretinerseminars in Frankfurt am Main, 1.2.1957.

105 LA SH, Abt. 786, Nr. 2421, S. 2 – 24, hier S. 11, Oberstaatsanwalt in Flensburg an Landgericht Flensburg, 17.3.1959, Anklageschrift gegen Beate Rotermund (Uhse).

106 Leserbrief von Wuermeling zum Bericht der Zeitung »Wann endet dieser Skandal?« vom 12.8.1956, in: *Allgemeine Sonntagszeitung* vom 19.8.1956; ACDP, NL Wuermeling, 01-221-23 (CIII5), unpag., Wuermelings Korrespondenz mit Fraktionskollegen und Privatpersonen, die sich mit Klagen über die Versandhäuser an ihn gewandt hatten.

107 FZH, 18-9.1.2, Bd. 1, unpag., Bundesgerichtshof, Urteil im Verfahren gegen Beate Rotermund (Uhse), 18.11.1957; »Beschluss des großen Strafsenats des Bundesgerichtshofs vom 18.11.1957, Paragraph 185 Strafgesetzbuch«, in: *Neue Juristische Wochenschrift* vom 7.2.1958, S. 228f.; LA SH, Abt. 786, Nr. 2421, S. 2 – 24, hier S. 6, Oberstaatsanwalt in Flensburg an Landgericht Flensburg, 17.3.1959, Anklageschrift gegen Beate Rotermund (Uhse), mit Zitat aus dem Urteil; AEK, Gen II 23.30/6, unpag., Erzbischöfliches Gene-

ralvikariat an Johannes H. aus Königswinter, 9.4.1962, mit dem Hinweis, dass der Bundesgerichtshof sein Urteil am 19.3.1958 bestätigt habe. Vgl. auch »Karlsruhe: Eine Beleidigung«, in: *Die Welt* vom 21.2.1958.

108 »Beschluss des großen Strafsenats des Bundesgerichtshofs vom 18.11.1957«, in: *Neue Juristische Wochenschrift* vom 7.2.1958, S. 228f.; BAK, B 189/18430, unpag., Niederschrift über die Tagung der Leiter der Zentralstellen zur Bekämpfung unzüchtiger und jugendgefährdender Schriften, Abbildungen und Darstellungen in Saarbrücken, 22.–24.9.1965. Das zentrale Thema der Tagung lautete »Beleidigung durch unverlangte Zusendung von Werbeschriften«.

109 LA SH, Abt. 351, Nr. 1178, unpag., Oberstaatsanwalt in Flensburg an Zentrale Stelle in Schleswig und Zentrale Stelle in Hessen, 18.4.1959; das Urteil in Aachen erging am 28.10.1958. Die Heilmittelwerbeverordnung war noch bis Juni 1966 gültig.

110 LA SH, Abt. 786, Nr. 2421, S. 1, Oberstaatsanwalt in Flensburg an Justizminister Schleswig-Holsteins, 20.3.1959, mit Ankündigung der Durchsuchung, die am 21.4.1959 stattfand; LA SH, Abt. 786, Nr. 2421, S. 26, Oberstaatsanwalt in Flensburg an Justizminister Schleswig-Holsteins, 5.5.1959, Mitteilung über die noch ausstehende richterliche Beschlagnahmeentscheidung.

111 LA SH, Abt. 786, Nr. 2421, S. 27ff., Oberstaatsanwalt Flensburg an Justizminister Schleswig-Holsteins, 19.5.1959, mit der Mitteilung, gegen die Ablehnung sei Beschwerde eingelegt worden. Mangels Aussicht auf Erfolg wurde die Beschwerde im Juli 1959 wieder zurückgenommen.

112 BAK, B 141/4676, S. 177–191, hier S. 189, Anlage zur Tagungsniederschrift der Zentralstellenleitertagung, 21.–25.5.1959.

113 BAK, B 141/4676, S. 177–191, Zitate S. 177, S. 185 und S. 188, Anlage zur Tagungsniederschrift der Zentralstellenleitertagung, 21.–25.5.1959.

114 LA SH, Abt. 786, Nr. 2421, S. 48f., Oberstaatsanwalt in Flensburg an Justizminister Schleswig-Holsteins und Generalstaatsanwalt in Schleswig, 16.3. und 11.4.1960; passim, Behördenkorrespondenz seit 1959 über die Terminfrage.

115 BAK, B 189/18396, unpag., Uhses Anwälte an Bundesverfassungsgericht, 8.3.1968, sowie Gutachten zur Frage der Altersprüfung in der Firma Uhse, o.D. (1967), mit einer Schilderung der Firmenpraxis seit den fünfziger Jahren und der Angabe, das Unternehmen hole grundsätzlich Selbstauskünfte der Kunden über ihr Alter ein und überprüfe sie anhand von Informationen der Einwohnermeldeämter; FZH, 18-9.1.3, Bd. 2, unpag., Gutachten zum Altersprüf- und Versandsystem, o.D.

116 LA SH, Abt. 786, Nr. 2421, S. 2–24, hier S. 18, Oberstaatsanwalt in Flensburg an Landgericht Flensburg, 17.3.1959, Anklageschrift gegen Beate Rotermund (Uhse). Solche Testbestellungen nahmen später auch Bonner Ministerien vor, vgl. BAK, B 189/18396, unpag., Bundesminister für Familie und Jugend an Bundesverfassungsgericht, 17.9.1969.

117 LA SH, Abt. 786, Nr. 2421, S. 34–42, Oberstaatsanwalt in Flensburg an

Landgericht Flensburg, 9.12.1959; S. 52–59, Oberstaatsanwalt in Flensburg an Landgericht Flensburg, 25.6.1960; S. 64–69, Oberstaatsanwalt in Flensburg an Landgericht Flensburg, 1.2.1961; S. 74–76, Oberstaatsanwalt in Flensburg an Landgericht Flensburg, 28.7.1961; S. 82ff., Oberstaatsanwalt in Flensburg an Landgericht Flensburg, 25.10.1961. Vgl. auch »›Versandhaus der Liebe‹ vor Gericht«, in: *Hamburger Echo* vom 1.12.1961.

118 LA SH, Abt. 786, Nr. 2421, S. 50 und S. 62, Oberstaatsanwalt in Flensburg an Justizminister Schleswig-Holsteins und Generalstaatsanwalt in Schleswig, 19.5. und 30.12.1960; LA SH, Abt. 351, Nr. 1178, unpag., L.W., Rechtsanwalt von Beate Uhse, an Oberlandesgericht Schleswig, 5.4.1960, sowie W.K., Rechtsanwalt von Beate Uhse, an Oberlandesgericht Schleswig, 29.4.1960.

119 LA SH, Abt. 351, Nr. 1178, unpag., diverse Einstellungsvermerke; die erwähnte Ankündigung datierte vom 4.10.1958.

120 »Inhaberin eines Flensburger Versandhauses erneut angeklagt«, in: *Kieler Nachrichten* vom 29.11.1961.

121 BAK, B 141/26577, unpag., Beschluss des Landgerichts Flensburg im Strafverfahren gegen Beate Uhse, 28.11.1961.

122 LA SH, Abt. 786, Nr. 2421, S. 90, Oberstaatsanwalt in Flensburg an Justizminister Schleswig-Holsteins und den Generalstaatsanwalt in Schleswig, 29.11.1961; S. 95, Beschluss der I. Großen Strafkammer des Landgerichts Flensburg (19 Seiten), 28.11.1961; »Beate-Uhse-Akten nach Karlsruhe«, in: *Deutsche Zeitung* (Köln) vom 30.11.1961; »Bundesverfassungsgericht soll entscheiden«, in: *Flensburger Tageblatt* vom 30.11.1961; »Bundesverfassungsgericht soll entscheiden«, in: *Flensburger Presse* vom 14.12.1961. Der katholische *Rheinische Merkur* schrieb: »In allen Berichten über die Flensburger Bedenken gegen die Einengung der freien Entfaltung der Persönlichkeit steht eine ans Herz gehende Story aus dem Dritten Reich. Die Inhaberin des ›Versandgeschäfts für Ehehygiene‹ war nämlich, so steht es geschrieben, im Krieg Einfliegerin und hat Flugzeuge nach Frontflughäfen überführt. (...) Gerade ihr früherer ›Einsatz‹ sollte es Beate Uhse eingeschärft haben, daß das Risiko zu jenem Ungewöhnlichen gehört, dem sie sich damals so, heute anders widmet.« Vgl. »Flensburger Skrupel«, in: *Rheinischer Merkur* vom 8.12.1961.

123 LA SH, Abt. 786, Nr. 2421, S. 96, S. 98–108 und S. 110–114, Oberstaatsanwalt in Flensburg an Justizminister Schleswig-Holsteins und Generalstaatsanwalt in Schleswig, 20.3., 18.6., 21.9. und 19.12.1962, 19.3., 15.7. und 17.10.1963, 6.2., 13.6., 19.8. und 19.11.1964, 20.8.1965, 2.6.1966, 10.1. und 28.11.1967.

124 LA SH, Abt. 351, Nr. 1178, unpag., Oberstaatsanwalt in Flensburg an Zentralstelle zur Bekämpfung unzüchtiger und jugendgefährdender Schriften in Baden-Württemberg über den Generalstaatsanwalt in Schleswig, 20.6.1967; vgl. Uhse/Pramann, *Ich will Freiheit für die Liebe*, S. 175–178; FZH, 18-9.2.3, Bd. 39, unpag., »Viele Namen – eine Familie«, in: *absender: Beate. Hauszei-*

tung der Firma Beate Uhse vom April 1962, mit der Angabe von 1,5 Millionen Kunden.

125 FZH, 18-9.2.3, Bd. 1, unpag., Information für die Presse aus Anlass der Geschäftseröffnung in Hamburg mit Angaben über den Kundenzuspruch in Flensburg, o.D. (Februar 1965).

126 »Die Liebesdienerin der Nation«, in: *Die Zeit* vom 28.1.1972; demnach kamen dreißig von hundert Katalogbestellungen von Frauen.

127 FZH, 18-9.2.3, Bd. 39, unpag., »Viele Namen – eine Familie«, in: *absender: Beate. Hauszeitung der Firma Beate Uhse* vom April 1962; »Der Carl Stephenson-Verlag«, in: *absender: Beate. Hauszeitung der Firma Beate Uhse* vom April 1962; »Frühjahrsproduktion unserer Verlage«, in: *absender: Beate. Hauszeitung der Firma Beate Uhse* vom April 1966.

128 BAK, B 189/18396, unpag., Bundeskriminalamt an Bundesinnenminister, 9.8.1966; FZH, 18-9.2.3, Bd. 39, unpag., »Viele Namen – eine Familie«, in: *absender: Beate. Hauszeitung der Firma Beate Uhse* vom April 1962.

129 FZH, 18-9.2.3, Bd. 1, unpag., Geschäftsentwicklungsbericht, 15.9.1961; das Reformhaus bestand von 1956 bis 1960.

130 FZH, 18-9.2.3, Bd. 47, unpag., Katalog.

131 FZH, 18-9.2.3, Bd. 1, unpag., Geschäftsentwicklungsbericht, 24.10.1957; Uhse differenzierte darin ihr Personal in 25 Arbeiter und 32 Angestellte. Vgl. auch BAK, B 141/4676, S. 177 – 191, hier S. 178, Ausführungen von Staatsanwalt Janzen über das Versandhaus Beate Uhse, Anlage zur Tagungsniederschrift der Zentralstellenleitertagung, 21. – 25.5.1959; zur Firmenentwicklung vgl. außerdem LA SH, Abt. 351, Nr. 1178, S. 106 – 133, hier S. 111, Anklage des Landgerichts Flensburg gegen Beate Rotermund (Uhse), o.D. (Mai 1967); Uhse, *Sex sells*, S. 217 – 221.

132 FZH, 18-9.2.3, Bd. 39, unpag., »Unser Startplatz für 1962«, in: *absender: Beate. Hauszeitung der Firma Beate Uhse* vom Februar 1962. Die Hauszeitung erschien bis August 1973.

133 FZH, 18-9.2.3, Bd. 45, unpag., Katalog »Der ›unbekannte‹ Nachbar, den Millionen kennen«, 1961.

134 FZH, 18-9.2.3, Bd. 39, unpag., »Unser Presse-Referent«, in: *absender: Beate. Hauszeitung der Firma Beate Uhse* vom Juni 1965. Den Posten übte viele Jahre lang Hannes Baiko aus.

135 »Bundesverfassungsgericht soll entscheiden«, in: *Flensburger Presse* vom 14.12.1961.

136 FZH, 18-9.2.3, Bd. 39, unpag., »Die Grundsätze des Versandhauses für Ehehygiene Beate Uhse«, in: *absender: Beate. Hauszeitung der Firma Beate Uhse* vom April 1962; hier die vorangehenden und folgenden Zitate. Die Grundsätze wurden auch in Broschüren veröffentlicht und den Kunden bekannt gemacht, vgl. z.B. FZH, 18-9.2.3, Bd. 46, unpag., Gesunde Ehe, glückliche Ehe, 1963, sowie Unsere Tür steht allen offen, o.D. (1965).

137 »Geschäftsmoral«, in: *Kieler Nachrichten* vom 23.10.1964; »Dieses und jenes«, in: *Der Spiegel* vom 26.5.1965; zur Auseinandersetzung mit dem Bör-

senverein vgl. auch FZH, 18-9.2.3, Bd. 39, unpag., »Neues vom C. Stephenson-Verlag«, in: *absender: Beate. Hauszeitung der Firma Beate Uhse* vom Juni 1965.

138 BAK, B 189/18396, unpag., Bundeskriminalamt an Bundesinnenminister, 22.7.1964.

139 BAK, B 189/18396, unpag., Bundeskriminalamt an Bundesinnenminister, 20.12.1965; hier auch die folgenden Zitate.

140 Gezählt wurden Betriebe mit deutscher Beteiligung und solche, die Geschäftsbeziehungen nach Westdeutschland unterhielten. Vgl. »Verteidiger wandten sich gegen die Moralschnüffelei«, in: *Hamburger Abendblatt* vom 3.2.1968.

141 BAK, B 189/18396, unpag.: interne Korrespondenz des Bundesinnenministeriums, 7. und 17.1.1966; Vermerk des Bundesinnenministeriums, 1.2.1966; Bundesinnenministerium an Bundeskriminalamt, 1.2.1966. Weitere Nachforschungen wurden aufgenommen, führten aber kaum weiter. Vgl. außerdem ebenda, Bundeskriminalamt an Bundesinnenminister, 9.8.1966, sowie Bundesverfassungsgericht an Bundesinnenminister, 20.9.1968, mit dem Vermerk, dass immer noch kein Material vorliege.

142 LA SH, Abt. 351, Nr. 1178, unpag., Protokolle des Generalstaatsanwalts Schleswig über die Durchsuchung der Geschäftsräume der Firma Beate Uhse am 30.10.1964, verfasst am 2.11.1964 und 4.11.1964; FZH, 18-9.1.2, Bd. 2, unpag., Korrespondenz der Anwälte von Beate Uhse in Sachen »Fanny Hill« ab 1965. Der Beschlagnahmebeschluss des Amtsgerichts Flensburg datierte demnach vom 26.10.1964. Vgl. auch »Auf der Jagd nach ›Fanny Hill‹«, in: *Flensburger Tageblatt* vom 31.10.1964; »Kripo-Fahndung nach ›Fanny Hill‹«, in: *Südschleswigsche Heimatzeitung* vom 31.10.1964; »›Fanny Hill‹ beschlagnahmt«, in: *Schleswig-Holsteinische Volkszeitung* vom 2.11.1964; »›Fanny Hill‹ in Flensburg beschlagnahmt«, in: *Lübecker Nachrichten* vom 3.11.1964.

143 LA SH, Abt. 351, Nr. 1178, unpag., Oberstaatsanwalt Flensburg an Justizminister Schleswig-Holsteins, 2.12.1964; FZH, 18-9.1.2, Bd. 2, unpag., Uhse an Rechtsanwalt Eberhard S., 7.1.1965. Unter den beschlagnahmten Büchern war auch die *Deutsche Erotik des 19. Jahrhunderts*, die (ebenso wie das *Erotische Lesebuch*) in der Münchner Borgia-Press-Verlagsgesellschaft erschienen war.

144 LA SH, Abt. 351, Nr. 1178, S. 106–133, hier S. 113, Anklage des Landgerichts Flensburg gegen Beate Rotermund (Uhse), o.D. (Mai 1967); vgl. Uhse/Pramann, *Ich will Freiheit für die Liebe*, S. 179–188.

145 LA SH, Abt. 351, Nr. 1178, S. 106–133, hier S. 123f., Anklage des Landgerichts Flensburg gegen Beate Rotermund (Uhse), o.D. (Mai 1967); hier auch zum Folgenden.

146 AEK, Gen. II 23.30/7, unpag., Michael Calmes, »Custos, quid de nocte? Der Volkswartbund an der Jahreswende«, in: ders. (Hg.), *Volkswartbund*, S. 3–7, hier S. 6.

147 AEK, Gen. II 23.30 b, unpag., Volkswartbund. Tätigkeitsbericht für das Jahr 1956, verfasst von Calmes, hg. im Januar 1957, mit Abdruck des Dankesbriefes eines Religionslehrers, der berichtete, wie wichtig die Texte des Verbands für seinen Unterricht seien. Zu Österreich und der Schweiz vgl. Jäschke, »Produktionsbedingungen«, S. 483 und S. 494ff.

148 Die UIMP wurde 1951 gegründet. Zur Jahrhundertwende hatte es schon einmal eine internationale Sittlichkeitsbewegung gegeben. 1904 hatte in Köln ein viel beachteter Kongress gegen Schmutz und Schund stattgefunden, und im Mai 1910 hatten mehrere europäische Staaten und die USA ein internationales Abkommen zur Bekämpfung der Verbreitung unzüchtiger Literatur abgeschlossen, das sie Anfang der zwanziger Jahre erneuerten. In Deutschland und vielen anderen Ländern wurden vor dem Ersten Weltkrieg eigene Behörden zur Bekämpfung unzüchtiger Schriften geschaffen, namentlich in Belgien, Dänemark, Frankreich, Großbritannien, Italien, Luxemburg, Norwegen, Österreich, Portugal, Russland, der Schweiz, in Spanien, Ungarn und in den USA; vgl.»Fullerton, Commercial Popular Culture«, S. 502; Jäger, »Kampf«, S. 178f.; Stark, »Pornography«, S. 202f.; Zeising, *Bekämpfung*, S. 121f. Über die von Calmes organisierte Veranstaltung, die vom 13. bis 15.5.1955 stattfand, liegen keine Dokumente vor, vgl. aber AEK, Gen. II 23.30 b, unpag., Calmes an Frings, 9.7.1955. Einige Kirchenblätter und kirchennahe Zeitungen veröffentlichten Ankündigungen und Berichte: »Öffentlichkeit und Jugendschutz«, in: *Echo der Zeit* vom 6.2.1955; »Ein weltweites Problem«, in: *Kölner Kirchenzeitung* vom 13.2.1955; »Sittliche Gefahren und Jugendschutz«, in: *Kölner Kirchenzeitung* vom 10.4.1955; »Der Kölner Sittlichkeitskongreß«, in: *Kölnische Rundschau* vom 16.4.1955.

149 »Müssen wir unsere Kinder vor ›Comics‹ schützen?«, in: *Frankfurter Rundschau* vom 18.1.1955.

150 AEK, Gen. II 23.30/7, unpag., Calmes an Frings, 15.10.1956, betreffs »Mißstände in Hamburg und Bericht über die Zunahme der Vergnügungsstätten in den Großstädten und entsprechende Inserate bzw. Besprechungen in der Tagespresse«. Calmes unternahm die Reise am 8.10.1956 gemeinsam mit Walther Becker, dem Leiter der Aktion Jugendschutz, deren Geschäftsführer und weiteren Begleitern. Calmes bat in seinem Brief Frings »gütigst zu entschuldigen, daß ich beiliegenden Bericht einreiche«, in dem dieser z.B. lesen konnte: »In einem Film traten fünf Mädchen auf, deren Oberkörper völlig frei ist und die um die Lenden teils nur einen schmalen Gürtel tragen, der aber bei den wollüstigen Bewegungen oft herunterrutscht.« Im Generalvikariat wurde auf dem Schreiben handschriftlich notiert: »Dank für Informationen. Em. [Eminenz] wird die Sache im Auge beh. [behalten]«; wieder durchgestrichen ist der Zusatz »soweit es sich um Köln handelt, wird Em. die Angelegenheit verfolgen«.

151 AEK, Gen. II 23.30 b, unpag., Volkswartbund, Einladung und Programm der Jubiläums- und Jahrestagung am 3.3.1958; Calmes an Frings, 3.1.1958; Volkswartbund. Tätigkeitsbericht für das Jahr 1958. Zur Jubiläumstagung

vgl. auch »Lockere Urlaubspraxis«, in: *Rheinische Post* vom 4.3.1958; »Sechzig Jahre Volkswartbund«, in: *Aachener Volkszeitung* vom 6.3.1958.

152 AEK, Gen. II 23.30 b, unpag., Telefonnotiz des Erzbischöflichen Generalvikariats für Kardinal Frings, 1.4.1958, darauf der handschriftliche Vermerk, vermutlich von Frings: »R.i.P.! Ein großer Verlust!«; der Todestag war der 1. April 1958. Vgl. ebenda Kondolenzschreiben von Frings an den Volkswartbund, 3.4.1958, sowie Traueranzeige.

153 AEK, Gen. II 23.30 b, unpag., Böckmann an Generalvikar Teusch, 20.8.1958, mit Bitte um Termin für seinen Antrittsbesuch. AEK, Gen. II 23.30 b, unpag., Traueranzeige des Volkswartbunds. Böckmann starb am 3.3.1959.

154 Im September 1959 trat Heinrich Claes, der seit 1937 als Vorsitzender des Volkswartbunds amtiert hatte, zurück. Zu seinem Nachfolger ernannte Kardinal Frings Oberlandesgerichtsrat Anton Hemmersbach, der genauso blass blieb wie sein Vorgänger. Weyer trat sein Amt im August 1959 an. Vgl. AEK, Gen. 23.30 Zugang 759, Nr. 18, Lebenslauf von Weyer; AEK, Gen. II 23.30 b, unpag.: Bericht über die Revision der Kasse des Volkswartbundes, 13.5.1959; Calmes an Frings, 6.5.1959, Tätigkeitsbericht, verfasst von Weyer; Frings an Claes, 25.9.1959; Frings an Hemmersbach, 25.9.1959; Hemmersbach an Frings 19.10.1959.

155 AEK, Gen 23.30 Zugang 759, Nr. 12, unpag., Dietz, *Grundsätzliches zum Schmutz- und Schundgesetz*, S. 22.

156 Zum Zitat vgl. BAK, B 189/19429, unpag., Niederschrift über die Tagung der Leiter der Zentralstellen zur Bekämpfung unzüchtiger Schriften und Abbildungen in Berlin, 23.–25.10.1962. Im Jahr 1961 kamen über 600 Titel auf den Index, im Jahr darauf waren es knapp 500; vgl. »Schnellverfahren gegen Schund«, in: *Rheinischer Merkur* vom 3.5.1963; BAK, B 189/18430, unpag., Niederschrift über die Tagung der Leiter der Zentralstellen zur Bekämpfung unzüchtiger und jugendgefährdender Schriften, Abbildungen und Darstellungen in Saarbrücken, 22.–24.9.1965, darin: Die Tätigkeit der Bundesprüfstelle im Berichtsjahr 1964/65; Schilling, »Die Bundesprüfstelle im Jahre 1965«. In beiden Jahren wurden jeweils rund 460 Titel indiziert. Vgl. auch BAK, B 189/18434, unpag., Bundesprüfstelle an Bundespräsidialamt, 9.2.1967; zur Gesamtbilanz bis Ende 1968, vgl. Schilling, »Entwicklungen«.

157 AEK, Gen 23.30 Zugang 759, Nr. 13, unpag., Weyer an den Arbeits- und Sozialminister Nordrhein-Westfalens, 13.5.1964, mit Abschrift an die Bischöfe von Aachen, Essen, Köln, Münster und Paderborn, AEK sowie Weyer an Kardinal Frings, 14.5.1964.

158 »Verteidiger wandten sich gegen die Moralschnüffelei«, in: *Hamburger Abendblatt* vom 3.2.1968; »Schwarze Sehnsucht«, in: *Der Spiegel* vom 24.10.1962; »Ein Fräulein von der Post war indigniert«, in: *Kölner Stadt-Anzeiger* vom 6.2.1968, darin Interview mit Weyer.

159 »Schwarze Sehnsucht«, in: *Der Spiegel* vom 24.10.1962.

160 »Pardon und sein Köln«, in: *Pardon. Die satirische Monatsschrift* vom Juli 1964, mit Rückblick auf die Vorgänge von 1962.

161 *Pardon. Die satirische Monatsschrift* vom September 1962, S. 26f. Die Zeichnung wurde im Heft nicht näher erläutert; der Titel bezieht sich offensichtlich auf Tennessee Williams Drama »A Streetcar Named Desire«, das 1947 in New York uraufgeführt worden war. Zu Reaktionen auf die Maßnahmen des Volkswartbunds: »Pardon-Notizen. Die Tugendwächter«, in: *Pardon. Die satirische Monatsschrift* vom Oktober 1962, S. 10f.; »Pardon-Post«, in: *Pardon. Die satirische Monatsschrift* vom November 1962, S. 6.

162 Leserbriefe, in: *Der Spiegel* vom 12.12.1962.

163 »Pardon-Notizen. Die Tugendwächter«, in: *Pardon. Die satirische Monatsschrift* vom Oktober 1962, S. 10f. Das erste Heft war mit einer Auflage von 50 000 Exemplaren erschienen; 25 000 wurden nachgedruckt.

164 BAK, B 141/26582, Aufruf der Buchverleger, Wehret den Anfängen!, o.D. (1961).

165 »Völlig außerhalb des Gesetzes«, in: *Vorwärts* vom 8.11.1961.

166 BT-Berichte 4. WP, 7.12.1961, S. 131.

167 »Verkappte Zensoren. Mit ›Klopffechten‹ ist ein Schaukampf gemeint«, in: *Vorwärts* vom 14.6.1962.

168 Gerhard Szczesny begründete die Humanistische Union 1961 zusammen mit Fritz Bauer. Über die Organisation und ihre gesellschaftliche Bedeutung wurde noch kaum geforscht, vgl. aber Hofmann, *Untersuchung*. Über Sexualität und das »Sittengesetz« erschien in der von der Humanistischen Union hg. Zeitschrift *Vorgänge* zeitgenössisch der Aufsatz von Schepper, »Gesetz«; zur Abwehr von Szczesnys Kritik an der Bundesprüfstelle vgl. BAK, B 189/18429, unpag., Niederschrift über die Tagung der Leiter der Zentralstellen zur Bekämpfung unzüchtiger Schriften und Abbildungen in Bad Lippspringe, 27.–30.10.1964.

169 »Kunst darf auch frivol werden«, in: *Frankfurter Rundschau* vom 13.2.1963.

170 »Wer soll hier eigentlich geschützt werden?«, in: *Die Zeit* vom 10.5.1963.

171 So *Der Mittag* (Düsseldorf) vom 2.11.1963. Vgl. auch »Die Sittenrichter der Bundesrepublik«, in: *Deutsche Zeitung* vom 3.3.1964.

172 AEK, Gen 23.30 Zugang 759, Nr. 12, unpag., H.B. an Erzbischöfliches Ordinariat Köln, 12.10.1963. Die Sendung des Hessischen Rundfunks datiert vom gleichen Tag. Vgl. auch AEK, Gen 23.30 Zugang 759, Nr. 12, unpag. Weyer an H.B., 30.10.1963, Abschrift an das Ordinariat. Im Jahr 1963 erschienen weitere kritische Artikel, darunter in einer Kölner Studentenzeitschrift: AEK, Gen 23.30 Zugang 759, Nr. 12, unpag., Gisela Marx, »Volkswartbund. Mores Moribundos«, in: *Perspektiven* vom November 1963, S. 15.

173 AEK, Gen 23.30 Zugang 759, Nr. 12, unpag., Berglar/Gatzweiler/Zangerle, *Literatur und Sittlichkeit*; AEK, Gen 23.30 Zugang 759, Nr. 14, unpag., Potrykus, *Novelle*, Mischke, *Begriff*, sowie *Concepte*-Ausgaben, unter anderem zu den Themen: Deutsche Au-pair-Mädchen im Ausland (1965), Wirtschaftswunder – darum Schlüsselkinder (1966/1), Geschlechtserziehung heute, 2 Teile (1966/4), Keuschheit: Jugend und Laster (1966/6), Diagnose: Porno-Infektion (1971/8-9).

174 Zu Ausgaben des Blattes, das seit 1963 erschien, vgl. AEK, Gen 23.30 Zugang 759, Nr. 12, unpag., und AEK, Gen 23.30 Zugang 759, Nr. 18, unpag.

175 »Die immer an die Unzucht denken«, in: *Pardon. Die satirische Monatsschrift* vom Juni 1964. Köhler verfasste später einige wichtige Studien über Angehörige der NS-Funktionseliten und ihre Nachkriegskarriere.

176 *Der Spiegel* vom 17.6.1964.

177 Auf dem Titelblatt der Kölner Sonderausgabe stand: »Dem Volkswartbund mit den besten Empfehlungen von der Redaktion PARDON«, vgl. *Pardon. Die satirische Monatsschrift* vom Juni 1964. Das Titelblatt findet sich auf http://www.censuriana.de/01text02palandt.htm; viele der auf dieser Homepage genannten Angaben sind allerdings nicht ganz korrekt.

178 Zu Panorama vgl. Schildt, »Wohlstand«, S. 41; ders., *Ankunft*, S. 36.

179 »Panorama«, in: *Frankfurter Rundschau* vom 14.10.1964.

180 BAK, B 189/18434, unpag.: Dokumentation der Panorama-Sendung am 12.10.1964; Schilling an Bundesinnenminister, 14.10.1964; Bundesminister des Innern an Schröder, nachrichtlich an Schilling und die Obersten Jugendbehörden der Bundesländer, 23.10.1964. Kogon an Bundesinnenministerium, 9.11.1964, mit dem Vorschlag, zusätzlich eine Diskussion zum Thema zu senden. Die Auskünfte über Schilling bezogen die Magazin-Macher aus *Le Figaro*. Die linkskonservative Pariser Zeitung hatte schon bei Schillings Amtsantritt 1954 auf dessen NS-Vergangenheit hingewiesen. Vgl. auch Abschriften weiterer Briefe zur Sendung, unter anderem von der Aktion Jugendschutz, in: BAK, B 189/18434, unpag.

181 BAK, B 189/18434, unpag., Dokumentation der Panorama-Sendung am 7.12.1964. Warum Schilling nicht an der Diskussionsrunde teilnahm, wie er ursprünglich vorgehabt hatte, ist unklar. Vgl. auch BAK, B 189/18434, unpag., Schilling an Bundesinnenministerium, 11.12.1964: »Bitte seien Sie versichert, daß mir Ihr öffentliches Eintreten für unsere gute Sache Auftrieb gegeben hat, mich mit vermehrter Kraft einzusetzen.«

182 BAK, B 189/18434, unpag., Bundesinnenministerium an Kogon, 3.12.1965, mit der Mitteilung, Schillings Personalakten bei der Wehrmacht seien in der Zentralnachweisstelle Kornelimünster überprüft worden. Es stehe fest, dass er nicht Mitglied eines Sondergerichts gewesen war und nach Kriegsende auch keine Strafe in einem Internierungslager der Alliierten verbüßt hatte.

183 Untersuchungen dazu fehlen; zu den Auswirkungen der geplanten Maßnahmen auf Homosexuelle vgl. Kramp/Sölle, »§ 175«; zur Debatte um Justizreformen in den sechziger Jahren vgl. Requate, »Standespolitik«.

184 »Ulmer Denkschrift«, in: *Deutsches Ärzteblatt* 62 (1965), S. 2138–2142, Stellungnahmen dazu S. 2684–2687. Zur Verbreitung der Pille in der Bundesrepublik Deutschland vgl. Silies, *Liebe*; ferner noch immer Dose, *Durchsetzung*; ders., »Implantation«; zur Geschichte der Pille vgl. die Beiträge im Ausstellungskatalog von Staupe/Vieth (Hg.), *Pille*; zur Pille in Europa vgl. James, *Geschichte*, S. 332ff.; ferner »50 Jahre Antibabypille«, in: *Süddeutsche*

Zeitung vom 8./9. 5. 2010, S. 2; »Sexuell selbstbestimmt, hormonell mangelhaft«, in: ebenda, S. 17; »Unfruchtbarmachung durch Tabletten«, in: ebenda, S. 17; »Diese Pille hat die Welt verändert« (Titelthema), in: *Stern* vom 6. 5. 2010.

185 Vgl. Bauer u. a. (Hg.), *Sexualität und Verbrechen*; Zitate S. 8f.; zum Buch vgl. Herzog, *Politisierung*, S. 161ff.; dies., »Memory«, S. 287 – 290.

186 Vgl. Jäger, *Strafgesetzgebung*.

187 Bauer, »Sexualstrafrecht heute«, S. 14.

188 Fritz Bauer, Diskussion um den Kunstvorbehalt: Darf Kunst alles? Das Grundgesetz sagt: ja«, in: *Rheinischer Merkur* vom 27. 11. 1964.

189 Fritz Bauer, »Sitte und ein neues Recht«, in: *Die Zeit* vom 11. 2. 1966, S. 44.

190 »Sitte und Recht«, in: *Die Zeit* vom 25. 2. 1966; zu Bauers Artikel erschienen keine weiteren Leserbriefe.

191 Zu Bauers Biografie vgl. Wojak, *Fritz Bauer*. Auf sein Engagement für die Reform des Sexualstrafrechts geht Bauers Biografin nicht ein.

192 Zum Folgenden vgl. Steinbacher, »Sexualmoral«.

193 BAK, B 153/1348, S. 38, Anneliese M. an die Freiwillige Selbstkontrolle, Abschrift an Bundesministerium für Familie und Jugend, 11. 3. 1964.

194 BAK, B 153/1348, S. 71 – 73, Bund katholischer Männer und Frauen in Wangen im Allgäu an Freiwillige Selbstkontrolle, 2. 5. 1964, sowie weitere Protestschreiben.

195 BAK, B 153/1348, S. 68, Edgar L. an Bundestagspräsident Eugen Gerstenmaier, 23. 4. 1964

196 BAK, B 153/1348, S. 47ff., Adolf S. an Bundesministerium für Familie und Jugend, 15. 4. 1964.

197 BAK, B 153/1348, S. 107, Hans H. an Bundesministerium für Familie und Jugend, 20. 5. 1964.

198 In Österreich, Norwegen und den Niederlanden lief der Film gekürzt; auch in den USA war nur eine bearbeitete Fassung zu sehen. In Frankreich wurde er zunächst untersagt, durfte aber nach Kürzungen gezeigt werden, in Italien und Israel gab es ebenfalls Auflagen, in Argentinien blieb er verboten; vgl. Hugo, »›Eine zeitgemäße Erregung«‹.

199 Björkman/Manns/Sima, *Bergman über Bergman*, S. 201 – 204 und S. 213ff.; Bergman, *Wilde Erdbeeren*, S. 193 – 242; Koebner (Hg.), *Reclam Filmklassiker*, Bd. 3, S. 41 – 49; zu Bergman vgl. die Autobiografie *Mein Leben*; ferner Kaminsky/Hill (Hg.), *Ingmar Bergman*. »Das Schweigen« ist der letzte Teil einer Trilogie, voraus gingen »Wie in einem Spiegel« (1960) und »Licht im Winter« (1961).

200 BAK, B 141/26573, unpag., Beurteilung der Filmselbstkontrolle, 18. 12. 1963.

201 *Evangelischer Filmbeobachter* vom 15. 1. 1964; *Katholischer Film-Dienst* vom 12. 2. 1964.

202 BT-Berichte 4. WP, 19. 3. 1964, S. 5686f.

203 BAK, B 153/1348, S. 57, Josef St. an Bundesministerium für Familie und Jugend, 15. 4. 1964.

204 Vgl. allgemein Brunner (Hg.), *Politische Leidenschaften*; ders., »Editorial«.

205 Zum Skandal aus filmhistorischer Sicht vgl. Foelz, *Versuch*; *Ingmar Bergman – Das Schweigen* (ohne Autor); Hugo, »›Eine zeitgemäße Erregung‹«; ferner Kuchler, *Kirche und Kino*, S. 275–288 und S. 294–298; Kniep, »*Keine Jugendfreigabe*«, S. 130–135; Kaiser, »Schundkampf«; kursorisch Herzog, *Politisierung*, S. 166, S. 168, S. 176 und S. 182.

206 »Die permanente Agonie«, in: *Die Zeit* vom 13.12.1963. Eine zeitgenössische Dokumentation der Pressereaktionen und Leserbriefe stammt von Gert H. Theunissen, *Das Schweigen und sein Publikum*. Die *Frankfurter Hefte* brachten 1964 eine mehrteilige Folge von Lothar Hack über die Tätigkeitspraxis der Freiwilligen Selbstkontrolle und der Filmbewertungsstelle mit dem Titel »Filmzensur in der Bundesrepublik«.

207 »Der Heilige und seine Narren«, in: *Die Zeit* vom 27.3.1964. Die weiteren Folgen der Reihe »Im Brennpunkt des Gesprächs« erschienen am 20.3. und 3.4.1964 in der *Zeit*. Verfasser waren u.a. der Philosoph Ludwig Marcuse, der Hörspielregisseur Peter Michel Ladiges und der Schriftsteller und Publizist Dieter E. Zimmer.

208 BT-Berichte 4. WP, 19.3.1964, S. 5609–5614, Zitate S. 5610, S. 5611 und S. 5614; hier auch zum Folgenden.

209 LA KO, NL Süsterhenn 860/347, S. 3–15, Kreisrechtsausschuss Bernkastel-Kues, 26.5.1964.

210 LA KO, NL Süsterhenn 860/347, S. 19, Krämer an Altmeier, o.D., sowie weitere zustimmende Schreiben.

211 »Bernkastels Landrat vergleicht ›Das Schweigen‹ mit Auschwitz«, in: *Frankfurter Rundschau* vom 24.6.1964.

212 BAK, B 153/1348, S. 120f., Paula B. an Bundesministerium für Familie und Jugend, 24.6.1964; KAS, NL Wuermeling 01-221-030 (DII5) unpag., Karl-Heinz W. an Wuermeling, 3.7.1965.

213 LA KO, NL Süsterhenn 700.177/508, S. 8–33, Krämer an Süsterhenn, 5.4.1965.

214 BAK, B 141/26574, S. 193, Schreiben einer Gruppe von Frauen an den Bundesjustizminister, 20.3.1964, sowie S. 191, Antwort des Staatssekretärs des Bundeskanzleramts, 28.4.1964, aus der hervorgeht, dass die Frauen das gleiche Schreiben am 21.3.1964 auch an den Bundeskanzler gerichtet hatten. Aus Gründen der Lesbarkeit ist der im Original ohne Umlaute und Großschreibung verfasste Text hier in korrekter Schreibweise wiedergegeben.

215 »Sündige Brüder«, in: *Der Spiegel* vom 8.4.1964, S. 94–97.

216 LA KO, NL Süsterhenn 860/346, S. 121f., Stellungnahme der deutschen Bischöfe zu aktuellen Fragen des Films, 10.6.1964. Wie stark das Gremium im Kreuzfeuer der Kritik stand, zeigen Beschwerdebriefe im Nachlass von Hermann Höcherl über den Film »Das schwarz-weiß-rote Himmelbett« von Rolf Thiele vom Frühjahr 1963; Thiele war auch Regisseur des Films »Das Mädchen Rosemarie«, auf den noch eingegangen wird. Vgl. BAK, N 1407/138 NL Höcherl, unpag.

217 So war Heck schon im Zusammenhang mit Beschwerden über »Das Schweigen« vorgegangen, vgl. BAK, B 153/1348, S. 4 – 6, Informationen des Bundesministeriums für Familie und Jugend, 11.5.1964, sowie S. 75, Meldung der Deutschen Presseagentur über die Haltung des Bundesfamilienministeriums, 12.5.1964. Die Akte enthält eine Fülle von Beschwerdebriefen.

218 BAK, B 153/1348, S. 155, Freiwillige Selbstkontrolle der Filmwirtschaft an Bundesministerium für Familie und Jugend, 23.6.1964, mit Protestschreiben gegen »491«. »Beunruhigung über neuen Schwedenfilm«, in: *Evangelischer Film-Beobachter* vom 13.6.1964; »Gegen eine Aufführung des Films ›491‹« in: *Evangelischer Pressedienst* vom 11.6.1964. Der Film kam im August 1964 in die Kinos.

219 BAK, B 153/1348, S. 320f., Friedrich-Bödecker-Kreise an Freiwillige Selbstkontrolle, mit Durchschriften an zahlreiche Stellen, 25.6.1964.

220 BAK, B 153/1348, S. 316, Erklärung und Plakat, Juli 1964.

221 Filmregisseur Peter Schamoni nannte sie erschrocken eine »bundesrepublikanische Volksbewegung«. Vgl. »Es bleibt ein fader Geschmack«, in: *Die Welt* vom 21.8.1965. Die Staatsführung der DDR rief im Zuge der kulturpolitischen Kontrollmaßnahmen, die auf dem 11. Plenum des Zentralkomitees der SED im Dezember 1965 verabschiedet worden waren, eine ähnliche Aktion unter dem Namen »Sauberer Staat, saubere Leinwand« ins Leben. Ihre Aufgabe war die Abwehr »amerikanischer Unmoral und Dekadenz«, vgl. Wilharm, »Tabubrüche«.

222 BAK, B 153/1348, S. 131, Aktions-Komitee Saubere Leinwand im Stadt- und Landkreis Kempten an Bundesministerium für Familie und Jugend, 21.10.1964, sowie S. 132, Plakat. Die Entstehung der Ortsgruppe Schweinfurt bahnte sich schon zu Jahresbeginn 1964 an, was Artikel in der Lokalpresse zeigen: »Diskussion ›Saubere Leinwand‹«, in: *Schweinfurter Tagblatt* vom 21.1.1964.

223 KAS, NL Wuermeling 01-221-030 (DII5) unpag., Generalsekretariat der Katholischen Film- und Fenseheliga in Deutschland an ihre Mitglieder, 22.1.1965; BAK, B 141/26575, S. 1ff., Oberbürgermeister von Memmingen an Bundesjustizminister Bucher, 15.10.1964.

224 KAS, NL Wuermeling 01-221-030 (DII5), unpag., Aufrufe des Aktionskomitees Hannover, Herbst 1964.

225 BAK, B 122/5159, S. 313f., Bundespräsidialamt an Oberbürgermeister und an Landrat von Memmingen, unter Verweis auf seine Ansprache vor der Schweinfurter Abordnung, 23.10.1964, sowie S. 227, Bundespräsidialamt an Diakonissen-Mutterhaus in Großheppach, 4.3.1965. Zu Lübkes Treffen mit der Gruppe, das am 4.10.1964 stattfand, vgl. »Glocken geläutet«, in: *Der Spiegel* vom 19.5.1965, S. 37; »Das wird in Bonn Eindruck machen«, in: *Schweinfurter Volkszeitung* vom 5.10.1964.

226 »Glocken geläutet«, in: *Der Spiegel* vom 19.5.1965. Die Veranstaltung fand im April 1965 statt.

227 BAK, B 122/5159, Eingaben vom Herbst 1964 bis zum Frühjahr 1965: 48 000

Unterschriften waren es aus Stadt und Landkreis Regensburg, 37 000 aus Bamberg, über 33 400 aus Münster, 30 000 aus Hildesheim und Mönchengladbach, 15 000 aus Forchheim, rund 14 000 aus Deggendorf und Duisburg, 12 500 aus Kitzingen, etwa ebenso viele aus Kaufbeuren, Mindelheim und Miesbach, 11 000 aus Dingolfing, über 10 000 aus Uelzen, 9000 aus Illertissen, 8500 aus Großheppach, 5400 aus Schwabach, 2300 aus Solingen; aus München waren es 154 000, die gleich mehrere Aktenordner füllten. Vgl. auch LA KO, NL Süsterhenn 700.177/510, S. 1–5, Aktion Saubere Leinwand Duisburg an Lübke, Januar 1966. Zahlreiche Eingaben wurden zudem an das Bundesjustizministerium geschickt, gesammelt in BAK, B 141/26575. Vgl. außerdem »›Saubere Leinwand‹ fand große Resonanz«, in: *Schweinfurter Tagblatt* vom 21.12.1964; »Die Schweinfurter Leinwand soll sauber bleiben«, in: *Schweinfurter Volkszeitung* vom 23.12.1964.

228 BAK, B 122/5159, S. 262, Sorge um Deutschland, undatiert, vermutlich März 1965; KAS, NL Wuermeling 01-221-030 (DII5) unpag. Ähnliche, kleinere Gruppierungen nannten sich »Bürgeraktion Saubere Filme« und »Bürgeraktion Weg mit dem Dreck in Wort und Bild«. Auch sie sammelten Unterschriften, deren Anzahl ebenfalls in die Hunderttausende ging: 50 000 waren es beispielsweise aus Darmstadt und über 35 000 aus Nürnberg.

229 »Gegen die Woge von Sex und Crime«, in: *Deutsche Tagespost* (Augsburg) vom 11./12.6.1965.

230 LT Baden-Württemberg, 4. WP, Sitzungsprotokoll 11.3.1965, S. 1315–1333, Zitate S. 1329 und S. 1316. Die Große Anfrage datierte vom 14. Dezember 1964, vgl. LT Baden-Württemberg, 4. WP, Beilage 715.

231 LA KO, NL Süsterhenn 700.177/508, S. 8–33, Bundesinnenministerium an Innenminister der Länder, 26.3.1965, auch KAS, NL Wuermeling 01-221-030 (DII5), unpag.

232 BAK, B 141/26575, S. 39ff., Zitat S. 40, Bundesjustizministerium an Arbeitsgemeinschaft »Weg mit dem Dreck in Wort und Bild« in Schwabach, 19.5.1965.

233 BAK, B 141/26574, S. 177, Bundesjustizministerium an die Rektorin T.F. aus Regensburg, die Beschwerde gegen den Film eingereicht hatte, mit Hinweis auf die Duisburger Entscheidung, 22.5.1964; BAK, B 141/26573, unpag., Bundesjustizministerium an Bundesjustizminister, Telegramm, 17.3.1964, mit Mitteilung über die Einstellung der Ermittlungen.

234 BAK, B 153/1348, S.141ff., »Das Schweigen« in letzter Gerichtsinstanz, in: *IBW-Journal* vom 15.7.1965.

235 LA KO, NL Süsterhenn 700.177/508, S. 8–33, Bundesinnenministerium an Innenminister der Länder, 26.3.1965. Das Koblenzer Urteil erging am 3.7.1964, die beiden anderen im Sommer 1965. Dem Düsseldorfer Spruch schloss sich im Jahr darauf das Oberverwaltungsgericht Koblenz an, vgl. LA KO, NL Süsterhenn 860/347, S. 231–251, Beschluss des Oberverwaltungsgerichts Rheinland-Pfalz in Koblenz, 24.3.1966.

236 Süsterhenn besaß persönliche Verbindungen zu Funktionären der Aktion

Saubere Leinwand. Vgl. LA KO, NL Süsterhenn 700.177/508, S. 222ff., Vorsitzender des Regensburger Aktionskomitees an Süsterhenn, 21.6.1965; zu Süsterhenn vgl. kurz Schildt, *Abendland*, S. 45.

237 BT-Drucksachen, 4. WP, Nr. 3399 (neu), Antrag zur Änderung des Grundgesetzes, 12.5.1965.

238 KAS, NL Wuermeling 01-221-030 (DIIs), unpag., Süsterhenn an CDU/CSU-Bundestagsfraktion, Antragsentwurf, 4.5.1965, sowie Vorschlag Süsterhenn zur Neufassung, 5.5.1965.

239 »Gegen die Diktatur der Unanständigkeit von Adolf Süsterhenn«, in: *Rheinischer Merkur* vom 30.4.1965.

240 »Sauber, sauber«, in: *Frankfurter Allgemeine Zeitung* vom 1.4.1965.

241 »Aktion?«, in: *Frankfurter Allgemeine Zeitung* vom 6.5.1965.

242 »Keine Chance«, in: *Rheinische Post* (Düsseldorf) vom 11.5.1965.

243 *Frankfurter Rundschau* vom 7.5. 1965.

244 *Die Zeit* vom 28.5.1965.

245 Joachim W. Hartnack, »Diskussion um den Kunstvorbehalt: Darf Kunst alles? Die Verfassung will nicht die Anarchie«, in: *Rheinischer Merkur* vom 27.11.1964; Peter Berglar, »Diskussion um den Kunstvorbehalt: Darf Kunst alles? Von der Justiz wird zuviel verlangt«, in: *Rheinischer Merkur* vom 27.11.1964. Hervorhebung im Original.

246 *Echo der Zeit* vom 16.5.1965.

247 LA KO, NL Süsterhenn 700.177/507, S. 196f., Leserbrief von Joachim R. an eine Reihe von Tageszeitungen, undatiert, vermutlich Juli 1965; LA KO, NL Süsterhenn, 700.177/508, S. 200, Sozialdemokratischer Hochschulbund an Süsterhenn, 18.7.1965.

248 »Droht eine Diktatur der Unanständigkeit?«, in: *Der Spiegel* vom 19.5.1965, S. 38–49, vor allem S. 38.

249 Benda, S. 42.

250 Den Eindruck teilten einige Zeitgenossen: Anton Kochs, Vertreter der Kirchlichen Hauptstelle für Bild- und Filmarbeit, des Filmreferats der Fuldaer Bischofskonferenz, konstatierte gegenüber Wuermeling, er halte Süsterhenns Spiegel-Interview für »nicht glücklich«; vgl. KAS, NL Wuermeling 01-221-030 (D II 5), unpag., Kochs an Wuermeling, 30.9.1965.

251 LA KO, NL 700.177/507, S. 176f., Süsterhenn an Volkswartbund, 19.6.1965. Maria Probst, die spätere Vizepräsidentin des Bundestags, war Süsterhenn zufolge die Initiatorin des Vorhabens.

252 Das Thema wurde in der Fraktion seit dem Frühjahr 1964 einige Male kontrovers verhandelt, vgl. *CDU/CSU-Fraktion im Deutschen Bundestag. Sitzungsprotokolle 1961–1966*, 19.3.1964, S. 1057f.; 4.5.1965, S. 1453–1458; 11.5. 1965, S. 1465–1472; 29.6.1965, S. 1526ff.

253 »Kein Sittenparagraph«, in: *Frankfurter Allgemeine Zeitung* vom 18.5.1965.

254 LA KO, NL Süsterhenn 700.177/507, S. 63–66, Protokoll der Sitzung des Arbeitskreises für Gesellschaftspolitik der CDU/CSU-Fraktion im Bundestag, 11.5.1965, S. 146ff., Protokoll der Sitzung vom 4.5.1965. Vgl. auch »Bin-

dung der Kunst an die sittliche Ordnung verlangt«, in: *Stuttgarter Zeitung* vom 12.5.1965.

255 »FDP gegen Geschmacksdiktatur«, in: *Frankfurter Allgemeine Zeitung* vom 19.5.1965; »Diktatur der Mucker?«, in: *Die Zeit* vom 28.5.1965.

256 »Süsterhenns Antrag doch noch auf die Tagesordnung«, in: *Stuttgarter Zeitung* vom 19.5.1965. Appelle aus der Bevölkerung gingen nun auch bei Franz-Josef Wuermeling ein, der sich nachhaltig dafür einsetzte, das Vorhaben aufrechtzuerhalten, vgl. KAS, NL Wuermeling 01-221-030 (DII5), unpag.

257 »Keine Zweidrittel-Mehrheit«, in: *Rheinische Zeitung* vom 8.10.1966.

258 BAK, B 153/1348, S. 137, Paul M. aus Hamm an Freiwillige Selbstkontrolle der Filmwirtschaft, 11.7.1965, sowie S. 304, Charlotte W. aus Bad Harzburg an Bundesministerium für Familie und Jugend, 26.6.1964.

259 Zur Zeitbedeutung des Romans vgl. Hunt, *Erfindung*, S. 183–220.

260 »Etwas dazwischen«, in: *Der Spiegel* vom 15.4.1964; zur Praxis der Sittlichkeitsgesetzgebung in Großbritannien am Beispiel des Verbots von »Lady Chatterley's Lover« vgl. Judt, *Geschichte Europas*, S. 419.

261 FZH, 18-9.1.2, Bd. 2, unpag., Firma Beate Uhse an Rechtsanwalt Werner K., 30.5.1967, sowie Rechtsanwalt Eberhard S. an Firma Beate Uhse, 24.5.1967. Der Anwalt hatte vermutet, dass der Reichelt-Verlag aus anderen Gründen strafrechtlichen Konsequenzen entkam, und erfuhr den Hintergrund von der Firma Beate Uhse.

262 FZH, 18-9.1.2, Bd. 2, unpag., Korrespondenz von Beate Uhses Anwälten in Sachen »Fanny Hill« ab 1965, einschließlich Anklageschriften; LA SH, Abt. 351, Nr. 1178, S. 167–254, hier S. 169f., Urteil des Landgerichts München gegen Kurt Desch, 6.2.1968. Auf britischem Gebiet waren Suhrkamp beziehungsweise S. Fischer und Eugen Claassen 1945 die ersten lizenzierten Verlage.

263 LA SH, Abt. 351, Nr. 1178, S. 40–58, Zitate S. 44, S. 55 und S. 44–47, Beschluss des Strafsenats des Oberlandesgerichts München, 16.12.1966.

264 FZH, 18-9.1.2, Bd. 2, unpag., Staatsanwaltschaft beim Landgericht Flensburg an Beate Rotermund (Uhse), 28.3.1967, Anklageerhebung; LA SH, Abt. 351, Nr. 1178, S. 106–133, Anklage des Landgerichts Flensburg gegen Beate Rotermund (Uhse), o.D. (März 1967). Vgl. auch »Staatsanwalt spießt ›Fanny Hill‹ auf«, in: *Schleswig-Holsteinische Volkszeitung* vom 20.10.1967.

265 FZH, 18-9.2.3, Bd. 39, unpag., »Frühjahrsproduktion unserer Verlage«, in: *absender: Beate. Hauszeitung der Firma Beate Uhse* vom April 1966, sowie »Liebe Mitarbeiter«, in: *absender: Beate. Hauszeitung der Firma Beate Uhse*, Juli 1967, zum Besuch von Sha Kokken im Unternehmen und zu den Auflagenzahlen – 175 000 verkaufte deutschsprachige, zwei Millionen verkaufte japanische und 500 000 gedruckte englische Exemplare. Weitere fremdsprachige Lizenzausgaben waren geplant.

266 »Wegen ›Fanny Hill‹ angeklagt«, in: *Frankfurter Allgemeine Zeitung* vom 30.10.1967; *Süddeutsche Zeitung* vom 25.10.1967; *Die Zeit* vom 27.10.1967.

267 FZH, 18-9.1.2, Bd. 2, unpag., Korrespondenz von Beate Uhses Anwälten in Sachen »Fanny Hill« ab 1965; die Presse-Information, die die Firma am 17.10.1967 verschickte, ging an fast siebzig Tageszeitungen in der Bundesrepublik, ferner an den *Spiegel*, viele Illustrierte, alle Fernsehsender sowie an die großen Presseagenturen im In- und Ausland.

268 »Fanny Hill«, in: *Frankfurter Allgemeine Zeitung*, vermutlich vom April 1964; FZH, 18-9.1.2, Bd. 2, unpag., Uhses Anwalt Adolf H. an den Oberstaatsanwalt beim Landgericht Flensburg, 12.3.1965, mit dem Zitat aus der *Frankfurter Allgemeinen*.

269 »Beate in Nöten«, in: *Süddeutsche Zeitung* vom 25.10.1967.

270 »Gesucht: Fanny Hill«, in: *Echo der Zeit* vom 21.8.1964.

271 Über die Illustrierten in den sechziger Jahren wurde erst wenig geforscht; zur ökonomischen Lage vgl. Glasenapp, »Titelschwund«, dort auch eine Tabelle mit den Auflagenzahlen der größten Blätter zwischen 1957 und 1972; zur Sexwelle in den Illustrierten liegt lediglich der kommunikationswissenschaftliche Aufsatz von Hartung/Schlüter, »Darstellung«, vor, in dem *Stern* und *Bunte* in den Jahren zwischen 1962 und 1977 verglichen werden. *Die Sexwelle* lautet außerdem der Titel eines 1970 erschienenen Buches des Psychoanalytikers Hermann Schreiber.

272 »Umfrage in die Intimsphäre«, in: *Stern* vom 10.11., 17.11., 24.11., 1.12., 8.12. und 15.12.1963; zeitgenössisch zum Vergleich zwischen den Umfragen von 1949 und 1963 vgl. Schwarzenauer, »Ideale«.

273 IfD, 1837, Gesellschaftsanalyse 1963; so lautete institutsintern der Titel der Umfrage.

274 »Umfrage in die Intimsphäre«, in: *Stern* vom 8.12.1963.

275 Zur Bedeutung des Themas Sexualität in der russischen Revolution vgl. Carleton, *Sexual Revolution*; ders., »Writing-Reading the Sexual Revolution«; Naiman, *Sex in Public*; zu den Auswirkungen in der Sowjetunion der zwanziger Jahre vgl. Bernstein, *Dictatorship of Sex*; Kon, *Sexual Revolution*; Judt, *Geschichte Europas*, S. 454.

276 Vgl. Reich, *Sexuelle Revolution*; zu Reich vgl. noch immer Mulisch, *Bollwerk*; ferner Bergmann, »Wilhelm Reich«; Rabinbach, »Politication«; Schulz, »1968«; Eitler, »Revolution«; Fallend/Nitzschke (Hg.), »*Fall*«; zu seiner Biografie vgl. Laska, *Wilhelm Reich*; zur Reich-Rezeption der Studentenbewegung in der Bundesrepublik vgl. zeitgenössisch Reiche, »Wilhelm Reich«. Reich geht nicht auf Promiskuität ein, spart weibliche Sexualität aus und sagt auch nichts über Homosexualität; er wurde im Zuge der 1968er Debatte daher von einigen jungen Leuten wegen seines »Heterozentrismus« kritisiert.

277 Vgl. Marcuse, *Triebstruktur*; ders., *Mensch*; vgl. aus Sicht der Protestbewegung zeitgenössisch Reiche, *Sexualität und Klassenkampf*; Holzer, *Sexualität*.

278 Programmatisch aus zeitgenössischer Sicht vgl. Reiche, *Sexualität und Klassenkampf*. Als Rückblick auf 1968 und stellvertretend für viele Zeitgenossen

der Protestbewegung vgl. Schmidt, »Sexualität«; der Sozialpsychologe und Psychotherapeut Gunter Schmidt arbeitete in Hamburg mit Hans Giese zusammen und publizierte ausführlich über Sexualität. Als kritische Darstellung aus Sicht eines einstigen Aktivisten der Protestbewegung vgl. Koenen, *Jahrzehnt*, S. 149 – 182. Zu Vorstellungen vom »antifaschistischen Körper« in der Jugendrevolte vgl. Herzog, *Politisierung*, S. 246 – 258. Eine Studie über den Stellenwert des Themas Sexualität in der Protestbewegung fehlt; zur Kommune 1 vgl. Enzensberger, *Jahre*.

279 Der Titel lautete *Eros and Civilization. A Philosophical Inquiry into Freud*, die deutsche Übersetzung erschien 1957 im Klett-Verlag unter dem Titel *Eros und Kultur. Ein philosophischer Beitrag zu Sigmund Freud*, 1965 brachte der Suhrkamp-Verlag die Übersetzung unter dem Titel *Triebstruktur und Gesellschaft. Ein philosophischer Beitrag zu Sigmund Freud* heraus.

280 Allgemein zur Bedeutung der Frankfurter Schule für den Jugendprotest vgl. Frei, *1968*, S. 88 – 130; Albrecht u.a., *Intellektuelle Gründung der Bundesrepublik*.

281 Haffner, »Wider die allgemeine Sex-Pflicht«, Zitate S. 19f. und S. 22; Hervorhebungen im Original. In den folgenden Heften des *Deutschen Panoramas* erörterte Haffner Beobachtungen über die Veränderung des Geschlechterverhältnisses: ders., »Der Mann und die Herrlichkeit«; ders., »Warum sie heiraten«. Die im Januar 1966 gegründete Zeitschrift ging aus finanziellen Gründen im Sommer des folgenden Jahres bereits wieder ein. Für den Hinweis auf die Zeitschrift danke ich dem Haffner-Biographen Jürgen Peter Schmied.

282 BAK, B 189/18430, unpag., Niederschrift über die Tagung der Leiter der Zentralstellen zur Bekämpfung unzüchtiger und jugendgefährdender Schriften, Abbildungen und Darstellungen in Hamburg, 10. – 12.10.1967, darin: Die Tätigkeit der Bundesprüfstelle bis zum 30.6.1967 von Werner Jungeblodt.

283 Aus zeitgenössischer Sicht zu den Vorgängen auf dem Illustriertenmarkt und zur Konkurrenz des Fernsehens vgl. das 1961 erschienene Buch von Usko/Schlichting, *Kampf am Kiosk*; ferner die drei 1965 veröffentlichten Folgen in den *Frankfurter Heften*, vgl. Walter, »Die Illustrierten«. Ende der sechziger Jahre bestanden nur noch *Stern, Quick, Bunte* und *Neue Revue*.

284 *Neue Illustrierte* vom September 1964. Die Fusion mit der *Revue* fand 1966 statt. Zur Geschichte der *(Neuen) Revue* aus Anlass ihrer Einstellung im August 2008 vgl. Stephan Lebert, »So bunt wie Welt und Leben«, in: *Die Zeit* vom 21.8.2008.

285 »Der dritte Kinsey-Bericht«, in: *Die Welt* vom 8.4.1958.

286 Für Auskünfte danke ich Corinna Fiedler vom S. Fischer Verlag. Reichmut Reiche skizzierte 1965, welche Widersprüche die Gegenwart prägten: »Zu einer Zeit, da die Kinsey-Berichte bereits in Paperback-Ausgaben auf allen U-Bahnhöfen zu haben sind, werden sie von den Bibliothekaren der Bezirksbüchereien in Westberlin noch im Giftschrank gehalten und nur gegen

›Nachweis‹ ausgehändigt«, vgl. Reiche, »Aufnahme«, S. 34; ders., »Über Kinsey« S. 167.

287 Zum Bundespresseamt und dessen Einflussnahme auf die Illustrierten vgl. Hodenberg, *Konsens und Krise*, S. 158–182 und S. 194f.

288 BAK, B 141/26578, unpag., Fünf Jahre Selbstkontrolle der Illustrierten 1957–1962; »Selbstkontrolle«, in: *Der Spiegel* vom 20.4.1960, zum Austritt des *Sterns*. Die Auflösung war Gegenstand einer Aktuellen Fragestunde im Bundestag, in der Innenminister Höcherl das Regierungsinteresse an einer Neugründung betonte; vgl. BT-Berichte 4. WP, 18.2.1965, S. 8163, sowie Walter Becker, »Ohne Sanktionen geht es nicht«, in: *Echo der Zeit* vom 15.5.1966. Die 1966 ins Leben gerufene Nachfolgeorganisation zeigte allerdings bereits nach einem Jahr ebenfalls Auflösungstendenzen und verschwand 1971 endgültig. Zur Selbstkontrolle vgl. Glasenapp, »Titelschwund«; Hodenberg, *Konsens und Krise*, S. 198.

289 BAK, B 141/26578, unpag., Fünf Jahre Selbstkontrolle der Illustrierten 1957–1962, zum Kreis der Mitglieder, dem die *Bunte Illustrierte*, *Brigitte*, *Constanze*, die *Frankfurter Illustrierte*, die *Münchner Illustrierte*, die *Neue Illustrierte*, die *Deutsche Illustrierte*, *Quick*, *Stern*, *Revue* und *Weltbild* angehörten, sowie zur Satzung des Gremiums. Die Selbstkontrolle wurde im Juli 1957 gegründet. Vorangegangene Versuche zu dessen Gründung sind dokumentiert in den Unterlagen des Bundespresseamts, vgl. BAK, B 145/1650; BAK, B 145/1735; BAK, B 145/5427. Die Selbstkontrolle der Illustrierten ist kurz erwähnt bei Glasenapp, »Titelschwund«; Hodenberg, *Konsens und Krise*, S. 198; Jäschke, »Produktionsbedingungen«, S. 325ff.

290 Zu den sozialen Folgewirkungen des Ausbaus der sozialen Marktwirtschaft, zur Kommerzialisierung des Konsums sowie zur Entstehung der Konsumgesellschaft vgl. König, *Geschichte*, zu Sexualität S. 248–264; ähnlich ders., *Kleine Geschichte*, zu Sexualität S. 164–173; Wildt, *Beginn*; ders., »Privater Konsum«; ders., »Konsumbürger«; ders., »Konsum und Modernisierung«; Wehler, *Gesellschaftsgeschichte*, Bd. 5, S. 73–81; Kleinschmidt, *Konsumgesellschaft*, S. 131–162; Sywottek, »Wege«; zum deutsch-amerikanischen Vergleich vgl. Haupt/Nolte, »Markt«; Tanner, »Industrialisierung«; zur europäischen Konsumgeschichte vgl. Judt, *Geschichte Europas*, S. 362–398; Siegrist/Kaelble/Kocka (Hg.), *Konsumgeschichte*; Tanner (Hg.), *Geschichte*; Kaelble, *Sozialgeschichte Europas*, S. 87–118; zum Aufstieg der Populärkultur in den fünfziger und sechziger Jahren vgl. Maase, *Vergnügen*, S. 235–269; zur Warenwelt der späten sechziger Jahre vgl. Ruppert, *Um 1968*.

291 Gegen die *Münchner Illustrierte* wurde wegen eines Titelbilds 1955 zwar Antrag auf Indizierung gestellt, aber das Blatt kam am Ende ebenso wenig auf die Liste wie die *Neue Illustrierte*, die im selben Jahr wegen des Romans »Der Mitternachtsengel« aufgefallen war. Vgl. BAK, B 189/18429, unpag., Niederschrift über die Tagung der Leiter der Zentralstellen zur Bekämpfung unzüchtiger Schriften und Abbildungen in Sankelmark bei Flensburg, 21.–23.5.1959; »Schutz« (ohne Autor), S. 231.

292 »Die Sittenrichter der Bundesrepublik«, in: *Deutsche Zeitung* vom 3.3.1964;
     BAK, B 189/18429, unpag., Niederschrift über die Tagung der Leiter der
     Zentralstellen zur Bekämpfung unzüchtiger Schriften und Abbildungen
     in Bad Lippspringe, 27.–30.10.1964, zur Indizierung von *Stern* und *Neuer
     Illustrierter*. Den Antrag, den *Stern* auf die Liste zu setzen, hatten Bayern,
     Rheinland-Pfalz und Nordrhein-Westfalen gestellt. Vgl. »›Stern‹ auf den
     Index gesetzt«, in: *Deutsche Zeitung* (Köln) vom 14.8.1963; BT-Berichte
     4. WP, 9.10.1963, S. 4097.

293 Die Pohlmann-Serie in der *Quick* startete im Januar 1959.

294 Vgl. Recker, »Leben«; Koch, *Verwaltete Lust*, S. 267–270; Keiffenheim, *Edel-
     hure Nitribitt*; Ulrich, »Rosemarie Nitribitt«; Steiger, *Rosemarie Nitribitt*;
     Nuys-Henkelmann, »›Sonne‹«, S. 144f.; »Berühmter hätte sie nicht werden
     können«, in: *Frankfurter Allgemeine Zeitung* vom 31.10.2007.

295 Vgl. Simmat, *Prostitution*, S. 166.

296 Am Drehbuch wirkten ferner Rolf Thiele, Jo Herbst und Rolf Ulrich mit;
     zum Film vgl. Feldvoß, »Wer hat Angst vor Rosemarie Nitribitt?«; Kniep,
     Keine Jugendfreigabe, S. 107f.

297 *Bild* vom 16.8.1958.

298 Kuby, *Rosemarie, des deutschen Wunders liebstes Kind*, Vorwort, unpag., ver-
     fasst im September 1958.

299 Vgl. Simmat, *Prostitution*; in der Vorbemerkung des Verlags hieß es recht
     scheinheilig: »Wir möchten an dieser Stelle betonen, daß diese Schrift kein
     billiges Sensationsbedürfnis befriedigen, sondern im Sinne unseres verlege-
     rischen Wirkens verantwortungsbewußt mithelfen soll, Mißstände unserer
     Gesellschaftsform zeitkritisch zu beleuchten.«

300 *Werben und verkaufen* vom 8.10.1963, S. 56. Die erste Ausgabe des im
     Europa Fachpresse Verlag in München, einem Tochterunternehmen des
     Süddeutschen Verlags, produzierten Blatts erschien am 4.4.1963. Zur ame-
     rikanischen Werbung und zum Stereotyp von den prüden Amerikanern
     vgl. »Mehr Sex in den USA«, in: *werben und verkaufen* vom 8.9.1966, S. 24;
     Werbeanzeige aus dem *Playboy*, in: *werben und verkaufen* vom 7.9.1967,
     S. 64. Allgemein zur Werbung als Bühne der Populärkultur, aber ohne Be-
     zug zur Vermarktungsstrategie »Sex« vgl. Gries, *Produkte als Medien*; allge-
     mein zur Entwicklung der Werbung in der Bundesrepublik während der
     fünfziger und sechziger Jahre vgl. auch Schröter, »Amerikanisierung der
     Werbung«; Knop, »Afri-Cola-Rausch«.

301 *Werben und verkaufen* vom 13.7.1967; *werben und verkaufen* vom 27.7.1967;
     werben und verkaufen vom 24.8.1967; *werben und verkaufen* vom 21.9.1967;
     werben und verkaufen vom 25.1.1968; *werben und verkaufen* vom 22.2.1968.
     Seit dem Frühjahr 1968 wechselten sich die deutschen Werbeanzeigen »mit
     Sex-Appeal« auf der Titelseite mit ausländischen ab; vgl. *werben und ver-
     kaufen* vom 4.4.1968; *werben und verkaufen* vom 18.4.1968; *werben und
     verkaufen* vom 2.5.1968; *werben und verkaufen* vom 16.5.1968; *werben und
     verkaufen* vom 13.6.1968; *werben und verkaufen* vom 27.6.1968; *werben und*

verkaufen vom 11.7.1968; *werben und verkaufen* vom 8.8.1968; *werben und verkaufen* vom 22.8.1968; *werben und verkaufen* vom 2.9.1968; *werben und verkaufen* vom 17.10.1968; *werben und verkaufen* vom 6.2.1969.

302 *Werben und verkaufen* vom 21.10.1965, S. 12; *werben und verkaufen* vom 18.11.1965, S. 15.

303 *Werben und verkaufen* vom 16.11.1967, S. 10.

304 *Werben und verkaufen* vom 5.5.1966, S. 6. Rezension in: *werben und verkaufen* vom 11.8.1966, S. 17. Zur Erotik in der Werbepsychologie vgl. auch »Der eisgekühlte Mister L.«, in: *werben und verkaufen* vom 8.9.1966, S. 4; »Sex-Appeal in der Investitionsgüter-Werbung«, in: *werben und verkaufen* vom 7.9.,1967, S. 41f.; »Bettgeflüster aus dem Schwabenland«, in: *werben und verkaufen* vom 19.9.1969, S. 4 und S. 6.

305 Jörg Nimmergut, »Salto Mortale: Sex-Werbung 1967«, in: *werben und verkaufen* vom 24.8.1967, S. 4 und S. 6.

306 »Wo sitzen in Deutschland die Sex-Muffel?«, in: *werben und verkaufen* vom 21.3.1968, S. 11.

307 »Was gibt's Neues, Pussy?«, in: *Der Spiegel* vom 15.12.1965.

308 LA SH, Abt. 351, Nr. 1179, S. 18 – 21, hier S. 19, Heinz Rupp, Gutachten über »Die Memoiren der Fanny Hill« von John Cleland, o.D. (Herbst 1964). Zum Bucherfolg vgl. auch »Gesucht: Fanny Hill«, in: *Echo der Zeit* vom 21.8.1964.

309 »Für Sitte und Sauberkeit eine Richter-Lesung«, in: *Süddeutsche Zeitung* vom 30.1.1968. Der Prozess begann am selben Tag. Vgl. auch »Den Zuhörern waren die ›Memoiren‹ zu langweilig«, in: *Flensburger Tageblatt* vom 31.1.1968; »Drei Richter lasen aus ›Fanny Hill‹ vor«, in: *Hamburger Abendblatt* vom 31.1.1968.

310 LA SH, Abt. 351, Nr. 1178, S. 167 – 254, Zitate S. 209, Urteil des Landgerichts München gegen Kurt Desch, 6.2.1968.

311 Ebenda, S. 230.

312 Ebenda, S. 212 – 220.

313 Ebenda, S. 233.

314 LA SH, Abt. 351, Nr. 1179, S. 3 – 17, hier S. 8f. und S. 12, Wilhelm Emrich, Gutachten über »Die Memoiren der Fanny Hill« von John Cleland, 20.8.1964; LA SH, Abt. 351, Nr. 1178, S. 167 – 254, hier S. 198 – 202, Urteil des Landgerichts München gegen Kurt Desch, 6.2.1968.

315 FZH, 18-9.1.2, Bd. 1, unpag., Uhses Rechtsanwälte an das Schöffengericht Flensburg, 26.2.1952.

316 FZH, 18-9.2.3, Band 46, unpag., Gesunde Ehe, glückliche Ehe. Broschüre der Firma Beate Uhse, 1963: »Wir stehen mit Stätten der Forschung und Lehre – wie dem Sexualwissenschaftlichen Institut an der Universität Hamburg – in nützlichem Gedankenaustausch und bieten ihnen unsererseits Erfahrungen der Praxis und die Möglichkeit zu wissenschaftlichen Untersuchungen.«

317 »Lob der Gutachter für ›Fanny Hill‹«, in: *Hamburger Abendblatt* vom 1.2. 1968; »Keine Pornographie – Kunstwerk von Rang«, in: *Süddeutsche Zeitung*

vom 1.2.1968; »Ein Kunstwerk von Rang«, in: *Flensburger Tagblatt* vom 1.2.1968. Giese war schon im Sommer 1962 im Verfahren wegen Jean Genets Roman »Notre Dame des Fleurs« in Hamburg als Gutachter aufgetreten, das zugunsten der literarischen Freiheit endete.

318 LA SH, Abt. 351, Nr. 1179, S. 18–21, hier S. 19, Heinz Rupp, Gutachten über »Die Memoiren der Fanny Hill« von John Cleland, o.D. (Herbst 1964); S. 22–24, Willy Haas, Gutachten über »Fanny Hill« von John Cleland, o.D. (Herbst 1964); FZH, 18-9.1.2, Bd. 2, unpag., Korrespondenz von Beate Uhses Anwälten in Sachen »Fanny Hill« ab 1965, mit Auszügen aus den Gutachen von Rupp, Emrich, Haas und Jens. Das Gutachten von Jens ist nicht in voller Länge überliefert, das von Marcuse gar nicht.

319 Pongs erhielt daraufhin in der politisch äußerst rechts stehenden *Deutschen Tagespost* eine ganze Seite, um seine Expertise zu veröffentlichen, vgl. Hermann Pongs, »Ein pornographisches Meisterwerk«, in: *Deutsche Tagespost* (Augsburg) vom 16.2.1968.

320 »Schlechter Gutachter«, in: *Kieler Nachrichten* vom 31.1.1968; »Prozeß um ›Fanny Hill‹«, in: *Schleswig-Holsteinische Volkszeitung* vom 31.1.1968.

321 »Franziska und die Staatsanwälte«, in: *Die Welt* vom 30.1.1968; ferner »Kurt Desch verteidigt seine ›Fanny Hill‹«, in: *Die Welt* vom 31.1.1968.

322 »Objektiv unzüchtig?«, in: *Die Welt* vom 15.2.1968; zu Reaktionen von Verlegern auf den Prozessausgang vgl. »Proteste gegen das Münchner Urteil«, in: *Die Welt* vom 8.2.1968.

323 »Die Richter und die Moral«, in: *Frankfurter Rundschau* vom 7.2.1968; »Fanny Hill vor dem Kadi«, in: *Süddeutsche Zeitung* vom 7.2.1968.

324 »Ein Fräulein von der Post war indigniert«, in: *Kölner Stadt-Anzeiger* vom 6.2.1968, darin Interview mit Weyer; auch der *Münchner Merkur* veröffentlichte das Gespräch. Vgl. außerdem »Wird Fanny nun eingestampft?«, in: *Kölner Stadt-Anzeiger* vom 7.2.1968; »Nicht mehr im Ohr«, in: *Kölner Stadt-Anzeiger* vom 17./18.2.1968, BAK, N 1134/56, unpag., Strafanzeige an die Staatsanwaltschaft am Landgericht Köln, 5.3.1968, ergänzt am 14.3.1968, sowie Korrespondenz des Kölner Rechtsanwalts K.R. mit seinen Mandanten Wilhelm Emrich und Hans Giese, Februar bis November 1968. Aus den Unterlagen geht hervor, dass in Kirchenkreisen bereits die Auflösung des Verbands erwogen wurde.

325 Vgl. Ziemann, *Kirche*; ders., »Codierung«; Schlemmer/Woller (Hg.), *Gesellschaft im Wandel*, S. 15; Schildt, *Moderne Zeiten*, S. 147–151; Gabriel, »Zwischen Aufbruch und Absturz«; ders., »Katholiken«; Schmidtmann, »›Fragestellungen‹«.

326 Dazu und zur Pille als »Generationserfahrung« von Frauen in den sechziger und siebziger Jahren vgl. Silies, *Liebe*; dies., »Generation«; dies., »Lebensführung«; dies., »Familienplanung«; zur Pille ferner Herzog, »Coitus«; Großbölting, »Sexualmoral«; Jütte, *Lust*, S. 280–320; zum internationalen Zusammenhang vgl. McLaren, *Twentieth-century Sexuality*, S. 166–170; vgl. auch die Beiträge im Ausstellungskatalog von Staupe/Vieth (Hg.), *Pille*; aus

medizinhistorischer Sicht vgl. Keldenich, *Geschichte*; zeitgenössisch vgl. Hunold, *Papst und Pille*.

327 AEK, Gen 23.30 Zugang 759, Nr. 13, unpag., Volkswartbund, Arbeitsplan 1964, sowie Schreiben des Erzbischöflichen Generalvikariats Köln, 31.7.1964.

328 AEK, Gen 23.30 Zugang 759, Nr. 15, unpag., Weyer an die Mitglieder des Volkswartbunds, 25.8.1969; hier auch das folgende Zitat.

329 AEK, Gen. II 23.30 b, unpag., Volkswartbund, Tätigkeitsbericht für das Jahr 1956, verfasst von Calmes, hg. im Januar 1957, der bereits auf Verunglimpfungen in der Öffentlichkeit verweist.

330 Joseph Höffner, Frings' Nachfolger als Kölner Kardinal und Chef der Deutschen Bischofskonferenz, verabschiedete Ende 1975 den Vorsitzenden Anton Hemmersbach. Generalsekretär Friedrich Weyer ging als Lehrer für Sozialkunde und Biologie an ein katholisches Gymnasium nach Wipperfürth bei Köln. Vgl. AEK, Gen 23.30 Zugang 759, Nr. 15, unpag., Weyer an den Kölner Weihbischof Hubert Luthe, 14.6.1971, mit Bericht von der Mitgliederversammlung am 4.4.1971, auf der die Umbenennung des Volkswartbunds beschlossen worden war; AEK, Gen 23.30 Zugang 759, Nr. 17, unpag., Schreiben des Verbands mit neuem Briefkopf, August 1972; AEK, Gen 23.30 Zugang 759, Nr. 18, unpag., Sitz war zunächst die Gereonstraße 48, später der Hansaring 77 in Köln; AEK, Gen. II 23.30 b, unpag., Kardinal Höffner an Hemmersbach, 14.11.1975; AEK, Gen 23.30 Zugang 759, Nr. 18, unpag., Weyers Lebenslauf. »Concepte« erschien noch bis Anfang der achtziger Jahre, seit 1971 im Illustriertenformat: vgl. *Lexikon für Theologie und Kirche*, Bd. 10, S. 873, die Angaben zum Volkswartbund sind nicht ganz korrekt.

331 FZH, 18-9.2.3, Bd. 1, unpag., Information für die Presse aus Anlass der Geschäftseröffnung in Hamburg, o.D. (Februar 1965), sowie Gästeliste der Eröffnungsfeier am 12.2.1965 und Manuskript von Uhses Begrüßungsrede; FZH, 18-9.2.3, Bd. 39, unpag.: »Unser Hamburger Fachgeschäft ist eröffnet«, in: *absender: Beate. Hauszeitung der Firma Beate Uhse* vom Februar 1965; »Nächstes Fachgeschäft: Frankfurt«, in: *absender: Beate. Hauszeitung der Firma Beate Uhse* vom Juni 1965; »Beate Uhse in Berlin« sowie »Unsere Schaufenster sprechen für uns«, in: *absender: Beate. Hauszeitung der Firma Beate Uhse* vom April 1966. Vgl. außerdem LA SH, Abt. 351, Nr. 1178, S. 106–133, hier S. 111, Anklage des Landgerichts Flensburg gegen Beate Rotermund (Uhse), o.D. (Mai 1967); hier auch zum folgenden.

332 »Die Halbseidenen. Erotische Bücher – das große Geschäft«, in: *Rheinischer Merkur* vom 8.7.1966.

333 FZH, 18-9.2.3, Bd. 39, unpag.: »Neues über unsere ›Beate-Uhse-Läden‹« sowie »Unsere Westerländer Sandwichmänner«, in: *absender: Beate. Hauszeitung der Firma Beate Uhse* vom Dezember 1968; »Der 11. Beate-Uhse-Laden wurde am 15. Februar 1969 in Hannover eröffnet!«, mit Fotos, in: *absender: Beate. Hauszeitung der Firma Beate Uhse* vom März 1969.

334 FZH, 18-9.2.3, Bd. 1, unpag., Werbezettel o.D. (1968).

335 FZH, 18-9.2.3, Bd. 1, unpag., Geschäftsentwicklungsbericht, 24.10.1957. Der Jahresumsatz belief sich 1957 auf rund zwei Millionen Mark. Ebenda, Geschäftsentwicklungsbericht, 15.9.1961. Anfang 1961 betrug der Umsatz 5,3 Millionen Mark. Ebenda, Geschäftsentwicklungsbericht, o.D., Stempel vom 10.7.1965, darin zu den jährlichen Umsatzzahlen: im Jahr 1958 rund 2,2 Millionen; im Jahr 1959 rund 3,4 Millionen; im Jahr 1960 rund 5,4 Millionen; im Jahr 1961 rund 7,1 Millionen; im Jahr 1962 rund 7,2 Millionen und 1q964 rund 8,5 Millionen.

336 BAK, B 117/33, Das Unternehmen Beate Uhse, Firmenkatalog, o.D. (1974), darin Landkarte mit eingezeichneten Uhse-Läden; zu den Umsatzzahlen vgl. »Zuviel Sex?«, in: *Der Spiegel* vom 3.8.1970; FZH, 18-9.2.3, Bd. 39, unpag., »Liebe Mitarbeiter!«, in: *absender: Beate. Hauszeitung der Firma Beate Uhse* vom Februar 1965; zu Uhses erster Pressekonferenz in Österreich Ende Juni 1970 vgl. ebenda, »Beate rief, und alle kamen«, in: *absender: Beate. Hauszeitung der Firma Beate Uhse* vom Juli 1970. Ein Versandhaus wurde in Wien 1980 gegründet. Vgl. auch ebenda, »Wir sind in England! Beate Uhse (U.K.) Ldt.«, in: *absender: Beate. Hauszeitung der Firma Beate Uhse* vom Dezember 1971; zu den Anschriften aller Läden vgl. FZH, 18-9.2.3, Bd. 6, unpag., Beate Uhse-Katalog 1971. Vgl. außerdem »Stramme Pflicht«, in: *Der Spiegel* vom 4.6.1979.

337 FZH, 18-9.2.3, Bd. 3, unpag., Unterlagen über den Prozess in Frankreich, 1968/69. Der Oberste Gerichtshof in Paris verurteilte Uhse im Oktober 1969 zu einer Geldstrafe von 5000 Francs, was rund 1500 Mark entsprach, der Staatsanwalt hatte 131 000 Francs (40 000 Mark) gefordert. Uhses Firmenumsatz im Land lag bei rund 320 000 Mark. Vgl. »Tante Sex in Paris vor Gericht«, in: *Hamburger Morgenpost* vom 27.9.1969; »Beate Uhse in Paris angeklagt«, in: *Frankfurter Allgemeine Zeitung* vom 29.9.1969.

338 FZH, 18-9.2.3, Bd. 1, unpag., Interne Informationen für die Mitarbeiter, zusammengestellt aus Anlass der Einweihung des neuen Gebäudes, 6.8.1969, mit der Angabe, dass die Firma 150 000 Auslandskunden in insgesamt 118 Ländern habe. Vgl. auch FZH, 18-9.2.3, Bd. 39, unpag., »Von Grönland bis nach Hongkong«, in: *absender: Beate. Hauszeitung der Firma Beate Uhse* vom Juli 1967; die Zahl der Auslandskunden belief sich 1967 noch auf rund 14 000.

339 FZH, 18-9.2.3, Bd. 39, unpag., »Bücherspende für die Uni Berlin«, in: *absender: Beate. Hauszeitung der Firma Beate Uhse* vom April 1965.

340 FZH, 18-9.2.3, Bd. 41, unpag., Beate-Uhse-Story, 1968, hier auch die folgenden Zitate.

341 »Die Beate Uhse-Story«, in: *Hamburger Morgenpost* vom 20.2.1969; »Die Beate Uhse-Story. Kampf dem Sex-Notstand«, in: *Hamburger Morgenpost* vom 21.2.1969; »Die Beate Uhse-Story. Männerfang mit innerer Wärme«, in: *Hamburger Morgenpost* vom 22.2.1969.

342 Das Pressereferat des Konzerns aktualisierte den Text laufend. Vgl. FZH, 18-9.2.3, Bd. 41, unpag., Beate-Uhse-Story. Textbearbeitungen, in denen je-

weils die Erweiterung des Konzerns skizziert wurde, wichen anfangs von der Ursprungsversion von 1968 wenig ab, ab 1980 erfolgten Neubearbeitungen, 1994 wurde ein gänzlich neuer Text verfasst. Die Versionen stammten im Einzelnen vom April 1969, Mai 1970, Januar 1973, Oktober 1980 (Neubearbeitung, 7 Seiten), 1990 (Neubearbeitung, 4 Seiten), 1993 (Neubearbeitung, 2 Seiten), Mai 1994 (völlige Neubearbeitung, 5 Seiten), Juli 1997 und August 1999.

343 UCBE, BL, »Sexual Freedom Movement«, Larton 7, Mappe 6, Glücklich – ein Leben lang. Katalog des Versandhauses für Ehehygiene Beate Uhse, 1967, S. 50, auch: FZH, 18-9.2.3, Bd. 4, unpag. Zur Altersstruktur der Kunden hieß es darin: »Bis 20 Jahre 1,9 %, 21 – 30 Jahre 28,2 %, 31 – 40 Jahre 38,9 %, 41 – 50 Jahre 17,2 %, 51 – 60 Jahre 10,0 %, über 60 Jahre 3,8 %«. Vgl. auch FZH, 18-9.2.3, Bd. 46, unpag., » … das mußte ich Ihnen einmal schreiben …«, 1963, sowie Unsere Tür steht allen offen, o.D. (1965), darin die gleichen Zahlen. Wie falsch die verwirrenden Angaben über die Berufsgruppen rezipiert wurden, zeigt ein Zeitungsartikel, in dem es hieß, dass 20 Prozent von Uhses Kunden Akademiker seien und die weitaus größte Gruppe stellten: »Jeden Tag verschickt die kühle Blonde 6 Tonnen Zärtlichkeit«, in: *Abendzeitung* (München) vom 16.11.1968.

344 Die Postordnung vom 16.5.1963 besagte, dass alle »Sendungen, deren Außenseite oder einsehbarer Inhalt erkennbar gegen das öffentliche Wohl oder die Sittlichkeit verstößt, insbesondere wenn sie wegen des offenen Versands anstößig wirken«, von der Postbeförderung ausgenommen seien. Als Verstoß gegen die Sittlichkeit galten Darstellungen, die das Schamgefühl verletzten, und solche, deren Inhalt zwar nicht sittenwidrig war, aber, wie die Ausführungsbestimmungen lauteten, »durch offenen Versand anstößig« wirkten. Vgl. *Amtsblatt des Bundespostministeriums* (1964), S. 607.

345 BAK, B 189/11823, unpag.: Bundesminister für Familien- und Jugendfragen an Bundesminister für das Gesundheitswesen, 7.1.1965; Bundesminister für Familien- und Jugendfragen an Bundesminister für das Post- und Fernmeldewesen, Bundesminister für das Gesundheitswesen, Bundesminister der Justiz und Bundesminister des Innern, 7.1.1965; Bundesminister des Innern an Bundesminister für Familien- und Jugendfragen, 27.1.1965; Bundesminister für Familien- und Jugendfragen an Bundesminister des Innern, 3.2.1965; Bundesminister des Innern an Bundesminister für Familien- und Jugendfragen, Bundesminister für das Post- und Fernmeldewesen, Bundesminister für das Gesundheitswesen und Bundesminister der Justiz, 15.2. 1965; Bundesminister für das Post- und Fernmeldewesen an Bundesminister für Familien- und Jugendfragen, Bundesminister des Innern, Bundesminister für das Gesundheitswesen und Bundesminister der Justiz, 2.3.1965; Vermerk des Bundesministeriums für Familien- und Jugendfragen, 19.3. 1965; Bundesminister für Familien- und Jugendfragen an Bundesminister für das Post- und Fernmeldewesen, Bundesminister des Innern, Bundesminister für das Gesundheitswesen und Bundesminister der Justiz, 30.3.1965.

346 FZH, 18-9.2.3, Bd. 45, unpag., Katalog »Der ›unbekannte‹ Nachbar, den Millionen kennen«, 1961.

347 FZH, 18-9.2.3, Bd. 1, unpag., Das Versorgungswerk des Versandhauses Beate Uhse, Flensburg, Zitat S. 2.

348 FZH, 18-9.2.3, Bd. 46, unpag., Werbezettel der Firma Beate Uhse, o.D. (1965).

349 Zur Geschäftsentwicklung vgl. LA SH, Abt. 351, Nr. 1779, unpag., Leitender Oberstaatsanwalt in Flensburg an Zentrale Stelle in München, 1.9.1966; LA SH, Abt. 351, Nr. 1780, S. 49 – 53, Beschluss des Amtsgerichts Flensburg, 10.11.1970; LA SH, Abt. 351, Nr. 1781, S. 54 – 73, Urteil des Landgerichts Flensburg gegen Beate Rotermund (Uhse), 5.10.1971; »Dieses und jenes«, in: *Der Spiegel* vom 26.5.1965. Zu Umsatzzahlen und Geschäftsentwicklung vgl. auch Uhse, *Sex sells*, S. 44 und S. 217 – 221.

350 FZH, 18-9.2.3, Bd. 1, unpag., Pressekonferenz, 21.3.1967; zur Umstellung auf elektronische Datenverarbeitung vgl. FZH, 18-9.2.3, Bd. 39, unpag.: »Nun hat die Zukunft schon begonnen«, mit Fotos, sowie »Meine ersten Schritte in die elektronische Zeit«, verfasst von einer Mitarbeiterin, in: *absender: Beate. Hauszeitung der Firma Beate Uhse* vom Februar 1965; »Wir beginnen mit dem 3. Bauabschnitt«, in: *absender: Beate. Hauszeitung der Firma Beate Uhse* vom April 1965; Elektronik überall und über alles«, in: *absender: Beate.* »*Hauszeitung der Firma Beate Uhse* vom April 1966; »Das war der Tag X«, in: *absender: Beate. Hauszeitung der Firma Beate Uhse* vom Juli 1966.

351 UCBE, BL, »Sexual Freedom Movement«, Karton 7, Mappe 6, »Glücklich – ein Leben lang«, Katalog des Versandhauses für Ehehygiene Beate Uhse, 1967, S. 52, auch: FZH, 18-9.2.3, Bd. 4, unpag.

352 *Frankfurter Allgemeine Zeitung* vom 27.2.1967.

353 FZH, 18-9.2.3, Bd. 39, unpag., »Mit Lust und Liebe für die Liebe und Lust«, in: *absender: Beate. Hauszeitung der Firma Beate Uhse* vom August 1969; FZH, 18-9.2.3, Bd. 1, unpag., Manuskript der Ansprache, darin lautete die Passage: »Denn es ist meine feste Überzeugung, daß in den Jahren, die vor uns liegen – in der Zeit, in der es selbstverständlich sein wird, daß Menschen zum Mond fliegen –, Betriebe und deren Mitarbeiter nur dann erfolgreich arbeiten können, wenn man ihnen die besten Arbeitsmittel und eine moderne Arbeitsatmosphäre zur Verfügung stellt.« Die Einweihung fand am 13.8.1969 statt, nachdem bereits im Mai 1969 der Betrieb aufgenommen worden war. Baubeginn war im April 1967.

354 FZH, 18-9.2.3, Bd. 39, unpag., »Liebe Mitarbeiter«, in: *absender: Beate. Hauszeitung der Firma Beate Uhse* vom Dezember 1968.

355 FZH, 18-9.2.3, Bd. 1, unpag., Technische Daten für die Pressekonferenz zum Neubau, 21.3.1967; vgl. auch Anzeigenseiten der Flensburger Lokalzeitungen aus Anlass der Gebäudeeinweihung, 9.8.1969.

356 FZH, 18-9.2.3, Bd. 39, unpag., »Mit Lust und Liebe für die Liebe und Lust«, in: *absender: Beate. Hauszeitung der Firma Beate Uhse* vom August 1969; FZH, 18-9.2.3, Bd. 1, unpag., Redemanuskript des Oberbürgermeisters, in

dem der Vergleich etwas ausführlicher ausfiel: »Sie arbeiten ja nach ganz anderen Prinzipien. Sie stellen ja die Frage ›Kann denn Liebe Sünde sein?‹. Sie wollen aufklärend wirken, das Schuld- und Sündengefühl gerade nehmen. Es ist also höchstens eine Anti-Verkehrssünderkartei. Man wird sagen können, daß in diesen schönen Räumen und in dieser guten Arbeitsatmosphäre (...) wird mit Lust und Liebe für die Lust und die Liebe gearbeitet.« Vgl. auch FZH, 18-9.2.3, Bd. 1, unpag., Interne Informationen für die Mitarbeiter, zusammengestellt aus Anlass der Einweihung, 6.8.1969, sowie Gästelisten. Für die Gäste der Stadt Flensburg boten Mitarbeiter am Tag der Einweihung Führungen durchs neue Haus an, vgl. FZH, 18-9.2.3, Bd. 39, unpag., »Flensburgs OB besuchte uns«, in: *absender: Beate. Hauszeitung der Firma Beate Uhse* vom April 1965.

357 »Die Liebesdienerin der Nation«, in: *Die Zeit* vom 28.1.1972; FZH, 18-9.2.3, Bd. 1, unpag., Firmen-Farbprospekt »Das modernste Großraumgebäude Deutschlands steht in Flensburg, Gutenbergstraße 12. Es gehört Beate Uhse«, sowie Objektbericht »Beate Uhse«, zusammengestellt von der für die Organisationsplanung zuständigen Firma Pohlschröder & Co KG in Dortmund, 1969; FZH, 18-9.2.3, Bd. 39, unpag.: »Liebe Mitarbeiter«, in: *absender: Beate. Hauszeitung der Firma Beate Uhse* vom April 1966; »Liebe Mitarbeiter«, sowie »Unsere Großraumwabe«, in: *absender: Beate. Hauszeitung der Firma Beate Uhse* vom Dezember 1968, »Noch 49 Tage bis zum Einzug« sowie »Unsere Großraumwabe«, in: *absender: Beate. Hauszeitung der Firma Beate Uhse* vom März 1969, »Liebe Mitarbeiter«, in: *absender: Beate. Hauszeitung der Firma Beate Uhse* vom Juli 1969, mit Fotos.

358 UCBE, BL, »Sexual Freedom Movement«, Karton 7, Mappe 6, »Glücklich – ein Leben lang«, Katalog des Versandhauses für Ehehygiene Beate Uhse, 1967, auch: FZH, 18-9.2.3, Bd. 4, unpag. Zur Einweihung vgl. »Finger drauf«, in: *Der Spiegel* vom 17.11.1969; zur modernen Betriebsführung vgl. »Porno-Markt: Frau Saubermann an der Spitze«, in: *Der Spiegel* vom 1.11.1971; »Die Liebesdienerin der Nation«, in: *Die Zeit* vom 28.1.1972; BAK, B 117/33, unpag., »Das Unternehmen Beate Uhse«, Firmenkatalog, o.D. (1974), mit Fotos vom Neubau, hier auch zum Shop in Amsterdam.

359 FZH, 18-9.2.3, Bd. 1, unpag., Objektbericht »Beate Uhse«, zusammengestellt von der für die Organisationsplanung zuständigen Firma Pohlschröder & Co KG in Dortmund, 1969; FZH, 18-9.2.3, Bd. 39, unpag., »So sieht unsere Großraumwabe von innen aus«, in: *absender: Beate. Hauszeitung der Firma Beate Uhse* vom Juli 1969, mit Fotos.

360 »Beate Uhses Geschäft mit der Liebe«, in: *werben und verkaufen* vom 20.3.1969, S. 16. »Alle 6 Sekunden wendet sich jemand an Beate Uhse« stand auf dem Katalog »Glücklich – ein Leben lang« von 1967, vgl. UCBE, BL, »Sexual Freedom Movement«, Karton 7, Mappe 6, auch: FZH, 18-9.2.3, Bd. 4, unpag.

361 BAK, B 189/18396, unpag., Bundesminister für Familie und Jugend an Bundesverfassungsgericht, 14.1.1969.

362 Zu »Gisela« zählte in den sechziger Jahren eine ganze Reihe von Erotikverlagen, die Uhse nun übernahm: neben dem Verlag für Sexualliteratur der Verlag für freies Schrifttum, der Delphi-Verlag, der Einhorn-Versand, der Maison-Versand, der Freyja-Verlag, der Franz-Decker-Verlag Nachfolger, der Transit-Verlag und die Versandbuchhandlung Spethmann. Vgl. »Die Halbseidenen. Erotische Bücher – das große Geschäft«, in: *Rheinischer Merkur* vom 8.7.1966.

363 »Beate Uhse verurteilt«, in: *Bild* vom 19.2.1969; »Jeden Tag verschickt die kühle Blonde 6 Tonnen Zärtlichkeit«, in: *Abendzeitung* vom 16.11.1968; »Beate Uhse«, in: *Das Grüne Blatt* vom 24.9.1965; »Die Geschichte der Beate Uhse«, in: *Der Stern* vom 6.3.1966.

364 »Supermarket for Eros«, in: *Time Magazine* vom 2.5.1969.

365 »Fanny Hill vor dem Kadi«, in: *Süddeutsche Zeitung* vom 7.2.1968.

366 BAK, B 117/5, unpag., Urteil des Bundesgerichtshofs gegen Kurt Desch, 22.7.1969; LA SH, Abt. 351, Nr. 1178, S. 269f., Verlautbarung der Pressestelle des Bundesgerichtshofs, 22.7.1969, die das Urteil zusammenfasst; zu den rechtlichen Zusammenhängen aus zeitgenössischer Sicht vgl. Erbel, *Sittengesetz*, S. 386.

367 »Grenzfall Fanny Hill«, in: *Lübecker Nachrichten* vom 7.11.1969.

368 »Zwölf Sittenapostel auf Wacht am Rhein«, in: *Süddeutsche Zeitung* vom 19.12.1967.

369 »Die Sittenrichter der Bundesrepublik«, in: *Deutsche Zeitung* vom 3.3.1964; »Zwölf Sittenapostel auf Wacht am Rhein«, in: *Süddeutsche Zeitung* vom 19.12.1967; vgl. zur Spekulation über die Reformierung der Bundesprüfstelle, die fortbestand, »Bundesprüfstelle wird mit ›Datenbank‹ ausgestattet«, in: *Frankfurter Rundschau* vom 24.8.1972; »Die CDU will den Jugendschutz ausweiten«, in: *Frankfurter Allgemeine Zeitung* vom 13.1.1972.

370 »Müdes Lächeln«, in: *Der Spiegel* vom 8.12.1969; »›Fanny Hill‹ ist nicht unzüchtig«, in: *Süddeutsche Zeitung* vom 23.7.1969.

371 »Grenzfall Fanny Hill«, in: *Lübecker Nachrichten* vom 7.11.1969.

372 »Eher pensionatsreif«, in: *Der Spiegel* vom 28.7.1969.

373 »Fanny Hill wieder frei«, in: *Hamburger Abendblatt* vom 23.7.1969; »›Fanny Hill‹ nicht unzüchtig«, in: *Flensburger Tageblatt* vom 23.7.1969, hier auch zum Folgenden.

374 LA SH, Abt. 351, Nr. 1178, S. 275, Leitender Oberstaatsanwalt in Flensburg an Justizminister Schleswig-Holsteins, 23.9.1969, sowie S. 280, Einstellungsbeschluss des Landgerichts Flensburg, 16.10.1969.

375 LA SH, Abt. 351, Nr. 1178, S. 276ff., hier S. 277, interner Vermerk der Generalstaatsanwaltschaft Schleswig, 9.10.1969.

376 BAK, B 189/18396, unpag., interner Vermerk des Bundesministeriums für Familie und Jugend über ein Telefongespräch mit einem Bundesrichter am Bundesverfassungsgericht, 19.5.1971.

377 LA SH, Abt. 786, Nr. 2421: S. 114 – 117, Oberstaatsanwalt in Flensburg an Justizminister Schleswig-Holsteins und Generalstaatsanwalt in Schleswig,

28.11.1967, mit Zitaten aus dem Schreiben des Bundesverfassungsgerichts vom 15.11.1967; Generalstaatsanwalt in Schleswig an Justizminister Schleswig-Holsteins, 17.3.1969, mit Zitaten aus dem Schreiben des Bundesverfassungsgerichts vom 14.3.1969; Generalstaatsanwalt in Schleswig an Justizminister Schleswig-Holsteins, 16.3.1970, mit Zitaten aus dem Schreiben des Bundesverfassungsgerichts vom 12.3.1970; Generalstaatsanwalt in Schleswig an Justizminister Schleswig-Holsteins, 16.2.1971, mit Zitaten des Bundesverfassungsgerichts vom 10.2.1971.

378 Das Bundesverfassungsgericht hatte bereits im März 1958 Bedenken gegen das Verbot geäußert, vgl. BT-Berichte 3. WP, 18.1.1961, S. 7876–7883, hier S. 7878–7881. Vgl. auch *Entscheidungen des Bundesverfassungsgerichts*, Bd. 30, S. 336–355, Beschluss des Ersten Senats, 23.3.1971.

379 Zum Wortlaut der beiden Leitsätze vgl. BAK, B 189/18396, unpag., Zentrale Stelle Schleswig an Bundesminister für Jugend, Familie und Gesundheit, 22.7.1971, sowie LA SH, Abt. 786, Nr. 2421, S. 118ff., Generalstaatsanwalt in Schleswig an Justizminister Schleswig-Holsteins, 30.6.1971 und 2.7.1971: »1. Das Verbot, Schriften, die Kinder oder Jugendliche offensichtlich sittlich schwer gefährden, im Versandhandel zu vertreiben, zu verbreiten oder zu diesen Zwecken vorrätig zu halten (§ 6 Abs. 1 GjS), ist mit dem Grundgesetz vereinbar. 2. Die grundsätzliche Wertenscheidung der Verfassung für die Freiheit der Meinung und der Information schließt es aus, Schriften, die durch Bild für Nacktkultur werben (§ 6 Abs. 2 GjS), auf Grund einer unwiderleglichen Vermutung generellen Verboten zu unterwerfen.« Vgl. außerdem BAK, B 189/18396, unpag., und LA SH, Abt. 786, Nr. 2421, S. 121–146,zum Beschluss des Bundesverfassungsgerichts, 23.3.1971 (25 Seiten), abgedr. in: *Entscheidungen des Bundesverfassungsgerichts*, Bd. 30, S. 336–355. Vgl. auch »Jugendgefährdende Schriften bleiben vom Versandhandel ausgeschlossen«, in: *General-Anzeiger* (Bonn) vom 26./27.6.1971. Um die Verfassungsmäßigkeit des Gesetzes ging es im Bundestag bereits bei der Verabschiedung 1961, BT-Berichte 3. WP, 18.1.1961, S. 7876–7883.

380 LA SH, Abt. 786, Nr. 2421, S. 123f. Leitender Oberstaatsanwalt in Flensburg an Justizminister Schleswig-Holsteins, 18.1.1972, S. 125, Landgericht Flensburg, Einstellungsbeschluss vom 10.12.1971.

381 LA SH, Abt. 351, Nr. 1781, S. 1–121, staatsanwaltschaftliche Ermittlungen gegen Beate Rotermund (Uhse) im Zusammenhang mit Aphrodisiaka, März 1970 bis August 1973, sowie S. 105–121, Urteil des Landgerichts Kiel gegen Beate Rotermund (Uhse), 30.8.1973.

382 BAK, B 189/18396, unpag., Werbeschreiben der Firma Uhse zu »Helga und Bernd«, o.D. (1969), sowie Strafanzeigen wegen der Werbung für den Band, ab Oktober 1969; LA SH, Abt. 351, Nr. 1780, Strafanzeigen gegen Beate Rotermund (Uhse) wegen Werbung für »Helga und Bernd«, ab November 1969. Die Bundesprüfstelle lehnte die Indizierung des Buches ab, vgl. LA SH, Abt. 351, Nr. 1780, S. 35ff., Beschluss der Bundesprüfstelle für jugendgefährdende Schriften, 6.3.1970. Die amerikanische Erstauflage erschien 1969

mit 25 000 Exemplaren.

383 LA SH, Abt. 351, Nr. 1779, S. 44–51, Urteil des Verwaltungsgerichts Köln,
18.3.1971, FZH, 18-9.1.3, Bd. 2, unpag., Gutachten zur Publikation o.D. (1970).

384 LA SH, Abt. 351, Nr. 1781, S. 1–63, staatsanwaltschaftliche Ermittlungen gegen Beate Rotermund (Uhse) im Zusammenhang mit dem Roman »Josefine Mutzenbacher«, Januar 1970 bis April 1971, sowie S. 19–22, Indizie-
rungsbeschluss der Bundesprüfstelle für jugendgefährdende Schriften,
25.6.1970; »Pornographie, eine bitterernste Sache«, in: *Frankfurter Allgemeine Zeitung* vom 11.11.1969; »Polizei bei Rogner & Bernhard«, in: *Süddeutsche Zeitung* vom 22.1.1971; »Die ›Mutzenbacherin‹ beschlagnahmt«,
in: *Stuttgarter Nachrichten* vom 22.1.1971.

385 Zur Auflagenzahl vgl. »Den Deutschen ist es ernst mit der Lust« in: *Der
Spiegel* vom 15.7.1968.

386 Kolle schreibt in seiner Autobiografie, die er aus Anlass seines achtzigsten
Geburtstags 2008 verfasste: »Diese Arbeit war für mich ungeheuer prägend,
auch wenn ich noch nicht ahnte, dass ich einmal in die Fußstapfen Kinseys
treten sollte. Eines jedoch habe ich schon damals am eigenen Leib gespürt
– den berühmten ›Kinsey-Effekt‹, den man diesem Buch nachgesagt hat:
Menschen, die dieses Buch gelesen hatten, waren erleichtert, weil sie plötzlich merkten, dass sie mit ihren Nöten nicht allein waren, dass andere ihre
sexuellen Vorstellungen oder Phantasien teilten.« Ein Bekannter seines Vaters hatte Kinseys Buch aus den USA mitgebracht, für ihn fertigte Kolle die
Übersetzung an: vgl. Kolle, *Ich bin so frei*, S. 73f.

387 Vgl. Kolle, *Wunder*, S. 171ff., Zitat S. 171.

388 Gespräche mit Oswalt Kolle am 28.3. und am 21.5.2003. Zu Kolles Auseinandersetzungen mit der Filmselbstkontrolle vgl. »Hände frei«, in: *Der Spiegel* vom 14.4.1969; »Auf die Kanzel kommt es an«, in: *Der Spiegel* vom
30.9.1969; Kolle, »Angst«; ZA, B2/7 (ohne Signatur), Manuskript eines Interviews von Henryk M. Broder mit Kolle, 9.6.1974. Ob und wo der Text
veröffentlicht wurde, ist unklar. Vgl. auch ZA, B 2/7, Nr. 451, Gespräch Broder mit Kolle, o.D. (vermutlich 1974/75), sowie Nr. 449, Manuskript Broder:
Schwarzfilm über Ejakulation, o.D. (vermutlich 1971). Über Kolle liegen die
kurzen, recht oberflächlichen und zum Teil mit Texten des *Spiegels* identi-
schen Ausführungen von Lau, *Sexfronten*, S. 50–55, vor; als wichtige Publikation vgl. Eder, »Das Sexuelle beschreiben«; kursorisch befasst sich Wolfrum, *Bundesrepublik Deutschland*, S. 323, mit ihm. Ein Interview mit Kolle
findet sich im Band von Staupe/Vieth (Hg.), *Pille*, S. 193–204; vgl. außerdem Gillen, »Wunder«, S. 118–122. In seiner Autobiografie geht Kolle nur
am Rande auf die gesellschaftlichen Verhältnisse in den sechziger Jahren
ein.

389 Vgl. Masters/Johnson, *Reaktion*. Zur wissenschaftlichen Bedeutung der Stu-
die vgl. Robinson, *Modernization of Sex*, S. 120–190; Maier, *Masters of Sex*;
McLaren, *Twentieth-century Sexuality*, S. 176–179; Walter, »Begrenzung«,
S. 170f.

390 Vgl. die Tabelle der Auflagenzahlen bei Glasenapp, »Titelschwund«, S. 132; zur Haltung der *Bunten* zur Sexwelle vgl. Hartung/Schlüter, »Darstellung«, sowie eine doppelseitige Anzeige der *Bunten* mit dem Slogan: »Das ist so typisch für die *Bunte*: Sie pfeift auf über eine Million Mark, weil ihr gewisse Anzeigen gar nicht in die Konzeption passen«, in: *werben und verkaufen* vom 5.10.1967. Dazu sind im Gestus der Distanzierung Inserate für erotische Schriften abgedruckt.

391 »Zuviel Sex?«, in: *Der Spiegel* vom 3.8.1970, außerdem ein Titel-Beitrag zur Sexwelle und ein langes Interview mit Giese, der über die Sexwelle sagte: »Wir haben heute ganz ohne Frage eine positive Besessenheit am Sex.« Das Interview wurde (samt Nachruf) wenige Tage nach Gieses Tod veröffentlicht. Er starb im Alter von fünfzig Jahren im Urlaub in Südfrankreich, als er nachts von einer Steilküste stürzte; die Polizei ging von einem Unfall aus. Als »Sex-Professor« wurde Giese in »Porno-Markt: Frau Saubermann an der Spitze«, in: *Der Spiegel* vom 1.11.1971 bezeichnet.

392 »Ralph hebt Kolle auf den Werbeschild«, in: *werben und verkaufen* vom 17.10.1968, S. 12.

393 »Meine Ehe mit Oswalt Kolle«, in: *Jasmin* vom 27.5.1968. *Jasmin* erschien mit einer Startauflage von 780 000 Exemplaren und erreichte nach drei Heften bereits eine Verkaufsauflage von 1,5 Millionen Exemplaren. Springer verkaufte das Blatt im Sommer 1968 an Kindler und Schiermeyer; Anfang der siebziger Jahre gehörte es zu Gruner + Jahr. 1973 wurde es wegen mangelnden Erfolgs eingestellt.

394 »Beate Uhse«, in: *Jasmin* vom 14.10.1968.

395 *Der Spiegel* vom 18.11.1968.

396 »Den Deutschen ist es ernst mit der Lust«, in: *Der Spiegel* vom 15.7.1968.

397 Zum Geschlechterverhältnis in den sechziger Jahren vgl. Frevert, »Umbruch«; Oertzen, »Teilzeitarbeit für die moderne Ehefrau«.

398 Privatarchiv Oswalt Kolle, Briefsammlung, unpag.; hier auch zum Folgenden. Die meisten Briefe stammen aus den Jahren 1966 bis 1969. Gespräche mit Oswalt Kolle am 28.3. und am 21.5.2003. Vgl. auch Kolle, *Ich bin so frei*, S. 215f. Ich danke Oswalt Kolle für die freundliche Einblicknahme in die Briefe und die Erlaubnis zu ihrer Auswertung.

399 Der Briefsammlung liegen noch immer viele frankierte Rückkuverts bei. Kolle bedauerte später, auf die Zuschriften nicht reagiert zu haben; manche gab er an Hans Giese zur Beantwortung weiter, von dem das 1968 erschienene Buch *Aufklärung in Illustrierten?* stammt. Gespräche mit Oswalt Kolle, 28.3.2003 und 21.5.2003. Zu Kinseys Reaktion auf Zuschriften vgl. Jones, *Kinsey*, S. 574 und S. 703f.

400 Zu Geschichte und Bedeutung von *Bravo* vgl. Maase, *Bravo Amerika*, S. 104; ders., »Medium«; Lammers, »›Bravo‹«; Farin, »Vorwort«; Schildt, *Ankunft*, S. 185; zur Sexualaufklärung der Zeitschrift vgl. Sauerteig, »Herstellung«; ders., »›Wie soll ich es nur anstellen‹«; Freund, »Jungs«; Knoll/Monssen-Engberding (Hg.), *Bravo*; Kuhnert/Ackermann, »Lust«; Eder, »›Sexuelle

Revolution‹«. Unter den Pseudonymen »Dr. Jochen Sommer« und »Dr. Alexander Korff« erteilte Martin Goldstein von 1969 an Auskunft in Sexualfragen, vgl. Goldstein, »Dr. Sommer«; vgl. ferner das Online-Interview der Bundeszentrale für politische Bildung vom März 2008 mit Goldstein, »Revolution«, sowie »Und es war Sommer«, in: *Die Welt* vom 25.6.2009.

401 Vgl. Amendt (Hg.), *Sex Front*; dazu ders., »›Sexfront‹«; ders., »Revolution«.

402 Vgl. Maasen, *Genealogie*, S. 430 – 468.

403 Anzeige von *Hör zu!* »Gemüt vor Sex«, in: *werben und verkaufen* vom 5.3.1964, S. 11; zur Auflagenentwicklung des Blatts vgl. Seegers, *»Hör zu!«*, S. 208 – 214.

404 »Müdes Lächeln«, in: *Der Spiegel* vom 8.12.1969.

405 BAK, B 189/18430, unpag., Niederschrift über die Tagung der Leiter der Zentralstellen zur Bekämpfung unzüchtiger und jugendgefährdender Schriften, Abbildungen und Darstellungen in Hamburg, 10. – 12.10.1967, mit der Angabe, der Wert der importierten Magazine und Waren belaufe sich auf rund 500 000 Mark. Zur Rechtsänderung in Dänemark und ihren Folgen vgl. »Alles hat mit Fanny Hill begonnen«, in: *Stuttgarter Zeitung* vom 9.9.1967; BAK, B 189/18396, unpag., Bundesminister für Familie und Jugend an Bundesverfassungsgericht, 14.1.1969. Schweden verfügte die Freigabe von Pornografie im Juni 1970; verboten blieben dort, anders als in Dänemark, wo keine Einschränkungen bestanden, die Präsentation an öffentlichen Plätzen und die öffentliche Darstellung von verrohenden Inhalten.

406 »Alles hat mit Fanny Hill begonnen«, in: *Stuttgarter Zeitung* vom 9.9.1967.

407 »Müdes Lächeln«, in: *Der Spiegel* vom 8.12.1969.

408 »Nur ein Geschäft?«, in: *Kirche und Leben* vom 18.5.1969. Das Blatt brachte 1969 eine Reihe von Artikeln zum Thema. Zum Bistum Münster vgl. Damberg, *Abschied*; Ziemann, *Kirche*.

409 »A ›Sex Wave‹ Pervades Life in West Germany«, von Ralph Blumenthal, in: *The New York Times* vom 22.12.1968; hier die folgenden Zitate.

410 BAK, B 189/18434, unpag., Schilling an Höcherl, 21.6.1965: »Ursache dieser Krise ist eine unverkennbare Zunahme an Unlust, Bedenken und Kritik seitens einer ständig größeren (sic!) Zahl von Beisitzern, die auf einem Komplex von Gründen beruht. (…) Die Folgen dieser Krise und damit die Dringlichkeit der Abhilfe sind kaum noch zu übersehen.« Viele Mitglieder der Bundesprüfstelle seien wegen der Medienschelte kaum mehr bereit, Indizierungsanträge anzunehmen, woraus die Erfolglosigkeit der Behörde resultiere. Das Bundesinnenministerium stellte nach Schillings Klagen, die auch persönliche Überlastung einschlossen, Mittel zur Finanzierung eines hauptamtlichen Stellvertreterpostens bereit, der aber noch längere Zeit unbesetzt blieb und dessen Inhaber später häufig wechselten.

411 BAK, B 189/18434, unpag., Bundesministerium für Familie und Jugend an die obersten Jugendbehörden der Länder, 28.11.1966; die darin angekündigte neue Zuordnung der Behörde wurde zum Mai 1966 wirksam. Vgl. auch BAK, B 189/18430, unpag., Niederschrift über die Tagung der Leiter

der Zentralstellen zur Bekämpfung unzüchtiger und jugendgefährdender Schriften, Abbildungen und Darstellungen in Hamburg, 10.–12.10.1967, darin: Die Tätigkeit der Bundesprüfstelle bis zum 30.6.1967, von Werner Jungeblodt; BAK, B 189/18434, unpag., Ansprache von Jungeblodt am 15.3.1967 vor dem Bundestagsausschuss für Familien- und Jugendfragen in der Bundesprüfstelle zum Thema »Organisation, Aufgabenbereich und Tätigkeit der Bundesprüfstelle für jugendgefährdende Schriften«.

412 BAK, B 189/18434, unpag., Programm für den Empfang beim Bundespräsidenten am 6.10.1967 und Pressemitteilung. Die Vorträge auf dem Empfang wurden unter dem Titel »Der literarische Jugendschutz« veröffentlicht und an einschlägige Behörden und Organisationen verteilt.

413 »Im Stahlschrank liegt das ›Sexy Girl‹«, in: *Süddeutsche Zeitung* vom 10.6.1969; Gerhard Weise, »Mein Bett ist meine Burg«, in: *Aachener Nachrichten* vom 1.2.1969.

414 FZH, 18-9.2.3, Bd. 39, unpag., »Nicht nur ›Jasmin‹ schrieb kürzlich über uns«, in: *absender: Beate. Hauszeitung der Firma Beate Uhse* vom Dezember 1968.

415 »Zuviel Sex?«, in: *Der Spiegel* vom 3.8.1970.

416 Vgl. Wolfrum, *Bundesrepublik Deutschland*, S. 323.

417 Borneman, *Sex im Volksmund*, Zitate im Vorwort »Über die sexuelle Umgangssprache«, unpag.

418 *Pardon* hatte 1962 eine Auflage von 50 000 Exemplaren, vier Jahre später lag sie bei rund 150 000, vgl.: »*Pardon* über seine Auflagenentwicklung«, in: *Der neue Vertrieb* vom März 1967, S.184f.; »Sex – Schau-Lust oder neue Moral?«, in: *Der Spiegel* vom 18.11.1968.

419 FZH, 18-9.2.3, Bd. 39, unpag., »Nicht nur ›Jasmin‹ schrieb kürzlich über uns«, in: *absender: Beate. Hauszeitung der Firma Beate Uhse* vom Dezember 1968.

420 *Konkret* vom März 1968.

421 »›Konkret‹ indiziert«, in: *Stuttgarter Zeitung* vom 20.9.1968; »Prag-Sondernummer der Zeitschrift ›Konkret‹ indiziert«, in: *Süddeutsche Zeitung* vom 20.9.1968. Einen Antrag auf Indizierung des Blattes wegen unzüchtiger Publikationen behandelte die Bundesprüfstelle schon 1965, allerdings ohne eine Beschlagnahme zu verfügen. Die Fernsehsendung »Panorama« vermutete am 28.6.1965 politische Gründe für die Ermittlungen und erhob umgehend Zensurvorwürfe, vgl. BAK, B 189/18434, unpag., zur Auseinandersetzung um die Sendung.

422 ZA, B 2/7, Nr. 622, Der anhaltende Kampf der Judikatur gegen die Geschlechtstriebe; ob und wo der Text veröffentlicht wurde, geht aus dem Manuskript nicht hervor. Broder (Jahrgang 1946) war außerdem Mitherausgeber eines 1971 erschienenen Buches, in dem die Kontaktanzeigen aus den *Sankt Pauli Nachrichten* dokumentiert sind, vgl. Dahl/Broder/Bönner (Hg.), *Seid nett aufeinander*; vgl. auch Broder, *Angst*. Zum Boom der Blätter vgl. »Im Strudel der Lust. Martin Morlock über die Sexwelle 1969«, in: *Der Spie-*

gel vom 29.9.1969; »Zuviel Sex?«, in: *Der Spiegel* vom 3.8.1970, dazu die Leserbriefe in: *Der Spiegel* vom 17.8.1970; »Für eine Mark Sex«, in: *Die Zeit* vom 29.5.1970. Verleger und Chefredakteur Helmut Rosenberg listete die Auflagenentwicklung der *Sankt Pauli Nachrichten* in einem Leserbrief genau auf, vgl. »Briefe«, in: *Der Spiegel* vom 13.10.1969. Zur Gründung der *Sankt Pauli Nachrichten* vgl. das Interview mit dem Fotografen Günter Ulrich Zint, der das Blatt seinerzeit gemeinsam mit Rosenberg ins Leben rief, »Viele sind größenwahnsinnig geblieben«, in: *Süddeutsche Zeitung* vom 11.4.2008.

423 »Porno-Markt: Frau Saubermann an der Spitze«, in: *Der Spiegel* vom 1.11. 1971, mit Angaben zur Branchenentwicklung; »Die Liebesdienerin der Nation«, in: *Die Zeit* vom 28.1.1972. Über die Zahl der Betriebe in der Bundesrepublik liegen unterschiedliche Angaben vor: Der *Spiegel* schrieb Ende 1971 von 160 Sex-Shops und 70 Versandunternehmen, die *Zeit* zählte Anfang 1972 rund 150 Unternehmer im Erotikversandhandel und 180 Sex-Shop-Besitzer.

424 FZH, 18-9.2.3, Bd. 6, unpag.: Fehmarn Festival Gesellschaft, Presseinformation, 6.8.1970; Firma Beate Uhse, Presseinformation, 13.8.1970; Fehmarn Festival Gesellschaft, Presseinformation, 18.8.1970, Beate Uhse beim Fehmarn-Festival, darin »›sex‹-stellige Summe«. Das Festival fand vom 4. bis 6. September 1970 statt; Woodstock hatte offiziell von 15. bis 18. August 1969 gedauert, war aber spontan verlängert worden.

425 FZH, 18-9.2.3, Bd. 6, unpag., Fehmarn Festival Gesellschaft, Presseinformation, Mit Sonderzug auf Festival-Insel, 18.8.1970; Fehmarn Festival Gesellschaft, Presseinformation, 500 arbeiten für Fehmarn-Fest, 18.8.1970.

426 FZH, 18-9.2.3, Bd. 6, unpag., Aktennotiz der Firma Beate Uhse über den Verlauf des Festivals, 9.9.1970; »Friede und Pop fielen ins Wasser«, in: *Kölner Stadtanzeiger* vom 7.9.1970; »Rockerbande bedroht Festivalbesucher«, in: *Trossinger Zeitung* vom 7.9.1970, »Pop Festival ertrank in Ostseesturm und Regen«, in: *Neue Ruhr-Zeitung* (Essen) vom 7.9.1970; »Beate Uhse war dabei«, in: *Badische Zeitung* (Freiburg) vom 9.9.1970.

427 »Beate Uhse freigesprochen«, in: *Frankfurter Allgemeine Zeitung* vom 7.10.1971; »Gehen Ernst und Beate auseinander?«, in: *Süddeutsche Zeitung* vom 10.12.1971.

428 »Die Liebesdienerin der Nation«, in: *Die Zeit* vom 28.1.1972.

429 »Gehen Ernst und Beate auseinander?«, in: *Süddeutsche Zeitung* vom 10.12.1971. Der Flensburger CDU-Bundestagsabgeordnete Wolfgang Börnsen schlug die Konzernchefin 1989 aus Anlass ihres siebzigsten Geburtstags für das Bundesverdienstkreuz vor, denn sie sei die »Pionierin für liberale Sexualität«. Die SPD-Landesregierung ging auf seinen Vorschlag allerdings nicht ein. Vgl. auch »Die Lust-Macherin«, in: *Die Zeit* vom 20.3.2001; »Diskrete Post aus Flensburg«, in: *Frankfurter Allgemeine Zeitung* vom 19.7.2001.

430 Uhses Scheidung im Mai 1972 und ihre Verbindung mit einem um 25 Jahre

jüngeren Afro-Amerikaner war Anfang der siebziger Jahre ein großes Thema sowohl der Boulevardblätter als auch der seriösen Presse; vgl. »Gehen Ernst und Beate auseinander?«, in: *Süddeutsche Zeitung* vom 10.12.1971.

431 FZH, 18-9.2.3, Bd. 6, unpag., Beate Uhse-Katalog 1971, darin der Werbezettel »Beate Uhse München«; »Beate Uhse in München dabei«, in: *Frankfurter Allgemeine Zeitung* vom 20.2.1971.

432 LA SH, Abt. 354, Nr. 12841, S. 8f., Beate Uhse an Staatsanwaltschaft beim Landgericht Flensburg, 7.6.1972; LA SH, Abt. 354, Nr. 12943, S. 86–94, Urteil des Amtsgerichts Flensburg gegen Beate Uhse, 17.1.1973, mit Angaben zur Firmenentwicklung; zu Ladeneröffnungen im Ruhrgebiet vgl. FZH, 18-9.2.3, Bd. 39, unpag., *absender: Beate. Hauszeitung der Firma Beate Uhse*, Juli 1969. Von Sommer und Herbst 1969 an war Uhse in Bochum, Gelsenkirchen, Mönchengladbach und Oberhausen präsent. Vgl. auch »Stramme Pflicht«, in: *Der Spiegel* vom 4.6.1979; zum Umsatz bis ins Jahr 2000 vgl. Uhse, *Sex sells*, S. 217–221.

433 Vgl. *Pornographie-Report*; die amerikanische Erstausgabe erschien 1970. Giese begründete die Reihe 1968; er plante 50 Bände, von denen 42 tatsächlich erschienen.

434 BAK, B 117/33, unpag., Beschluss des Amtsgerichts Düsseldorf im Verfahren gegen W.S. und H.N., 15.2.1973.

435 LA SH, Abt. 354, Nr. 12943, S. 86–94, hier S. 91, Urteil des Amtsgerichts Flensburg gegen Beate Rotermund (Uhse), 17.1.1973; vgl. auch LA SH, Abt. 354, Nr. 12942, S. 143–151, hier S. 148.

436 LA SH, Abt. 354, Nr. 12942, S. 165ff., Berufungsrechtfertigung des Landgerichts Flensburg im Verfahren gegen Beate Rotermund (Uhse), 1.3.1973; LA SH, Abt. 354, Nr. 12943, unpag., Beschluss der Bundesprüfstelle für jugendgefährdende Schriften, 7.9.1973.

437 BT/PA, Informationen der SPD im Deutschen Bundestag, 24.9.1971; »Plädoyers für freie Pornographie«, in: *Die Zeit* vom 27.11.1970; FZH, 18-9.1.3, Bd. 2, unpag., Referat von Volkmar Sigusch aus Anlass der öffentlichen Anhörung, o.D. (1971). Zum Hearing vgl. die zeitgenössisch publizierte Dokumentation der Berichte aus der *Frankfurter Rundschau* von Guha, *Sexualität und Pornographie*.

438 »Ab heute in Bild: Porno«, in: *Bild* vom 12.10.1970.

439 »Pornographie im Streit der Meinungen«, in: *Für Sie* 1971/7; die Umfrage fand in den Ausgaben 1971/1 und 1971/3 statt.

440 »Die Pornoprüfer von Bonn«, in *Quick* vom 28.7.1970.

441 ZA, B 2/7, Nr. 449, Manuskript Broder: Schwarzfilm über Ejakulation, o.D. (vermutlich 1971), mit Textausschnitten aus dem Film, der 1971 in die Kinos kam.

442 BT-Berichte 5. WP, 7.5.1969, S. 12703–12733, Zitat S. 12715. Ehme zitierte dabei den kanadischen Premierminister Pierre Trudeau.

443 BT-Berichte 6. WP, 5.3.1971, S. 6100–6137, Zitate S. 6101 und S. 6103; BT-Drucksachen 6. WP, Nr. VI/1552, 4.12.1970.

444 BAK, B 189/13101, Eingaben an das Bundesministerium für Jugend, Familie und Gesundheit, November 1972 bis März 1973; »Noch'n Report«, in: *Frankfurter Allgemeine Zeitung* vom 31.1.1973; »Putz an der Porno-Front«, in: *Konkret* 1973/8.

445 In den achtziger Jahren scheiterte eine Gesetzesinitiative der Grünen, Paragraph 175 ganz abzuschaffen. Dies gelang erst viele Jahre später, Anlass dazu gab die deutsche Einigung. Im Zuge der Rechtsangleichung zwischen West und Ost wurde die Strafbarkeit von Homosexualität mit Wirkung vom 10. März 1994 aufgehoben.

446 Die Entwicklung seit den frühen siebziger Jahren harrt noch der geschichtswissenschaftlichen Aufarbeitung. Die Auseinandersetzung um Paragraph 218 in der Bundesrepublik wurde noch nicht monografisch untersucht; als wichtige Publikation zur Diskussion über die Strafrechtsreform vgl. Profittlich, *Mehr Mündigkeit wagen*, S. 196–239, ferner mit Blick auf die Bezüge zu Frankreich Schulz, *Atem*. Volkmar Sigisch konturiert die neunziger Jahre aus sexualwissenschaftlicher Perspektive als Zeit einer »neosexuellen Revolution«, in der Sexualität ihre politische Besetzung in der Bundesrepublik verloren habe, vgl. Sigusch, »Revolution«.

447 BAK, B 189/18430, unpag., Niederschrift über die Tagung der Leiter der Zentralstellen zur Bekämpfung unzüchtiger und jugendgefährdender Schriften, Abbildungen und Darstellungen in Stuttgart, 14.–15.3.1972, mit dem Aufsatz: Kann die Verbreitung pornographischer und jugendgefährdender Gegenstände heute noch wirksam bekämpft werden?, daraus das Zitat.

448 *Rheinischer Merkur* vom 17.1.1975.

449 Zur Bilanz aus dem Jahr 1969 vgl. Schilling, »Entwicklungen«; vgl. auch »Groschenhefte, die den Krieg verherrlichen«, in: *Süddeutsche Zeitung* vom 27./28.6.1963, mit dem Hinweis, dass die Bundesprüfstelle seit der Beschlagnahme von SS-Kriegsberichten erstmals anonyme Drohbriefe bekomme.

450 »Interview: Hermann Höcherl. ein offenes gespräch mit einem politiker, der weiß, worauf und wie es ankommt«, in: *Playboy* vom Juni 1975, S. 37–50, Zitate S. 40 und S. 50. Kleinschreibung der Überschrift im Original.

451 Zeitgeschichtliche Forschungen zum Boom des Pornofilms und überhaupt der Pornografie Anfang der siebziger Jahre stehen noch aus, vgl. aber aus sexualitäts- und körpergeschichtlicher Perspektive Eitler, »Produktivität«. Wie der Abstieg der Erotikindustrie im Zeitalter des Internets begann, schildert Ralf Wiegand, »Der verschwundene Mann«, in: *Süddeutsche Zeitung* vom 2.2.2010, S. 3.

452 BAK, B 117/33, »Das Unternehmen Beate Uhse«, Firmenkatalog, o.D. (1974), mit Ergebnissen der von der Firma vermutlich 1973 in Auftrag gegebenen Umfrage des Instituts für psychologische Markt- und Sozialforschung, die in 35 Orten der Bundesrepublik Interviews führte; FZH, 18-9.2.3, Bd. 41, unpag., Beate-Uhse-Story, Oktober 1980, mit Angaben zu Kundenzahl, Personal und Umsatz.

Abkürzungen

ACDP	Archiv für Christlich-Demokratische Politik der Konrad-Adenauer-Stiftung
AEK	Historisches Archiv des Erzbistums Köln
ARD	Arbeitsgemeinschaft der Rundfunkanstalten Deutschlands
BAB	Bundesarchiv Berlin
BAK	Bundesarchiv Koblenz
BayHStA	Bayerisches Hauptstaatsarchiv
BDC	Berlin Document Center
BKA	Bundeskriminalamt
BL	Bancroft Library der University of California, Berkeley, USA
BGBl.	Bundesgesetzblatt
BprSt	Bundesprüfstelle für jugendgefährdende Schriften
BR	Bundesrat
Bst.	Bestand
BT	Bundestag
BT/PA	Pressearchiv des Deutschen Bundestags
CDU	Christlich-Demokratische Union
CSU	Christlich-Soziale Union
DDP	Deutsche Demokratische Partei
Diss.	Dissertation
DNVP	Deutschnationale Volkspartei
DP	Deutsche Partei
dpa	Deutsche Presseagentur
DVP	Deutsche Volkspartei
EKD	Evangelische Kirche Deutschlands
epd	Evangelischer Pressedienst
Erg.	Ergebnisse
FDP	Freie Demokratische Partei
FKK	Freikörperkultur
FSK	Freiwillige Selbstkontrolle der Filmwirtschaft
FU	Föderalistische Union
FZH	Forschungsstelle für Zeitgeschichte, Hamburg
Gestapo	Geheime Staatspolizei
GVBl.	Gesetzes- und Verordnungsblatt
GI	Government Issue (Bezeichnung für amerikanische Soldaten)
GjS	Gesetz über die Verbreitung jugendgefährdender Schriften
HStA	Hauptstaatsarchiv

hwG	häufig wechselnde Geschlechtspartner
IfD	Institut für Demoskopie Allensbach
KAS	Konrad-Adenauer-Stiftung
KI	Kinsey Institute
KPD	Kommunistische Partei Deutschlands
Kripo	Kriminalpolizei
LA KO	Landeshauptarchiv Koblenz
LA SH	Landesarchiv Schleswig-Holstein
LT	Landtag
MInn	Ministerium des Innern
NDR	Norddeutscher Rundfunk
NL	Nachlass
NRW	Nordrhein-Westfalen
NS	Nationalsozialismus/nationalsozialistisch
NSDAP	Nationalsozialistische Deutsche Arbeiterpartei
NWDR	Nordwestdeutscher Rundfunk
o.D.	ohne Datum
o.J.	ohne Jahr
OKW	Oberkommando der Wehrmacht
o.O.	ohne Ort
Polunbi	Zentralpolizeistelle zur Bekämpfung unzüchtiger Bilder und Schriften/Deutsche Zentralpolizeistelle zur Bekämpfung unzüchtiger Schriften, Abbildungen und Inserate
Rep.	Repertorium
RGBl.	Reichsgesetzblatt
R.i.P.	Requiescat in pace
SA	Sturmabteilung
SBZ	Sowjetische Besatzungszone
SED	Sozialistische Einheitspartei Deutschlands
SPD	Sozialdemokratische Partei Deutschlands
SS	Schutzstaffel
StdA	Stadtarchiv
StA	Staatsarchiv
StGB.	Strafgesetzbuch
UA	Universitätsarchiv
UCBE	University of California/Berkeley, USA
UIMP	Union internationale pour la protection de la moralité publique (Internationale Union zum Schutz der öffentlichen Sittlichkeit)
unpag.	unpaginiert
WP	Wahlperiode
WWII	Second World War
w&v	*werben und verkaufen*
ZA	Zentralarchiv zur Erforschung der Geschichte der Juden in Deutschland

Quellen und Literatur

Zu den Quellen

Dieser Studie liegt kein homogener Aktenbestand zugrunde, vielmehr erfordert die facettenreiche Fragestellung die Auswertung einer Vielzahl von Unterlagen unterschiedlicher Provenienz. Von Bedeutung sind die im Bundesarchiv Koblenz verwahrten Akten der Bundesregierung, vor allem die Bestände Bundesinnenministerium, Bundesjustizministerium, Bundesprüfstelle für jugendgefährdende Schriften und Bundesgesundheitsministerium (später Bundesministerium für Jugend, Familie, Frauen und Gesundheit). Darüber hinaus ist unter dem in Koblenz benutzten Material der Nachlass des Sexualforschers Hans Giese hervorzuheben. Der schiere Umfang der Korrespondenzakten zeugt von seinen rastlosen Aktivitäten, um Förderer für die Etablierung der (vergangenheitspolitisch keineswegs unproblematischen) deutschen Sexualforschung nach Kriegsende zu finden. Aufgrund von ungeklärten Rechtsfragen war Gieses Nachlass (ebenso wie der etwas weniger umfangreiche seiner Schwester Eve-marie Siebecke-Giese) viele Jahre lang gesperrt. Noch im unverzeichneten und unerschlossenen Zustand konnten die Unterlagen mit der freundlichen Genehmigung des Bundesarchivs herangezogen werden. Von den Protokollen und Drucksachen des Bundestages und des Bundesrates wurde intensiv Gebrauch gemacht, ebenso von den gedruckt vorliegenden Akten des Parlamentarischen Rats, der Kabinettsprotokolle der Bundesregierung, einiger Landesregierungen und der Akten des Bundesverfassungsgerichts; im Hauptstaatsarchiv München wurden die Akten des Bayerischen Innenministeriums und der Bayerischen Staatskanzlei eingesehen. Die Unterlagen auf Bundes- und Länderebene zeugen davon, welch wichtigen Stellenwert Sexualität in der politischen Auseinandersetzung besaß. Auch eine Reihe personenbezogener Akten von Politikern, die in der Diskussion eine führende Rolle spielten, wurden ausgewertet, darunter der Nachlass von Franz-Josef Wuermeling im Archiv für Christlich-Demokratische Politik der Konrad-Adenauer-Stiftung in Bonn und der Nachlass von Adolf Süsterhenn im Landeshauptarchiv Koblenz. In welchem Maße die Sittlichkeit auch auf kommunaler Ebene eine Rolle spielte, zeigte die Auseinandersetzung um Prostitution. Anhand von Unterlagen des Staatsarchivs Bamberg und des dortigen Stadtarchivs wird der Konflikt exemplarisch nachgezeichnet.

Mit Blick auf die kirchlichen Interessen und Aktivitäten im Zusammenhang mit Sexualität sind die der Forschung lange Zeit nicht zugänglichen, hier erstmals ausgewerteten Unterlagen des Volkswartbunds im Historischen Archiv

des Erzbistums Köln von beträchtlichem Informationswert. In der Empfängerüberlieferung des Kölner Erzbischofs und im Nachlass eines örtlichen General-
vikariatsrats blieb trotz Kriegszerstörungen die umfangreiche Korrespondenz
des Verbands von der Jahrhundertwende bis in die siebziger Jahre nahezu vollständig erhalten; auch seine zahlreichen Publikationen liegen vor.* Das Material
ist zudem deshalb wichtig, weil einschlägige Akten der alliierten Behörden und
der Ämter der Bundesländer aus den Jahren der Besatzungszeit anderswo kaum
überliefert sind. Da Sittlichkeitsfragen das einzige Tätigkeitsfeld der Kölner Organisation darstellten, liegen im Historischen Archiv des Erzbistums auch Ge-
richtsunterlagen zum ersten Filmskandal der jungen Bundesrepublik, den seinerzeit »Die Sünderin« mit Hildegard Knef ausgelöst hatte.

Prozessakten und polizeiliche Ermittlungen liefern überdies reichhaltiges
und überaus aussagekräftiges Material zur Entstehung und zum Aufstieg der
Firma Beate Uhse. Die Erotikunternehmerin beschäftigte die Justizbehörden
viele Jahrzehnte lang; die Verfahren gegen sie gingen bis vor den Bundesgerichtshof und das Bundesverfassungsgericht und werden hier erstmals ausgewertet. Die Unterlagen liegen im Landesarchiv Schleswig-Holstein in Schleswig;
die Forschungsstelle für Zeitgeschichte in Hamburg richtete vor einigen Jahren
das Beate-Uhse-Archiv ein, das Kopien davon, ferner Firmenakten, Werbematerial und eine Bibliothek für Erotika und Schriften zur Sexualwissenschaft verwahrt. An der Bancroft Library der University of California in Berkeley wurde
der Bestand »Sexual Freedom Movement« eingesehen, in dem sich Kataloge der
Firma Uhse befinden.** Über die sogenannte Sexwelle verfasste der Journalist
und Publizist Henryk M. Broder in den sechziger Jahren eine Reihe von Artikeln; als Mitarbeiter der *Sankt Pauli Nachrichten* war er an der Entstehung der
Sexwelle selbst beteiligt. Ein Fundus seiner einschlägigen (veröffentlichten und
unveröffentlichten) Manuskripte liegt im Zentralarchiv zur Erforschung der Geschichte der Juden in Deutschland in Heidelberg und wurde für diese Studie
herangezogen.

Als sogenannter Sex-Papst machte sich Oswalt Kolle in den sechziger Jahren einen Namen. Er erhielt auf seine Artikel und Filme hin zahlreiche Briefe,
die Aufschluss darüber geben, wie groß der Ratgeberbedarf in Sachen Sexualität
war, aber auch wie weit diesbezüglich die Bereitschaft zur Selbstoffenbarung
ging. Oswalt Kolle verwahrte die (grob nach Themen sortierten) Briefe im Keller

---

* Ein kurzer Aufsatz über den Volkswartbund in einem Anfang der neunziger Jahre
erschienenen Band über das Leben von Homosexuellen in Köln nach dem Zweiten
Weltkrieg musste noch ohne die Akten des Verbands auskommen, vgl. Gotzmann,
»Volkswartbund«, S. 182, Anm. 12. Die Unterlagen aus der NS-Zeit sind bis Januar
1938 vollständig und bis Mai 1945 lückenhaft erhalten.

** Die Anlage des Bestands »Beate Uhse« wurde von Elizabeth Heineman 2003 im Zusammenhang mit ihrer (noch nicht publizierten) Uhse-Biografie initiiert, die unter
dem Titel *Sexual Consumer Culture in an Age of Affluence: Erotica in West Germany
before the Legalization of Pornography* angekündigt ist; zum Bestand vgl. Voss, »Zeitgeschichte«.

seines Privathauses in Amsterdam. Er stellte die noch nie ausgewerteten Materialien freundlicherweise für diese Studie zur Verfügung. In vielerlei Hinsicht war Alfred C. Kinsey Kolles Vorbild. Da Kinseys Forschung in den fünfziger Jahren entscheidende Bedeutung für den öffentlichen Umgang mit Sexualität in der Bundesrepublik zukam, stellen die Unterlagen des Kinsey Institute for Research in Sex, Gender and Reproduction der University of Bloomington eine weitere wesentliche Quellengrundlage dieser Studie dar. Kinsey inspirierte überdies die Meinungsforschung in der frühen Bundesrepublik, daher zählen auch die einschlägigen Dokumente und Veröffentlichungen des Instituts für Demoskopie in Allensbach zum Quellenkorpus. Vor allem war Kinsey Gegenstand der Presseberichterstattung, insbesondere der in der Bundesrepublik immer wichtiger werdenden bunten Illustrierten. Für die Presseauswertung wurde zwar auf Ausschnittsammlungen zurückgegriffen, jedoch wurden die Blätter (im Institut für Zeitungsforschung Dortmund und in der Staatsbibliothek München) auch im Original eingesehen, um über Platzierung und Stellenwert der Artikel Aufschluss zu erhalten. Die breite Presseberichterstattung zum Thema Jugendschutz wurde ebenfalls ausgewertet. Außerdem wurde die einschlägige Sammlung des Pressearchivs des Deutschen Bundestages in Berlin herangezogen und durch den Blick in die Zeitungsbände ergänzt.

Die sogenannte Sexwelle der sechziger Jahre war in hohem Maße ein Phänomen der Illustrierten und der Werbung. Um hierüber Aufschluss zu erhalten wurde nicht nur eine Reihe von bunten Blättern ausgewertet, sondern auch das 1963 entstandene Marketing-Fachmagazin *werben und verkaufen*.

Die Vermutung, im Tagebucharchiv Emmendingen Material zu finden, das Auskunft über die Rezeption der zeitgenössischen Auseinandersetzung mit Sexualität gibt, bestätigte sich nicht. Aber Gespräche mit Zeitzeugen fließen in die Untersuchung ein. Sie wurden nicht systematisch im Sinne der Oral History geführt, sondern bildeten einen Einstieg ins Thema, ehe die Studie während eines Forschungsaufenthalts am Center for European Studies der Harvard University, das ein Feodor-Lynen-Stipendium der Alexander von Humboldt-Stiftung ermöglichte, im akademischen Jahr 2004/05 konzipiert wurde. Ludwig von Friedeburg gab im Gespräch Auskunft zur ersten Umfrage über Sexualität, die das Allensbacher Institut für Demoskopie 1949 durchführte, dessen Mitarbeiter er war. Irmgard Hill berichtete über Beate Uhses langjährige Auseinandersetzungen mit der Justiz; die ehemalige Amtsrichterin war Uhses persönliche Referentin und trat nach deren Tod 2001 in den Vorstand der Beate-Uhse-Stiftung zu Flensburg ein, eine Einrichtung, die Frauen in Not- und Zwangslagen unterstützt und Einrichtungen für Kinder fördert. Oswalt Kolle stellte neben seinen Briefen auch seine Erinnerungen an die sechziger Jahre zur Verfügung.

Die Studie stützt sich zudem in hohem Maße auf die Auswertung veröffentlichten Quellenmaterials. Im Zusammenhang mit dem Jugendschutz wurden zeitgenössische juristische, pädagogische und kirchliche Fachpublikationen ausgewertet. Die Vielzahl an publizistischen und wissenschaftlichen Reaktionen auf Kinsey in Kulturzeitschriften, aber auch in naturwissenschaftlichen Fachblättern und soziologischen Büchern und Artikeln bildet eine weitere wichtige Basis dieser Studie.

Zur Zitierweise sei darauf hingewiesen, dass nur die kursorisch benutzten Zeitungen und Zeitschriften im Verzeichnis der Periodika nicht im Einzelnen aufgeführt, in den Anmerkungen aber selbstverständlich angegeben sind. In wörtlichen Zitaten wurden Orthografie- und Interpunktionsfehler, soweit sie inhaltlich nicht von Bedeutung sind, stillschweigend korrigiert.

I. Archivalien

Archiv für Christlich-Demokratische Politik der Konrad-Adenauer-Stiftung, Sankt Augustin (ACDP)
    Nachlass Franz-Josef Wuermeling
Bancroft Library (BL), University of California/Berkeley, USA
    Archival Collections
    Sexual Freedom Movement
Bundesarchiv Berlin (BAB)
    BDC-Bestände
Bundesarchiv Koblenz (BAK)
    B 106   Bundesministerium des Innern
    B 117   Bundesprüfstelle für jugendgefährdende Schriften
    B 122   Bundespräsidialamt
    B 136   Bundeskanzleramt
    B 139   Bundesverwaltungsgericht
    B 141   Bundesministerium der Justiz
    B 142   Bundesministerium für Gesundheitswesen
    B 145   Bundespresse- und Informationsamt
    B 153   Bundesministerium für Familie und Jugend
    B 189   Bundesministerium für Jugend, Familie, Frauen und Gesundheit
    B 310   Bundeszentrale für gesundheitliche Aufklärung
    N 216   Nachlass Heinrich Lübke
    N 1134   Nachlass Hans Giese
    N 1151   Nachlass Marie-Elisabeth Lüders
    N 1407   Nachlass Hermann Höcherl
    N 1554   Nachlass Evemarie Siebecke-Giese
Deutscher Bundestag – Pressearchiv, Berlin (BT/PA)
    Zeitungsausschnittsammlungen
Forschungsstelle für Zeitgeschichte, Hamburg (FZH)
    18-9.1 – 18-9.2 Beate-Uhse-Archiv
Hauptstaatsarchiv München (BayHStA)
    Bayerisches Staatsministerium des Innern
    Bayerische Staatskanzlei

Hauptstaatsarchiv Wiesbaden (HStA)
  Spruchkammerakten
Historisches Archiv des Erzbistums Köln (AEK)
  Gen. I 23.30   Sittlichkeitsvereine und Sittlichkeitsfragen 1920-1938
  Gen. I 23.30 b   Volkswartbund bis 1938
  Gen. II 23.30   Sittlichkeitsvereine 1913 bis ca. 1959
  Gen. II 23.30 b   Volkswartbund 1926 bis 1959
  Gen. III 23.30 Zugang 759
                    Sittlichkeitsfragen, Volkswartbund, Zentralstelle für
                    Sozialethik und Sozialhygiene Köln e.V. ab 1960
  Dienstakten Lenné
  Seelsorgeamt Heinen
Institut für Demoskopie Allensbach (IfD)
  Bestand 22/IV   Goethe 1949
  Bestand 83/I-IV   Umfrage im Bereich der Intimsphäre 1949
  Erg. GA 22   Gesellschafts-Analyse Nr. 22
  Bestand 608/I   Umfrage über die Ehe 1957
  Pressedienst/Allensbacher Berichte
Institut für Zeitungsforschung, Dortmund
  Pressesammlung
Kinsey Institute for Research in Sex, Gender and Reproduction (KI),
  University of Bloomington/Indiana, USA
  Archival Collections
  Korrespondenz
  Pressesammlung
Landeshauptarchiv Koblenz (LA KO)
  Bst. 700, 177 Nachlass Adolf Süsterhenn
Landesarchiv Schleswig-Holstein, Schleswig (LA SH)
  Abt. 351   Generalstaatsanwalt beim Oberlandesgericht in Kiel
                    mit Strafvollzugsamt bzw. der Generalstaatsanwalt beim
                    Oberlandesgericht in Schleswig mit Strafvollzugsabteilung
  Abt. 354   Landgericht und Staatsanwaltschaft Flensburg
  Abt. 355   Amtsgerichte, Strafakten
Privatarchiv Oswalt Kolle, Amsterdam
  Briefsammlung
Staatsarchiv Bamberg (StA)
  Rep. K 3   Regierung von Oberfranken, Kammer des Innern
  Rep. K 50   Gesundheitsamt Bamberg
  Rep. K 5 bI   Bezirksamt Bamberg
Stadtarchiv Bamberg (StdA)
  C 2 VI B   Hauptregistratur
  C 2 HR   Hauptregistratur/Handregistratur
  C 8   Statistisches Amt
  C 11   Standesamt

C 30   Polizeiverwaltung
C 51   Gaustadt
Bamberg Sammlung
Universitätsarchiv Münster (UA)
Bestand 33   Rechts- und Staatswissenschaftliche Fakultät,
                 Promotionsakten
Zentralarchiv zur Erforschung der Geschichte der Juden in Deutschland,
    Heidelberg (ZA)
Bestand B 2/7   Manuskripte und Materialsammlungen von
                 Henryk M. Broder

II. Gespräche (Bandaufnahmen und Transkripte im Besitz der Verfasserin)

Oswalt Kolle
    28. März 2003 in Olsberg/Hochsauerland
    21. Mai 2003 in Amsterdam
Ludwig von Friedeburg
    6. Oktober 2003 in Frankfurt a. M.
Irmgard Hill
    12. August 2002 in Schleswig

III. Veröffentlichte Quellen

Akteneditionen

Akten deutscher Bischöfe über die Lage der Kirche 1933–1945, Bd. 1: *1918–1933*, bearb. von Heinz Hürten (2 Bde), Paderborn 2007; Bd. 2: *1934–1935*, bearb. von Bernhard Stasiewski, Mainz 1976; Bd. 3: *1935–1936*, bearb. von Bernhard Stasiewski, Mainz 1979; Bd. 4: *1936–1939*, bearb. von Ludwig Volk, Mainz 1981; Bd. 5: *1940–1942*, bearb. von Ludwig Volk, Mainz 1983; Bd. 6: *1943–1945*, bearb. von Ludwig Volk, Mainz 1985.
Akten der Fuldaer Bischofskonferenz, bearb. von Erwin Gatz, Bd. 1: *1871–1887*, Mainz 1977; Bd. 2: *1888–1899*, Mainz 1979; Bd. 3: *1900–1919*, Mainz 1985.
Akten Kardinal Michael von Faulhabers 1917–1945, Bd. 1: *1917–1934*, bearb. von Ludwig Volk, Mainz 1975; Bd. 2: *1935–1945*, bearb. von Ludwig Volk, 2. Aufl., Mainz 1984; Bd. 3: *1945–1952*, bearb. von Heinz Hürten unter Benutzung der Vorarbeiten von Ludwig Volk, Paderborn 2002.
Die CDU/CSU-Fraktion im Deutschen Bundestag, Sitzungsprotokolle: *1953–1957*, bearb. von Helge Heidemeyer, Düsseldorf 2003; *1957–1961*, bearb. von Reinhard Schiffers, Düsseldorf 2004; *1961–1966*, bearb. von Corinna Franz, Düsseldorf 2004.

Entscheidungen des Bundesverfassungsgerichts, hg. von den Mitgliedern des Bundesverfassungsgerichts, Bd. 30, Tübingen 1971.

Die Kabinettsprotokolle der Bundesregierung 1949 bis 1961, Bd. 2: *1950,* bearb. von Ulrich Enders, Boppard am Rhein 1984; Bd. 5: *1952,* bearb. von Kai von Jena, Boppard am Rhein 1989; Bd. 6: *1953,* bearb. von Ulrich Enders und Konrad Reiser, Boppard am Rhein 1989; Bd. 7: *1954,* bearb. von Ursula Hüllbüsch und Thomas Trumpp, Boppard am Rhein 1993.

Die Kabinettsprotokolle der Landesregierung von Nordrhein-Westfalen 1946 bis 1950. Ernennungsperiode und erste Wahlperiode, eingel. und bearb. von Michael Alfred Kanther, 2 Bde., Siegburg 1992.

Der Parlamentarische Rat 1948 – 1949. Akten und Protokolle, Bd. 2: *Der Verfassungskonvent auf Herrenchiemsee,* bearb. von Peter Bucher, Boppard am Rhein 1981; Bd. 5/1: *Ausschuß für Grundsatzfragen,* bearb. von Eberhard Pikart und Wolfram Werner, Boppard am Rhein 1993; Bd. 7: *Entwürfe zum Grundgesetz,* bearb. von Michael Hollmann, Boppard am Rhein 1995; Bd. 9: *Plenum,* bearb. von Wolfram Werner, München 1996.

Verhandlungen des Deutschen Bundestages, Plenarprotokolle, Stenographische Berichte, 1. Wahlperiode 1949 – 1953; 2. Wahlperiode 1953 – 1957; 3. Wahlperiode 1957 – 1961; 4. Wahlperiode 1961 – 1965; 5. Wahlperiode 1965 – 1969; 6. Wahlperiode 1969 – 1972.

Verhandlungen des Deutschen Bundesrates. Plenarprotokolle, Stenographische Berichte, 1. Wahlperiode 1949 – 1953; 2. Wahlperiode 1953 – 1957; 3. Wahlperiode 1957 – 1961; 4. Wahlperiode 1961 – 1965; 5. Wahlperiode 1965 – 1969; 6. Wahlperiode 1969 – 1972.

Zeitgenössische Schriften und gedruckte Quellen

Adenauer, Konrad, *Erinnerungen,* 4 Bde., Stuttgart 1965 – 1968.

Amendt, Günter (Hg.), *Sex Front,* erw. Neuausg. Hamburg 1989.

ders., »›Sexfront‹. Revisited«, in: *Zeitschrift für Sexualforschung* 19,2 (2006), S. 159 – 172.

ders., »Die sexuelle Revolution. Ein Rückblick«, in: *Zeitschrift für Wissenschaft, Forschung und Lehre an der Medizinischen Universität zu Lübeck* 17,4 (2000), S. 249 – 254.

Anonyma, *Eine Frau in Berlin. Tagebuchaufzeichnungen vom 20. April bis 22. Juni 1945,* Frankfurt a. M. 2003.

Bartsch, Georg, *Prostitution, Kuppelei und Zuhälterei,* Hamburg 1956.

Bauer, Fritz, *Die Humanität der Rechtsordnung. Ausgewählte Schriften,* hg. von Joachim Perels und Irmtrud Wojak, Frankfurt a. M./New York 1998.

ders. u.a. (Hg.), *Sexualität und Verbrechen. Beiträge zur Strafrechtsreform,* Frankfurt a. M. 1963.

ders., »Sexualstrafrecht heute«, in: ders. u.a. (Hg.), Sexualität und Verbrechen, S. 11 – 26.

ders. u.a., »Vorwort der Herausgeber«, in: dies. (Hg.), *Sexualität und Verbrechen*, S. 7–10.

Bauer, Willi, *Geschichte und Wesen der Prostitution*, Stuttgart 1956.

Baumann, Jürgen, *Paragraph 175. Über die Möglichkeit, die einfache, nichtjugendgefährdende und nichtöffentliche Homosexualität unter Erwachsenen straffrei zu lassen*, Berlin/Neuwied 1968.

»Behinderung im Verkehr mit Schutzmitteln«, in: *Gesundheitspolitische Umschau* (Dezember 1958), S. 139.

Berglar, Peter, Richard Gatzweiler und I. Zangerle, *Literatur und Sittlichkeit. Beiträge der Jahrestagung des Volkswartbunds 1962*, hg. vom Volkswartbund, Köln 1963.

Bergler, Edmund, und William S. Kroger, *Kinsey's Myth of Female Society. The Medical Facts*, New York 1954.

Bergman, Ingmar, *Mein Leben*, Hamburg 1987.

ders., *Wilde Erdbeeren und andere Erzählungen*, München 1977.

»Bericht über die gemeinsame Tagung der Nordwestdeutschen und Hamburger Dermatologengesellschaften vom 2.–4. April 1948 in Hamburg«, in: *Zeitschrift für Haut- und Geschlechtskrankheiten* 5,1-2 (15. Juli 1948), S. 43–56.

Berna, Jacques, »Das sexuelle Verhalten der Jugendlichen. Zu einem amerikanischen Buch«, in: *Psyche. Eine Zeitschrift für Tiefenpsychologie und Menschenkunde in Forschung und Praxis* 7,12 (März 1953), S. 169.

Bernsdorf, W., »Soziologie der Prostitution«, in: Giese (Hg.), *Sexualität des Menschen*, S. 191–248.

Biederich, Paul Hugo, »Der Kinsey-Bericht über die männliche Sexualität«, in: *Liebe und Ehe. Eine aktuelle Zeitschrift für Mann und Frau* 1951, passim.

ders. und Leo Dembicki, *Die Sexualität des Mannes. Darstellung und Kritik des Kinsey-Report*, Regensburg/Wien 1951.

Böhm, Anton, »Das Zeitalter der Indiskretion«, in: *Wort und Wahrheit. Monatsschrift für Religion und Kultur* 9,6 (1954), S. 181–193.

Bolen, Carl van (1954), *Dr. Kinsey und die Frau. Der sensationelle Report, die monumentale Tatsachensammlung über das sexuelle Verhalten der Frau*, München 1969.

Borneman, Ernest, *Sex im Volksmund. Die sexuelle Umgangssprache des deutschen Volkes. Wörterbuch und Thesaurus*, Reinbek bei Hamburg 1971.

Broder, Henry M. (Hg.), *Die Schere im Kopf. Über Zensur und Selbstzensur*, Köln 1976.

ders., *Wer hat Angst vor Pornographie? Ein Porno-Report*, Darmstadt 1970.

Broszat, Martin, *Die Machtergreifung. Der Aufstieg der NSDAP und die Zerstörung der Weimarer Republik*, 2. Aufl., München 1987.

Bühler, Karl Werner, *Die Kirchen und die Massenmedien: Intentionen und Institutionen konfessioneller Kulturpolitik in Rundfunk, Fernsehen, Film und Presse nach 1945*, Hamburg 1968.

Bürger-Prinz, Hans, *Ein Psychiater berichtet*, o.O. 1973.

ders., »Über die männliche Sexualität«, in: *Zeitschrift für Sexualforschung* 1 (1950), S. 107 – 112.

Calmes, Michael (Hg.), *Der Volkswartbund im Jahre 1955*, Köln 1956.

ders. (Hg.), *Im Kampf um Sitte und Sittlichkeit. Ein Jahr Volksbundarbeit*, Köln 1955.

ders., *Jugendnot – Jugendhilfe. Winke für den Klerus*, hg. vom Volkswartbund, Köln 1952.

ders., »Der katholische Seelsorger im Kampfe gegen die öffentliche Unsittlichkeit«, Separatdruck aus: *Die Seelsorge. Zweimonatsschrift für Pfarr- und Vereinspraxis unter besonderer Berücksichtigung der Seelsorgehilfe* 9,5 (1931/32), S. 357 – 364.

ders., *Zur Soziologie des katholischen Ordensstandes*, Münster 1927.

Dahl, Peter P. (Hg.), *Seid nett aufeinander. Anatomie eines Lustmarktes. 200 Kontaktbriefe enthüllen geheime Triebwünsche der St. Pauli-Leser*, Hamburg 1971.

Dembicki, Leo, und Willy Feyerabend, *Die Sexualität der Frau. Eine Auseinandersetzung mit Dr. Kinsey*, Stuttgart 1954.

Dietz, Gert, *Grundsätzliches zum Schmutz- und Schundgesetz (GjS)*, hg. vom Volkswartbund, Köln 1959.

Droth, Werner, *USA frei Haus. Kultur von drüben*, Offenbach 1961.

Duden. Rechtschreibung der deutschen Sprache und der Fremdwörter, bearb. von der Duden-Schriftleitung des Bibliographischen Instituts, hg. von Horst Klein, 13. Aufl., Konstanz 1949.

Ellul, Jacques, »Der Kinsey-Bericht und die moralische Situation unserer Zeit«, in: *Universitas. Zeitschrift für Wissenschaft, Kunst und Literatur* 5,12 (Dezember 1950), S. 1409 – 1421.

England, Len R., »Little Kinsey: An Outline of Sex Attitudes in Britain«, in: *Public Opinion Quarterly* 13 (Winter 1949/50), S. 587 – 600.

Ernst, Morris L., und David Loth, *American Sexual Behavior and the Kinsey Report*, New York 1948.

Falckenberg, Otto (Hg.), »*Buch von der Lex Heinze*«, Leipzig 1900.

Frank, Fritz, *Schutzengel oder Würgeengel? Grundsätzliches zur Frage der Ungeborenen*, hg. vom Volkswartbund, 3. Aufl., Köln 1928.

Friedeburg, Ludwig von, *Die Umfrage in der Intimsphäre*, Stuttgart 1953.

Gatzweiler, Richard, *Homosexualität und Strafrechtsreform*, hg. vom Volkswartbund, Köln 1961.

ders., *Ein klares Urteil zum Automatenverkauf*, hg. vom Volkswartbund, Köln 1959.

ders., *Der Kampf um den § 175 StGB geht weiter. Ein Situationsbericht*, hg. vom Volkswartbund, Köln 1957.

ders., *Die Homosexualität des Mannes und das Strafgesetz*, hg. vom Volkswartbund, Köln 1954.

ders., *Gleichberechtigung der Homosexuellen. Neue Angriffe wegen des § 175 StGB*, hg. vom Volkswartbund, Köln 1953.

ders., *Das Dritte Geschlecht. Um die Strafbarkeit der Homosexualität*, hg. vom Volkswartbund, Köln 1951.

Die Gefahren des Sexualismus und ihre Überwindung. Referate gehalten auf der Tagung des Volkswartbundes am 19.2.1952, hg. vom Volkswartbund, Köln 1952.

Generalsekretariat des Zentralkomitees der Deutschen Katholikentage, *Zuerst das Reich Gottes. Der 74. Deutsche Katholikentag vom 1. bis 4. September 1950 in Passau*, Paderborn 1950.

dass., *Gerechtigkeit schafft Frieden. Der 73. Deutsche Katholikentag vom 31. August bis 4. September 1949 in Bochum*, Paderborn 1949.

Generalsekretariat des Zentralkomitees der Katholiken Deutschlands zur Vorbereitung der Katholikentage, *Der Christ in der Not der Zeit. Der 72. Deutsche Katholikentag vom 1. bis 5. September 1948 in Mainz*, Paderborn 1949.

Giese, Hans, »Untersuchungen zum Wesen der Begegnung. Vortrag am medizinhistorischen Seminar in Freiburg am 28.1.1944«, als Manuskript gedr. Frankfurt a. M. 1945, veröffentl. in: *Capri* 4,2 (1991), S. 3 – 12.

ders. (Hg.), *Die Sexualität des Menschen. Handbuch der medizinischen Sexualforschung*, 2. Aufl., Stuttgart 1971.

ders. (Hg.), *Aufklärung in Illustrierten?*, Stuttgart 1968.

ders. (Hg.), *Wörterbuch der Sexualwissenschaft*, Bonn 1952.

ders., »Vorwort«, in: *Zeitschrift für Sexualforschung* 1,1 (1950), S. 3.

ders. und Gunter Schmidt, *Studentensexualität. Verhalten und Einstellung. Eine Umfrage an 12 westdeutschen Universitäten*, Reinbek bei Hamburg 1968.

ders. und A. Willy (Hg.), *Mensch, Geschlecht, Gesellschaft. Das Geschlechtsleben unserer Zeit gemeinverständlich dargestellt*, 2. Aufl., Frankfurt a. M. 1962.

Gift in bunten Heften. Ein Münchner Kiosk als Spiegel des westdeutschen Kulturverfalls, Berlin (Ost) 1960.

Gorer, Geoffrey, »English Ideas about Sex«, in: *Encounter* 1,3 (Dezember 1953), S. 45 – 55.

Der Große Duden. Fremdwörterbuch, bearb. von der Dudenredaktion unter Leitung von Paul Grebe, Mannheim 1960.

Günther, Joachim, »Falsch gefesselte Sexualität? Das Menschenbild der Kinsey-Reporte«, in: *Neue Deutsche Hefte. Beiträge zur europäischen Gegenwart* 2,13 (April 1955), S. 74 – 77.

Guha, Anton-Andreas, *Sexualität und Pornographie. Die organisierte Entmündigung*, Frankfurt a. M. 1971.

Hack, Lothar, »Filmzensur in der Bundesrepublik. Teil III: Die Schweigepflicht«, in: *Frankfurter Hefte* 19/12 (1964) S. 849 – 858.

ders., »Filmzensur in der Bundesrepublik. Teil II: Die Gouvernante«, in: *Frankfurter Hefte* 19/11 (1964), S. 785 – 792

ders., »Filmzensur in der Bundesrepublik. Teil I: Das gefährliche Zelluloid«, in: *Frankfurter Hefte* 19/10 (1964), S. 705 – 716.

Haffner, Sebastian, »Warum sie heiraten«, in: *Deutsches Panorama* (April 1966), S. 19 – 24.

ders., »Der Mann und die Herrlichkeit«, in: *Deutsches Panorama* (März 1966), S. 14 – 20.

ders., »Wider die allgemeine Sex-Pflicht«, in: *Deutsches Panorama* (Februar 1966), S. 19 – 22.

Halfeld, Adolf, *Amerika und der Amerikanismus. Kritische Betrachtungen eines Deutschen und Europäers*, Jena 1927.

Hefner, Hugh, *Hugh Hefner's Playboy. Autobiografie*, 6 Bde., Köln 2009.

Herb, Al, *Sündiges München. Nachtszenen der Nachkriegszeit*, München 2009.

Hesse, Kurt Werner, *Schmutz und Schund unter der Lupe. Bericht über eine Untersuchung des Gesamtproblems der Jugendgefährdung*, Frankfurt a. M. 1955.

Hesse, P.G., »Sitzungsbericht der Ersten Sexualwissenschaftlichen Arbeitstagung in Frankfurt a. M., 12. bis 14. April 1950«, in: *Zeitschrift für Haut- und Geschlechtskrankheiten* 11,2 (15. Juli 1951), S. 77 – 85.

Himelhoch, Jerôme, und Sylvia Fleiss Fava (Hg.), *Sexual Behavior in American Society: An Appraisal of the first two Kinsey Reports*, New York 1955.

Hochheimer, Wolfgang, »Viel Lärm um Normen der Sexualität. Ein Schlußwort zur Kontroverse von Schelsky gegen Kinsey, von Hochheimer gegen Schelsky und von Schelsky gegen Hochheimer«, in: *Psyche. Eine Zeitschrift für psychologische und medizinische Menschenkunde* 10,8 (November 1956), S. 856 – 867.

ders., »Aufklärung und Gegenaufklärung in der Sexualanthropologie. Zur Problematik der Kontroverse Schelsky – Kinsey«, in: *Psyche. Eine Zeitschrift für psychologische und medizinische Menschenkunde* 10,4 (Juli 1956), S. 763 – 784.

ders., »Die Kinsey-Berichte«, in: *Psyche. Eine Zeitschrift für Tiefenpsychologie und Menschenkunde in Forschung und Praxis* 8,8 (November 1954), S. 3 – 38.

Hollander, Walther von (1940), *Das Leben zu zweien. Ein Ehebuch*, Berlin 1955.

Holzer, Horst, *Sexualität und Herrschaft. Anmerkungen zu Problemen der repressiven Entsublimierung*, o.O. 1968.

Hopf, Gustav, und O. Toepfer, »Das Bordellwesen in der heutigen Gesetzgebung«, in: *Zeitschrift für Haut- und Geschlechtskrankheiten* 12,10 (1952), S. 1 – 7.

Huebner, Erich, »Die illustrierte Presse in Deutschland«, in: *Frankfurter Hefte. Zeitschrift für Kultur und Politik* (April 1950) H. 4, S. 418 – 425.

Hunold, Günther, *Schulmädchen-Report. Sexprotokolle*, München 1970.

ders., *Papst und Pille. Empfängnisverhütung im Spiegel von Kirche und Welt*, München 1969.

Im Kampf gegen Geschlechtskrankheiten (G.K.). Landesarbeitsgemeinschaft zur Bekämpfung der Geschlechtskrankheiten Nordrhein-Westfalen, hg. vom Volkswartbund, Köln 1949.

Jäger, Herbert, *Strafgesetzgebung und Rechtsgüterschutz bei Sittlichkeitsdelikten. Eine kriminalsoziologische Untersuchung*, Stuttgart 1957.

Jameson, Egon, und Günther L. Schwill, *So macht man Millionen. Die erfolgreichsten Leute unserer Zeit*, München 1955.

Kästner, Erich, *Gesammelte Schriften für Erwachsene*, Bd. 7: *Vermischte Beiträge II*, München/Zürich 1969.

Kallwitz, C., *Das Geschlechtsleben des Mannes nach den Ergebnissen des Kinsey-Report*, Sonderreihe der Zeitschrift *Liebe und Ehe* 7, 2. Aufl., Regensburg/Wien 1951.

Kalow, Gert, »Kino als Sündenfall«, in: *Die neue Ordnung* 6 (1952), S. 273f.

Kempowski, Walter, *Das Echolot. Abgesang 1945. Ein kollektives Tagebuch*, München 2005.

ders., *Das Echolot. Ein kollektives Tagebuch, Januar und Februar 1943*, 4 Bde., München 1993.

Kinder in Gefahr!, Berlin (Ost), o.D. [1955].

Kinsey, Alfred C., W. B. Pomeroy und C. E. Martin, *Das sexuelle Verhalten des Mannes*, Berlin/Frankfurt a. M. 1955.

ders. u.a., »Begriff des Normalen und Abnormen im Geschlechtsverhalten«, in: Giese/Willy (Hg.), *Mensch, Geschlecht, Gesellschaft*, S. 849 – 867.

ders. u.a., *Das sexuelle Verhalten der Frau*, Berlin/Frankfurt a. M. 1954.

»Der Kinsey-Bericht«, in: *Herder-Korrespondenz* 8 (1954), S. 475 – 482.

Kleinschmidt, Karl, *Jugend in Gefahr*, 2. Aufl., Berlin (Ost) 1954.

Knef, Hildegard, *Der geschenkte Gaul. Bericht aus einem Leben*, Berlin 2005.

Knudsen, Knud C., »Der Kinsey-Report«, in: *Berliner Hefte für geistiges Leben* 3,7 (Juli 1948), S. 384 – 390.

Kolle, Oswalt, *Ich bin so frei. Mein Leben*, Berlin 2008.

ders., »Die Angst des Autors vor der Erektion«, in: Broder (Hg.), *Schere im Kopf*, S. 39 – 45.

ders., *Das Wunder der Liebe*, Gütersloh 1968.

ders., *Deine Frau, das unbekannte Wesen.*, unter wissenschaftl. Mitarb. von Diplom-Psychologe Johannes A. Stöhr, München 1967.

ders., *Dein Mann, das unbekannte Wesen*, unter wissenschaftl. Mitarb. von Diplom-Psychologe Johannes A. Stöhr, München 1967.

ders., *Dein Kind*, unter wissenschaftl. Mitarb. von Dr. Gerd Biermann und Dr. Renate Biermann, o.O. 1964.

Kraus, Karl, *Schriften. Sittlichkeit und Kriminalität* (1908), hg. von Helmut Arntzen und Heinz Müller-Dietz, Berlin 2004.

»Kriegsliteratur als jugendgefährdendes Schrifttum«, in: *Frankfurter Hefte* 15,1 (Januar 1960), S. 39 – 46.

Krüger, Horst, »Grenzen der Meinungsforschung«, in: *Der christliche Sonntag* 8,6 (1956), S. 45.

Krug, Manfred, *Mein schönes Leben*, München 2003.

Kuby, Erich, *Rosemarie, des deutschen Wunders liebstes Kind*, Stuttgart 1958.

Lariar, Lawrence, *A Photographic Reaction to the Kinsey Report*, New York 1953.

Laue, Claus Ludwig, und Sepp Heintz, *Das Saarland denkt anders,* hg. vom Volkswartbund, Köln 1959.

Lawrence, L. M., »Der Kinsey-Report«, in: *Merkur. Deutsche Zeitschrift für europäisches Denken* 3,5 (1949), S. 495 – 499.

Lenz, Ludwig L., »Über die Sexualität des alternden Mannes«, in: *Zeitschrift für Haut- und Geschlechtskrankheiten* 8,11 (1. Juni 1950), S. 452 – 454.

Lersch, Philipp, *Vom Wesen der Geschlechter*, 3. Aufl., München 1959.

Literarischer Jugendschutz in der Sackgasse?, hg. vom Volkswartbund, Köln 1962.

Lutz, Hans, *Das Menschenbild der Kinsey-Reporte. Analyse und Kritik der philosophisch-ethischen Voraussetzungen*, Stuttgart 1957.

»›Man gibt mir zu sehr recht. Wir liegen nicht mehr gut.‹ Ein Gespräch mit Oswalt Kolle«, in: Staupe/Vieth (Hg.), *Pille*, S. 193 – 204.

Marcuse, Herbert, *Der eindimensionale Mensch*, Hamburg 1967.

ders., *Triebstruktur und Gesellschaft. Ein philosophischer Beitrag zu Sigmund Freud*, Frankfurt a. M. 1967.

Marcuse, Max (Hg.), *Handwörterbuch der Sexualwissenschaft. Enzyklopädie der natur- und kulturwissenschaftlichen Sexualkunde des Menschen* (1923), Neuausg. mit einer Einl. von Robert Jütte, Berlin u.a. 2001.

Masters, William H., und Virginia E. Johnson, *Die sexuelle Reaktion*, Frankfurt a. M. 1968.

Meinecke, Friedrich, *Die deutsche Katastrophe. Betrachtungen und Erinnerungen*, 6. Aufl., Wiesbaden 1965.

Meldungen aus dem Reich 1938 – 1945. Die geheimen Lageberichte des Sicherheitsdienstes der SS, hg. und eingel. von Heinz Boberach, 17 Bde., Herrsching 1984.

Meyer-Mickeleit, R., »Rezension zu Kinsey u.a., Sexual Behavior in the Human Male«, in: *Der Nervenarzt. Monatsschrift für alle Gebiete nervenärztlicher Tätigkeit mit besonderer Berücksichtigung der psychosomatischen Beziehungen* 20,6 (Juni 1949), S. 276 – 282.

Mischke, Mechthild, *Der Begriff »Sittlichkeit« im Recht*, hg. vom Volkswartbund, Köln 1965.

Mitscherlich, Alexander, »Aktuelles zum Problem der Verwahrlosung«, in: *Psyche. Tiefenpsychologie und Menschenkunde in Forschung und Praxis* 1,1 (Juli 1947), S. 103 – 118.

Nimmergut, Jörg, *Werben mit Sex*, München 1966.

Noelle-Neumann, Elisabeth, und Erich Peter Neumann (Hg.), *Jahrbuch der öffentlichen Meinung 1957*, Allensbach 1957.

dies. (Hg.), *Jahrbuch der öffentlichen Meinung 1947 – 1955*, 3. Aufl., Allensbach 1956.

Oestereich, Heinrich, *Gegenwartsaspekte der Prostitution*, hg. vom Volkswartbund, Köln 1956.

Palmore, Erdman, »Published Reactions to the Kinsey Report«, in: *Social Forces* 31,2 (Dezember 1952), S. 165 – 172.

§ 175 muß bleiben! Denkschrift des Verbands zur Bekämpfung der öffentlichen Unsittlichkeit an den Deutschen Reichstag, hg. vom Volkswartbund, Köln o.D. [1928].

Pfundtner, Hans, und Reinhard Neubert, *Das neue deutsche Reichsrecht*, Loseblattsammlung 1941.

Phönix, Irmela, »Moderne Intimmoral«, in: Giese/Willy (Hg.), *Mensch, Geschlecht, Gesellschaft*, S. 201 – 209.

Podewin, Norbert (Hg.), »*Braunbuch*«. *Kriegs- und Naziverbrecher in der Bundesrepublik und in Westberlin. Staat, Wirtschaft, Verwaltung, Armee, Justiz, Wissenschaft*, Nachdr. der 3. Auflage von 1968, Berlin 2002.

Pommering, H., »Ergebnis der Arbeitstagung vom 11. April 1950. Eingabe an die gesetzgebenden Organe des Bundes in Bonn betr. §§ 175, 175a StGB«, in: *Zeitschrift für Sexualforschung* 1 (1950), S. 316 – 326.

Der Pornographie-Report. Untersuchungen der Kommission für Obszönität und Pornographie des amerikanischen Kongresses, Hamburg 1971.

Potrykus, Gerhard, *2. Novelle zum GjS? Zur Durchführung des Gesetzes über die Verbreitung jugendgefährdender Schriften (GjS) in der Fassung vom 29.4.1961*, hg. vom Volkswartbund, Köln 1963.

ders., »Die Novelle zum Gesetz über die Verbreitung jugendgefährdender Schriften«, in: *Neue Juristische Wochenschrift* 14,31 (1961/62), 3.8.1961, S. 1389 – 1390.

ders., »Zur Frage des Schutzmittelverkaufs aus Automaten«, in: *Recht der Jugend* (1959), S. 3 – 5 und S. 311.

ders., *Bundesgesetze zum Schutz der Jugend in der Öffentlichkeit und über die Verbreitung jugendgefährdender Schriften. Kommentar*, München/Berlin 1954.

Pross, Harry, »Sexuelles und intellektuelles Verhalten. Anmerkung zu den Kinsey-Reports«, in: *Deutsche Rundschau* (1953), S. 936 – 941.

»Redaktionsbericht«, in: *Zeitschrift für Haut- und Geschlechtskrankheiten* 6,8 (15. April 1949), S. 371.

Reich, Wilhelm (1936), *Die sexuelle Revolution. Zur charakterlichen Selbststeuerung des Menschen*, Frankfurt a. M. 1966.

Reiche, Reimut, »Über Kinsey«, in: *Zeitschrift für Sexualforschung* 11 (1998), S. 167 – 173.

ders., »Homosexualität und Homosexuelle«, in: *Meyers Enzyklopädisches Lexikon*, Bd. 12, Mannheim 1974, S. 231 – 235.

ders., *Sexualität und Klassenkampf. Zur Kritik repressiver Entsublimierung*, Berlin 1968.

ders., »Wilhelm Reich. Die sexuelle Revolution«, in: *Neue Kritik* 9,48/49 (1968), S. 92 – 101.

ders., »Die Aufnahme der Kinsey-Berichte«, in: *Das Argument* (1965), H. 7, S. 15 – 34.

Renner, Paul (1932), *Kulturbolschewismus?*, photomechan. Nachdr., hg. von Roland Reuß und Peter Staengle, Frankfurt a. M. 2003.

Riebeling, Carl, »Der Kinsey-Report über die Frau. Bericht und Kritik«, in: *Universitas. Orientierung in der Wissenschaft. Zeitschrift für Wissenschaft, Kunst und Literatur* 10,7 (Juli 1955), S. 725 – 738.

Roeren, Hermann, *Die öffentliche Sittlichkeit und ihre Bekämpfung*, Köln 1908.

ders., *Die Sittlichkeitsgesetzgebung der Kulturstaaten*, Kempten/München 1907.

ders., »Die Bekämpfung der unsittlichen Literatur«, in: *Velhagen und Klasings Monatshefte* 19 (1904/05), Bd. 1, S. 696 – 703.

Roeschmann, Hermann, »Zur Prostitutionsfrage«, in: *Zeitschrift für Haut- und Geschlechtskrankheiten* 4 (1948), S. 30 – 40.

ders., »Kampf gegen Geschlechtskrankheiten«, in: *Zeitschrift für Haut- und Geschlechtskrankheiten* 3 (1947), S. 147–160.

Rudolf, Werner, »Die Schlagzeile. Drei gegen Kinsey«, in: *Medizinische Klinik. Wochenschrift für Klinik und Praxis* 49,9 (26.2.1954) S. 344–345.

Saller, Karl (Hg.), *Sexualität heute*, München 1967.

Salomon, Ernst von, *Der Fragebogen*, Hamburg 1951.

Schall, Leo, »The Reception of the Kinsey Report in the Periodicals of the United States, 1947–1949«, in: Himelhoch/Fava (Hg.), *Sexual Behavior*, S. 364 bis 377.

Schaller, Karl-Friedrich, »Polizei und Geschlechtskrankheitenbekämpfung«, in: *Zeitschrift für Haut- und Geschlechtskrankheiten* 4 (1948), S. 296–299.

ders., »Kontrollierte Prostitution und Geschlechtskrankheiten«, in: *Zeitschrift für Haut- und Geschlechtskrankheiten* 3 (1947), S. 160–168.

Schlamm, William S., *Die Grenzen des Wunders. Ein Bericht über Deutschland*, Zürich 1959.

Schelsky, Helmut, »Soziologie – wie ich sie verstand und verstehe«, in: ders., *Rückblicke eines »Anti-Soziologen«*, Opladen 1981.

ders., »Die sozialen Formen der sexuellen Beziehungen«, in: Giese (Hg.), *Sexualität des Menschen*, S. 133–170.

ders., *Die skeptische Generation. Eine Soziologie der deutschen Jugend*, Frankfurt a. M. 1957.

ders., »Verdunkelung oder Gegenaufklärung in der Soziologie der Sexualität«, in: *Psyche. Eine Zeitschrift für psychologische und medizinische Menschenkunde* 10,8 (November 1956), S. 837–855.

ders. (1955), *Soziologie der Sexualität. Über die Beziehungen zwischen Geschlecht, Moral und Gesellschaft*, 17. Aufl., Hamburg 1967.

ders., »Die Moral der Kinsey-Reporte. Mit einigen Nachbemerkungen von Albert Mitterer«, in: *Wort und Wahrheit. Monatsschrift für Religion und Kultur* 9,6 (1954), S. 421–435.

ders., *Wandlungen der deutschen Familie in der Gegenwart. Darstellung und Deutung einer empirisch-soziologischen Tatbestandsaufnahme*, Dortmund 1953.

ders. und Hans Bürger-Prinz, »Sexualität«, in: *Handwörterbuch der Sozialwissenschaften*, Bd. 9, Stuttgart u.a. 1956, S. 229–238.

Schepper, Rainer, »Gesetz und Sexualität in Deutschland oder die Leibeigenschaft des Bürgers und ihre Herkunft«, in: *Vorgänge. Eine kulturpolitische Korrespondenz* 6,11 (1967), S. 390–400.

Schilling, Robert, »Entwicklungen in der Indizierungstätigkeit der BprSt«, in: *Der neue Vertrieb* (Oktober 1969), S. 959–961.

ders., »Die Bundesprüfstelle im Jahre 1965«, in: *Der neue Vertrieb* (Januar 1966), S. 154 und S. 156.

ders., *Literarischer Jugendschutz. Theorie und Praxis. Strategie und Taktik einer wirksamen Gefahrenabwehr*, hg. vom Volkswartbund, Berlin u.a. 1959.

ders., *Hat sich das Gesetz über die Verbreitung jugendgefährdender Schriften (GjS) in der Praxis bewährt?*, hg. vom Volkswartbund, Köln 1957.

ders., »Aus der bisherigen Entscheidungspraxis der Bundesprüfstelle«, in: *Jugendliteratur* 1 (1955), S. 39–42.

ders., *Das Gesetz über die Verbreitung jugendgefährdender Schriften in der Praxis*, hg. vom Volkswartbund, Köln 1954.

ders., *Schund- und Schmutzgesetz. Handbuch und Kommentar zum Gesetz über die Verbreitung jugendgefährdender Schriften vom 9. Juni 1953*, 2. Aufl., Darmstadt u.a. 1954.

ders., *Gedanken zur Durchführung des Gesetzes über die Verbreitung jugendgefährdender Schriften*, hg. vom Volkswartbund, Köln 1953.

ders., *Das Geschäft mit der Erotik auf dem Gebiete des Zeitschriften- und Inseratenwesens*, hg. vom Volkswartbund, Köln 1951.

ders., *Das erotisch-sexuelle periodische Schrifttum als Gegenstand der Beurteilung gemäß § 184 StGB*, hg. vom Volkswartbund, Köln 1951.

Schultze, Ernst, *Die Schundliteratur. Ihr Vordringen, ihre Folgen, ihre Bekämpfung*, Halle a. d. Saale 1909.

Schund und Schmutz. Gesetz und Praxis, hg. vom Volkswartbund, Köln 1928.

Das Schund- und Schmutzgesetz und unsere Verantwortung. Referate der Jahrestagung des Volkswartbundes am 10. November 1953, hg. vom Volkswartbund, Köln 1954.

»Schutz der Jugend oder Schutz der Freiheit«, in: *Frankfurter Hefte* 10,4 (April 1955), S. 230–234.

Schreiber, Hermann, *Die Sexwelle. Lolita, Candy und die Folgen*, München 1970.

Schröder, Erich, »Was ist gegen die Schundliteratur zu tun?«, in: *Frankfurter Hefte. Zeitschrift für Kultur und Politik* 4,9 (September 1949), S. 736–737.

Schückler, Georg, *Probleme des literarischen Jugendschutzes*, Köln 1958.

ders., »Angriffe auf die Menschenwürde«, in: *Ruf ins Volk* 8 (1956), S. 30.

ders., *Irrwege moderner Meinungsforschung. Zu Umfragen in der Intim-Sphäre*, hg. vom Volkswartbund, Köln o.D. [1956].

ders., *Der Kinsey-Report*, hg. vom Volkswartbund, Köln 1955.

ders., *Jugend für Schund zu schade*, hg. vom Volkswartbund, Köln 1953.

ders., *Kampf um den Kiosk*, hg. vom Volkswartbund, Köln 1953.

Schwarzenauer, Wilhelm, »Erotische Ideale und sexuelle Verhaltensweisen«, in: Saller (Hg.), *Sexualität heute*, S. 9–36.

Simmat, William E., *Prostitution und Öffentlichkeit. Soziologische Betrachtungen zur Affäre Nitribitt*, Stuttgart 1959.

Sontheimer, Kurt, »Sexualität und Gesellschaft«, in: *Frankfurter Hefte* 11,2 (1956), S. 97–99.

Sorokin, Pitirim A., *The American Sex Revolution*, Boston 1956.

Stankiewitz, Karl, *Nachkriegsjahre. Reportagen von 1945 bis 1959*, Regensburg 2006.

Stauder, K., »Psychotherapeutisches Schrifttum für die Praxis«, in: *Medizinische Klinik. Wochenschrift für Klinik und Praxis* 48,47 (20.11.1953), S. 1753–1755.

Stöckle, O., »Mißbrauchte Wissenschaft«, in: *Orientierung. Katholische Blätter für weltanschauliche Information*, Zürich 15.10.1953, Nr. 19, S. 211f.

Strafrechtliche Bestimmungen zum Schutze der öffentlichen Sittlichkeit, hg. vom Volkswartbund, Köln 1937.

Strauß, Franz Josef, *Die Erinnerungen*, Berlin 1989.

Theunissen, Gert H., *Das Schweigen und sein Publikum. Eine Dokumentation*, Köln 1964.

Thomsen, Rudolf, *Schmutz und Schund aus kriminalpolizeilicher Sicht. Herausgegeben vom Volkswartbund*, Köln o.D. [1959].

Trapp, Georg, »Das Menschenbild eines Zoologen. Zur Statistik des Kinsey-Report«, in: *Anima* 9 (1954), S. 155–164.

Trilling, Lionel, »The Kinsey Report«, in: *The Liberal Imagination. Essays on Literature and Society*, London 1951, S. 223–242.

ders., »Sex and Science: The Kinsey-Report«, in: *Bulletin of the Menninger Clinic* 13 (Juli 1949), S. 109–118.

Uhse, Beate, *Sex sells. Die Erfolgsstory von Europas größtem Erotik-Konzern*, München 2002.

Uhse, Beate, und Ulrich Pramann, *Ich will Freiheit für die Liebe. Die Autobiographie*, München 2001.

Undeutsch, Udo, »Comparative Incidence of Premarital Coitus in Scandinavia, Germany and the United States«, in: Himelhoch/Fava (Hg.), *Sexual Behavior*, S. 360–363.

ders., »Die Sexualität im Jugendalter«, in: *Studium Generale. Zeitschrift für die Einheit der Wissenschaften im Zusammenhang ihrer Begriffsbildungen und Forschungsmethoden* 3,8 (Juli 1950), S. 433–454.

Usko, Hans-Jürgen, und Günter Schlichting, *Kampf am Kiosk. Macht und Ohnmacht der deutschen Illustrierten*, Hamburg 1961.

Velde, Theodoor Hendrik van de, *Die vollwertige Gattin. Anleitung für die Frau und ihre Helfer*, Dresden 1933.

ders., *Die vollkommene Ehe, ihre Physiologie und Technik*, Leipzig 1926.

»Verwahrloste Jugend«, in: *Frankfurter Hefte. Zeitschrift für Kultur und Politik* 2,4 (April 1947), S. 328–331.

»Volksgesundheit in Gefahr. Tagungsbericht der Landesarbeitsgemeinschaft gegen die Geschlechtskrankheiten in Nordrhein-Westfalen, 15.3.1950«, in: *Der öffentliche Gesundheitsdienst* 12 (1950/51), S. 77f.

Walter, Hans-Albert, »Die Illustrierten. Taktisches, Ökonomisches, Psychologisches (III)«, in: *Frankfurter Hefte* 20,5 (1965), S. 336–344.

ders., »Die Illustrierten. Schizophrenie als journalistisches Prinzip (II)«, in: *Frankfurter Hefte* 20,4 (1965), S. 269–275.

ders., »Die Illustrierten. Schizophrenie als journalistisches Prinzip (I)«, in: *Frankfurter Hefte* 20,3 (1965), S. 155–162.

Wirksame Hilfe gegen Geschlechtskrankheiten. Sexualpädagogische Überlegungen und Maßnahmen im Kampf gegen die Geschlechtskrankheiten, hg. vom Volkswartbund, Büren 1948.

Wuermeling, Franz-Josef, *Demokratie und Jugendschutz*, hg. vom Volkswartbund, Köln 1960.

Wurzbacher, Gerhard, *Leitbilder gegenwärtigen deutschen Familienlebens. Methoden, Ergebnisse und sozialpädagogische Folgerungen einer soziologischen Analyse von 164 Familienmonographien*, Dortmund 1951.

Zentralkomitee der Deutschen Katholiken, *Die Kirche, das Zeichen Gottes unter den Völkern. 77. Deutscher Katholikentag vom 29. August bis 2. September 1956 in Köln*, Paderborn 1956.

dass., *Ihr sollt Zeugen sein. Der 76. Deutsche Katholikentag vom 31. August bis zum 5. September 1954 in Fulda*, Paderborn 1954.

dass., *Gott lebt. Der 75. Deutsche Katholikentag vom 19. bis zum 24. August 1952 in Berlin*, Paderborn 1952.

IV. Periodika

Deutsches Panorama
Frankfurter Allgemeine Zeitung
Frankfurter Hefte
Frankfurter Rundschau
Fränkischer Tag (Bamberg)
Hamburger Morgenpost
Illustrierte Berliner Zeitung
Jasmin
Münchner Illustrierte
Neue Illustrierte
(Neue) Revue
Neues Volksblatt (Bamberg)
Pardon. Die satirische Monatsschrift
Playboy
Quick
Rheinischer Merkur
Schweinfurter Tagblatt
Schweinfurter Volkszeitung
7 Tage
Der Spiegel
Stern
Stuttgarter Zeitung
Süddeutsche Zeitung
Die Welt
werben und verkaufen
Wochenend. Bilderzeitung zur Erholung vom Alltag
Die Zeit

V. Forschungsliteratur

Albrecht, Clemens, u.a., *Die intellektuelle Gründung der Bundesrepublik. Eine Wirkungsgeschichte der Frankfurter Schule*, Frankfurt a. M./New York 1999.

Aly, Götz, »Wie die Kondomfabrik Fromms Act in Berlin-Köpenick erst arisiert und dann sozialisiert wurde«, in: Brumlik/Meinl/Renz (Hg.), *Unrecht*, S. 201–208.

ders., und Michael Sontheimer, *Fromms. Wie der jüdische Kondomfabrikant Julius F. unter die deutschen Räuber fiel*, Frankfurt a. M. 2007.

Ariadne. Zeitschrift der Stiftung Archiv der deutschen Frauenbewegung (2009), H. 55: *Die sittliche Waage ist aus dem Gleichgewicht. Gesellschaftliche Debatten um 1900*.

Ayaß, Wolfgang, »*Asoziale*« *im Nationalsozialismus*, Stuttgart 1995.

Baacke, Dieter, *Jugend und Jugendkulturen. Darstellungen und Deutung*, Weinheim 1987.

Bagel-Bohan, Anja, und Michael Salewski (Hg.), *Sexualmoral und Zeitgeist im 19. und 20. Jahrhundert*, Opladen 1990.

Bänsch, Dieter (Hg.), *Die fünfziger Jahre. Beiträge zu Politik und Kultur*, Tübingen 1985.

Bänziger, Peter-Paul, u.a. (Hg.), *Fragen Sie Dr. Sex. Ratgeberkommunikation und die mediale Konstruktion des Sexuellen*, Berlin 2010.

Baier, Horst (Hg.), *Helmut Schelsky – ein Soziologe in der Bundesrepublik. Eine Gedächtnisschrift von Freunden, Kollegen und Schülern*, Stuttgart 1986.

Bailey, Beth, *Sex in the Heartland*, Cambridge 1999.

dies., »Sexual Revolution(s)«, in: Farber (Hg.), *The Sixties*, S. 235–262.

Bajohr, Frank, und Michael Wildt (Hg.), *Volksgemeinschaft. Neue Forschungen zur Gesellschaft des Nationalsozialismus*, Frankfurt a. M. 2009.

ders., Werner Johe und Uwe Lohalm (Hg.), *Zivilisation und Barbarei. Die widersprüchlichen Potentiale der Moderne*, Hamburg 1991.

Balser, Kristof, u.a. (Hg.), »*Himmel und Hölle*«. *Das Leben der Kölner Homosexuellen 1945–1969*, Köln 1994.

Bancroft, Alan J., »Alfred C. Kinsey and the Politics of Sex Research«, in: *Annual Review of Sex Research* 15 (2004), S. 1–39.

Bashford, Alison, und Carolyn Strange, »Public Pedagogy: Sex Education and Mass Communication in the Mid-Twentieth Century«, in: *Journal of the History of Sexuality* 13,1 (2004), S. 71–99.

Bastian, Till, *Niemandszeit. Deutsche Portraits zwischen Kriegsende und Neubeginn*, München 1999.

Bauer, Ingrid, Christa Hämmerle und Gabriella Hauch (Hg.), *Liebe und Widerstand. Ambivalenzen historischer Geschlechterbeziehungen. Festschrift für Edith Saurer zum 60. Geburtstag*, Wien 2005.

Bauerkämper, Arnd, Konrad H. Jarausch und Marcus M. Payk (Hg.), *Demokratiewunder. Transatlantische Mittler und die kulturelle Öffnung Westdeutschlands 1945–1970*, Göttingen 2005.

dies., »Einleitung. Transatlantische Mittler und die kulturelle Demokratisierung Deutschlands 1945–1970«, in: dies. (Hg.), *Demokratiewunder*, S. 11–37.

Baum, Detlef, und Bruno W. Nikles, »Vom ordnungsrechtlichen zum erzieherischen Jugendschutz. Franz Fippinger und die Entwicklung des Jugendschutzes in der Bundesrepublik«, in: Günter F. Müller (Hg.), *Lebenslanges Lernen. Festschrift für Franz Fippinger*, Landau 2001, S. 105–124.

Baumann, Imanuel, *Dem Verbrechen auf der Spur. Eine Geschichte der Kriminologie und Kriminalpolitik in Deutschland 1880–1990*, Göttingen 2006.

ders., »Interpretation und Sanktionierung von Jugendkriminalität«, in: Herbert (Hg.), *Wandlungsprozesse*, S. 348–378.

Bausinger, Hermann, »Populäre Kultur zwischen 1850 und dem Ersten Weltkrieg«, in: Maase/Kaschuba (Hg.), *Schund und Schönheit*, S. 29–45.

Beck, Birgit, *Wehrmacht und sexuelle Gewalt. Sexualverbrechen vor deutschen Militärgerichten 1939–1945*, Paderborn 2004.

dies., »Vergewaltigungen. Sexualdelikte von Soldaten vor Militärgerichten der deutschen Wehrmacht«, in: Hagemann/Schüler-Springorum (Hg.), *Heimat-Front*, S. 258–274.

Beck, Knut, *100 Jahre S. Fischer Verlag 1886–1986. Eine Bibliographie*, Frankfurt a. M. 1986.

Becker, Bärbel (Hg.), *Wild Women. Furien, Flittchen, Flintenweiber*, Berlin 1992.

Becker, Frank, und Elke Reinhard-Becker (Hg.), *Mythos USA. »Amerikanisierung« in Deutschland seit 1900*, Frankfurt a. M. u.a. 2006.

Becker, Sophinette, »Zur Funktion der Sexualität im Nationalsozialismus«, in: *Zeitschrift für Sexualforschung* 14 (2001), S. 130–145.

dies., »Bemerkungen zur Debatte über Bürger-Prinz«, in: *Zeitschrift für Sexualforschung* 4 (1991), S. 265–270.

Benz, Wolfgang (Hg.), *Die Bundesrepublik Deutschland, Geschichte in drei Bänden*, Bd. 2: *Gesellschaft*; Bd. 3: *Kultur*, Frankfurt a. M. 1983.

Berger, Jürgen, Hans-Peter Reichmann und Rudolf Worschech (Hg.), *Zwischen Gestern und Morgen. Westdeutscher Nachkriegsfilm 1946–1962*, Frankfurt a. M. 1989.

Berger, Jürgen, »Bürgen heißt zahlen – und manchmal auch zensieren. Die Filmbürgschaften des Bundes 1950–1955«, in: dies. (Hg.), *Zwischen Gestern und Morgen*, S. 80–97.

Berghahn, Volker R., »Amerika und der soziale Wandel in Deutschland 1945–1968«, in: Junker (Hg.), *USA und Deutschland*, S. 755–774.

Berghoff, Hartmut (Hg.), *Konsumpolitik. Die Regulierung des privaten Verbrauchs im 20. Jahrhundert*, Göttingen 1999.

Bergmann, Anna, »Wilhelm Reichs sexuelle Massenhygiene und seine Vision einer freien Sexualität«, in: *Zeitschrift für Sexualforschung* 9 (1996), S. 315–334.

Bermann Fischer, Gottfried (1994), *Wanderer durch ein Jahrhundert*, 5. Aufl., Frankfurt a. M. 2001.

ders. (1971), *Bedroht – Bewahrt. Weg eines Verlegers*, 10. Aufl., Frankfurt a. M. 2003.

Bernstein, Frances Lee, *The Dictatorship of Sex. Lifestyle Advice for the Soviet Masses*, DeKalb, Ill., 2007.

Beßlich, Barbara, *Wege in den »Kulturkrieg«. Zivilisationskritik in Deutschland 1890–1914*, Darmstadt 2000.

Bessel, Richard, und Ralph Jessen (Hg.), *Die Grenzen der Diktatur. Staat und Gesellschaft in der DDR*, Göttingen 1996.

ders. und Dirk Schumann (Hg.), *Life after Death. Approaches to a Cultural and Social History of Europe during the 1940s and 1950s*, Cambridge 2003.

Bienemann, Georg, Marianne Hasebrink und Bruno W. Nikles (Hg.), *Handbuch des Kinder- und Jugendschutzes. Grundlagen, Kontexte, Arbeitsfelder*, Münster 1995.

Biess, Frank, *Homecomings. Returning POWs and the Legacies of Defeat in Postwar Germany*, Princeton 2006.

ders., »Männer des Wiederaufbaus – Wiederaufbau der Männer. Kriegsheimkehrer in Ost- und Westdeutschland 1945–1955«, in: Hagemann/Schüler-Springorum (Hg.), *Heimat-Front*, S. 345–365.

ders., »Survivors of Totalitarianism: Returning POWs and the Reconstruction of Masculine Citizenship in West Germany, 1945–1955«, in: Schissler (Hg.), *The Miracle Years*, S. 57–82.

ders., Mark Roseman und Hanna Schissler (Hg.), *Conflict, Catastrophe and Continuity. Essays on Modern German History*, New York/Oxford 2007.

Björkman, Stig, Torsten Manns und Jonas Sima, *Bergman über Bergman. Interviews über das Filmemachen. Von »Die Hörige« bis »Szenen einer Ehe«*, München 1976.

Blaschke, Olaf, »Die Anatomie des katholischen Antisemitismus. Eine Einladung zum internationalen Vergleich«, in: ders./Mattioli (Hg.), *Katholischer Antisemitismus*, S. 3–54.

ders., *Katholizismus und Antisemitismus im Deutschen Kaiserreich*, Göttingen 1997.

ders., »Krise als gedachte Ordnung. Die katholische Bildungselite und die Krisenmentalität im Fin de siècle«, in: Graetz/Mattioli (Hg.), *Krisenwahrnehmungen*, S. 247–269.

ders. und Frank-Michael Kuhlemann (Hg.), *Religion im Kaiserreich. Milieus, Mentalitäten, Krisen*, Gütersloh 1996.

ders. und Aram Mattioli (Hg.), *Katholischer Antisemitismus im 19. Jahrhundert. Ursachen und Traditionen im internationalen Vergleich*, Zürich 2000.

Blaseio, Gereon, Hedwig Pompe und Jens Ruchatz (Hg.), *Popularisierung und Popularität*, Köln 2005.

Bock, Gisela, *Zwangssterilisation im Nationalsozialismus. Studien zur Rassenpolitik und Frauenpolitik*, Opladen 1986.

Böhler, Michael, »High and Low. Zur transatlantischen Zirkulation von kulturellem Kapital«, in: Linke/Tanner (Hg.), *Attraktion*, S. 69–93.

Bohrmann, Hans, »Entwicklung der Zeitschriftenpresse«, in: Wilke (Hg.), *Mediengeschichte*, S. 135–145.

Boll, Monika, »Kulturradio. Ein Medium intellektueller Selbstverständigung«, in: Bösch/Frei (Hg.), *Medialisierung*, S. 121–144.

dies., *Nachtprogramm. Intellektuelle Gründungsdebatten in der frühen Bundesrepublik*, Münster 2004.

Bollenbeck, Georg, *Eine Geschichte der Kulturkritik. Von Rousseau bis Günther Anders*, München 2007.

ders., »Die fünfziger Jahre und die Künste. Kontinuität und Diskontinuität«, in: ders./Kaiser (Hg.), *Die janusköpfigen 50er Jahre*, S. 190–213.

ders., *Tradition, Avantgarde, Reaktion. Deutsche Kontroversen um die kulturelle Moderne (1880–1945)*, Frankfurt a. M. 1999.

ders., *Bildung und Kultur. Glanz und Elend eines deutschen Deutungsmusters*, Frankfurt a. M. 1996.

ders. und Gerhard Kaiser (Hg.), *Die janusköpfigen 50er Jahre. Kulturelle Moderne und bildungsbürgerliche Semantik*, unter Mitarb. von Edda Bleek, Wiesbaden 2000.

Boris, Eileen, und Christiane Eifert, »Geschlecht. Zwänge und Chancen«, in: Mauch/Patel (Hg.), *Wettlauf um die Moderne*, S. 259–293.

Borngräber, Christian, »Nierentisch und Schrippendale. Hinweise auf Architektur und Design«, in: Bänsch (Hg.), *Die fünfziger Jahre*, S. 223–258.

Bösch, Frank, *Öffentliche Geheimnisse. Skandale, Politik und Medien in Deutschland und Großbritannien 1890–1914*, München 2009.

ders., »Das Private wird politisch: Die Sexualität des Politikers und die Massenmedien des ausgehenden 19. Jahrhunderts«, in: *Zeitschrift für Geschichtswissenschaft* 52,9 (2004), S. 781–801.

ders., »Öffentliche Geheimnisse. Die verzögerte Renaissance des Medienskandals zwischen Staatsgründung und Ära Brandt«, in: Weisbrod (Hg.), *Politik*, S. 125–150.

ders. und Norbert Frei, »Die Ambivalenz der Medialisierung«, in: dies. (Hg.), *Medialisierung*, S. 7–23

dies. (Hg.), *Medialisierung und Demokratie im 20. Jahrhundert*, Göttingen 2006.

ders. und Lucian Hölscher (Hg.), *Kirchen – Medien – Öffentlichkeit. Transformationen kirchlicher Selbst- und Fremddeutungen seit 1945*, Göttingen 2009.

Boyer, Christoph, und Hans Woller: »›Hat die deutsche Frau versagt?‹ Die ›neue Freiheit‹ der Frauen in der Trümmerzeit 1945–1949«, in: *Journal für Geschichte* (1983), H. 2, S. 32–36.

Boyle, T.C., *Dr. Sex*, München 2005.

Bracher, Karl Dietrich, u.a. (Hg.), *Staat und Parteien. Festschrift für Rudolf Morsey zum 65. Geburtstag*, Berlin 1992.

Brandhauer-Schöffmann, Irene, und Claire Duchen (Hg.), *Nach dem Krieg. Frauenleben und Geschlechterkonstruktion in Europa nach dem Zweiten Weltkrieg*, Pfaffenweiler 2000.

Brauerhoch, Annette, *Fräuleins und GIs. Geschichte und Filmgeschichte*, Frankfurt a. M./Basel 2006.

dies., »Spurensuche: Das Deutsche ›Fräulein‹ in Nachkriegs-Filmen ›A Foreign Affair‹ (USA 1948) und ›Hallo Fräulein!‹ (Deutschland 1949)«, in: *WerkstattGeschichte* 27 (2000), S. 29–47.

Braun, Christina von, »Ist die Sexualwissenschaft eine jüdische Wissenschaft?«, in: *Zeitschrift für Sexualforschung* 14 (2001), S. 1–17.

Braun, Hans, Ute Gerhart und Everhard Holtmann (Hg.), *Die lange Stunde Null. Gelenkter sozialer Wandel in Westdeutschland nach 1945*, Baden-Baden 2007.

Braun, Oliver, *Konservative Existenz in der Moderne. Das politische Weltbild Alois Hundhammers (1990–1974)*, München 2006.

Brednich, Rolf W., und Walter Hartinger (Hg.), *Gewalt in der Kultur*, Passau 1994.

Briesen, Detlef, und Klaus Weinhauer (Hg.), *Jugend, Delinquenz und gesellschaftlicher Wandel. Bundesrepublik Deutschland und USA nach dem Zweiten Weltkrieg*, Essen 2007.

dies., »Jugenddelinquenz in der Bundesrepublik Deutschland und den Vereinigten Staaten von Amerika nach dem Zweiten Weltkrieg«, in: dies. (Hg.), *Jugend*, S. 13–25.

Broszat, Martin (Hg.), *Zäsuren nach 1945. Essays zur Periodisierung der deutschen Nachkriegsgeschichte*, München 1990.

ders., Klaus-Dietmar Henke und Hans Woller (Hg.), *Von Stalingrad zur Währungsreform. Zur Sozialgeschichte des Umbruchs in Deutschland*, München 1989.

Brown, Dorothy M., *Setting a Course: American Women in the 1920s*, New York 1987.

Brownmiller, Susan, *Gegen unseren Willen. Vergewaltigung und Männerherrschaft*, Frankfurt a. M. 1980.

Brumlik, Micha, Susanne Meinl und Werner Renz (Hg.), *Gesetzliches Unrecht. Rassistisches Recht im 20. Jahrhundert*, Frankfurt a. M./New York 2005.

Brunn, Gerhard (Hg.), *Neuland. Nordrhein-Westfalen und seine Anfänge nach 1945/46*, Essen 1986.

Brunner, José, »Editorial«, in: ders. (Hg.): *Politische Leidenschaften*, S. 9–20.

ders. (Hg.), *Politische Leidenschaften. Zur Verknüpfung von Macht, Emotion und Vernunft in Deutschland*, Tel Aviver Jahrbuch für deutsche Geschichte, Bd. 38, Göttingen 2010.

Brunner, Otto, Werner Conze und Reinhart Koselleck (Hg.), *Geschichtliche Grundbegriffe. Historisches Lexikon zur politisch-sozialen Sprache in Deutschland*, Neuausg. Stuttgart 2004.

Bruns, Claudia, und Tilmann Walter, »Einleitung: Zur Historischen Anthropologie der Sexualität«, in: dies. (Hg.), *Lust*, S. 1–22.

dies. (Hg.), *Von Lust und Schmerz. Eine Historische Anthropologie der Sexualität*, Köln/Weimar/Wien 2004.

Buchholz, Kai, u.a. (Hg.), *Die Lebensreform. Entwürfe zur Neugestaltung von Leben und Kunst um 1900*, 2 Bde., Darmstadt 2001.

Buchloh, Stephan, »Zwischen Demokratisierungsbemühungen und Wirtschafts-
interessen: Der Film unter der Besatzung der westlichen Alliierten«, in:
Jahrbuch für Kommunikationsforschung (2006), S. 162–193.

ders., *»Pervers, jugendgefährdend, staatsfeindlich«. Zensur in der Ära Adenauer
als Spiegel des gesellschaftlichen Klimas*, Frankfurt a. M. 2002.

ders., »Wider die Schmutzflut. Jugendschutzdebatten und -maßnahmen in der
frühen Bundesrepublik Deutschland«, in: *Jahrbuch für Kommunikationsge-
schichte* 2 (2000), S. 157–187.

Budde, Gunilla, *Blütezeit des Bürgertums. Bürgerlichkeit im 19. Jahrhundert*,
Darmstadt 2009.

Buddrus, Michael, *Totale Erziehung für den totalen Krieg. Hitlerjugend und nationalsozialistische Jugendpolitik*, 2 Bde., München 2003.

Bude, Heinz, und Bernd Greiner (Hg.), *Westbindungen. Amerika in der Bundesrepublik*, Hamburg 1999.

Bullough, Vern L., »The Kinsey Biographies«, in: *Sexuality and Culture. An Interdisciplinary Quarterly* 10,1 (März 2006), S. 15–22.

ders., »Sex Will Never Be the Same: The Contributions of Alfred Kinsey«, in:
Archives of Sexual Behavior 33,3 (2004), S. 277–286.

ders., »Alfred Kinsey and the Kinsey Report: Historical Overview and Lasting
Contributions«, in: *Journal of Sex Research* 35,2 (1998), S. 127–131.

ders., *Science in the Bedroom. A History of Sex Research*, New York 1994.

Bünz, Enno, Rainer Gries und Frank Möller (Hg.), *Der Tag X in der Geschichte.
Erwartungen und Enttäuschungen seit tausend Jahren*, Stuttgart 1997.

Burghardt, Kirsten, »›Die Sünderin‹«, in: *Skandale in Deutschland nach 1945*,
S. 23–29.

dies., *Werk, Skandal, Exempel. Tabubrechung durch fiktionale Modelle. Willi
Forsts »Die Sünderin« (BR Deutschland 1951)*, München 1996.

Buske, Sybille, *Fräulein Mutter und ihr Bastard. Eine Geschichte der Unehelichkeit
in Deutschland 1900–1970*, Göttingen 2004.

dies., »Die Veröffentlichung des Privaten. Die mediale Konstruktion der ledigen
Mutter in den sechziger und siebziger Jahren«, in: Weisbrod (Hg.), *Politik*,
S. 177–194.

dies., »Die Debatte über die ›Unehelichkeit‹«, in: Herbert (Hg.), *Wandlungsprozesse*, S. 315–347.

dies., »›Fräulein Mutter‹ vor dem Richterstuhl. Der Wandel der öffentlichen
Wahrnehmung und rechtlichen Stellung lediger Mütter in der Bundesrepublik 1948 bis 1970«, in: *WerkstattGeschichte* (2000), H. 27, S. 48–68.

Canaday, Margot, *The Straight State. Sexuality and Citizenship in Twentieth-Century America*, Princeton 2009.

Capshew, James H., u.a., »Kinsey's Biographers. A Historiographical Reconnais-
sance«, in: *Journal of the History of Sexuality* 12,3 (2003), S. 465–486.

Carleton, Gregory, *Sexual Revolution in Bolshevik Russia*, Pittsburgh 2005.

ders., »Writing-Reading the Sexual Revolution in the Early Soviet Union«, in:
Journal of the History of Sexuality 8,2 (1997), S. 229–255.

Carter, Julian B., *Heart of Whiteness. Normal Sexuality and Race in America, 1880–1940*, Durham 2007.

Chaperon, Sylvie, »Kinsey en France: Les sexualités féminines et maculines en débat«, in: *Le Mouvement Social* 198 (Januar – März 2002), S. 90 – 110.

Chaussy, Ulrich, »Jugend«, in: Benz (Hg.), *Bundesrepublik Deutschland*, Bd. 2, S. 35 – 67.

Christenson, Cornelia V., *Kinsey. A Biography*, Bloomington, Ind., 1971.

Clement, Ulrich, *Sexualität im sozialen Wandel. Eine empirische Vergleichsstudie an Studenten 1966 und 1981*, Stuttgart 1986.

Confino, Alon, und Peter Fritzsche (Hg.), *The Work of Memory. New Directions in the Study of German Society and Culture*, Urbana/ Chicago, Ill., 2002.

Condon, Bill, *Kinsey. Let's talk about Sex. Der Mann, der die Sexualforschung revolutionierte*, 2. Aufl., München 2005.

Cohn-Bendit, Daniel, und Rüdiger Dammann (Hg.), *1968. Die Revolte*, Frankfurt a. M. 2007.

Conrad, Christoph, »Ja, nein, ich weiß nicht. Im Datenspiegel: Meinungsforschung und Demokratie«, in: Jeismann (Hg.), *Das 20. Jahrhundert*, S. 47 – 54.

Conze, Eckart, »Eine bürgerliche Republik? Bürgertum und Bürgerlichkeit in der westdeutschen Nachkriegsgesellschaft«, in: *Geschichte und Gesellschaft. Zeitschrift für Historische Sozialwissenschaft* 30,3 (2004), S. 527 – 542.

Conze, Werner, und Jürgen Kocka (Hg.), *Bildungsbürgertum im 19. Jahrhundert*, 4 Bde., Stuttgart 1985 – 1989.

Czarnowski, Gabriele, »Frauen als Mütter der ›Rasse‹. Abtreibungsverfolgung und Zwangseingriff im Nationalsozialismus«, in: Staupe u.a. (Hg.), *Unter anderen Umständen*, S. 58 – 72.

Damberg, Wilhelm, *Abschied vom Milieu? Katholizismus im Bistum Münster und in den Niederlanden 1945 – 1980*, Paderborn 1997.

Dannecker, Martin, »Die verspätete Empirie. Anmerkungen zu den Anfängen der Deutschen Gesellschaft für Sexualforschung«, in: *Zeitschrift für Sexualforschung* 14 (2001), S. 166 – 180.

ders., »Der unstillbare Wunsch nach Anerkennung. Homosexuellenpolitik in den fünfziger und sechziger Jahren«, in: Grumbach (Hg.), *Was heißt hier schwul?*, S. 27 – 44.

ders., »Sexualität als Gegenstand der Sexualforschung«, in: *Zeitschrift für Sexualforschung* 4 (1991), S. 281 – 293.

ders., »Kann empirische Sexualforschung kritisch sein? Zum Andenken an Alfred C. Kinsey«, in: *Zeitschrift für Sexualforschung* 2 (1989), S. 207 – 215.

Davis, Belinda, Thomas Lindenberger und Michael Wildt (Hg.), *Alltag, Erfahrung, Eigensinn. Historisch-anthropologische Erkundungen*, Frankfurt a. M./ New York 2008.

dies., »Einleitung«, in: dies. (Hg.), *Alltag*, S. 11 – 28.

Dehli, Martin, *Leben als Konflikt. Zur Biographie Alexander Mitscherlichs*, Göttingen 2007.

Delille, Angela, und Andrea Grohn, »Hauptmann der Aufklärung«, in: Becker (Hg.), *Wild Women*, S. 112–118.

dies., »Von leichten Mädchen, Callgirls und OKW-Hetären«, in: *Hart und zart*, S. 335–339.

dies. (Hg.), *Perlonzeit. Wie die Frauen das Wirtschaftswunder erlebten*, Berlin 1988.

dies. (Hg.), *Blick zurück aufs Glück. Frauenleben und Familienpolitik in den 50er Jahren*, Berlin 1985.

D'Emilio, John, »The Homosexual Menace: The Politics of Sexuality in Cold War America«, in: Peiss/Simmons (Hg.), *Passion and Power*, S. 226–240.

ders., *Sexual Politics, Sexual Communities: The Making of a Homosexual Minority in the United States, 1940–1970*, Chicago 1983.

ders. und Estelle B. Freedman, *Intimate Matters: A History of Sexuality in America*, New York 1988.

Dickfeldt, Lutz, *Jugendschutz als Jugendzensur. Ein Beitrag zur Geschichte und Kritik öffentlicher Bewahrpädagogik*, Bensheim 1979.

Dickinson, Edward Ross, »The Men's Christian Morality Movement in Germany, 1880–1914: Some Reflections on Politics, Sex and Sexual Politics«, in: *The Journal of Modern History* 75,1 (März 2003), S. 59–110.

ders., *The Politics of German Child Welfare from the Empire to the Federal Republic*, Cambridge, Mass., 1996.

ders. und Richard F. Wetzell, »The Historiography of Sexuality in Modern Germany«, in: *German History* 23,3 (2005), S. 291–305.

Dienel, Christiane, *Kinderzahl und Staatsräson. Empfängnisverhütung und Bevölkerungspolitik in Deutschland und Frankreich bis 1918*, Münster 2001.

dies., »Das 20. Jahrhundert. Frauenbewegung, Klassenjustiz und das Recht auf Selbstbestimmung der Frau«, in: Jütte (Hg.), *Geschichte der Abtreibung*, S. 140–168.

Dimendberg, Edward, und Anton Kaes: »Unterhaltung. Populärkultur und Film«, in: Mauch/Patel (Hg.), *Wettlauf um die Moderne*, S. 331–361.

Diner, Dan, *Verkehrte Welten. Antiamerikanismus in Deutschland. Ein historischer Essay*, Frankfurt a. M. 1993.

ders. (Hg.), *Ist der Nationalsozialismus Geschichte? Zu Historisierung und Historikerstreit*, Frankfurt a. M. 1987.

Dinges, Martin, und Thomas Schlich (Hg.), *Neue Wege in der Seuchengeschichte*, Stuttgart 1995.

Dobkowski, Michael, und Isidor Wallimann (Hg.), *Towards the Holocaust: The Social and Economic Collapse of the Weimar Republic*, Westport 1983.

Doderer, Klaus (Hg.), *Jugendliteratur zwischen Trümmern und Wohlstand 1945–1960*, Weinheim/Basel 1993.

Doering-Manteuffel, Anselm (Hg.), *Strukturmerkmale der deutschen Geschichte des 20. Jahrhunderts*, München 2006.

ders., »Westernisierung. Politisch-ideeller und gesellschaftlicher Wandel in der

Bundesrepublik bis zum Ende der 6oer Jahre«, in: Schildt/Lammers/Siegfried (Hg.), *Dynamische Zeiten*, S. 311–341.

ders., *Wie westlich sind die Deutschen? Amerikanisierung und Westernisierung im 20. Jahrhundert*, Göttingen 1999.

ders., »Die Kultur der 5oer Jahre im Spannungsfeld von ›Wiederaufbau‹ und ›Modernisierung‹«, in: Schildt/Sywottek (Hg.), *Modernisierung*, S. 533–540.

ders., »Dimensionen von Amerikanisierung in der westdeutschen Gesellschaft«, in: *Archiv für Sozialgeschichte* 35 (1995), S. 1–34.

ders. in Verbindung mit Julia Angster u.a., »Wie westlich sind die Deutschen?«, in: *Historisch-Politische Mitteilungen. Archiv für Christlich-Demokratische Politik* (1996), H. 3, S. 1–38.

ders., und Lutz Raphael, *Nach dem Boom. Perspektiven auf die Zeitgeschichte seit 1970*, Göttingen 2008.

Dolle-Weinkauff, Bernd, *Comics. Geschichte einer populären Literaturform in Deutschland seit 1945*, Weinheim/Basel 1990.

Domentat, Tamara, *»Hallo Fräulein«. Deutsche Frauen und amerikanische Soldaten*, Berlin 1998.

Dörner, Klaus, »Anmerkungen zu einem Brief Schelskys«, in: Waßner (Hg.), *Wege*, S. 141–145.

Dorn, Franz, und Jan Schröder (Hg.), *Festschrift für Gerd Kleinheyer zum 70. Geburtstag*, Heidelberg 2001.

Dose, Ralf, »Die Implantation der Antibabypille in den sechziger und siebziger Jahren«, in: *Zeitschrift für Sexualforschung* 3,1 (1990), S. 25–39.

ders., »Der § 175 in der Bundesrepublik Deutschland (1949 bis heute)«, in: *Die Geschichte des § 175. Strafrecht gegen Homosexuelle*, hg. von den Freunden eines Schwulen-Museums in Berlin e.V. in Zusammenarbeit mit Emancipation e.V., Berlin 1990.

ders., *Die Durchsetzung der chemisch-hormonellen Kontrazeption in der Bundesrepublik Deutschland*, Berlin 1989.

Duby, Georges, und Michelle Perrot, *Geschichte der Frauen*, Bd. 5: *Das 20. Jahrhundert*, hg. von Françoise Thébaud, Frankfurt a. M. u.a. 1995.

dies., *Geschichte der Frauen*, Bd. 4: *Das 19. Jahrhundert*, hg. von Geneviève Fraisse und Michelle Perrot, Frankfurt a. M. u.a. 1994.

Dülmen, Richard van (Hg.), *Geschichte. Das Fischer Lexikon*, Frankfurt a. M. 2003.

ders. (Hg.), *Erfindung des Menschen. Schöpfungsträume und Körperbilder 1500–2000*, Köln/Weimar/Wien 1998.

Duncker, Arne, *Gleichheit und Ungleichheit in der Ehe. Persönliche Stellung von Frau und Mann im Recht der ehelichen Lebensgemeinschaft 1700–1914*, Köln 2004.

Dupont, Marc, »Biologische und psychologische Konzepte im ›Dritten Reich‹ zur Homosexualität«, in: Jellonnek/Lautmann (Hg.), *Nationalsozialistischer Terror*, S. 189–207.

ders., *Sexualwissenschaft im »Dritten Reich«. Eine Inhaltsanalyse medizinischer Zeitschriften*, Frankfurt a. M. 1996.

Dussel, Konrad, »Medienkonsum als Ausdruck sozialen Lebensstils. Überlegungen zu Entwicklungen in den sechziger und frühen siebziger Jahren«, in: Frese/Paulus/Teppe (Hg.), *Demokratisierung*, S. 647–666.

Ebbighausen, Rolf, und Sighard Neckel (Hg.), *Anatomie des politischen Skandals*, Frankfurt a. M. 1989.

dies., »Einleitung«, in: dies. (Hg.), *Anatomie*, S. 7–14.

Ebbinghaus, Angelika, Heidrun Kaupen-Haas und Karl Heinz Roth (Hg.), *Heilen und Vernichten im Mustergau Hamburg. Bevölkerungs- und Gesundheitspolitik im Dritten Reich*, Hamburg 1984.

Echternkamp, Jörg, »Im Schlagschatten des Krieges. Von den Folgen militärischer Gewalt und nationalsozialistischer Herrschaft in der frühen Nachkriegszeit«, in: Müller (Hg.), *Zusammenbruch*, S. 657–697.

ders., *Nach dem Krieg. Alltagsnot, Neuorientierung und die Last der Vergangenheit 1945–1949*, Zürich 2003.

ders. und Stefan Martens (Hg.), *Der Zweite Weltkrieg in Europa. Erfahrung und Erinnerung*, Paderborn 2007.

Eder, Franz X., »Das Sexuelle beschreiben, zeigen und aufführen. Mediale Strategien im deutschsprachigen Sexualdiskurs von 1945 bis Anfang der siebziger Jahre«, in: Bänziger u.a. (Hg.): *Fragen Sie Dr. Sex*, S. 94–122.

ders., »›Auf die ›gesunde Sinnlichkeit‹ der Nationalsozialisten folgte der Einfluß der Amerikaner‹: Sexualität und Medien vom Nationalsozialismus bis zur Sexuellen Revolution«, in: *zeitenblicke. Online-Journal für die Geschichtswissenschaften* 7,3 (2008), http://www.zeitenblicke.de/2008/3/eder/.

ders. (Hg.), *Das Gerede vom Diskurs. Diskursanalyse und Geschichte*, zugl. Österreichische Zeitschrift für Geschichtswissenschaften 16,4 (2005).

ders., »Die ›Sexuelle Revolution‹. Befreiung und/oder Repression«, in: Bauer/Hämmerle/Hauch (Hg.), *Liebe*, S. 397–414.

ders., *Kultur der Begierde. Eine Geschichte der Sexualität*, München 2002.

ders., »Sexuelle Kulturen in Deutschland und Österreich, 18.–20. Jahrhunderts«, in: ders./Frühstück (Hg.), *Neue Geschichten*, S. 41–68.

ders., »Die Historisierung des sexuellen Subjekts. Sexualitätsgeschichte zwischen Essentialismus und sozialem Konstruktivismus«, in: *Österreichische Zeitschrift für Geschichtswissenschaften* 5,3 (1994), S. 311–327.

ders., »›Sexualunterdrückung‹ oder ›Sexualisierung‹? Zu den theoretischen Ansätzen der »Sexualitätsgeschichte«, in: Erlach/Reisenleitner/Vocelka (Hg.), *Privatisierung der Triebe*, S. 7–29.

ders. und Sabine Frühstück (Hg.), *Neue Geschichten der Sexualität. Beispiele aus Ostasien und Zentraleuropa 1700–2000*, Wien 2000.

dies., »Vorwort«, in: dies. (Hg.), *Neue Geschichten*, S. 7–9.

Eder, Sandra, »Lesbian Pulps Revisited. Über die Beharrlichkeit des Geschlechts und das Scheitern von Konstruktionen«, in: Bauer/Hämmerle/Hauch (Hg.), *Liebe*, S. 209–226.

Eisfeld, Rainer, *Als Teenager träumten. Die magischen 50er Jahre*, Baden-Baden 1999.

Eitler, Pascal, »Die Produktivität der Pornographie: Visualisierung und Therapeutisierung der Sexualität nach 1968«, in: Pethes/Schicktanz (Hg.), *Sexualität*, S. 255–273.

ders., »Die ›sexuelle Revolution‹ – Körperpolitik um 1968«, in: Klimke/Scharloth
(Hg.), *Handbuch 1968*, S. 235–246.

Ellerbrock, Dagmar, »*Healing Democracy*«. *Demokratie als Heilmittel. Gesundheit, Krankheit und Politik in der amerikanischen Besatzungszone 1945–1949*,
Bonn 2004.

dies., »Gesundheit und Krankheit im Spannungsfeld zwischen Tradition, Kultur
und Politik. Gesundheitspolitik in der amerikanischen Besatzungszone
1945–1949«, in: Woelk/Vögele (Hg.), *Geschichte der Gesundheitspolitik*,
S. 313–345.

dies., »Die restaurativen Modernisierer. Frauen als gesundheitspolitische Ziel-
gruppe der amerikanischen Besatzungsmacht zwischen 1945 und 1949«, in:
Lindner/Niehuss (Hg.), *Ärztinnen*, S. 243–266.

Elten, Josef van, *Pro hominibus constitutus. Gedenkausstellung des Historischen
Archivs des Erzbistums Köln zum 100. Geburtstag von Josef Kardinal Frings
am 6. Februar 1987*, Katalog, Köln 1987.

Engelhardt, Ulrich, *Bildungsbürgertum. Begriffs- und Dogmengeschichte eines Eti-
ketts*, Stuttgart 1986.

Enzensberger, Ulrich, *Die Jahre der Kommune 1. Berlin 1967–1969*, Köln 2004.

Erbel, Günter, *Das Sittengesetz als Schranke der Grundrechte. Ein Beitrag zur Auslegung des Art. 2 Abs. I des Grundgesetzes*, Berlin 1971.

Erlach, Daniela, Markus Reisenleitner und Karl Vocelka (Hg.), *Privatisierung der
Triebe? Sexualität in der Frühen Neuzeit*, Frankfurt a. M. u.a. 1994.

Eßbach, Wolfgang, »Der schmutzige Kampf gegen Schmutz und Schund. Mas-
senliteratur und Literaturpädagogik«, in: Dieter Richter und Jochen Vogt
(Hg.), *Die heimlichen Erzieher. Kinderbücher und politisches Lernen*, Hamburg 1974, S. 108–128.

Evans, Jennifer V., »From Periphery to Center: Thinking about Sexuality and
German Fascism«, in: *Sexuality and Culture* 8,2 (Frühjahr 2004), S. 111–120.

Evans, Richard J., *Szenen aus der deutschen Unterwelt. Verbrechen und Strafe
1800–1914*, Reinbek bei Hamburg 1997.

ders., »Prostitution, State, and Society in Imperial Germany«, in: *Past and Present*
70 (1976), S. 106–129.

Fahrmeir, Andreas, und Sabine Freitag (Hg.), *Mord und andere Kleinigkeiten.
Ungewöhnliche Kriminalfälle aus sechs Jahrhunderten*, 2. Aufl., München
2001.

Falck, Uta, *VEB Bordell. Geschichte der Prostitution in der DDR*, Berlin 1998.

Fallend, Karl, und Bernd Nitzschke (Hg.), *Der »Fall« Wilhelm Reich. Beiträge
zum Verhältnis von Psychoanalyse und Politik*, Neuaufl., Gießen 2002.

Farber, David (Hg.), *The Sixties: From Memory to History*, Chapel Hill 1994.

Farin, Klaus, »Vorwort. 50 Jahre ›Bravo‹. Ein Projekt des Archivs für Jugendkulturen«, in: *50 Jahre »Bravo«*, S. 7–12.

Faulstich, Werner (Hg.), *Das Erste Jahrzehnt*, München 2006.

ders. (Hg.), *Die Kultur der sechziger Jahre*, München 2003.

ders. (Hg.), *Die Kultur der fünfziger Jahre*, München 2002.

ders., »Groschenromane, Heftchen, Comics und die Schmutz-und Schund-Debatte«, in: ders. (Hg.), *Kultur der fünfziger Jahre*, S. 199 – 215.

ders., »Die neue Jugendkultur. Teenager und das Halbstarkenproblem«, in: ders. (Hg.), *Kultur der fünfziger Jahre*, S. 277 – 290.

ders. und Knut Hieckthier (Hg.), *Öffentlichkeit im Wandel. Neue Beiträge zur Begriffsklärung*, Bardowick 2000.

Fehrenbach, Heide, »›Ami-Liebchen und ›Mischlingskinder‹. Rasse, Geschlecht und Kultur in der deutsch-amerikanischen Begegnung«, in: Naumann (Hg.), *Nachkrieg*, S. 178 – 205.

dies., *Cinema in Democratizing Germany: Reconstructing National Identity after Hitler*, Chapel Hill 1995.

dies., »Cinema, Spectatorship, and the Problem of Postwar Identity«, in: Pommerin (Hg.), *Impact*, S. 165 – 195.

dies. und Uta G. Poiger (Hg.), *Transactions, Transgressions, Transformations. American Culture in Western Europe and Japan*, New York 2000.

Feldkamp, Michael F., und Christa Sommer, *Parlaments- und Wahlstatistik des Deutschen Bundestages 1949 – 2002/03*, Berlin 2003.

Feldvoß, Marli, »Wer hat Angst vor Rosemarie Nitribitt? Eine Chronik mit Mord, Sitte und Kunst aus den fünfziger Jahren«, in: Berger/Reichmann/Worschech (Hg.), *Zwischen Gestern und Morgen*, S. 164 – 182.

Fellner, Michael, *Katholische Kirche in Bayern 1945 – 1960. Religion, Gesellschaft und Modernisierung in der Erzdiözese München und Freising*, Paderborn 2008.

Ferchl, Irene, »Zensurinstitutionen und Zensurinitiativen«, in: Kienzle/Mende (Hg.), *Zensur*, S. 207 – 217 und S. 277 – 282.

Fishman, Sarah, »Waiting for the Captive Sons of France: Prisoner of War Wives, 1940 – 1945«, in: Higonnet u.a. (Hg.), *Behind the Lines*, S. 182 – 193.

dies., *We Will Wait: Wives of French Prisoners of War, 1940 – 1945*, New Haven/London 1991.

Flemming, Jens, »Erotische Kultur. Debatten über Liebe, Sexualität und Geschlechterverhältnisse«, in: Faulstich (Hg.), *Das Erste Jahrzehnt*, S. 163 – 174.

Flemming, Thomas, und Bernd Ulrich, »Auch ein Wirtschaftswunder. Rosemarie Nitribitt – 1957«, in: dies. (Hg.), *Vor Gericht*, S. 53 – 64.

dies. (Hg.), *Vor Gericht. Deutsche Prozesse in Ost und West nach 1945*, Berlin 2005.

Foelz, Sylvie, *Versuch einer kritischen Filmanalyse unter besonderer Berücksichtigung der Weiblichkeitsideologie*, Berlin 1981.

Foitzik, Doris, *Jugend ohne Schwung? Jugendkultur und Jugendpolitik in Hamburg 1945 – 1949*, Hamburg 2002.

dies., »›Sittlich verwahrlost‹. Disziplinierung und Diskriminierung geschlechtskranker Mädchen in der Nachkriegszeit am Beispiel Hamburg«, in: *1999*.

Zeitschrift für die Sozialgeschichte des 20. und 21. Jahrhunderts 12,1 (1997), S. 68 – 82.

Foschepoth, Josef, »Postzensur und Telefonüberwachung in der Bundesrepublik Deutschland (1949 – 1968)«, in: *Zeitschrift für Geschichtswissenschaft* 57 (2009), S. 413 – 426.

Foucault, Michel (1984), *Der Gebrauch der Lüste. Sexualität und Wahrheit 2,* Frankfurt a. M. 1989.

ders. (1977), *Der Wille zum Wissen. Sexualität und Wahrheit 1,* Frankfurt a. M. 1992.

Fout, John C. (Hg.), *Forbidden History. The State, Society, and the Regulation of Sexuality in Modern Europe,* Chicago 1992.

ders., »The Moral Purity Movement in Wilhelmine Germany and the Attempt to Regulate Male Behavior«, in: *Journal of Men's Studies* 1 (August 1992), S. 5 – 31.

ders., »Sexual Politics in Wilhelmine Germany. The Male Gender Crisis, Moral Purity, and Homophobia«, in: ders. (Hg.), *Forbidden History,* S. 259 – 292.

Frei, Norbert, *1968. Jugendrevolte und globaler Protest,* 3. Aufl., München 2008.

ders. (Hg.), *Hitlers Eliten nach 1945,* 3. Aufl., München 2007.

ders., *1945 und wir. Das Dritte Reich im Bewußtsein der Deutschen,* München 2005.

ders., »Vergangenheitspolitik in den fünfziger Jahren«, in: Loth/Rusinek (Hg.), *Verwandlungspolitik,* S. 79 – 92.

ders., *Vergangenheitspolitik. Die Anfänge der Bundesrepublik und die NS-Vergangenheit,* 2. Aufl., München 1997.

ders., »Von deutscher Erfindungskraft. Oder: die Kollektivschuldthese in der Nachkriegszeit«, in: *Rechtshistorisches* Journal 16 (1997), S. 621 – 634.

ders., »›Was ist Wahrheit?‹ Der Versuch einer Bundespressegesetzgebung 1951/52«, in: Wagner (Hg.), *Idee und Wirklichkeit,* S. 75 – 91.

ders., »Die Presse«, in: Benz (Hg.), *Bundesrepublik Deutschland,* Bd. 3, S. 275 – 318.

Freimüller, Tobias, *Alexander Mitscherlich. Gesellschaftsdiagnosen und Psychoanalyse nach Hitler,* Göttingen 2007.

Frese, Matthias, Julia Paulus und Karl Teppe (Hg.), *Demokratisierung und gesellschaftlicher Aufbruch. Die sechziger Jahre als Wendezeit der Bundesrepublik,* Paderborn 2003.

Freund, Renate, »Toughe Jungs und süße Girls? Geschlechterverhältnisse und Jugendsexualität in der ›Bravo‹«, in: *50 Jahre »Bravo«,* S. 67 – 82.

Freund-Widder, Michaela, *Frauen unter Kontrolle. Prostitution und ihre staatliche Bekämpfung in Hamburg vom Ende des Kaiserreichs bis zu den Anfängen der Bundesrepublik,* Münster 2003.

Frevert, Ute, »Umbruch der Geschlechterverhältnisse? Die 60er Jahre als geschlechterpolitischer Experimentierraum«, in: Schildt/Siegfried/Lammers (Hg.), *Dynamische Zeiten,* S. 642 – 660.

dies., *Frauen-Geschichte. Zwischen bürgerlicher Verbesserung und neuer Weiblichkeit,* 6. Aufl., Frankfurt a. M. 1992.

dies., »Frauen auf dem Weg zur Gleichberechtigung – Hindernisse, Umleitungen, Einbahnstraßen«, in: Broszat (Hg.), *Zäsuren*, S. 113 – 130.

dies. (Hg.), *Bürgerinnen und Bürger. Geschlechterverhältnisse im 19. Jahrhundert*, Göttingen 1988.

Friedlander, Judith, u.a. (Hg.), *Women in Culture and Politics: A Century of Change*, Bloomington, Ind., 1986.

Friedländer, Saul, *Das Dritte Reich und die Juden*, Bd. 1: *Die Jahre der Verfolgung 1933 – 1939*, München 1998.

Friedrich, Norbert, *»Die christlich-soziale Fahne empor!« Reinhard Mumm und die christlich-soziale Bewegung*, Stuttgart/Berlin/Köln 1997.

Fritz, Regina, Carola Sachse und Edgar Wolfrum (Hg.), *Nationen und ihre Selbstbilder. Postdiktatorische Gesellschaften in Europa*, Göttingen 2008.

Fröhlich, Claudia, »Restauration«, in: Glienke/Paulmann/Perels (Hg.), *Erfolgsgeschichte Bundesrepublik?*, S. 17 – 52.

Froitzheim, Dieter, *Kardinal Frings. Leben und Werk*, Köln 1979.

Führer, Karl Christian, »›Aufmerksamkeit‹ und ›Vertrauen‹ als Kategorien der Mediengeschichte«, in: Weisbrod (Hg.), *Politik*, S. 151 – 174.

ders., Knut Hickethier und Axel Schildt, »Öffentlichkeit – Medien – Geschichte«, in: *Archiv für Sozialgeschichte* 41 (2001), S. 1 – 38.

Fulda, Bernhard, »Die Politik des ›Unpolitischen‹. Boulevard- und Massenpresse in den zwanziger und dreißiger Jahren«, in: Bösch/Frei (Hg.), *Medialisierung*, S. 48 – 72.

Fullerton, Ronald, »Toward a Commercial Popular Culture in Germany: The Development of Pamphlet Fiction, 1871 – 1914«, in: *Journal of Social History* 12 (1979), S. 489 – 511.

50 Jahre »Bravo«, hg. vom Archiv für Jugendkulturen, Berlin 2005.

Gabriel, Karl, »Zwischen Aufbruch und Absturz in die Moderne. Die Katholische Kirche in den 60er Jahren«, in: Schildt/Siegfried/Lammers (Hg.), *Dynamische Zeiten*, S. 528 – 543.

ders., »Die Katholiken in den 50er Jahren: Restauration, Modernisierung und beginnende Auflösung eines konfessionellen Milieus«, in: Schildt/Sywottek (Hg.), *Modernisierung*, S. 418 – 430.

Gante, Michael, *§ 218 in der Diskussion. Meinungs- und Willensbildung 1945 – 1976*, Düsseldorf 1991.

Garton, Stephen, *Histories of Sexuality*, London 2004.

Gassert, Philipp, »Gegen Ost und West: Antiamerikanismus in der Bundesrepublik«, in: Junker (Hg.), *USA und Deutschland*, S. 944 – 954.

ders., »Amerikanismus, Antiamerikanismus, Amerikanisierung. Neue Literatur zur Sozial-, Wirtschafts- und Kulturgeschichte des amerikanischen Einflusses in Deutschland und Europa«, in: *Archiv für Sozialgeschichte* 39 (1999), S. 531 – 561.

ders., *Amerika im Dritten Reich. Ideologie, Propaganda und Volksmeinung 1933 – 1945*, Stuttgart 1997.

ders. und Christina von Hodenberg, »Medien. Manipulation und Markt«, in: Mauch/Patel (Hg.), *Wettlauf um die Moderne*, 425 – 453.

ders. und Alan Steinweis (Hg.), *Coping with the Nazi Past: West German Debates on Nazism and Generational Conflicts 1955 – 1975*, Oxford 2006.

Gathorne-Hardy, Jonathan, *Alfred C. Kinsey. Sex the Measure of All Things*, London 1998.

Gay, Peter, *Die zarte Leidenschaft. Liebe im bürgerlichen Zeitalter*, München 1987.

ders., *Erziehung der Sinne. Sexualität im bürgerlichen Zeitalter*, München 1986.

Gebhard, Paul H., »Brief an die Herausgeber«, in: *Zeitschrift für Sexualforschung* 1 (1988), S. 276 – 277.

Gebhardt, Hartwig, »›Halb kriminalistisch, halb erotisch‹: Presse für die »niederen Instinkte«, in: Maase/Kaschuba (Hg.), *Schund und Schönheit*, S. 184 bis 217.

ders., »Sex-and-crime-Journalismus in der Weimarer Republik. Ergebnisse einer Spurensuche (nicht nur in Bremen)«, in: *Bremisches Jahrbuch* 73 (1994), S. 129 – 201.

Gehltomholt, Eva, und Sabine Hering, *Das verwahrloste Mädchen. Diagnostik und Fürsorge in der Jugendhilfe zwischen Kriegsende und Reform*, Opladen 2006.

Gerhards, Jürgen, und Friedhelm Neidhardt, »Strukturen und Funktionen moderner Öffentlichkeit. Fragestellungen und Ansätze«, in: Müller-Dohm/Neumann-Braun (Hg.), *Öffentlichkeit*, S. 31 – 90.

Gerhardt, Uta, *Denken der Demokratie. Die Soziologie im atlantischen Transfer des Besatzungsregimes. Vier Abhandlungen*, Stuttgart 2007.

dies. (Hg.), *Frauen in der Geschichte des Rechts. Von der Frühen Neuzeit bis zur Gegenwart*, München 1997.

Gestrich, Andreas, *Geschichte der Familie im 19. und 20. Jahrhundert*, München 1999.

ders., Jens-Uwe Krause und Michael Mitterauer, *Geschichte der Familie*, Stuttgart 2003.

Geyer, Michael, und Lucian Hölscher (Hg.), *Die Gegenwart Gottes in der modernen Gesellschaft. Transzendenz und religiöse Vergemeinschaftung in Deutschland*, Göttingen 2006.

Giddens, Anthony, *Wandel der Intimität. Sexualität, Liebe und Erotik in modernen Gesellschaften*, Frankfurt a. M. 1993.

Gieselbusch, Hermann, u.a., *100 Jahre Rowohlt. Eine illustrierte Chronik*, Reinbek bei Hamburg 2008.

Giesen, Rolf, »›Nackteste Nacktheit‹. Filmskandale der deutschen Kinogeschichte«, in: *Praxis Geschichte* 5 (2006), S. 56 – 57.

Gilbert, James, *Men in the Middle. Searching for Masculanity in the 1950s*, Chicago 2005.

Gillen, Gabriele, »Das Wunder der Liebe. Eine kleine Geschichte der sexuellen Revolution«, in: Cohn-Bendit/Dammann (Hg.), *1968*, S. 109 – 138.

Gindorf, Rolf, und Erwin J. Haeberle (Hg.), *Sexualität als sozialer Tatbestand. Theoretische und empirische Beiträge zu einer Soziologie der Sexualität*, Berlin u.a. 1986.

Glasenapp, Jörn, »Titelschwund und Politisierung: Zur Illustriertenlandschaft der sechziger Jahre«, in: Faulstich (Hg.): *Kultur der sechziger Jahre*, S. 129 – 143.

Glaser, Hermann, *Deutsche Kultur 1945 – 2000*, Berlin 1999.

ders., *Kulturgeschichte der Bundesrepublik Deutschland*, Bd. 2: *Zwischen Grundgesetz und Großer Koalition 1949 – 1967*, Frankfurt a. M. 1990.

Gleß, Sabine, *Die Reglementierung von Prostitution in Deutschland*, Berlin 1999.

Glienke, Stephan Alexander, Volker Paulmann und Joachim Perels (Hg.), *Erfolgsgeschichte Bundesrepublik? Die Nachkriegsgesellschaft im Schatten des Nationalsozialismus*, Göttingen 2008.

Godau-Schüttke, Klaus-Detlev, *Der Bundesgerichtshof. Justiz in Deutschland*, Berlin 2005.

Goedde, Petra, *GIs and Germans: Culture, Gender, and Foreign Relations, 1945 – 1949*, New Haven/London 2003.

dies., »Macht im Spiegel der Geschlechter- und Rassenbeziehungen. US-Soldaten und die deutsche Bevölkerung«, in: Junker (Hg.), *USA und Deutschland*, S. 785 – 794.

dies., »From Villains to Victims: Fraternization and the Feminization of Germany, 1945 – 1947«, in: *Diplomatic History* 23,1 (1999), S. 9 – 20.

Goldstein, Martin (alias Dr. Sommer), »Was Dr. Sommer bewegt. Ein Praxis-Report«, in: *50 Jahre »Bravo«*, S. 83 – 102.

Goldstein, Martin, »Die sexuelle Revolution. Interview der Bundeszentrale für politische Bildung mit Martin Goldstein«, 5. März 2008, nur online: http://www.bpb.de/popup/popup_druckversion.html?guid=7RVDTN.

Goltermann, Svenja, *Die Gesellschaft der Überlebenden. Deutsche Kriegsheimkehrer und ihre Gewalterfahrungen im Zweiten Weltkrieg*, 2. Aufl., München 2009.

dies., »Die Beherrschung der Männlichkeit. Zur Deutung psychischer Leiden bei den Heimkehrern des Zweiten Weltkriegs 1945 – 1956«, in: *Feministische Studien* 18,2 (2000), S. 7 – 19.

dies., *Körper der Nation. Habitusformierung und die Politik des Turnens 1860 – 1900*, Göttingen 1998.

Gooß, Ulrich, und Herbert Gschwind (Hg.), *Homosexualität und Gesundheit*, Berlin 1989.

Gordon, Linda, *The Moral Property of Women. A History of Birth Control Politics in America*, Urbana 2002.

Goschler, Constantin, »Radikalkonservative Intellektuelle in der frühen Bundesrepublik«, in: Schütz/Hohendahl (Hg.), *Solitäre und Netzwerker*, S. 23 – 33.

Gottwaldt, Alfred, Norbert Kampe und Peter Klein (Hg.), *NS-Gewaltherrschaft. Beiträge zur historischen Forschung und juristischen Aufarbeitung*, Berlin 2005.

Gotzmann, Joanna, »Der Volkswartbund«, in: Balser u.a. (Hg.), *»Himmel und Hölle«*, S. 169 – 183.

Graetz, Michael, und Aram Mattioli (Hg.), *Krisenwahrnehmungen im Fin de siècle. Jüdische und katholische Bildungseliten in Deutschland und der Schweiz*, Zürich 1997.

Graf, Rüdiger, *Die Zukunft der Weimarer Republik. Krisen und Zukunftsaneignungen in Deutschland 1918–1933*, München 2008.

ders., »Diskursanalyse und radikale Interpretation. Davidsonianische Überlegungen zu Grenzen und Transformationen historischer Diskurse«, in: Eder (Hg.), *Gerede*, S. 60–80.

Graml, Hermann, »Ein unfreiwilliger Helfer der Entnazifizierung Deutschlands. Ernst von Salomon und sein ›Fragebogen‹ (1951)«, in: Hürter/Zarusky (Hg.), *Epos Zeitgeschichte*, S. 73–86.

Grau, Günter, »Sexualwissenschaft in der DDR – ein Resümee«, in: Sigusch, *Geschichte der Sexualwissenschaft*, S. 487–509.

ders. (Hg.), *Homosexualität in der NS-Zeit. Dokumente einer Diskriminierung und Verfolgung*, mit einem Beitrag von Claudia Schoppmann, überarb. Neuausg. Frankfurt a. M. 2004.

ders., »Liberalisierung und Repression. Zur Strafrechtsdiskussion zum § 175 in der DDR«, in: *Zeitschrift für Sexualforschung* 15 (2002), S. 323–340.

ders., »Sozialistische Moral und Homosexualität. Die Politik der SED und das Homosexuellenstrafrecht 1945–1990. Ein Rückblick«, in: Grumbach, *Linke*, S. 85–141.

Grazia, Victoria de, *Das unwiderstehliche Imperium. Amerikas Siegeszug im Europa des 20. Jahrhunderts*, Stuttgart 2010.

Grebing, Helga, und Süß Dietmar (Hg.), *Waldemar von Knoeringen 1906–1971. Ein Erneuerer der deutschen Sozialdemokratie*, unter Mitarb. von Katja Klee, 2 Bde., Berlin 2006.

Gregor, Neil, Nils Roemer und Mark Roseman (Hg.), *German History from the Margins*, Bloomington, Ind., 2006.

Greiner, Bernd, »›Test the West‹. Über die ›Amerikanisierung‹ der Bundesrepublik Deutschland«, in: *Mittelweg 36* 6 (Oktober/November 1997), S. 4–40.

Gries, Rainer, »Produktimages und Gesellschaftsgeschichte im 20. Jahrhundert«, in: Münkel/Seegers (Hg.), *Medien und Imagepolitik*, S. 117–139.

ders., *Produkte als Medien. Kulturgeschichte der Produktkommunikation in der Bundesrepublik und der DDR*, Leipzig 2003.

Groß, Hans-Ferdinand, *Hanns Seidel 1901–1961. Eine politische Biographie*, München 1992.

Großbölting, Thomas, »Bürgertum, Bürgerlichkeit und Entbürgerlichung in der DDR. Niedergang und Metamorphosen«, in: *Aus Politik und Zeitgeschichte. Beilage zur Wochenzeitung »Das Parlament«* 9 (2008), S. 12–27.

ders., »Kirchliche Sexualmoral und jugendliche Sexualität von den 1950er bis 1970er Jahren«, in: *Deutschland Archiv* 39 (2005), S. 56–64.

Grossmann, Atina, »Continuities and Ruptures. Sexuality in Twentieth-Century Germany: Historiography and Its Discontents«, in: Hagemann/Quataert (Hg.), *Gendering*, S. 208–227.

dies., »A Question of Silence: The Rape of German Women by Occupation Sol-
diers«, in: Moeller (Hg.), *West Germany under Construction*, S. 33 – 52.

dies., *Reforming Sex. The German Movement for Birth Control and Abortion Reform, 1920 – 1950*, New York 1995.

dies., *The New Woman, the New Family, and the Rationalization of Sexuality. The
Sex Reform Movement in Germany 1928 to 1933*, Ann Arbor 1984 (Mikrofilm).

dies., »The New Woman and the Rationalization of Sexuality in Weimar Germany«, in: Snitow/Stansell/Thompson (Hg.), *Powers of Desire*, S. 153 – 171.

dies., »›Satisfaction is Domestic Happiness‹. Mass Working-Class Sex Reform
Organizations in the Weimar Republic«, in: Dobkowski/Wallimann (Hg.),
Towards the Holocaust, S. 265 – 293.

Grotum, Thomas, *Die Halbstarken. Zur Geschichte einer Jugendkultur der 50er
Jahre*, Frankfurt a. M. 1994.

Grum, Ulla, »›Sie leben froher – Sie leben besser mit Constanze‹. Eine Frauenzeitschrift im Wandel des Jahrzehnts«, in: Delille/Grohn (Hg.), *Perlonzeit*,
S. 138 – 142.

Grumbach, Detlef (Hg.), *Was heißt hier schwul? Politik und Identitäten im Wandel*, Hamburg 1997.

ders. (Hg.), *Die Linke und das Laster. Schwule Emanzipation und linke Vorurteile*,
Hamburg 1995.

Günther, Frieder, *Heuss auf Reisen. Die auswärtige Repräsentation der Bundesrepublik durch den ersten Bundespräsidenten*, München 2006.

Gumbrecht, Hans Ulrich, »Modern, Modernität, Moderne«, in: Brunner/Conze/
Koselleck (Hg.), *Geschichtliche Grundbegriffe*, Bd. 4, S. 93 – 131.

Habel, Frank-Burkhard, *Zerschnittene Filme. Zensur im Kino*, Leipzig 2003.

Hacke, Jens, *Philosophie der Bürgerlichkeit. Die liberalkonservative Begründung
der Bundesrepublik*, Göttingen 2006.

Haeberle, Erwin J., »Alfred C. Kinsey als Homosexualitätsforscher«, in: Lautmann (Hg.), *Homosexualität*, S. 220 – 239.

ders., »Sexualwissenschaft als Kulturwissenschaft. Zur Debatte vor 1933«, in:
Gindorf/ders. (Hg.), *Sexualität als sozialer Tatbestand*, S. 37 – 54.

ders., *Die Anfänge der Sexualwissenschaft in Berlin*, Heidelberg 1985.

Hagemann, Karen, »Heimat–Front. Militär, Gewalt und Geschlechterverhältnisse
im Zeitalter der Weltkriege«, in: dies./Schüler-Springorum (Hg.), *Heimat-
Front*, S. 13 – 52.

dies. und Jean H. Quataert (Hg.), *Gendering Modern German History. Rewriting
Historiography*, New York/Oxford 2007.

dies. und Stefanie Schüler-Springorum (Hg.), *Heimat-Front. Militär und Geschlechterverhältnisse im Zeitalter der Weltkriege*, Frankfurt a. M. 2002.

Hammes, Yvonne, *Wertewandel seit der Mitte des 20. Jahrhunderts in Deutschland. Auswirkungen des Wandels gesellschaftlicher und politischer Wertorientierungen auf die Demokratie*, Frankfurt a. M. 2002.

Hardtwig, Wolfgang (Hg.), *Ordnungen in der Krise. Zur politischen Kulturgeschichte Deutschlands 1900 – 1933*, München 2007.

Hart und zart. Frauenleben 1920–1970, 2. Aufl., Berlin 1994.

Hartung, Uwe, und Elmar Schlüter, »Die Darstellung von Sexualmoral in den Illustrierten ›Stern‹ und ›Bunte‹ 1962 bis 1977«, in: *Publizistik. Vierteljahrshefte für Kommunikationsforschung* 35 (1990), S. 304–327.

Haupt, Heinz-Gerhard, und Paul Nolte, »Markt. Konsum und Kommerz«, in: Mauch/Patel (Hg.), *Wettlauf um die Moderne*, S. 187–223.

Hein, Dieter, »Bürger, Bürgertum«, in: Dülmen (Hg.), *Geschichte*, S. 162–179.

Heineman, Elizabeth, »Der Beate Uhse Mythos. Respektabilität, Geschichte und autobiographisches Marketing in der frühen Bundesrepublik«, in: *WerkstattGeschichte* 40,2 (2006), S. 69–92.

dies., »The Economic Miracle in the Bedroom: Big Business and Sexual Consumption in Reconstruction West Germany«, in: *The Journal of Modern History* 78 (Dezember 2006), S. 846–877.

dies., »Gender, Sexuality, and Coming to Terms with the Nazi Past«, in: *Central European History* 38,1 (2005), S. 41–74.

dies., »Gender, Public Policy, and Memory: Waiting Wives and War Widows in the Postwar Germanys«, in: Confino/Fritzsche (Hg.), *Work*, S. 214–238.

dies., »Sexuality and Nazism: The Double Unspeakable?«, in: *Journal of the History of Sexuality* 11,1–2 (2002), S. 22–66.

dies., »Die Stunde der Frauen. Erinnerungen an Deutschlands ›Krisenjahre‹ und westdeutsche nationale Identität«, in: Naumann (Hg.), *Nachkrieg*, S. 149 bis 177.

dies., *What Difference Does a Husband Make? Women and Marital Status in Nazi and Postwar Germany*, Berkeley u.a. 1999.

dies., »Complete Families, Half Families, No Families at All: Female-Headed Households and the Reconstruction of the Family in the Early Federal Republic«, in: *Central European History* 29,1 (1996), S. 19–60.

Heinemann, Rebecca, *Familie zwischen Tradition und Emanzipation. Katholische und sozialdemokratische Familienkonzeptionen in der Weimarer Republik*, München 2004.

Hein-Kremer, Maritta, *Die amerikanische Kulturoffensive 1945–1955*, Köln/Weimar/Wien 1996.

Heinsohn, Kirsten, Barbara Vogel und Ulrike Weckel (Hg.), *Zwischen Karriere und Verfolgung. Handlungsräume von Frauen im nationalsozialistischen Deutschland*, Frankfurt a. M./New York 1997.

Heinz-Trossen, Alfons, *Prostitution und Gesundheitspolitik. Prostituiertenbetreuung als pädagogischer Auftrag des Gesetzgebers an die Gesundheitsämter*, Frankfurt a. M. u.a. 1993.

Helmstetter, Rudolf, »Der ›stumme‹ Doktor als guter Hirte. Zur Genealogie der Sexualratgeber«, in: Bänziger u.a. (Hg.), *Fragen Sie Dr. Sex*, S. 58–93.

Henke, Klaus-Dietmar, *Die amerikanische Besetzung Deutschlands*, 2. Aufl., München 1996.

Herbert, Ulrich, »Europe in High Modernity. Reflections on a Theory of the 20th Century«, in: *Journal of Modern European History* 3 (2006), S. 5–21.

ders., »Liberalisierung als Lernprozeß. Die Bundesrepublik in der deutschen Geschichte – eine Skizze«, in: ders. (Hg.), *Wandlungsprozesse*, S. 7 – 49.

ders. (Hg.), *Wandlungsprozesse in Westdeutschland. Belastung, Integration, Liberalisierung 1945 – 1980*, Göttingen 2002.

ders., »NS-Eliten in der Bundesrepublik«, in: Loth/Rusinek (Hg.), *Verwandlungspolitik*, S. 93 – 116.

ders., »Rückkehr in die Bürgerlichkeit. NS-Eliten in der Bundesrepublik«, in:
Weisbrod (Hg.), *Rechtsradikalismus*, S. 157 – 173.

ders., »Zur Entwicklung der Ruhrarbeiterschaft 1930 bis 1960 aus erfahrungsge-
schichtlicher Perspektive«, in: Niethammer/von Plato (Hg.), »*Wir kriegen
jetzt andere Zeiten*«, S. 19 – 52.

Hergemöller, B.-U., »Hans Giese und Martin Heidegger. Anmerkungen zu Hans
Gieses ›Untersuchungen zum Wesen der Begegnung‹«, in: *Capri* 4,2 (1991),
S. 13 – 27.

Herzer, Manfred, *Magnus Hirschfeld. Leben und Werk eines jüdischen, schwulen
und sozialistischen Sexologen*, Frankfurt a. M. 1992.

Herzog, Dagmar (Hg.), *Brutality and Desire. War and Sexuality in Europe's Twen-
tieth Century*, Houndmills/Basingstoke 2009.

dies., »Memory, Morality, and the Sexual Liberalization of West Germany«, in:
Biess/Roseman/Schissler (Hg.), *Conflict*, S. 273 – 296.

dies., »Between Coitus and Commodification: Young West German Women and
the Impact of the Pill«, in: Schildt/Siegfried (Hg.), *Between Marx and Coca
Cola*, S. 261 – 286.

dies., »How ›Jewish‹ is German Sexuality? Sex and Antisemitism in the Third
Reichs, in: Gregor/Roemer/Roseman (Hg.), *History*, S. 185 – 203.

dies., »›Die Quellen waren mit Sexualität gesättigt‹. Im Gespräch«, in: *Zeitschrift
für Sexualforschung* 19 (2006), S. 241 – 259.

dies., »The Reception of the Kinsey Reports in Europe«, in: *Sexuality and Culture. An Interdisciplinary Quarterly* 10,1 (März 2006), S. 39 – 48.

dies., »The Sexual Revolution and the Legacies of the Nazi Past«, in: Gassert/
Steinweis (Hg.), *Coping with the Nazi Past*, S. 161 – 175.

dies., »›Sexy Sixties‹? Die sexuelle Liberalisierung der Bundesrepublik zwischen
Säkularisierung und Vergangenheitsbewältigung«, in: Hodenberg/Siegfried
(Hg.), *Wo »1968« liegt*, S. 79 – 112.

dies., *Die Politisierung der Lust. Sexualität in der deutschen Geschichte des
20. Jahrhunderts*, Berlin 2005.

dies., »Sexual Morality in 1960s West Germany«, in: *German History* 23,3 (2005),
S. 371 – 384.

dies. (Hg.), *Sexuality and German Fascism*, New York 2005.

dies., »Desperately Seeking Normality: Sex and Marriage in the Wake of the
War«, in: Bessel/Schumann (Hg.), *Life*, S. 161 – 192.

dies., »Postwar Ideologies and the Body Politics of 1968«, in: Müller (Hg.), *Ideologies*, S. 101 – 116.

dies., »Hubris and Hypocrisy, Incitement and Disavowal: Sexuality and German Fascism« in: *Journal of the History of Sexuality* 11,1 – 2 (2002), S. 1 bis 21.

dies., »Antifaschistische Körper. Studentenbewegung, sexuelle Revolution und antiautoritäre Kindererziehung«, in: Naumann (Hg.), *Nachkrieg*, S. 521 – 551.

dies., »Sexuelle Revolution und Vergangenheitsbewältigung«, in: *Zeitschrift für Sexualforschung* 13 (2000), S. 87 – 103.

Hettling, Manfred, »Bürgerlichkeit im Nachkriegsdeutschland«, in: ders./Ulrich (Hg.), *Bürgertum nach 1945*, S. 7 – 39.

ders. und Stefan-Ludwig Hoffmann (Hg.), *Der bürgerliche Wertehimmel. Innenansichten des 19. Jahrhunderts*, Göttingen 2000.

ders. und Bernd Ulrich (Hg.), *Bürgertum nach 1945*, Hamburg 2005.

dies., »Formen der Bürgerlichkeit. Ein Gespräch mit Reinhart Koselleck«, in: dies. (Hg.), *Bürgertum nach 1945*, S. 40 – 60.

Hickethier, Knut, »Zwischen Gutenberg-Galaxis und Bilder-Universum. Medien als neues Paradigma, Welt zu erklären«, in: *Geschichte und Gesellschaft. Zeitschrift für Historische Sozialwissenschaft* 27 (2001), S. 146 – 171.

Higonnet, Margaret Randolph, u.a. (Hg.), *Behind the Lines. Gender and the Two World Wars*, New Haven/London 1987.

Hildebrandt, Walter, »Helmut Schelsky im Zenit. Ortsbestimmung der Soziologie – Ortsbestimmung der deutschen Gesellschaft 1947 – 1970«, in: Baier (Hg.), *Helmut Schelsky*, S. 32 – 44.

Hillel, Marc, *Die Invasion der Be-Freier. Die GI's in Europa 1942 – 1947*, Bergisch Gladbach 1983.

Hilpert-Fröhlich, Christiana, »*Auf zum Kampfe wider die Unzucht*«. Prostitution und Sittlichkeitsbewegung in Essen 1890 – 1914, Bochum 1991.

Hintermeier, Maria, und Fritz J. Raddatz (Hg.), *Rowohlt Almanach 1908 – 1962*, Reinbek bei Hamburg 1962.

Hitzer, Bettina, *Im Netz der Liebe. Die protestantische Kirche und ihre Zuwanderer in der Metropole Berlin (1849 – 1914)*, Köln 2006.

Hodenberg, Christina von, *Konsens und Krise. Eine Geschichte der westdeutschen Medienöffentlichkeit 1945 – 1973*, Göttingen 2006.

dies., »Konkurrierende Konzepte von ›Öffentlichkeit‹ in der Orientierungskrise der 60er Jahre«, in: Frese/Paulus/Teppe (Hg.), *Demokratisierung*, S. 205 – 226.

dies., »Die Journalisten und der Aufbruch zur kritischen Öffentlichkeit«, in: Herbert (Hg.), *Wandlungsprozesse*, S. 278 – 311.

dies. und Detlef Siegfried (Hg.), *Wo »1968« liegt. Reform und Revolte in der Bundesrepublik*, Göttingen 2006.

Höhn, Maria, »»Ein Atemzug der Freiheit‹. Afro-amerikanische GI's, deutsche Frauen und die Grenzen der Demokratie (1945 – 1968)«, in: Bauerkämper/Jarausch/Payk (Hg.), *Demokratiewunder*, S. 104 – 128.

dies., *GIs and Fräuleins. The German-American Encounter in 1950s West Germany*, Chapel Hill 2002.

dies., »Heimat in Turmoil: African-American GIs in 1950s West Germany«, in: Schissler (Hg.), *The Miracle Years*, S. 145 – 163.

dies., »Frau im Haus und Girl im Spiegel: Discourse on Women in the Interregnum Period of 1945 – 1949 and the Question of German Identity«, in: *Central European History* 26,1 (1993), S. 57 – 90.

Hoffmann, Stephanie, »›Darüber spricht man nicht?‹ Die öffentliche Diskussion über die Sexualmoral in den 50er Jahren im Spiegel der Frauenzeitschrift ›Constanze‹, in: Meyer-Lenz (Hg.), *Ordnung*, S. 57 – 83.

Hofmann, Jürgen, *Die Humanistische Union. Eine Untersuchung über Struktur und Funktion einer neuen kulturpolitischen Vereinigung*, München 1967.

Hohmann, Joachim, *Sexualforschung und -aufklärung in der Weimarer Republik*, Berlin u.a. 1987.

ders., *Geschichte der Sexualwissenschaft in Deutschland 1886 – 1933*, Berlin u.a. 1985.

Hollenstein, Günter, »Die Katholische Kirche«, in: Benz (Hg.), *Bundesrepublik Deutschland*, Bd. 2, S. 234 – 264.

Holzem, Andreas, und Christoph Holzapfel (Hg.), *Zwischen Kriegs- und Diktaturerfahrung. Katholizismus und Protestantismus in der Nachkriegszeit*, Stuttgart 2005.

Hondrich, Karl Otto, *Enthüllung und Entrüstung. Eine Phänomenologie des politischen Skandals*, Frankfurt a. M. 2002.

Hürten, Heinz, »Der Topos vom christlichen Abendland in Literatur und Publizistik nach den beiden Weltkriegen«, in: Langner (Hg.), *Katholizismus*, S. 131 – 154.

Hürter, Johannes, und Jürgen Zarusky (Hg.), *Epos Zeitgeschichte. Romane des 20. Jahrhunderts in zeithistorischer Sicht. 10 Essays für den 100. Band*, München 2010.

Hugo, Philipp von, »›Eine zeitgemäße Erregung‹. Der Skandal um Ingmar Bergmans Film ›Das Schweigen‹ (1963) und die Aktion ›Saubere Leinwand‹«, in: *Zeithistorische Forschungen/Studies in Contemporary History*, Online-Ausgabe 3,2 (2006), http://www.zeithistorische-forschungen.de/site/40208645/default.aspx.

Hull, Isabell V., *Sexuality, State, and Civil Society in Germany 1700 – 1885*, Ithaca/New York 1996.

dies., »›Sexualität‹ und bürgerliche Gesellschaft«, in: Frevert (Hg.), *Bürgerinnen und Bürger*, S. 49 – 66.

dies., »The Bourgeoisie and Its Discontents: Reflections on ›Nationalism and Respectability‹s, in: *Journal of Contemporary History* 17 (April 1982), S. 247 bis 68.

Hunt, Lynn, *Die Erfindung der Pornographie. Obszönität und die Ursprünge der Moderne*, Frankfurt a. M. 1994.

Ilting, Karl-Heinz, »Sitte, Sittlichkeit, Moral«, in: Brunner/Conze/Koselleck (Hg.), *Geschichtliche Grundbegriffe*, Bd. 5, S. 863 – 921.

Imhof, Kurt, »Öffentlichkeit und Skandal«, in: Neumann-Braun/Müller-Doohm (Hg.), *Medien- und Kommunikationssoziologie*, S. 55 – 68.

Inglehart, Ronald, *Modernisierung und Postmodernisierung. Kultureller, wirt-*

schaftlicher und politischer Wandel in 43 Gesellschaften, Frankfurt a. M. 1998.

ders., *Kultureller Umbruch. Wertewandel in der westlichen Welt*, Frankfurt a. M./ New York 1989.

ders., *The Silent Revolution. Changing Values and Political Styles*, Princeton 1977.

Ingmar Bergman – Das Schweigen. Wege der Filmanalyse, Sonderausgabe von *Augen-Blick. Marburger Hefte zur Medienwissenschaft* 6 (1988).

Iu, Petula, »Making Good-Time Girls. Die Gefahren weiblicher Sexualität in den US-amerikanischen ›Delinquency Films‹ der 1950er Jahre«, in: Briesen/ Weinhauer (Hg.), *Jugend*, S. 153 – 173.

Jäger, Georg, »Der Kampf gegen Schmutz und Schund. Die Reaktion der Gebildeten auf die Unterhaltungsindustrie«, in: *Archiv für die Geschichte des Buchwesens* 31 (1988), S. 163 – 191.

Jäschke, Petra, »Produktionsbedingungen und gesellschaftliche Einschätzungen«, in: Doderer (Hg.), *Jugendliteratur zwischen Trümmern und Wohlstand*, S. 209 – 520.

James, Harold, *Geschichte Europas im 20. Jahrhundert. Fall und Aufstieg 1914 – 2001*, München 2004.

Jarausch, Konrad H., »Amerikanische Einflüsse und deutsche Einsichten. Kulturelle Aspekte der Demokratisierung Westdeutschlands«, in: Bauerkämper/ ders./Payk (Hg.), *Demokratiewunder*, S. 57 – 81.

ders. und Michael Geyer, *Zerbrochener Spiegel. Deutsche Geschichten im 20. Jahrhundert*, München 2005.

ders. und Hannes Siegrist (Hg.), *Amerikanisierung und Sowjetisierung in Deutschland, 1945 – 1970*, Frankfurt a. M. u.a. 1997.

Jeismann, Michael (Hg.), *Das 20. Jahrhundert. Welt der Extreme*, München 2000.

Jellonnek, Burkhard, und Rüdiger Lautmann (Hg.), *Nationalsozialistischer Terror gegen Homosexuelle. Verdrängt und ungesühnt*, Paderborn u.a. 2002.

Jerouschek, Günter, »Zur Geschichte des Abtreibungsverbots«, in: Staupe/Vieth (Hg.), *Unter anderen Umständen*, S. 11 – 26.

Jones, James H., *Alfred C. Kinsey – a Life*, New York/London 1997.

Jovanovic, Goran, und Ulrich Koch, »The Comics Debate in Germany: Against Dirt and Rubbish, Pictoral Idiotism, and Cultural Analphabetism«, in: Lent (Hg.), *Pulp Demons*, S. 93 – 128.

Judt, Tony, *Geschichte Europas von 1945 bis zur Gegenwart*, München/Wien 2006.

Jütte, Robert, *Lust ohne Last. Geschichte der Empfängnisverhütung von der Antike bis zur Gegenwart*, München 2003.

ders., »Einleitung. Sexualwissenschaft in der Weimarer Republik«, in: Marcuse (Hg.), *Handwörterbuch der Sexualwissenschaft*, Neuausg. 2001, S. V – XVI.

ders. (Hg.), *Die Geschichte der Abtreibung. Von der Antike bis zur Gegenwart*, München 1993.

Jung, Matthias, »›Amerikanisierung‹ in Deutschland aus linguistischer Sicht«, in: Linke/Tanner (Hg.), *Attraktion*, S. 251 – 265.

Junker, Detlef (Hg.), *Die USA und Deutschland im Zeitalter des Kalten Krieges*

1945 – 1990. Ein Handbuch, in Verbindung mit Philipp Gassert, Wilfried Mausbach und David B. Morris, 2 Bde., 2. Aufl., Stuttgart u.a. 2001.

Jureit, Ulrike, und Michael Wildt (Hg.), *Generationen. Zur Relevanz eines wissenschaftlichen Grundbegriffs*, Hamburg 2005.

Kaelble, Hartmut, *Sozialgeschichte Europas. 1945 bis zur Gegenwart*, München 2007.

ders. und Martin Kirsch (Hg.), *Selbstverständnis und Gesellschaft der Europäer. Aspekte der sozialen und kulturellen Europäisierung im späten 19. und 20. Jahrhundert*, Frankfurt a. M. u.a. 2008.

Kämper, Heidrun, *Opfer – Täter – Nichttäter. Ein Wörterbuch zum Schulddiskurs 1945 – 1955*, Berlin/New York 2007.

Kaesler, Dirk (Hg.), *Klassiker der Soziologie*, Bd. 2: *Von Talcott Parsons bis Anthony Giddens*, 5. Aufl., München 2007.

ders., »Der Skandal als ›Politisches Theater‹«, in: Ebbighausen/Neckel (Hg.), *Anatomie*, S. 307 – 333.

Kahlenberg, Friedrich P., »Film«, in: Benz (Hg.), *Bundesrepublik Deutschland*, Bd. 3, S. 358 – 396.

Kahnt, Helmut, Michael H. Schöne und Karlheinz Walz, *50 Jahre Deutsche Mark. 1948 – 1998. Die Geschichte der deutschen Nachkriegswährungen*, Regenstauf 1998.

Kaiser, Alexandra, »Protestantischer Schundkampf in der Nachkriegszeit«, in: *Prädikat wertlos*, S. 30 – 44.

Kaiser, Jochen-Christoph, und Anselm Doering-Manteuffel (Hg.), *Christentum und politische Verantwortung. Kirchen im Nachkriegsdeutschland*, Stuttgart 1990.

Kaminsky, Stuart M., und Joseph Hill (Hg.), *Ingmar Bergman. Essays in Criticism*, London/New York 1980.

Kammann, Bruno, *Carl Klinkhammer. Ruhrkaplan, Sanitätssoldat und Bunkerpastor (1903 – 1997)*, Essen 2001.

Kandora, Michael, »Homosexualität und Sittengesetz«, in: Herbert (Hg.), *Wandlungsprozesse*, S. 379 – 401.

Kater, Michael H., »Gefährliche Attraktion. Der Reiz amerikanischer Unterhaltungskultur auf Jugendliche im Dritten Reich«, in: Linke/Tanner (Hg.), *Attraktion*, S. 177 – 193.

ders., *Hitler-Jugend*, Darmstadt 2005.

Kayser, Werner, *Walther von Hollander*, Hamburg 1971.

Keiffenheim, Martina, *Edelhure Nitribitt. Die Rosemarie aus Mending*, Aachen 1998.

Keldenich, Beate, *Die Geschichte der Antibabypille von 1960 bis 2000. Ihre Entwicklung, Verwendung und Bedeutung im Spiegel zweier medizinischer Fachzeitschriften: »Zentralblatt der Gynäkologie« und »Lancet«*, Aachen 2001.

Kelleter, Frank, und Wolfgang Knöbl (Hg.), *Amerika und Deutschland. Ambivalente Begegnungen*, Göttingen 2006.

Kenkmann, Alfons, *Wilde Jugend. Lebenswelt großstädtischer Jugendlicher zwischen Weltwirtschaftskrise, Nationalsozialismus und Währungsreform*, 2. Aufl., Essen 2002.

Kersting, Franz-Werner, »Helmut Schelskys ›Skeptische Generation‹ von 1957. Zur Publikations- und Wirkungsgeschichte eines Standardwerks«, in: *Vierteljahrshefte für Zeitgeschichte* (2002), S. 466 – 495.

Kienzle, Michael, und Dirk Mende (Hg.), *Zensur in der BRD. Fakten und Analysen*, München 1980.

Klages, Helmut, *Traditionsbruch als Herausforderung. Perspektiven der Wertewandelsgesellschaft*, Frankfurt a. M. 1993.

ders., »Verlaufsanalyse eines Traditionsbruchs. Untersuchungen zum Einsetzen des Wertewandels in der Bundesrepublik Deutschland in den 60er Jahren«, in: Bracher u.a. (Hg.), *Staat und Parteien*, S. 517 – 544.

ders., *Wertorientierungen im Wandel*, Frankfurt a. M./New York 1985.

ders., Hans-Jürgen Hippler und Willi Herbert, *Werte und Wandel. Ergebnisse und Methoden einer Forschungstradition*, Frankfurt a. M. u.a. 1992.

ders. und Peter Kmieciak (Hg.), *Wertwandel und gesellschaftlicher Wandel*, Frankfurt a. M. u.a. 1979.

Klautke, Egbert, »Rassenhygiene, Sozialpolitik und Sexualität. Ehe- und Sexualberatung im Deutschland 1918 – 1945«, in: Bruns/Walter (Hg.), *Lust*, S. 293 bis 312.

ders., *Unbegrenzte Möglichkeiten. »Amerikanisierung« in Deutschland und Frankreich (1900 – 1933)*, Stuttgart 2003.

Klein, Markus J., *Ernst von Salomon. Eine politische Biographie*, Limburg an der Lahn 1994.

Kleinschmidt, Christian, *Konsumgesellschaft*, Göttingen 2008.

Kleinschmidt, Johannes, »*Do not fraternize«. Die schwierigen Anfänge deutsch-amerikanischer Freundschaft 1944 – 1949*, Trier 1995.

Kleßmann, Christoph (Hg.), *Nicht nur Hitlers Krieg. Der Zweite Weltkrieg und die Deutschen*, Düsseldorf 1989.

ders., »Untergänge – Übergänge. Gesellschaftsgeschichtliche Brüche und Kontinuitätslinien vor und nach 1945«, in: ders. (Hg.), *Nicht nur Hitlers Krieg*, S. 83 – 97.

ders., »Ein stolzes Schiff und krächzende Möwen. Die Geschichte der Bundesrepublik und ihre Kritiker«, in: *Geschichte und Gesellschaft. Zeitschrift für Historische Sozialwissenschaft* 11 (1985), S. 476 – 494.

Klimke, Martin, und Joachim Scharloth (Hg.), *Handbuch 1968 zur Kultur- und Mediengeschichte der Studentenbewegung*, Stuttgart 2007.

Kniep, Jürgen, »*Keine Jugendfreigabe!*« Filmzensur in Westdeutschland 1949 – 1990, Göttingen 2010.

ders., »»Von den »unblutigen Märtyrern unserer Zeit«. Die Kirchen und die Filmzensur in Westdeutschland zwischen Nachkriegszeit und den siebziger Jahren«, in: Bösch/Hölscher (Hg.), *Kirchen – Medien – Öffentlichkeit*, S. 115 – 143.

Knoch, Habbo (Hg.), *Bürgersinn mit Weltgefühl. Politische Moral und solidarischer Protest in den sechziger und siebziger Jahren*, Göttingen 2007.

ders. und Daniel Morat (Hg.), *Kommunikation als Beobachtung. Medienanalysen und Gesellschaftsbilder 1880–1960*, Göttingen 2003.

dies., »Medienwandel und Gesellschaftsbilder 1880–1960. Zur historischen Kommunikologie der massenmedialen Sattelzeit«, in: dies. (Hg.), *Kommunikation*, S. 9–33.

Knoll, Joachim, H., und Elke Monssen-Engberding (Hg.), *Bravo, Sex und Zärtlichkeit. Medienwissenschaftler und Medienmacher über ein Stück Jugendkultur*, Mönchengladbach 2000.

Knop, Karin, »Zwischen Afri-Cola-Rausch und dem Duft der großen weiten Welt: Werbung in den sechziger Jahren«, in: Faulstich (Hg.), *Kultur der sechziger Jahre*, S. 241–271.

Koch, Fritz, *Verwaltete Lust. Stadtverwaltung und Prostitution in Frankfurt a. M. 1866–1968*, Frankfurt a. M. 2010.

Koch, Lars (Hg.), *Modernisierung als Amerikanisierung? Entwicklungslinien der westdeutschen Kultur 1945–1960*, Bielefeld 2007.

Köcher, Renate, und Joachim Schild (Hg.), *Wertewandel in Deutschland und Frankreich. Nationale Unterschiede und europäische Gemeinsamkeiten*, Opladen 1998.

Kocka, Jürgen (Hg.), *Bürger und Bürgerlichkeit im 19. Jahrundert*, Göttingen 1987.

ders. und Ute Frevert (Hg.), *Bürgertum im 19. Jahrhundert. Deutschland im europäischen Vergleich*, 3 Bde., München 1988.

Koebner, Thomas (Hg.), *Reclam Filmklassiker*, Bd. 3, 5. Aufl., Stuttgart 2006.

ders., Gerd Sautermeister und Sigrid Schneider (Hg.), *Deutschland nach Hitler. Zukunftspläne im Exil und aus der Besatzungszeit 1939–1949*, Opladen 1987.

Koenen, Gerd, *Das rote Jahrzehnt. Unsere kleine deutsche Kulturrevolution 1967–1977*, Frankfurt a. M. 2004.

Köhler, Joachim, und Damian van Melis (Hg.), *Siegerin in Trümmern. Die Rolle der katholischen Kirche in der deutschen Nachkriegsgesellschaft*, Stuttgart 1998.

Kon, Igor S., *The Sexual Revolution in Russia. From the Age of the Czars to Today*, New York 1995.

ders., »Zur sexuellen Frage in der UdSSR. Dokumentation«, in: *Zeitschrift für Sexualforschung* 1 (1988), S. 154–161.

Konersmann, Ralf, *Kulturkritik*, Frankfurt a. M. 2008.

König, Oliver, »Sexualität«, in: Schäfers/Zapf (Hg.), *Handwörterbuch zur Gesellschaft Deutschlands*, S. 552–562.

König, Wolfgang, *Kleine Geschichte der Konsumgesellschaft. Konsum als Lebensform der Moderne*, Stuttgart 2008.

ders., *Geschichte der Konsumgesellschaft*, Stuttgart 2000.

Kösters, Christoph, »Christliche Kirchen und nationalsozialistische Diktatur«, in: Süß/Süß (Hg.), *Das »Dritte Reich«*, S. 121–141.

Koszyk, Kurt, »Presse unter alliierter Besatzung«, in: Wilke (Hg.), *Medienge-schichte*, S. 31 – 58.

ders., »Presse und Pressekonzentration in den 50er Jahren«, in: Schildt/Sywottek (Hg.), *Modernisierung*, S. 439 – 457.

Kotowski, Elke-Vera, und Julius Schoeps (Hg.), *Magnus Hirschfeld. Ein Leben im Spannungsfeld von Wissenschaft, Politik und Gesellschaft*, Berlin 2004.

Kowalski, Gudrun von, *Homosexualität in der DDR. Ein historischer Abriß*, Marburg 1987.

Krafft, Sybille, »Bordelle und Sperrbezirke. Die sittenpolizeiliche Kontrolle der Prostitution am Beispiel Münchens um 1900«, in: Eder/Frühstück (Hg.), *Neue Geschichten*, S. 167 – 189.

dies., *Zucht und Unzucht: Prostitution und Sittenpolizei im München der Jahrhundertwende*, München 1996.

Krakau, Knud, »Zwischen alten Stereotypen und neuen Realitäten: Westdeutsche Bilder der USA«, in: Junker (Hg.), *USA und Deutschland*, S. 921 – 931.

Kral, Silke, *Brennpunkt Familie: 1945 bis 1965. Sexualität, Abtreibung und Vergewaltigungen im Spannungsfeld zwischen Intimität und Öffentlichkeit*, Bonn 2004.

Kramp, Mario, »›Homosexuelle machen sich in Köln breit‹. Vom Umgang städtischer Behörden mit einer diskriminierten Minderheit in der Adenauer-Ära«, in: Balser u.a. (Hg.), *»Himmel und Hölle«*, S. 184 – 218.

ders. und Martin Sölle, »§ 175. Restauration und Reform in der Bundesrepublik«, in: Balser u.a. (Hg.), *»Himmel und Hölle«*, S. 124 – 154.

Kraushaar, Elmar, *Hundert Jahre schwul. Eine Revue*, Berlin 1997.

ders., »Unzucht vor Gericht. Die ›Frankfurter Prozesse‹ und die Kontinuität des § 175 in den fünfziger Jahren«, in: ders. (Hg.), *Hundert Jahre schwul*, S. 60 – 69.

Kretschmann, Carsten, »Wissenspopularisierung – ein altes, neues Forschungsfeld«, in: ders. (Hg.), *Wissenspopularisierung*, S. 7 – 21.

ders. (Hg.), *Wissenspopularisierung. Konzepte der Wissensverbreitung im Wandel*, Berlin 2003.

Kreuzer, Margot, *Prostitution. Eine sozialgeschichtliche Untersuchung in Frankfurt a. M. Von der Syphilis bis AIDS*, Stuttgart 1988.

Kröber, Hans-Ludwig, »Hans Giese als forensischer Psychiater«, in: *Zeitschrift für Sexualforschung* 9 (1996), S. 95 – 108.

Krüger, Heinz-Hermann (Hg.), *»Die Elvis-Tolle, die hatte ich mir unauffällig wachsen lassen«. Lebensgeschichte und jugendliche Alltagskultur in den fünfziger Jahren*, Opladen 1985.

Kruke, Anja, *Demoskopie in der Bundesrepublik Deutschland. Meinungsforschung, Parteien und Medien 1949 – 1990*, Düsseldorf 2007.

dies., »›Responsivität‹ und Medialisierung. Meinungsforschung für Parteien in den sechziger Jahren«, in: Bösch/Frei (Hg.), *Medialisierung*, S. 145 – 178.

Kuchler, Christian, *Kirche und Kino. Katholische Filmarbeit in Bayern (1945 – 1965)*, Paderborn u.a. 2006.

ders., »Zwischen Rechristianisierung und säkularer Medienwelt. Die katholische Filmarbeit in Westdeutschland nach 1945«, in: Holzem/Holzapfel (Hg.), *Kriegs- und Diktaturerfahrung*, S. 109 – 136.

ders., »›Die Sünderin‹ und Freising. Ein Beitrag zum größten Filmskandal der Bundesrepublik«, in: *Amperland. Heimatkundliche Vierteljahresschrift für die Kreise Dachau, Freising und Fürstenfeldbruck* 39,4 (2003), S. 302 bis 307.

Kühne, Thomas, »Imaginierte Weiblichkeit und Kriegskameradschaft. Geschlechterverwirrung und Geschlechterordnung 1918 – 1945«, in: Hagemann/Schüler-Springorum (Hg.), *Heimat-Front*, S. 237 – 257.

ders. (Hg.), *Männergeschichte – Geschlechtergeschichte. Männlichkeit im Wandel der Moderne*, Frankfurt a. M. 1996.

Kümmel, Albert, »Für Kinder unzugänglich aufbewahren. Eine Bildungsreise aus den 50er in die 20er Jahre und zurück«, in: Schneider/Spangenberg (Hg.), *Medienkultur der 50er Jahre*, S. 349 – 372.

Künzler, Mirjam, *Sexualmoral in katholischen Frauen- und Familienzeitschriften 1945 – 1990*, Fribourg 2004.

Kuhnert, Peter, und Ute Ackermann, »Jenseits von Lust und Liebe? Jugendsexualität in den 50er Jahren«, in: Krüger (Hg.), *Elvis-Tolle*, S. 43 – 83.

Kuisel, Richard F., *Seducing the French. The Dilemma of Americanization*, 2. Aufl., Berkeley 1996.

Kuller, Christiane, *Familienpolitik im föderativen Sozialstaat. Die Formierung eines Politikfeldes in der Bundesrepublik 1945 – 1975*, München 2004.

dies., »›Stiefkind der Gesellschaft‹ oder ›Trägerin der Erneuerung‹? Familien und Familienpolitik in Bayern 1945 – 1974«, in: Schlemmer/Woller (Hg.), *Gesellschaft*, S. 269 – 345.

Kundrus, Birthe, »Forbidden Company: Romantic Relationships between Germans and Foreigners, 1939 to 1945«, in: Herzog (Hg.), *Sexuality and German Fascism*, S. 201 – 222.

dies., »›Die Unmoral deutscher Soldatenfrauen‹. Diskurs, Alltagsverhalten und Ahndungspraxis 1939 – 1945«, in: Heinsohn/Vogel/Weckel (Hg.), *Zwischen Karriere und Verfolgung*, S. 97 – 110.

dies., *Kriegerfrauen. Familienpolitik und Geschlechterverhältnisse im Ersten und Zweiten Weltkrieg*, Hamburg 1995.

Laak, Dirk van, »Trotz und Nachurteil. Rechtsintellektuelle im Anschluß an das Dritte Reich«, in: Loth/Rusinek (Hg.), *Verwandlungspolitik*, S. 55 – 77.

Lässig, Simone, und Rainer Prätorius, »Religion. Glaube und Kirche«, in: Mauch/Patel (Hg.), *Wettlauf um die Moderne*, S. 65 – 96.

Lammers, Nina, »›Bravo‹ und die Mediennutzung von Jugendlichen«, in: *50 Jahre »Bravo«*, S. 215 – 230.

Lammersdorf, Raimund, »›Das Volk ist streng demokratisch.‹ Amerikanische Sorgen über das autoritäre Bewußtsein der Deutschen in der Besatzungszeit und frühen Bundesrepublik«, in: Bauerkämper/Jarausch/Payk (Hg.), *Demokratiewunder*, S. 85 – 103.

Langner, Albrecht (Hg.), *Katholizismus, nationaler Gedanke und Europa seit 1800*, Paderborn u.a. 1985.

Laqueur, Thomas, *Die einsame Lust. Eine Kulturgeschichte der Selbstbefriedigung*, Berlin 2008.

Laser, Björn, »Kulturbolschewismus, eine deutsche Schicksalsfrage? Zur Verwendungslogik eines zentralen Abwertungs- und Ausgrenzungsbegriffs der Weimarer Republik«, in: Raulet (Hg.), *Historismus*, S. 328 – 348.

ders., »Heftchenflut und Bildersturm. Die westdeutsche Comic-Debatte in den 50ern«, in: Bollenbeck/Kaiser (Hg.), *Die januskköpfigen 50er Jahre*, S. 63 – 86.

Laska, Bernd, *Wilhelm Reich*, 5. Aufl., Hamburg 1999.

Lau, Mariam, *Die neuen Sexfronten. Vom Schicksal einer Revolution*, Berlin 2000.

Laurien, Ingrid, *Politisch-kulturelle Zeitschriften in den Westzonen 1945 – 1949. Ein Beitrag zur politischen Kultur der Nachkriegszeit*, Frankfurt a. M. u.a. 1991.

dies., »Die Verarbeitung von Nationalsozialismus und Krieg in politisch-kulturellen Zeitschriften der Westzonen 1945 – 1949«, in: *Geschichte in Wissenschaft und Unterricht* 39,12 (1988), S. 220 – 237.

Lautmann, Rüdiger, »›Ich schreibe einen Anti-Schelsky‹«, in: *Zeitschrift für Sexualforschung* 16 (2003), S. 362 – 371.

ders., *Soziologie der Sexualität. Erotischer Körper, intimes Handeln und Sexualkultur*, Weinheim u.a. 2002.

ders. (Hg.), *Homosexualität. Handbuch der Theorie- und Forschungsgeschichte*, Frankfurt a. M. u.a. 1993.

ders., »Die gesellschaftliche Thematisierung der Sexualität«, in: Pfäfflin/Schorsch (Hg.), *Sexualpolitische Kontroversen*, S. 18 – 33.

ders., »Sexualität als Politikfeld«, in: Wulf (Hg.), *Lust*, S. 132 – 147.

ders., *Der Zwang zur Tugend. Die gesellschaftliche Kontrolle der Sexualitäten*, Frankfurt a. M. 1984.

Lenman, Robin J. V., *Die Kunst, die Macht und das Geld. Zur Kulturgeschichte des kaiserlichen Deutschland 1871 – 1918*, Frankfurt a. M. 1994.

ders., »Art, Society and the Law in Wilhelmine Germany: The Lex Heinze«, in: *Oxford German Studies* 8 (1973), S. 86 – 113.

Lenk, Kurt, »Zum westdeutschen Konservatismus«, in: Schildt/Sywottek (Hg.), *Modernisierung*, S. 636 – 645.

Lent, John A. (Hg.), *Pulp Demons: International Dimensions of the Postwar Anticomics Campaign*, Madison, NJ, 1999.

Levy, Carl, und Mark Roseman (Hg.), *Three Postwar Eras in Comparison. Western Europe 1918 – 1945 – 1989*, Basingstoke 2002.

Lewandowski, Sven, »Die Soziologie und das Sexuelle. Ein Bericht vom Soziologentag 2008 in Jena«, in: *Zeitschrift für Sexualforschung* 4 (2008), S. 356 – 362.

Lexikon für Theologie und Kirche, hg. von Walter Kasper, Bd. 10, 3. Aufl., Freiburg im Breisgau 2001.

Limbächer, Katja, Maike Merten und Bettina Pfefferle (Hg.), *Das Mädchenkonzentrationslager Uckermark*, 2. Aufl., Münster 2005.

Linck, Stephan, »Die Stammtisch-Geschichte der ›Alten Charlottenburger‹. Ein Netzwerk in Westdeutschland«, in: Mallmann/Angrick (Hg.), *Die Gestapo nach 1945*, S. 105–121.

Lindner, Ulrike, *Gesundheitspolitik in der Nachkriegszeit. Großbritannien und die Bundesrepublik Deutschland im Vergleich*, München 2004.

dies., »Unterschiedliche Traditionen und Konzepte. Frauen und Geschlechtskrankheiten als Problem der Gesundheitspolitik in Großbritannien und Deutschland«, in: dies./Niehuss (Hg.), *Ärztinnen*, S. 215–241.

dies., »›Wir unterhalten uns ständig über den Milchpfennig, aber auf die Gesundheit wird sehr wenig geachtet‹. Gesundheitspolitik und medizinische Versorgung 1945 bis 1972«, in: Schlemmer/Woller (Hg.), *Bayern im Bund*, Bd. 1, S. 205–272.

dies. und Merith Niehuss (Hg.), *Ärztinnen – Patientinnen. Frauen im deutschen und britischen Gesundheitswesen des 20. Jahrhunderts*, Köln 2002.

Lindner, Werner, *Jugendprotest seit den fünfziger Jahren. Dissens und kultureller Eigensinn*, Opladen 1996.

Link, Jürgen, *Versuch über den Normalismus. Wie Normalität produziert wird*, 3. Aufl., Göttingen 2006.

Linke, Angelika, und Jakob Tanner (Hg.), *Attraktion und Abwehr. Die Amerikanisierung der Alltagskultur in Europa*, Köln/Weimar/Wien 2006.

Linnemann, Kai Arne, »Die Sammlung der Mitte und die Wandlung des Bürgers«, in: Hettling/Ulrich (Hg.), *Bürgertum nach 1945*, S. 185–221.

Lisberg-Haag, Isabell, »*Die Unzucht – das Grab der Völker«. Die Evangelische Sittlichkeitsbewegung und die »sexuelle Moderne« (1870–1918)*, Hamburg 1999.

Löhr, Wolfgang, »Rechristianisierungsvorstellungen im deutschen Katholizismus 1945–1948«, in: Kaiser/Doering-Manteuffel (Hg.), *Christentum*, S. 25–41.

Loth, Wilfried, und Bernd-A. Rusinek (Hg.), *Verwandlungspolitik. NS-Eliten in der westdeutschen Nachkriegsgesellschaft*, Frankfurt a. M. u.a. 1998.

Lott, Sylvia, *Die Frauenzeitschriften von Hans Huffzky und John Jahr. Zur Geschichte der deutschen Frauenzeitschriften zwischen 1933 und 1970*, Berlin 1985.

Lüdtke, Alf, *Eigen-Sinn. Fabrikalltag, Arbeitererfahrungen und Politik vom Kaiserreich bis in den Faschismus*, Hamburg 1993.

ders., Inge Marßolek und Adelheid von Saldern (Hg.), *Amerikanisierung. Traum und Alptraum im Deutschland des 20. Jahrhunderts*, Stuttgart 1996.

dies., »Einleitung«, in: dies. (Hg.), *Amerikanisierung*, S. 7–33.

Lundgreen, Peter (Hg.), *Sozial- und Kulturgeschichte des Bürgertums. Eine Bilanz des Bielefelder Sonderforschungsbereichs (1986–1997)*, Göttingen 2000.

Maase, Kaspar, »Happy Endings? Massenkultur und Demokratie in Deutschland im 20. Jahrhundert«, in: Linke/Tanner (Hg.), *Attraktion*, S. 137–160.

ders., »Medium jugendlicher Emanzipation: ›Bravo‹ in den 50ern«, in: *50 Jahre »Bravo«*, S. 13–22.

ders., »Rock rund um die Uhr? Anfänge einer Jugendkultur«, in: *Rock! Jugend und Musik in Deutschland*, hg. von der Stiftung Haus der Geschichte der

Bundesrepublik Deutschland und der Bundeszentrale für politische Bildung, Berlin 2005, S. 24 – 33.

ders., »›Schundliteratur‹ und Jugendschutz im Ersten Weltkrieg. Eine Fallstudie zur Kommunikationskontrolle in Deutschland«, in: *kommunikation@gesellschaft* 3 (2002), Beitrag 3, nur online: http://www.soz.uni-frankfurt.de/K.G/B3_2002_Maase.pdf.

ders., »Die soziale Bewegung gegen Schundliteratur im deutschen Kaiserreich. Ein Kapitel aus der Geschichte der Volkserziehung«, in: *Internationales Archiv für Sozialgeschichte der deutschen Literatur* 27,2 (2002), S. 45 – 123.

ders., »Einleitung: Schund und Schönheit. Ordnungen des Vergnügens um 1900«, in: ders./Kaschuba (Hg.), *Schund und Schönheit*, S. 9 – 28.

ders., »Establishing Cultural Democracy: Youth, ›Americanization‹, and the Irresistible Rise of Popular Culture«, in: Schissler (Hg.), *The Miracle Years*, S. 428 – 450.

ders., *Grenzenloses Vergnügen. Der Aufstieg der Massenkultur 1850 – 1970*, 3. Aufl., Frankfurt a. M. 2001.

ders., »Krisenbewußtsein und Reformorientierung. Zum Deutungshorizont der Gegner der modernen Populärkünste 1880 – 1918«, in: ders./Kaschuba (Hg.), *Schund und Schönheit*, S. 290 – 342.

ders., »Schundkampf und Demokratie«, in: *Prädikat wertlos*, S. 8 – 17.

ders., »›Gemeinkultur‹. Zur Durchsetzung nachbürgerlicher Kulturverhältnisse in Westdeutschland 1945 bis 1970«, in: Bollenbeck/Kaiser (Hg.), *Die januskößpfigen 50er Jahre*, S. 170 – 189.

ders., »›Amerikanisierung der Gesellschaft‹. Nationalisierende Deutung von Globalisierungsprozessen?«, in: Jarausch/Siegrist (Hg.), *Amerikanisierung und Sowjetisierung*, S. 219 – 241.

ders., »›Schmutz und Schund‹. Die Auseinandersetzung um die Massenkultur im deutschen Kaiserreich 1871 – 1918«, in: *Humboldt-Spektrum* 4,3 (1997), S. 48 – 54.

ders., »Amerikanisierung von unten. Demonstrative Vulgarität und kulturelle Hegemonie in der Bundesrepublik der 50er Jahre«, in: Lüdtke/Marßolek/von Saldern (Hg.), *Amerikanisierung*, S. 291 – 313.

ders., »Entblößte Brust und schwingende Hüfte. Momentaufnahme von der Jugend der fünfziger Jahre«, in: Kühne (Hg.), *Männergeschichte – Geschlechtergeschichte*, S. 193 – 217.

ders., »Die soziale Konstruktion der Massenkünste: Der Kampf gegen Schmutz und Schund 1907 – 1918. Eine Skizze«, in: Papenbrock u.a. (Hg.), *Kunst*, S. 262 – 278.

ders., »Der Schundkampf-Ritus. Anmerkungen zur Auseinandersetzung mit Mediengewalt in Deutschland«, in: Brednich/Hartinger (Hg.), *Gewalt*, S. 511 – 524.

ders., *Bravo Amerika. Erkundungen zur Jugendkultur der Bundesrepublik in den fünfziger Jahren*, Hamburg 1992.

ders. und Wolfgang Kaschuba (Hg.), *Schund und Schönheit. Populäre Kultur um 1900*, Köln/Weimar/Wien 2001.

Maasen, Sabine, *Genealogie der Unmoral. Zur Therapeutisierung sexueller Selbste*, Frankfurt a. M. 1998.

Maegerle, Anton, »Die braune Vergangenheit des BKA. Das Bundeskriminalamt arbeitet seine Geschichte auf«, in: *Tribüne. Zeitschrift zum Verständnis des Judentums* 46,184 (2007), S. 107–118.

Maier, Thomas, *Masters of Sex. The Life and Times of William Masters and Virginia Johnson, the Couple Who Taught America How to Love*, New York 2009.

Mallmann, Klaus-Michael, und Andrej Angrick (Hg.), *Die Gestapo nach 1945. Konflikte, Karrieren, Konstruktionen*, Darmstadt 2009.

Markovits, Andrei S., und Mark Silverstein, »Macht und Verfahren. Die Geburt des politischen Skandals aus der Widersprüchlichkeit liberaler Demokratien«, in: Ebbighausen/Neckel (Hg.), *Anatomie*, S. 151–170.

Marszolek, Inge, »Das Amerikabild im Dritten Reich«, in: Münkel/Schwarzkopf (Hg.), *Geschichte als Experiment*, S. 25–34.

Mast, Peter, *Künstlerische und wissenschaftliche Freiheit im Deutschen Reich 1890–1901. Umsturzvorlage und Lex Heinze sowie die Fälle Arons und Spahn im Schnittpunkt der Interessen von Besitzbürgertum, Katholizismus und Staat*, 2. Aufl., Rheinfelden 1986.

Mauch, Christof, und Kiran Klaus Patel, »Wettlauf um die Moderne. Konkurrenz und Konvergenz«, in: dies. (Hg.), *Wettlauf um die Moderne*, S. 9–26.

dies. (Hg.), *Wettlauf um die Moderne. Die USA und Deutschland 1890 bis heute*, München 2008.

Maurer, Dietrich, »Schundkonsum als Kriminalitätsursache. Zum pädagogischen Diskurs vor 1933«, in: *Prädikat wertlos*, S. 18–29.

Mayershofer, Ingrid, *Bevölkerung und Militär in Bamberg 1860–1923. Eine bayerische Stadt und der preußisch-deutsche Militarismus*, Paderborn 2009.

McCann, Carole R., *Birth Control Politics in the United States, 1916–1945*, Ithaca 1994.

McLaren, Angus, *Twentieth-Century Sexuality: A History*, Oxford/Malden 1999.

ders., *The Trials of Masculinity: Policing Sexual Boundaries, 1870–1930*, Chicago 1997.

McWhriter, D. P., S. A. Sanders und J. M. Reinisch (Hg.), *Homosexuality – Heterosexuality. Concepts of Sexual Orientation*, New York 1990.

Melody, M. E., und Linda M. Peterson, *Teaching America about Sex. Marriage Guides and Sex Manuals from the Late Victorians to Dr. Ruth*, New York 1999.

Mergel, Thomas, *Großbritannien seit 1945*, Göttingen 2005.

ders., »Die Bürgertumsforschung nach 15 Jahren. Für Hans-Ulrich Wehler zum 70. Geburtstag«, in: *Archiv für Sozialgeschichte* 41 (2001), S. 515–538.

ders., *Zwischen Klasse und Konfession. Katholisches Bürgertum im Rheinland 1794–1914*, Göttingen 1994.

Meyen, Michael, *Hauptsache Unterhaltung. Mediennutzung und Medienentwicklung in Deutschland in den 50er Jahren*, Münster u. a. 2001.

Meyer-Lenz, Johanna (Hg.), *Die Ordnung des Paares ist unbehaglich. Irritationen am und im Geschlechterdiskurs nach 1945*, Hamburg 2000.

Meyer-Renschhausen, Elisabeth, »Zur Rechtsgeschichte der Prostitution. Die gesellschaftliche ›Doppelmoral‹ vor Gericht«, in: Gerhard (Hg.), *Frauen*, S. 772–789.

Middendorf, Stefanie, *Massenkultur. Zur Wahrnehmung gesellschaftlicher Modernität in Frankreich 1880–1980*, Göttingen 2009.

Miersch, Annette, *Schulmädchen-Report. Der deutsche Sexfilm der 70er Jahre*, Berlin 2003.

Minton, Henry L., »The Making of Sexual and Scientific Revolution«, in: *Contemporary Psychology. A Journal of Reviews* 41,10 (Oktober 1996), S. 975–977.

Möhring, Maren, *Marmorleiber. Körperbildung in der deutschen Nacktkultur (1890–1930)*, Köln/Weimar/Wien 2004.

Moeller, Robert G., *Geschützte Mütter. Frauen und Familien in der westdeutschen Nachkriegspolitik*, München 1997.

ders. (Hg.), *West Germany under Construction: Politics, Society, and Culture in the Adenauer Era*, Ann Arbor 1997.

ders., »›The Homosexual Man is a ‚Man‘, the Homosexual Woman is a ‚Woman‘‹: Sex, Society, and the Law in Postwar West Germany«, in: *Journal of the History of Sexuality* 4,3 (1993/94), S. 395–429.

ders., »Sex, Society and the Law in the Postwar West Germany: Homosexuality and the Federal Constitutional Court«, Arbeitspapier, Berkeley 1993.

Mommsen, Hans, »Die Auflösung des Bürgertums seit dem späten 19. Jahrhundert«, in: Kocka (Hg.), *Bürger*, S. 288–315.

Mooser, Josef, »Das katholische Milieu in der bürgerlichen Gesellschaft. Zum Vereinswesen des Katholizismus im späten Deutschen Kaiserreich«, in: Blaschke/Kuhlemann (Hg.), *Religion*, S. 59–92.

Morantz, Regina Markell, »The Scientist as Sex Crusader. Alfred C. Kinsey and American Culture«, in: *American Quarterly* 29 (Winter 1977), S. 563–589.

Mosse, George, *The Image of Man: The Creation of Modern Masculinity*, New York 1996.

ders., *Nationalismus und Sexualität. Bürgerliche Moral und sexuelle Normen*, München 1985.

ders., »Nationalism and Respectability: Normal and Abnormal Sexuality in the Nineteenth Century«, in: *Journal of Contemporary History* 17 (April 1982), S. 221–246.

Muchembled, Robert, *Die Verwandlung der Lust. Eine Geschichte der abendländischen Sexualität*, Stuttgart 2008.

Mühl-Benninghaus, Wolfgang, »Reinhard Mumm, der ›Vater‹ des Lichtspiel- und des Schmutz- und Schundgesetzes in der Weimarer Republik«, in: *Beiträge zur Film- und Fernsehwissenschaft. Schriftenreihe der Hochschule für Film und Fernsehen der DDR »Konrad Wolf«* 29,34 (1988), S. 207–220.

Mühlhäuser, Regina, *Eroberungen. Sexuelle Gewalttaten und intime Beziehungen deutscher Soldaten in der Sowjetunion 1941–1945*, Hamburg 2010.

dies., »Vergewaltigungen in Deutschland 1945. Nationaler Opferdiskurs und individuelles Erinnern betroffener Frauen«, in: Naumann (Hg.), *Nachkrieg*, S. 384 – 406.

Müller, Jan-Werner (Hg.), *German Ideologies since 1945: Studies in the Political Thought and Culture of the Bonn Republic*, New York/Basingstoke 2003.

Müller, Philipp, *Auf der Suche nach dem Täter. Die öffentliche Dramatisierung von Verbrechen im Berlin des Kaiserreichs*, Frankfurt a. M. 2005.

Müller, Rolf-Dieter (Hg.), *Der Zusammenbruch des Deutschen Reiches 1945. Das Deutsche Reich und der Zweite Weltkrieg*, Bd. 10, Halbbd. 2, München 2008.

Müller-Dohm, Stefan, und Klaus Neumann-Braun (Hg.), *Öffentlichkeit – Kultur – Massenkommunikation*, Oldenburg 1991.

Münch, Ingo von, *»Frau komm!«. Die Massenvergewaltigungen deutscher Frauen und Mädchen 1944/45*, Graz 2009.

Münkel, Daniela, und Jutta Schwarzkopf (Hg.), *Geschichte als Experiment. Studien zu Politik, Kultur und Alltag im 19. und 20. Jahrhundert*, Frankfurt a. M. 2004.

dies. und Lu Seegers (Hg.), *Medien und Imagepolitik im 20. Jahrhundert. Deutschland, Europa, USA*, Frankfurt a. M./New York 2008.

Mulisch, Harry, *Das sexuelle Bollwerk. Sinn und Wahnsinn von Wilhelm Reich*, München u.a. 1997.

Naiman, Eric, *Sex in Public. The Incarnation of Early Soviet Ideology*, Princeton 1997.

Naimark, Norman M., *Die Russen in Deutschland. Die sowjetische Besatzungszone 1945 bis 1949*, Berlin 1999.

Naumann, Klaus (Hg.), *Nachkrieg in Deutschland*, Hamburg 2001.

Neckel, Sighard, »Das Stellhölzchen der Macht. Zur Soziologie des politischen Skandals«, in: Ebbighausen/ders. (Hg.), *Anatomie*, S. 55 – 80.

Neidhardt, Friedhelm (Hg.), *Öffentlichkeit, öffentliche Meinung, soziale Bewegungen*, Opladen 1994.

Neugebauer, Manuela, *Der Weg in das Jugendschutzlager Moringen. Eine entwicklungspolitische Analyse nationalsozialistischer Jugendpolitik*, Bad Godesberg 1997.

Neuhaus, Jessamyn, »The Importance of Being Orgasmic. Sexuality, Gender, and Marital Sex Manuals in the United States, 1920 – 1963«, in: *Journal of the History of Sexuality* 9,4 (2000), S. 447 – 473.

Neumann, Ursula, *Ohne Jeans und Pille. Als »man« noch heiraten mußte*, Stuttgart 1994.

Neumann-Braun, Klaus, und Stefan Müller-Doohm (Hg.), *Medien- und Kommunikationssoziologie. Eine Einführung in zentrale Begriffe und Theorien*, Weinheim/München 2000.

Nieden, Sabine zur (Hg.), *Homosexualität und Staatsräson. Männlichkeit, Homophobie und Politik in Deutschland 1900 – 1945*, Frankfurt a. M. 2005.

dies., »Erotische Fraternisierung. Der Mythos von der schnellen Kapitulation der deutschen Frauen im Mai 1945«, in: Hagemann/Schüler-Springorum (Hg.), *Heimat-Front*, S. 313 – 325.

Niehuss, Merith, »Familie und Geschlechterbeziehungen von der Zwischen-kriegszeit bis in die Nachkriegszeit«, in: Doering-Manteuffel (Hg.), *Struk-turmerkmale*, S. 147–165.

dies., *Familie, Frau und Gesellschaft. Studien zur Strukturgeschichte der Familie in Westdeutschland 1945–1960*, Göttingen 2001.

dies., »Kontinuität und Wandel der Familie in den 50er Jahren«, in: Schildt/Sy-wottek, *Modernisierung*, S. 316–334.

Niethammer, Lutz, *Deutschland danach. Postfaschistische Gesellschaft und natio-nales Gedächtnis*, hg. von Ulrich Herbert und Dirk van Laak in Zusammen-arb. mit Ulrich Borsdorf, Franz-Josef Brüggemeier, Alexander von Plato, Dorothee Wierling und Michael Zimmermann, Bonn 1999.

ders., »Einführung: Bürgerliche Gesellschaft als Projekt«, in: ders. u.a. (Hg.), *Bür-gerliche Gesellschaft*, S. 17–38.

ders., »War die bürgerliche Gesellschaft in Deutschland 1945 am Ende oder am Anfang?«, in: ders. u.a. (Hg.), *Bürgerliche Gesellschaft*, S. 515–532.

ders., »›Normalisierung‹ im Westen. Erinnerungsspuren in die 50er Jahre«, in: Brunn (Hg.), *Neuland*, S. 175–206.

ders. (Hg.), *»Hinterher merkt man, daß es richtig war, daß es schiefgegangen ist.« Nachkriegserfahrungen im Ruhrgebiet. Lebensgeschichte und Sozialkultur im Ruhrgebiet 1930 bis 1960*, Bd. 2, Berlin/Bonn 1983.

ders., »Privat-Wirtschaft. Erinnerungsfragmente einer anderen Umerziehung«, in: ders. (Hg.), *»Hinterher merkt man«*, S. 17–105.

ders. u.a. (Hg.), *Bürgerliche Gesellschaft in Deutschland. Historische Einblicke, Fragen, Perspektiven*, Frankfurt a. M. 1990.

ders. und Alexander von Plato (Hg.), *»Wir kriegen jetzt andere Zeiten.« Auf der Suche nach der Erfahrung des Volkes in nachfaschistischen Ländern. Lebens-geschichte und Sozialkultur im Ruhrgebiet 1930 bis 1960*, Bd. 3, Berlin/Bonn 1985.

dies. (Hg.), *»Die Jahre weiß man nicht, wo man die heute hinsetzen soll.« Faschis-muserfahrungen im Ruhrgebiet. Lebensgeschichte und Sozialkultur im Ruhr-gebiet 1930 bis 1960*, Bd. 1, Berlin/Bonn 1983.

Nikles, Bruno, *Jugendpolitik in der Bundesrepublik Deutschland. Entwicklungen, Merkmale, Orientierungen*, Opladen 1978.

Nipperdey, Thomas, *Deutsche Geschichte 1866–1918*, Bd. 1: *Arbeitswelt und Bür-gergeist*, München 1990.

Nolan, Mary, »Americanization as a Paradigm of German History«, in: Biess/Roseman/Schissler (Hg.), *Conflict*, S. 200–218.

Nolte, Paul, »Abschied vom 19. Jahrhundert oder Auf der Suche nach einer anderen Moderne«, in: Osterhammel/Langewiesche/ders. (Hg.), *Wege*, S. 103–132.

ders., *Die Ordnung der deutschen Gesellschaft. Selbstentwurf und Selbstbeschrei-bung im 20. Jahrhundert*, München 2000.

Nolzen, Armin, »Die NSDAP, der Krieg und die deutsche Gesellschaft«, in: *Das Deutsche Reich und der Zweite Weltkrieg*, Bd. 9, Halbbd. 1, S. 99–193.

Nuys-Henkelmann, Christian de: »»Wenn die rote Sonne abends im Meer versinkt...‹ Die Sexualmoral der fünfziger Jahre«, in: Bagel-Bohan/Salewski (Hg.), *Sexualmoral*, S. 107 – 145.

Oertzen, Christine von, »Teilzeitarbeit für die moderne Ehefrau: Gesellschaftlicher Wandel und geschlechtsspezifische Arbeitsteilung in den 1960er Jahren«, in: Frese/Paulus/Teppe (Hg.), *Demokratisierung*, S. 63 – 81.

dies., *Teilzeitarbeit und die Lust am Zuverdienen. Geschlechterpolitik und gesellschaftlicher Wandel in Westdeutschland 1948 – 1969*, Göttingen 1999.

Orland, Barbara (Hg.), »Sexualität und Fortpflanzung in den Medien des 20. Jahrhunderts«, in: *zeitenblicke. Online-Journal für die Geschichtswissenschaften* 7,3 (2008), http://www.zeitenblicke.de/2008/3/.

Osten, Petra von der, *Jugend- und Gefährdetenfürsorge im Sozialstaat. Der Katholische Fürsorgeverein für Mädchen, Frauen und Kinder auf dem Weg zum Sozialdienst katholischer Frauen 1945 – 1968*, Paderborn u.a. 2002.

Osterhammel, Jürgen, Dieter Langewiesche und Paul Nolte (Hg.), *Wege der Gesellschaftsgeschichte*, Göttingen 2006.

Papenbrock, Martin u.a. (Hg.), *Kunst und Sozialgeschichte. Festschrift für Jutta Held*, Pfaffenweiler 1995.

Paul, Christa, *Zwangsprostitution. Staatlich errichtete Bordelle im Nationalsozialismus*, Berlin 1994.

Paul, Gerhard, *Aufstand der Bilder. Die NS-Propaganda 1933*, Bonn 1990.

Payk, Marcus M., »Der ›Amerikakomplex‹. ›Massendemokratie‹ und Kulturkritik am Beispiel von Karl Korn und dem Feuilleton der ›Frankfurter Allgemeinen Zeitung‹ in den fünfziger Jahren«, in: Bauerkämper/Jarausch/Payk (Hg.), *Demokratiewunder*, S. 190 – 217.

Peiss, Kathy, und Christina Simmons (Hg.), *Passion and Power: Sexuality in History*, unter Mitarb. von Robert A. Padgug, Philadelphia 1989.

Pells, Richard, *Not Like Us. How Europeans Have Loved, Hated, and Transformed American Culture since World War II*, New York 1997.

Peukert, Detlev, *Die Weimarer Republik. Krisenjahre der Klassischen Moderne*, Frankfurt a. M. 1987.

ders., *Grenzen der Sozialdisziplinierung. Aufstieg und Krise der deutschen Jugendfürsorge von 1878 bis 1932*, Köln 1986.

ders., »Der Schund- und Schmutzkampf als ›Sozialpolitik der Seele‹. Eine Vorgeschichte der Bücherverbrennung?«, in: »*Das war ein Vorspiel nur ...« Bücherverbrennung Deutschland 1933: Voraussetzungen und Folgen*, Berlin 1983, S. 51 – 63.

Petersen, Klaus, *Zensur in der Weimarer Republik*, Stuttgart u.a. 1995.

ders., »The Harmful Publications (Young Persons) Act of 1926. Literary, Censorship and the Politics of Morality in the Weimar Republic«, in: *German Studies Review* 15,3 (1992), S. 505 – 525.

Pethes, Nicolas, und Silke Schicktanz (Hg.), *Sexualität als Experiment. Identität, Lust und Reproduktion zwischen Science und Fiction*, Frankfurt a. M. 2008.

Pfäfflin, Friedemann, »Ein Kapitel aus der Geschichte der Deutschen Gesellschaft für Sexualforschung«, in: *Zeitschrift für Sexualforschung* 4 (1991), S. 257–264.

ders. und Eberhard Schorsch (Hg.), *Sexualpolitische Kontroversen. Ergebnisse der 15. wissenschaftlichen Tagung der Deutschen Gesellschaft für Sexualforschung*, Stuttgart 1987.

Piper, Ernst, *Alfred Rosenberg. Hitlers Chefideologe*, München 2005.

Planert, Ute, »Kulturkritik und Geschlechterverhältnis. Zur Krise der Geschlechterordnung zwischen Jahrhundertwende und ›Drittem Reich‹«, in: Hardtwig (Hg.), *Ordnungen*, S. 191–214.

dies., »Der dreifache Körper des Volkes. Sexualität, Biopolitik und die Wissenschaften vom Leben«, in: *Geschichte und Gesellschaft. Zeitschrift für Historische Sozialwissenschaft* 26 (2000), S. 539–576.

dies., *Antifeminismus im Kaiserreich. Diskurs, soziale Formation und politische Mentalität*, Göttingen 1998.

Plato, Alexander von, und Almut Leh, *Ein unglaublicher Frühling. Erfahrene Geschichte im Nachkriegsdeutschland 1945–1948*, Bonn 1997.

Pöhlmann, Matthias, »Publizistischer ›Angriffskrieg‹«, in: Röper/Jüllig (Hg.), *Macht*, S. 206–215.

Poiger, Uta G., »Die Ideologie des Kalten Krieges und die amerikanische Populärkultur«, in: Junker (Hg.), *USA und Deutschland*, S. 666–675.

dies., »Krise der Männlichkeit. Remaskulinisierung in beiden deutschen Nachkriegsgesellschaften«, in: Naumann (Hg.), *Nachkrieg*, S. 227–263.

dies., »American Music, Cold War Liberalism, and German Identities«, in: Fehrenbach/dies. (Hg.), *Transactions*, S. 127–147.

dies., *Jazz, Rock, and Rebels. Cold War Politics and American Culture in a Divided Germany*, Berkeley u.a. 2000.

dies., »Rock'n'Roll, Female Sexuality, and the Cold War Battle over German Identity«, in: Moeller (Hg.), *West Germany under Construction*, S. 373–410.

dies., »Rock'n'Roll, Kalter Krieg und deutsche Identität«, in: Jarausch/Siegrist (Hg.), *Amerikanisierung und Sowjetisierung*, S. 275–289.

dies., »Rebels without a Cause? American Popular Culture, the 1956 Youth Riots, and New Conceptions of Masculinity in East and West Germany«, in: Pommerin (Hg.), *Impact*, S. 93–124.

Pomeroy, Wardell B., *Dr. Kinsey and the Institute of Sex Research*, New York 1972.

Pommerin, Reiner (Hg.), *The American Impact on Postwar Germany*, Providence 1995.

Poutrus, Kirsten, »›Ein Staat, der seine Kinder nicht ernähren kann, hat nicht das Recht, ihre Geburt zu fordern.‹ Abtreibung in der Nachkriegszeit 1945 bis 1950«, in: Staupe/Vieth (Hg.), *Unter anderen Umständen*, S. 73–85.

dies., »Von den Massenvergewaltigungen zum Mutterschutzgesetz. Abtreibungspolitik und Abtreibungspraxis in Ostdeutschland 1945–1990«, in: Bessel/Jessen (Hg.), *Grenzen*, S. 171–198.

Porter, Roy, und M. Teich (Hg.), *Sexual Knowledge, Sexual Science: The History of Attitudes to Sexuality*, Cambridge 1994.

Prädikat wertlos. Der lange Streit um Schmutz und Schund, hg. vom Ludwig-Uhland-Institut für Empirische Kulturwissenschaft der Universität Tübingen, Tübingen 2001.

Preuß-Lausitz, Ulf, *Kriegskinder, Konsumkinder, Krisenkinder. Zur Sozialisationsgeschichte seit dem Zweiten Weltkrieg*, 4. Aufl., Weinheim 1995.

Profittlich, Sonja, *Mehr Mündigkeit wagen. Gerhard Jahn (1927 – 1998), Justizreformer der sozial-liberalen Koalition*, Bonn 2010.

Przyrembel, Alexandra, »*Rassenschande«. Reinheitsmythos und Vernichtungslegitimation im Nationalsozialismus*, Göttingen 2003.

Puenzieux, Dominique, und Brigitte Ruckstuhl, *Sexualität, Medizin und Moral. Die Bekämpfung der Geschlechtskrankheiten Syphilis und Gonorrhöe in Zürich 1870 – 1920*, Zürich 1994.

Puschner, Uwe, Walter Schmitz und Justus H. Ulbricht (Hg.), *Handbuch zur »Völkischen Bewegung« 1871 – 1918*, München 1999.

Rabinbach, Anson, »Die Debatte um die deutsche Schuld in den Kulturzeitschriften nach 1945«, in: Münkel/Schwarzkopf (Hg.), *Geschichte als Experiment*, S. 133 – 144.

ders., »The Politication of Wilhelm Reich«, in: *New German Critique* 1,1 (1974), S. 90 – 98.

Rahden, Till van, »Demokratie und väterliche Autorität. Das Karlsruher ›Stichentscheid‹-Urteil von 1959 in der politischen Kultur der Bundesrepublik«, in: *Zeithistorische Forschungen/Studies in Contemporary History*, Online-Ausgabe 2,2 (2005), http://www.zeithistorische-forschungen.de/site/40208410/default.aspx.

Raim, Edith, »Der Wiederaufbau der westdeutschen Justiz unter alliierter Aufsicht und die Verfolgung von NS-Verbrechen 1945 bis 1949/50«, in: Braun/Gerhart/Holtmann (Hg.), *Die lange Stunde Null*, S. 141 – 173.

Raithel, Thomas, »Konzepte der ›Moderne‹ und Ansätze der ›Postmoderne‹«, in: Wirsching (Hg.), *Neueste Zeit*, S. 267 – 280.

Raphael, Lutz, »Die Verwissenschaftlichung des Sozialen als methodische und konzeptionelle Herausforderung für eine Sozialgeschichte des 20. Jahrhunderts«, in: *Geschichte und Gesellschaft. Zeitschrift für Historische Sozialwissenschaft* 22 (1996), S. 165 – 193.

Raulet, Gérard (Hg.), *Historismus, Sonderweg und Dritte Wege*, Frankfurt a. M. u.a. 2001.

Recker, Marie-Luise, »Das leichte Leben und der schlimme Tod der Rosalia Annemarie Nitribitt«, in: Fahrmeir/Freitag (Hg.), *Mord*, S. 244 – 258.

Reese, Dagmar, u.a. (Hg.), *Rationale Beziehungen? Geschlechterverhältnisse im Rationalisierungsprozeß*, Frankfurt a. M. 1993.

Rehberg, Karl-Siegbert, »Helmut Schelsky (1912 – 1984)«, in: Kaesler (Hg.), *Klassiker der Soziologie*, S. 85 – 104.

Das Deutsche Reich und der Zweite Weltkrieg, Bd. 9: *Die deutsche Kriegsgesellschaft 1939 bis 1945*, hg. von Jörg Echterkamp, 2 Halbbd., München 2004/5.

Reich-Hilweg, Ines, *Männer und Frauen sind gleichberechtigt. Art. 3 Abs. 2 GG: der*

Gleichheitsparagraph in der parlamentarischen Auseinandersetzung 1948–1957 und in der Rechtssprechung des Bundesverfassungsgerichts 1955–1975, Frankfurt a. M. 1979.

Reitmayer, Morten, »Kulturzeitschriften im Intellektuellen Feld der frühen Bundesrepublik«, in: Münkel/Schwarzkopf (Hg.), Geschichte als Experiment, S. 61–73.

Requate, Jörg, »Standespolitik als Gesellschaftspolitik. Zur Debatte um den Reformbedarf der Justiz in den 60er Jahren«, in: Schildt/Lammers/Siegfried (Hg.), Dynamische Zeiten, S. 424–443.

ders., »Öffentlichkeit und Medien als Gegenstände historischer Analyse«, in: Geschichte und Gesellschaft. Zeitschrift für Historische Sozialwissenschaft 25 (1991) S. 5–32.

Reumann, Miriam G., American Sexual Character. Sex, Gender, and National Identity in the Kinsey Reports, Berkeley 2005.

Roach, Mary, Bonk. Alles über Sex – von der Wissenschaft erforscht, Frankfurt a. M. 2009.

Robinson, Paul, The Modernization of Sex. Havelock Ellis, Alfred Kinsey, Arthur Masters and Virginia Johnson, Ithaca 1989.

Rödder, Andreas, »Werte und Wertewandel: Historisch-politische Perspektiven«, in: ders./Elz (Hg.), Alte Werte – Neue Werte, S. 9–25.

ders., »Vom Materialismus zum Postmaterialismus? Ronald Ingleharts Diagnosen des Wertewandels, ihre Grenzen und Perspektiven«, in: Zeithistorische Forschungen/Studies in Contemporaty History, Online-Ausgabe 3,3 (2006), http://www.zeithistorische-forschungen.de/site/40208713/default.aspx.

ders. und Wolfgang Elz (Hg.), Alte Werte – Neue Werte. Schlaglichter des Wertewandels, Göttingen 2008.

Rölli-Alkemper, Lukas, Familie im Wiederaufbau. Katholizismus und bürgerliches Familienideal in der Bundesrepublik Deutschland 1945–1965, Paderborn u.a. 2000.

Rönn, Peter von, »Das Homosexualitätskonzept des Psychiaters Hans Bürger-Prinz im Rahmen der NS-Verfolgungspolitik«, in: Jellonnek/Lautmann (Hg.), Nationalsozialistischer Terror, S. 237–260.

ders., »Die Homosexualitätsentwürfe von Hans Giese und der lange Schatten von Hans Bürger-Prinz«, in: Zeitschrift für Sexualforschung 13 (2000), S. 277–310.

Roos, Julia, »Backlash against Prostitutes' Rights. Origins and Dynamics of Nazi Prostitution Policies«, in: Journal of the History of Sexuality 11,1-2 (2002), S. 67–94.

Röper, Ursula, und Carola Jüllig (Hg.), Die Macht der Nächstenliebe. Einhundertfünfzig Jahre Innere Mission und Diakonie 1848–1998, Berlin 1998.

Rosario, Vernon A. (Hg.), Science and Homosexualities, New York/London 1997.

Roseman, Mark, »Generationen als ›Imagined Communities‹. Mythen, generationelle Identitäten und Generationenkonflikte in Deutschland vom 18. bis zum 20. Jahrhundert«, in: Jureit/Wildt (Hg.), Generationen, S. 181–199.

Roth, Karl-Heinz, »Großhungern und Gehorchen. Der Aufstieg des Psychiaters Hans Bürger-Prinz«, in: Ebbinghaus/Kaupen/ders. (Hg.), *Heilen und Vernichten*, S. 130 – 135.

Roth, Lutz, *Die Erfindung des Jugendlichen*, München 1983.

Ruff, Mark E., »Catholic Elites, Gender, and Unintened Consequences in the 1950s. Towards a Reinterpretation of the Role of Conservatives in the Federal Republic«, in: Biess/Roseman/Schissler (Hg.), *Conflict*, S. 252 – 272.

ders., *The Wayward Flock. Catholic Youth in Postwar Germany, 1945 – 1965*, Chapel Hill, NC, 2005.

ders., »Das Gespenst der Amerikanisierung. Die deutschen Kirchen und die USA«, in: Junker (Hg.), *USA und Deutschland*, S. 823 – 832.

Ruppert, Wolfgang, *Um 1968. Die Repräsentation der Dinge*, Marburg 1968.

Sabelus, Esther, *Die weiße Sklavin. Mediale Inszenierung von Sexualität und Großstadt um 1900*, Berlin 2009.

Sachse, Carola, »Adolf Butenandt und Otmar von Verschuer. Eine Freundschaft unter Wissenschaftlern (1942 – 1969)«, in: Schieder/Trunk (Hg.), *Adolf Butenandt*, S. 286 – 319.

dies. (Hg.), *Die Verbindung nach Auschwitz. Biowissenschaften und Menschenversuche an Kaiser-Wilhelm-Instituten*, Göttingen 2003.

dies., »Rationalizing Family Life – Stabilizing German Society: The ›Golden Twenties‹ and the ›Economic Miracle‹ in Comparison«, in: Levy/Roseman (Hg.), *Three Postwar Eras*, S. 173 – 195.

dies. und Edgar Wolfrum, »Stürzende Denkmäler. Nationale Selbstbilder postdiktatorischer Gesellschaften in Europa. Einleitung«, in: Fritz/dies./ders. (Hg.), *Nationen und ihre Selbstbilder*, S. 7 – 35.

Saldern, Adelheid von, »Der Zwickel-Erlaß von 1932 oder: Die ›Nacktheit der deutschen Seele‹«, in: Davis/Lindenberger/Wildt (Hg.), *Alltag*, S. 169 – 187.

dies., »Selbstbild im Spiegel. Amerikanische Identität im Verhältnis zu Europa – die 1920er Jahre«, in: Linke/Tanner (Hg.), *Attraktion*, S. 117 – 136.

dies., »Kulturdebatte und Geschichtserinnerung. Der Bundestag und das Gesetz über die Verbreitung jugendgefährdender Schriften (1952/53)«, in: Bollenbeck/Kaiser (Hg.), *Die janusköpfigen 50er Jahre*, S. 87 – 114.

dies., »Überfremdungsängste. Gegen die Amerikanisierung der deutschen Kultur in den zwanziger Jahren«, in: Lüdtke/Marßolek/dies., (Hg.), *Amerikanisierung*, S. 213 – 244.

Salewski, Michael, »Vorwort und Einführung«, in: Bagel-Bohan/ders. (Hg.), *Sexualmoral*, S. 7 – 16.

Sarasin, Philipp, »Bilder und Texte. Ein Kommentar«, in: *WerkstattGeschichte* 47 (2007), S. 75 – 80.

ders., »Die Erfindung der ›Sexualität‹ von der Aufklärung bis Freud. Eine Skizze«, in: *Sozialwissenschaftliche Informationen* 2 (2002), S. 34 – 44.

ders., *Reizbare Maschinen. Eine Geschichte des Körpers 1765 – 1914*, Frankfurt a. M. 2001.

ders. und Jakob Tanner (Hg.), *Physiologie und industrielle Gesellschaft. Studien* zur Verwissenschaftlichung des Körpers im 19. und 20. Jahrhundert, Frankfurt a. M. 1998.

Sauerteig, Lutz, »Wie soll ich es nur anstellen, ohne etwas falsch zu machen?‹ Der Rat der ›Bravo‹ in Sachen Sex in den sechziger und siebziger Jahren«, in: Bänziger u.a. (Hg.), *Fragen Sie Dr. Sex*, S. 123–158.

ders., »Die Herstellung des sexuellen und erotischen Körpers in der westdeutschen Jugendzeitschrift ›Bravo‹ in den 1960er und 1970er Jahren«, in: *Medizinhistorisches Journal* 42 (2007), S. 142–179.

ders., »Junge oder Mädchen – Frau oder Mann? Der heterosexuelle Körper und die Herstellung visueller Selbstverständlichkeiten in der Sexualaufklärung im 20. Jahrhundert«, in: *WerkstattGeschichte* 47 (2007), S. 40–60.

ders., *Krankheit, Sexualität, Gesellschaft. Geschlechtskrankheiten und Gesundheitspolitik in Deutschland im 19. und frühen 20. Jahrhundert*, Stuttgart 1999.

ders., »Moralismus versus Pragmatismus. Die Kontroverse um Schutzmittel gegen Geschlechtskrankheiten zu Beginn des 20. Jahrhunderts, im deutschenglischen Vergleich, in: Dinges/Schlich (Hg.), *Wege*, S. 208–247.

Savage, Jon, *Teenage. Die Erfindung der Jugend (1875–1945)*, Frankfurt a. M. 2008.

Saurer, Edith, »Verbotene Vermischungen. ›Rassenschande‹, Liebe und Wiedergutmachung«, in: Bauer/Hämmerle/Hauch (Hg.), *Liebe*, S. 341–361.

Schäfer, Gerhard, »Die nivellierte Mittelstandsgesellschaft. Strategien der Soziologie in den 50er Jahren«, in: Bollenbeck/Kaiser (Hg.), *Die janusköpfigen 50er Jahre*, S. 115–142.

Schäfer, Michael, *Geschichte des Bürgertums*, Köln u.a. 2009.

Schäfers, Bernhard, »Die westdeutsche Gesellschaft. Strukturen und Formen«, in: Schildt/Sywottek (Hg.), *Modernisierung*, S. 307–315.

ders. und Wolfgang Zapf (Hg.), *Handwörterbuch zur Gesellschaft Deutschlands*, Opladen 1998.

Schaser, Angelika, *Frauenbewegung in Deutschland 1848–1933*, Darmstadt 2006.

Schenda, Rudolf, *Der Lesestoff der Kleinen Leute. Studien zur populären Literatur im 19. und 20. Jahrhundert*, München 1976.

ders., »Schundliteratur und Kriegsliteratur«, in: ders., *Lesestoff*, S. 78–104.

Schenk, Dieter, *Die braunen Wurzeln des BKA*, Frankfurt a. M. 2003.

Schenk, Herrad, »Die sexuelle Revolution«, in: Dülmen (Hg.), *Erfindung*, S. 483–504.

Schenk, Ingrid, »Werbung und Konsumverhalten in transatlantischer Perspektive«, in: Junker (Hg.), *USA und Deutschland*, S. 881–888.

Schieder, Wolfgang/Achim Trunk (Hg.), *Adolf Butenandt und die Kaiser-Wilhelm-Gesellschaft. Wissenschaft, Industrie und Politik im Dritten Reich*, Göttingen 2004.

Schiefelbein, Dieter, »Wiederbeginn der juristischen Verfolgung homosexueller Männer in der Bundesrepublik Deutschland. Die Homosexuellen-Prozesse in Frankfurt a. M. 1950/51«, in: *Zeitschrift für Sexualforschung* 5 (1992), S. 59–73.

Schildt, Axel, »Der lange Schatten des Krieges über der westdeutschen Nachkriegsgesellschaft«, in: Echternkamp/Martens (Hg.), *Weltkrieg*, S. 223 bis 236.

ders., *Die Sozialgeschichte der Bundesrepublik Deutschland bis 1989/90*, München 2007.

ders., *Medialisierung und Konsumgesellschaften in der zweiten Hälfte des 20. Jahrhunderts*, Essen 2004.

ders., »Materieller Wohlstand – pragmatische Politik – kulturelle Umbrüche. Die 60er Jahre in der Bundesrepublik«, in: ders./Siegfried/Lammers (Hg.), *Dynamische Zeiten*, S. 21 – 53.

ders., »Massenmedien und Öffentlichkeit im 20. Jahrhundert. Ein Periodisierungsversuch«, in: Faulstich/Hickethier (Hg.), *Öffentlichkeit im Wandel*, S. 156 – 177.

ders., »Modernisierung im Wiederaufbau. Die westdeutsche Gesellschaft der fünfziger Jahre«, in: Faulstich (Hg.), *Kultur der fünfziger Jahre*, S. 11 – 21.

ders., »Das Jahrhundert der Massenmedien. Ansichten zu einer künftigen Geschichte der Öffentlichkeit«, in: *Geschichte und Gesellschaft. Zeitschrift für Historische Sozialwissenschaft* 27 (2001), S. 177 – 206.

ders., »Vom politischen Programm zur Populärkultur: Amerikanisierung in Westdeutschland«, in: Junker (Hg.), *USA und Deutschland*, S. 955 – 965.

ders., »Sind die Westdeutschen amerikanisiert worden? Zur zeitgeschichtlichen Erforschung kulturellen Transfers und seiner gesellschaftlichen Folgen nach dem Zweiten Weltkrieg«, in: *Aus Politik und Zeitgeschichte. Beilage zur Wochenzeitung »Das Parlament«* 50 (2000), S. 3 – 10.

ders., *Ankunft im Westen. Ein Essay zur Erfolgsgeschichte der Bundesrepublik*, Frankfurt a. M. 1999.

ders., »Massenmedien im Umbruch der fünfziger Jahre«, in: Wilke (Hg.), *Mediengeschichte*, S. 633 – 648.

ders., *Zwischen Abendland und Amerika. Studien zur westdeutschen Ideenlandschaft der 5oer Jahre*, München 1999.

ders., »Hegemon der häuslichen Freizeit. Rundfunk in den 5oer Jahren«, in: ders./Sywottek (Hg.), *Modernisierung*, S. 458 – 476.

ders., *Konservatismus in Deutschland. Von den Anfängen im 18. Jahrhundert bis zur Gegenwart*, München 1998.

ders., »Von der Not der Jugend zur Teenager-Kultur: Aufwachsen in den 5oer Jahren«, in: ders./Sywottek (Hg.), *Modernisierung*, S. 335 – 348.

ders., »Die USA als ›Kulturnation‹. Zur Bedeutung der Amerikahäuser in den 1950er Jahren«, in: Lüdtke/Marßolek/von Saldern (Hg.), *Amerikanisierung*, S. 257 – 269.

ders., *Moderne Zeiten, Freizeit, Massenmedien und »Zeitgeist« in der Bundesrepublik der 5oer Jahre*, Hamburg 1995.

ders., »Deutschlands Platz in einem ›christlichen Abendland‹. Konservative Publizisten aus dem Tat-Kreis in der Kriegs- und Nachkriegszeit«, in: Koebner/Sautermeister/Schneider (Hg.), *Deutschland*, S. 344 – 369.

ders. und Detlef Siegfried, *Deutsche Kulturgeschichte. Die Bundesrepublik von 1945 bis zur Gegenwart*, München 2009.

dies. (Hg.), *Between Marx and Coca-Cola. Youth Cultures in Changing European Societies, 1960 – 1980*, New York/Oxford 2006.

dies. und Karl Christian Lammers (Hg.), *Dynamische Zeiten. Die 60er Jahre in den beiden deutschen Gesellschaften*, 2. Aufl., Hamburg 2003.

ders. und Arnold Sywottek (Hg.), *Modernisierung im Wiederaufbau. Die westdeutsche Gesellschaft der 50er Jahre*, Bonn 1998.

Schirrmacher, Arne, »Nach der Popularisierung. Zur Relation von Wissenschaft und Öffentlichkeit im 20. Jahrhundert«, in: *Geschichte und Gesellschaft. Zeitschrift für Historische Sozialwissenschaft* 34 (2008), S. 73 – 95.

Schissler, Hanna (Hg.), *The Miracle Years. A Cultural History of West Germany, 1949 – 1968*, Princeton/Oxford 2001.

dies., »›Normalization‹ as Project: Some Thoughts on Gender Relations in West Germany during the 1950s«, in: dies. (Hg.), *The Miracle Years*, S. 359 – 375.

dies., »Zwischen Häuslichkeit und Erwerbstätigkeit. Frauen in den USA und Deutschland«, in: Junker (Hg.), *USA und Deutschland*, S. 846 – 857.

dies., »Gibt es eine Antwort auf die Frage: Was will das Weib? Herrschaft und Unbewußtheit in den westdeutschen Geschlechterbeziehungen der fünfziger Jahre«, in: *Potsdamer Bulletin für Zeithistorische Studien* 8 (1996), S. 4 – 22.

Schlemmer, Thomas, und Hans Woller (Hg.), *Bayern im Bund*, Bd. 2: *Gesellschaft im Wandel 1949 – 1973.*, München 2002.

dies. (Hg.), *Bayern im Bund*, Bd. 1: *Die Erschließung des Landes 1949 – 1973*, München 2001.

Schmackpfeffer, Petra, *Frauenbewegung und Prostitution. Über das Verhältnis der alten und neuen deutschen Frauenbewegung zur Prostitution*, Oldenburg 1989.

Schmersahl, Katrin, *Medizin und Geschlecht. Zur Konstruktion der Kategorie Geschlecht im medizinischen Diskurs des 19. Jahrhunderts*, Opladen 1998.

Schmidt, Gunter, »Sexualität. Rede an die Nachgeborenen«, in: *Vorgänge. Zeitschrift für Bürgerrechte und Gesellschaftspolitik* (März 2008), H. 1, S. 37 – 46.

ders., »Kinsey's Unspoken Truths: On How the Kinsey Reports Were Received in West Germany«, in: *Sexualities* (1998), S. 100 – 103.

ders. und Marie-Luise Angerer (Hg.), *Sexualität und Spätmoderne. Über den Wandel der Sexualität*, 2. Aufl., Stuttgart 2001.

Schmidtmann, Christian, *Katholische Studierende 1945 – 1973. Ein Beitrag zur Kultur- und Sozialgeschichte der Bundesrepublik Deutschland*, Paderborn 2006.

ders., »›Fragestellungen der Gegenwart mit Vorgängen der Vergangenheit beantworten‹. Deutungen der Rolle von Kirche und Katholiken in Nationalsozialismus und Krieg vom Kriegsende bis in die 1960er Jahre«, in: Holzem/Holzapfel (Hg.), *Kriegs- und Diktaturerfahrung*, S. 167 – 201.

Schnädelbach, Anna, *Kriegerwitwen. Lebensbewältigung zwischen Arbeit und Familie in Westdeutschland nach 1945*, Frankfurt a. M./New York 2009.

Schneider, Franka, »›Einigkeit im Unglück?‹ Berliner Eheberatungsstellen zwischen Ehekrise und Wiederaufbau«, in: Naumann (Hg.), *Nachkrieg*, S. 206 bis 226.

Schneider, Irmela, und Peter M. Spangenberg (Hg.), *Medienkultur der 50er Jahre. Diskursgeschichte der Medien nach 1945*, Bd. 1, Wiesbaden 2001.

Schneider Ute, und Lutz Raphael (Hg.), *Dimensionen der Moderne. Festschrift für Christof Dipper*, Frankfurt a. M. 2008.

Schneider, Uwe, »Nacktkultur im Kaiserreich«, in: Puschner/Schmitz/Ulbricht (Hg.), *Handbuch zur »Völkischen Bewegung«*, S. 411 – 435.

Scholten, Helga, *Die Wahrnehmung von Krisenphänomenen. Fallbeispiele von der Antike bis in die Neuzeit*, Köln 2007.

Schoppmann, Claudia, *Nationalsozialistische Sexualpolitik und weibliche Homosexualität*, Pfaffenweiler 1991.

Schornstheimer, Michael, *Die leuchtenden Augen der Frontsoldaten. Nationalsozialismus und Krieg in den Illustriertenromanen der fünfziger Jahre*, Berlin 1995.

Schröter, Harm G., »Die Amerikanisierung der Werbung in der Bundesrepublik Deutschland«, in: *Jahrbuch für Wirtschaftsgeschichte* (1997) 1, S. 93 – 115.

Schüddekopf, Charles, *Vor den Türen der Wirklichkeit. Deutschland 1946/47 im Spiegel der Nordwestdeutschen Hefte*, Berlin 1980.

Schulte, Regina, *Sperrbezirke. Tugendhaftigkeit und Prostitution in der bürgerlichen Welt*, Frankfurt a. M. 1984.

Schulz, Andreas, »›Bürgerliche Werte‹«, in: Rödder/Elz (Hg.), *Alte Werte – Neue Werte*, S. 29 – 36.

ders., *Lebenswelt und Kultur des Bürgertums im 19. und 20. Jahrhundert*, München 2005.

Schulz, Dirk, »Die Auseinandersetzungen um das erste Jugendmedienschutzgesetz in Deutschland 1926«, in: *Publizistik* 35 (1990), S. 465 – 480.

Schulz, Kristina, »1968: Lesarten der sexuellen Revolution«, in: Frese/Paulus/Teppe (Hg.), *Demokratisierung*, S. 121 – 133.

dies., *Der lange Atem der Provokation. Die Frauenbewegung in der Bundesrepublik und in Frankreich 1968 – 1976*, Frankfurt a. M. 2002.

Schulz, Rüdiger, »Nutzung von Zeitungen und Zeitschriften«, in: Wilke (Hg.), *Mediengeschichte*, S. 401 – 425.

Schütz, Erhard, und Peter Hohendahl (Hg.), *Solitäre und Netzwerker. Akteure des kulturpolitischen Konservatismus nach 1945 in den Westzonen Deutschlands*, Essen 2009.

Schütz, Hans J., *Verbotene Bücher. Eine Geschichte der Zensur von Homer bis Henry Miller*, München 1990.

Schwab, Dieter, »Sittlichkeit. Zum Aufstieg und Niedergang einer rechtlichen Kategorie«, in: Dorn/Schröder (Hg.), *Festschrift für Gerd Kleinheyer*, S. 493 – 522.

Schwarz, Angela, »Bilden, überzeugen, unterhalten. Wissenschaftspopularisierung und Wissenskultur im 19. Jahrhundert«, in: Kretschmann (Hg.), *Wissenspopularisierung*, S. 221 – 234.

Schwarz, Hans-Peter, *Adenauer. Der Staatsmann: 1952 – 1967*, Stuttgart 1991.

ders., *Adenauer. Der Aufstieg: 1876 – 1952*, 2. Aufl., Stuttgart 1986.

Schwelling, Birgit, *Heimkehr – Erinnerung – Integration. Der Verband der Heimkehrer, die ehemaligen Kriegsgefangenen und die westdeutsche Nachkriegsgesellschaft*, Paderborn 2010.

Segeberg, Harro (Hg.), *Mediale Mobilmachung III. Das Kino in der Bundesrepublik Deutschland als Kulturindustrie (1950 – 1962)*, München 2009.

Seegers, Lu, *»Hör zu!« Eduard Rhein und die Rundfunkprogrammzeitschriften (1931 – 1965)*, Berlin 2001.

dies., »›Fragen Sie Frau Irene‹. Die Rundfunk- und Familienzeitschrift ›Hör zu!‹ als Ratgeber bei Geschlechterproblemen in den fünfziger Jahren«, in: Wilke (Hg.), *Massenmedien und Zeitgeschichte*, S. 363 – 377.

Siegel, Tilla, »Das ist nur rational. Ein Essay zur Logik der sozialen Rationalisierung«, in: Reese u.a. (Hg.), *Beziehungen*, S. 363 – 396.

Siegrist, Hannes, »Ende der Bürgerlichkeit? Die Kategorien ›Bürgertum‹ und ›Bürgerlichkeit‹ in der westdeutschen Gesellschaft und Geschichtswissenschaft der Nachkriegsperiode«, in: *Geschichte und Gesellschaft. Zeitschrift für Historische Sozialwissenschaft* 20 (1994), S. 549 – 583.

ders., »Der Wandel als Krise und Chance. Die westdeutschen Akademiker 1945 – 1965«, in: Tenfelde/Wehler (Hg.), *Wege*, S. 289 – 314.

ders., Hartmut Kaelble und Jürgen Kocka (Hg.), *Europäische Konsumgeschichte. Zur Gesellschafts- und Kulturgeschichte des Konsums*, Frankfurt a. M. u.a. 1997.

Siepmann, Eckhard (Hg.), *Bikini. Die fünfziger Jahre. Kalter Krieg und Capri-Sonne. Fotos, Texte, Comics, Analysen*, 3. Aufl., Reinbek bei Hamburg 1983.

Sigusch, Volkmar, *Geschichte der Sexualwissenschaft*, mit einem Beitrag von Günter Grau, Frankfurt a. M. 2008.

ders., »Der Sexualforscher Max Marcuse in bisher unveröffentlichten Selbstzeugnissen von 1949 und 1959«, in: *Zeitschrift für Sexualforschung* 21 (2008), S. 124 – 164.

ders., »50 Jahre Deutsche Gesellschaft für Sexualforschung«, in: *Zeitschrift für Sexualforschung* 14 (2001), S. 39 – 80.

ders., »Die neosexuelle Revolution. Über gesellschaftliche Transformationen der Sexualität in den letzten Jahrzehnten«, in: *Psyche. Zeitschrift für Psychoanalyse und ihre Anwendungen* 52,12 (1998), S. 1192 – 1234.

ders., »Kritische Sexualwissenschaft und die Große Erzählung vom Wandel«, in: *Zeitschrift für Sexualforschung* 11 (1998), S. 17 – 29.

ders., »Hans Giese«, in: Lautmann (Hg.), *Homosexualität*, S. 252 – 258.

ders. und Günter Grau (Hg.), *Personenlexikon der Sexualforschung*, Frankfurt a. M. 2009.

Silies, Eva-Maria, *Liebe, Lust und Last. Die Pille als weibliche Generationserfahrung in der Bundesrepublik (1960 – 1980)*, Göttingen 2010.

dies., »Die stille Generation mit der Pille. Verhütung als weibliche Generationserfahrung in England und der Bundesrepublik (1960 – 1975)«, in: Weisbrod (Hg.), *Historische Beiträge zur Generationsforschung*, S. 77 – 116.

dies., »Familienplanung und Bevölkerungswachstum als religiöse Herausforderung. Die katholische Kirche und die Debatte um die Pille in den 1960er Jahren«, in: *Historical Social Research* 32,2 (2007), S. 187 – 207.

dies., »Selbst verantwortete Lebensführung. Der Streit um die Pille im katholischen Milieus, in: Knoch (Hg.), *Bürgersinn*, S. 205 – 224.

Simon, William, *Die Postmodernisierung der Sexualität, in: Zeitschrift für Sexualforschung* 3 (1990), S. 99 – 114.

Skandale in Deutschland nach 1945. Begleitbuch zur Ausstellung im Haus der Geschichte der Bundesrepublik Deutschland in Bonn und im Zeitgeschichtlichen Forum Leipzig, hg. von der Stiftung Haus der Geschichte der Bundesrepublik Deutschland, Bonn 2007.

Snitow, Ann, Christine Stansell und Sharon Thompson (Hg.), *Powers of Desire. The Politics of Sexuality*, New York 1983.

Snyder, David R., *Sex Crimes under the Wehrmacht*, Lincoln, NE, 2007.

Soden, Kristine von, »›§ 218 streichen, nicht ändern!‹ Abtreibung und Geburtenregelung in der Weimarer Republik«, in: Staupe/Vieth (Hg.), *Unter anderen Umständen*, S. 36 – 50.

dies., *Die Sexualberatungsstellen der Weimarer Republik 1919 – 1933*, Berlin 1988.

Speitkamp, Winfried, »Jugendschutz und kommerzielle Interessen. Schunddebatte und Zensur in der Weimarer Republik«, in: Berghoff (Hg.), *Konsumpolitik*, S. 47 – 75.

Springman, Luke, »Poisened Hearts, Diseased Minds, and American Pimps. The Language of Censorship in the ›Schmutz und Schund‹ Debates«, in: *German Quarterly* 68,4 (1995), S. 408 – 429.

Stach, Reiner, *100 Jahre S. Fischer Verlag 1886 – 1986. Kleine Verlagsgeschichte*, 2. Aufl., Frankfurt a. M. 1991.

Stanley, Liz, »Mass Observation's ›Little Kinsey‹ and the British Sex Survey Tradition«, in: Weeks/Holland (Hg.), *Sexual Cultures*, S. 97 – 114.

dies., *Sex Surveyed, 1949 – 1994. From Mass Observation's »Little Kinsey« to the National Survey and the Hite Reports*, London 1995.

Stark, Gary D., »Pornography, Society, and the Law in Imperial Germany«, in: *Central European History* 14,3 (1981), S. 200 – 230.

Staupe, Gisela, und Lisa Vieth (Hg.), *Unter anderen Umständen. Zur Geschichte der Abtreibung. Begleitpublikation zur Ausstellung des Deutschen Hygiene-Museums Dresden, 1. Juli bis 31. Dezember 1993*, 2. Aufl., Dortmund 1996.

dies. (Hg.), *Die Pille. Von der Lust und von der Liebe. Begleitbuch zur gleichnamigen Ausstellung im Deutschen Hygiene-Museum vom 1. Juni bis 31. Dezember 1996*, Dresden 1996.

Steakley, James D., »Gays under Socialism: Male Homosexuality in the GDR«, in: *Body Politics* 29 (1976/77), S. 15 – 18.

ders., *The Homosexual Emancipation Movement in Germany*, New York 1975.

Stedefeldt, Eike, *Schwule Macht oder Die Emanzipation von der Emanzipation*, Berlin 1998.

Steen, Uta van, *Liebesperlen. Beate Uhse. Eine deutsche Karriere*, Hamburg 2003.

Steiger, Christian, *Rosemarie Nitribitt. Autopsie eines deutschen Skandals*, Königswinter 2007.

Steinacker, Sven, *Der Staat als Erzieher. Jugendpolitik und Jugendfürsorge im Rheinland vom Kaiserreich bis zum Ende des Nazismus*, Stuttgart 2007.

Steinbacher, Sybille, »Sexualmoral und Entrüstung. Der Skandal um Ingmar Bergmans ›Das Schweigen‹«, in: Brunner (Hg.), *Politische Leidenschaften*, S. 230 – 245.

dies., »›Sex‹ – das Wort war neu«, in: *Die Zeit* vom 15. Oktober 2009, S. 80.

Steininger, Christian, »Die freie Presse: Zeitung und Zeitschrift«, in: Faulstich (Hg.), *Kultur der fünfziger Jahre*, S. 231 – 248.

Stephan, Alexander, und Jochen Vogt (Hg.), *America on my mind. Zur Amerikanisierung der deutschen Kultur seit 1945*, Paderborn 2006.

Stern, Fritz, *Kulturpessimismus als politische Gefahr. Eine Analyse nationaler Ideologie in Deutschland*, Stuttgart 2005.

Stieg, Margaret F., »The 1926 German Law to Protect Youth against Trash and Dirt: Moral Protectionism in a Democracy«, in: *Central European History* 23,1 (1990), S. 22 – 56.

Stöber, Rudolf, *Deutsche Pressegeschichte*, 2. Aufl., Konstanz 2005.

Stoehr, Irene, »Kriegsbewältigung und Wiederaufbaugemeinschaft. Friedensorientierte Frauenpolitik im Nachkriegsdeutschland 1945 – 1952«, in: Hagemann/Schüler-Springorum (Hg.), *Heimat-Front*, S. 326 – 344.

Stölken, Ilona, »›Komm, laß uns den Geburtenrückgang pflegen!‹ Die neue Sexualmoral der Weimarer Republik«, in: Bagel-Bohan/Salewski (Hg.), *Sexualmoral*, S. 83 – 105.

Stümke, Hans-Georg, »Wiedergutmachung an homosexuellen NS-Opfern von 1945 bis heute«, in: Jellonnek/Lautmann (Hg.), *Nationalsozialistischer Terror*, S. 329 – 338.

ders., *Homosexuelle in Deutschland. Eine politische Geschichte*, München 1989.

ders. und Rudi Finkler, *Rosa Winkel, Rosa Listen. Homosexuelle und »gesundes Volksempfinden« von Auschwitz bis heute*, Reinbek bei Hamburg 1981.

Süß, Dietmar, und Winfried Süß (Hg.), *Das »Dritte Reich«. Eine Einführung*, München 2008.

Süß, Winfried, »Antagonistische Kooperationen. Katholische Kirche und nationalsozialistisches Gesundheitswesen in den Kriegsjahren 1939 – 1945«, in: Karl-Joseph Hummel und Christoph Kösters (Hg.), *Kirchen im Krieg. Europa 1935 – 1945*, mit einer engl. Zusammenfass., Paderborn u.a. 2007, S. 317 – 341.

ders., *Der »Volkskörper« im Krieg. Gesundheitspolitik, Gesundheitsverhältnisse und Krankenmord im nationalsozialistischen Deutschland 1939 – 1945*, München 2003.

Swett, Pamela E., S. Jonathan Wiesen und Jonathan J. Zatlin (Hg.), *Selling Modernity. Advertising in Twentieth-Century Germany*, Durham, NC/London 2007.

Sywottek, Arnold, »Wege in die 50er Jahre«, in: Schildt/ders. (Hg.), *Modernisierung*, S. 13 – 39.

ders., »Zwei Wege in die Konsumgesellschaft«, in: Schildt/ders. (Hg.), *Modernisierung*, S. 269 – 274.

Tanner, Jakob (Hg.), *Geschichte der Konsumgesellschaft. Märkte, Kultur und Identität. 15. bis 20. Jahrhundert*, Zürich 1998.

ders., »Industrialisierung, Rationalisierung und Wandel des Konsum- und Geschmacksverhaltens im europäisch-amerikanischen Vergleich«, in: Siegrist/Kaelble/Kocka (Hg.), *Konsumgeschichte*, S. 583 – 613.

ders. und Angelika Linke, »Einleitung. Amerika als ›gigantischer Bildschirm Europas‹«, in: Linke/Tanner (Hg.), *Attraktion*, S. 1 – 33.

Tenfelde, Klaus, »Arbeit – Arbeiterbewegungen – Wertewandel«, in: Rödder/Elz (Hg.), *Alte Werte – Neue Werte*, S. 37 – 45.

ders., »Stadt und Bürgertum im 20. Jahrhundert«, in: ders./Wehler (Hg.), *Wege*, S. 317 – 353.

ders. und Hans-Ulrich Wehler (Hg.), *Wege zur Geschichte des Bürgertums. Vierzehn Beiträge*, Göttingen 1994.

Terry, Jennifer, *An American Obsession. Science, Medicine, and Homosexuality in Modern Society*, Chicago 1999.

Thamer, Hans-Ulrich, »Volksgemeinschaft: Mensch und Masse«, in: Dülmen (Hg.), *Erfindung*, S. 367 – 386.

Timm, Annette F., »Sex with a Purpose: Prostitution, Venereal Disease, and Militarized Masculinity in the Third Reich«, in: *Journal of the History of Sexuality* 11,1-2 (2002), S. 164 – 200.

dies., »The Legacy of Bevölkerungspolitik. Venereal Disease Control and Marriage Counselling in Post-WWII Berlin«, in: *Canadian Journal of History/Annales canadiennes d'histoire* 33 (1998), S. 173 – 214.

Treffke, Jörg, *Gustav Heinemann. Wanderer zwischen den Parteien. Eine politische Biographie*, Paderborn 2009.

Trippen, Norbert, *Josef Kardinal Frings (1887 – 1978)*, 2 Bde., hier Bd. 1: *Sein Wirken für das Erzbistum Köln und die Kirche in Deutschland*, Paderborn u.a. 2003.

Tröger, Annemarie, »Between Rape and Prostitution. Survival Strategies and Changes of Emancipation for Berlin Women after World War II«, in: Friedlander u.a. (Hg.), *Women*, S. 97 – 117.

Tyrell, Hartmann, »Helmut Schelskys Familiensoziologie«, in: Baier (Hg.), *Helmut Schelsky*, S. 45 – 56.

Ubbelohde, Julia, »Der Umgang mit jugendlichen Normverstößen«, in: Herbert (Hg.), *Wandlungsprozesse*, S. 402 – 435.

Uka, Walter, »Modernisierung im Wiederaufbau oder Restauration? Der deutsche Film in den fünfziger Jahren«, in: Faulstich (Hg.), *Kultur der fünfziger Jahre*, S. 71 – 89.

Ulrich, Bernd, »Rosemarie Nitribitt«, in: *Skandale in Deutschland nach 1945*, S. 41 – 49.

Usborne, Cornelie, *Cultures of Abortion in Weimar Germany*, New York 2007.

dies., *Frauenkörper – Volkskörper: Geburtenregelung und Bevölkerungspolitik in der Weimarer Republik*, Münster 1994.

Vogel, Andreas, *Die populäre Presse in Deutschland. Ihre Grundlagen, Strukturen und Strategien*, München 1998.

Vogel, Regina, »Bürgertum nach 1945? Deutschland, Frankreich und Britannien im Vergleich«, in: Kaelble/Kirsch (Hg.), *Selbstverständnis*, S. 381 – 417.

Voss, Angelika, »Zur Zeitgeschichte der Sexualität. Das Beate-Uhse-Archiv in der FZH«, in: *Zeitgeschichte in Hamburg* (2005), S. 81 – 85.

Vossen, Johannes, »Das nationalsozialistische Gesundheitsamt und die Durchführung der ›Erb- und Rassenpflege‹«, in: Woelk/Vögele (Hg.), *Geschichte der Gesundheitspolitik*, S. 165 – 185.

ders., *Gesundheitsämter im Nationalsozialismus. Rassenhygiene und offene Gesundheitsfürsorge in Westfalen 1900 – 1950*, Essen 2001.

Wagner, Hans (Hg.), *Idee und Wirklichkeit des Journalismus. Festschrift für Heinz Starkulla*, München 1988.

Wagner, Patrick, *Hitlers Kriminalisten. Die deutsche Kriminalpolizei und der Nationalsozialismus zwischen 1920 und 1960*, München 2002.

ders., »Die Resozialisierung der NS-Kriminalisten«, in: Herbert (Hg.), *Wandlungsprozesse*, S. 179 – 213.

Waite, Robert G., »›Eine Sonderstellung unter den Straftaten‹. Die Verfolgung der Abtreibung im Dritten Reich«, in: Gottwaldt/Kampe/Klein (Hg.), *NS-Gewaltherrschaft*, S. 104 – 117.

Walkowitz, Judith R., »Gefährliche Formen der Sexualität«, in: Duby/Perrot (Hg.), *Geschichte der Frauen*, Bd. 4, S. 417 – 449.

dies., *City of Dreadful Delight. Narratives of Sexual Danger in Late-Victorian London*, Chicago 1992.

Walter, Tilmann, »Begrenzung und Entgrenzung. Zur Genealogie wissenschaftlicher Debatten über Sexualität«, in: Bruns/ders. (Hg.), *Lust*, S. 129 – 174.

ders., »Weder ›Befreiung‹ noch ›Unterdrückung‹. Eine kurze Geschichte der Sexualität«, in: *Der blaue Reiter. Journal für Philosophie* 16 (2003), S. 6 – 11.

ders., »Geschlecht, Körper, Sexualität. Zur Historiographie der Body Politics«, Vortrag im Rahmen der Vortragsreihe des Studiengangs Gender Studies »Quergedacht: Geschlecht, Wissenschaft, Disziplin« im WS 1999/2000 an der Universität Konstanz, 9.12.1999, nur online: http://kops.ub.uni-konstanz.de/volltexte/2000/542/pdf/gender.pdf.

ders., *Unkeuschheit und Werk der Liebe. Diskurse über Sexualität am Beginn der Neuzeit in Deutschland*, Berlin/New York 1998.

Wasmuth, Johannes, »Strafrechtliche Verfolgung Homosexueller in BRD und DDR«, in: Jellonnek/Lautmann (Hg.), *Nationalsozialistischer Terror*, S. 173 bis 186.

Waßner, Rainer (Hg.), *Wege zum Sozialen. 90 Jahre Soziologie in Hamburg*, Opladen 1988.

Weeks, Jeffrey, *Sexuality*, 2. Aufl., London/New York 2003.

ders., *Making Sexual History*, Oxford 2000.

ders., *Sexuality and its Discontents: Meanings, Myths, and Modern Sexualities*, London/New York 1993.

ders., *Sex, Politics and Society. The Regulation of Sexuality since 1800*, 2. Aufl., New York u.a. 1989.

ders. und Janet Holland (Hg.), *Sexual Cultures: Communities, Values, and Intimacy*, Basingstoke 1996.

Wehler, Hans-Ulrich, *Deutsche Gesellschaftsgeschichte*, Bd. 5: *Bundesrepublik und DDR 1949 – 1990*, München 2008.

ders., *Deutsche Gesellschaftsgeschichte*, Bd. 3: *Von der »Deutschen Doppelrevolution« bis zum Beginn des Ersten Weltkriegs 1849 – 1914*, 2. Aufl., München 2006.

ders., *Deutsche Gesellschaftsgeschichte*, Bd. 4: *Vom Beginn des Ersten Weltkriegs bis zur Gründung der beiden deutschen Staaten 1914 – 1949*, München 2003.

ders., »Deutsches Bürgertum nach 1945: Exitus oder Phönix aus der Asche?«, in: *Geschichte und Gesellschaft. Zeitschrift für Historische Sozialwissenschaft* 27 (2001), S. 617 – 634.

Weinhauer, Klaus, »Polizei und Jugendliche in der Geschichte der Bundesrepublik«, in: Briesen/ders. (Hg.), *Jugend*, S. 71 – 93.

Weinke, Annette, *Eine Gesellschaft ermittelt gegen sich selbst. Die Geschichte der Zentralen Stelle Ludwigsburg 1958 – 2008*, Darmstadt 2008.

Weinrich, J. D., »The Kinsey Scale in Biology, with a Note on Kinsey as a Biologist«, in: McWhriter/Sanders/Reinisch (Hg.), *Homosexuality – Heterosexuality*, S. 115 – 137.

Weisbrod, Bernd (Hg.), *Historische Beiträge zur Generationsforschung*, Göttingen 2009.

ders., »Öffentlichkeit als politischer Prozeß. Dimensionen der politischen Medialisierung in der Geschichte der Bundesrepublik«, in: ders. (Hg.), *Politik der Öffentlichkeit*, S. 11 – 25.

ders. (Hg.), *Die Politik der Öffentlichkeit – die Öffentlichkeit der Politik. Politische Medialisierung in der Geschichte der Bundesrepublik*, Göttingen 2003.

ders., »Medien als symbolische Form der Massengesellschaft. Die medialen Bedingungen von Öffentlichkeit im 20. Jahrhundert«, in: *Historische Anthropologie. Kultur, Gesellschaft, Alltag* 9,2 (2001), S. 270 – 283.

ders. (Hg.), *Rechtsradikalismus in der politischen Kultur der Nachkriegszeit*, Hannover 1995.

Weiß, Matthias, »Öffentlichkeit als Therapie. Die Medien- und Informationspolitik der Regierung Adenauer zwischen Propaganda und kritischer Aufklärung«, in: Bösch/Frei (Hg.), *Medialisierung*, S. 73 – 120.

Weitz, Eric D., *Weimar Germany. Promise and Tragedy*, Princeton 2007.

Werle, Gerhard, *Die Abtreibung im Strafgesetz. Justiz-Strafrecht und polizeiliche Verbrechensbekämpfung im Dritten Reich*, Berlin 1989.

Wetzell, Richard F., »Sexuality in Modern German History«, in: *Bulletin of the German Historical Institute* 34 (Frühjahr 2004), S. 137 – 146.

Whisnant, Clayton, »Gay German History: Future Directions?«, in: *Journal of the History of Sexuality* 17,1 (2008), S. 1 – 10.

Wiesner, Herbert, »Der Sturm auf Magnus Hirschfelds Institut für Sexualwissenschaft«, in: *Zeitschrift für Geschichtswissenschaft* (2003), Nr. 5, S. 421–439.

Wildt, Michael, »Konsumbürger. Das Politische als Optionsfreiheit und Distinktion«, in: Hettling/Ulrich (Hg.), *Bürgertum nach 1945*, S. 255–283.

ders., »Privater Konsum in Westdeutschland in den 50er Jahren«, in: Schildt/Sywottek (Hg.), *Modernisierung*, S. 275–289.

ders., *Am Beginn der »Konsumgesellschaft«. Mangelerfahrung, Lebenshaltung, Wohlstandshoffnung in Westdeutschland in den fünfziger Jahren*, Hamburg 1994.

ders., »Konsum und Modernisierung in den fünfziger Jahren«, in: Bajohr/Johe/Lohalm (Hg.), *Zivilisation*, S. 323–345.

Wilharm, Irmgard, »Tabubrüche in Ost und West. Filme der 60er Jahre in der Bundesrepublik und der DDR«, in: Schildt/Lammers/Siegfried (Hg.), *Dynamische Zeiten*, S. 734–751.

Wilke, Christiane, *Das Theater der großen Erwartungen. Wiederaufbau des Theaters 1945–1948 am Beispiel des Bayerischen Staatstheaters*, Frankfurt a. M. 1992.

Wilke, Jürgen (Hg.), *Massenmedien und Zeitgeschichte*, Konstanz 1999.

ders. (Hg.), *Mediengeschichte der Bundesrepublik Deutschland*, Köln/Weimar/Wien 1999.

Willenbacher, Barbara, »Zerrüttung und Bewährung der Nachkriegs-Familie«, in: Martin Broszat, Klaus-Dieter Henke und Hans Woller (Hg.), *Von Stalingrad zur Währungsreform. Zur Sozialgeschichte des Umbruchs in Deutschland*, München 1989, S. 595–618.

Willoughby, John, »The Sexual Behavior of American GIs During the Early Years of the Occupation of Germany«, in: *The Journal of Military History* 62,1 (1998), S. 155–174.

Wirsching, Andreas (Hg.), *Neueste Zeit*, München 2006.

Wischermann, Ulla, »Frauenöffentlichkeiten – Annäherung aus historischer Perspektive«, in: Wilke (Hg.), *Massenmedien und Zeitgeschichte*, S. 351–362.

Wittmann, Reinhard, *Geschichte des deutschen Buchhandels*, 2. Aufl., München 1999.

Woelk, Wolfgang, und Jörg Vögele (Hg.), *Geschichte der Gesundheitspolitik in Deutschland. Von der Weimarer Republik bis in die Frühgeschichte der »doppelten Staatsgründung«*, Berlin 2002.

Deutsches Wörterbuch von Jacob Grimm und Wilhelm Grimm, Band 27, bearb. von Karl von Bahder unter Mitw. von Hermann Sickel, unveränd. Nachdr. von Bd. 13 der Ausg. Leipzig 1922, München 1984.

Wojak, Irmtrud, *Fritz Bauer 1903–1968. Eine Biographie*, München 2009.

Wolfrum, Edgar, *Die Bundesrepublik Deutschland 1949–1990*, Stuttgart 2005.

Woycke, James, *Birth Control in Germany, 1981–1933*, New York 1988.

Wulf, Christoph (Hg.), *Lust und Liebe. Wandlungen der Sexualität*, München u. a. 1985.

Zegenhagen, Evelyn, »*Schneidige deutsche Mädels*«. *Fliegerinnen zwischen 1918 und 1945*, Göttingen 2007.

Zeh, Barbara, »Hans Giese und die Sexualforschung der 50er Jahre«, in: *Zeitschrift für Sexualforschung* 8 (1995), S. 359 – 368.

dies., »Der Sexualforscher Hans Giese. Leben und Werk«, unveröffentl. Manuskript, Mikrofilm Frankfurt a. M. 1988.

Zeising, Gert, *Die Bekämpfung unzüchtiger Gedankenäußerungen seit der Aufklärung. Mit besonderer Berücksichtigung der Entwicklung in Deutschland, Frankreich, England und den USA*, Marburg 1967.

Zepp, Marianne, *Redefining Germany. Reeducation, Staatsbürgerschaft und Frauenpolitik im US-amerikanisch besetzten Nachkriegsdeutschland*, Göttingen 2007.

Ziemann, Benjamin, *Sozialgeschichte der Religion*, Frankfurt/New York 2009.

ders., *Katholische Kirche und Sozialwissenschaften 1945 – 1975*, Göttingen 2007.

ders., »Codierung von Transzendenz im Zeitalter der Privatisierung. Die Suche nach Vergemeinschaftung in der katholischen Kirche«, in: Geyer/Hölscher (Hg.), *Gegenwart*, S. 380 – 403.

ders., »Die Soziologie der Gesellschaft. Selbstverständnis, Traditionen und Wirkungen einer Disziplin«, in: *Neue Politische Literatur. Berichte über das internationale Schrifttum* 50 (2005), S. 43 – 67.

ders., »Zwischen sozialer Bewegung und Dienstleistung am Individuum. Katholiken und katholische Kirche im therapeutischen Jahrzehnt«, in: *Archiv für Sozialgeschichte* 44 (2004), S. 357 – 393.

ders., »Auf der Suche nach der Wirklichkeit. Soziographie und soziale Schichtung im deutschen Katholizismus 1945 – 1970«, in: *Geschichte und Gesellschaft. Zeitschrift für Historische Sozialwissenschaft* 29 (2003), S. 409 – 440.

Zimmermann, Clemens, »Politischer Journalismus, Öffentlichkeit und Medien im 19. und 20. Jahrhundert«, in: ders. (Hg.), *Politischer Journalismus*, S. 9 – 23.

ders. (Hg.), *Politischer Journalismus, Öffentlichkeit und Medien im 19. und 20. Jahrhundert*, Ostfildern 2006.

Zorn, Peter, »›Ami-Liebchen‹ und ›Veronika Dankeschön‹. Bamberg 1945 – 1952: Deutsche Frauen und amerikanische Soldaten«, in: *Geschichte quer. Zeitschrift der bayerischen Geschichtswerkstätten* (2003), H. 11, S. 39 – 42.

Abbildungen

Personenregister

Kursive Ziffern verweisen auf Bildlegenden.